욕망하는 천자문

문자 속에 숨은 권력, 천자문 다시 읽기

김근 지음

삼인

머리말

　문화의 중심이 대중으로 이동하면서 이전의 주옥 같은 고전들이 사람들의 관심에서 점점 멀어져가는 것은 안타깝지만 사실이다. 그런 와중에도 유독 중국의 고전만은 오히려 일찍이 없던 인기를 누리고 있는데, 이 원인을 흔히 세계 강국으로 떠오르는 중국의 영향력에서 찾는 것이 보통이지만, 이는 피상적인 추측일 뿐 실제를 좀더 깊이 관찰해 보면 이유는 다른 데에 있다.

　오늘날 중국 고전을 읽는 동기는 과거와는 같지 않을 것이다. 옛날에는 인격을 수양하고 지적 능력을 갖추기 위한 방편으로 고전을 읽었지만, 지금은 그런 목적에서보다는 진정한 '나' 또는 '우리'를 찾으려는 무의식적 욕망 속에서 읽게 되는 경우가 많다. 오늘날 우리는 '세계화'라는 새로운 질서에 적응하기 위해서 생활의 많은 면을 바꿔가고 있지만, 이는 우리가 자발적으로 원해서 가는 길이 아니다. 그래도 갈 수밖에 없는 길이기에 정부를 비롯한 나라의 다양한 조직들은 그 당위성을 교육하고 의식화하는 데에 온 힘을 기울이고 있지만, 이 의식화가 오히려 우리의 무의식과 충돌을 일으켜 사회적으로 고통을 겪고 있다. 금지가 오히려 그에 대한 욕망을 불러일으키는 것처럼 원치 않는 급격한 세계화는 그동안 굳이 기억하고 돌아보며 살 필요가 없었던 무의식적 자아를 문득 갈망하게 만들었는지도 모른다. 그전에는 일부 세대의 이데올로기처럼 여겨지던 민족 정서가 갑자기 보편적으로 고무되는 현상이라든가, 고전을 비롯한 전통에 대한 연구와 출판 · 공연 · 전시 등에 대한 관심이 근래 들어 특별히 높아지고 있는 현상 등은 바로 이러한 배경에서 비롯되었다고 볼 수 있다. 우리는 무의식적으로 세계화와 속도와 경쟁의 시대에 저항할 수 있는 어떤 대안을 욕망하고 있으며, 전통적인 것과 고전에서 이러한 면을 발견하고 있는지도 모른다.

우리는 전통적으로 중국 고전에 그다지 낯선 감정을 느껴오지도 않았고, 오히려 전통과 역사 속에서 고전이라는 명분은 더 굳어온 측면이 있다. 이는 중국 고전이 보편성에서 생명력을 얻고 있기 때문이기도 하지만, 우리가 일찍부터 중국의 텍스트를 들여와 일상적으로 읽어오면서 이를 나름대로 소화하여 우리의 것으로 이미 편입시키고 동화해 왔기 때문일 것이다.

『천자문』은 이러한 중국 고전 중에서도 가장 영향력이 컸던 텍스트로 꼽힌다. 이 책은 중국 주요 고전의 요점과 핵심 사상을 담고 있을 뿐만 아니라, 어린 학동들이 글을 깨우치면서 처음 만난 텍스트였기 때문에 더욱 깊이 뇌리에 새겨졌다. 이러한 역사 속에서 그 보이지 않는 지배력은 충분히 짐작할 수 있다. 어릴 때부터 이러한 학습을 반복하면서 우리 문화는 중국적 세계관의 영향력 아래에 있었고, 또한 이 문화는 시간이 지나면서 우리 전통의 근간으로 자리를 잡아왔다. 우리가 『천자문』을 따로 배워본 적이 없다고 해도 우리가 기대고 있는 사회적 관습과 규율은 전통과 보이지 않는 이러한 문화적 토대 위에 서 있는 것이다. 『천자문』은 이런 의미에서 어느 고전보다도 우리에게 중요한 텍스트라고 볼 수 있다.

『천자문』은 빼놓을 수 없는 중국 고전의 핵심들을 모아서 짧은 시적 언어로 표현한 일종의 서사시이다. 따라서 이 책 한 권을 읽는다면 주옥 같은 중국 고전의 지혜를 섭렵하는 셈이 될 뿐만 아니라, 중국인들의 표현과 문화 코드를 읽을 수 있는 방법을 터득하게 된다. 암호를 알아야 사이버 공간에 진입할 수 있고 코드를 알아야 의미의 핵심을 읽을 수 있듯이, 중국 문화와 우리의 전통 문화를 이해하기 위해서는 고전이 어떤 방식으로 씌어졌는가 하는 핵심적인 코드를 파악하는 것이 필요하다. 우리가 사물을 바라볼 때의 사유는 텍스트를 조직하는 관점과 토대에 의해 지배되는 경우가 많기 때문이다.

이러한 사유 방식이 그동안 우리의 문화 생활을 풍요롭게 만들어준 긍정적인 측면도 있지만, 지금의 현실에서는 오히려 걸림돌이 되고 갈등을 겪는 경우도 종종 경험한다. 나는 이 책을 통해서 『천자문』이 특정한 코드를 통해서 엮어놓은 의미들을 분석하고, 그 영향 아래 우리의 사유방식을 비롯해 우리 사회의 문화와 행동의 관습을 지시하는 정신적 얼개를 드러내보려 했다. 이런 작업이 먼저 있어야 이 구조적인 얼개를 해체할 것인지, 아니면 보수해서 쓸 것인지도 판단할 수 있을 것이기 때문이다.

신경증을 앓는 환자에게 그의 고통이 어디에서 온 것인가를 정확히 알려주면 그의 아픔은 의외로 쉽게 치료된다. 나는 오늘날 너무나도 급격한 변화의 소용돌이 속에서 우리가 겪는 정신적 갈등이 어디에서 비롯되었는지 찾아보고 싶었다. 그 과정에서 오랜 기간 방치된 무의식의 창고에서 『천자문』이라는 잊혀진 단서를 찾아낸 것이다. 이 실마리가 아직 삭지 않아서 매듭을 푸는 데 유효하게 기능한다면 우리의 갈등을 해소하는 데에 도움이 될 것이고, 설사 이미 풍화돼 버려서 중간에 단서가 끊겼다 하더라도 그곳이 다시 다른 실마리를 찾을 수 있는 계기가 될 수도 있을 것이다. 이러한 시도가 다소 엉뚱한 발상으로 비쳐질지도 모르겠으나 고전이 오늘날에 다시 의미를 갖기 위한 다양한 재해석의 과제에서 하나의 돌파구가 될 수 있으리라 감히 믿는다. 현명한 독자들의 많은 꾸지람과 가르침이 있길 기대한다.

2003년 6월 김근

차례

2부 오상(五常)은 변하지 않는 인간의 도리인가

13

14

3부 권위는 어디에서 오는가

4부 지식인은 누구를 위해 존재하는가

17

5부 문명의 한계선인 중국의 변방

6부 소외, 이를 견디는 지혜

7부 일상의 이데올로기

8부 재주, 오락의 경지를 넘어서

9부 허(虛)로의 귀결, 그 속에 진실이

1부

다시 만들어지는 하늘, 땅, 인간의 진실

'검은 하늘과 누런 땅' : 문자와 현실 사이의 모순

天地玄黃(천지현황)하고 | 하늘과 땅은 검고 누르며,

하늘 천(天)

'하늘 천(天)' 자는 '하나 일(一)' 과 '큰 대(大)' 로 이루어졌다. '대(大)' 자는 사람의 모양이고 '일(一)' 자는 사람의 머리 부분을 표시하는데, 옛날 사람들은 하늘을 사람의 머리에 비유하였다. 그래서 '천(天)' 자의 독음이 '머리 전(顚)' 과 같은 계열에 속하는 것이다. 따라서 '천(天)' 자의 자형적 의미는 '사람의 머리처럼 세상의 위에 있는 것' 이 된다.

'땅 지(地)' 자는 '흙 토(土)' 와 '이를 야(也)' 로 이루어졌다. '야(也)' 자를 소전(小篆)[1]에서는 '' 로 적었는데 이는 여자의 생식기 모양을 형상화한 것이다. '천(天)' 자가 사람의 머리로 하늘을 비유한 것처럼 신체의 가장 밑 부분을 가리키는 '야(也)' 자는 땅을 비유한다. 따라서 '지(地)' 자의 자형적 의미는 '가장 아랫부분에 있는 흙', 즉 '땅' 이 된다.

'검을 현(玄)' 자를 소전(小篆)에서는 '' 으로 썼는데 이는 '실'(幺)을 허공에 걸어놓은 모양이다. 그러므로 '현(玄)' 자는 '매달 현(縣)' 자의 원래 글자임을 알 수 있다.[2] 실이란 본래 흰색이지만 오래 걸어놓으면 색이 검게 변하므로 '현(玄)' 자에 '검다' · '어둡다' 등의 의미가 생겨났고, 실이 걸려 있는 장소가 허공이므로 여기에서 다시 '아득하다' · '그윽하다' 등의 의미들이 파생되었다. 어둡고 텅

빈 것을 '현허(玄虛)'라고 일컫는 것은 바로 이 때문이며, '현(玄)' 자의 독음이 '천(天)'과 같은 계열에 속한다는 사실이 또한 이를 입증한다.

'누를 황(黃)' 자를 소전에서는 '𦾔'으로 적었는데 이는 불화살의 형상을 그린 것이다. 독음이 '빛 광(光)' 자와 같은 계열에 속한다는 사실이 이를 입증한다. 화살 가운데에 '전(田)' 자 모양이 있는 것은 불화살의 무게 중심이 앞쪽에 있으므로 화살의 균형을 잡을 수 있도록 뒤쪽에 추를 묶은 모양이다.

이 구절은 『주역』(周易) 「곤괘」(坤卦)의 「문언」(文言) 구절인 "하늘은 검고 땅은 누르다"(天玄而地黃)를 다시 쓴 것이다.

우리가 생명을 유지하고 살아가는 데에 좀 더 직접적이고도 중요한 것은 하늘보다는 오히려 땅인데도 이 구절에서 '천(天)'이 '지(地)' 앞에 놓인 것처럼 하늘이 중시되어 왔다. 이것은 사회적 규범과 질서를 불변의 것으로 고착시키기 위하여 상징적으로 정돈한 결과이다. 이렇게 해서 신하보다는 임금이, 여자보다는 남자가, 후배보다는 선배가 중시되는 형이상학적 사고가 당연시되고 유도되는 것이다.

'현(玄)'과 '황(黃)'은 하늘과 땅의 색깔을 서술하고 있는데, 여기서 우리가 헷갈리는 것은 아무리 하늘을 쳐다보고 땅을 둘러봐도 도무지 하늘은 검지 않고 땅은 누렇지 않다는 점이다. 박지원(朴趾遠)의 『연암집』(燕巖集)에도 동네 아이가 『천자문』 읽기를 게을리 해서 야단을 쳤더니, 아이가 "하늘을 보니 푸르기만 한데도 '천(天)' 자는 푸르지 않다고 하니 시시하기만 한 걸요"라고 대답했다는 구절이 있는데, 우리 조상들도 줄곧 이에 대하여 회의를 품어왔던 것으로 짐작된다. 그럼에도 『천자문』의 어느 주해에도 이 점을 명쾌하게 설명한 것이 없다는 사실은 여러 가지 추측을 낳게 한다. 중국의 원본에 이의를 제기하는 것은 곧 우리 권력의 기반을 흔들어놓는 것이라고 생각했을까? 아무튼 중국이 그렇다면 그렇다는 것인지, 사슴을 가리켜 말이라고 했다는 '지록위마(指鹿爲馬)'의 고사를 생각나게 한다.

'헌(玄)' 자의 자형은 앞의 자해에서 설명한 대로 실을 허공에 걸어놓은 모양이다. 고대 중국인들은 하늘을 구체적인 사물로 보지 않고 형이상학적 사물로 여겼기 때문에 그 형상을 흔히 '그윽하고 아득하다'(幽遠)라는 말로 표현하였다. 다시 말해서 '현(玄)'은 하늘의 구체적인 색깔을 지칭한 것이라기보다는 그 현허(玄虛)한 속성을 추상적으로 표현한 것이다.

'황(黃)' 자는 자형이 지시하는 바대로 '불빛'(光)의 색에 바탕을 두면서 황하(黃河) 유역, 즉 중원(中原) 땅의 황토 빛깔과도 상호 대체 관계에 있다. 그래서 중국의 형이상학적 세계관을 상징하는 오행(五行)에서는 자신들이 살고 있는 땅의 색인 황토색을 중앙의 색으로 삼고 황토색이 아니면 주변의 색으로 밀어내었다. 암갈색을 띠는 기름진 옥토 빛에 익숙한 우리가 황색을 땅 색으로 인식하는 것은 애초부터 무리이긴 하지만, 아무튼 납득하기 어려운 땅 빛이 중앙의 색이라니, 이 때문에 황색에 대한 신비감은 더해졌으리라.

이와 같이 황색은 중원에 있는 천자의 색이므로 주변 국가의 임금들은 감히 황색 예복을 입을 수 없었다. 단지 평민들이 결혼할 때 한해서 평생에 한 번 사모관대(紗帽冠帶)를 입어볼 수 있었듯이, 임금들도 제사나 즉위식 등과 같은 특별 행사에 한해서 천자의 황포(黃袍)를 입어볼 수 있도록 허락받았다고 한다. 시각 자료의 인식 능력은 모든 감각 자료 중에서도 으뜸이라고 하니 그럴 만하기도 하겠지만, 아무튼 고대에 각인된 황색 콤플렉스는 오늘날에는 서양인의 노랑 머리칼을 통하여 더욱 깊어져 젊은이들이 검은 머리칼을 온통 노랗게 염색해 다니는 모습으로 나타나고 있는 듯하다. 더구나 색깔은 차이에 의해 결정되는 상대적 개념인데도 인식을 강요당했으니, 『천자문』의 초장부터 우리 조상들은 문자와 현실간의 모순 때문에 얼마나 갈등했을까.

넓고 거친 우주에 서사(敍事)가 있을까

宇宙洪荒(우주홍황)이라 | 우주는 넓고 거칠다.

집 주(宙)

'집 우(宇)' 자는 '집 면(宀)'과 '클 우(于)'로 이루어졌다. '우(于)' 자는 '덮다'라는 의미를 내포하고 있으므로 '우(宇)' 자의 자형적 의미는 '사방을 위에서부터 덮어서 막다'가 된다. 사방을 위에서부터 덮어서 막았을 때 덮개의 끝자락이 바깥쪽으로 조금 나와 걸쳐지는 '처마'가 생기는데, 그래서 '우(宇)' 자에 '처마'라는 의미가 파생된 것이다.

'집 주(宙)' 자는 '집 면(宀)'과 '말미암을 유(由)'로 이루어졌다. '유(由)' 자는 술 거르는 대나무 채 모양으로 '뽑을 추(抽)' 자와 고금자(古今字) 관계로 기실 같은 글자이다. 따라서 '주(宙)' 자의 자형적 의미는 '채로 거르고 남은 것'이 된다. 거르고 남은 것은 줄거리이므로 여기에서 '대들보'라는 의미가 생겨난 것이다.

'넓을 홍(洪)' 자는 '물 수(水)'와 '함께 공(共)'으로 이루어졌다. '공(共)' 자는 두 손을 모아 받쳐든 모양이므로 '홍(洪)' 자의 자형적 의미는 '두 손으로 물을 받는데 물이 많아서 손 밖으로 넘치다'가 된다.

'거칠 황(荒)' 자는 독음이 '삽살개 방(尨)'과 '감출 장(臧)' 등과 같은 계열에 속한다. 따라서 그 의미는 '삽살개의 털처럼 어지러이 헝클어지고 덮여져서 속이 전혀 보이지 않다'가 된다. 밭을 갈지 않고 버려두면 잡초가 우거져서 땅이 엉망이 되는데 그래서 '황(荒)' 자에 '거칠다'·'묵정밭이 되다' 등의 의미들이 생겨난 것이다.

　원래 '우(宇)'와 '주(宙)'는 지붕의 '처마'와 '들보'를 가리키는 말이었는데, 『회남자』(淮南子)에서 한(漢)나라 고유(高誘)가 상하사방의 공간을 '우(宇)'라고 하고 지나간 과거에서 다가올 미래까지의 시간을 '주(宙)'라고 주석한 이후에 천지를 비유하는 말로 쓰이게 되었다. 이 구절은 앞의 '천지현황(天地玄黃)'과 대장(對仗)[3]을 이루고 있으므로, 본래 의도한 의미가 "'우(宇)'는 '홍(洪)'하고 '주(宙)'는 '황(荒)'하다"라는 것이었음을 알 수 있다. 즉 '우(宇)'가 '넓다'(洪)는 것은 천지의 공간이 한없이 넓다는 의미인데, 이 말은 메타인식적으로 작용하여 중국인 자신에게나 주변 국가들에게 영토 분쟁을 사소하고 째째한 것으로 여기게 해서 변방을 안정시키는 효과를 거두기도 하였다. 실제로 중국은 역대로 무역로 확보나 변방 안정을 위한 외적 토벌은 수없이 행하여 왔지만, 영토 확장 자체에는 그다지 집념을 보이지 않았다. 주변국과의 분쟁은 거의가 중국을 종주국으로 인정하고 이에 복종하느냐 않느냐는 정치적 이슈가 주요 원인이 되어 야기되었다.
　'황(荒)'이란 사람의 손이 전혀 닿지 않아서 잡초만 뒤덮인 땅을 가리킨다. 그러므로 '주(宙)'가 '거칠다'(荒)는 것은 역사적인 시간의 흐름이란 언제나 인위적으로 가공되지 않고 거친 상태로 남아 있다는 의미로 인식된다. 다시 말해서 서양의 세계관처럼 시간이 어떤 목적을 향하여 직선적으로 나아가는 대서사(大敍事)가 아닌 것이다. 이러한 인식은 언뜻 보면 자연주의적이고 과학적인 것처럼 여겨지지만, 실상은 역사와 역사적 행위를 왜소하고 볼품없게 만들어서 자칫 허무주의에 빠지게 할 위험이 있다. 반면에 시간과 공간이 그냥 '거친' 상태로 던져진 것이 아니라 '의미'를 갖는다는 것은 비과학적인 것 같지만, 역사와 자연 같은 환경이 관리될 수밖에 없는 오늘날에는 오히려 중요하게 취급되기도 한다.

우리에게도 신화와 전설로 인식할 수 있는 세계에 대한 원초적 의미가 존재하였지만, 중국 고대 유가의 이러한 합리적 세계관에 의하여 비합리적인 것으로 억압되고 묻혀져온 것이 사실이다. 한낱 저급한 수준의 이야깃거리로 치부되던 서사가 실상은 우리에게 세계를 구성해 주는 인식틀로 기능했다는 점을 상기한다면, 우리가 중국과 다르게 원래의 거친 세계에 부여한 전통적 의미가 무엇이었던가를 찾아보는 일은 매우 중요한 의의를 갖는다.

순환론의 이데올로기

日月盈昃(일월영측)하고 | 해와 달은 차고 기울며,

날 일(日)

'날 일(日)' 자는 해 모양에서 발전한 글자이다. '일(日)' 자의 독음은 '충실할 실(實)' 자와 같은 계열인데, 이는 달이 차고 이지러지는 데 비해서 태양은 늘 꽉 차 있음을 의미한다.

'달 월(月)' 자는 이지러진 초승달(또는 상현달) 모양에서 나온 글자이다. '월(月)' 자의 독음은 '모자랄 결(缺)' 자와 같은 계열에 속하는데, 이는 태양이 늘 꽉 차 있는 모양을 유지하고 있는 데 비하여 달은 차고 이지러짐을 반복한다는 사실을 의미한다.

'찰 영(盈)' 자는 '그릇 명(皿)'과 '덤받을 고(夃)'로 이루어졌으므로 자형적 의미는 '그릇에 덤을 얹어서 넘치게 하다'가 된다. 이로부터 '꽉 차다'라는 의미가 생겨났다.

'기울 측(昃)' 자는 '해 일(日)'과 '기울 측(仄)'으로 이루어졌으므로 자형적 의미는 '해가 서쪽으로 기울다'가 된다.

이 구절은 『주역』「풍괘」(豊卦)의 "해는 남중하면 기울고, 달은 차면·이지러진다"(日中則昃, 月盈則虧)를 다시 쓴 것으로, 해가 떠서 남중하였다가 서쪽으로 기울어지고 달이 한 달을 주기로 찼다가 이지러지는 천체의 현상을 함축적으로 묘사하고 있다.

천체를 구성하는 여러 가지 요소와 현상 중에서 해와 달이 차고 기우는 것을 그 속성으로 묘사한 것은 말할 것도 없이 자의적 선택의 결과이지만, 당시의 패러다임에서는 해와 달은 대립적 존재로 파악될 수밖에 없었다. 이렇게 이해된 해와 달은 다시 상징으로 작용하여, 우주에 숨겨진 비밀을 우리에게 속삭이는 척하면서 그 비밀들을 형이상학적으로 만들었다. 즉 해와 달은 우주를 대표하는 불변의 사물이지만 시간의 흐름에 따라서 뜨고 지고, 차고 이지러짐을 반복하는데, 이것이 자연의 이치라는 것이다. 따라서 인간도 자연의 일부인 이상 이러한 자연적 이치에 순종해야 한다는 것이 바로 이 구절의 실천적 요구이다.

자연 현상이 순환 반복하는 것을 추상화하여 이치(理致)의 차원에서 파악한 것은 과학의 매우 중요한 실마리가 된다. 그러나 연속적으로 일어나는 자연 현상을 '영(盈)'과 '측(昃)'이라는 언어로 분절하여 단절시키고 이것을 다시 우열(優劣) 사이의 단순한 교대 현상으로 설명한 것은 사실상 자연 현상을 문화적 현상으로 내면화한 것이다. 즉 만물의 변화는 인간이 인위적으로 간여할 수 없는 순환 반복의 이치가 있다고 여기게 되면, 지배와 억압에 시달리는 사람들이 지배자들 역시 이 이치에서 자유로울 수 없을 것이라는 메타 인식적 믿음으로 인하여 불만스러운 현실을 인내할 수 있는 근거를 갖게 될 뿐만 아니라 대리 만족의 효과도 누릴 수 있다. 따라서 이러한 설명은 매우 이데올로기적일 수밖에 없다.

고대 천문은 과학이었나

辰宿列張(진수열장)이라 | 별과 별자리들은 열지어 펼쳐져 있다.

잘 숙(宿)

'별 진(辰)' 자를 갑골문(甲骨文)⁴⁾에서는 '⿳' 으로 적었는데 이는 조개 껍질 모양을 그린 것이다. 그러므로 '진(辰)' 자는 '대합조개 신(蜃)' 자의 원래 글자임을 알 수 있다. 옛날에는 조개 껍질을 호미삼아 밭을 갈았으므로 두 손으로 조개 껍질을 들고 흙 파는 것을 '욕볼 욕(辱)' 자로 쓰는 것이다. 밭을 가는 일은 농사의 시작이므로 '진(辰)' 자에 '농사 시기'·'움직이다' (이 경우는 '진(振)'·'진(震)' 등으로도 씀) 등의 의미들이 생겨났고, 특히 농사 시기의 도래를 지시하는 별자리는 '방성(房星)'이므로 '진(辰)' 자는 이를 가리키기도 한다. '잘 숙(宿)' 자는 '집 면(宀)'과 '일백 명 두목 백(佰)'으로 되어 있으나, 여기서 '백(百)' 자는 고문자 자형을 보면 돗자리 모양으로 되어 있다. '숙(宿)' 자의 독음 역시 '저녁 석(夕)'·'자리 석(席)' 등과 같은 계열이다. 따라서 '숙(宿)' 자의 자형적 의미는 '사람이 집 안에서 자리를 깔고 누워 자다'가 된다.

'벌릴 렬(列)' 자는 '칼 도(刀)'와 '앙상한 뼈 알(歹)'로 이루어졌으므로 자형적 의미는 '칼로 뼈의 살을 조각조각 발라내다'가 된다. 따라서 '렬(列)' 자는 '찢어질 렬(裂)' 자의 원래 글자임을 알 수 있다.

'베풀 장(張)' 자는 '활 궁(弓)'과 '길 장(長)'으로 이루어졌으므로 자형적 의미는 '활의 시위를 끝까지 당겨서 가장 크게 불리다'가 된다. 같은 계열의 독음을 가진 '불릴 창(脹)' 자가 이를 입증한다.

'진(辰)' 자는 흔히 해와 달과 별 등 하늘을 운행하는 뭇별을 통틀어 일컫는 말로 많이 쓰이지만, 이 구절에서는 '수(宿)' 자와 더불어서 고대 천문 용어의 개념으로 쓰였다. 옛날 사람들은 천체의 운행을 관측하기 위하여 황도(黃道, 지상에서 본 태양의 일 년 운행의 궤도) 부근에 28개의 항성군(恒星群)을 선택하여 표지로 삼고는 이를 28수(宿)[5]라고 불렀다. 그리고 황도 부근의 일주 궤도를 다시 12등분하여 이를 '십이차(次)', 또는 '십이진(辰)'[6]이라고 불렀다. 그러므로 '진수(辰宿)'란 일반적인 뭇별과 뭇 별자리를 가리키는 것이 아니라, 황도라고 하는 문화적 공간에 열 지어짐으로써 의미가 부여된 특별한 별과 별자리의 조직인 것이다.

고대 천문은 과학인 것처럼 보이지만 과학의 겉옷 속에 이데올로기를 함의한 문화이다. 이 이데올로기는 28수를 이른바 전국칠웅(戰國七雄)의 숫자에 맞추어 7분야(分野)로 분할한 대목에서 극명하게 드러난다. '렬(列)' 자는 곧 그 속에 내재된 질서를 암시하고 '장(張)' 자는 그 조직이 팽팽히 당겨진 상태로 펴져 있음을 의미한다. 따라서 황도 밖에서 의미를 부여받지 못한 뭇별들은 이 팽팽히 당겨진 세계와 질서 속으로 편입될 수 없다. 다시 말해서 과학적 용어인 '진수'는 중립적인 것 같지만, 기실 편입되지 못한 다른 별들을 배제하고 억압해서 자연스럽게 중국 중심의 세계관을 심어주는 기능을 수행한다. 이런 우주와 세계에서 타자들은 있는 것 같으면서도 실제로는 없다. 이것이 곧 결핍으로 나타나고 이로 인한 욕망은 자연히 중심인 황도로의 편입을 갈망할 수밖에 없을 것이다.

말이 계절을 부른다

寒來暑往(한래서왕)하고 | 추위가 오면 더위는 가고,

추울 한(寒)

'추울 한(寒)' 자의 고문자 자형을 보면 '집 면(宀)' · '사람 인(人)' · '풀 망(茻)' · '얼음 빙(冫)' 등으로 이루어졌다. 옛날에 가난한 사람들은 이부자리가 없어서 풀을 위아래로 깔고 덮고 잤는데, '망(茻)' 자의 아래에 있는 '초(艸)'는 깔개이고 위에 있는 '초(艸)'는 덮개를 가리킨다. 따라서 '한(寒)' 자의 자형적 의미는 '사람이 추운 집안에서 풀을 위아래로 깔고 덮고 자다'가 된다.

'올 래(來)' 자를 금문(金文)[7]에서는 '来'로 적었는데 이는 보리에 이삭이 팬 모양을 그린 것이므로 '래(來)' 자는 '보리 맥(麥)' 자의 본래 글자임을 알 수 있다. 주나라는 중국의 서쪽에 위치한 나라로 원래 서직(黍稷), 즉 기장과 조가 주식이었다. 나중에 후직(后稷)이 중원에서 보리를 들여와 처음으로 파종해서 주나라 사람들도 보리를 먹을 수 있게 되었다. 그래서 주나라 사람들은 보리를 하늘이 내려주신 상서로운 곡식이라 하여 '서맥(瑞麥)'이라고 불렀다. 이처럼 보리는 외부에서 들여온 곡식이므로 '래(來)' 자에 '오다'라는 의미가 생겨나게 된 것이다.

'더울 서(暑)' 자는 '날 일(日)'과 '어조사 자(者)'로 이루어졌다. '자(者)' 자는 '여러 제(諸)'의 본래 글자이고, '제(諸)' 자는 다시 '쌓을 저(儲)'와 기실 같은 글자이므로 '자(者)' 자에는 '쌓다'·'모으다' 등의 의미가 있다.[8] 따라서 '서(暑)' 자의 자형적 의미는 '햇볕이 쌓여서 덥다'가 된다. '덥다'는 의미에 '열(熱)' 자가 있는데 이는 사막의 더위처럼 건조한 상태로 더운 것을 가리키고, 이에 비하여 '서(暑)' 자는 습한 상태로 무더운 것을 의미한다.

'갈 왕(往)' 자를 소전에서는 '徉'으로 썼는데, 여기서 우측 방인 '圭'은 '풀 지(之)'와 '흙 토(土)'로 이루어졌으므로 '잡초들이 함부로 이리저리 뻗어가다'라는 의미가 있다. '왕(往)' 자의 독음이 '거짓 망(妄)'과 같은 계열에 속하는 사실이 이를 입증한다. 따라서 '왕(往)' 자의 자형적 의미는 '풀이 뻗어나가 도달하다'가 된다.

이 구절은 추위와 더위가 반복적으로 순환함을 묘사한다는 점에서 앞의 "해와 달은 차고 기운다"(日月盈昃)라는 구절의 뜻과 맥락이 같다.

자연의 반복 순환 현상은 언어로 표현하는 것처럼 단절되어 있는 것이 아니고 연속선 상에서 이동할 뿐이다. 태극(太極) 문양을 보면 음과 양이 서로 분리되어 있는 것처럼 보이면서도 실제로는 서로 감치면서 나선 모양을 형성하고 있는데, 이는 이러한 반복 순환의 연속적 이동을 형상적으로 보여주는 상징이다. 이것을 데리다(J. Derrida)는 차연(差延)이라는 용어로 그 개념을 정의하였다. 그러나 언어는 대립적 분절로 인한 차이를 통해 의미를 생성하면서도 그 의미가 고립적으로 인식되기 때문에 실재의 차연적 속성은 표상이 불가능하다. 따라서 계절이란 더위와 추위가 중첩되면서 연속되는 변화 현상인데도 추위와 더위 사이의 단순한 교대 현상으로 묘사될 수밖에 없다. 이러한 반복 논리는 일정한 회로를 벗어날 수 없다는 운명론을 낳는데, 이를 이데올로기로 활용할 경우 삶에 대한 진지한 욕망과 계획, 그리고 이를 실현하기 위한 몸부림을 허무하게 만들 우려가 있다.

허무하다는 것은 수고가 헛되어 남는 것이 없다는 뜻도 되지만, 메타 인식적으로는 스스로가 너무 커서 대범하게 느껴진다는 의미도 함축한다. 그래서 사람을 통이 커지게 만들면서 또 생활에 충실하려는 애착을 무의미하게 보도록 부추기는 경향이 있다. 그러나 대범함의 이데올로기에 복종할 경우 권력은 백성들이 대범하게 간과해 버린 그 부분을 이용해서 거꾸로 백성들을 다시 옥죌 것이다.

이 구절이 의미하는 바처럼 추위와 더위의 교차 주기가 한 번 이루어지면 일 년이 된다. 그래서 고대 중국에서는 일 년을 '한서역절(寒暑易節)'로 표현하기도 하고, '춘추(春秋)'를 일 년의 완성으로 보기도 한다. 노(魯)나라 역사를 토대로 공자가 편찬했다고 전해지는 『춘추』의 서명을 '춘(春)'과 '추(秋)'로만 쓴 것은 바로 이 때문이다. 계절을 춘·하·추·동의 네 시기로 구분한 것은 춘·추로 한참 쓰고 난 이후의 일이다. 그러니까 옛날에는 봄과 가을만 있고 여름과 겨울은 없었던 것이 아니라, '하(夏)'와 '동(冬)'이라는 단어가 아직 없어서 여름과 겨울을 인식하지 못하였던 것이다. 이로써 사물은 언어의 지시로 완전히 창출되는 것임을 알 수 있다.

자연을 인간의 기호(記號)대로 길들이기

秋收冬藏(추수동장)이라 │ 가을에 거둬들이고 겨울에 갈무리한다.

착할 장(臧)

'가을 추(秋)' 자는 '벼 화(禾)'와 '불 화(火)'로 이루어 졌다. '화(火)' 자의 독음이 '탈 초(焦)' · '거둘 수(收)' 등과 같은 계열에 속하므로 '추(秋)' 자의 자형적 의미는 '곡식이 익어서 거두어들이다'가 된다. 이로부터 '가을' 이라는 의미가 파생되었다.

'거둘 수(收)' 자는 '두드릴 복(攴)'과 '묶을 규(丩)'로 이루어졌으 므로 자형적 의미는 '두드려서 체포하다'가 된다. 이로부터 '거두어 들이다'라는 의미가 파생되었다.

'겨울 동(冬)' 자는 '얼음 빙(冫)'과 '뒤쳐져올 치(夂)'로 이루어졌 다. '치(夂)' 자는 기실 갑골문의 '동(冬)' 자로 '𠣳'로 썼는데 이는 실 을 다 뽑고 나서 서로 엉키지 말라고 양끝에 매듭을 만든 모양이므 로 '치(夂)' 자는 고문의 '마칠 종(終)'과 같은 뜻이 된다. 따라서 '동 (冬)' 자의 자형적 의미는 '계절의 마지막으로서 얼음이 어는 계절' 이 된다. '동(冬)' 자의 독음이 '얼 동(凍)'과 같은 사실이 이를 증명 한다.

'감출 장(藏)' 자는 '풀 초(艸)'와 '착할 장(臧)'으로 이루어졌다. '장(臧)' 자는 창상을 입은 포로가 침대에 누워 있는 모양이므로 '장 (藏)' 자의 자형적 의미는 '숲 속에 은둔하여 쉬다'가 된다. 이로부터

'갈무리하다'·'저장하다' 등의 의미가 파생되었다.

이 구절은 사마천(司馬遷)의 『사기』(史記) 「태사공자서」(太史公自序) 중의 "무릇 봄에는 소생하고, 여름에는 성장하고, 가을에는 거둬들이고, 겨울에는 갈무리하는 것, 이것이 천도의 큰길이다"(夫春生·夏長·秋收·冬藏, 此天道之大經也)를 다시 쓴 것이다.

"봄에는 소생하고, 여름에는 성장하고, 가을에는 거둬들이고, 겨울에는 갈무리한다"라는 말은 만물의 생성과 변화 과정을 명쾌하게 이해시키기 위하여 구호화한 형이상학적 논리이다. 이 논리는 만물의 생성과 변화를 계절의 특성으로 환원시켰다는 점에서 은유적 수사에 속한다고 말할 수 있다. 따라서 우리의 삶도 이 은유적 구조로 이해하면서 그에 맞춰 사는 것이 가장 이상적인 것이 될 수 있다. 그래서 고대 중국에서는 봄에는 만물의 소생을 돕기 위하여 어떠한 살생도 금지하였고, 여름에는 올바른 성장을 위하여 교육을 독려하는 일에 힘썼으며, 가을은 거둬들이는 계절이므로 그간 미루어놓았던 살생들, 이를테면 도발에 대한 응징·사형 등을 시행하였고, 겨울에는 만물이 땅속 깊이 갈무리되는 계절이므로 건축·토목 공사 등 땅을 파헤치는 일을 금지하였다.

이러한 형이상학적 삶을 영위하는 것이 자연의 섭리에 순응하는 삶이라고는 하지만, 실제로는 그 자체로 의미가 이미 꽉 차 있는 자연을 기실 텅 비어 있는 기호로 옮겨서 그 기호의 구조대로 살도록 유도하는 것이므로, 그 삶이란 실상 자연적 삶이 아닌 인위적이고도 획일적인 삶이 되는 것이다. 더구나 이제는 비닐하우스 농법 때문에 추수를 여름, 가을은 물론 겨울과 봄에도 할 수 있는 시대가 되었으니, 이러한 형이상학적 삶이 의미가 희박해졌을 뿐만 아니라 구조 자체가 흔들리는 지경에 이르고 만 것이다.

기호적인 틀에 맞춰서 형이상학인 삶을 영위하는 것이 고대 중국처럼 광대한 지역의 삶을 통제하고 안정시키는 데에는, 즉 현실 이데올로기적으로는 매우 의미가 있었다. 그러나 의미가 다원화되고 산업이 다양화된 현대 사회에서 이러한 패턴을 너무 절대화하여 여기에 얽매이는 것은 자칫 정체의 원인이 될 수도 있다. 특히 현대는 세상의 모습을 실재보다는 미디어에 의존하는 경향이 심한데, 형이상학적 틀의 절대화는 권력이 조작하는 미디어에 의해서 사회 구성원들을 획일화할 수 있는 위험도 안고 있다.

가정에서도 우리는 자녀들을 꾸짖을 일이 있어도 아침에는 가급적 피하고 저녁 시간이나 나중으로 미루었다가 질책하는 경향이 있다. 이렇게 하면 부모는 그동안 노여움을 삭일 수 있고 자녀 또한 반성할 수 있는 기회를 가질 수 있으므로 바람직하다고 볼 수 있고, 이러한 방법이 가정 교육에서는 효과가 있을 것으로 판단된다. 그렇지만 이른바 정의로운 사회를 이룩하는 데에도 이러한 방식이 그대로 통할 수 있을까? 결론부터 말하자면 오히려 역효과를 낼 것이다. 왜냐하면 악한 자들은 남들의 이러한 행동 문화를 악용하여 부정을 저지르고 또 들켰을 때에도 역시 이에 의지하여 관용을 바라기 때문이다. 따라서 부정을 막고 벌하는 경우에는 어떠한 고려나 배려가 있어서는 안 된다. 고대 중국에서도 봄에는 살생과 전쟁을 금한다고 했지만, 그것은 중국이 주도적으로 군사를 일으키는 것을 말하고, 외부로부터의 도발에 대해서는 예외를 두고 있다. 부정에 대한 토벌이 바로 예외에 속한다.

'년(年)'과 '세(歲)'의 차이

閏餘成歲(윤여성세)하고 | 윤달이 한 해를 완성하고,

이룰 성(成)

'윤달 윤(閏)'자는 '임금 왕(王)'과 '문 문(門)'으로 이루어졌으므로 자형적 의미는 '천자가 문 안에 거처하다'가 된다. 매월 초하루에 귀신에게 제사 지내는 것을 '고삭(告朔)의 예'라고 부르는데, 이때 천자는 그 달에 맞춰서 종묘 안에 있는 열두 개의 방에 각각 거한다. 즉 종묘의 동쪽 문을 청양(靑陽), 남쪽 문을 명당(明堂), 서쪽 문을 총장(總章), 북쪽 문을 현당(玄堂)이라고 각각 부르는데, 이 네 문에는 각기 중앙의 태묘(太廟)·좌개(左个)·우개(右个) 등 세 개씩 실이 나누어져 있어서 종묘 안은 빙 돌아가면서 모두 12개의 실을 갖추고 있는 셈이 된다. 그래서 천자는 매월 '고삭'을 할 때마다 그 달에 해당하는 실에 거하게 된다. 이를테면 맹춘(孟春)에는 청양의 북쪽 실인 좌개에, 중춘(仲春)에는 중앙 실인 태묘에, 계춘(季春)에는 남쪽 실인 우개에 머문다. 그러면 맹하(孟夏)에는 명당의 동쪽 실인 좌개에, 중하(仲夏)에는 중앙의 태묘에, 계하(季夏)에는 서쪽 실인 우개에 머물게 되고, 맹추(孟秋)에는 다시 총장의 남쪽 실인 좌개에, 중추(仲秋)에는 중앙의 태묘에, 계추(季秋)에는 북쪽 실인 우개에 머물게 되며, 맹동(孟冬)에는 현당의 서쪽 실인 좌개에, 중동(仲冬)에는 중앙의 태묘에, 계동(季冬)에는 동쪽 실인 우개에 머물게 된다. 그런데 이렇게 순환하다 보면 윤달이 낄 경우 거할 곳이 없어지므로 하는 수 없이 천자가 문 안에 거하게 된다. 따라서 '천자가 문 안에 거처하다'라고 하는 자형적 의미가 '윤달'이라는 의미로 쓰여진 것이다.

'남을 여(餘)'자는 '먹을 식(食)'과 '나머지 여(余)'로 이루어졌다. 음식이란 많아야 남기는 법이므로 자형적 의미는 '음식이 먹고 남을 정도로 넉넉하다'가 된다.

'이룰 성(成)'자는 '도끼 무(戊)'와 '고무래 정(丁)'으로 이루어졌다. 여기서 '정(丁)'자는 '두드릴 정(朾)'자와 같은 뜻으로 쓰였으므로 '성(成)'자의 자형적 의미는 '도끼나 망치, 끌 같은 도구를 계속 두드려서 무엇인가를 만들어내다'가 된다. 이로부터 '이룩하다' · '성취하다' 등의 의미가 파생된 것이다.

'해 세(歲)'자는 '걸을 보(步)'와 '멸할 술(戌)'로 이루어졌다. '술(戌)'자는 창으로 사람을 찔러 죽이는 모양이므로 '세(歲)'자의 자형적 의미는 '적진을 넘어 달려가서 창으로 찔러 죽이다'가 된다. 이로부터 '한계를 넘어가다'라는 의미가 생겨났다. 따라서 '세(歲)'자는 '넘을 월(越)'자의 원래 글자가 되는데, '세(歲)'자와 '월(越)'자의 독음이 고대에는 같았다는 사실이 이를 입증한다. 그러다가 나중에 천문학에서 목성(木星)이 28수(宿)를 두루 넘나들면서 궤도를 형성하므로 이를 '세(歲)'라고 부르게 되었다.

'윤여(閏餘)'는 '여분의 달', 즉 윤달을 의미한다. 윤달이란 달의 주기 오차 때문에 발생하는 계절과의 들쭉날쭉한 차이를 매끄럽게 중화시켜 주기 위한 달을 말한다. 그러므로 이때의 '윤(閏)'자는 '윤택할 윤(潤)'자와 같은 뜻이 된다.

한 해를 의미하는 한자 중에서 가장 많이 쓰이는 것이 '년(年)'과 '세(歲)'이다. '년'은 우리가 흔히 음력이라고 부르는 태음력의 일 년을 말한다. 태음력은 달의 운행을 근거로 만든 책력이므로 양력과 비교할 때 열흘 이상의 차이가 나기 때문에 이 오차를 보충하기 위해서 윤달을 두다보면 절기와 맞지 않아서 농업 생산에 매우 불편하였다. 그래서 고대 중국에서는 음양합력(陰陽合曆)이라 하여 음력과 양력을 함께 사용하였는데, 이는 태양의 운행 주기를 근거로 한 것이 아니라 세성(歲星), 즉 목성의 주기를 12로 나누어 계산한 것으로서 그 기간이 마침 태양의 주기와 일치하므로 양력으로 부르는 것이다. 우리가 흔히 '세차(歲次)'라고 부르는 것은 바로 이를 가리킨다.

그러므로 '년(年)'에다가 여분의 달인 윤달을 두면 하나의 '세(歲)'가 완성된다는 것이 이 구절의 의미이다.

태평성세를 창출하는 즐거운 음악

律呂調陽(율려조양)이라 | 육률(六律), 육려(六呂)로 음양을 조절한다.

두루 주(周)

'율려(律呂)' 란 중국 고대의 악률을 교정하던 기구로서 길이가 서로 다른 12개의 죽관이나 금속관으로 만들어졌는데, 각 관이 내는 음을 모든 악기의 표준음으로 삼았다. 저음관에서 시작해서 홀수의 여섯 개 관을 '율(律)', 짝수의 여섯 개 관을 '려(呂)' 라고 부른다.

『여씨춘추』(呂氏春秋) 「고악」(古樂)편에 의하면 곤륜산(崑崙山) 해계(嶰谿) 골짜기에서 구멍이 크고 고른 싱싱한 대나무를 골라서 두 마디 사이를 잘라 그 길이를 아홉 치로 하여 불었을 때 나는 소리를 황종(黃鐘)의 궁(宮)음으로 삼았다고 한다. 그리고 여기에서 2/3만큼의 길이를 취해서 내는 소리를 임종(林鐘), 다시 이로부터 4/3만큼의 길이를 더 취해서 내는 소리를 태주(太蔟)라고 부른다. 이처럼 기준으로부터 1/3만큼 떼어내고 소리를 취하는 경우와 반대로 1/3만큼 더 붙여서 소리를 내는 경우가 있는데, 전자를 하생(下生), 후자를 상생(上生)이라고 부른다. 따라서 상생으로 생겨난 음은 황종(黃鐘)·대려(大呂)·태주(太蔟)·협종(夾鐘)·고선(姑洗)·중려(仲呂)·유빈(蕤賓) 등이고, 하생으로 생겨난 음은 임종(林鐘)·이칙(夷則)·남려(南呂)·무역(無射)·응종(應鐘) 등이다. 따라서 율려는 황종으로부터 칠상오하(七上五下)로 발전하는 양상으로 보인다. 여기서 상생은 양률에 속하고 하생은 음률에 속한다.

'고를 조(調)' 자는 '말씀 언(言)'과 '두루 주(周)'로 이루어졌다. '주(周)' 자는 구성원을 화합하게 한다는 뜻이 있고, '조(調)' 자의 자형적 의미는 '말로 전체 구성원을 화합하게 하다'가 된다.

'빛 양(陽)' 자는 '언덕 부(阜)'와 '빛 양(昜)'으로 이루어졌다. '양(昜)' 자는 태양이 떠오를 때 방사되는 햇살 모양이므로 '양(陽)' 자의 자형적 의미는 '산 언덕에 비치는 햇빛'이 된다. 햇볕을 받는 산 언덕은 남사면이므로 산의 남쪽을 가리키기도 한다. 강의 경우는 볕이 북쪽 강변에 비치므로 이때의 '양(陽)'은 강의 북쪽을 지시한다.

이 구절은 음률을 정하는 율려(律呂)로써 음양을 조절하고 다시 이로써 자연과 세상을 조화롭게 만든다는 의미를 나타내고 있다.

오늘날 『시경』(詩經)으로 전해지고 있는 『모시』(毛詩)에 보면 다음과 같은 구절이 있다.

> 잘 다스려지는 세상의 음악이 편안하고 즐거운 것은 그 시대의 정치가 조화롭기 때문이고, 어지러운 세상의 음악이 원망과 분노에 찬 것은 그 시대의 정치가 어그러졌기 때문이며, 망해가는 나라의 음악이 슬픔과 그리움으로 충만한 것은 그 정치가 곤경에 빠져 있기 때문이다.(治世之音安以樂, 其政和; 亂世之音怨以怒, 其政乖; 亡國之音哀以思, 其政困.)

정치의 선불선(善不善)에 따라서 백성들이 즐기는 음악이 달라지기 때문에 어느 시대의 음악을 채취하여 들어보면 그 시대의 정치 상황을 알 수 있다는 위의 구절은 곧 음악을 세상을 들여다볼 수 있는 창(窓)으로 간주하고 있다. 그러나 텍스트는 텍스트 자체의 선험성에 의해서 결정된다는 구조주의적 관점에서 본다면, '치세(治世)'의 경험이 '편안하고 즐거운'(安以樂) 노래로 나타났다기보다는 오히려 '편안하고 즐거운 노래'가 '치세'를 만든다고 보는 것이 옳을 것이다. 그러니까 주체의 정체성과 능동성을 회의적으로 보는 관점에서 보자면 『모시』의 관점과는 반대로 음악이 주체를 움직여서 나라를 흥하게도 하고 망하게도 할 수 있다는 뜻이 되는 것이다.

『천자문』의 4자구 형식은 "율려로써 음양을 조절한다"라는 내용을 네 글자로 축약하게 만들고 게다가 마지막 글자에 압운을 하도록 강제하고 있으므로, '음양(陰陽)'의 두 글자 중에서 '음(陰)'은 억압되고 '양(陽)'이 이를 대표하는 결과를 낳았는데, 이것은 '음'에 대한 '양'의 비교 우위적 관념을 우리의 사고 속에 고착시키는 데에 크게 기여한 것으로 보인다. 따라서 '양'의 속성으로 분류되는 사물들은 '음'의 속성으로 분류되는 사물에 대하여 권력을 가짐과 아울러 더 중시될 수밖에 없는 것이다.

이 구절의 전체 의미는 율려가 음양을 '두루 화합하게 한다'(調)라고 하지만, 형식상으로는 '양만을 조절하면'(調陽) 음은 저절로 조절되는 것으로 인식하게 만든다. 홍성원(洪聖源)의 『주해천자문』(註解千字文)에서 "양을 들어주면 음은 그 가운데 있게 된다"(擧陽則陰在其中)라는 풀이는 이 점을 분명히 드러낸다. 그러나 '양'이란 고정된 기의(記意)를 갖는 것이 아니라 앞서 설명한 '양(陽)'자의 자형처럼 햇빛이 어디를 비추느냐에 따라서 남쪽의 방향이 달라지는 것임도 함께 알아야 할 것이다.

자연 법칙에서 규범으로

雲騰致雨(운등치우)하고 | 구름이 빠르게 올라가서 비를 오게 하고,

구름 운(雲)

'구름 운(雲)' 자는 '비 우(雨)' 와 '운행할 운(云)' 으로 이루어졌다. '운(云)' 자의 고문자 자형은 원래 구름이 빙빙 돌아 올라가는 모양으로 돼 있으므로 처음에는 '구름' 이란 의미로 쓰였다. '운(云)' 자의 독음이 '빙빙 돌 운(運)' 과 같은 사실이 이를 입증한다. 그러다가 이 글자가 '말하다' 라는 의미로 빌려 쓰이게 되면서 '구름' 이란 의미는 오늘날의 '운(雲)' 자로 파생돼 나온 것이다.

'오를 등(騰)' 자의 독음은 '말 빨리 달릴 동(駧)' 과 같은 계열에 속하므로 '등(騰)' 자 역시 '말이 빨리 달리다' 라는 의미를 갖고 있다. 빨리 달리는 말은 옛날에는 역참(驛站) 말로 써서 역과 역 사이를 왕래하며 메시지를 전달케 하였으므로 '빨리 전달하다' 라는 의미로 쓰이기도 한다. 글을 옮겨 적는 것도 그 내용을 다른 종이에 전달하는 것과 같으므로 '마(馬)' 자 대신에 '언(言)' 자를 써서 '등(謄)' 으로 쓴다. 등사(謄寫) · 등본(謄本) 등에서의 '등' 자는 바로 이 뜻이다.

'부를 치(致)' 자는 '두드릴 복(攵)' 과 '이를 지(至)' 로 이루어졌으므로 자형적 의미는 '두드려서 빨리 오게 하다' 가 된다.

이 구절은 '구름과 비' 라는 자연 현상의 인과성을 설명함으로써

『천자문』을 합리적 공간으로 만들고 있다.

어린이들의 흙 놀이 중에 흙 속에 손을 넣고 그 위를 두드리면서 "두껍아, 두껍아. 헌집 줄게 새집 다오"라고 노래 부르는 놀이가 있다. 이것은 두드린다는 것이 곧 변화를 재촉하는 행위임을 말해 준다. '치(致)' 자의 자형은 바로 이 사실을 형상적으로 보여주고 있다. 다시 말해서 구름이 비를 불러온다는 말을 '치(致)' 자로 쓴 것은 그 두 사물이 인과 관계에 있다는 과학적 지식을 심어준다는 말이다.

따라서 이 구절은 자연 현상의 인과성을 합리적으로 설명함으로써 『천자문』의 내용을 전체적으로 믿고 따를 만한 합리적인 것으로 인식하게 해준다. 즉 인간이 만든 규범(nomos)이란 불안정한 것이므로 이러한 자연 현상의 법칙(cosmos)을 끌어들여 대응시켜 규범의 안정성과 정통성을 확보하는 것이다.

상호 모순된 의미들의 동거

露結爲霜(노결위상)이라 | 이슬이 맺혀서 서리가 된다.

할 위(爲)

'이슬 로(露)' 자는 '비 우(雨)'와 '길 로(路)'로 이루어
졌다. 길이란 영역을 나누는 경계이기도 한데 이슬이란
찬 공기와 더운 공기 사이의 경계에서 발생하므로 자형
적 의미는 '찬 공기와 더운 공기 사이의 경계에서 나타
나는 비', 즉 '이슬'이 된다.

'맺을 결(結)' 자는 '실 사(糸)'와 '길할 길(吉)'로 이루어졌다. '길
(吉)'이란 땅에 함정을 파놓고 그 위를 나뭇가지를 엮어서 덮어놓고
는 사람들에게 조심하도록 표지를 해둔 모양이다.[9] 그리고 '결(結)'
자의 독음은 '굳을 견(堅)' 자와 같은 계열에 속한다. 따라서 '결
(結)' 자의 자형적 의미는 '끈으로 단단히 얽어매다'가 된다.

'할 위(爲)' 자의 원래 자형은 '손 수(手)'와 '코끼리 상(象)'으로
이루어졌으므로 자형적 의미는 '코끼리를 끌고서 일을 부리다'가 된
다. 동물을 이용하여 일을 하는 글자들, 이를테면 '칠 목(牧)'·'부
릴 어(馭)' 등의 자형 속에 '손'을 의미하는 '수(手)'나 '우(又)'가
씌어 있는 사실을 주목할 필요가 있다. 이로부터 '하다'·'되다' 등
의 의미들이 파생된 것이다.

'서리 상(霜)' 자는 '비 우(雨)'와 '도울 상(相)'으로 이루어졌다.
'상(相)' 자는 소경이 나무 지팡이의 도움을 받아 길을 살펴가는 모

양이므로 여기에는 이미 '눈의 상실'이란 의미가 내포돼 있다. '상(霜)'자의 독음이 '잃을 상(喪)'과 같다는 사실이 이를 입증한다. 따라서 자형적 의미는 '수분이 얼어서 된 차디찬 서리'가 된다.

이 구절 역시 앞의 출구(出句)와 마찬가지로 '이슬'과 '서리' 사이를 인과적 변화 관계로 설명해 합리적이고도 과학적인 공간을 인식하도록 해준다.

앞의 자해에서 설명한 바와 같이 '로(露)'자의 의미는 '길 로(路)'에서 찾을 수 있다. 길이란 처음부터 존재한 것이 아니라 사람들이 밟고 다니다보면 드러나는 것이다. 그러면서 길은 영역의 경계를 나누는 표지가 되기도 한다. 이것이 대기 현상에 적용되면 온기와 냉기의 경계에서 이슬이 맺히게 되고 이슬이 맺히는 부분부터 '온기 영역'의 밖이 시작되는 셈이다. 그래서 밖에서 자는 것을 '노숙(露宿)'이라 하고 밖으로 백일하에 드러내는 일을 '폭로(暴露)'라고 말하는 것이다.

'상(霜)'자의 의미 역시 '상(相)'자에서 찾을 수 있다. '상(相)'이란 소경이 나무 지팡이의 도움을 받아 길을 살펴가는 모양이다. 그래서 '상(相)'자에 '돕다'와 '살피다'의 두 가지 의미가 생겨나게 된 것이다. 그러나 '상(霜)'자의 독음이 '상(喪)'자의 독음과 겹친다는 사실은 '살상(殺傷)'과 '상실'의 의미를 내포하기도 한다. 남편과 사별한 아낙을 '상부(孀婦)'라고 부르는 것은 여기에서 연유한다. '상(霜)' 속에 '상(相)'과 '상(喪)'이 함께 들어 있다는 사실은 가을에 서리가 내리면 초목이 시들어 죽게 되는데, 이는 아울러 해충도 죽이는 효과가 있어서 식물의 새로운 생명을 보존하는 데에 도움이 된다는 의미를 갖는다는 말이다.

　이처럼 한자는 부분적인 자형들이 모여서 전체 자형을 구성하는데, 이때 각 자형들은 비록 그것이 주변에 던져져 있어서 직접적인 의미 창출에서 소외돼 있는 것처럼 보이더라도 그 글자가 이 문맥 저 문맥 속으로 흐르는 가운데 자신의 의미를 언젠가는 드러내고 마는 특성을 갖고 있다. 그렇기 때문에 '상(相)'과 '상(喪)'처럼 서로 모순되는 의미들이 한 글자 속에 동거할 수 있는 것이다.

　앞서 말한 바와 같이 이러한 자연 현상의 인과 관계에 대한 설명은 『천자문』을 합리적인 공간으로 만드는 데에 일조를 하고, 이는 나아가 『천자문』이 담고 있는 담론을 같은 공간 속에서 합리적인 것으로 믿게 만드는 데에 기여한다.

'사슴'(鹿)의 기의

金生麗水(금생려수)하고 │ 금은 여수(麗水)에서 나고,

고울 려(麗)

'여수(麗水)'는 형남(荊南)과 더불어 중국 고전에서 사금(砂金) 생산지로 자주 거론되는 지명이다. 그래서 역사적으로 금은 이 지역의 주요 조공품으로 지정되었다고 한다. 여수는 오늘날 금사강(金沙江)이 운남성(雲南省) 여강납서족(麗江納西族) 자치현으로 유입되는 북쪽 지역을 지칭한다. 넓은 대륙에서 금이라는 광물이 여수에서만 생산되는 것이 아닐진대 유독 여수의 것을 치는 것은 "금(金)은 물(水)을 낳는다"(金生水)라는 오행상생설(五行相生說)의 담론이 여수의 금을 신화적인 것으로 만든 것이리라.

앞의 문장까지가 '하늘'(天)에 관한 일을 서술하였다면 이 구절부터는 '땅'(地)에 관한 일을 적는다. '고울 려(麗)' 자의 자형에서 볼 수 있듯이, 고대 중국인들은 아름다움을 묘사할 때 자주 사슴(鹿)을 등장시켰는데, 이는 사슴이 먹이를 찾으면 혼자만 먹지 않고 자기 무리를 불러서 함께 나누어 먹는 습성이 있다고 해서 생긴 관용적 표현이다. 특히 신하들이 서로 협조하고 단결하여 임금을 모시는 행위는 사슴의 이러한 습성으로 곧잘 은유화되었다. 『시경』(詩經) 「녹명」(鹿鳴)편의 내용이 그 대표적인 예이다.

명문 가문과 베들레헴

玉出崑岡(옥출곤강)이라 | 옥은 곤륜산(崑崙山)에서 나온다.

날 출(出)

'구슬 옥(玉)' 자는 갑골문에서 ' ' 으로 적었는데, 이는 여러 구슬을 줄에 꿴 모양이다. '옥(玉)' 자의 독음은 '굽을 곡(曲)' 과 같은 계열에 속하는데 이는 구슬을 줄에 꿰면 그 모양이 구불구불하게 나타나기 때문이다.

'날 출(出)' 자는 갑골문에서 ' ' 로 적었는데, 이는 발( )에 신발( )을 신은 모양이므로 자형적 의미는 '발에 신발을 신고 밖에 나가다' 가 된다.

'곤강(崑岡)' 은 곤륜산(崑崙山)으로 촉강(蜀岡)이라고도 부른다. 오늘날 강소성(江蘇省) 강도현(江都縣) 서북쪽에 있다. 『한비자』(韓非子) 「화씨」(和氏)편에 화씨벽(和氏璧)이라는 구슬에 얽힌 고사가 나오는데, 이 화씨벽이 곧 이곳 곤강에서 캐낸 옥으로 만든 구슬이라고 전한다.

이 고사의 줄거리는 이러하다. 초나라 사람 변화(卞和)가 초나라 산중에서 옥 원석을 캐내어 이를 초나라 여왕(厲王)에게 바쳤다. 왕이 옥공에게 감별시켰더니 옥공들이 모두 "이는 평범한 돌입니다" 라고 대답하였다. 그러자 왕은 임금을 속였다 하여 변화의 왼쪽 발목을 자르는 형벌을 가하였다. 여왕이 죽고 무왕이 즉위하자 변화는 다시 원석을 무왕에게 바쳤다. 무왕이 옥공에게 감정을 하게 하였더니 역시 돌이라고 대답하였다. 무왕도 임금을 속였다 하여 이번에는 오른쪽 발목을 자르는 형벌을 주었다. 무왕이 죽고 문왕이 즉위하자 우연한 기회에 변화는 원석을 문왕에게 바칠 수 있게 되었다. 왕이 옥공에게 이를 다듬게 하였더니 과연 보배로운 구슬이 되었다. 그래서 이 구슬을 일컬어 화씨벽이라고 명명하게 하였다.

위 고사는 원석의 상태, 다시 말해서 바탕을 중시하는 윤리와 아울러 회재불우(懷才不遇), 즉 재주는 있으나 때를 만나지 못한 인재들에게 기다리는 미덕을 가르친다. 왜냐하면 원석이 빛을 보는 것은 자신이 아니라 타자(他者)의 개입으로 완성되기 때문이다. 따라서 이 고사는 '관계'의 의미를 중시하라는 메시지를 은연중에 들려준다.

"금은 여수에서 나고 옥은 곤강에서 나온다"라는 이 구절은 좋은 금과 옥이란 아무데서나 산출되는 것이 아니라 특별히 선택된 땅에서 나는 것처럼 훌륭한 인재 역시 좋은 가문에서 나온다는 사실을 말하려 할 때 흔히 비유로 사용된다. 그러니까 눈앞에 주어진 상황이란 인위적으로 만들어지는 것이 아니라, 씨앗이 따로 있어서 그 씨앗에서 자라나는 것이라는 인식이 자연스럽게 생긴다. 이러한 담론이 누구에게 유리하게 작용할는지는 굳이 묻지 않고도 알 수 있으리라. 명문 가문을 따지고 학연과 지연에 얽매이는 전통은 바로 여기에서 비롯된 것이 아닐까? 예수 그리스도가 큰 도시의 명문 가문에서 태어나지 않고 누구도 거들떠보지 않는 작은 시골 동네 베들레헴(우리말로는 '떡집')에서 가난한 목수의 아들로 태어난 사실은 이런 의미에서 비교해 음미해 볼 필요가 있다.

명검 거궐(巨闕), 혹은 이 빠진 칼날

劍號巨闕(검호거궐)하고 | 칼 중에서는 거궐을 입에 올려 부르고,

칼 검(劍)

'칼 검(劍)' 자는 '칼 도(刀)' 와 '모두 첨(僉)' 으로 이루어졌다. '첨(僉)' 자는 '여러 사람의 입을 한데 모으다' 라는 의미를 내포하고 있으므로 '검(劍)' 자의 자형적 의미는 '흩어진 상황이나 비상 사태를 추스리는 무기', 즉 '칼' 이 된다.

'부를 호(號)' 자는 '범 호(虎)' 와 '부를 호(号)' 로 이루어졌으므로 '범처럼 큰 소리로 울부짖다' 가 된다. 울부짖는 소리는 범이 가장 크므로 '호(虎)' 자를 쓴 것이다.

'거궐(巨闕)' 은 중국 고대 명검 중의 하나로 월나라의 명장인 구야자(歐冶子)가 만들었다고 전한다. 거궐이 얼마나 단단하고 예리한지 이것으로 청동 그릇과 쇠그릇을 찌르거나 베면 잘린 면에 기장쌀만한 구멍이 곳곳에 보였다고 한다. 즉 날이 너무 잘 들어서 쇠붙이 속의 기포 부분이 눌리지 않고 그대로 잘려나갔기 때문에 단면에 구멍이 그대로 남아 있었던 것이다. 그래서 검의 이름을 '거궐' 이라 부른 것인데, 이때 '궐(闕)' 자는 '속이 비어 구멍이 났다' 라는 뜻이다. '궐(闕)' 자의 자형적 의미가 '지붕에 망루대가 설치되어 있는 성문이나 궁궐의 대문' 이기 때문에 이 경우에는 '대문 가운데의 빈 공

간'이라는 의미가 드러난 것이다.

한편 '거궐'을 일반 명사로 쓰면 '칼날에 이빨이 나간 검'이 되는데, 이때 '궐(闕)'자는 '떨어져나가 자리가 비다'라는 의미로 쓰였다. 즉 칼이란 쇠가 강할수록 날이 잘 떨어져나가게 마련이다. 우리가 『천자문』을 통해서 중국의 명검을 이야기할 때는 신화적인 측면만을 인식할 수밖에 없다. 그러나 이제는 문자 속에 숨어 있는 자형을 통해서 칼날에 이빨이 빠질 수밖에 없는 현실적인 면도 함께 존재하고 있다는 이면의 사실을 깨달을 필요가 있다.

야광주의 진실

珠稱夜光(주칭야광)이라 | 구슬 중에서는 야광주를 일컫는다.

빛 광(光)

'구슬 주(珠)' 자는 '구슬 옥(玉)' 과 '붉을 주(朱)' 로 이루어졌다. '주(朱)' 는 '붉은 색' 이란 뜻으로 고대 중국에서는 '붉을 단(丹)' 과 아울러 흔히 '변치 않음' 을 상징하는 데 쓰인다. '변치 않음' 은 보석의 속성이자 생명이므로 '주(珠)' 자의 자형적 의미는 '변치 않는 구슬' , 즉 '진주' 가 된다.

'일컬을 칭(稱)' 자는 '벼 화(禾)' 와 '들어올릴 칭(爯)' 으로 이루어졌다. '칭(爯)' 자는 쌓여진 물건을 손으로 들어올리는 모양이고, '화(禾)' 자는 저울추를 의미하는데 이는 옛날에는 좁쌀 12개의 무게를 1분(分)으로 삼고, 12분을 1수(銖)로 규정하여 중량 단위로 삼았기 때문이다. 따라서 '칭(稱)' 자의 자형적 의미는 '들어올려서 무게를 달다' 또는 '저울' 이 된다. 옛날에는 손으로 물건을 들어보는 방법으로 무게를 쟀다. 그래서 '손으로 들어올리다' 라는 뜻에서 '높여 칭찬하다' , '일컬어 칭찬하다' 등의 의미들이 파생된 것이다.

'야광(夜光)' 이란 곧 야광주(夜光珠)를 가리킨다. 이는 전설상의 구슬 이름으로 춘추 때에 수(隨)나라 임금이 용의 아들을 구해준 대가로 받았는데, 밤에도 대낮처럼 빛을 발하였다고 한다. 이 밖에도 야광주로 일컬어지는 구슬이 몇 가지 더 있는데, 합포(合浦)의 못에서 나온다고 하는 야광주[10]와 남해의 고래 눈알에서 얻어진다고 하는 야광주[11]가 그것이며, 앞에서 언급한 화씨벽(和氏璧)도 야광주이다. 따라서 이 구절에서 말하는 야광은 어느 것을 가리키는 것인지 확실치 않다. 단지 분명한 것은 고대 중국인들에게 귀한 구슬은 모두 야광이어야만 했다는 사실이다. 이처럼 변치 않고 빛나는 것을 좋아한다는 것은 역설적으로 그렇지 못한 인간의 실재를 감추고 싶어하는 욕망을 의미하는 것이다. 야광주는 그 욕망을 품고 있는 신화가 아닐까?

'내(柰)'는 '버찌'가 아니라 '사과'이다

果珍李柰(과진리내)하고 | 과일 중에서는 오얏과 사과를 진귀하게 여기고,

과일 과(果)

'과일 과(果)'자는 나무 위에 실과가 주렁주렁 열려 있는 모양이므로 자형적 의미는 '열매'가 된다.

'보배 진(珍)'자는 '구슬 옥(玉)'과 '빽빽할 진(彡)'으로 이루어졌다. '진(彡)'자는 돈꾸러미(갑골문에서는 '패[貝]' 자로 나타남)를 '보자기 같은 것으로 싼'(勹) 모양인데, 이는 '보배 보(寶)'자의 독음이 '쌀 포(包)'자와 같다는 사실로도 알 수 있다. '진(珍)'자의 독음은 '중(中)'자와 같은 계열에 속하기 때문에 이 글자의 자형적 의미는 '보배 꾸러미를 꽁꽁 싸서 가운데 깊숙이 간직하다'이다.

'오얏 리(李)'자는 '나무 목(木)'과 '아들 자(子)'로 이루어졌다. '자(子)'자는 열매가 많이 열린다는 의미를 내포하고 있으므로 '리(李)'자의 자형적 의미는 '열매가 많이 열리는 나무', 즉 '오얏'이 된다. 오늘날 오얏은 '자두'라는 말로 더 많이 불린다. '리(李)'자는 고서에서 '다스릴 리(理)', 또는 '벼슬아치 리(吏)' 등의 의미로 많이 차용된다.

'벗 내(柰)'자는 흔히 '버찌'로 해석하지만 『본초강목』(本草綱目)에서는 "능금과 실상 같은 종류인데 능금보다는 약간 크다. 일명 빈

파(頻婆)라고도 부른다"라고 기록하였고, 또 『학포여소』(學圃餘疏)에
서는 "빈파는 빈과(蘋果), 즉 '사과(沙果)'로 옛날의 이른바 '내(柰)'
와 같다. 맛이 달고 북방에서 많이 산출된다"라고 설명하였다. 그러
므로 여기서는 '사과'로 풀이하는 것이 옳다. '내(柰)'는 의문사로
통용되기도 하는데, 이때는 속자로 '내(奈)'로 쓰기도 한다.

압운의 논리성이 만들어내는 신화

菜重芥薑(채중개강)이라 | 채소 중에서는 겨자와 생강을 소중히
여긴다.

나물 채(菜)

'나물 채(菜)' 자는 '풀 초(艸)' 와 '딸 채(采)' 로 이루어졌
다. '채(采)' 자는 나무 위의 잎을 손으로 따는 모양이므
로 '채(菜)' 자의 자형적 의미는 '풀 중에서 채취하여 먹
을 수 있는 것' 이 된다. 고대에 채소의 개념은 오늘날과
사뭇 달랐다. 즉 육류와 함께 균형있게 먹어야 하는 음식이 아니라,
흉년이 들었을 때 기아를 해결하는 이른바 구황(救荒) 식물로 여겼
던 것이다. 그래서 『구황본초』(救荒本草)에서는 구황 채소를 수백 종
류나 열거하였고, 『이아』(爾雅)와 같은 훈고서에서도 "곡식이 제대
로 수확되지 않은 것을 '기(饑)' 라 하고, 채소가 제대로 수확되지 않
은 것을 '근(饉)' 이라 한다" 라고 풀이하였다.

'중(重)' 자는 나무에 꽃과 열매가 주렁주렁 열려서 가지들이 힘겨
워하는 모양의 글자이다. 그래서 흔히 '무겁다' 라는 의미로 쓰이고
있지만, 여기서는 '중히 여기다' 라는 동사적 의미로 활용되었다.

'개(芥)' 자는 '겨자' 로 홍성원(洪聖源)의 『주해천자문』(註解千字
文)에서는 "위장을 따뜻하게 해주고 기운을 원활히 통하게 해주는
효능이 있다"(芥能溫胃行氣)라고 주를 달았다.

'강(薑)' 자는 '생강' 으로 『주해천자문』에서는 "정신을 맑게 하고

몸 속의 더러운 찌꺼기를 제거하는 데에 효과가 있다"(薑能通神明, 去穢惡)라고 설명하였다.

중국의 전통적인 세계관은 존재론적인 기초 위에서 형성되었기 때문에 사물을 보는 관념이 과학적이고 비인격적인 것이 특징이다. "과일은 오얏과 사과를 진귀하게 여기고, 채소는 겨자와 생강을 중히 여긴다"라는 이 구절은 약용(藥用)의 차원에서 채소의 가치를 평가해 오히려 인간 본위의 자연관을 보여준다. 그러나 이것은 어디까지나 『천자문』이 독특한 형식 구성의 차원에서 조합된 일종의 문자 유희이기 때문에 이기적 관점에 근거하였다고 보기는 어렵다. 그런데도 합리적 공간임을 표방하는 『천자문』 내부의 기호 메커니즘들은 이 구절에 신화가 개입할 수 있는 충분한 환경을 제공한다. 이를테면 앞의 "금은 여수에서 나고"(金生麗水) 이후부터 반복되는 동일한 문장 구조와 '강(岡)'·'광(光)'·'강(薑)'으로 이어지는 압운(押韻) 등이 생성하는 논리성은 이 구절의 내용이 합리적일 수밖에 없음을 수긍하게 한다. 따라서 이 구절은 구호가 됨과 아울러 오얏과 사과, 겨자와 생강 등에 실제 이상의 의미가 실리면서 이들 식물의 효능은 신화가 되는 것이다. 이러한 구조 때문에 우리 야생 동물들이 아무런 과학적 근거도 없이 몸보신을 위해 희생되는 것은 아닐까?

물의 이름

海鹹河淡(해함하담)하고 | 바다(물)는 짜고 하천(물)은 심심하며,

'바다 해(海)' 자는 '물 수(水)' 와 '풀 우거질 매(每)' 로 이루어졌다. '매(每)' 자는 '어미 모(母)' 자에서 싹이 올라오는 모양의 글자로 옛날에 '어머니' 는 풍성한 생산의 상징으로 많이 쓰였으므로 이 글자에는 '풍성하게 많다'

물 하(河)

라는 의미가 내포되어 있다. 따라서 '해(海)' 자의 자형적 의미는 '물이 풍성하게 많은 곳', 즉 '바다' 가 된다. 우리는 엄청나게 많고 큰 사물을 보면 놀라게 되는데 '놀랄 해(駭)' 자의 독음과 '해(海)' 자의 독음이 같은 것은 이 때문이다. 따라서 '해(海)' 자의 기층적 의미는 '크고 많다' 라고 보아야 한다. 중국이 '사해일가(四海一家)' 라 하여 주변의 뭇 민족들을 '해(海)' 로 부른 것은 바로 여기에 기초한 것이다.

'짤 함(鹹)' 자는 '소금밭 로(鹵)' 와 '다 함(咸)' 으로 이루어졌다. 여기서 '함(咸)' 자는 '감(感)' 자와 같은 뜻으로 쓰였으므로 '함(鹹)' 자의 자형적 의미는 '소금 맛의 감각' 이 된다. '함(鹹)' 자는 돌소금을 가리킬 때 많이 쓰이고, 바다 소금을 가리킬 때는 주로 '염(鹽)' 자를 쓴다.

'물 하(河)' 자는 '물 수(水)' 와 '옳을 가(可)' 로 이루어졌다. '가(可)' 자의 독음은 '굽을 구(句)' 와 같은 계열에 속하기 때문에, '하

68

(河)' 자의 자형적 의미는 '구불구불 굽이쳐 흐르는 하천'이 된다. 즉 '하(河)' 자는 '황하(黃河)'를 지칭하는 일종의 고유 명사로 서쪽의 발원지에서부터 남북으로 물길을 심하게 바꾸면서 동쪽으로 흐르는 황하의 특징을 묘사한 문자이다. 이에 비하여 양자강(揚子江)은 서에서 동으로 거의 직선 방향으로 흐르므로 우측 방에 '장인 공(工)' 자를 써서 '강(江)'으로 쓴다. 왜냐하면 '공(工)' 자는 장인들이 측정 도구로 사용하는 '직선 자' (尺)를 뜻하기 때문이다.[12]

'맑을 담(淡)' 자는 '물 수(水)'와 '불꽃 염(炎)'으로 이루어졌다. '염(炎)' 자는 '크다'는 뜻이므로 '담(淡)' 자는 맛 중에서 가장 큰 맛인 물의 맛, 즉 '아무 맛도 없음'이 된다. 물을 가리켜 '현주(玄酒)', 즉 '맛을 느낄 수 없을 정도로 큰 술'이라고 부르는 것은 이 때문이다.

한자를 일찍 배운 아이가 총명해진다는 속설은 사실일까

鱗潛羽翔(린잠우상)이라 | 비늘 있는 것은 물에 잠겨 다니고 깃 있
는 것은 공중을 날아다닌다.

깃 우(羽)

'비늘 린(鱗)' 자는 '고기 어(魚)'와 '귀신불 련(粦)'으로
이루어졌다. '련(粦)' 자는 같은 계열의 독음을 가진 '이을
련(聯)' 자가 상기시키듯이 계속 번쩍이는 귀신불을 의미
하는데, 여기서는 질서 있게 연결된 비늘을 뜻한다. 따라
서 '린(鱗)' 자의 자형적 의미는 '비늘이 있는 물고기'가 된다.

'잠길 잠(潛)' 자는 '물 수(水)'와 '일찍이 참(朁)'으로 이루어졌
다. '잠(潛)'의 독음은 '잠길 침(沈)'·'숨길 장(藏)'과 같은 계열
에 속하므로 자형적 의미는 '물 속으로 잠겨들어가 보이지 않다'가
된다.

'날 상(翔)' 자는 '깃 우(羽)'와 '양 양(羊)'으로 이루어졌다. '양
(羊)' 자에는 둥글게 구부러진 뿔의 모양이 있으므로 '상(翔)' 자의 자
형적 의미는 '양의 뿔 모양으로 둥글게 빙빙 돌며 날다'가 된다.

'린(鱗)' 자는 물에 사는 뭇 짐승들을 뭉뚱그려 가리키고, '우(羽)'
자는 깃의 모양이므로 날짐승을 일괄적으로 지칭한다. "비늘 있는
것은 물에 잠겨 다니고 깃 있는 것은 공중을 날아다닌다"라는 서술
은 지극히 당연한 사실을 매우 단순하게 기술한 것이라서 특별히 주

70

목할 만한 내용도 없고 더욱이 이데올로기적인 것과는 거리가 먼 것처럼 보이지만, 정형문(定型文) 속에서의 문자라는 측면에서 볼 때에는 그렇게 간단하지가 않다. 한자는 차별화의 흔적을 통해서 사물의 속성을 강박적으로 인식시킨다. 이를테면 '해(海)'와 '하(河)'는 실제적인 바닷물과 강물을 가리키는 것이 아니라 같은 물이면서도 서로 대립되는 기호학적인 물을 의미한다. 즉 좌측 변의 '수(水)'는 둘다 같은 '물'이라는 동일성을 가리키지만 우측 방의 '매(每)'와 '가(可)'는 각 사물의 속성과 특성을 지시함으로써 둘을 대립시킨다는 말이다. 그러므로 모든 물은 자연히 이 두 기호 중의 하나에 속해야 한다는 강박 관념이 생기는 것이다. "비늘 있는 것은 물에 잠겨 다니고 깃 있는 것은 공중을 날아다닌다"(鱗潛羽翔)의 경우도 마찬가지이다. '인잠(鱗潛)'에서 '물고기'(魚)와 '물'(水)이 실제적으로 관련될 수밖에 없는 인접성과 '우상(羽翔)'에서 두 글자 모두에 '우(羽)'자가 들어가 있다는 문자적 유사성은 모든 짐승들에 대한 이분법적분류가 정당한 것 같은 착각을 일으키게 한다.

사물은 존재 그 자체로는 우리에게 아무런 의미가 없으므로 차이를 만들어내야만 그것이 지각되고, 의미를 갖는다. 악이 들끓을 때 작은 선이 돋보이고, 불충이 망극할 때 하찮은 충성이 감격스러운 법이다. 그러므로 명쾌하게 양분하여 차별화할수록 의도하는 의미는 커지는 것이다. 그러나 양극의 중간에는 언제나 간단하게 대별(對別)하기 어려운 복잡한 사정과 복합적인 요소들이 있게 마련이다. 이러한 사정과 요소들이 고려되면 될수록 선과 충성의 개념은 모호해진다. 따라서 권력은 가능한 한 중간에 흩어져 있는 흔적들을다 지우거나 억압해서 양극으로 환원하려 한다. 이런 차원에서 이 구절은 매우 효과적인 기능을 수행한다.

한자는 변(偏)과 방(旁)의 독특한 기능 때문에 지시된 사물의 속성을 드러내주고 그것을 사물의 고유한 성질로 고착시키는 데에 매우 유리하게 작용한다. 따라서 이 변과 방을 기준으로 사물을 분류하면 사물의 속성과 사물들간의 관계를 체계적으로 이해할 수 있다. "과학은 분류에서 시작한다"라는 명제를 떠올려볼 때 한자를 조기 교육하면 이해력이 증진되고 총명해진다는 속설은 전혀 근거 없는 말은 아니다. 그러나 한자를 통한 사물의 이해는 이미 한자 체계 속에서 형성된 세계관에 의해서 고착될 위험이 있기 때문에, 이 체계를 벗어나 다른 체계를 구성하기가 여간 힘들지 않은 단점이 있다.

이처럼 한자로 씌어진 한문은 그것이 비록 단순한 구절일지라도 그 이미지와 형식 속에 이데올로기적인 유기체의 기초가 이미 함축돼 있음을 알 수 있는 것이다.

복희(伏羲)와 신농(神農)

龍師火帝(용사화제)요 | 용으로 관직명을 삼은 임금님과 불의 품
덕(品德)을 표방한 임금님이 계셨고,

임금 제(帝)

'스승 사(師)' 자는 맹수인 사자(獅子)의 형상을 그린
것이므로 자형적 의미는 '사자' 이다. 사자는 그 용맹과
위세로 백수를 압도하고 굴복시키므로 여기에서 '우두
머리' 란 의미가 나왔고, 우두머리는 또한 많은 사람들
을 거느리므로 '많은 사람들' 이란 의미가 다시 파생되었다. 『주례』
(周禮)의 "2,500명의 군대 조직을 '사(師)' 라 한다"라는 구절은 이
의미에 근거한 것이다. '사(師)' 자가 이처럼 가차된 의미로만 쓰이
면서 나중에 '사자' 는 '사(獅)' 자를 따로 만들어 통용하게 되었다.

여기서의 '사(師)' 자는 관직의 우두머리를 뜻한다. 중국 전설상의
임금인 복희(伏羲)씨는 용을 토템으로 삼았기 때문에 용의 이름을
장관들의 관직명으로 삼았다. 그래서 생산을 담당하는 장관을 창룡
(蒼龍)씨로, 형벌을 담당하는 장관을 백룡(白龍)씨 등으로 불렀던 것
이다.

'임금 제(帝)' 자는 장작을 한데 묶어 태워 하늘에 제사 지내는 모
양이므로 자형적 의미는 '부족간의 단결을 상징하는 제사 의식' 이
된다. 이로부터 '제사를 주관하는 사람', 즉 제정 일치 시기의 '수
령' 이나 '임금' 이라는 의미가 파생되었다. 주나라와 춘추 시기까지

중국의 천자는 '왕(王)'으로 불렸다. 전국 시기에 이르러 힘 있는 제후들이 다투어 왕을 칭한 뒤 진나라가 통일하자 왕보다 더 높은 칭호를 새로 만든 것이 바로 '제(帝)'이다. 그래서 중국을 통일한 진의 영정(嬴政)이 스스로를 일컬어 시황제(始皇帝)라고 불렀던 것이다.

'화제(火帝)'는 신농(神農)씨를 가리키는데, 달리 염제(炎帝)라고도 부른다. 이 임금은 불의 덕을 표방하였기 때문에 관직명에 '화(火)'자를 썼다고 전한다.

위 문장까지 천지(天地)에 관한 서술을 마치고 이 구절부터는 그 사이에서 살아가는 '사람'(人)에 관한 일을 적는데, 중국의 조상이자 성인(聖人)인 삼황(三皇), 오제(五帝)에서부터 시작한다.

우리 안의 중국 신화

鳥官人皇(조관인황)이라 | 새 이름으로 관직명을 삼은 임금님과
인문으로 다스린 임금님이 계셨다.

클 황(皇)

'벼슬 관(官)' 자는 '집 면(宀)' 과 '작은 언덕 대(垍)' 로
이루어졌다. 여기서 '대(垍)'는 기실 '무리 사(師)' 자를
뜻하고, '관(官)' 자의 독음은 '줄기 간(幹)'과 같은 계열
에 속하므로 여기에는 '무리의 중심이 되어 일을 하다'
라는 의미가 내포되어 있다. 따라서 '관(官)' 자의 자형적 의미는 '집
안(관청)에서 뭇 사람들을 위하여 일을 하는 중심적인 사람' 이 된다.

'조관(鳥官)' 이란 새의 이름으로 관직명을 삼았다는 뜻으로 전설
상의 임금인 소호(少昊)씨를 가리킨다. 소호씨가 즉위할 때에 봉황
새가 나타났다 하여 새 이름으로 관직명을 지은 것인데, 이를테면
호조(戶曹)의 우두머리를 축구(祝鳩)로, 병조(兵曹)의 우두머리를 저
구(雎鳩) 등으로 부른 것이 그 예이다.

'클 황(皇)' 자의 자형적 의미는 오색 깃털로 장식한 악무용 모자
를 모자 걸개 위에 걸어놓은 모양이다. 지붕만 있고 사방 벽이 없는
대(臺)나 관(觀)의 텅 빈 실내도 이와 비슷하게 생겼으므로 역시
'황' 이라 부른다. '황(皇)' 자의 독음은 '당(唐)' · '광(廣)' 등과 같은
계열로 '크고 넓다' 라는 의미가 내포되어 있으므로, 여기서는 '위대
한 임금님' 으로 풀이된다.

앞의 복희·신농·소호 등은 신화적인 토템으로 덕을 표방하고 정치를 행하였지만, 중국인들의 조상이라고 일컬어지는 황제(黃帝)는 이런 신화성을 탈피하여 지적 능력의 합리성과 적극성에 근거한 인문(人文)을 표방하였다는 의미에서 그를 '인황(人皇)'이라고 부른 것이다. 그러므로 황제(黃帝)란 유가 사상을 함의한 신화적 기표임을 알 수 있다.

이러한 유가의 신화가 우리에게 지적 능력에 기대어서 합리성을 추구하게 하는 인문 정신을 깨우쳐주었다는 점에서는 매우 긍정적으로 작용한 것은 사실이다. 그러나 세계와 그 기원에 관한 인식의 토대를 형성할 때 신화가 만들어낸 얼개가 그 바탕에 깔린다는 점을 감안하면, 옛날 우리 학동들의 무의식이 중국적 기원에 의해 강점되지 않았나 하는 의구심이 든다. 그러다가 근대화 과정에서 중국적 기원이 퇴조하면서 주변으로 밀려나 있던 신화와 기원들이 중심으로 들어오면서 여러 가지 갈등을 일으키는 것이 오늘날 우리가 겪고 있는 문화 갈등의 실상이 아닐까?

문자로 시작하는 중국의 정치

始制文字(시제문자)하고 | 비로소 문자를 만들었고,

'처음 시(始)' 자는 '계집 녀(女)'와 '처음 이(台)'로 이루어졌으므로 자형적 의미는 '최초의 딸', 즉 '맏딸'이다.

'만들 제(制)' 자는 '칼 도(刀)'와 '아닐 미(未)'로 이루어졌다. '미(未)' 자는 '아닐 비(非)'와 독음이 같아서 현재는 주로 부정사로 쓰이고 있지만, 원래는 나무의 지엽(枝葉)을 가리키는 글자였다. 즉 나무의 지엽이 무성하면 다 자라서 목재로 취할 수 있으므로 '제(制)' 자의 자형적 의미는 '다 자란 나무를 칼로 베고 다듬어서 기물을 만들다'가 되는 것이다. 이로부터 '만들다'라는 의미가 생겨났다.

'글월 문(文)' 자는 격자 무늬를 그려 넣어 아름답게 꾸미는 모양이고, '글자 자(字)'는 원래 '새끼쳐 번식할 자(孳)' 자를 간화(簡化)한 글자로 단순 자형의 기초 한자들을 조합해서 파생시킨 복합 자형의 한자를 가리킨다. 전통적인 한자의 조자(造字) 법칙이라고 일컬어지는 육서(六書)에 적용한다면 상형(象形)과 지사(指事)는 '문(文)', 회의(會意)와 형성(形聲)은 '자(字)'에 해당한다고 볼 수 있다.

"비로소 문자를 만들었다"(始制文字)라는 말은 황제(黃帝)가 처음으로 문자를 만들어서 백성들의 생활을 편리하게 해주었다는 고대

신화의 내용을 가리키는데, 문자의 발명은 역대로 유가에서 칭송하는 위대한 업적 중의 하나이다.

그러나 고대 그리스 철학에서는 문자를 강하게 배척하였고 이것이 이른바 '로고스 음성 중심주의' 라고 하는 형태로 유럽 철학의 근간을 이루어왔다. 즉 문자는 기억을 보전해 주는 이점이 있긴 하지만 현장의 생생한 소리와 영혼이 결핍되어 있다는 점에서 경우에 따라 치료제가 되기도 하고 독이 되기도 하는 약(파르마콘)과 같은 존재이다. 이런 성격의 문자는 현존을 망가뜨리고 이성을 호도하기만 할 뿐이므로 배척의 대상이 될 수밖에 없었다.

이와는 대조적으로 중국은 문자를 정치의 시작으로 보았다. 그래서 문자를 통하여 사물이 존재하게 하였고 속성을 규정하였으며 사물을 질서 속에 편입시켜 통제했던 것이다. 이처럼 고대 중국의 세계는 문자에 의해 축조된 것이었으므로, 정권이 바뀌면 세상의 질서를 바꾸기 위해서 문자에 대한 새로운 해석이 필요하게 되었다. 이것이 바로 중국에서 전통적으로 훈고학(訓詁學)이 발달한 이유이다.

'옷을 입힘'의 의미

乃服衣裳(내복의상)이라 │ 처음으로 저고리와 치마를 입게 하였다.

입을 복(服)

'이에 내(乃)' 자는 허사(虛辭)로 부사적 용법이나 접속사적 용법 등으로 다양하게 쓰이고 있지만, 여기서는 위 구절과 대장(對仗)을 이루고 있으므로 '시(始)'와 같은 뜻으로 보는 것이 옳다.

'입을 복(服)' 자는 배의 양 측면을 보호하고 또 뼈대를 튼튼하게 유지하기 위하여 좌우 현에 덧대는 나무를 의미한다.[13] 수레에서는 바큇살 위에 덧대는 덧방나무를 '보(輔)'라고 한다. '복(服)' 자와 '보(輔)' 자는 독음이 같은 계열에 속하므로 의미적으로도 같은 기능을 수행하는 사물임을 알 수 있다. 사람에게 이런 기능은 옷이 담당하기 때문에 '옷' 또는 '옷을 입다'라는 의미가 파생된 것이다.

'옷 의(衣)' 자는 고문자 자형이 ⟨그림⟩로 되어 있으므로 '저고리'를 가리키는 것을 알 수 있다.

'치마 상(裳)' 자는 '옷 의(衣)'와 '오랠 상(尚)'으로 이루어졌다. '상(尚)' 자는 북쪽으로 난 굴뚝에서 연기가 위로 길게 올라가는 모양이므로 '상(裳)' 자의 자형적 의미는 '밑으로 길게 내려 입는 옷', 즉 '치마'가 된다.

고대인들은 옷을 입을 때, 남녀를 불문하고 먼저 치마를 입고 그 위에 긴 저고리를 걸치고는 띠로 허리를 동여매었다. 그래서 일반적으로 옷을 지칭할 때 '의상'이라고 붙여서 말하는 것이다.

　문자를 창제한 것과 함께 성인이 백성들에게 옷을 입힌 것은 칭송
받을 만한 문화적 치적이었다는 것이 이 구절의 뜻이다. 『주해천자
문』의 주에서 백성들에게 갓과 옷을 지어 입힌 이유를 외관을 엄숙
하게 보이게 하고 신분의 등급을 구별하기 위함이라고 설명한 사실
에서도 알 수 있듯이, 몸의 보호라고 하는 옷의 주요 기능은 이미 후
경(後景)으로 사라졌고, 옷으로 '감춤'의 의미를 만들어냄으로써 보
이는 세계를 기호체로 표상하는 문화적 기능만을 전경(前景)에 내세
우고 있는 것이다. 이와 같이 '감춤'을 통해서 의미를 만들어낸다는
것은 곧 개인의 실존을 희생시켜서 주어진 질서에 환원케 하는 일종
의 억압 기제(機制)이다. 그래서 자신의 실존을 과감히 버리고 주어
진 질서인 예(禮)에 환원되는 행위, 이른바 '극기복례(克己復禮)'가
문화의 꽃인 '인(仁)'이 되는 것이다.

　그러나 옷이란 기호가 되고 나면 기호의 내부 규칙에 충실해져 더
이상 현실을 반영하지 않고 오히려 부재하는 현실을 표상하게 된다.
"옷이 날개"라는 속담도 바로 이런 뜻이다. 따라서 중국이 주변 민족
을 이른바 '교화(敎化)'시킬 때, 문자를 주고 비단을 주는 등의 문화
를 보급한 것은 궁극적으로 자신의 실존을 희생하고 그들이 축조한
질서에 자연스럽게 환원시키기 위한 고도의 전략이었음을 짐작하게
한다.

선양(禪讓)의 실체

推位讓國(퇴위양국)하고 | 천자의 자리를 양여하고 나라를 넘겨준
분은,

나라 국(國)

'밀 퇴(推)' 자는 '물러날 퇴(退)' 자와 같은 계열의 독
음이므로 '손으로 밀어서 배제시키다'라는 뜻이다.
그러나 위로 밀어 올려서 드러나게 한다는 뜻으로 쓰
일 때는 '추(推)'로 읽는다.

'자리 위(位)' 자는 '사람 인(人)'과 '설 립(立)'으로 이루어졌으므
로 자형적 의미는 '사람들이 서열대로 서는 자리'가 된다. 여기서는
'천자의 자리'라는 의미로 쓰였다.

'겸손할 양(讓)' 자는 '말씀 언(言)'과 '치울 양(襄)'으로 이루어졌
다. '양(襄)' 자의 본래 의미는 '겉흙을 걷어내고 난 다음의 부드럽고
축축한 흙'이므로 '양(讓)'의 자형적 의미는 '거친 행동을 말로 꾸짖
어 겸손하게 만들다'가 된다.

'나라 국(國)' 자는 '에워쌀 위(囗)'와 '일부 있을 혹(或)'으로 이
루어졌다. '혹(或)' 자의 독음은 '지경 역(域)'과 같은 계열에 속하므
로 '국(國)' 자의 자형적 의미는 '경계로 둘러싸인 일정 지역(또는 일
부 지역)'이 된다.

"천자의 자리를 밀어서 다른 사람에게 양여하고 나라를 넘겨주었

다"(推位讓國)라는 것은 왕위를 자기 자식에게 세습시키지 않고 성인을 찾아서 그에게 물려주었다는 뜻인데, 이것을 유가에서는 선양(禪讓)이라 하여 가장 이상적인 정치 행위이자 제도의 표본으로 삼았다.

선양 제도의 역사적 실체는 씨족 사회에서 부락 연맹의 추장(酋長)을 선출하는 행위였다. 즉 연맹 내 부락의 수령들이 돌아가면서 추장을 맡게 되는데, 추장 자리에 오르기 전에 각 부락을 두루 다니면서 의견을 물은 다음 즉위 여부를 결정하는 것이 관례였다. 이것을 신화로 만든 것이 바로 선양인 것이다.

요·순의 신화와 현실

有虞陶唐(유우도당)이라 | 유우씨(有虞氏)와 도당씨(陶唐氏)이다.

있을 유(有)

'있을 유(有)' 자는 금문에서 '㣎'로 적었는데 이는 손(又)으로 고기(肉)를 들고 상대방에게 더 먹으라고 권하는 모양이다. 따라서 '유(有)' 자는 '권면할 유(侑)' 자의 원래 글자임을 알 수 있다. 고기를 더 먹으라고 권면하는 것은 '내게 고기가 있다' 또는 '내가 고기를 갖고 있다' 라는 뜻과 같으므로 이로부터 '있다' · '갖고 있다' 등의 의미가 생겨났다.

'헤아릴 우(虞)' 자는 '호피무늬 호(虍)'와 '허황된 말 오(吳)'로 이루어져 있으므로 자형적 의미는 '호랑이처럼 생긴 상상의 동물'이 된다. 이는 곧 중국 전설상의 어진 짐승인 '추우(騶虞)'를 가리킨다.

'질그릇 도(陶)' 자는 '언덕 부(阜)'와 '질그릇 도(匋)'로 이루어졌다. '도(匋)' 자는 빚어놓은 질그릇(缶)을 감싼 모양이므로 질그릇 굽는 가마를 가리킨다. '도(匋)' 자의 독음이 '가마 요(窯)'와 같은 계열에 속하는 사실이 이를 입증한다. 따라서 '도(匋)' 자의 자형적 의미는 '가마 속에 질그릇을 쌓아놓은 것처럼 높은 언덕'이 되는데, 나중에는 '도(匋)' 자를 대신해서 '질그릇'이란 의미로 쓰이게 되었다.

'빌 당(唐)' 자는 '입 구(口)'와 '길 경(庚)'으로 이루어졌다. '당(唐)' 자의 독음은 '클 황(皇)'과 같은 계열에 속하므로 이 글자에도

'크다'·'비다'·'황당(荒唐)하다' 등의 의미들이 내포돼 있다.

'유우(有虞)'는 순(舜)임금이 수령으로 다스리던 고대 중국의 부락 이름이기 때문에 순임금을 지칭할 때 흔히 쓰인다. '도당(陶唐)' 역시 요(堯)임금이 다스리던 부락 이름으로 요임금을 가리킨다.

유가에서는 요의 아들 단주(丹朱)가 똑똑지 못했기 때문에 요임금이 순에게 선양하였고, 순의 아들 상균(商均)이 어리석었기 때문에 순임금이 우에게 선양하였다고 해석했다.

여기서 우리는 다음과 같은 의문이 들지 않을 수 없다. 왜 성인들의 자식들은 하나같이 불초하였을까? 성인들은 나라를 다스리는 일에 전념한 나머지 자식 교육을 시킬 여유가 없어서 그랬던 것일까? 그들은 분명 선양 제도가 신화로 전이되는 과정에서 서사 구조상 어쩔 수 없이 악역을 맡은 억울한 희생자들이었을 것이다. 즉 요임금과 순임금을 신화의 주인공으로 만들고 아울러 그들의 덕을 부풀리기 위한 대립 캐릭터의 역할을 요의 아들과 순의 아들이 떠맡은 것이다. 이 신화가 함의하는 이데올로기가 궁극적으로 총명한 지식인들에게 유리한 이상, 어느 누구도 단주와 상균의 실재를 고증해 주지 않으려 함은 뻔한 이치이다. 중국 역사상 선양 신화를 역사화하는 일에 아무도 회의를 제기하지 않은 사실이 이를 뒷받침한다.

이러한 선양도 요·순 이후 우임금까지만 이어졌고 그후 후익(后益)이 추대를 받기는 했으나 우임금의 아들인 계(啓)가 그를 몰아내고 스스로를 하후(夏后)씨라 부르면서 임금자리를 계승함에 따라 세습이 시작되었다. 이때 유호(有扈)씨가 하후씨에 대하여 반란을 일으켰는데, 하후씨가 이를 진압한 사건을 기록한 내용이 바로 『서경』

(書經)의 「감서」(甘誓)이다.

　"천자의 자리를 밀어서 다른 사람에게 양여하고 나라를 넘겨주었다"(推位讓國)라는 말은 앞서 말한 바와 같이 선양 제도가 신화화된 것으로서 실제로는 비현실적인 일에 가깝다. 신화에서는 요·순이 자리를 떠밀어 양여했다고 해서 '퇴위(推位)'라고 표현했지만, 현실에서는 권력의 자리로 밀고 나아가는 '추위(推位)'일 수밖에 없는 것이 사실이다. 나라를 사적으로 차지하지 않고 덕 있는 사람에게 양여하는 것이 도덕적으로 옳다 해도, 결국 마음 약한 사람만 죄책감이 들게 만들어 글자 그대로 양보하게 하고, 권력을 지향하는 자들은 이 틈을 놓칠 새라 널름 자리를 차지해 버리는 것이 현실이다. 그러므로 '양국(讓國)'은 순진하게 나라를 양여하는 것이 아니라 정권을 독점하려는 세력을 '양(讓)'자의 자형적 의미대로 '꾸짖어야' 하는 것이 현실적 해석이다.

　'우(虞)'자의 파생의 중에 '재미있게 즐기다'라는 의미가 있고, '당(唐)'자의 파생의 중에는 '황당한 거짓말'이란 의미가 있다. 성인을 지칭하는 유우(有虞)와 도당(陶唐)이란 이름 속에 위와 같은 파생의가 숨어 있다는 사실은 곧 선양이란 어디까지나 재미있게 즐기려고 만들어낸 거짓말이니까 이를 실현시키는 일에 너무 집착하지 말라는 경계적인 함의가 이미 깔려 있는 것인지도 모르겠다.

조민벌죄, 또는 쿠데타 (1)

弔民伐罪(조민벌죄)는 | 백성을 불쌍히 여기고 죄지은 자들을 친
분들은,

'조문할 조(弔)' 자는 사람이 활(弓)을 들고 있는 모양
이다. 장례 문화가 없던 아주 오랜 옛날에는 사람이 죽
으면 들에 내다버려 새가 쪼아 먹게 하였는데, 효자는
이를 차마 볼 수 없어서 활을 들고 새를 쏘았다고 한

백성 민(民)

다. 그러면 조문 온 사람들도 함께 활을 쏘아 새를 쫓았다는 풍습에
서 '조(弔)' 자에 '조문하다', '불쌍히 여기다' 등의 의미가 생겨나게
된 것이다.

'백성 민(民)' 자의 고문자 자형은 포박당한 포로나 노예의 형상이
었다. 그러므로 고대 문헌에서의 '민(民)' 자를 오늘날의 '국민'이나
중세의 '백성'·'평민' 등과 같은 의미로 받아들여서는 안 되고 '농
노(農奴)'나 '노예'의 의미로 해석해야 한다.

'칠 벌(伐)' 자는 '사람 인(人)'과 '창 과(戈)'로 이루어졌다. '벌
(伐)' 자는 독음이 '뽑을 발(拔)'과 같은 계열에 속하므로 자형적 의
미는 '사람이 창으로 이질적인 것을 쳐서 뿌리 째 제거하다'가 된다.
고대 문헌에서 '벌(伐)' 자는 죄상을 낱낱이 밝히고 그 죄의 대가를
치러주기 위해서 공격하는 명분성의 토벌 행위를 가리킨다.

'허물 죄(罪)' 자는 '그물 망(网)'과 '아닐 비(非)'로 이루어졌다.

'비(非)' 자는 날개가 서로 등진 모양으로 여기에는 '어기다'라는 의미가 내포돼 있으므로 '죄(罪)' 자의 자형적 의미는 '법을 어긴 자를 법으로 그물질하여 잡다'가 된다. '죄(罪)' 자의 원래 글자는 죄인이 도망가지 못하도록 죄인의 '코'(自)에 '바늘'(辛)로 문신을 넣는다는 자형적 의미의 '죄(辠)' 자였으나, 진시황이 이 글자의 자형이 '황(皇)' 자와 비슷하다 하여 이를 '죄(罪)' 자로 바꿔 쓰게 하였다고 전한다. 이 구절에서의 '죄(罪)' 자는 '죄인', 즉 백성을 닦달하는 폭군을 가리킨다.

"백성들을 불쌍히 여기고 죄지은 자들을 친 분들"(弔民伐罪)이란 학정에 시달리는 백성들을 불쌍히 여긴 나머지 이들을 닦달하는 폭군을 쳐서 제거한 사람들이라는 뜻이다. 그러므로 폭군을 토벌하는 명분은 어디까지나 백성을 불쌍히 여기는 순수한 마음에서 비롯된 것이지 권력 찬탈이 목적은 아니라는 것이다. 과연 그럴까?

조민벌죄, 또는 쿠데타 (2)

周發殷湯(주발은탕)이라 | 주나라 무왕(武王) 발(發)과 은나라 탕왕(湯王)이시다.

'두루 주(周)' 자는 '쓸 용(用)'과 '입 구(口)'로 이루어졌다. 여기서 '용(用)' 자 부분을 금문에서는 '田'으로 적었는데 이는 논에 벼가 촘촘히 심어져 있는 모양이다.

필 발(發)

따라서 '주(周)' 자를 구성하는 '용(用)' 자는 기실 '빽빽할 조(稠)' 자의 본래 글자임을 알 수 있다. '주(周)' 자는 독음이 '배 주(舟)' 자와 같은데, 이는 배의 밑바닥이 틈이 없이 촘촘해야 물이 새지 않아 물에 뜰 수 있다는 의미를 공유한 것이다. 그러므로 '주(周)' 자의 자형적 의미는 '입을 굳게 다물고 말을 하지 않다'가 된다. 이로부터 '어느 한 군데도 빠짐없이', '두루' 등의 의미들이 파생되었다. 여기서는 고대 중국의 나라 이름을 가리킨다.

'필 발(發)' 자는 '활 궁(弓)'과 '뿌리 뽑을 발(癹)'로 이루어졌다. '발(癹)' 자는 잡초의 뿌리 같은 것을 발로 차서 뽑아버린다는 뜻이므로 '발(發)' 자의 자형적 의미는 '활에서 화살을 뿌리 째 날려보내듯이 쏘다'가 된다. 여기서는 주나라 무왕(武王)의 이름을 지칭한다.

'성할 은(殷)' 자는 '몽둥이 수(殳)'와 '귀의할 이(月)'로 이루어졌다. 여기서는 북채 같은 것으로 악기를 두드려 소리를 풍성하고 은은하게 내는 것을 가리킨다. 이로부터 '성하다'·'많다'·'가운데'

88

등의 의미들이 파생되었다. 이 구절에서는 중국 고대 조대 중의 하나인 은나라를 지칭한다.

'끓을 탕(湯)' 자는 '물 수(水)'와 '빛 양(昜)'으로 이루어졌다. '양(昜)' 자는 태양이 떠오를 때 방사하는 햇살 모양으로서 '따뜻할 양(陽)' 자와 뜻을 공유한다. 따라서 '탕(湯)' 자의 자형적 의미는 '뜨거운 물'이 된다. 여기서는 하나라를 멸하고 은나라를 세운 탕임금을 지칭한다.

'발(發)'은 주나라 무왕의 이름이고, '탕(湯)'은 은나라를 개국한 임금의 이름이다. 하(夏)나라의 마지막 임금인 걸(桀)이 포악한 정치를 일삼자 탕왕이 이를 토벌하고 정권을 세운 것이 은나라이고, 은의 마지막 임금인 주(紂)가 백성을 닦달하자 무왕이 이를 토벌하고 정권을 세운 것이 주나라이다.

이 두 임금의 거사는 정치적 관점에서 보자면 오늘날의 쿠데타임에 틀림없지만 유가에서는 "백성들을 불쌍히 여기고 죄지은 자들을 무찔렀다"(弔民伐罪)라는 명분으로 미화되었다. 무왕과 탕왕이 백성을 불쌍히 여겨 거사를 했다지만 당시 백성의 위상이란 중세 이후의 개념과는 달리 노예 또는 기껏해야 농노의 지위인데, 과연 그들의 해방에 목숨을 걸었다는 명분이 사실일까? 더구나 해방을 시켰으면 훌륭한 임금으로 대를 잇고 물러나야지 자신의 정권을 세운 것은 어떻게 설명할 것인가?

결국 그들의 거사는 생산력을 증대하기 위한 노동력의 확보 때문이었고, 이른바 '조민벌죄(弔民伐罪)'는 제후로서 천자를 친 질서 파괴적 행위를 합리화하기 위한 명분에 지나지 않은 것임을 알 수 있다. 미국 남북 전쟁시에 북군이 노예 해방을 전쟁의 명분을 내걸었던 사실과 그 구조가 흡사하지 않은가? 공자도 이 사건의 명분이 실사구시(實事求是)적이지 않아서 찜찜했던지 『논어』「팔일」(八佾)편에서 "순임금의 음악은 밖으로 드러난 모양도 아름답고 안에 담겨 있는 의미도 훌륭하다. 무왕의 음악은 밖으로 드러난 모양은 아름다우나 안에 담겨 있는 의미가 훌륭하다고 보기에는 미흡하다"(子謂韶, 盡美矣, 又盡善也. 謂武, 盡美矣, 未盡善也)라는 음악 비평에 빗대어 완곡히 폄훼하였다.

이와 같이 중국은 전통적으로 남을 공격할 때에는 공격하지 않을 수 없는—그들은 이를 '부득이(不得已)'라는 말로 자주 표현한다—합리적 구실, 즉 명분을 찾고 세우는 일에 가장 큰 비중을 둔다. 선생님이 정치를 맡는다면 무엇부터 하겠느냐는 자로(子路)의 물음에 "반드시 명분을 바로잡겠다"(必也正名乎)라고 대답한 공자의 말은 이를 잘 대변해 준다. 따라서 중국의 이웃에서 조용히 살려면 자기 백성을 닦달하는 행위도 구실을 주지 않도록 눈치봐서 해야 하리라.

이상적인 정치 원리의 두 원형

坐朝問道(좌조문도)하면 | 조정에 앉아서 도(道)를 물으면,

아침 조(朝)

'앉을 좌(坐)' 자는 '땅'(土)에 두 '사람'(人)이 자리를 깔고 앉아서 머리를 마주하고 있는 모양이다.

'아침 조(朝)' 자의 좌측 변은 태양이 바다 위로 빛을 발하며 떠오르는 모양이고, 우측 방의 '달 월(月)' 자는 원래 바닷물이 들어와서 출렁이는 모양이다. 따라서 '조(朝)' 자의 자형적 의미는 '조수가 밀려들어와 출렁이는 바다 위로 태양이 떠오르다'가 된다. 그러므로 '조(朝)' 자는 '밀물 조(潮)' 자의 원래 글자였음을 알 수 있다. 이로부터 '아침' · '높아지다' 등의 의미들이 파생되었다. 임금이 신하들과 더불어 정사를 의논하는 곳도 높은 곳이므로 이로부터 '조정(朝廷)'이란 뜻이 생겨나기도 하였다.

'물을 문(問)' 자는 자형 그대로 대문 앞에서 주인에게 묻는 모양이다. "남의 나라 성문에 들어갈 때는 금지법을 묻고, 남의 집 대문에 들어갈 때는 피휘(避諱)해야 할 글자를 묻는다"라는 중국 고대의 속담이 이를 잘 설명해 준다.

'길 도(道)' 자는 '달릴 착(辵)'과 '머리 수(首)'로 이루어졌는데, 여기서 '수(首)' 자의 자형적 의미를 알려면 먼저 '이끌 도(導)' 자를 이해해야 한다. '도(導)' 자의 고문자 자형은 '도(辪)'로 돼 있는데, 이는 말이나 소를 끌고 갈 때 사람이 앞에 서서 소나 말의 머리를 쥐

고 걷는 모양을 나타낸다. '도(道)' 자는 또한 독음이 '밟을 도(蹈)'와 같으므로 자형적 의미는 '소나 말의 머리를 쥐고 앞에서 밟고 걸어가는 길'이 된다. '도(道)' 자는 또한 독음이 '통(通)' 과도 같은 계열에 속하므로 '거침없이 통하는 길'을 암시하기도 한다.

"조정에 앉아서 도를 묻다"(坐朝問道)란 조정에 앉아서 정치의 근본 원칙을 묻는다는 뜻으로 이는 임금이 정치를 잘할 수 있는 요체가 무엇인가를 말해 준다. 이 구절은 황로(黃老)적 색채를 지닌 정치원리로서 유가에서 말하는 성인의 정치와는 약간 다르다. 즉 치수(治水)를 잘한 임금으로 이름난 우임금은 얼굴이 검어질 정도로 온 나라를 직접 돌아다녔고, 돌아다니다가 "자기 집 문 앞을 지나치게 되더라도 들르지 않았을"(過門不入) 정도로 바빴다.

이에 비하여 황로에서 숭상하는 이상적인 임금은 당상(堂上)에 앉아서 원칙을 묻고 또 듣기만 할 뿐이다. 그러면 굳이 당하(堂下)로 내려가지 않더라도 저절로 다스려진다는 것이다. 여기서 중요한 것은 '문(問)'이라는 행위는 듣는 행위, 즉 '문(聞)'과 동시에 이루어진다는 사실이다. 따라서 '문도(問道)'하는 임금은 원칙을 묻고 또 듣기만 할 뿐 결코 스스로 원칙을 세우지 않는다. 왜냐하면 임금이 원칙을 세우면 신하들은 그에 영합하려고 눈치를 볼 것이 뻔하기 때문이다.

법치: 무위 정치의 방도

垂拱平章(수공평장)이라 | 옷자락을 늘어뜨리고 팔짱을 낀 채로도
밝히 다스려진다.

평평할 평(平)

'드리울 수(垂)' 자는 '흙 토(土)' 와 '늘어질 수(㣟)' 로 이
루어졌다. '수(㣟)' 자는 나무의 꽃과 가지들이 아래로 축
늘어진 모양이므로 '수(垂)' 자의 자형적 의미는 '아래로
늘어진 끝자락의 땅', 즉 '땅 끝의 변방' 을 의미한다. 그
러므로 '수(垂)' 자는 '변방 수(陲)' 의 본래 글자임을 알 수 있다. 여
기서는 '늘어뜨린 옷자락의 끝' 을 의미한다.

'두 손 맞잡을 공(拱)' 자는 '손 수(手)' 와 '함께 공(共)' 으로 이루
어졌다. '공(共)' 자는 두 손을 한데 모아 쥔 모양이므로, '공(拱)' 자
의 자형적 의미는 '양손을 한데 모아서 팔짱을 끼다' 가 된다. 그러
므로 '수공(垂拱)' 이란 '팔짱을 끼고 옷자락을 늘어뜨린 채 움직이
지 않고도 정치를 잘하는 일', 즉 이른바 무위 정치(無爲政治)를 가
리킨다.

'평평할 평(平)' 자는 물 위에 떠다니는 개구리밥 같은 물풀 모양
이므로 '개구리밥 평(萍)' 의 본래 글자가 된다.

'밝을 장(章)' 자를 금문(金文)에서는 '𩫡' 으로 적었는데 이는 '침'
(辛)으로 문신을 새겨넣는 모양을 그린 것이다. 이와 비슷한 글자로
'아이 동(童)' 자가 있는데 이것이 원래는 노예를 가리키는 글자였다

는[4] 사실이 이를 입증한다. 따라서 '장(章)'의 자형적 의미는 '노예(童)의 이마에 침(辛)으로 문신을 새겨넣어 누가 봐도 노예 신분임을 명백히 알게 하다'가 된다. 이로부터 '명백히 드러내다'라는 의미가 파생된 것이니, '장(章)'자는 '빛낼 창(彰)'자의 본래 글자임을 알 수 있다.

이 구절은 『서경』「무성」(武成)편의 "옷을 늘어뜨리고 팔짱을 끼고 있어도 천하가 다스려졌다"(垂拱而天下治)와 「요전」(堯典)편의 "백성이 밝게 다스려지다"(平章百姓)를 다시 쓴 것이다.

개구리밥은 뿌리를 일정한 곳에 내리지 않고 물 위에 떠 있으면서 물을 따라서 낮은 곳으로 흐른다. 그러므로 '평장(平章)'이란 개구리밥이 떠다니듯이 특정한 계층에 뿌리를 두지 않고 낮은 곳으로만 흐르면서 누가 보더라도 투명하게 알 수 있는 정치를 하는 것을 의미한다.

그러나 실제적으로 아무것도 하지 않은 채 원칙만을 잘 지킨다고 해서 이러한 무위 정치의 이상이 실현된다는 것은 누구든지 믿기 어렵다. 그러므로 이른바 황로(黃老) 사상에서의 무위 정치란 실제로는 법치(法治)를 가리킨다. 앞 구절에서 말한 바대로 군주는 법의 원칙과 정신을 지키고 관리들은 자신의 맡은 바 소임만을 다하며, 백성들은 주어진 법만 제대로 지키면 임금이 바쁘게 뛰어다닐 필요 없이 팔짱만 끼고 있어도 드러날 것은 드러나는 투명한 정치가 이루어진다는 것이다. 무위 정치의 근본에는 이와 같이 법치가 전제되어야 하지만, 진(秦)나라를 백안시하는 유가의 이데올로기는 법을 인의(仁義) 정치를 가로막는 부정적인 제도로 왜곡해 왔다. 그래서 법과 법치에 관한 일은 가능한 한 입에 올리지 않고 후경(後景)으로 은폐하는 바람에 무위 정치는 공허한 이론으로 낙인찍히고 말았다.

　서구 선진국에서 대다수의 국민들이 자신들의 정치 지도자가 누구인지도 모르고 산다는 신화 같은 이야기는 법치에 근거한 무위 정치의 표본이리라. 우리나라의 저자 거리에서 누구에게 물어보아도 정치에 관한 한 정치학자에 뒤지지 않는 훌륭한 견해를 드러내지만 정작 정치현실은 이에 따르지 않는 우리의 모습은 법치를 뒤로 숨긴 이 구절에서 그 원인을 찾을 수 있지 않을까?

임금과 백성의 상호 주체성

愛育黎首(애육려수)하고 | 백성들을 아껴 기르고,

머리 수(首)

'아낄 애(愛)' 자는 '천천히 걸을 쇠(夂)'와 '베풀 애(㤅)'로 이루어졌다. '애(㤅)' 자의 독음은 '먹일 궤(饋)'와 같은 계열에 속하므로 여기에는 '먹여서 은혜를 베풀다' 라는 의미가 내포되어 있다. 따라서 '애(愛)' 자의 자형적 의미는 '은혜가 아쉬워서 떠나지 못하고 머뭇거리며 천천히 걷다' 가 된다. 여기에서 '아까워하다' · '아끼다' · '사랑하다' 등의 의미들이 생겨났다.

'기를 육(育)' 자는 '아이 낳을 돌(ㄊ)'과 '고기 육(肉)'으로 이루어졌다. '돌(ㄊ)' 자는 '어린아이'(子)를 거꾸로 그린 것으로 아이가 태어나는 모양이다. '육(育)' 자는 독음이 '젖 유(乳)'와 같은 계열에 속하므로 자형적 의미는 '갓난아이를 낳아서 젖을 먹여 기르다' 가 된다.

'검을 려(黎)' 자는 '기장 서(黍)'와 '이로울 리(利)'로 이루어졌다. '리(利)' 자는 독음이 '신발 리(履)'와 같은데, 옛날에는 신발을 만들 때 기장 쌀로 만든 풀을 접착제로 사용하였다. 따라서 '려(黎)' 자의 자형적 의미는 '기장 풀로 만든 신발 접착제' 가 된다. 그런데 이 '려(黎)' 자는 독음이 '검을 려(驪)' 자와 같아서 '검다' 는 의미로 차용되었다.

'여수(黎首)'를 글자 그대로 풀이하면 '검은 머리'가 되는데, '검은 머리'란 밖에서 생산 활동에 종사하기 때문에 꺼멓게 피부가 그을린 노예나 농노를 상징한다. '백성 민(民)'자에서 보았듯이 고대 백성의 지위는 중세 이후와 달라서 귀족을 제외한 대부분이 노예와 농노의 신분이었기 때문에 이렇게 불렀던 것이다. 이 단어가 중세 이후에도 계속 쓰이기는 했지만 실제 백성의 지위는 이러한 자형적 의미와는 달리 고대보다 훨씬 향상되어 있었다.

임금과 백성간의 관계는 실존적인 측면에서 보자면 상호 주체적이면서도 상호 의존적인 관계이지 누가 누구를 일방적으로 아끼고 양육해 주는 관계가 아니다. '애(愛)'자의 자형적 의미대로 해석하자면 오히려 백성이 임금을 먹여 기른다고 보는 것이 사실에 가깝다. 그런데도 임금을 주어로 하고 백성을 목적어로 놓는 문법을 선택해 전제 군주가 주체가 되는 세계관과 이데올로기를 자연스럽게 만들어냈던 것이다. 그리고 백성은 무지렁이를 연상케 하는 '검게 그을린 머리'(黎首)라는 상징 속으로 환원되었다.

오랑캐와의 선린 관계

臣伏戎羌(신복융강)이라 | 오랑캐들을 신하로 복종시킨다.

'신하 신(臣)' 자는 원래 묶여 있는 포로 모양이었다. 옛날에는 포로를 잡으면 노예로 삼았기 때문에 고대 문헌에서 '신(臣)' 자는 '노예'(특히 남자 노예)라는 뜻으로 종종 쓰였고, 이것이 나중에는 '신하'라는 의미

신하 신(臣)

로 파생되었다.

'엎드릴 복(伏)' 자는 '사람 인(人)'과 '개 견(犬)'으로 이루어져 있으므로 자형적 의미는 '개가 사람 옆에 바짝 붙어서 엎드려 있다'가 된다. 하지에서 세 번째 경일(庚日) 뒤에 이른바 삼복(三伏)이 오는데, 이때의 '복(伏)' 자는 농작물의 병충해 방지를 위해 지내는 여름 제사 이름이다. 이 제사에서는 개를 제물로 삼은 뒤 개의 가슴을 쪼개고 지체를 찢어서 이를 마을 곳곳에 걸어두었다. '복(伏)' 자의 독음이 '쪼갤 부(副)' 자와 같은 계열에 속한다는 사실이 이 제사의 의미를 잘 말해 준다.

'오랑캐 융(戎)'과 '오랑캐 강(羌)'은 모두 중국의 서쪽 지방에 살았던 오랑캐 족속들의 이름이긴 하지만, 여기서는 글자를 맞추기 위해 등장한 것이므로 사실은 사방의 모든 오랑캐를 대표하는 단어라고 볼 수 있다. 특히 '강(羌)'은 강태공(姜太公) 여상(呂尙)의 족속으로서, 주나라 무왕(武王)이 천자가 된 다음 여상이 제후에 봉해지자

'강(羌)'을 '강(姜)'으로 고치고 이를 성씨로 삼았다고 한다.

중국은 전통적으로 아직 문화의 혜택을 입지 않은 이웃의 족속이나 나라들을 '오랑캐'라는 이름으로 환원하려는 경향이 짙었다. 그래서 이들과의 선린 관계도 대등하지 않은 종속 관계로 유지하려고 하였다. "이웃 오랑캐들을 신하로서 복종시킨다"(臣伏戎羌)라는 구절이 이를 그대로 말해 주고 있다. 결국 이런 종속 관계의 바탕에서만이 평화적 선린 관계가 유지된다는 믿음을 이 구절은 심어주고 있는데, 과연 그러한가?

중국의 문화와 행동 양태는 문자를 통해서 보아야 한다. '복(伏)'자의 자형대로 주인 옆에 바짝 붙어 엎드려서 순종적인 그림을 만들어주면 평화를 보장받을 수 있을 것처럼 보이지만, '복(伏)'자의 독음이 내포하고 있는 '쪼갤 부(副)'자의 도래가 암시하듯이, 순종만을 미덕으로 알고 있다가는 어느새 복날 제물이 될지 모르는 것이 중국 국제 관계사의 교훈이다. 굳이 중국을 들먹이지 않더라도 잘 따르던 개를 때가 되면 잡아먹거나 내다버리는 것이 인간의 현실이 아니겠는가.

일체와 타자

遐邇壹體(하이일체)하니 | 먼 곳과 가까운 곳이 한 몸이 되니,

하나 일(壹)

'멀 하(遐)' 자는 '달릴 착(辵)'과 '빌릴 가(叚)'로 이루어졌다. '가(叚)' 자의 고문자 자형은 '叚'인데, 이는 바위 산 아래에서 채석 도구인 갈퀴를 들고 돌을 캐는 모양이다. 따라서 '하(遐)' 자의 자형적 의미는 '돌을 캐러 바위 산 아래로 가다' 임을 짐작할 수 있다.[15]

'가까울 이(邇)' 자는 '달릴 착(辵)'과 '가까울 이(爾)'로 이루어졌다. '이(爾)' 자의 독음은 '가까울 니(尼)'·'진흙 니(泥)' 자 등과 같은 계열로서 여기에는 '진흙처럼 끈적끈적하게 가까운'이란 의미가 내포되어 있다. 따라서 '이(邇)' 자의 자형적 의미는 '다니는 거리가 가깝다'가 된다.

'이(邇)' 자와 '하(遐)' 자에는 '착(辵)'('辵'과 辶은 기실 같은 글자임)자가 공통적으로 있고, '이(爾)'와 '가(叚)'의 변별로 가깝고 멀다는 대별적(對別的) 의미를 드러낸다. 즉 '이(爾)'는 자형에서 보는 바대로 격자 창살의 방문이고, '가(叚)'는 바위 산 아래에서 돌을 캐는 모양이다.[16] 그래서 방문은 가까운 곳이 되고 돌을 캐오는 곳은 먼 곳으로 구별되는 것이다.

'하나 일(壹)' 자는 원래 '병 호(壺)'와 '좋을 길(吉)'로 이루어졌는데 나중에 '술병'(壺) 위에 '뚜껑'(士)을 덮어놓은 모양으로 변하였

다. '길(吉)' 자는 짐승을 잡기 위해 함정을 판 후 위장해 놓고 사람들이 빠지지 않도록 표시를 해놓은 모양이므로 여기에는 '갇혀 있다' 라는 의미가 내포돼 있다. 따라서 '일(壹)' 자의 자형적 의미는 '술독에 원료를 넣고 덮어놓은 채로 술을 익히다'가 된다.

'몸 체(體)' 자는 '뼈 골(骨)' 과 '제사그릇 례(豊)'로 이루어졌다. '례(豊)' 자는 독음이 '떨어질 리(離)'와 같은 계열에 속하므로 '체(體)' 자의 자형적 의미는 '떨어져 분리되는 뼈들'이 된다. 『설문해자』는 '체(體)' 자 자해에서 "모두 열두 개로 이어진 부분"(總十二屬也)이라고 정의하였는데, 이 열두 개로 나누어진 뼈마디 부분이 바로 '체(體)' 인 것이다. 열두 개의 '체'를 구체적으로 열거하면 다음과 같다. 즉 팔은 상박(臂)·하박(厷)·손(手)으로 나누어지고, 다리는 허벅지(股)·정강이(脛)·발(足)로 나누어진다. 이 여섯 부분이 좌우로 있으므로 모두 열두 부분이 되는 것이다. 흔히 사지(四肢)를 사체(四體)라고도 말하는 것은 '체(體)' 자에 '분리될 수 있는 뼈마디' 라는 의미가 내포돼 있기 때문이다.

이 구절은 홍성원(洪聖源)이 설명한 것처럼 중국의 천자는 신하들에서 백성에 이르기까지, 그리고 중국에서 먼 오랑캐 땅에 이르기까지 멀고 가까움을 따지지 않고 한 몸으로 여긴다는 내용을 담고 있다.

'일(壹)' 자를 영수증이나 계약서 등에서 '일(一)' 자로 대용하는 것은 숫자 변조를 방지하기 위해 같은 독음의 글자를 쓴 것일 뿐 의미상 관련은 전혀 없다. 그러나 한문에서는 한자 속에 숨겨져 있는 흔적들을 잘 관찰해야 은밀한 함의를 찾아내고 또 현실을 설명할 수 있다. '일체(壹體)'란 하나의 술독 속에서 쌀·누룩·물·향료 등 각종 재료들이 제 맛을 내면서 전체적으로 조화된 맛으로 익어가는 술처럼 구성원들의 개성이 잘 어우러진 한 몸을 의미한다. 그러니까 하나의 술독 안에 갇혀 있긴 하지만 '체(體)'자의 자형적 의미처럼 서로 분리될 수 있는 그런 일체인 것이다. 이러한 일체는 획일적으로 한 몸이 되어 분리되지 않는 '일체(一體)'와는 다른 것이다. 이러한 일체 속에서는 타자성을 인정받을 수 없다. 그렇다면 실제 역사에서 중국이 그 변방과 이웃 족속과 나라들을 너나없이 하나로 보았다면 그것은 '일체(壹體)'였을까 아니면 '일체(一體)'였을까?

귀의인가, 복종인가

率賓歸王(솔빈귀왕)이라 | 거느리고 와서 복종하고 천자에게 귀의
한다.

거느릴 솔(率)

'거느릴 솔(率)' 자는 새 잡는 그물 모양이므로 자형적 의미는 '새를 잡아 모으다'가 된다. 이로부터 '사람을 권면하여 모으고 데리고 가다'라는 의미가 파생되었다.

'손님 빈(賓)' 자는 '조개 패(貝)'와 '뭉뚱그릴 면(宀)'으로 이루어졌다. '패(貝)' 자는 '귀중하다'라는 뜻을 내포하고 '빈(賓)' 자는 독음이 '가까이 할 비(比)' 자와 같은 계열에 속하므로 자형적 의미는 '상대방을 자신과 구별 없이 가까이 하고 귀히 여기다'가 된다. '빈(賓)' 자와 '어질 현(賢)' 자의 독음이 같은 계열에 속한다는 사실이 이를 입증한다. 이로부터 '복종하다'라는 의미가 파생된 것이다. 따라서 '솔빈(率賓)'은 주위 사람들을 모아 데리고 와서 복종한다는 뜻이 된다.

'돌아갈 귀(歸)' 자는 '그칠 지(止)'·'비 추(帚)'·'작은 언덕 퇴(自)'로 이루어졌다. 여기서 '지(止)' 자는 발을 뜻하므로 '걸어가다'라는 의미이고, '추(帚)' 자는 '지어미 부(婦)'의 생략형이며, '퇴(自)' 자는 '좇아갈 추(追)'의 생략형이므로 '귀(歸)' 자의 자형적 의미는 '지어미가 지아비를 따라서 시집으로 걸어가다'가 된다. 그래서 '귀(歸)' 자는 '마땅히 가야 할 자리로 돌아가다'라는 의미로 많이

103

쓰인다.

'임금 왕(王)' 자를 금문에서는 '⚒'으로 썼는데 이는 도끼 모양이
다. 도끼는 무력을 상징하고 무력은 다시 권력을 상징한다. 그러므
로 '왕(王)' 자의 자형적 의미는 '권력을 가진 사람', 곧 '왕'이 된다.

천자의 덕과 교화가 먼 곳과 가까운 곳의 차별이 없이 골고루 미
쳐 천하가 한 몸이 되니까 모든 족속들이 너나없이 권속들을 이끌고
와서 복종한다는 뜻인데, 결국 복종이 궁극적인 화평의 조건이라면
'일체(壹體)'가 아닌 '일체(一體)'가 될 수밖에 없을 것이다. 복종이
란 자의든 타의든 억압이므로 먼 곳의 타자성은 무시될 수밖에 없
다. 아무리 천자의 덕과 교화에 감화되었다 하더라도 권력이 '도끼'
라는 무력에 기초하고 있다는 사실은 복종의 순수성이나 자발성을
의심케 한다.

'천자에게 귀의한다'(歸王)라는 것은 곧 천자를 정점으로 한 형이
상학적 질서 속에 편입됨을 의미한다. 따라서 중국의 관점에서 이것
은 윤리적 행위가 되지만, 먼 곳의 입장에서는 정치적 행위이자 희
생이 된다. 누군가 '일체'를 부르짖을 때, 그 일체란 어쩔 수 없이
'돌을 캐오는 먼 곳'(遐)의 이데올로기가 아니라 항상 '방문 안에
앉아 있는 자'(邇)의 이데올로기가 될 수밖에 없음을 상기해야 할
것이다.

봉황새: 현자의 존재 증명

鳴鳳在樹(명봉재수)하고 │ 우는 봉황새는 나무에 있고,

있을 재(在)

'울 명(鳴)' 자는 '새 조(鳥)'와 '입 구(口)'로 이루어졌지만, 갑골문의 자형을 보면 '조(鳥)' 자가 수탉의 모양으로 되어 있다. 그러므로 '명(鳴)' 자의 자형적 의미는 '수탉이 우는 소리'가 된다. '명(鳴)' 자는 독음이 '명명할 명(命)'과 같으므로 여기에는 '조수는 자신의 울음소리로 이름이 명명된다'라는 의미가 내포돼 있다.

'봉(鳳)' 자는 봉황새의 수컷을 뜻하고, 암컷은 '황(凰)'으로 쓴다.

'있을 재(在)' 자는 '흙 토(土)'와 '싹틀 재(才)'로 이루어졌다. '재(才)' 자는 씨앗이나 모종에서 싹이 나오는 모양으로 '재(在)' 자의 원래 글자이다. 따라서 '재(在)' 자의 자형적 의미는 '흙에 풀이나 나무를 심어 싹이 나면 다시 옮길 수 없다'가 된다. 이로부터 '존재하다'라는 의미가 파생되었다. 그러니까 '재(在)' 자는 '심을 재(栽)' 자의 원래 글자임을 알 수 있다.

'나무 수(樹)' 자는 '나무 목(木)'과 '세울 수(尌)'로 이루어졌다. '수(尌)' 자는 손으로 악기를 세우는 모양이고, 독음도 '세로 수(豎)'와 같으므로 '수(樹)' 자의 자형적 의미는 '손으로 나무를 세워서 심다'가 된다. 이로부터 '나무'·'심다' 등의 의미들이 생겨났다.

봉황새는 전설상의 상서로운 새로 오동나무가 아니면 깃들지 않고 대나무 열매가 아니면 먹지 않는다고 한다. 그래서 흔히 현자(賢者)를 얻으면 그 조짐으로 나타나는 새라고 전해진다. 이에 비하여 성군(聖君)이 나타날 때는 기린(麒麟)이 먼저 출현하여 조짐을 보여준다고 전한다. 이것을 부서(符瑞) 사상이라고 하는데, 이 구절에서 우는 봉황이 나무에 있다는 것은 곧 덕 있는 천자가 재위하고 있으므로 초야에 묻혀 있던 훌륭한 인재들이 재주를 인정받게 될 것이라는 조짐을 의미한다.

이 부서 사상은 원래 정권 수립의 정통성을 천명(天命)에서 구하기 위하여 우연한 조짐을 새로운 천자의 출현에 부합시킨 것인데, 이것이 지식인에 의해 만들어지다 보니 그들도 스스로의 부가가치 증대를 위하여 상서로운 조짐을 만들어 천자의 성역에 배향(配享)시킨 것으로 보인다. 이것은 두 가지 점에서 기득권 지식인에게 매우 유리하다. 첫째, 우연이거나 인위적이거나 아무튼 상서로운 조짐만 만들어내면 굳이 힘든 공부를 하지 않고도 현자로 인정받을 수 있다. 이러한 조짐을 현대인들은 이미지 속에서 찾으려는 경향이 있다. 왠지 능력 있어 보이고, 정직해 보이고, 순수해 보이고, 그를 우리의 지도자로 삼으면 취직이라도 시켜줄 것 같은 여러 조짐을 그의 이미지에서 본다. 그래서 오늘날의 엘리트는 봉황새 대신에 명문 대학을 선택하고, 기린 대신에 외국의 저명 인사와 사진 찍기에 몰두하는 것이다. 둘째, 봉황은 전설 속의 새이므로 현실에 나타날 리가 없으므로 경쟁자의 출현을 원천적으로 봉쇄할 수 있다. 왜냐하면 아무리 재주가 출중하다 하더라도 봉황이 나타나지 않는 한 하늘이 내린 현자로 인정받을 수 없기 때문이다. 오늘날 지식인에게 부서로 작용하는 것은 무엇일까?

흰 망아지의 신화

白駒食場(백구식장)이라 | 흰 망아지는 마당에서 싹을 먹는다.

흰 백(白)

     '흰 백(白)' 자는 '들 입(入)'과 '두 이(二)'로 이루어졌다. '입(入)' 자는 햇빛이 위에서 아래로 골고루 비추는 형상이고, '이(二)' 자는 하늘과 땅의 공간을 그린 모양이다. 따라서 '백(白)' 자의 자형적 의미는 '빛의 색깔', 즉 '흰색'이 된다. '흰색'은 또한 모든 빛깔의 근원이기도 하므로 '으뜸'을 뜻하기도 한다. '맏 백(伯)' 자의 자형 속에 '백(白)' 자가 들어 있다는 사실이 이를 입증한다.

  '망아지 구(駒)' 자는 '말 마(馬)'와 '굽을 구(句)'로 이루어졌다. '구(句)' 자는 독음이 '굽을 곡(曲)'과 같은 계열에 속하므로 여기에는 '좌우로 구불구불 이어져 나가다'라는 의미가 내포돼 있다. 그래서 '구(句)' 자는 흔히 좌에서 우 또는 우에서 좌로 방향을 바꾸는 갈고리 모양의 전환점을 가리킨다. 이것은 또한 들뢰즈(G. Deleuse)의 개념으로 말하자면 연속선상에서 불연속이 발생하는 특이점이 되는 셈이므로, 하나의 악곡에서 한 절이 끝나고 다음 절이 다시 시작되는 부분이라든가, 하나의 문장에서 한 구절이 끝나고 다시 다른 구절이 시작되는 부분을 우리는 '구(句)'라고 부르는 것이다. 망아지 역시 어른 말로 자라나는 과정에서 성마(成馬)가 되는 전환점이 있는데 그것이 바로 두 살이 되는 시기이다. 그래서 '구(句)' 자를 합성해서 '구(駒)'로 쓰게 된 것이다. 두 살배기 망아지는 덩치로는 다 자라서 건장하지만 아직 훈련을 받지 않은 상태이기 때문에 마차를 끌게 하거나 전투에 투입시키지 않는다.

'먹을 식(食)' 자는 '좋을 알곡 핍(皀)'과 '모을 집(亼)'으로 이루어졌으므로 자형적 의미는 '알곡을 모아 창고에 쟁여 넣다'가 된다. 그래서 '식(食)'이란 집에다 저장한 곡식을 뜻하고, 이에 비해서 여행할 때 갖고 다니는 식량은 '량(糧)'이라 부른다.

'마당 장(場)'은 '흙 토(土)'와 '볕 양(昜)'으로 이루어졌다. '양(昜)' 자는 태양이 떠오를 때 방사되는 햇살 모양으로 독음이 '길 장(長)' 자와 '창자 장(腸)' 자와 같은 계열에 속하므로 '장(場)' 자의 자형적 의미는 '길게 뻗어 있는 경작하지 않는 땅'이 된다.

이 구절은 『시경』「백구」(白駒)의 "새하얀 흰 망아지가 우리 밭의 싹을 다 먹었다 하고"(皎皎白駒, 食我場苗)를 다시 쓴 것이다. 즉 흰 망아지를 타고 다니는 선비가 벼슬에 나아가지 않으려 하므로 임금이 그의 망아지가 우리 밭의 곡식을 먹었다고 핑계 대고 잡아오면 선비를 끌어올 수 있지 않을까 하는 바람을 읊은 내용이다.

여기서 "흰 망아지는 마당에서 싹을 먹는다"(白駒食場)라는 것은 덕 있는 천자가 재위하고 있으므로 현자들이 각지에서 찾아왔고, 그래서 그들이 타고 온 흰 망아지들이 넓은 뜰에서 풀을 뜯고 있다는 뜻이다. '백구(白駒)'란 아직 멍에를 메어보지 않은 망아지이기 때문에 전투용으로 쓰지 않는다. 그래서 문아(文雅)한 현자들이 상징적으로 타고 다니는 것인데, 여기서 상징적이라 함은 '백(白)' 자에 단순히 '희다'는 일차적 의미 외에 '순결함'과 '으뜸'('백(伯)' 자와 같음)이라는 신화적 의미(이차적 의미)가 덧붙여져 있음을 뜻한다. 신화적 의미가 부가된 상품이 사용 가치 이상으로 비싸게 거래되었을 것임은 굳이 묻지 않고도 알 수 있는 사실이다.(게다가 흰 망아지는 돌연변이의 결과이므로 희귀하다.)

이런 흰 망아지를 타고 다니려면 당시로서는 상당한 재력이 뒷받침되어야 했는데, 초야에 묻혀사는 가난한 선비로서는 감당하기가 어려웠을 것이다. 바르트(R. Barthes)는 파롤(parole)이 신화를 만든다고 했는데 현자의 신화성은 실제 능력과 재주에서 나오는 것이 아니라, 이 같은 '백(白)'·'구(駒)' 등과 같은 감각적인 기표적 요소들에 의해 결정된다. 통속적으로 본다면 인기 가수나 스타를 만드는 것이 뛰어난 가창력이나 연기력이라기보다는 강렬한 감각을 불러일으키는 이미지라는 사실을 볼 때 이를 이해할 수 있다. 따라서 현자로 인정받으려면 예나 지금이나 감각에 호소할 수 있는 기표를 생산하기 위해서 우선 투자하지 않고는 불가능하리라.

지도자, 교화의 주인공인가 감시의 대상인가

化被草木(화피초목)하고 | 교화(敎化)가 풀과 나무도 입히고,

변화할 화(化)

'변화할 화(化)' 자는 '사람 인(人)' 자와 거꾸로 놓여진 '인(人)' 자, 즉 '비(匕)' 자가 합쳐진 모양이므로 자형적 의미는 '사람이 본래 모습과 다른 사람이 되다' 가 된다. 고대 문헌에서는 흔히 '교화(敎化)' 라는 의미로 쓰이는데, 이는 임금의 가르침이 백성들을 완전히 바꿔서 온유돈후(溫柔敦厚)한 사람이 되게 한다는 뜻이다.

'입을 피(被)' 자는 '옷 의(衣)' 와 '가죽 피(皮)' 로 이루어졌으므로 자형적 의미는 '사람을 전체적으로 덮어주는 옷', 즉 잠잘 때 입는 '긴 잠옷' 을 뜻한다.

'풀 초(草)' 자는 '풀 초(艸)' 와 '상수리나무 조(皁)' 로 이루어졌다. 상수리는 검은색 염료로 쓰였으므로 '초(草)' 자의 자형적 의미는 '흑색 염료로 쓰이는 상수리나무' 가 된다. 나중에 이 글자는 모든 풀의 총칭으로 쓰이게 되었다.

'나무 목(木)' 자는 나무의 줄기를 중심으로 해서 옆으로 뻗은 가지, 그리고 밑으로 퍼진 뿌리를 그린 모양이다. '목' 자는 독음이 '덮을 복(覆)' · '덮을 모(冒)' 등과 같은 계열에 속하므로 여기에 '꽃과 잎과 열매로 덮여 있는 나무' 라는 의미가 담겨 있음을 알 수 있다.

110

"교화가 풀과 나무도 입히다"(化被草木)라는 말은 천자의 교화가 백성은 말할 것도 없고 초목까지도 잠옷처럼 따뜻하고 편안하게 덮어준다는 뜻이다.

사실 백성을 전혀 다른 사람으로 변화하도록 만드는 일은 종교적 차원에 속한다고도 할 수 있는데, 초목까지도 감동시킬 만한 교화의 힘을 임금에게서 기대하는 것이 중국이나 우리의 전통적인 지도자관이다. 이런 지도자관 아래서 정치 지도자들은 대대로 정신적인 압박과 갈등을 겪어왔다. 그러다 보니 우리는 폭군도 경험했고 또한 정치 지도자들에게 실망도 많이 하였다. 기실 인간으로서의 그들에게는 특별히 기대할 것도 없었는데, '초목까지도 교화를 입히는 정치 지도자'라는 우리의 신화가 그들을 갈등하게 만들었고, 또 아직도 그들에 대한 기대를 버리지 못하게 하고 있는 것이다. 그러나 오늘날 정치 지도자는 맡겨진 일을 제대로 수행하는지 감시해야 할 대상이지 전설의 주인공이 아니라는 점을 분명히 알아야 할 것이다. 산천에 초복이 무성하도록 잘 가꾸는 지도자는 있을지 모르겠지만, 백성도 백 퍼센트 감동시키기가 어려운 판에 초목까지 감동시킬 지도자가 있겠는가.

'믿고 의지함'의 역설

賴及萬方(뢰급만방)이라 | 믿고 의지함이 온 구석구석에까지 미친다.

미칠 급(及)

'의지할 뢰(賴)' 자는 '묶을 속(束)'과 '질 부(負)'로 이루어졌다. '부(負)' 자는 돈을 꾸고 갚지 않는다는 뜻이므로 '뢰(賴)' 자의 자형적 의미는 '빚을 떼이지 않도록 확실한 저당을 잡아놓다'가 된다. 여기에서 '신뢰하다'라는 의미가 파생되었다.

'미칠 급(及)' 자는 '오른손 우(又)' 자와 '사람 인(人)' 자로 이루어졌으므로 자형적 의미는 '사람을 뒤에서 따라가 잡다'가 된다.

'일만 만(萬)' 자의 고문자 자형은 전갈의 모양으로 되어 있다. 전갈의 다리가 여러 개이므로 '많다'라는 뜻으로 차용되었다. 우리는 흔히 많은 것을 숭배하는 경향이 있지만, 많은 것이 꼭 좋은 것만은 아니라는 계고(戒告)를 '만(萬)' 자의 자형 속에 숨겨져 있는 독침이 암시하고 있다.

'모 방(方)' 자는 쟁기나 보습의 삽날 끝을 그린 모양이다. 따라서 여기서는 나라의 끝에 위치한 변방 지방을 뜻한다.

'뢰(賴)' 자의 자형적 의미대로 믿고 의지할 수 있음이 "확실한 저당을 잡아놓은 것 같다"라는 말은 모든 백성과 이웃 나라들을 안심시키기에 충분하다. 그래서 성문 앞에 놓인 나무를 그냥 옮겨 놓기만 해도 50금(金)을 주겠다는 약속을 지킨 상앙(商鞅)의 고사가 중국 역대 정치의 기본적인 전략이 되었던 것이다.

그러나 그 '믿고 의지할 수 있음' 다음에 오는 '따라가 잡음'(及)이라는 글자와 의미에 주의해야 한다. 즉 '따라가 잡다'라는 행위는 '잡히다'라는 행위와 동시에 이루어지기 때문에 '믿고 의지할 수 있음'이 각인된 다음에는 필연적으로 '사로잡힘'이 동반된다. 전자가 전략적 차원에서 이루어진 상징적 행위이고 후자가 이를 순진하게 믿는 상상적 행위에 머물러 있다면, 이 둘 사이의 관계는 종국적으로 지배와 종속의 관계를 피할 수 없게 된다. 앞의 사목지신(徙木之信)의 신의(信義)는 형이상학적 차원이 아니라 백성을 장악하기 위한 전략적 차원이라는 점을 잊어서는 안 된다.

백성들은 상상적 행위를 하였고, 상앙은 상징적 행위를 했던 것이다. 그래서 상앙은 사로잡힌 백성들을 지배할 수 있었다. 등창의 고름을 입으로 빨아 목숨을 구해준 장수에게 끝내 자신의 목숨을 바쳐 충성한 두 아들을 둔 노모가 막내 아들마저 그 장수의 부하로 배속되자 이제 막내마저 목숨을 부지할 수 없게 되었구나 하고 통곡했다는 중국의 옛 고사는 신의가 형이상학적으로 끝나지 않고 강력한 종속이라는 대가를 치르게 된다는 사실을 잘 말해 주고 있다. 그러니까 "믿고 의지함이 온 구석구석에까지 미치다"(賴及萬方)란 믿고 의지할 수 있음이 변방 끝 구석구석은 물론 이웃 나라까지도 사로잡아 종속시키고 지배할 수 있게 한다는 의미로도 읽을 수 있는 것이다.

여기까지의 문장은 천(天)·지(地)·인(人)의 도리를 설명했다는 점에서 『천자문』의 서문에 해당한다고 말할 수 있다.

2부

오상(五常)은 변하지 않는 인간의 도리인가

'무릇'의 전략

蓋此身髮(개차신발)에는 | 무릇 이 몸과 터럭에는,

몸 신(身)

'덮을 개(蓋)' 자는 '풀 초(艸)'와 '모일 합(盍)'으로 이루어졌다. '초(艸)' 자는 갈대나 띠와 같은 풀을 의미하고, '합(盍)' 자는 그릇에 뚜껑이 덮여 있는 모양이므로 '개(蓋)' 자의 자형적 의미는 '덮는 거적'이 된다. 이 자형적 의미가 문장 앞에서 발어사로 쓰일 때에는 '전체를 개괄하여 말하다'라는 뜻이 된다. 따라서 문장이 '개(蓋)' 자로 시작된다면 그 내용은 곧 전체를 덮어서 말하는 것이므로 예외가 있을 수 없음을 암시한다고 말할 수 있다.

'이 차(此)' 자는 '발 지(止)'와 '숟가락 비(匕)'로 이루어졌다. 여기서 '지(止)' 자는 '머물다'라는 의미를 나타내고, '비(匕)' 자는 '나란히 할 비(比)' 자와 같은 뜻으로 쓰였는데, 여기에는 '가깝다'라는 의미가 내포돼 있으므로 '차(此)' 자의 자형적 의미는 '가까운 곳에 머물다'가 된다. 이 글자가 '저곳 피(彼)' 자와 대별적인 짝을 이루어서 공간 · 시간적으로 가까운 데에 있다는 의미의 '이것' 또는 '지금'이란 뜻으로 쓰이게 된 것이다.

'신발(身髮)'은 '몸과 터럭'이지만 실제로는 몸과 모발과 피부를 뜻하는 '신체발부(身體髮膚)'를 줄여 쓴 말이다.

이 구절부터는 배우는 자신의 수양에 관한 내용을 서술한다.

이 구절은 신체발부를 갖췄다고 해서 사람이 완성되는 것은 아니라는 것을 말하고 있다. 그리고 발어사 '개(蓋)' 자는 다음에 말하려는 내용이 예외 없이 보편적이고 당위적이라는 사실을 암시한다. 어떤 개인이 자신의 잘못을 변명하거나 잘못이 없다고 굳이 강변할 때 '무릇'(蓋)이란 말을 써서, 이를테면 "무릇 사람이 그러면 안 되는 법이지"라는 말로 대꾸하면, 그 상대는 자신의 행위가 정당하다고 끝끝내 우기기가 힘들게 된다. 그러므로 상대방과 언쟁이 붙었을 때는 '무릇'이란 말을 먼저하고, 자주 사용하면 상대의 변명을 무력하게 만들 수 있다.

'사(四)'·'오(五)'의 의미

四大五常(사대오상)이라 | 네 가지 큰 것과 다섯 가지 변치 않는 것이 있다.

코 자(自)

'넉 사(四)' 자는 금문에서 '⊘'로 적었는데 이는 입을 열고 숨을 쉬는 모양이므로 '쉴 희(呬)' 자의 원래 글자가 됨과 아울러 '코 자(自)'[1] 자와도 기실 같은 글자가 된다. 나중에 민간에서 장부나 계약서를 쓸 때에 숫자를 변조하지 못하도록 '일(一)' 자를 '일(壹)'로, '이(二)' 자를 '이(貳)'로, '삼(三)' 자를 '삼(參)' 등으로 각각 적는 대사체(大寫體)를 개발하면서 처음에 쓰던 '사(亖)' 자를 '사(四)' 자로 대체한 것이다.

'큰 대(大)' 자는 사람이 팔과 발을 움츠리지 않고 활짝 편 모양이므로 자형적 의미는 '크다'가 된다.

'다섯 오(五)' 자는 갑골문에서 'X'로 적었는데 이는 임시로 실을 감을 때 엄지손가락과 새끼손가락을 펴서 실을 교차하는 모양으로 감는 관습을 그대로 그린 것이다.(또는 실을 감아두는 실패 모양이기도 하다.) 손가락은 다섯 개이므로 당시까지 '하나 일(一)' 자 다섯 개를 포개서 표기하던 '오' 자를 대체하여 쓰게 되었다.

'떳떳할 상(常)' 자는 '베 건(巾)'과 '높일 상(尙)'으로 이루어졌다. '상(尙)' 자는 북향 창문(向)의 굴뚝에서 연기가 길게 피어오르는 모양이므로 '상(常)' 자의 자형적 의미는 '기다란 베'(長布)가 된다. 여기에서 '길이 변치 않음'이란 의미가 파생되었다.

'사대(四大)', 즉 '네 가지 큰 것'이란 사람의 몸을 형성하는 네 가지 물질적 요소인 흙(土)·물(水)·불(火)·바람(風) 등을 가리킨다. 『원각경』(圓覺經)에 "이 몸은 네 가지 큰 것이 조화롭게 합쳐진 것이다. 터럭·손톱·이빨과 피부·살·힘줄·뼈와 골·뇌·때 등 만져지는 물질들은 모두 땅으로 돌아가고, 타액·고름·피와 체액·거품·땀과 가래·눈물·정액과 대변·소변 등은 모두 물로 돌아가며, 따뜻한 온기는 불로 돌아가고, 활동은 바람으로 돌아간다"(此身四大和合. 髮毛爪齒, 皮肉筋骨, 髓腦垢色, 皆歸於地; 唾涕膿血, 津液涎沫, 痰淚精氣, 大小便利, 皆歸於水; 暖氣歸火; 動轉歸風)라는 구절이 있는데 '사대(四大)'는 바로 이를 가리킨다.

'오상(五常)'은 사람에게 변치 않는 것 다섯 가지, 즉 인(仁)·의(義)·예(禮)·지(智)·신(信)을 가리킨다.

여기서 우리는 '사(四)'니 '오(五)'니 하는 숫자에 집착해서 그 '네 가지' 또는 '다섯 가지'가 구체적으로 무엇인지를 굳이 알아야 할 필요는 없다. 왜냐하면 이들 숫자는 중국 언어의 수사법이자 형이상학적 의미에 다름 아니기 때문이다. 이를테면 접이련삼(接二連三), 장삼이사(張三李四), 사분오열(四分五裂), 칠전팔기(七顚八起) 등에서의 수사(數詞)들은 단지 수사적(修辭的) 놀이에 지나지 않고, 사면팔방(四面八方)·천지사방의 육합(六合)·십이월령(十二月令) 등에서의 4·8·6·12 등의 수사는 형이상학적 숫자들이다.

사람을 구성하는 물질이 어찌 흙·물·불·바람 등 네 가지만 있겠으며, 또한 인·의·예·지·신이 오상의 내용이 되어야만 하는

가. 사람이 사람으로 살아가기 위해서 갖추어야 할 조건은 셀 수 없이 많다. '사대'와 '오상'의 내용은 사람이 처해 있는 조건에 따라서 중심을 옮겨다니는 것이지 조건 자체에 우열이 있는 것은 아니다. 그런데도 '사(四)'와 '오(五)'의 형이상학적 수사법 때문에 다른 조건들은 주변적인 것으로 경시되고 밀려나는 경향이 있다. 형이상학적 숫자 안에 들어간 것만 중시하고 그 밖의 것은 하찮게 여기는 태도는 민주주의의 발전을 종종 가로막는다. 민주주의는 오히려 쪼잔하고 째째한 행동에 의해서 지켜지는 경우가 많다.

'효'의 절대화가 은폐하는 것

恭惟鞠養(공유국양)하니 | 살피고 길러주심을 공손히 생각하니,

기를 양(養)

'공손할 공(恭)' 자는 '마음 심(心)' 과 '받들 공(共)' 으로 이루어졌다. '공(共)' 자는 두 손으로 받드는 모양이므로, '공(恭)' 자의 자형적 의미는 '마음으로 받들어 모시다' 가 된다.

'생각할 유(惟)' 자는 원래 발어사로 문장의 첫머리에서 '생각건대' 라는 의미를 나타내는 글자였다. 따라서 "이제부터 피력하고자 하는 생각은 나의 주관적인 것에 불과하다" 라는 겸손의 의미를 담고 있다. 흔히 '유(維)' · '유(唯)' 등과 혼용하기도 한다.

'기를 국(鞠)' 자는 '가죽 혁(革)' 과 '주머니 포(勹)' 와 '쌀 미(米)' 로 이루어졌으므로 자형적 의미는 '가죽 주머니에 쌀을 넣어 둥글게 만든 공' 이 된다. 이것이 바로 오늘날 공의 원래 모형이었다. 그래서 '국(鞠)' 자의 독음이 '공 구(球)' 자와 같은 계열에 속하는 것이다. 공은 둥글게 굽어진 모양을 하고 있다는 의미에서 '굽다' 또는 '굽히다' 는 의미가 파생되어 '굽힐 궁(躬)' 자와 같은 뜻으로 쓰인다. 그러므로 '국양(鞠養)' 은 '굽어 살피고 기르다' 라는 의미가 된다.

'기를 양(養)' 자는 '먹을 식(食)' 과 '양 양(羊)' 으로 이루어졌으므로 자형적 의미는 '양을 먹여 기르다' 가 된다. 이로부터 '공양(供養)하다' 라는 의미가 파생되었다.

이 구절에서 '유(惟)' 자를 쓴 사실에서 알 수 있듯이, 부모의 은덕을 생각하고 고맙게 여기는 마음이 내면적인 윤리 의식에서 자발적으로 우러나올 때 진정한 효(孝)의 가치는 발휘되는 법이다. 그러나 효의 중요성을 강조한 나머지 그 앞에 '공(恭)' 자를 부가하여 내면적인 생각마저도 공손히 해야 한다고 강박적으로 지정함으로써 억압하려 하고 있다.(공손히 생각해야 한다면 생각의 결과도 공손할 수밖에 없는 동어반복의 상태가 된다. 이런 상태는 윤리가 아니라 이데올로기이다.)

억압당한 사고는 자발적인 의식을 형성하지 못하고 결국 타자의 욕망에 부응해 자신을 방어할 수 있는 적절한 기호 활동을 고려한다. 즉 불효자라는 말을 듣지 않기 위해서, 또는 효자라는 말을 듣기 위해서 전시적이거나 과시적인 효행에 관심을 두는 것이다. 공자가 "개와 말에게도 먹여주는 사람이 있는데, 공경함이 없으면 무엇으로써 구별하겠는가?"(至於犬馬, 皆能有養, 不敬, 何以別乎)라고 한 말은 곧 공경함이 자발적인 윤리 의식에서 비롯되어야 함을 가르친 것이다.

'국양(鞠養)'이란 말은 부모와 자식 사이에 오로지 양육하고 양육되는 관계만 있는 것은 아닌데도, 효의 근거가 마치 이 관계에서 비롯된 것인 양 고착시킬 위험이 있다. 이럴 경우 국양의 책임이 부모에게만 돌아가 사실 부모와 함께 국양의 중요한 축인 국가가 책임을 회피하게 된다. 이렇게 효의 근거가 국양에 있는 것처럼 해석하여 국양의 책임을 부모에게 떠넘겼기 때문에 효가 절대화된 것이다. 즉 효를 이데올로기화 해서 국가는 양육 책임에서 벗어난다는 말이다. 이렇게 절대화된 효는 결국 한(漢)나라 때에 충(忠)과 모순을 일으키는 결과를 빚는다. 이에 관해서는 뒤에서 다시 설명할 것이다.

상처는 아픔이자 새 살의 돋음이다

豈敢毁傷(기감훼상)이리오 | 어찌 감히 헐고 다치게 하겠는가.

굳셀 감(敢)

'어찌 기(豈)' 자를 소전에서는 '𧯛'로 썼는데, 이는 풍성히 담긴 식기에서 손으로 음식물을 취하는 모양이다. 따라서 자형적 의미는 '즐겁다'이지만, 여기서는 '어떻게'라는 뜻의 의문 대사(代詞)로 쓰였다.

'굳셀 감(敢)' 자는 『설문해자』에 보이지는 않지만, '엄(嚴)' 자나 '음(厰)' 자의 구성 부분을 통해 자형을 유추해 보면 𣪊으로 되어 있음을 알 수 있다. 이 글자는 두발(頭髮)을 두 손으로 감싸쥐고 있는 모양이므로 자형적 의미는 '감던 머리를 그대로 두 손으로 쥐고 나오다'인 것으로 추측된다. 옛날에는 귀한 손님이 예고 없이 찾아오면 머리를 감다가도 즉시 중지하고 머리칼을 두 손으로 거머쥔 채 마중 나오는 것이 예의였다.

'헐 훼(毁)' 자는 '흙 토(土)'와 '쌀 찧을 훼(毇)'로 이루어졌다. '훼(毇)' 자는 나락을 절구에 넣고 찧으면 벗겨낸 껍질의 양만큼 양적 결손이 생긴다는 뜻이므로 '훼(毁)' 자의 자형적 의미는 '그릇에 이가 빠져서 온전하지 못하다'가 된다.

'다칠 상(傷)' 자는 독음이 '다칠 창(創)'과 같은 계열에 속하므로 그 의미는 '날카로운 것에 베어서 살이 벌어졌다'가 된다.

이 구절은 『효경』(孝經) 「개종명의」(開宗明義)편의 "몸과 머리칼과 피부에 이르기까지 이것은 부모에게서 받은 것이므로 이를 감히 헐거나 다치지 않게 하는 것이 효의 시작이다"(身體髮膚, 受之父母, 不敢毀傷, 孝之始也)를 다시 쓴 것이다.

우리 몸이란 머리칼이나 피부에 이르기까지 부모가 살피고 길러주신 것이기 때문에 감히 일부분이 떨어져나가게 하거나 다치게 할 수 없다는 것이 이 구절의 의미이다. 그래서 매우 오래 전부터 "강은 반드시 배를 타고 건너야지 헤엄쳐 건너지 말며, 큰길로만 다니고 샛길로는 다니지 말라"라는 자식을 위한 부모의 금언이 전해져 내려왔다.

우리 전통에서 불효 중의 으뜸은 자식이 부모보다 먼저 죽거나 또는 질병을 앓아서 부모의 가슴을 애태우는 행위이다. 즉 자식이 몸을 훼상하면 부모가 괴로워하므로 부모를 괴롭히지 않는 것이 효의 시작이라는 것이다. 부모의 입장에서 자식이 부모의 뜻을 받들어 그 영향권을 벗어나지 않는 것은 분명 안정된 가족의 모습을 만드는 데에는 크게 기여할 수 있다. 그러나 이것을 절대화한다면 자식을 부모의 입장으로 환원해 동일화하는 행위가 된다. 아무리 자식이라 하더라도 궁극적으로는 엄연한 타자인데도, 이를 부모의 입장에서 동일화한다면 자칫 사회가 가족주의에 의해서 지배될 위험이 있다. 가족주의가 전통적인 사회에서는 긍정적으로는 가능한 부분이 있긴 하지만, 개방적인 현대 사회에서는 오히려 진취적이고 다양한 사고를 하는 데에 걸림돌이 되고, 몸을 다치지 않으려고 매사에 조심으로 일관하는 명철보신(明哲保身)주의로 흐르게 된다. 이것이 건강한 사회로 나아가는 데 얼마나 큰 장애가 되는지를 우리는 이미 뼈저리게 경험하지 않았는가.

'훼(毁)' 자가 비록 전체 중의 일부가 떨어져나가 완전하지 못하다는 의미를 나타내고 있지만, 그 속에 이미 벼의 껍질을 벗겨버리고 알맹이만 남아 있다는 자형적 의미가 담겨 있고, '상(傷)' 자에도 살이 베어 아프긴 하지만 베인 자리에 새살이 돋아나 새로운 시기를 시작한다는 '창(創)' 자의 의미가 숨겨져 있듯이, 하나의 상처는 아픔과 함께 새로운 시대를 시작하는 계기가 되기도 한다는 점을 잊어서는 안 될 것이다.

열녀문과 충렬문의 지조는 왜 서로 달라야 하는가

女慕貞烈(여모정렬)하고 | 여자는 지조가 곧고 굳음을 사모하고,

자개 패(貝)

'계집 녀(女)' 자를 소전에서는 '𠨰'로 썼는데 이는 다소곳이 앉아 있는 여인의 모양이다. '녀(女)' 자와 같은 계열의 독음인 '노(奴)' 자에서 알 수 있듯이 '녀' 자의 자형적 의미는 '노비'이다. 즉 고대 중국에서 여자의 지위는 처음부터 매우 비천한 신분이었음을 글자에서도 알 수 있을 뿐만 아니라, 다소곳한 모양의 자형은 여자의 행동을 순종적이 되도록 억압한다.

'사모할 모(慕)' 자는 '마음 심(心)'과 '해질 모(莫)'로 이루어졌으므로 자형적 의미는 '지는 해를 보면서 덧없이 지나간 낮을 아쉬워하는 마음'이 된다.

'곧을 정(貞)' 자는 '점 복(卜)'과 '자개 패(貝)'로 이루어졌다. '패(貝)' 자는 '세발솥 정(鼎)' 자가 생략된 형태로 이는 국가의 권위나 나라의 중차대한 일을 상징하므로 '정(貞)' 자의 자형적 의미는 '나라의 중요한 일을 점을 쳐서 물어보다'가 된다. 점을 쳐서 물어본다는 것은 또한 불확실한 것을 확고부동한 것으로 결정한다는 의미와 같으므로 '정(貞)' 자는 '결정할 정(定)'과 같은 뜻으로 쓰인다. 그래서 '정(貞)' 자에 '확고부동한 여인의 지조'라는 의미가 생겨나게 된 것이다.

'매울 렬(烈)' 자는 '불 화(火)'와 '벌릴 렬(列)'로 이루어졌다. 이는 곧 마른 장작을 잘 패서 가지런히 얹어놓고 불을 지피는 모양이므로 자형적 의미는 '가지런히 올려진 장작이 화끈하게 작렬하다'가 된다.

'정렬(貞烈)'이란 문자 자체가 가리키는 것처럼 '지조의 확고부동함이 마른 장작이 타듯이 화끈하다'라는 뜻이다. 아궁이 속에서 마른 장작이 타는 모습을 보라. 뜨거운 불길 속에서 마른 열기는 연신 뿜어나오고, 관솔은 작렬하고, 열기를 이기지 못한 송진은 장작 끝에서 지글지글 끓는다. 이러한 산화(散華)가 보는 이에게는 쾌감을 선사할지도 모르지만 타고 있는 대상에게는 어떻게 작용할까?

인간에게 가장 견디기 힘든 고통이 정렬을 지키는 일일 것이다. 그런데 이 구절은 대장(對仗) 구조를 통해서 이 고통스러운 일을 같은 인간인 여자에게만 하라고 강력히 암시한다. 물론 이 구조는 이와 대별되는 남자에게는 더 중요한 일(?)을 따로 맡긴다.

여기서 우리가 특별히 주목할 부분은 고대 한문의 문법에서 조어(造語)할 때는 남존여비의 관념에서 남자나 남자에 해당하는 단어가 앞에 놓이는 것이 일반적인 구조인데도, '녀(女)'자를 앞에 놓았다는 사실이다. 이는 아마도 지조를 지키는 일이 목숨을 걸어야 할 만큼 험한 일임을 알았기 때문에, 앞뒤의 '상(傷)'·'량(良)'과 같은 운(韻)의 글자로 압운해야 한다는 핑계로 '여모정렬(女慕貞烈)'을 앞으로 내세우고 남성 자신은 그 뒤에 숨은 것은 아닐까 하는 의구심이 든다.

"무의식은 언어처럼 구조화되어 있다"라는 라캉의 말과 함께 문자는 이러한 무의식의 흔적을 보듬고 있다는 사실을 떠올려보자. 따라서 남자는 지조를 지키는 일에 있어서 만큼은 후방 예비대에 배치되어 있으므로 철새처럼 이리저리 옮겨다녀도 면책이 되는 것이다. 지조를 지켜야 한다면 남녀가 함께 지켜야 한다. 열녀문(烈女門)과 충렬문(忠烈門)을 따로 만들어 남녀의 지조를 구분하는 일은 옳지 않다. 만일 이것이 지켜지지 않는다면 '모(慕)'자의 자형이 지는 해를 바라보며 지나가버린 하루를 아쉬워한다는 의미를 안고 있는 것처럼 그저 "정렬을 지키지 못했음을 아쉬워하다"라는 의미로 해석하고 정렬을 파기하는 사보타지에 같이 참여하는 수밖에 없을 것이다. 어차피 실천하지 못해서 아쉬워하는 마음도 따지고 보면 그것을 사모하는 마음의 일종이니까.

남성: 전업 재사현인

男效才良(남효재량)이라 | 남자는 재사(才士)와 현인(賢人)을 본받는다.

사내 남(男)

'사내 남(男)' 자는 '밭 전(田)'과 '힘 력(力)'으로 이루어졌으므로 자형적 의미는 '밭에서 힘써 일하는 사람'이다. 고대 중국의 훈고학자들은 '남(男)' 자와 '맡을 임(任)' 자의 독음이 유사한 것에 착안하여 '남(男)' 자를 '천지의 도를 떠맡아서 만물을 먹여 기르는 자'라고 해석하기도 하였다. 따라서 남자의 다른 말인 '장부(丈夫)'도 '장부(長扶)'의 뜻이 되어 '만물을 길러주고 부양하는 자'로 해석되는 것이다.

'본받을 효(效)' 자는 '두드릴 복(攵)'과 '오고갈 교(交)'로 이루어졌으므로 자형적 의미는 '어린이가 좋은 것을 본받도록 회초리를 들고 가르치다'가 된다. 우리는 '가르치고' '본받는' 일을 두 가지 말로 나누어 구분하고 있지만 실제로는 동시에 일어나는 하나의 행위이다. 단지 선생의 입장에서는 '가르치는 행위'(敎)로, 학생의 입장에서는 '본받는 행위'(效)로 각각 묘사될 뿐이다. 그래서 '교(敎)' 자와 '효(效)' 자에 모두 회초리를 의미하는 '두드릴 복(攵)' 자가 들어 있는 것이다.

'재주 재(才)' 자는 초목의 싹이 처음 나오는 모양이므로 자형적 의미는 '싹'·'처음'·'비로소' 등이 될 수 있다. 오늘날에는 이 글자를 '재주'라는 의미로 많이 쓰는데, 이는 '재목 재(材)'자의 의미로 차용됐기 때문이다. 재목이란 물건을 만들기 위한 '최초의 재료'이기 때문에 '소질(素質)'이란 의미로 차용할 수 있는 것이다.

'어질 량(良)'자를 소전에서는 '𠁣'로 썼는데 이는 되나 말과 같은 용적을 재는 도량 기구이다. 아랫부분의 '없을 망(亡)'자는 되를 비워서 아무것도 없음을 나타낸다. '량(良)'자의 독음이 '잴 량(量)'과 같다는 사실이 이를 입증한다. 오늘날 이 글자가 '착한'·'훌륭한' 등의 의미로 쓰이는 것은 그 독음이 '잔치 음식 향(饗)'과 같은 계열에 속하므로 이러한 자음(字音)을 매개로 의미가 차용됐기 때문이다.

여기서 '재량(才良)'이란 '재주가 훌륭한 선비와 현명한 인재'를 가리킨다. 남자란 작게는 가족에서 크게는 천하 백성과 만물을 먹여 살려야 할 책임이 있으므로, 이를 수행하기 위해서는 훌륭한 재주와 어진 지혜를 갖춰야 한다. 따라서 재주와 지혜를 갖춘 자를 찾아가 그를 본받아야 한다는 것이 이 구절이 설명하고자 하는 내용이다.

고대의 주요 산업은 농업에 국한되었고 국가간의 전쟁도 원시적 형태의 전투에 의존하였으므로 사회적 관계에서의 주도권이 남자에게 있을 수밖에 없었음은 이해가 간다. 따라서 생존의 책임을 남자가 지고 또 그러기 위해서는 남자가 우선적으로 교육을 받아야 할 권리와 의무가 있었을지도 모르겠다. 여기서 우리는 두 가지 의문을 제기할 수 있겠다.

첫째, 우리 역사를 돌이켜볼 때 교육의 권리를 향유한 만큼 그에 수반되는 의무를 다했는가 하는 물음이다. 역대로 우리 여인네들이 남성 우위 사회의 "여자는 지조가 곧고 굳음을 사모해야 한다"(女慕

貞烈)라는 형이상학적 본분에 충실해 왔다는 것은 익히 알고 있는 사실이다. 그렇다면 남자들은 재주와 지혜를 교육받아 부양을 책임지겠다고 스스로 할당한 본분에 여인들만큼 충실하였는가? 재사현인(才士賢人)을 본받아 동족들의 생존을 책임져야 하는 남자들이 그 의무를 다하지 못한 비근한 예가 역대 외적들의 노략질을 막지 못한 일일 것이다. 그때마다 죽지 못해 중국으로, 몽고로 끌려간 여인네들이 몸으로 대신하며 고통 속에서 지내다 나중에 늙어 돌아왔을 때, 직무를 유기한 남자들은 오히려 그들을 무엇이라 지탄하였는가. 일본군 위안부 할머니들의 비극이 그 자신들의 팔자 탓이라고 말할 수 있을까.

둘째, 산업이 다양화된 오늘날의 사회에서도 배움이 여전히 남성의 몫으로 간주되는 이유는 무엇인가? 혹자는 우리 나라에서 남녀 교육 기회의 균등은 제도적으로 보장돼 있다고 말할는지 모른다. 물론 적어도 제도 교육만큼은 그렇다. 그러나 지식의 전수는 제도 교육 내에서만 이루어지는 것은 아니고, 오히려 각종 직업 현장에서 더 많이 이루어지는 수가 많다. 그 주요 현장에 여성은 얼마나 진출해 있으며, 설사 진출해 있다 하더라도 얼마나 많은 여성이 고급 지식과 정보를 공유할 수 있는 위치에 설 수 있는가?

이 두 가지 물음에서 우리는 이 구절과 같은 남녀 본분의 차별화가 궁극적으로 남자들이 지식을 독점하기 위해 만든 이데올로기였다고 말할 수 있다. 푸코(M. Foucault)도 지적한 것처럼 지식은 곧 권력으로 작용할 수 있기 때문이다. 사회가 안정되려면 어느 정도의 사람들이 하부에서 상부를 지탱해 줘야 한다. 그러나 어느 누가 스스로 하부에 속하려 하겠는가? 누군가를 희생해 하부에 귀속시키려면 권력이 행사되어야 하고, 그 권력은 바로 지식에서 나온다. 결국 전통 사회는 여성의 희생 위에서 질서가 서고 안정되었던 것이다. 거칠고 사람들이 기피하는 하부의 업종이라 할 수 있는 것은 여성에게 할당되고, 상부의 쉽고 명분 있는 일은 남성의 본분으로 할당될 수밖에 없다. 하부의 여성이 상부의 영광에 동참하기 위해서는 '정렬(貞烈)'이라는 험난한 숙제를 완성했을 때 가능할 것이다. "여자는 지조가 곧고 굳음을 사모하고, 남자는 재사와 현인을 본받는다"(女慕貞烈, 男效才良)라는 대장(對仗)의 꽉 짜여진 수사법은 이러한 구조를 기정 사실화하는 신화의 훌륭한 형식임을 잊어서는 안 된다.

또 다른 악을 부를지도 모르는 개혁

知過必改(지과필개)하고 | 허물을 알았다면 반드시 고치고,

고칠 개(改)

'알 지(知)' 자는 '화살 시(矢)' 와 '입 구(口)' 로 이루어졌으므로 자형적 의미는 '인식이나 사리를 판단하는 행위는 하도 빨라서 쏜살같이 입에서 튀어나간다' 가 된다.

'지날 과(過)' 자는 '쉬엄쉬엄 갈 착(辵)' 과 '입 삐뚤어질 와(咼)' 로 이루어졌다. 입이 삐뚤어졌다는 것은 곧 위아래 턱이 서로 맞지 않고 어긋났다는 뜻이므로 '과(過)' 자의 자형적 의미는 '길을 가는데 너무 많이 가서 목적지를 지나쳐 갔다' 가 된다.

'반드시 필(必)' 자를 소전에서는 '필' 로 썼는데, 이는 '여덟 팔(八)' 과 '주살 익(弋)' 으로 이루어졌다. 여기서 '익(弋)' 자는 '말뚝 익(杙)' 과 같은 글자이므로 '필(必)' 자의 자형적 의미는 '가운데 말뚝을 박아서 양극의 경계를 결정짓다' 가 된다. 경계가 확실하게 결정된 곳에서는 유예(猶豫)가 없으므로 '틀림없이' 라는 의미가 파생된 것이다.

'고칠 개(改)' 자는 '뱀 사(巳)' 와 '두드릴 복(攴)' 으로 이루어졌으므로 자형적 의미는 '뱀처럼 흉칙한 귀신을 몽둥이로 두드려서 내쫓고 새로운 계절을 맞이하다' 가 된다. 여기에서 '고치다' 라는 의미가 파생된 것이다.

이 구절 이하의 문장은 앞에 언급한 '오상(五常)'에 관한 일을 적고 있다.

이 구절은 『논어』 「학이」(學而)편의 "잘못을 저질렀다면 그것을 고치기를 꺼려하지 말라"(過則勿憚改)를 다시 쓴 것이다.

'지과필개(知過必改)'란 자신에게 과오나 허물이 있는 것을 알았다면 반드시 이를 고쳐야 한다는 말인데, 이 말은 『천자문』의 영향인지는 몰라도 매우 초보적인 지식의 형태로 우리 뇌리에 박혀 있다. 그렇다면 무엇을 보고 허물이라고 하는가? 애초에 허물을 문자로 개념화할 때의 흔적을 더듬어보면 이를 짐작할 수 있을 것이다. 앞에서 설명했듯이, '과(過)'자는 목적지를 초과해서 너무 많이 지나쳐간 것을 뜻한다. 즉 중국이나 우리 나라의 전통적 인식에서 잘못이나 허물은 부족함에서 생기기보다는 오히려 지나친 데서 연유한다고 여긴다. 물론 중용(中庸) 아래에서는 "지나침은 미치지 못함과 같다"(過猶不及)라는 말처럼 둘 다 허물과 잘못을 낳는다. 그러나 우리 역사를 돌이켜보면, 나라와 민족을 곤경에 빠뜨린 사람들은 대개가 공부를 너무 많이 하고 지나치게 똑똑한 이들이었고, 배우지 못하고 우직한 사람들은 오히려 곤경에 빠진 나라를 구하는 데에 앞장서 왔다는 사실을 발견할 수 있다. 그런데도 오늘날 교육이 지나친 것을 완화하고 바로잡기는커녕 아직도 모자라기 때문에 더 채워야 한다는 강박 관념에 사로잡혀 있다는 것은 아이러니가 아닐 수 없다.

허물을 고치는 일은 '개(改)'자의 자형이 말하듯이, 곧 구악(舊惡)을 일소하고 새것을 받아들이는 것이다. 그래서 사악한 귀신과의 동거를 부정하고 이를 몰아내기 위해서 꽹과리를 두드리고 몽둥이를 휘두르는 제의(祭儀)를 실행하지만, 이러한 폭력적 제의가 또 다른 악으로 도래한다는 사실은 깨닫지 못한다. 선이니 악이니 하는 것은 우리에게 주둔하면서 우리를 다스리는 무슨 점령군 같은 것이 아니다. 이 둘은 인식의 차별화 기능에 의해서 선이 악이 되고 악이 선이 되는 관계적인 것이지, '필(必)' 자에서처럼 말뚝을 박아서 경계나 표준을 확정짓고 이쪽에서 저쪽으로 자리를 옮겨다니며 고칠 수 있는 것이 아니다. 말뚝을 박는다는 말은 절대화하는 일로서 인간에게 절대화는 곧 또 다른 악의 생성을 의미한다. 그러므로 잘못을 고친다는 것은 관계에서 끊임없이 지나침을 사고해서 이루어지는 것이지, 형이상학적으로 구악을 일소하고 새것 일색으로 채우는 것이 아니다. 따라서 개혁에 완성은 없다고 말할 수 있다.

'능할 능(能)' 또는 '견딜 내(能)'

得能莫忘(득능막망)하라 | 할 수 있게 되었으면 이를 잊지 말라.

'얻을 득(得)' 자는 '조금 걸을 척(彳)' · '자개 패(貝)' · '손 수(手)' 등으로 이루어졌다. 여기서 '척(彳)' 자는 변화한 네거리를 뜻하는 '행(行)' 자와 같고, '패(貝)' 자는 보배로운 물건을 가리키므로 '득(得)' 자의 자형적 의미는 '길에서 값진 물건을 손으로 줍다'가 된다.

없을 막(莫)

'능할 능(能)' 자는 곰과 같은 힘센 맹수 모양을 그린 것이다. 맹수들은 골격이 크고 힘이 세다는 관념에서 '능(能)' 자를 능력 있고 지혜가 많은 사람을 의미하는 글자로 차용하게 된 것이다. '능(能)' 자와 '사내 남(男)' 자는 성모(聲母)가 같은 쌍성(雙聲)[2] 관계에 있으므로, 전자는 짐승 중에서 힘센 것이고 후자는 사람 중에서 힘센 것이라는 공통적 의미를 갖는다.

'없을 막(莫)' 자는 '풀 망(茻)' 자 가운데에 '해 일(日)' 자가 들어가 있는 모양으로 되어 있으므로 갈대 사이로 지는 해가 보이는 형상을 나타낸다. 따라서 이 글자는 '해질 모(暮)' 자의 본래 글자임을 알 수 있다. '막(莫)' 자는 같은 계열의 독음을 가진 '빠질 몰(沒)' 자를 통해 알 수 있듯이, '가라앉아서 아무것도 남지 않다'라는 의미를 담고 있다. 그래서 '없을 무(無)' 자와 같은 부정사(否定詞)의 기능으로 쓰이게 된 것이다.

137

'잊을 망(忘)' 자는 '마음 심(心)'과 '없을 망(亡)'으로 이루어졌으므로 자형적 의미는 '마음에 죽은 사람처럼 아무런 표시도 남아 있지 않다'가 된다.

이 구절은 『논어』「자장」(子張)편의 "날마다 자신이 모르는 바를 알고, 달마다 자신이 할 수 있게 된 바를 잊지 않는다면, 가히 배우기를 좋아한다고 말할 수 있다"(日知其所亡, 月無忘所能, 可謂好學也已矣)라는 구절을 다시 쓴 것이다.

이것은 학문을 기초부터 차근차근히 다져서 끝없이 확대시켜 나가기 위한 공자의 이른바 박문(博文)의 방도를 가리킨다. '박문'을 추구하기 위해서는 잘 기억하는 능력, 즉 강기(强記)가 필요하다. 지식과 정보의 양이 상대적으로 제한되어 있던 당시로서는 '박문'이 매우 실용적인 학문 방법이고 '강기'가 학문의 능력이었지만, 오늘날과 같이 정보가 홍수를 이루고 있는 시대에서 이 방법과 능력은 한계가 있을 수밖에 없다. 즉 정보화 사회에서는 정보와 지식을 모두 외우는 것보다 이를 추상화하여 유용한 고급 지식을 만들어내는 방법과 능력이 훨씬 중요하고 생산성도 높다. 그런데 할 줄 알게 된 것은 잊지 않도록 하라는 이 말이 이것이 나오게 된 배경을 털어버리고 사람들 입에 오르내리는 고전적인 말씀이 되자, 사람들은 '강기'의 능력이 곧 무슨 천재인 양 무엇이든 줄줄 잘 외워야만 한다는 강박관념에 빠져버린 것이다. 이렇게 보면 『천자문』의 이 구절이 바로 오늘날 암기식 교육의 기원이 되는 셈이다. 그러나 아무리 잘 외운다 한들 컴퓨터의 기억 능력을 당할 수 있겠는가. 이제 배경이 사라져버린 문장 구절과 그 구절이 오랜 세월 굳혀놓은 화석화된 사고에 너무 집착하지 말자.

곰이란 동물은 강경하면서 뚝심이 많은 속성을 지니고 있다. 그래서 '능(能)' 자를 '참을 내(耐)'와 같은 글자로 쓰기도 한다. 요즈음은 강기(强記)한 인재보다는 인내심 많은 인재가 절실히 필요한 시대이다. 그러니까 차라리 '득능막망(得能莫忘)'을 '참을 수 있게 되었으면 이를 잊지 말라'로 재해석하는 것이 어떨까?

남의 단점을 말하지 말라: 자격 박탈

罔談彼短(망담피단)하고 │ 저들의 단점에 대하여 말하지 말고,

짧을 단(短)

'없을 망(罔)' 자는 '그물 망(網)' 자의 본래 글자로서 '그물 망(网)' 자에 '없을 망(亡)'을 더하여 만든 글자이다. '망(罔)' 자는 또한 독음이 '무'로도 읽히면서 '없을 무(無)'와 서로 통하기 때문에 문장 내에서 부정사로 종종 쓰인다.

'말씀 담(談)' 자는 '말씀 언(言)'과 '불꽃 염(炎)'으로 이루어졌다. '염(炎)' 자에는 '크다'는 의미가 담겨 있고,[3] 또한 '깊을 담(覃)' 자가 같은 독음이므로 '담(談)' 자의 자형적 의미는 '깊고도 길게 이야기하다'가 된다. '담(談)' 자를 '담(譚)'으로도 쓴다는 사실이 이를 입증한다. 그러므로 '담(談)' 자는 '~에 대해서 다각도로 이야기를 주고받다'라는 정도로 해석하는 것이 적절하다.

'저 피(彼)' 자는 '조금 걸을 척(彳)'과 '가죽 피(皮)'로 이루어졌다. 여기서 '척(彳)' 자는 '갈 행(行)'과 같은 뜻이고, '피(皮)' 자는 '이불 피(被)' 자를 통해 알 수 있듯이 '그 위에 더하다'라는 의미를 담고 있다. 따라서 '피(彼)'의 자형적 의미는 '여기를 거점으로 하여 앞으로 더 나아가다'가 된다. 그래서 '피(彼)' 자에 '저쪽으로' 또는 '저 사람' 등의 의미가 생겨난 것이다.

'짧을 단(短)' 자는 '화살 시(矢)'와 '콩 두(豆)'로 이루어졌다. '두

(豆)' 자는 곡물의 양을 잴 적에 됫말에 먼저 콩을 수북히 담은 다음 평미레로 됫말의 윗부분을 깍듯이 밀어내는 형상의 의미로 쓰였다. 따라서 '단(短)' 자의 자형적 의미는 '화살을 만들 때 가장 짧은 것을 기준으로 나머지 들쭉날쭉한 살대를 가지런히 베어버리다'가 된다.

'망담피단(罔談彼短)'이란 다른 사람들의 단점을 이러쿵저러쿵 이야기하지 말라는 뜻이다. 홍성원은 그의 『주해천자문』에서 "군자는 스스로를 수양하기에도 시급하기 때문에 남의 장단점을 일일이 집어낼 틈이 없다"(君子急於自修, 故不暇點檢人之長短也)라고 주를 달았다. 환언하면 이 구절에는 남의 단점을 흉볼 여가가 있으면 그 시간에 네 일이나 잘하라고 하는 심층 구조상의 의미가 도사려 있다고 볼 수 있다. 이 말은 곧 말하는 사람의 발언 자격을 원천적으로 박탈해서 비판의 가능성을 원천 봉쇄해 버리는 효과를 발휘한다. 따라서 이는 은밀하게 권력을 행사하는 매우 이데올로기적인 말이 된다. 남을 비판하면 군자가 되지도 못할 뿐더러 제 일도 변변히 못하는 어리석은 자로 낙인찍힐 것인즉, 누가 감히 남의 흉을 볼 것인가. 따라서 "저들의 단점에 대하여 말하지 말라"(罔談彼短)라는 말은 매우 정교한 언론 통제이자 자기를 방어하는 방법임을 알 수 있다. 『맹자』(孟子)「이루하」(離婁下)편에서 맹자가 "다른 사람의 착하지 못한 점을 말하였다가 후환이 생기면 어쩌겠는가?"(言人之不善, 其如後患何)라고 한 말이 이를 입증한다. 이는 곧 나도 비판하지 않을 테니 너도 하지 말라는 방어를 위한 일종의 타협적 언표로 받아들일 수도 있다.

이런 토양에서 토론 문화가 자리잡을 수 없는 것은 자명한 이치이다. 그리고 어떤 사회라도 남의 단점을 이야기하지 않으면 자연스레 그 단점이 그 사회의 윤리적 표준이 될 수도 있다. 다시 말해서 윤리 기준이 하향 평준화된다는 말이다. 이것은 화살을 만들 적에 가장 짧은 것을 기준으로 나머지 들쭉날쭉한 살대를 가지런히 베어버린다는 '단(短)' 자의 자형이 형상적으로 잘 말해 주고 있다.

또한 남의 단점을 말하지 말고, 그럴 시간에 자신의 일이나 잘하라는 말이 언제나 설득력을 갖는 것은 아니다. 앞의 "허물을 알았다면 반드시 고친다"(知過必改)에서 관계에 관하여 설명했듯이, 실상 혼자서 내 일만 잘하는 것은 많은 경우 의미를 갖지 못한다. 우리가 사회 생활을 하면서 '내 일'과 '네 일'을 소 닭 보듯이 완전히 따로따로 진행할 수 있을까? 인간의 성격과 행동은 상호 주체적으로 형성되는 것이므로 타자들의 삶과는 어떤 형식으로든 분리될 수 없다. 더구나 오늘날은 그 어느 때보다도 밀접하게 서로의 관계가 다중적으로 엮어져 있다. 이제는 닭의 깃털 하나가 소의 운명을 좌우할 수도 있는 시대가 된 것이다. 따라서 다른 사람에 대하여 말하지 않을 수 없는 것이고, 이럴 경우 피할 것을 정확히 판단해서 말하기가 현실적으로 매우 어렵다. 공자도 "세 사람이 동행하면, 그 가운데에는 반드시 나의 스승이 있다"(三人行必有我師焉)라고 하지 않았는가. 단점을 구체적으로 말하지 않고 어떻게 배울 수 있겠는가?

개인보다는 집단의 가치와 윤리를 위하여

靡恃己長(미시기장)하라 | 자신의 장점에 의지하지 말라.

'쓰러질 미(靡)' 자는 '아닐 비(非)'와 '삼 마(麻)'로 이루어졌다. 여기서 '비(非)' 자는 좌우 날개 모양으로 '좌우로 갈라지다'라는 의미를 나타내므로 '미(靡)' 자의 자형적 의미는 '물건이 삼 껍질처럼 잘게 갈라지다'가 된

길 장(長)

다. 물건이 잘게 갈라지면 미세해서 잘 보이지 않으므로 '작을 미(微)'와 같은 글자로 통하여 쓴다. 그래서 동사 앞에서 동사의 동작이나 행위를 부정하는 부정사의 기능을 수행하기도 한다.

'믿을 시(恃)' 자는 '마음 심(心)'과 '모실 시(寺)'로 이루어졌다. '시(寺)'는 '모실 시(侍)'와 같은 의미의 글자이므로 '시(恃)' 자의 자형적 의미는 '도움이나 봉사를 마음으로 바라다'가 된다.

'몸 기(己)' 자는 실의 끝부분, 즉 실마리를 형상화한 모양이다. '기(己)' 자는 같은 계열의 독음인 '처음 시(始)' 자의 의미에서 알 수 있듯이, 모든 인식의 출발점을 가리킨다. 인식의 출발점은 자신이므로 '자기 몸'이란 의미가 생겨난 것이다.

'길 장(長)' 자는 머리칼이 긴 사람을 그린 모양이다. 즉 머리칼이 긴 사람은 오래 산 사람이고 연장자이기 때문에 여기에서 '길다'·'오래 되다'·'우두머리' 등의 의미들이 파생된 것이다.

자신의 장점을 믿고 의지하면 더 이상의 발전이 있을 수 없고, 나중에는 그 장점을 오히려 잃는 수도 있으므로, 수양을 위해서는 이를 늘 경계하라는 것이 이 구절의 요지이다.

앞에서도 설명하였듯이 장점이니 단점이니 하는 것은 고립적으로 고정되어 있는 개념이 아니라, 처해 있는 상황이나 관계에 따라서 장점이 단점이 되고 반대로 단점이 장점이 될 수도 있는 것이다. 『서경』(書經)「열명」(說命)편의 "스스로 잘하는 것이 있다고 여기면 그 잘하는 것을 잃는다"(有其善, 喪厥善)라는 구절은 바로 이를 일컫는 말이다. 그러므로 '시(恃)'자의 자형이 암시하는 대로 자신의 장점에서 무언가 큰 도움이나 역할이 있을 것이라고 기대하면 그것이 엉뚱한 낭패를 가져다줄 수도 있는 것이다.

그러나 이 구절이 교훈적인 언표로서 학동들에게 주입될 때에는 그 의미적 기능이 약간 달라진다. 자신의 장점을 믿지 말라는 말은 장점의 속성에 초점을 맞춘 말이지만, 이것이 언표로 각인될 때에는 개인의 개성을 억압하는 인식의 기능을 수행하게 된다. 다시 말해서 자신의 실존을 포기하고 어떤 큰 타자(他者)⁹의 질서에 의지하고 순종하는 의식을 형성하는 데 기여하는 것이다. 큰 타자란 개인이 태어나기 이전에 형성된 사회적 질서이자 집단의 질서이다. 따라서 자신의 장점에 기대서는 안 된다는 언표는 곧 자신보다는 큰 타자에게 신뢰를 주어야 한다는 심층적 의미를 생성시키고, 이는 다시 개인보다는 집단을 우선시하는 집단주의 의식을 형성한다. 집단주의적 가치에서는 개성을 스스로 통제하여 집단의 질서와 이익에 복종하는 것이 미덕이기 때문에 개인의 가치를 내세우는 것은 비윤리적인 행위로 간주되기도 한다. 그래서 개인의 의견이나 주장을 발표하는 데에는 소극적이지만, 집단적으로 의견을 내거나 항의하는 데에는 적극적이다 못해 폭력적이기까지 한 현상이 벌어지는 것이다. 이런 질서 속에서는 토론이 별로 의미가 없다. 큰 타자의 의지가 가장 우선하므로 토론이란 단지 큰 타자의 의지를 여론으로 재확인하는 과정에 불과할 뿐이기 때문이다.

노동 집약적인 산업으로 먹고 살았던 시절에는 집단주의적 가치가 효과를 발휘하였지만, 개인의 재능을 극대화할 때 높은 부가가치를 생산하는 오늘날에는 장점에 대한 자신감을 심어주고 키워줄 필요가 있다. 앞에서 '미(靡)' 자는 '미(微)'와 같다고 했다. 즉 '미(靡)'는 작거나 적다는 뜻이지, 완전히 없다는 부정의 뜻이 아니다. 따라서 "자신의 장점을 지나치게 믿거나 의지하지는 말아야 한다"라는 의미로 재해석하는 것이 현대적 감각에 맞을 듯싶다.

고지식한 미생(尾生)의 재조명

信使可覆(신사가복)이요 | 약속은 말대로 (실천에) 옮길 수 있게
하고,

'믿을 신(信)' 자는 '사람 인(人)'과 '말씀 언(言)'으로
이루어졌으므로 자형적 의미는 '사람의 말은 마음을 드
러내는 것이므로 신실해야 한다'가 된다. 그래서 고대
문헌에서는 '펴서 드러낼 신(申)' 자와 서로 통하여 쓴

옳을 가(可)

다. 여기서는 이로부터 파생된 '약속'이란 뜻으로 쓰였다.

'부릴 사(使)' 자는 '사람 인(人)'과 '벼슬아치 리(吏)'로 이루어졌
는데, '리(吏)'는 '일 사(事)'와 실상 같은 글자이므로 자형적 의미
는 '명령을 받아 일을 하는 사람'이 된다.

'옳을 가(可)' 자는 같은 계열의 독음인 '허락할 허(許)' 자의 의미
에서 유추할 수 있듯이, '입으로 그렇다고 말하다'가 자형적 의미
이다.

'덮을 복(覆)' 자는 '덮을 아(襾)'와 '다시 복(復)'으로 이루어졌
다. 여기서 '복(復)' 자는 '되풀이하다'는 의미로 쓰였고 '복(覆)' 자
의 독음은 '뒤집을 반(反)'과 같으므로, '복(覆)' 자의 자형적 의미는
'덮어서 찍어내듯이 모양이 같다'가 된다.

이 구절은 『논어』 「학이」(學而)편의 "약속이 의로움에 가까우면 그

말은 실천에 옮길 수 있다"(信近於義, 言可復也)라는 말을 다시 쓴 것이다.

약속이란 마치 도장을 찍어내듯이 약속한 말 그대로를 실천에 옮길 수 있게 해야 한다는 것이 이 구절의 내용이다. 도장을 찍기 위해서 도장을 팔 때 좌우를 반대로 해서 파야 한다는 것은 어린아이도 아는 사실이다. 도장 찍는다는 말을 약속을 실천한다는 비유로 이해할 때, 좌우를 바꾸어 판다는 말은 약속을 이행해야 하는 사람이 상대방의 입장에 서서 생각해 보고 실천해야 한다는 뜻이 된다. 만일 도장의 좌우를 자기 입장에서 결정하고, 또 약속을 이행할 사람이 자기 입장을 고집하면 쓸모 없는 정반대의 인장이 찍혀 나오게 되고, 이행했다고 주장하는 약속은 아무 의미 없는 약속 이행이 되어버린다. 그런데도 세상의 많은 약속들이 좌우가 바뀐 상태로, 그리고 상대방의 입장이 아닌 자신의 입장에서 실천에 옮겨지고도 약속을 지켰다는 말로 재현되는 경우를 우리는 쉽게 경험한다.

『논어』의 구절이 뜻하는 바를 다르게 설명해 보면, 약속이란 말 그대로 옮길 수 있게 해야 하는데, 그때의 조건은 약속의 내용이 의로워야 한다는 것이다. 그러니까 처음부터 실천할 수 있는 약속만을 해야 하는데, 그러자면 약속 자체가 의로워야 한다는 말이다. 그런데 이러한 말이 이항 대립을 통해서 의미를 만들어내는 언어의 구조적 속성 때문에 약속의 내용이 의롭지 않다면 지키지 않아도 된다는 변이적 의미의 범주를 파생시킨다. 사람들은 흔히 이 변이적 의미의 범주를 핑계삼아 약속을 파기한 책임을 회피한다. 부모가 자식에게 하찮은 약속이라도 해놓고 지키지 못했을 경우, 약속한 내용의 비합리성 또는 비도덕성 등을 핑계로 약속 자체의 원인 무효를 자식들에게 설득하는 경우를 우리는 종종 경험한다. 이른바 상황 논리이다. 이런 상황 논리는 정치가들에게서 더욱 많이 볼 수 있다. "그런 약속을 한 적은 있다. 그러나 당시 상황에서는 어쩔 수 없는 선택이었다. 약속의 내용이 매우 의롭지 못하고 비합리적이었다는 사실을 나중에 깨달았다. 깨닫고도 그대로 실천한다는 것은 윤리적으로 옳지 못하다." 이것이 정치가들이 약속을 파기하고도 떳떳하게 구실을 대는 명분의 틀이다. 약속은 약속일 뿐이지 그것이 의로우냐 아니냐는 실천의 조건이 될 수 없다.

옛날 미생(尾生)이라는 사람이 여자와 다리 밑에서 만나기로 약속하였다. 여자가 아직 나오지 않았는데 갑자기 강물이 불어나는 것이었다. 그러나 그는 다리 밑에서 만나자는 약속을 지키기 위해서 다리 기둥을 안고 버티다가 끝내 죽고 말았다.

이 고사는 상황의 변화를 파악하지 못하는 고지식한 사람을 폄하하는 공리주의적인 관점을 함의하고 있지만, 상황 논리가 마치 당연한 것인 양 받아들여지는 오늘날에는 오히려 미담처럼 들리기도 하는 것은 웬일까?

작은 그릇의 미학

器欲難量(기욕난량)이라 | 그릇은 헤아리기 어렵도록 되고자 한다.

그릇 기(器)

'그릇 기(器)' 자는 개가 입을 벌리고 숨을 가쁘게 헐떡이는 모양이다. 그래서 독음이 '기운 기(氣)' 와 같은 것이다. 이러한 자형적 의미에서 입이 달린 기물들을 가리키게 되면서 '그릇' 이란 의미가 생겨났다.

'하고자 할 욕(欲)' 자는 '하품 흠(欠)' 과 '골 곡(谷)' 으로 이루어졌다. '흠(欠)' 자도 하품을 하기 위해서 입을 벌리지만 '곡(谷)' 자 역시 골짜기의 입구처럼 입을 크게 벌리고 있는 모양이다. 또한 '욕(欲)' 자의 독음이 '이을 속(續)' 과 같은 계열에 속하므로, 자형적 의미는 '입을 크게 벌리고 계속 달라고 하다' 가 되는데, 이는 곧 '식욕' 을 의미한다.

'어려울 난(難)' 자는 원래 새의 이름을 나타내는 명사였으나, 독음이 '이에 내(乃)' 자와 같은 계열에 속했기 때문에 '어렵다' 는 뜻으로 쓰이게 되었다. 왜냐하면 '내(乃)' 자는 주로 말을 어렵게 끄집어내거나 하기 어려운 말을 어렵사리 이어갈 때 쓰는 허사이기 때문이다.[5]

'헤아릴 량(量)' 자는 '날 일(日)' 과 '무거울 중(重)' 으로 이루어졌다. 여기서 '일(日)' 자는 됫박이나 말과 같이 무게를 달기 위해서 물건을 담는 그릇을 뜻하므로 '량(量)' 자의 자형적 의미는 '그릇에다가 물건을 담아서 무게를 달다'가 된다. '량(量)'자의 독음이 '헤아리릴 료(料)'와 같은 계열에 속한다는 사실이 이를 입증한다.

'난량(難量)'이란 '양의 크기를 재기 어렵다'는 뜻이므로 '크다'는 말과 같다. 그릇은 커야 쓸모가 많으므로 만드는 사람도 크게 만들려고 하고 사는 사람도 큰 것을 사려는 경향이 있다는 것이 이 구절의 내용이다. 기실 그릇이란 용도에 따라서 효율적으로 만들어야 쓸모가 있다. 그러나 옛날에는 자원이 부족한 시대였으므로 한 번 그릇을 마련할 때 가능한 한 큰 것을 선택해야 두고두고 여러 용도로 쓸 수 있었다. 더구나 쇠붙이 종류로 만든 기물은 매우 귀했으므로 청동 그릇 같은 것은 우람한 것으로 장만해 놓으면 그것이 곧 부와 권력의 상징이 되기도 했다. 큰 것이 좋다는 미학적 관점은 여기에서 비롯된 것이다.

고대 중국에서는 사람의 인품과 기량을 흔히 그릇에 많이 비유했다. 『논어』에서 공자가 "군자는 (용도가 정해진) 그릇이 아니다"(君子不器)라고 한 말이 그 대표적인 예이다. 앞서 말한 바와 같이 그릇이란 커야 쓸모가 많듯이 사람도 도량이 커야 쓸모 있는 인재가 될 수 있는 것이다. 그래서 옛날부터 많은 사람들이 큰 그릇이 되려고 또는 큰 그릇처럼 보이려고 손해인 줄 뻔히 알면서 애석한 표정 하나 못 짓고 감내해 왔던 것이다. 그에 대한 보상으로 천지와 비견할 수 있는 통 큰 사람이라는 칭찬을 듣기도 하지만, 대개의 경우 칭찬에 비해서 지불하는 대가가 너무 크다. 그래서 작은 것에 구애받지 않고 통이 큰 체하면 언젠가는 큰 것을 얻을 수 있다고 합리화하거나, 아니면 겉으로는 통이 큰 체하고 속으로는 철저히 챙기는 이중적 삶의 경향이 나타난 것이다.

통 크게 사는 것은 땅 덩어리가 큰 중국이 만들어낸 문화이기 때문에 우리가 그대로 미덕으로 받아들이기에는 부적합하다.(중국의 지식인들조차도 이것이 비합리적이고 비효율적임을 비판한다.) 오늘날은 효율을 추구하는 시대이고 효율은 큰 것에서보다는 작은 것에서 찾기가 쉽다. 냉전 시대까지만 하더라도 큰 나라와 큰 공장들이 잘 나갔지만, 이제는 큰 것이 오히려 부담이 되어 작은 나라와 작은 공장들의 발빠른 대응에 물매질당한 골리앗처럼 휘청거리고 있다. 근래 들어 큰 나라들이 작은 나라로 분할되는 경향에서 이런 면을 찾아볼 수 있다.[6]

"그릇은 헤아리기 어렵도록 되고자 한다"(器欲難量)라는 비유가 만든 허상에 들떠서 통 크다고 자랑 말고 조그맣고 하찮은 것이라도 세세하게 따져서 효율을 극대화하는 것이 우리가 민주 사회를 이루고 번영하는 길이다. 우리는 지금까지 통이 크지도 못하면서 통 큰 체하다가 결국 실리도 챙기지 못하고 속없이 사람만 좋다는 뒷얘기를 들으며 편치 않아 했던 면이 있었다. 이제는 '쫌생이'가 영웅이 되는 시대를 열어가야 한다.

권력은 기원의 장악에서부터

墨悲絲染(묵비사염)하고 | 묵자는 실이 물 든 것을 탄식하였고,

물들일 염(染)

'먹 묵(墨)' 자는 '흙 토(土)'와 '검을 흑(黑)'으로 이루어졌으므로 자형적 의미는 '검은 색을 내는 흙', 즉 '먹'이 된다. 기실 '묵(墨)'과 '흑(黑)'은 독음과 의미가 모두 같은 동일 글자인데, '묵(墨)' 자가 나중에 나왔기 때문에 '토(土)' 자를 부가하여 변별한 것만 다를 뿐이다. 여기서는 전국 시대 사상가인 묵자(墨子, B.C. 468?~B.C. 376?)를 가리킨다.

'슬플 비(悲)' 자는 '마음 심(心)'과 '아닐 비(非)'로 이루어졌다. '비(非)' 자는 좌우의 날개가 대칭으로 서로 등진 모양이므로 '비(悲)' 자의 자형적 의미는 '감정이 갈라지고 어긋나서 아프다'가 된다. 같은 계열의 독음을 가진 '슬플 애(哀)' 자가 이를 입증한다. 여기서는 '탄식하다' 정도로 이해하면 된다.

'실 사(絲)' 자는 아직 물을 들이지 않은 원사(原絲) 상태의 실 모양이다.

'물들일 염(染)' 자는 '물 수(水)'와 '휘어질 타(朵)'로 이루어졌으므로 자형적 의미는 '나뭇가지를 물에 넣어서 부드럽게 만들다'가 된다. 물기를 머금은 나무는 부드러워져서 휘게 할 수가 있는데 이는 나무에 스며든 물의 영향을 받기 때문이다. 염색도 물감이 천에 스며들어가 그 색의 영향력을 발휘하는 것이므로, 이와 마찬가지 원

리라는 점에서 '염(染)' 자에 '염색하다'는 의미가 생겨난 것이다.

이 구절은『묵자』「소염」(所染)편의 "묵자가 흰 명주실을 물들이는 것을 보고 탄식하며 말하기를 '푸른색에 물들이면 푸른빛이 나고, 노란색에 물들이면 노란빛이 나니, 집어넣는 물감이 바뀌면 그 빛깔도 역시 바뀌는구나'라고 하였다"(墨子見染素絲者而歎日, 染於蒼則蒼, 染於黃則黃, 所以入者變, 其色亦變)라는 구절을 다시 쓴 것이다. 즉 흰 명주실이 물감의 색깔에 따라서 전혀 다른 실이 되고, 또 한 번 물든 실은 결코 흰색으로 되돌릴 수 없듯이 사람의 선하고 깨끗한 본성도 어떤 환경에서 누구에게 물드느냐에 따라 전혀 다른 사람이 될 수 있을 뿐더러, 마찬가지로 한번 물들면 다시 원래의 선한 본성으로 되돌아갈 수 없음을 안타까워하는 말이다.

옛날부터 교육에서 환경 결정론은 매우 중요하게 다루어지고 있으며, 아이들에게 나쁜 영향을 미칠 수 있는 유해 환경을 가급적 억제하고 좋은 환경을 마련하기 위하여 정부와 부모들은 피나는 노력을 기울여왔다. 그러나 그 노력에서 정부는 지금껏 부모들을 결코 따라잡을 수 없었다. 정부의 노력을 신뢰하지 못하고 부모들이 자구 노력한 결과가 옛날에는 맹모삼천(孟母三遷)으로 나타났고, 이것이 오늘날엔 명문 학군이 형성되는 모양으로 나타났다. 이렇게 좋은 교육 환경에 편입되면 바람직한 색깔로 물이 들 수 있는 이점뿐만 아니라, 이들에게는 그만큼 출세의 기회도 많아지게 되므로 설사 내 자식이 출세를 못한다 하더라도 최소한 출세한 동기나 선후배 덕을 볼 수 있는 일석이조를 챙길 수 있기 때문에 그야말로 확실한 인생 '보험'이 되는 셈이다. 이런 사회적 병폐는 옛날 우리 학동들이『천자문』의 이 구절을 읽을 때부터 깊이 각인되어 온 결과라고 주장한다면 지나친 억지일까?

묵자는 또한 물들고 난 다음에는 착한 본성을 회복할 수 없음을 한탄하였다. 그러나 기호학적으로 보면 이른바 주체란 일종의 기표(記標)이고 이를 채우는 주체의 내용은 주체의 환경을 엮고 있는 텍스트들이 총체적으로 만들어낸 기의(記意)에 지나지 않는다. 따라서 주체는 근본적으로 과거 역사와 주위 환경이 결정하는 셈이 되므로 명주실이 물들 듯 물드는 것이 당연하다. 더구나 인식이란 선/악, 미/추, 흑/백 등과 같이 이항 대립적으로 이루어지는 것이므로, 주체가 이항 중 어느 한쪽만 인식하도록 유지하는 것은 불가능하다. 그렇지만 착한 본성을 회복하기를 기원하고, 또 향수를 강요하는 것은 기원의 신화를 유지하는 데에 도움이 된다. 즉 백색에다가 기원을 두는 것은 곧 윤리적 정통성을 세우기 위한 것인데, 이는 유색(有色)들을 배제하는 힘을 발휘한다. 이때 사명감, 복종, 희생 등을 함의하는 신화가 발생하고 이는 다시 권력을 낳고 정당화한다. 따라서 '묵비사염(墨悲絲染)'은 "권력의 장악은 곧 기원의 장악에서부터"라는 이른바 성골·진골 또는 무슨 '원조(元祖) 할매 설렁탕' 류와 같은 정통성 논쟁의 단초를 연 구절이라고 볼 수 있다.

이 구절의 네 글자를 너무 확대 해석한다는 비판이 있을지 모르겠지만, 어린 학동들이 매일 회초리를 맞아가며 달달 외운 이 산식(算式)들이 그들의 무의식을 어떤 모양으로 구조화했을 것인가는 능히 짐작이 갈 것이다.

퇴근하는 모습의 아름다움

詩讚羔羊(시찬고양)이라 | 『시경』은 「고양」편을 찬양하였다.

양 양(羊)

'시 시(詩)'자는 '말씀 언(言)'과 '모실 시(寺)'로 이루어졌다. '시(寺)'자는 '의지 지(志)'와 같은 뜻으로 쓰였으므로 '시(詩)'자의 자형적 의미는 '의지를 말로 표현하다'가 된다. 여기서 '시(詩)'자는 중국 고대의 시가집이자 유가 경전 중의 하나인 『시경』(詩經)을 가리킨다.

'기릴 찬(讚)'자는 '말씀 언(言)'과 '도울 찬(贊)'으로 이루어졌다. '찬(贊)'자는 폐백(貝)을 들고 앞으로 나아간다는 뜻이므로, '찬(讚)'자의 자형적 의미는 '말로 존경과 경배를 표시하다'가 된다.

'염소 고(羔)'자는 '불 화(火)'와 '양 양(羊)'자로 이루어졌다. 고문자의 이체자(異體字) 중에는 '화(火)' 대신에 '흙 토(土)'를 쓴 글자도 있다. 즉 옛날에는 짐승의 새끼 고기를 별미로 여겼기 때문에 통째로 진흙을 발라 불에 굽는 요리법으로 고기 맛을 즐겼다. 따라서 '고(羔)'자의 자형적 의미는 '통째로 구워 먹는 새끼 양'이 된다.

'양 양(羊)'자를 갑골문에서는 'ᠱ'으로 썼는데, 이는 양의 구부러진 뿔과 머리를 그린 모양이다. '양(羊)'자가 '상세할 상(詳)'·'노닐 양(徉)' 등의 글자에 방(旁)으로 쓰인 예로 미루어보건대 이 글자에는 '양의 뿔처럼 구부러지다'라는 의미가 담겨 있음을 알 수 있다.

'고양(羔羊)'이란 '새끼 양'을 뜻하지만, 여기서는 『시경』 중의 「고양」(羔羊)이라는 편명을 가리킨다. 그리고 이 편명 중에서 '고양'은 새끼 양의 가죽으로 만든 갖옷으로, 이는 당시 대부들이 입던 일종의 관복이었으므로 관리들을 비유적으로 지시한 말이다.

「고양」편은 새끼 양 가죽으로 관복을 해 입은 관리들이 한가로우면서도 당당하게 퇴근하는 모습을 읊은 시이다. 그래서 이는 소남(召南)의 나라가 문왕(文王)의 정치에 교화되어 벼슬아치들이 모두 검소하고 정직해 덕이 새끼 양과 같아졌음을 읊은 시라고도 풀이하고, 태평성세에 관리들이 결백하고 충실하게 일하면서도 진퇴에 절도가 있는 모양을 찬양한 시로 해석하기도 한다.

옛날에는 관리들에게 새끼 양의 가죽으로 만든 갖옷을 관복으로 입혔다. 이 갖옷은 오늘날에도 '무스탕'이니 '토스카니'니 하며 비싼 가격에 거래되는 고급 모피 옷이다. 왜 이렇게 비싼 갖옷을 관리들에게 입혔을까?

우선 새끼 양은 순결을 의미하므로 관리들이 늘 청렴결백하도록 독려하는 상징이 된다. 이 구절이 앞의 '묵비사염(墨悲絲染)'과 함께 여기에 다시 쓰기 형태로 인용된 것은 바로 앞에 말한 '오상(五常)'이 순수함을 생명으로 한다는 사실을 강조하기 위한 것이다.

다음으로 양은 무리지어 살면서 홀로 이를 벗어나는 일이 없기 때문에, 관리들 역시 양떼처럼 무리 속에 자신의 존재를 파묻어야지 홀로 이를 벗어나 튀지 말라는 경고의 메시지가 함의되어 있다. 옛날에 선비가 벼슬을 제수(除授)받으면 양이나 기러기로 폐백을 드렸는데, 기러기도 무리를 지어 사는 새이기 때문에 역시 같은 메시지를 담고 있다고 볼 수 있다. 이러한 상징과 의식(儀式)은 관료 체계를 일사불란하고 효율적으로 운영하는 데에는 크게 기여하였지만, 개인의 가치보다는 무리의 가치를 우선하는 이른바 집단주의를 형성하였을 뿐만 아니라, 오늘날 좀처럼 근절되지 않는 상납 고리와 어느 한 사람만 홀로 청렴하려 해도 청렴할 수 없는 조직적인 집단 부정의 씨앗이 되기도 하였다.

또 하나 주목할 것은 「고양」편이 태평성세에 관리들이 직무에 충실하고 안적(安適)하는 모습을 읊은 시라면, 응당 출근하는 모양을 찬양해야 하는데도 퇴근하는 모양을 아름답게 묘사한 점이다. 옛날이나 지금이나 사람을 해고하는 일은 매우 고통스러운 일이다. 자리는 한정되어 있는데 자리를 마련해 주어야 할 사람은 늘어나게 마련이므로, 변환기를 제외하고는 경제·사회적 성장이 거의 정체된 고대 사회에서는 충성스러운 늙은 신하들을 물러나게 하는 것 외에는 달리 뾰족한 방법이 없었을 것이다. 이것이 임금에게는 고통스러운 일이 아닐 수 없었으니, 이럴 때 스스로 물러나서 주군의 괴로움을 덜어드리는 일은 마지막 충성이자 충성 중의 충성이 된다. 그래서 유가의 윤리에서 스스로 물러날 때를 알아차려 군말 없이 물러나는 일을 아름다운 행위로 칭송하는 것이다. 「고양」편에서 관리들이 퇴근하는 모양에 대한 시적 묘사는 애초의 의도가 무엇이었든지 유가 훈고학자들에게는 이러한 윤리관을 담을 수 있는 매우 훌륭한 텍스트였음에 틀림없었을 것이다. 『모시』(毛詩) 「서」(序)에서 이 시를 평하여 "나아가고 물러남에 절도가 있다"(進退有度)라고 해석한 것으로도 이를 알 수 있다.

큰길과 샛길

景行維賢(경행유현)하고 │ 큰길을 걸어가는 사람은 현명한 사람이고,

다닐 행(行)

'클 경(景)' 자는 '날 일(日)'과 '서울 경(京)'으로 이루어졌다. '경(京)'은 높은 언덕 위에 세워진 집 모양으로 높은 곳은 전망이 훤하므로, '경(景)' 자의 자형적 의미는 '밝은 태양 빛'이 된다. 이런 의미의 글자로 '빛 광(光)'이 있는데, 이것은 햇빛의 밝은 부분을, '경(景)'은 햇빛의 그림자 부분을 가리킨다. 여기서는 '훤할 정도로 크다'라는 뜻으로 쓰였다.

'다닐 행(行)' 자는 사람들이 많이 다니는 번잡한 네거리의 도로 모양이다.

'얽을 유(維)' 자는 앞의 '공유국양(恭維鞠養)'에서 설명한 '유(惟)' 자와 같다. 여기서는 '이에 내(乃)'와 같은 뜻으로 쓰였으므로 '~이다' 정도로 번역하면 된다.

'어질 현(賢)' 자는 같은 계열의 독음인 '굳을 견(堅)' 자에서 짐작할 수 있듯이 원래 의미는 '견실하다'였으나, 여기에서 '재주가 많다'라는 의미가 파생되어 나왔다. 아래에 '자개 패(貝)' 자를 쓴 것은 재주가 출중한 현인을 높이 받들어 칭송하는 의미에서 쓴 것이다.

'경행(景行)'은 글자 그대로 '사람들이 많이 다니는 큰길'이라는 뜻이지만, 추상적으로는 '고상한 품덕(品德)', '대도(大道)' 등을 의

미하기도 한다. 그러므로 '경행유현(景行維賢)'이란 큰길을 걸어가는 사람, 곧 대도를 행하는 사람이라야 현자가 된다는 뜻이다.

중국은 옛날부터 형이상학적인 대원리를 큰길에 비유하여 다른 사람을 설득하고 이해하였다. 큰길은 많은 교통량을 수용해야 하므로 더디고 우회하는 경우가 많아서 불편한 것처럼 보이지만, 오히려 많은 사람들이 다니기 때문에 안전하고, 또한 잘 닦아 놓았기 때문에 막힘 없이 갈 수 있어서, 결국에는 시간적으로도 더디지 않다. 반면에 샛길은 질러가기 때문에 시간을 절약할 수 있을 것처럼 보이지만 강도를 만날 위험이 도사리고 있고, 또한 도중에 장애물이 많기 때문에 시간적으로도 그렇게 유리하지가 않다.

큰길을 선택하는 것이 궁극적으로 유익하다는 경험적 사실을 끌어와 대도의 의미를 은유적으로 설명하면 매우 강력한 설득력을 갖는다. '대도'와 '큰길'이 본질적으로 대응하거나 대체될 수 있는 관계는 아니지만, 비유를 통해서 '큰길'의 경험적 의미가 대도의 관념적 의미를 억압하고 이를 대행할 수 있도록 충분한 힘을 발휘한다. 따라서 큰길이 무엇을 함의하든 그것은 사람들을 주류(主流)에 합류하도록 하고, 다른 지류로 흘러나가지 않도록 압박한다. 더구나 큰길을 '밝음'(景)이란 말로 수식해 정의한 것은 샛길로 모험하는 것을 부도덕하게 여기도록 해서 비주류적인 모험을 스스로 차단하게 한다.

이러한 무의식적 구조는 사회를 안정되게 유지하는 데에는 도움이 되지만, 경험의 한계를 넘어 인식의 새 지평을 여는 일에서는 걸림돌이 된다. 괜히 튀지 말고 사람들이 많이 다니는 큰길로 다니는 것이 결국에는 이익이라는 현실적 관념은 '경행유현(景行維賢)'이

문자적으로도 암시한다. 즉 '현(賢)' 자 아래의 '자개 패(貝)'는 돈을 의미하고, '유(維)' 자는 '얽어 묶음'을 뜻한다. 다시 말해서 큰길은 언제나 이익에 연결되어 있음을 무의식중에 각인하는 이 구절을 논리적으로 비판하는 일은 쉽지 않다. 따라서 문자적 암시를 깰 수 있을 때 새로운 가치를 토대로 하는 세계에 적응할 수 있을 것이다.

생각: 환상에의 집착

克念作聖(극념작성)이라 | 능히 생각할 수 있으면 성인이 된다.

이길 극(克)

'이길 극(克)' 자는 사람이 어깨 위에 높은 짐을 얹고서 메고 가는 모양이다. 이 모양에서 '힘써 이기다', '할 수 있다' 등의 의미들이 나왔다.

'생각할 념(念)' 자는 '마음 심(心)'과 '이제 금(今)'으로 이루어졌다. '금(今)' 자는 집안에 물건을 넣고 지키는 모양이고, '념(念)' 자의 독음은 '차지할 점(占)'과 같은 계열이므로, '념(念)' 자의 자형적 의미는 '마음 속에 생각을 품고 견고히 지키다'가 된다.

'지을 작(作)' 자는 '사람 인(人)'과 '잠깐 사(乍)'로 이루어졌다. '사(乍)' 자는 '속일 사(詐)' 자로도 알 수 있듯이 '꾸미다'라는 의미를 담고 있다. 따라서 '작(作)' 자의 자형적 의미는 '인위적으로 꾸며 만들다'가 된다.

'성인 성(聖)' 자는 '귀 이(耳)'와 '드러낼 정(呈)'으로 이루어졌다. '정(呈)' 자는 '법 정(程)'의 원래 글자로 '표준'이라는 의미가 있고, '성(聖)' 자의 독음은 '소리 성(聲)'과 같으므로 '성(聖)'의 자형적 의미는 '표준이 될 만한 소리를 듣고 변별할 줄 아는 사람'이 된다. 공자가 "아침에 도를 들으면 저녁에 죽어도 괜찮다"(朝聞道, 夕死可矣)라고 말했듯이, 도란 '들어서 깨닫는 것'이므로 '성(聖)' 자 안에 '이(耳)' 자를 구성 요소로 쓴 것이다.

이 구절은 『서경』「다방」(多方)편의 "성인도 생각이 없으면 미혹된 자가 되고, 미혹된 자라도 생각할 줄 알면 성인이 된다"(惟聖罔念作 狂, 惟狂克念作聖)라는 구절을 다시 쓴 것이다. 즉 옛 상(商)나라를 회 복하려는 무리들이 주나라에 모반을 꾀하는 일이 자주 발생하자, 주 공(周公)이 주나라가 상나라를 멸망시키고 정권을 계승할 수밖에 없 는 필연성을 설명한 부분이다. 하늘은 상나라가 실정을 반성할 수 있도록 기회를 주었으나, 상나라는 이에 대하여 전혀 생각이 없었으 므로 하는 수 없이 천명을 주나라에 주었다는 것이다. 그러므로 성 인과 미혹된 자의 구분은 생각이 있느냐 없느냐에 따라 결정된다는 뜻이다.

우리는 남을 가르치거나 꾸짖을 때 "생각하고 행동하라"든가 '너 는 왜 그리도 생각이 없느냐" 등의 말을 흔히 한다. 그러나 따지고 보면 훈계를 받는 사람도 생각을 전혀 하지 않은 것은 아니다. 생각 이라는 것은 주체의 욕망에 따라서 시선을 보낼 대상을 선택하고 그 대상을 나름대로 해석하고 이해하는 환상의 과정이라고 정의할 수 있다. 따라서 '생각이 없다' 라는 비난은 성립될 수 없고, 단지 '너의 환상은 나의 환상과 일치하지 않는다' 는 심층적 의미가 권력 관계 속에서 왜곡되어 표출된 담화라고 볼 수 있다. 그렇지만 헤게모니를 잡은 쪽의 환상은 '들리지 않는 소리도 들을 수 있는' 기능을 갖는 반면, 그렇지 못한 타자의 환상은 아예 부재(不在)한 것으로 취급된 다. 이러한 독선은 성인이 취할 태도가 못 된다. 이것은 그야말로 문 자 그대로 '성인임을 인위적으로 꾸며내는 일'(作聖)에 지나지 않 는다.

'념(念)' 자가 '점령할 점(占)'과 같은 계열의 독음으로 읽히듯이 생각은 자기 마음을 점령하고 지배하는 환상에 집착하게 마련이다. 따라서 '생각할 수 있음'의 '극념(克念)'이 성인을 만드는 것이 아니라, 오히려 자형적 의미대로 '환상에의 집착을 이겨낼 수 있음'의 '극념(克念)'이 성인을 만들어야 할 것이다.

명분과 실질의 관계

德建名立(덕건명립)하고 | 덕이 세워지면 이름은 (저절로) 서게
되고,

이름 명(名)

'덕 덕(德)'자는 '조금 걸을 척(彳)'과 '덕 덕(悳)'으로
이루어졌다. '덕(德)'자의 독음은 '얻을 득(得)'·'오를
등(登)'·'오를 척(陟)'등과 같은 계열에 속하므로 자형
적 의미는 '높은 곳으로 천천히 걸어 올라가다'가 된다.
이로부터 '덕(德)'이란 지속적인 수양에서 얻어지는 고상한 품덕임
을 알 수 있다.

'세울 건(建)'자는 '붓 율(聿)'과 '길게 걸을 인(廴)'으로 이루어
졌다. '율(聿)'자는 '붓 필(筆)'과 같을 뿐만 아니라 '법 률(律)'과도
같은 뜻이다. 즉 새로운 왕조가 시작되면 그 정권을 지탱할 헌법을
새롭게 써서 세워야 하는데 '율(聿)'은 바로 이를 상징한다. 이러한
대원칙과 법률은 오래 지속되어야 하므로 '인(廴)'자를 쓴 것이다.
따라서 '건(建)'자의 자형적 의미는 '법률로 대원칙을 세워 이를 오
래 지속되게 하다'가 된다.

'이름 명(名)'자는 '입 구(口)'와 '저녁 석(夕)'으로 이루어졌고,
독음은 '울 명(鳴)'·'어두울 명(冥)'과 같다. 옛날에는 컴컴한 밤에
길에서 사람을 만나면 상대방을 안심시키기 위해서 "아랫마을 누구
올시다"라고 자신의 이름을 크게 외치는 관습이 있었다. 따라서 '명

(名)' 자의 자형적 의미는 "'컴컴한'(冥) '밤'(夕)에 사람을 만나면 자신의 이름을 '입'(口)으로 크게 '외친다'(鳴)"가 된다.

'설 립(立)' 자의 소전은 ꞓ 인데, 이는 사람이 땅 위에서 정면으로 버티고 서 있는 모양이다.

덕(德)이란 실질을 의미하고 명(名)이란 그 실질을 표상하는 이름이다. 사물은 실질로 존재하지만 그 존재는 이름이라는 매개를 통해서 간접적으로 인식된다. 그래서 옛날부터 사람들은 존재를 인식시키기 위해서 실질의 향상에 힘쓰기보다는 이름 자체를 알리는 일에 더 많은 관심을 쏟았다. 그래서 겉만 번지르르 하고 속은 텅 빈 이른바 외화내빈(外華內貧)의 병폐가 생겨났고, 그래서 이를 경계할 요량으로 사물을 이름과 실질로 구분하고 이름보다는 실질을 알차게 하는 일에 힘쓰도록 권면하여 왔던 것이다. 즉 실질이 알차면 이름은 저절로 드러난다는 경험적 관계에서 실질 우위의 사물 체계를 세우고 이를 구호로 만든 것이 바로 '덕건명립(德建名立)'이다.

이 구절에서 '덕건(德建)'과 '명립(名立)'은 다같이 '주어＋술어' 구조로 이루어져 있지만 기실 '건(建)' 자는 타동사이고, '립(立)' 자는 자동사이다. 다시 말해서 실질은 타동사를 써서 인위적으로 이룩하거나 지배해야 할 대상이고, 이름은 자동사를 써서 조건이 충족되면 저절로 생겨나는 것임을 나타낸 것이다.

사물의 존재를 실질과 이름으로 구분하는 것은 이분법적 사고의 전형이다. 둘로 나뉜 것에는 언제나 우/열, 중심/주변의 비교가 있게 마련인데, 이때 전자의 항이 후자의 항을 지배할 수 있는 권력 관계가 자연스럽게 성립한다. 이것이 바로 중심의 신화이다. 중심의 신화는 실질에 시선을 주는 대신에 이름과 같은 형식은 주변으로 밀어낸다. 그러나 실질로 분류되는 부분이 중심이자 근본이 되어야 한다는 담론은 다시 고려할 필요가 있다. 왜냐하면 실질이라는 부분이 형식과 대별(對別)될 때에는 마치 하나의 실존인 것처럼 보이지만, 실제로는 형식을 완전히 벗어나 존재하는 것이 아니기 때문이다. 따라서 '덕(德)'과 '명(名)'의 관계는 실질과 이름의 대비가 아닌, 형식과 형식의 관계가 되는 셈이다.

임방(林放)이 예의 근본을 물었을 때, 공자는 "예란 사치하기보다는 차라리 검소한 편이 낫고, 상례는 절차를 매끈하게 진행하기보다는 차라리 슬퍼하는 편이 낫다"(禮, 與其奢也, 寧儉; 喪, 與其易也, 寧戚)[7]라고 대답하였다. 이 말은 사치/검소, 절차/슬퍼함이라는 대립 구조 때문에 전자의 형식보다는 후자의 실질이 중시되는 것처럼 보이지만, 실상은 여전히 형식에 초점이 맞춰져 있다. 왜냐하면 검소함과 슬퍼함 자체도 예의 훌륭한 형식에 속하기 때문이다. 공자가 "형식과 실질이 함께 빛난 다음에야 군자라 할 수 있다"(文質彬彬, 然後君子)[8]라고 한 말은 곧 이러한 대비와 관계가 형식의 문제로 귀결된다는 것을 지적한다. 그리고 이어지는 다음 구절은 이런 사실을 더 분명하게 드러낸다.

'윗물'이 맑아지기를 기다리느니 차라리 황하 물이 맑아지기를 기다리자

形端表正(형단표정)이라 | 몸매가 단정하면 겉옷이 바르게 된다.

형상 형(形)

'형상 형(形)' 자는 '터럭 삼(彡)'과 '평평할 견(幵)'으로 이루어졌다. '견(幵)' 자는 원래 모양이 '정(井)'으로 이는 글씨 연습을 할 때 글씨가 예쁘게 써지도록 균형을 잡아주는 습자(習字) 틀을 뜻하고, '삼(彡)' 자는 붓으로 아름답게 수식하는 것을 뜻한다. 따라서 '형(形)' 자의 자형적 의미는 '습자 틀을 놓고 붓으로 글자를 예쁘게 모사(模寫)하다'가 된다. 거푸집이나 틀의 기능을 하는 사물들을 모두 '형(形)' 또는 '형(型)'으로 쓰는 것은 이 때문이다.

'단아할 단(端)' 자는 '설 립(立)'과 '끝 단(耑)'으로 이루어졌으므로 자형적 의미는 '초목이 처음 돋아나 곧추 자라듯이 사람이 똑바르게 서 있다'가 된다.

'겉 표(表)' 자는 '옷 의(衣)'와 '털 모(毛)'로 이루어졌다. '표(表)' 자의 독음은 '쌀 포(包)'와 같은 계열에 속하므로 자형적 의미는 '겉옷으로 몸 전체를 감싸다'가 된다. 옛날에는 갖옷으로 겉옷을 삼았으므로 '모(毛)'를 이 글자의 구성 요소로 쓴 것이다.

'바를 정(正)' 자는 '하나 일(一)'과 '멈출 지(止)'로 이루어졌다. 여기서 '일(一)' 자는 장애물을 가리키고 '지(止)' 자는 발을 뜻하므로 자형적 의미는 '길을 걷다가 장애물을 만나 멈춰서다'가 된다. 이로부터 파생된 글자에 '정할 정(定)' 자가 있는데, 이는 '집안(宀)에 머물다'라는 뜻이다. 집안에 머물러 있으면 '안정(安定)' 되기 때문에 여기에서 '바르다'는 의미가 파생된 것이다.

'형단표정(形端表正)'은 틀과 그 틀로 뽑아낸 생산물과의 관계를 서술하고 있기 때문에 갖가지 경우로 풀이할 수 있다. 주조(鑄造)에서는 거푸집이 깔끔해야 주물이 매끈하게 빠진다고 풀이할 수 있고, 옷을 입을 경우에는 몸매가 단아해야 옷맵시가 난다고 해석할 수 있다. 이 은유의 기호를 바른 정치의 골격으로 적용하려 한 노력이 『서경』(書經) 「군아」(君牙)편의 "그대의 몸이 바르다면, 감히 바르게 하지 않을 사람이 없을 것이오"(爾身克正, 罔敢不正)라는 구절과 『논어』 「안연」(顏淵)편의 "네가 정도(正道)로 앞서 나가면 누가 감히 바르게 하지 않겠느냐?"(子帥以正, 孰敢不正)라는 구절 등에서 보인다. 공자는 이를 더 추상화하여 이름(또는 형식)이 오히려 실질을 결정한다고 주장하였다. 그래서 자로(子路)가 정치를 어떻게 하시겠느냐고 물었을 때, "반드시 이름을 바로잡을 것이다"(必也正名乎)라고 대답하였던 것이다.

그렇다면 '형단표정(形端表正)'은 앞의 '덕건명립(德建名立)'과 중심/주변의 구조가 뒤바뀐 것이 아닌가? 왜냐하면 "덕이 세워지면 이름은 (저절로) 서게 된다"(建德名立)에서는 '덕'이 실질이고 '명'이 표상인 반면, "몸매가 단정하면 겉옷이 바르게 된다"(形端表正)에서는 '형'이 표상이고 '표'가 실질인 셈인데, 전자의 중심은 실질이고 후자의 중심은 이름이기 때문이다. 따라서 실질과 이름 간의 중심/주변의 대립은 본질적인 관계라기보다는 형식과 구조의 문제임을 알 수 있다. 이처럼 구조의 문제를 명(名)·실(實)로 대체하여 이원론적으로 대립시키면 중심이 주변을 지배할 수 있는 명분과 정통성이 생긴다. 따라서 명실론은 처음부터 지배 이데올로기를 배태한다.

'형단표정(形端表正)'이란 결국 표상이 실질을 결정하는 구조이다. 여기서 표상에 해당하는 '틀'(形)은 '겉옷'(表)의 '맵시'(正)를 위하여 자신을 '단아하게 보이도록 억압하는'(端) 고통을 떠안는 대신 겉옷은 자기가 보이고 싶은 모양대로 보이게 할 수 있는 권력을 누릴 수 있다. 그러나 자신을 억압하여 솔선수범하는 행위는 기호적 행위로 대신해서 전시(展示)할 수 있으므로 실제로는 별로 힘이 들지 않는다. 그러므로 중심으로 분류된 사람은 겉보기에는 의무와 희생의 길을 외롭게 가는 것 같지만 실은 부가가치가 매우 높은 사업에 종사하는 것이나 다름이 없다.

'형단표정'은 "윗물이 맑아야 아랫물이 맑다"라는 속담과 아울러 오늘날까지도 사회 정화의 대원리로 내세워지고 있다. 이른바 사회 지도층 인사들이 솔선수범하는 행동이 하나의 '틀'(形)이 되기를 기대한다는 말인데, 아마 황하 물이 맑아지는 것을 기다리는 것이 더 빠를 것 같다는 예감이 든다.

'형(形)'은 어디까지나 '형(刑)', 즉 법이어야 한다. '형단표정(形端表正)'은 '법'(形)의 '엄정한'(端) 집행만이 '정의로운'(正) '사회' (表)를 담보할 수 있다는 의미로 재해석하는 것이 오히려 현실적일 것이다. 다시 말해서 '형(形)'은 '형(刑)'일 때 비로소 '형(型)'(틀) 이 될 수 있는 것이다.

덕행의 분열

空谷傳聲(공곡전성)하고 | 빈 골짜기에서라도 소리는 전달되고,

전할 전(傳)

'빌 공(空)'자는 '구멍 혈(穴)'과 '장인 공(工)'으로 이루어졌으므로 자형적 의미는 '고대인들이 혈거용(穴居用)으로 파놓은 땅굴'이 된다. 혈거용 땅굴 속은 천장이 둥글게 돔 모양으로 생겼기 때문에 이를 하늘에 비유하여 '하늘'이란 뜻으로 쓰게 되었고, 또한 땅굴 속은 텅 비어 있으므로 이로부터 '아무것도 없이 비어 있다'라는 뜻도 생기게 되었다.

'골 곡(谷)'자는 '입 구(口)'위에 결 무늬를 그린 것으로 이는 입을 크게 벌렸을 때 보이는 입천장을 뜻한다. 오늘날 주로 쓰이는 '산골짜기'란 의미는 이러한 형상으로부터 파생된 것이다.

'전할 전(傳)'자는 '사람 인(人)'과 '오로지 전(專)'으로 이루어졌다. '전(專)'자는 손으로 실패를 쥐고 있는 모양이므로, '전(傳)'자의 자형적 의미는 '실패를 쥐고 있다가 다른 사람에게 주다'가 된다.

'소리 성(聲)'자는 '경쇠 경(磬)'과 '귀 이(耳)'로 이루어졌다. 따라서 '성(聲)'의 자형적 의미는 '귀에 들려오는 경 치는 소리'가 된다. 그러나 일반적으로는 귀로 들을 수 있는 모든 소리를 뜻하는 글자로 쓰인다.

"빈 골짜기에서라도 소리는 전달된다"(空谷傳聲)라는 말은 덕행이

170

란 아무도 듣지 않고 보지 않는 곳에서 남몰래 실천했다 하더라도 저절로 알려지게 마련이라는 뜻을 비유적으로 서술한 것이다.

덕이란 높은 수양에서 얻는 것이므로 이것이 행동으로 드러나면 자연히 그 위상을 갖게 된다. 그래서 주위의 다른 사람들이 덕 있는 자를 우러러 숭상하는 것인데, 이때 덕행을 행하는 자도 이러한 위상적 구조 때문에 어쩔 수 없이 아래로 내려다보는 시선을 가질 수밖에 없게 된다. 그러면 위쪽에 있는 사람은 아래쪽에 있는 사람 전체를 조망할 수 있지만, 위쪽에는 아래쪽에서는 보이지 않는 사각 지대가 생긴다. 이 사각 지대는 잠시 숨을 수도 있다고 수양이 높은 군자를 유혹하는 장소이다. 왜냐하면 아무리 고상한 군자라 하더라도 긴장에서 해방되고 싶은 충동은 언제나 느끼는 법이니까 말이다. 만일 이 사각 지대에서 잠시라도 긴장을 푸는 순간이 생긴다면, 군자는 이를 숨겨야 한다는 의식과 함께 아울러 다른 사람의 시선이 닿는 곳은 더 잘 꾸며야 하는 강박 관념에 사로잡히게 된다. 그래서 덕행은 가능한 더 알리려 하고 덕행이 아닌 것은 과도하게 은폐하려고 시도하는 것이다.

나뭇잎으로 과도하게 위장한 병사가 오히려 적의 눈에 잘 뜨이듯이 자연스럽지 못한 행위는 남의 시선을 더 끌면서 의혹을 불러일으킨다. 그러니까 "빈 골짜기에서라도 소리는 전달되는 것"처럼 진짜 덕행과 덕행이 아닌 것이 저절로 알려지고 드러나는 것이다. 아무리 빈 골짜기라 하더라도 어디엔가는 시선이 있는 것이다. 그래서 『대학』(大學)에서도 "군자는 홀로 있을 때를 삼가야 한다"[9]라고 하지 않았던가.

전통적으로 우리는 덕이나 덕행의 의미를 다른 사람과의 조화로운 관계, 즉 사회성에서 찾아왔다. 그러므로 덕은 근본적으로 다른 사람의 시선을 의식하는 자아 이상(ego ideal)에 기초해서 이루어지는 일종의 자아 형성이기 때문에 자칫 이러한 이중적인 분열이 일어날 가능성이 상존하는 것이다.

따라서 덕행이 덕행으로서 온전히 남으려면 덕이 어떤 특별한 위상을 갖지 말아야 한다. 이를테면 우리는 흔히 이웃을 도와주는 등의 적선을 하고 나면 가슴이 뿌듯해지면서 보람된 일을 했다고 여기는데, 여기에서 자아의 분열은 시작되는 것이다. 이런 상태가 되지 않으려면 가슴 뿌듯하게만 여길 것이 아니라 오히려 이런 기분을 느끼도록 적선의 기회를 제공해 준 그 이웃에게 빚진 마음과 아울러 감사의 마음을 가져야 하는 것이다. 그래야 위상이 남과 같아지면서 덕행이 분열되지 않은 상태로 기억되는 것이다.

욕심으로 왜곡되지 않은 말의 반향

虛堂習聽(허당습청)하니라 | 빈 대청에서는 들림이 겹쳐진다.

익힐 습(習)

'빌 허(虛)' 자는 '언덕 구(丘)' 와 '범의 문채 호(虍)' 로 이루어졌다. '호(虍)' 자는 '위험하다' · '크다' 등의 의미를 담고 있으므로 '허(虛)' 자의 자형적 의미는 '큰 언덕' 이 된다. 그러므로 '허(虛)' 자는 '구(丘)' 자와 같은 글자임을 알 수 있다. 너무 큰 것은 공허한 것처럼 보이므로 나중에는 '속이 비다' 라는 의미로도 쓰이게 되었다.

'집 당(堂)' 자는 '높을 상(尚)' 과 '흙 토(土)' 로 이루어졌다. 흙을 높이 쌓아서 토대를 만들고 그 위에 지은 큰 집을 뜻한다. 나중에는 집안에서 중앙의 넓은 대청을 일컬어 '당(堂)' 이라고 부르기도 하였다. 학문이 높은 경지에 도달한 경우를 '승당입실(升堂入室)' 이라고 하는데, 이때의 '승당' 은 곧 입문(入門)한 후 뜰을 지나 대청에 오르는 과정에 비유한 말이다.

'익힐 습(習)' 자는 '깃 우(羽)' 와 '흰 백(白)' 으로 이루어졌다. '백(白)' 자에는 '아무것도 없는 빈 공간' 이란 의미가 담겨 있으므로 '습(習)' 자의 자형적 의미는 '아무것도 할 줄 모르는 새끼 새가 깃을 여러 차례 퍼덕이며 나는 연습을 하다' 가 된다. 여기서 '여러 차례' 란 파생 의미로 쓰였다.

'들을 청(聽)' 자는 '귀 이(耳)' · '덕 덕(悳)' · '짊어질 임(壬)' 등

의 구성 요소로 이루어졌다. '임(壬)' 자는 사람이 땅 위에 가만히 서 있는 모양이고, '덕(悳)' 자는 '당할 직(直)' (또는 '치'로도 읽음)과 같고 이는 다시 '직책 직(職)'과 같다. '직(職)' 자는 '표지해 두다'라는 의미로 풀이하기도 하는데 이때는 '지'로 읽는다. 따라서 '청(聽)' 자의 자형적 의미는 '사람이 가만히 서서 귀로 듣고 마음속에 표지해 두다'가 된다.

'습청(習聽)'이란 들림이 여러 차례로 겹쳐진다는 뜻으로 소리가 울려 메아리 치는 현상을 말한다. 그러므로 '허당습청(虛堂習聽)'은 텅 빈 대청에서 말을 하면 아무도 듣지 않는 것 같지만 소리가 겹치기로 울려서 결국에는 모든 사람이 듣게 된다는 뜻이다. 이 역시 앞의 '공곡전성(空谷傳聲)'과 같은 의미의 비유로 쓴 것이다.

말이라는 것은 아무것도 없는 빈 공간을 유회하면서 다른 것을 공명시키고 반향을 불러일으킨다. 오히려 공간이 비면 빌수록 공명은 더욱 커지고 반향도 크게 일어난다. 우리가 대상을 바라볼 때에 "마음이 비어 있다" 또는 "마음을 비우다"라는 말을 자주 쓰는데, 이는 대상에 대하여 욕심의 개입을 억제하였다는 뜻이다. 그러므로 '텅 빈 골짜기'(空谷)와 '텅 빈 대청'(虛堂)처럼 욕심으로 왜곡되지 않은 말일수록 멀리까지 '전달되고'(傳聲) 또한 '반향의 횟수도 많아진다'(習聽). 홍성원(洪聖源)이 이 구절에다가 "그 말이 나올 때 선하면 천리 밖에서도 이에 반응한다"(出其言善, 則千里之外應之)라는 『역』(易)의 구절을 인용하여 주해한 것은 이런 의도였으리라.

악행과 재앙의 관계

禍因惡積(화인악적)이요 | 재앙은 악행이 쌓여서 비롯되는 것이고,

인할 인(因)

'재앙 화(禍)' 자는 '보일 시(示)' 와 '입 삐뚤어질 와(咼)' 로 이루어져 있다. '와(咼)' 자는 '지나칠 과(過)' 자에서 알 수 있듯이 '너무 지나쳐서 어긋나다' 라는 의미를 담고 있고, '시(示)' 자는 하늘과 관계되는 종교적 의미를 나타내므로, '화(禍)' 자의 자형적 의미는 '하늘이 내린 큰 재앙' 이 된다. 같은 계열의 독음으로 읽히는 '많을 과(顆)' 자가 고대 문헌에서 '큰일났다' (顆矣)라는 의미로 쓰이는 것에서 이를 볼 수 있다.

'인할 인(因)' 자는 '큰 대(大)' 와 '에운 담 위(囗)' 로 이루어졌다. '대(大)' 자는 사람 모양이므로 '인(因)' 자의 자형은 담으로 둘러싸인 공간 속에 사람이 들어가 있는 모양이 된다. 따라서 자형적 의미는 '남의 집에 들어가 기숙하다' 가 된다.

'악할 악(惡)' 자는 '마음 심(心)' 과 '버금 아(亞)' 로 이루어졌다. '아(亞)' 자는 등뼈가 굽고 가슴이 앞으로 튀어나온 곱사등이의 형상이므로 '악(惡)' 자의 자형적 의미는 '마음이 흉칙스러움' 이 된다.

'쌓을 적(積)' 자는 '벼 화(禾)' 와 '구할 책(責)' 으로 이루어졌다. '책(責)' 자는 돈을 모두 계산해서 청구한다는 뜻이므로, '적(積)' 자의 자형적 의미는 '곡식을 거두어 한데 모아놓다' 가 된다.

175

'과(過)' 자와 '화(禍)' 자의 자형이 암시하듯이,[10] 과실이나 재앙은 '지나침'에서 비롯된다. 이 '지나침'이 곧 '악행의 쌓임'이다. 다시 말해서 평소의 악한 행위가 쌓여서 재앙으로 발전한다는 뜻이다. 이렇게 보면 악행과 재앙은 계기(繼起)하는 통시적(通時的)인 관계처럼 보이지만, '인(因)' 자의 자형은 이것이 공시적(共時的)으로 서로 물려 있는 관계를 전제로 하고 있음을 형상적으로 보여준다. 즉 '인(因)' 자가 사람이 자유로운 것 같지만 남의 울타리 속에 갇혀 기숙할 수밖에 없음을 표상하는 것처럼, 재앙은 독립적으로 출몰하는 것이 아니라 '악적(惡積)'의 공간 속에 갇혀서 거기에서 자양분을 공급받아 기생하는 것이다. 이러한 관계적 설명은 다음의 '복연선경(福緣善慶)'에서도 그대로 적용된다.

인과의 공시성

福緣善慶(복연선경)이라 | 복은 선행의 끝에 받을 경사와 같은
가선으로 꿰매져 있다.

복 복(福)

'복 복(福)'자는 '보일 시(示)'와 '꽉 찰 핍(畐)'으로
이루어졌다. '시(示)'자는 제사를 뜻하고, '핍(畐)'자
는 제사에 참여한 사람들이 제사 후에 나누어 음복(飮
福)하는 술병 모양이므로 '복(福)'자의 자형적 의미는
'신의 복이 허락된 술'이 된다.

'인연할 연(緣)'자는 '실 사(糸)'와 '판단할 단(彖)'으로 이루어졌
다. '단(彖)'자는 멧돼지가 우리에서 빠져나와 쏜살같이 달리는 모
양이므로 '연(緣)'의 자형적 의미는 '옷의 가장자리에 일직선으로
가선을 박아 꿰매다'가 된다.

'착할 선(善)'자를 소전에서는 두 개의 '말씀 언(言)'자 사이에
'양 양(羊)'자가 끼여 있는 모양의 '䔾'으로 쓴다. '양(羊)'은 '착하
다'라는 뜻으로 많이 쓰이고 두 개의 '언(言)'자는 논쟁을 뜻하므로,
'선(善)'자의 자형적 의미는 '훌륭한 논변'이 된다.

'경사 경(慶)'자는 '사슴 록(鹿)'·'천천히 걸을 쇠(夊)'·'마음
심(心)'으로 이루어졌으므로, 자형적 의미는 '경사가 있는 곳에 가
서 녹비(鹿皮)를 폐백으로 바치고 진심으로 축하한다'가 된다.

177

이 구절은 『맹자』「공손추상」(公孫丑上)편의 "복을 얻는다는 것은 곧 선행을 쌓은 뒤에 받는 경사와 한 실로 꿰매져 있다"(獲福者, 寔緣積善之餘慶)라는 말을 다시 쓴 것이다.

'연(緣)' 자의 자형적 의미가 '단(彖)' 자에 기초해 있다는 사실은 멧돼지의 달음박질이 통시적인 개념이긴 하지만, 너무 빠르기 때문에 시간성보다는 공간성에 의미의 중심이 있음을 강조한다. '단(彖)' 자를 '판단하다'라는 뜻으로 쓰는 것도 이런 구조를 바탕으로 해서 형성된 결과이다. 강물이나 해안 등을 따라가는 행위를 한자로 '연(沿)'이라 쓰는데, 이는 '연(緣)'과 같은 독음으로 읽힌다. 무엇을 따라간다는 것은 통시적인 개념 같지만 그것은 이미 공시적인 구조나 공간을 전제한다. 즉 '복(福)'과 '선경(善慶)'은 '연(緣)' 자에 의해서 이미 같은 체계로 긴밀히 엮어져서 같은 공간과 범주를 형성한다는 것이다. '연(緣)' 자는 '공간의 시간되기'이자 '시간의 공간되기'인 셈이 된다.

재앙은 악행이 쌓인 것이고, 복은 선행의 끝에 가서 보답받는 것임을 모르는 이가 없지만, 실천에서는 자꾸 망각되는 까닭은 무엇인가? 악행이 재앙의 씨앗임을 뻔히 알면서도 똑같은 악을 강박적으로 반복하는 것은 프로이트(S. Freud)의 말마따나 죽으려고 환장한 타나토스(죽음의 본능)인가?

이것은 아마도 앞의 '인(因)' 자와 '연(緣)' 자가 문자적으로 호소하고 있는 공간성이 음성적으로 치환되면서 시간성으로만 지각되기 때문일 것이리라. "외상이면 소도 잡아먹는다"라는 옛말처럼 시간은 망각하게 하는 힘이 있기 때문에 현재의 쾌락을 이후로 연기하는 능력을 상실하게 한다. '인(因)' 자가 울타리 속에 갇힘을, '연(椽)' 자가 들보를 중심으로 서로 얽혀 있는 서까래를 표상하는 것처럼 '화(禍)'와 '악적(惡積)', 그리고 '복(福)'과 '선경(善慶)'의 관계는 더 이상 연기할 수 없이 꽉 짜여져 있는 몸체라는 교훈을 문자를 통해 상기하는 것이 중요하다.

'아닐 비(非)' 자의 부정 방식

尺璧非寶(척벽비보)요 | 한 자 되는 구슬이 귀히 여길 보배가 아니라,

보배 보(寶)

'자 척(尺)' 자를 소전에서는 'ꟙ'으로 썼는데 이는 손바닥을 펴서 엄지와 약지 사이를 한 뼘으로 해서 길이를 재는 모양이다. 옛날에는 한 뼘이 곧 한 '자'(尺)였다. 같은 계열의 독음을 가진 '움츠릴 축(縮)' 자는 '척(尺)' 자에 손가락을 움츠렸다 폈다 하는 반복 행위가 담겨 있음을 암시한다.

'구슬 벽(璧)' 자는 가운데 구멍이 뚫린 둥근 고리 모양의 구슬을 가리킨다.

'아닐 비(非)' 자를 소전에서는 'ꟙ'로 썼는데 이는 새가 날개를 좌우 대칭으로 편 모양이다. 좌우로 서로 등져 있는 모양에서 '부정(否定)'의 의미가 파생되었다.

'보배 보(寶)' 자는 '집 면(宀)'·'구슬 옥(玉)'·'자개 패(貝)'·'장군 부(缶)' 등으로 이루어졌다. '패(貝)' 자는 재물을 뜻하고 '부(缶)' 자는 '보(寶)' 자와 같은 계열의 독음으로 '저장하다'·'갈무리하다' 등의 의미를 담고 있으므로, '보(寶)' 자의 자형적 의미는 '보석과 재물을 집안에 갈무리하다'가 된다.

지름이 한 자나 되는 둥근 고리 모양의 구슬인 '벽(璧)'은 '완벽귀

조(完璧歸趙)' [11]라고 하는 중국 역사 고사에서 알 수 있듯이, 권력가와 호사가들이 탐을 내는 보배이다. 그렇지만 이런 구슬이 '비(非)'자에 의해서 보배와 등을 진다는 것은 보배와 등가(等價)의 사물이 따로 있음을 시사한다.

　이러한 의미는 물론 심층 구조의 차원에서 이루어진 결과이다. 우리는 일반적으로 '의미를 전달한다'고 말은 하지만, 실제로 의미란 실체가 아니라 언어의 표층 구조가 일시적으로 만들어지는 일종의 효과(effect)이다. 그러므로 의미는 그것을 수행하는 힘에서 심층적 의미보다는 표층 구조를 형성하는 기호적 감각 자료가 만들어낸 표층적 의미가 더욱 직접적일 수밖에 없다. 지름이 한 자나 되는 구슬이 보배임은 이미 경험으로 확인된 사실일 터인데, 이를 그렇지 않다고 부정하는 언표는 분명히 무의식을 혼란스럽게 만들었을 것이다. 척벽(尺璧)이 보배가 아니라면, 그럼 도대체 무엇이 보배란 말인가?

시간은 금: 보편성이 결여된 격언

寸陰是競(촌음시경)이라 | 한 치 그림자의 움직임이 다툴 만한 것
이다.

이 시(是)

'마디 촌(寸)' 자는 '오른손 우(又)'와 '하나 일(一)'로
이루어진 글자로서 손과 팔이 접합되는 관절 부분에서
맥박이 뛰는 부분까지의 거리를 가리킨다. 이 거리는 대
략 집게손가락 너비와 같기 때문에 고대에는 길이를 재
는 도량형의 단위로 쓰이게 되었고, 또한 짧은 길이를 추상적으로
표현하는 말로도 쓰였다.

'그늘 음(陰)' 자는 '언덕 부(阜)'와 '흐릴 음(侌)'으로 이루어졌
다. '음(侌)' 자는 '흐릴 음(黔)' 자의 고문자로서 '구름이 해를 가리
다'라는 의미를 담고 있다. 따라서 '음(陰)' 자의 자형적 의미는 같은
계열의 독음의 '숨을 은(隱)' 자가 암시하듯이 '빛이 산에 가리워 그
늘짐'이 된다. 중국은 강이 동서로 흐르기 때문에 산맥도 같은 방향
으로 뻗어 있다. 그래서 산의 남쪽에 볕이 드는데 산의 남쪽은 곧 강
의 북쪽이 된다. 따라서 산을 중심으로 보면 '음(陰)' 자는 북쪽을 가
리키고, 강을 중심으로 보면 남쪽을 가리킨다.

'이 시(是)' 자는 '날 일(日)'과 '그칠 지(止)'로 이루어졌다. '지
(止)' 자는 어느 지점에 머물러 있다는 의미이기도 하므로 '시(是)' 자
의 자형적 의미는 '해가 여기에 있다'가 된다. 옛날에는 태양의 위치

182

로 하루의 때를 측정했기 때문에 '해가 여기에 있다' 라는 말은 곧 현재의 시각을 의미한다. 그래서 고대 문헌에서 '시(是)' 와 '시(時)' 를 혼용한 것이 자주 보인다. 그러다가 나중에는 '여기'·'이것' 등의 파생 의미로만 쓰이게 되었다.

'다툴 경(競)' 자를 소전에서는 '競' 으로 썼는데 이는 두 개의 '사람 인(人)' 위에 두 개의 '말씀 언(言)' 으로 구성된 것이다. 따라서 이 글자의 자형적 의미는 자형 그대로 '두 사람이 서로 뻗댄 채로 말다툼을 하다' 가 된다. 여기에서 '다투다' 는 의미가 파생된 것이다.

이 구절은 『사마법』(司馬法)의 "여덟 치나 한 자 되는 옥을 보배로 여기지 말고, 짧은 순간의 시간을 아껴라"(不寶咫尺玉, 而愛寸陰旬)를 다시 쓴 것이다. 여기서는 앞의 '공곡전성(空谷傳聲)' 부터 '복연선경(福緣善慶)' 까지의 구절이 가리키는 것처럼 인사(人事)와 천도(天道)가 어그러지지 않았다면 오상(五常)을 실천하는 일에 힘써야 함을 강조하는 말로 쓰이고 있다.

'촌음(寸陰)' 이란 '한 치의 거리를 움직인 그림자' 란 뜻으로 매우 짧은 시간의 경과를 지칭한다. 즉 한 자나 되는 구슬이 탐낼 보배가 아니라, 일 분 일 초의 짧은 시간이야말로 놓치지 않으려고 다투어야 하는 진정한 보배라는 것이다.

한 자나 되는 구슬이 보배가 아니라는 출구의 극적인 부정이 제시한 대안은 역설적이게도 '그림자' (陰)였다. 시간을 그림자로, 또 다투어야 하는 보배로 대체한 것은 은유를 동원한 수사이다. 은유란 익히 아는 체험으로 잘 알지 못하는 다른 체험을 부분적으로 이해시키기 위한 수사법이자, 자기 달성(self-fulfilling)의 예언을 이루는 힘을 갖고 있다. 이런 점에서 볼 때 '촌음시경(寸陰是競)'은 시간의 보배적 속성을 체험적으로 이해시키지 못하였을 뿐만 아니라 자기 달성의 예언을 이루는 힘도 그다지 발휘하지 못하였다. 시간이 보배라고 예언했다면 시간을 투자했을 때 돈이나 재물로 환산받은 경험이 보편적으로 발생해야 이 구절의 수사가 핍진하게 와닿고 철저한 시간 관념이 생길 것이다. 그러나 고대 봉건 체제 아래에서 백성들이 언제 이런 경험을 제대로 했겠는가. 압제와 착취에 고통스러운 나머지 오히려 "저 태양이 어느 때나 되어서야 없어지려는가?"(是日何時喪)라고 저주하면서 시간을 원수처럼 여기는 백성들에게 한 치의 그림자가 보배라고 외쳐봤자 거기서 은유의 힘이 제대로 기능할 리가 없었을 것이다.

고금을 막론하고 지식인들에게 가장 급박한 가치로 느껴지는 것은 시간이다. 왜냐하면 아무리 훌륭한 아이디어를 생각해 냈다 하더라도 그것이 글로 생산되어 나오는 데에는 어쩔 수 없이 일정한 물리적인 시간을 소비해야 하기 때문이다. 이러한 급박한 경험을 지식인답게 관념적으로 표현한 구호가 바로 '척벽비보, 촌음시경(尺璧非寶, 寸陰是競)'이다. 이런 관념적인 표현으로 잠언을 만들면 '뭔가 있어 보이게 하는' 신화는 연출할는지 몰라도 실존과 역사성을 상실한 구호가 얼마나 사람을 변화시킬 수 있을지는 확신하기 어렵다.

작은 임금들이 편재하는 세상

資父事君(자부사군)할지니 | 아비 섬김을 바탕으로 임금을 섬기니,

임금 군(君)

'밑천 자(資)' 자는 '버금 차(次)'와 '자개 패(貝)'로 이루어졌다. '패(貝)' 자는 재물을 의미하고 '차(次)' 자는 '지닐 재(齎)'와 같은 계열의 독음으로 읽히므로 '자(資)'의 자형적 의미는 '밑천으로 지니고 있는 돈'이 된다.

'아비 부(父)' 자의 갑골문 자형은 '𤕀'으로서 이는 '오른손'(又)에 돌도끼를 쥐고 두드리는 모양이다. 옛날 이른바 대인(大人)들이 통치 수단으로 도끼를 들여온 이후 도끼는 권위의 상징이 되어왔다. 그래서 '부(父)' 자에 '아비'라는 파생의가 생겨난 것이다. 남자나 어른을 존칭할 때 '보(父)'(이때에는 '보'로 읽음) 또는 '클 보(甫)'를 쓸 뿐만 아니라, '도끼 부(斧)' 자가 '부(父)'와 독음이 같다는 사실로도 '부(父)'가 권위를 상징하는 도끼였음을 알 수 있다.

'일 사(事)' 자를 소전에서는 '𤔲'로 쓰는데, 이는 '오른손'(又)으로 죽간(竹簡)이나 서책(書冊)을 들고 있는 모양이다. 따라서 자형적 의미는 '장부를 들고 주인 대신 일하는 집사(執事)'가 된다. 고문자에서는 '아전 리(吏)' 자와 '사관 사(史)' 자가 '사(事)' 자와 분화되지 않은 상태로 혼용되었으므로 이 세 글자가 같은 글자에서 파생된 것임을 알 수 있다.

'임금 군(君)' 자는 '다스릴 윤(尹)'과 '입 구(口)'로 이루어졌으므

로, 자형적 의미는 '입으로 호령하여 뭇 사람들을 다스리는 사람'이 된다. 그래서 '군(君)'은 임금만을 지칭하지 않고 호령하는 위치에 있는 사람들을 일반적으로 가리킨다. 이를테면 자식이 부모를, 며느리가 시부모를 '군'이라 부르고, 첩이 지아비를 '남군(男君)', 본처를 '여군(女君)'이라고 부른다. 그리고 자식이 아비의 본처를 '군모(君母)'라 부르고, 처가 지아비를 '군자(君子)'라고 부른다.

이 구절 이하부터는 효를 비롯한 인륜에 관하여 적고 있다.

이 구절은 『효경』의 "아비 섬김에 바탕을 두고 이로써 임금을 섬긴다"(資於事父, 以事君)라는 구절을 다시 쓴 것이다. '자부사군(資父事君)'이란 집에서 아비 섬기는 훈련을 받고 그것을 밑천으로 해서 그 방식대로 임금을 섬겨야 한다는 뜻이다. 그러니까 가정은 임금 섬기기를 훈련받는 일종의 연수원이었고, 아비 섬기는 효도는 곧 커리큘럼인 셈이었다. 효도는 충성에 비하여 하위적 층위에 있으므로 '밑천'(資)을 투자하여 증식시켜야만 충성의 층위로 발전할 수 있다. 다시 말해서 '자부사군(資父事君)'은 군주 중심의 국가 통치 체제와 아버지 중심의 가정 통치 체제가 프랙탈(fractal) 구조[12]를 이루게 하는 패러다임이 되는 것이다.

이러한 구조를 매우 자연스러운 것으로 받아들이고 여기에 적극적으로 참여하는 것은 여기서 얻을 수 있는 것이 매우 만족스럽기 때문일 것이다. 아비 섬김의 훈련이 성공적으로 이루어졌을 때 관직이 보장되는 것이 투자한 보람이 되기도 하지만, 무엇보다 만족스러운 것은 프랙탈 구조 속에서 아비가 가정 내에서 임금과 동등한 지위를 누릴 수 있다는 점이다. 가정이 봉건 체제를 익히는 기초 단위의 훈련장일진대 교육 기관인 학교가 여기에서 빠질 수 없을 것이다. 따라서 임금과 아비와 스승은 한 몸이라는 이른바 '군사부일체론(君師父一體論)'은 이러한 프랙탈 구조가 만들어낸 신화적 담론이 된다.

이렇듯 효율 높은 패러다임의 매력으로 이 기제(機制)는 모든 사회 조직에 그대로 적용되었고, 따라서 사회 전체가 봉건 체제를 자연스러운 조직체로 수용하고 굳혀온 것이다. 그러므로 작은 임금들을 구석구석에서 만들어내고 그 지위를 누리게 하는 이 구조를 완전히 버리지 않는 이상 봉건적 사고는 사라지지 않은 채 여전히 민주주의의 발목을 잡을 것이다.

권위의 본질

曰嚴與敬(왈엄여경)이라 │ 그것은 곧 엄숙함과 공경함이다.

공경 경(敬)

'가로 왈(曰)' 자를 소전에서는 'ㅂ'로 쓰는데 이는 말할 때 입에서 기운이 빠져나가는 모양이므로, 자형적 의미는 '말하다'가 된다.

'엄할 엄(嚴)' 자는 '부르짖을 훤(吅)'과 '산 가파를 음(厰)'으로 이루어졌다. 여기서 '훤' 자는 높은 산의 절벽에 생성된 암혈(巖穴)을 나타내고, '음' 자는 이를 구성하고 있는 '언덕 한(厂)' 자와 '굳셀 감(敢)' 자의 자형[13]에서 알 수 있듯이 깎아지른 듯이 솟아올라서 위태롭게 느껴지는 높은 산을 의미한다. 따라서 '엄(嚴)' 자의 자형적 의미는 '높고 가파른 산에 만들어진 암혈'이 된다. 가파른 절벽에 서서 부들부들 떠는 모양을 '긍긍업업(兢兢業業)'이라고 하는데, 이때의 '업(業)' 자는 '엄(嚴)' 자의 입성(入聲)자이므로 그 의미가 서로 통함을 알 수 있다. 오늘날 '엄격하다'는 의미로 쓰는 것은 '엄(儼)' 자의 가차 의미이다.

'더불 여(與)' 자를 금문(金文)에서는 '𦥑'로 쓰는데 이는 두 쌍의 손이 배를 주고받는 모양이다. 이로부터 '주다'·'참여하다' 등의 의미가 파생된 것인데, 여기서는 앞의 '엄(嚴)' 자와 뒤의 '경(敬)' 자를 연결하는 접속사로 쓰였다.

'공경 경(敬)' 자는 '두드릴 복(攴)'과 '구차할 구(苟)'로 이루어졌다. '복(攴)'(또는 '攵'으로도 씀)자는 손으로 매를 들고서 두드리는 모양이고, '구(苟)'자는 자신의 몸을 앞쪽으로 숙여 도사린 모양으로 '벌벌 떨면서 구차하게 용서를 빌다'라는 의미를 담고 있다. 그러므로 '경(敬)'의 자형적 의미는 '권력 앞에서 몸을 굽혀 예를 갖추다'가 된다.

앞 구절에서 아비 섬김을 밑천으로 해서 임금을 섬긴다는 말은 곧 아비 섬김과 임금 섬김에 일맥상통하는 요체가 있다는 것을 암시하는데, 그것이 바로 엄숙함과 공경하는 마음이다. 엄숙과 공경은 권위를 상징하는 기호이기 때문에 이 기호 체계와 놀이에 익숙해진다는 것은 이 기호가 만들어내는 존재, 즉 권위의 세계를 자연의 세계로 간주함을 의미한다.

그렇다면 그 권위의 실체는 무엇인가? 문자적으로 볼 때 그것은 폭력에 기초한다. 앞에서 설명하였듯이 '부(父)'자는 '도끼'(斧)를 품고 있다. 도끼는 권위를 상징하는 것 같지만 실제로는 거세(去勢) 공포를 야기하는 폭력으로 기능한다. '도끼 월(鉞)'자와 '임금 왕(王)'자가 실상 같은 단어의 변형 문자라는 사실이 임금과 가부장의 통치 권위가 궁극적으로 폭력에 근거함을 암시한다. '군(君)'자의 독음이 고대에는 '으를 위(威)'와 같은 계열이었다는 사실 역시 임금의 권위가 본질적으로 무엇인가를 여실히 말해 준다.

거세 공포를 야기하는 폭력에서 임금과 아비의 권위를 세웠다는 것은 자애로운 통치자의 이미지를 부각하는 일과 상충된다. 그렇다고 해서 권위의 근거인 폭력을 문자에서 완전히 제거할 수는 없기 때문에 두 가지를 타협한 것이 바로 이를 숨기는 방법이었다. 그러니까 '아비 부(父)' 자의 자형은 '도끼 부(斧)'를 변형해 위장하고 있으며, '임금 군(君)' 자는 아비를 '밑천'(資)으로 하기 때문에 그 '아비' 속에 이미 도끼를 은닉하고 있다는 말이다. 다시 말해서 아비와 임금 섬기기의 요체인 엄숙함과 경외는 결국 폭력으로 억압된 거세의 결과라고도 볼 수 있을 것이다. 높은 벼랑에 서 있는 사람처럼 전전긍긍해야 하는 '엄숙함', 그리고 맞을까봐 쪼그리고 구차하게 부들부들 떠는 '경외함', 이것이 파롤(parole)로 분장하고 나온 것이 바로 '엄(嚴)'과 '경(敬)'이고, 기호 체계로 조직된 것이 예(禮)이다. 예가 문화 수준을 가늠한다는 차원에서 보면 '문화적'이라는 말은 곧 '충분히 억압되었음'과 다르지 않다고 말할 수 있을 것이다.

효의 한계

孝當竭力(효당갈력)하고 | 효도는 마땅히 힘을 다해야 하고,

효도 효(孝)

'효도 효(孝)' 자는 '늙을 로(老)'와 '아들 자(子)'로 이루어졌다. '효(孝)' 자의 독음은 '좋을 호(好)'와 같은 계열이므로 자형적 의미는 '자식이 늙은 부모를 좋아하고 잘 모시다'가 된다.

'마땅 당(當)' 자는 '높을 상(尚)'과 '밭 전(田)'으로 이루어졌다. '상(尚)'은 북쪽 창문 위로 굴뚝이 올라간 모양으로 북풍과 정면으로 맞대고 있다는 의미를 내포한다. 따라서 '당(當)' 자의 자형적 의미는 '밭과 맞바꿀 수 있는 가치'가 된다. '마땅하다'라는 말은 '동등하다'라는 말과 심층적으로는 같은 의미이다.

'다할 갈(竭)' 자는 '설 립(立)'과 '어찌 갈(曷)'로 이루어졌다. '갈(曷)' 자는 '비석 갈(碣)' 자를 통해 알 수 있듯이 '홀로 우뚝 서다'라는 의미를 담고 있다. 따라서 '갈(竭)' 자의 자형적 의미는 '물건을 높이 들어 어깨 위에 짊어지고 우뚝 서다'가 된다. 무거운 물건을 짊어지고 우뚝 서려면 힘껏 힘을 써야 하므로 '갈력(竭力)'이란 '힘을 다하여 쓰다'라는 의미가 되는 것이다.

'힘 력(力)' 자를 금문에서는 'ノ「'으로 썼는데, 이는 팔뚝의 알통을 손으로 쥐고 힘을 자랑하는 모양이다.

이 구절은 『논어』「학이」(學而)편의 "부모를 섬길 때에는 능히 자신의 힘을 다할 수 있어야 한다"(事父母能竭其力)를 다시 쓴 것이다. 공자가 "개와 말에게도 먹여주는 사람이 있는데, 공경함이 없다면 무엇으로 이와 구별하겠는가?"(至於犬馬, 皆能有養, 不敬, 何以別乎)라고 한 말은 효의 근본이 공경에 있긴 하지만, 그렇다고 해서 부모를 봉양하는 일이 효의 근본에서 배제되는 것은 아님을 암시한다. "부모님 병 수발 3년에 효자 없다"라는 우리 속담이 시사하듯이 봉양과 공경은 현실적으로 너무나 힘든 일이기 때문에 자하(子夏)가 힘을 다하라고 충고한 것이다. 그러나 질 수 있는 짐을 지고 일어나듯 힘만 다할 뿐이지 능력 밖의 짐을 지겠다고 무리하게 힘써 죽음에 이르러서는 안 된다. 왜냐하면 앞의 '기감훼상(豈敢毀傷)'에서 언급했듯이 자식이 부모보다 먼저 죽거나 다쳐서 부모를 애태우는 일은 불효 중의 으뜸이기 때문이다. 따라서 자식이 죽음으로 부모를 모셨다고 해서 효자로 칭송하는 유가의 전설이나, 죽음으로 부모를 섬기지 않았다고 해서 불효라고 꾸짖은 고사(故事)는 우리에게 그리 익숙하지 못하다.

효와 충 사이의 모순

忠則盡命(충즉진명)하라 | 충성함에 있어서는 목숨을 다해야 한다.

목숨 명(命)

'충성 충(忠)' 자는 '마음 심(心)'과 '가운데 중(中)'으로 이루어졌다. '중(中)'자는 같은 계열의 독음인 '동굴 동(洞)'을 통해서 알 수 있듯이 내부가 비어 있는 상태를 뜻한다. 따라서 '충(忠)' 자의 자형적 의미는 '자신의 마음을 비우고 남을 위하는 마음으로 채워진 상태'가 된다. 『가자』(賈子) 「도술」(道術)편의 "이익을 아까워하는 마음이 마음 가운데에서 나간 것을 일컬어 '충(忠)'이라 한다"(愛利出中謂之忠)라는 구절이 이를 입증한다.

'법칙 칙(則)' 자를 금문(金文)에서는 '𠟽'으로 적었는데 이는 '칼 도(刀)'와 '세발솥 정(鼎)'으로 이루어진 글자이다. '정(鼎)'자는 독음이 '상처 낼 창(創)'과 같은 계열에 속하는데 이는 세발솥이란 그릇에 백성이나 후손들이 반드시 지켜야 할 교훈이나 법칙 같은 것을 새겨두기 위한 물건을 의미한다. 따라서 '칙(則)'자의 자형적 의미는 '세발솥에 칼로 길이 지켜야 할 법칙을 새기다'가 된다. 이로부터 '법칙'이란 의미가 파생돼 나온 것이다. 여기서는 조건의 내용을 접속하는 기능의 허사(虛辭)로 쓰였으므로 '즉'으로 읽어야 한다.

'다할 진(盡)' 자는 '그릇 명(皿)'과 '타다 남은 불씨 인(灺)'으로 이루어졌다. 여기서 '인(灺)' 자의 고문자 자형은 '붓'(聿)이나 솔 같

193

은 것으로 쓸어내는 모양으로 되어 있으므로 '진(盡)' 자의 자형적 의미는 '그릇을 솔로 쓸어서 속을 텅 비우다' 가 된다. 여기에서 '다 하다' 는 의미가 파생되었다.

'목숨 명(命)' 자는 '입 구(口)' 와 '명령 령(令)' 으로 이루어졌다. '령(令)' 자는 꿇어 엎드려 있는 사람에게 소리치는 모양이므로 '명(命)' 자의 자형적 의미는 '꿇어 엎드린 사람에게 입으로 소리쳐 명령을 내리다' 가 된다. 꿇어 엎드린 사람에게 입으로 소리친다는 의미에서 '목숨' 이라는 의미가 파생되었다. 옛날에는 '령(令)' 와 '명(命)' 자를 같은 글자로 통용하여 썼는데, 굳이 이 두 글자의 의미를 구별하자면 전자는 '명령' 자체를, 후자는 입으로 소리를 내서 명령 행위를 실행하는 것을 가리킨다.

이 구절은 『논어』 「학이」(學而)편의 "임금을 섬길 때에는 능히 자신의 힘을 다할 수 있어야 한다"(事君能致其身)를 다시 쓴 것이다.

효도가 힘만 다할 뿐 목숨을 바쳐서는 안 되는 것인 반면에, 임금과 나라에 대한 충성은 희생이 요구될 때 이를 사양하지 않아야 숭고한 행위로 꼽힌다. '충' 을 위해서는 몸을 던져야 하지만, 부모의 마음을 아프게 한다는 점에서 이는 '효' 와 상충된다. 그래서 옛날부터 이 모순 사이에서 갈등하는 사람들도 있었고 또 자신의 불충(不忠)을 효로 합리화한 사람들도 있었으니, 관중(管仲)이 전투에서 지고 달아난 과오를 노모(老母) 때문이었다고 핑계를 댄 것이 그 대표적인 예이다. 그래서 한대 경학은 상호 모순되는 '충' 과 '효' 중 어느 것을 우선할 것인가에 대하여 끊임없이 논쟁하면서 그 근거를 『춘추』(春秋)에서 찾았는데, 이것이 바로 『공양전』(公羊傳)과 『좌전』

(左傳)의 의리(義理) 논쟁이었다.

『공양전』은 이른바 '피붙이를 가까이 하는 도리'(親親之道)를 존중하였기 때문에 설사 때로 국가 규범에 저촉된다 할지라도 가족의 도덕과 윤리를 전적으로 옹호하는 것이 기본 입장이었다. 그래서 아비는 자식을 위하여 숨겨주고 자식은 아비를 위하여 숨겨주는 것을 용인한다. 심지어 『공양전』은 아비를 죽인 임금에게 복수한 오자서(伍子胥)를 칭찬하면서 "아비가 주살당할 만한 죄가 아니라면 아들이 그에 대한 복수를 하는 것은 가능하다"라고 결론을 내린다. 반면에 『좌전』은 처음부터 국가 우선주의를 표방하는 관점에서 씌어졌기 때문에 군신간의 의리를 중히 여기고 "대의는 피붙이를 멸한다"(大義滅親)라는 사상적 기초 위에서 "임금이 신하를 다스렸는데 누가 감히 이에 복수할 것인가. 임금은 하늘이다"라고 주장한다.

삶의 궁극적인 가치가 가족과 임금(나라) 중 어디에 기초하느냐에 따라서 통치 이데올로기가 크게 달라지기 때문에 중국은 한대(漢代)부터 논쟁거리로 삼아왔지만, 효는 마땅히 '갈력(竭力)'에 그쳐야 한다는 명제가 먼저 각인될 뿐만 아니라, '갈력'이 목숨을 내놓는 '진명(盡命)'보다 수월한 일인 이상, 가치가 가족 편으로 이동할 수밖에 없었을 것이다. 이러한 가족 집단주의의 굴레를 벗어 던지지 않는 한 '충즉진명(忠則盡命)'의 숭고한 행위는 기대하기 어렵다.

195

전전긍긍 : 불신의 은유

臨深履薄(림심리박)하고 | 깊은 물을 앞에 두고 있는 듯, 얇은 얼음을 밟는 듯이 하고,

임할 림(臨)

'임할 림(臨)' 자는 '누울 와(臥)'와 '뭇 품(品)'으로 이루어졌다. '와(臥)' 자는 엎드려서 아래를 내려다보는 모양이고 '품(品)' 자는 만물을 의미하므로, '림(臨)' 자의 자형적 의미는 '높은 곳에서 엎드린 채 만물을 내려다보다'가 된다.

'깊을 심(深)' 자는 고유 명사로 오늘날의 광동성(廣東省) 연산현(連山縣) 노취산(盧聚山)에서 발원하여 서북쪽 상강(湘江)으로 흘러 들어 가는 강물 이름이다.

'밟을 리(履)' 자를 소전(小篆)에서는 '履'로 적었는데, 이는 '주검 시(尸)'·'조금 걸을 척(彳)'·'배 주(舟)'로 이루어진 글자이다. 여기서 '시(尸)' 자는 '가죽 피(皮)' 자가 변형된 것이므로 '리(履)' 자의 자형적 의미는 '걸어다닐 때 배처럼 탈 수 있는 가죽으로 만든 물건', 즉 '신발'이 된다.

'엷을 박(薄)' 자는 '풀 초(艸)'와 '넓을 부(溥)'로 이루어졌으므로 자형적 의미는 '물이 질펀한 것처럼 풀밭이 넓게 펼쳐져 있다'가 된다. 물이 넓게 퍼지면 얕거나 얇아지므로 이로부터 '얇다'는 의미가 파생되었다.

이 구절은 『시경』「소민」(小旻)편의 "부들부들 떨듯 조심해야지, 깊은 못을 앞에 두고 있는 것처럼, 살얼음 위를 걷는 것처럼"(戰戰兢兢, 如臨深淵, 如履薄冰)이란 구절을 다시 쓴 것이다.

'림심(臨深)'은 깊은 물의 가장자리에 서서 내려다본다는 뜻이고, '리박(履薄)'은 살얼음 위를 조심스럽게 걷는다는 뜻이다. 즉 위험한 곳에서 극도로 몸을 사리는 것처럼 신체발부(身體髮膚)를 다치지 않도록 조심해서 부모의 걱정을 덜어드리는 것이 곧 효행의 시작임을 암시한다. 그러므로 이 구절은 앞의 "굽어살피고 길러주심을 공손히 생각하니, 어찌 감히 헐고 다치게 할 수 있겠는가"(恭惟鞠養, 豈敢毀傷)를 실천하는 구체적인 도리인 셈이다.

이 구절에서도 가족 이기주의 이데올로기는 계속된다. "깊은 물을 앞에 두고 있는 듯, 얇은 살얼음을 밟는 듯"이란 말은 은유적 표현이다. 은유는 자기 달성의 예언을 이루는 힘이 있을 뿐만 아니라, 보편적으로 받아들일 수 있는 진리를 품고 있다고 믿게 한다. 따라서 이 구절은 읽는 사람에게 자신의 몸을 다치지 않도록 매사에 늘 조심하는 태도로 세계를 대하게 만들고, 또한 이러한 행동이 천륜적(天倫的)인 것으로 당연히 여겨지도록 기능한다. 물론 매사에 신중한 자세를 견지하는 것은 중요하고 바람직한 것이지만, 무엇인가를 결정해야 할 위치에서 신중하기만 한 것은 기회를 놓치게 할 수도 있는 치명적인 결점을 노출하는 경우가 종종 있다. 즉 자신의 소신을 숨기고 명철보신(明哲保身)으로 일관하는 것을 지혜로움의 표상으로 여길 때, 이른바 무사안일(無事安逸)과 복지부동(伏地不動)이라고 하는 부정의 씨앗이 그 이웃을 배회한다.

현대의 모든 산업은 창의력을 요구하고 있는데, 창의력은 모험과

도전에서 얻어진다. 모험(冒險)이란 글자 그대로 위험을 무릅쓰는 일이므로 매사에 늘 조심으로만 일관하는 명철보신의 사전에서는 찾아보기 어려운 단어이다. 모험과 도전이 위험을 수반하기는 하지만 이것이 오히려 창의력을 더욱 계발하는 계기가 되기도 한다. 즉 위험 속에서 안전을 확보하는 장치를 창출해 내며 경험적 지혜를 쌓을 수 있다. 늘 조심만 하라는 주문은 결국 아무것도 믿지 말라는 메시지에 다름 아니다. 아무것도 신뢰하지 않는다고 문제가 해결되는 것은 아니다. 신뢰하지 않고 조심하기에 앞서 신뢰를 확보할 수 있는 대안을 마련하면서 당면 현실에 적극적인 자세를 갖도록 권면하는 것이 더 현명할 것이다.

효도 이데올로기

夙興溫凊(숙흥온정)하라 | 일찍 일어나 따뜻한지 시원한지를 살
핀다.

일어날 홍(興)

'일어날 홍(興)' 자는 '함께 들 여(舁)'와 '같을 동(同)'
으로 이루어졌으므로 자형적 의미는 '여럿이 힘을 합쳐
서 쉽게 일어나다'가 된다. 이에 비해서 사람들이 제각
기 행동하는 것은 '허물 구(咎)'로 쓰는데, 이는 이 글자
가 '사람 인(人)'과 '각기 각(各)'으로 이루어져서 자형적 의미가
'사람이 각기 행동하다'가 되기 때문이다.

'따뜻할 온(溫)' 자는 원래 고유 명사로서 지금의 사천성(四川省)
온강현(溫江縣) 남쪽에 있는 민강(岷江)의 지류 이름이었으나, 나중
에 '따뜻하다'라는 의미로 차용된 것이다.

'서늘할 정(凊)' 자는 '얼음 빙(冫)'과 '푸를 청(青)'으로 이루어졌
다. '빙(冫)' 자를 소전에서는 '仌'으로 쓰는데 이는 물이 처음 얼었
을 때의 얼음결 모양이므로 '정(凊)' 자의 자형적 의미는 '얼음처럼
차다'가 된다. 요즈음은 '맑을 청(淸)' 자와 혼용하고 있지만 원래는
서로 다른 글자이다.

이 구절은 『시경』「맹」(氓)편의 "아침 일찍 일어나 밤늦도록"(夙興
夜寐)이라는 구절과 『예기』(禮記)「곡례」(曲禮)의 "겨울에는 따뜻하

고 여름에는 시원하게 해드리다"(冬溫而夏淸)라는 구절을 따서 만든 것이다. 앞의 출구(出句)가 효도의 내면적인 자세를 강조한 것이라 면, 대구(對句)인 이 구절은 실천의 구체적인 방법을 제시한 것이다. 즉 아침 일찍 일어나서 부모님의 잠자리가 겨울에는 차지나 않은지 여름에는 덥지나 않은지 직접 보살펴서 좀더 편안하게 해드리는 것이 효도를 실천하는 방법이다.

효도는 이처럼 실천적일 뿐 결코 심오하거나 관념적이지 않다는 것이 특징이다. 그런데도 효에 도(道)를 붙여 일컫는 까닭은 무엇인가? 이는 효의 방법이 쉽고 간단한 것 같지만 실천하기가 그리 만만하지 않기 때문이다. 아침 일찍 일어나 부모님의 잠자리를 보살피는 일은 우선 부지런함과 끈기가 요구된다. 어쩌다가 기회가 있을 때 한두 번 하는 것을 효도라고 말하지는 않는다. 다음으로 이런 일은 자식된 이가 손수 해야 한다. 칼국수보다는 손칼국수가 더 맛깔 난다고 여기듯이 다른 사람의 손을 빌려 효를 실천하면 아무래도 정성이 넉넉하다는 느낌을 주지 않는데, 이는 효의 근본인 '어진 마음'(仁)이 드러나지 않기 때문이다.

고대 봉건 사회에서 이러한 효도는 궁극적으로 임금을 잘 모시기 위한 단련 과정이었다. 단련을 통해 효도가 몸에 밴 사람은 관념적이지 않기 때문에 다른 세계를 꿈꾸지 않는다. 그리고 단련 프로젝트가 일상 생활 자체를 대상으로 하고 있으므로 생활에서 일탈하는 것이 쉽지 않고 또한 일탈을 감시하는 것이 용이한 이점이 있다. 따라서 효도는 봉건 사회에서 체제를 유지하는 데에 매우 유용한 이데올로기적 기제였다.

근래에 들어 대학 입시라고 하는 특수한 상황이 효도의 공시 의미를 역전시켜서 부모가 자식의 잠자리를 새벽부터 밤늦도록 돌보는 등 효도가 역전되는 현상이 나타나게 되었다. 그렇다면 효도가 충성으로 이어지던 전통적인 국면과는 달리 앞으로는 나라가 이들에게 충성해야 하는 사태가 벌어질지도 모르겠다.(이런 일은 실제로 일어나고 있다. 취직이 안 된다고 아우성치면 정부가 이른바 '인턴 사원'이라고 하는 일자리를 만들어주는 효성을 발휘하지 않는가.)

난(蘭)을 정성껏 가꾸는 이유

似蘭斯馨(사란사형)하고 | 난초의 향기와 비슷하고,

'닮을 사(似)' 자는 '사람 인(人)'과 '써 이(以)'로 이루어졌는데, '이(以)' 자의 소전체 자형은 '뱀 사(巳)' 자를 뒤집어놓은 모양으로 이는 어린아이를 그린 모양이다. 따라서 '사(似)' 자의 자형적 의미는 '어린아이가

닮을 사(似)

부모를 닮다'가 된다. 자식이 부모를 닮지 못해 불효하다고 스스로 말할 때 '불초(不肖)'라고 하는데, 이를 달리 '무사(無似)'라 쓰기도 한다.

'난초 란(蘭)' 자는 '풀 초(艸)'와 '문 막을 란(闌)'으로 이루어졌다. 즉 난초는 자신을 내세우지 않고 숨어서 향기를 그윽하게 뿜는 특성이 있으므로 '자기 자신을 닫은 풀이라는 뜻'이라는 자형적 의미를 갖게 된 것이다.

'이 사(斯)' 자는 원래 '쪼갤 석(析)' 자와 같은 글자였으나 나중에 '이것 자(玆)' 자의 뜻으로 차용되어 많이 쓰이게 되었다. '이것'이란 뜻은 '갈 지(之)' 자로도 많이 쓰므로 여기서의 '사(斯)' 자는 '지(之)' 자와 같은 뜻으로 쓰인 것이다. '사란사형(似蘭斯馨)'이 다음 구절인 '여송지성(如松之盛)'과 대장(對仗)의 짝 구조로 되어 있는 것이 이를 증명한다.

'향기 형(馨)' 자는 '경쇠 경(磬)' 자와 '향기 향(香)' 자로 이루어졌

202

다. 그러므로 자형적 의미는 '맑은 경쇠 소리가 멀리까지 퍼지듯이 향기가 그윽하게 멀리 퍼진다'가 된다.

효는 모든 행위의 근본이므로 효를 행하는 자는 덕을 갖춘 군자라고 부를 수 있다. 따라서 이 구절 이하부터는 군자의 모습을 묘사하고 찬미한다.

난(蘭)은 소박한 꽃을 피우면서도 향기는 그윽하여 멀리까지 퍼지는 특성을 지니고 있다. 이러한 특성은 겸손하며 주위 사람들에게 덕화(德化)를 끼치는 군자의 특성과 같다고 하여 옛날부터 이른바 군자를 난에 비유하였다. 이 비유는 난의 특성을 통해서 군자를 부분적으로 이해할 수 있다는 의미에서 은유이다. 아리스토텔레스적인 개념에서 볼 때 은유는 감성적인 사물을 통해서 초감성적인 것을 표현하는 것이기도 하다. 즉 군자를 군자답게 만드는 것은 이른바 덕(德)이라는 것인데, 문제는 이 덕이 추상적이고 초감성적인 것이라서 쉽게 식별될 수 없다는 점이다. 그래서 군자의 모습이 어떠하다는 것을 구체화하기 위해서는 이 초감성적인 덕을 감성적인 것으로 드러내야 하는데, 이때 난은 매우 적절한 비유적 도구가 된다. 다시 말해서 난은 군자의 증명이 되는 셈이다.

비유란 어디까지나 어떤 사물의 속성을 부분적으로 이해하기 위한 수단에 지나지 않는 것이다. 그러나 실제 기호 활동에서 사람들은 기호가 상징하는 지각 의미보다는 기호 자체가 직접 주는 질료적 감각에 집착하는 경향이 있다. 그래서 이러한 사실을 간파한 일부 군자들은 실제 덕을 닦는 일보다는 이를 상징할 난을 잘 가꾸는 일에 더 집착하는 경향을 보인다. 왜냐하면 어차피 덕이란 구체적으로 손에 잡히거나 보이는 것이 아니라 관념적으로 지각되는 것이기 때문이다. 즉 난이라는 질료를 매개로 한 상징 시스템을 동원하여 자신이 덕을 매우 숭상한다는 사실을 남들에게 지각하게만 만들면 되는 것이지 굳이 덕을 힘들게 닦을 필요가 없다는 말이다. 덕을 쌓는 일은 고통스러운 반면, 난을 가꾸는 일은 그래도 쉽고 또 재미도 있지 않은가? 이것은 남에게 지적으로 보이기 위해서라면 장서나 많이 장만하면 되지 굳이 힘들게 책을 읽을 필요가 없다고 생각하는 것과도 다르지 않을 것이다.

충절은 관념이 아니다

如松之盛(여송지성)이라 | 소나무가 늘 무성함과 같다.

갈 지(之)

'같을 여(如)' 자는 '계집 녀(女)' 와 '좇을 약(若)' 으로 이루어졌고, 이 글자의 자형적 의미는 '여자처럼 순종하다' 이다. 순종은 주인의 의지에 동일하게 맞춘다는 의미이므로, '마치 ~와 같다' 는 뜻이 파생된 것이다.

'소나무 송(松)' 자는 '나무 목(木)' 과 '드러낼 공(公)' 으로 이루어졌다. '공(公)' 자는 담이 없이 언제나 열려 있어서 누구든 접근이 허락되는 장소를 의미하는데, 이는 소나무의 늘 푸른 속성과 통한다.

'갈 지(之)' 자는 상형(象形)으로 초목이 싹이 터서 위로 우쩍 자라는 모양이다. 이 구절은 앞의 '사란사형(似蘭斯馨)' 과 대장(對仗)을 이루고 있으므로 여기서는 '사(斯)' 자와 같이 제한 기능을 수행하는 허사로 쓰였다.

'성할 성(盛)' 자는 '그릇 명(皿)' 과 '이룰 성(成)' 으로 이루어졌고, 그 자형적 의미는 '그릇에 곡식 같은 것을 수북히 쌓아 담다' 이다. 이로부터 '성(盛)' 자에 '풍성하다' 라는 가차 의미가 생겨났다.

이 구절도 앞의 구절과 마찬가지로 소나무의 늘 푸른 속성을 매개로 하여 군자의 기개와 절개를 비유하고 있다. 공자가 "날씨가 추워지고 난 다음에야 소나무와 잣나무가 더디 낙엽 짐을 알게 된다"(歲

寒, 然後知松柏之後彫也)라고 한 이래로 소나무의 늘 푸름은 군자의 절개에 자주 비유되어 왔다. 즉 소나무가 겨울에도 잎이 무성한 것이 마치 고난을 인내하면서 충절을 끝까지 지키는 모습과 흡사하다는 의미이다. 그래서 옛날 선비들은 시와 그림으로 소나무를 자주 칭송하였던 것인데, 실제 역사에서는 소나무를 칭송한 만큼 충절을 지킨 사람이 그렇게 많지는 않은 것 같다. 충절을 칭송한 대부분의 사람들은 단지 상록수와 낙엽수의 차이를 기호로 변환해 충절의 효과를 발생시켰을 뿐이었다. 라디오 방송극에서의 음향이 실제 음이 아닌 효과에 지나지 않듯이 말이다.

충절이란 그야말로 절박함과 고통 그 자체이기 때문에 상징과 기호의 수사학에 맡겨 스스로를 드러낼 만큼 여유롭지 못하고, 언제나 피나 죽음으로만 구현될 뿐이다. 그런데도 충절을 쉽게 소나무의 무성함에 비유해서 그 고통이 초감성적인 것이 되어 충절은 현실을 떠나 관념적인 것이 되고 말았다.

'소나무의 사시사철 무성함'의 의미는 오히려 '송(松)'자의 우측 방인 '공(公)'자에서 찾는 것이 훨씬 현실적일 것이다. '공(公)'은 '자신의 울타리를 과감하게 허물다'라는 뜻으로 군자의 투명성을 상징한다. 이 투명성이 선행되면서 절개와 충절의 행위가 뒤따르는 것이다. 절개와 충절의 행위에 어떤 이익과 보상이 계산되어 있는지 알 수 없다면 우리는 그 충절을 믿을 수 없을 것이다. 더구나 군자의 자기 희생을 소나무에 비유할 때 소나무는 스스로를 태워서 좋은 먹을 만든다는 숨겨진 사실을 드러내지 않을 수 없다. 그러므로 자기 희생에 아무런 대가가 없다는 투명성은 군자의 절개의 중요한 전제이다.

'부지런함'은 언제까지나 최선의 덕목으로 남는가

川流不息(천류불식)하고 │ 냇물은 흘러 쉬지 않고,

내 천(川)

　'내 천(川)' 자는 양쪽 언덕 사이를 꿰뚫고 흐르는 냇물의 모양이다. 이 글자의 독음이 '뚫을 천(穿)'과 같은 것은 냇물이 산과 산 사이를 뚫고 흐른다는 속성을 전경화(前景化)한다.

　'흐를 류(流)' 자는 '물 수(水)'와 '거스를 돌(去)'로 이루어졌다. '돌(去)' 자는 '아들 자(子)' 자를 거꾸로 놓고 그 밑에 머리털을 그린 모양이고, '류(流)' 자의 자형적 의미는 '태아가 양수(羊水)와 함께 산모로부터 흘러나오다'이다. '유산(流産)'이란 말은 바로 이 뜻이다.

　'아닐 불(不)' 자는 새가 하늘로 날아오르는 모양으로 '아닐 비(非)' 자가 새의 날개 모양인 것과 같다. 이 두 글자는 부정을 나타내는 허사로 쓰인다.

　'쉴 식(息)' 자는 오늘날 통용되는 해서(楷書)[14]로 보면 '코 비(鼻)'와 '마음 심(心)'으로 이루어졌으나 금문에서는 '𢖻'으로 적었는데, 이는 콧구멍으로 기운이 드나드는 모양이다. 따라서 '식(息)'의 자형적 의미는 '숨을 쉬다'가 된다.

　'천류불식(川流不息)'이란 냇물은 밤낮없이 흐르면서 쉬지 않는다는 뜻으로서, 이는 『논어』「자한」(子罕)편에서 공자가 냇가에 서서 말하였다고 하는 "지나가는 것은 이와 같으니, 낮이든 밤이든 머물지 않는다"(逝者如斯夫, 不舍晝夜)라는 구절을 다시 쓴 것이다. 역대 경학자들은 이 구절을 공자가 세월의 덧없음을 한탄한 것이라 풀이하기도 하였고, 시간이 흐름에 따라 묵은 것은 지나가고 새 것이 오는 변화가 반복되는 것을 비유한 것이라고 해석하기도 했지만, 밤낮으로 부지런히 힘쓰고 또한 나태해질까 두려워하는 군자의 모습이라는 해석이 가장 보편적이고, 이에 영향을 받아왔다. 그래서 어릴 적부터 이 비유를 익히 들어왔던 우리 조상들은 부지런함을 최선의 덕목으로 여겨왔다.

그런데 이 비유에는 결정적인 흠이 있었으니 그것은 '류(流)' 자가 암시하듯이 물은 낮은 데로만 흐를 뿐이지 그 방향에 의도함이 없다는 점이다. 우리의 행동 양식은 비유의 영향을 받는 경향이 있다. 따라서 이 비유는 우리가 어떤 방향이나 목적을 위하여 부지런히 힘써야 하는지에 대해서 성찰하는 것을 소홀히 다루게 한 바가 없지 않아 있다. 그래서 정치인에서 운동 선수에 이르기까지, 또 어른에서 아이에 이르기까지 촉망받는 이들의 인터뷰를 보면 한결같이 빼놓지 않는 말이 "열심히 하겠습니다"이다. 마치 부지런하기만 하면 모든 것이 해결될 것처럼 말이다. 그러나 자본이 우리의 운명을 좌지우지하는 오늘날 부지런함이 능사가 아니라는 사실을 우리는 IMF와 이를 극복하는 과정에서 뼈저리게 깨달았다. 이제는 노는 것도 잘만 놀면 돈이 벌리는 훌륭한 산업이 된다는 사실을 알아야 한다. 그렇기 때문에 부지런함보다는 유유자적함으로써 방향을 잘 잡고 그 감각을 유지하는 것이 더 중요한 덕목으로 여겨져야 할 것이다.

사람은 쉴 때는 쉬어야 한다. 냇물은 목적 없이 흘러도 결국 바다

로 들어가지만 사람은 무조건 부지런히 '흐르다'(流) 보면 글자 그
대로 목적은 유산(流産)되고, 더 심하게는 '숨을 쉴 수 없게 될'(不
息) 수도 있다는 사실을 명심해야 할 것이다.

군자의 '맑음'은 어디에서 오는가

淵澄取映(연징취영)이라 | 못 물이 맑으면 비춰봄을 얻을 수 있다.

취할 취(取)

'못 연(淵)' 자의 우측 방인 '肙'은 양쪽 언덕 사이에서 물이 빙빙 도는 모양을 그린 것이고, '연(淵)' 자의 자형적 의미는 '물의 흐름이 막혀서 빙빙 도는 깊은 못'이다. '맑을 징(澄)' 자는 '물 수(水)'와 '오를 등(登)'으로 이루어졌는데, '등(登)' 자는 '높은 곳으로 오르다'는 의미를 갖고 있으므로, '징(澄)' 자의 자형적 의미는 '높은 곳의 물', 즉 '맑은 물'이 된다.

'취할 취(取)' 자는 '귀 이(耳)'와 '오른손 우(又)'로 이루어졌는데, 이는 짐승을 잡을 때 손으로 귀를 움켜쥐어서 잡는 모양이므로 이 글자의 자형적 의미는 '손으로 귀를 움켜쥐어서 짐승을 잡다'가 된다.

'비칠 영(映)' 자는 '날 일(日)'과 '가운데 앙(央)'으로 이루어졌다. '앙(央)' 자는 같은 계열의 독음인 '밝은 명(明)' 자로도 알 수 있듯이, 정 가운데에 투명하게 드러나 있다는 뜻을 내포한다. 따라서 '영(映)' 자의 의미는 '들어온 빛을 왜곡하지 않고 투명하게 반사하다'이다.

못 물은 흐르지 않고 고여 있으므로 물이 맑기만 하다면 거울처럼 비친 사물을 왜곡하지 않고 그대로 반사해서 보여준다는 것이 이 구절의 대의이다. 즉 군자의 인품은 맑고 투명하기 때문에 다른 사람들이 스스로를 비춰볼 수 있는 거울이 된다는 비유이다. 이 구절을 흔히 군자는 못 물처럼 맑기 때문에 사물을 밝게 볼 수 있다는 비유적 의미로 해석하고 있으나, 이는 '영(映)' 자의 '빛을 반사하다'라는 자형적 의미를 고려하지 않은 것이기 때문에 취할 바가 못 된다.

군자의 덕과 인품이 청징(淸澄)함의 영역으로 승화된 것은 감성성에서 관념성으로 상승하도록 이행 작용을 하는 은유 덕분이다. 사실 못 물이 맑든 인품이 맑든 '맑다'라는 감각은 차이에 의해서 느껴지는 효과인데도 이를 존재로 간주하고 군자를 그 영역에 귀속시킨 것은 신화에 불과하다. 즉 얼룩진 흔적들이 깨끗함을 만들어내는 것일 뿐인데도, 은유가 이 깨끗함을 무한히 탈색시켜 형이상학적 존재가 된 것이기 때문에 신화라고 부를 수 있는 것이다. 이렇게 해서 군자는 필요 이상으로 숭배되고 아울러 권력도 갖게 되는 것이다.

군자는 맑고 투명하기 때문에 누구든지 자신을 왜곡 없이 비춰볼 수 있는 거울이 된다고 한다. 그래서 거울에 비춰진 자신의 모습을 군자의 모습에 일치시키려 노력한다. 그러나 거울에 비친 상이 좌우가 바뀌어 있는 허상이듯이 군자에 비친 내 모습도 좌우가 뒤바뀐 허상이 될 수밖에 없다. 그런데도 그것을 자신의 모습으로 여기고 이를 군자의 모습에 맞추려 한다면 영원히 맞을 수가 없는 것은 뻔한 이치이다. 이미 나 자신과 거울의 상이 초점이 어긋난 상태인데 이것을 타자인 군자에게 일치시키는 것이 어떻게 가능하겠는가? 이는 우리가 군자를 타깃으로 삼는 것이 아니라, 사실은 군자가 우리 속에 그냥 쳐들어와 점령하는 것이라고 보는 것이 옳다. 이런 의미에서 군자란 신화를 통하여 우리의 실존을 억압하는 폭력자가 되는 셈이다. 진정한 자신이 되기 위해서 우리는 거울 유희가 만들어낸 군자의 신화를 해체하고 여기에서 벗어날 필요가 있다.

군자와 이미지

容止若思(용지약사)하고 | 자태와 동작은 마치 생각하는 듯하고,

그칠 지(止)

'얼굴 용(容)'자는 '집 면(宀)'과 '골짜기 곡(谷)'으로 이루어졌다. '곡(谷)'자가 깊고 넓게 터진 입구라는 뜻이므로 '용(容)'자의 자형적 의미는 '집이 커서 넉넉히 들어간다'가 된다.

'그칠 지(止)'자는 발과 발가락을 그린 모양이다. 발은 거동할 때 가장 중요한 기능을 수행하므로 흔히 '동작'이라는 의미로 많이 쓰인다.

'같을 약(若)'자를 갑골문에서는 '𡕒'로 썼는데 이는 나이든 사람이 겸손하게 무릎을 꿇고 복종하는 모양이다. 따라서 '약(若)'의 자형적 의미는 '순종하다'가 된다. 순종한다는 것은 곧 지배하는 사람의 의지를 닮는 것이므로 '닮다' 또는 '비슷하다'라는 의미가 파생된 것이다.

'생각 사(思)'자는 '마음 심(心)'과 '정수리 신(囟)'(해서에서의 '밭 전〔田〕'은 생략된 자형임)으로 이루어졌으므로, 이 글자의 자형적 의미는 '뇌 속에서 일어나는 생각하는 기능'이 된다.

'용지(容止)'란 용모와 거동을 뜻한다. '약사(若思)'는 『예기』(禮記)「곡례」(曲禮)에 보이는 "장중하고 엄숙하게 생각하다"(儼若思)라

는 구절을 다시 쓴 것이지만 '약(若)' 자의 용법이 다르다. 즉 『예기』에서는 앞의 '엄(儼)' 자를 부사어로 바꾸는 조사로 기능하고 있으나, 여기서는 '마치 ～와 같다'는 의미의 동사로 쓰였다.

이 구절은 다음 구절과 더불어 군자의 자태와 거동이 어떠해야 하는가에 대해서 언급하고 있는데, 자태와 거동이란 쉽게 말해서 오늘날의 이미지에 해당한다. 군자는 겉으로 드러난 이미지보다는 본질적인 내면을 추구하는 사람이지만, 소인들은 겉만 보고 사람을 판단하는 경향이 있으므로 이들을 군자의 권력 아래에 두고 올바로 가르치기 위해서 군자는 자신의 이미지를 관리할 필요가 있다. 이미지는 인식에서는 본질에 우선하고 또 직접적인 감각에 호소하기 때문에 긴 설명이 필요 없이 소인들을 권력 아래 굴복시킬 수 있는 장점이 있다.

그러면 군자의 이미지는 어떠해야 할까? '용(容)' 자에는 '넉넉한 관용'이라는 의미 외에 '얼굴'이라는 뜻이 있으므로, 얼굴은 늘 관대한 모습을 유지해야 한다. 그리고 '지(止)'에 '거동'이라는 의미 외에 '정지하다'라는 뜻이 있듯이 군자의 거동은 동태적이라기보다는 정태적이어야 한다. 즉 『논어』 「학이」(學而)편에서 "군자가 중후하지 않으면 위엄이 없다"(君子不重則不威)라고 말한 것처럼 점잖아야 한다는 말이다. 그리고 '용지(容止)'라는 글자 자체가 암시하듯이, 군자의 '관용'(容)은 반드시 '금지'(止)를 병행함으로써 소인들이 기어오르는 것을 방지해야 한다. 그러나 무엇보다 중요한 것은 '약사(若思)'하는 태도이다. 즉 '약사'란 어디까지나 '생각하는 것처럼'이지 결코 '생각하는 것'이 아니다. 생각은 회의(懷疑)를 동반하기 때문에 언제나 판단과 결정을 유보해서 사람을 주저하게 만든다.

따라서 군자가 정말로 생각을 한다면 우유부단하게 될 것이고, 그러면 소인들과의 권력 관계에서 우위에 설 수 없을 것이다. 단지 생각하는 척만 해서 군자에게 뭔가 심오한 것이 있는 듯한 효과를 내면 소인들은 그 위엄에 복종할 것이고, 따라서 권력은 저절로 생겨나게 된다.

이른바 기(氣)가 펄펄 살아서 한창 발랄하게 뛰노는 학동들에게 이러한 언어를 주입하는 것은 분명히 억압하는 큰 타자로 작용하기에 충분했을 것이다. 억압의 결과로 군자의 이미지는 전통적으로 동태적인 것보다는 정태적인 것과 더 어울리게 되었는데, 이것은 더 거슬러 올라가자면 공자가 "어진 이는 산을 좋아하고, 지혜로운 이는 물을 좋아한다"(仁者樂山, 智者樂水)라고 말함으로써 동태적인 것을 정태적인 것보다 한 수 아래에 둔 데서 찾을 수 있을 것이다. 한자 문화권의 지식인들 중에서 행동하는 지성을 찾아보기 힘든 것은 이 때문이 아닐까?

쉽고 논리적인 말: 군자의 언어

言辭安定(언사안정)이라 | 말과 화법은 쉽고 올바르다.

말씀 언(言)

'말씀 언(言)' 자의 고문자 자형은 '입 구(口)'와 '매울 신(辛)'으로 이루어졌다. '신(辛)' 자는 '죄' 또는 '형벌'이란 의미를 담고 있고 독음이 '마음 심(心)' 자와 같은 계열이므로 '언(言)' 자의 자형적 의미는 '입으로 죄를 지어 벌을 받지 않도록 조심하다'가 된다.

'말씀 사(辭)' 자는 '매울 신(辛)'과 '다스릴 란(釁)'으로 이루어졌다. '신(辛)' 자는 원래 죄수의 이마에 문신을 새겨넣는 바늘 모양이기 때문에 흔히 '죄' 또는 '죄인'이란 뜻으로 많이 쓰인다. 그러므로 '사(辭)' 자의 자형적 의미는 '죄상을 소상히 밝히거나 또는 죄인에게 죄가 없음을 설득하기 위하여 조리 있게 잘 다스려진 말이나 문장'이 된다.

'편안 안(安)' 자를 갑골문에서는 '𡚬'로 썼는데, 이는 여자가 생리 때가 되어 생리대를 착용하고 집안에 들어앉아서 조용히 쉬는 모양이다. 그러므로 '안(安)' 자의 자형적 의미는 '집안에서 조용히 쉬다'가 된다.

'정할 정(定)' 자는 '집 면(宀)'과 '바를 정(正)'으로 이루어졌다. '정(正)' 자의 자형적 의미는 두 가지로 해석되는데, 하나는 '발을 멈추고 쉬다'이고, 다른 하나는 '가지런히 하다'이다. 따라서 전자로 해석하면 '정(定)' 자의 자형적 의미는 '동작을 멈추고 집안에 들어가 쉬다'이고, 후자로 해석하면 '집을 똑바르게 짓다'가 된다.

이 구절은 『예기』 「곡례」(曲禮)편에 보이는 "말의 씀씀이를 조용하고 올바르게 하다"(安定辭)라는 구절을 다시 쓴 것이다.

군자의 이미지를 결정하는 것 중에서 가장 중요한 것은 역시 '언사(言辭)'일 것이다. 그래서 『예기』에서도 『역』(易)의 말을 인용하여 "언어란 군자의 중추적인 부분이다"(言語者, 君子之樞機也)[15]라고 했다. 자형적 의미를 감안할 때 '언(言)'이란 음성적 차원의 말을 가리키고, '사(辭)'는 말의 구성력과 화법(話法), 즉 문자 차원의 말을 지칭하는 것으로 보인다. 그리고 '언사'가 '안정(安定)'해야 한다는 말은 곧 군자의 음성적 언어는 조용하고 중량감이 있어야 한다는 의미로 흔히 해석한다. 이러한 언어의 질료로는 아무래도 굵고 낮게 깔리는 목소리가 어울리고, 또한 이러한 말은 쉽게 신화를 만들어낸다. 그리고 신화는 말할 것도 없이 소인들을 굴복시키는 권력을 대변한다. 신화의 설득력은 논리를 무시하고 만들어지는 것이므로 그 권력의 진실 또한 논리와는 거리가 멀게 된다. 그래서 옛날부터 군자를 가장하려는 위군자(僞君子)들은 조용하면서도 낮게 깔리는 목소리를 내는 일에 은밀한 노력을 기울여왔던 것이다. 이런 의미에서 열정이 넘친 나머지 높은 음조로 침을 튀며 하는 말을 군자의 말과 같다고 하기가 힘들다.

'언(言)' 자와 '사(辭)' 자의 자형 안에 문신을 새겨넣는 바늘이 도사리고 있는 것은 말과 그 화법에는 재앙이 숨어 있기 때문에 말은 가능한 한 삼가는 것이 바람직하다는 교훈을 암시한다. 따라서 우리의 언어 문화는 비판과 토론은 금기시되고 친교적 기능이 강화된 코드들로 짜여져 있는 것이 특징이다. '언사안정(言辭安定)'의 '안(安)'자는 날씨나 건강에 관한 말과 같은 '무난한 말이나 안전한 말'을 의미하는지도 모르겠다. 이런 교훈적 암시는 사람들에게 자발적으로 자신의 언론을 통제하게 하는 효과를 발생시키기도 하지만, 이것은 오늘날 민주주의 사회에서는 바람직하지 못하다.

그렇다면 '언사안정(言辭安定)'을 어떻게 재해석하는 것이 오늘날의 실정에 적합할까? 이 구절은 '언사(言辭)'와 '안정(安定)'의 호문(互文)[16] 관계로 보아서 "'언(言)'은 '안(安)'하고, '사(辭)'는 '정(定)'하다"라는 의미에서 보면 타당할 것이다. 즉 "'언(言)'이 '안(安)'하다"라는 것은 곧 말은 알아듣기 쉽게 해야 한다는 뜻이고, "'사(辭)'가 '정(定)'하다"라는 것은 곧 말의 구성과 화법이 바르고 조리가 있어서 논리적으로 설득력이 있어야 한다는 의미로 해석할 수 있을 것이다. 오늘날의 군자는 신화에 의존하지 않고 논리로 설득해야 하며, 따라서 그의 말은 반드시 쉬워야 하기 때문이다.

시작이 반

篤初誠美(독초성미)하고 | 시작에 온 힘을 쏟는다면 진실로 아름
답고,

'도타울 독(篤)' 자는 '말 마(馬)'와 '대 죽(竹)'으로 이루
어졌다. '죽(竹)' 자는 대나무의 작은 싹 모양이고, 이 글
자의 독음은 '줄어들 축(縮)'과 같은 계열이므로, 여기

아름다울 미(美) 에는 퍼져 있는 것을 한데 모아 작게 압축한다는 의미가
내포되어 있다. 그러므로 '독(篤)' 자의 자형적 의미는 '말이 머리를
땅에 대고서 온 힘을 한데 모아 무거운 수레를 끌다'가 된다.

'처음 초(初)' 자는 '옷 의(衣)'와 '칼 도(刀)'로 이루어졌으므로,
자형적 의미는 '옷을 만들기 위해서 옷감을 재단하다'가 된다. 재단
하는 일은 옷을 만들 때 맨 처음에 하는 일이므로 '처음'이란 의미로
쓰인 것이다.

'진실로 성(誠)' 자는 '말씀 언(言)'과 '이룰 성(成)'으로 이루어졌
다. '성(成)' 자가 거친 나무를 깎아서 겉면을 매끈하게 만든다는 뜻
이므로 '성(誠)' 자의 자형적 의미는 '말을 다듬어서 진실되게 하다'
가 된다. 그러므로 '성(誠)' 자는 '거짓 위(僞)' 자의 상대어가 되는
데, 선진(先秦) 고대에는 아직 '참 진(眞)' 자가 나타나지 않았으므로
경서에서는 모두 '성(誠)' 자를 썼다.

'아름다울 미(美)' 자는 '양 양(羊)'과 '큰 대(大)'로 이루어졌으므

218

로 이 글자의 자형적 의미는 '양이 토실토실 살이 찌다' 가 된다. '미 (美)' 자의 독음이 '살찔 비(肥)' 자와 같은 계열이라는 사실이 이를 입증한다. '아름답다' 는 의미는 이로부터 파생된 것이다.

무슨 일을 도모하든지 항상 처음 시작할 때가 가장 의욕적이고 또한 일도 잘 진행되는 것처럼 느껴진다. 옷을 만들기 위해서 옷감에 첫 가위질을 할 때의 흥분을 상상해 보라. 이때가 바로 상상계의 시기이다. 그러다가 시간이 가면서 현실적인 억압과 난관에 부딪치는 가운데 자신의 욕망이 한낱 상상의 산물이었음을 깨닫게 되고 마침내 이를 상징으로 대체하게 된다. 이러한 빗나간 상징 중의 하나가 대충대충 눈가림으로 처리하는 일이다. 그렇기 때문에 어떤 일을 성사시키려면 아직 상상계에 머물러 있을 때에 반 이상은 해놓아야 마칠 수 있다는 계산이 나온다. 그래서 상상 속에서 욕망이 한껏 부풀어 있을 때에 말이 무거운 수레를 끌듯 온 힘과 공을 들이는 것이 아름다운 일이라고 부추기는 것이다. 그러나 초반에 너무 온 힘을 기울이다 보면 중도에 지치기도 하고 회의가 들기도 하는데, 자신이 상상 속에 있었다는 것을 발견하는 것은 바로 이때이다. 상상이 깨지고 상징 속에 들어서는 순간 "대강 철저히!"식의 눈가림으로 대체하게 될 가능성이 커진다. 즉 끝마무리가 좋지 않게 되는 것이다. 그래서 이를 '초(初)' 와 '종(終)' 의 대장(對仗)으로써 자연스럽게 보완한다.

'전부 아니면 전무'의 체제에서

愼終宜令(신종의령)이라 | 마무리를 삼가면 마땅히 훌륭하게 될 것이다.

'삼갈 신(愼)' 자는 '마음 심(心)'과 '참 진(眞)'으로 이루어졌다. '진(眞)' 자는 '정성(精誠)'이란 두 글자를 합쳐서 만든 합음자(合音字)이므로 '신(愼)' 자의 자형적 의미는 '마음으로 정성을 다하다'가 된다.

하여금 령(令)

'마칠 종(終)' 자는 '실 사(糸)'와 '겨울 동(冬)'으로 이루어졌다. '동(冬)' 자는 실을 다 뽑고 나서 서로 엉키지 말라고 양끝에 매듭을 만든 모양이므로[17] '종(終)' 자의 자형적 의미는 '실의 끝'이 된다.

'마땅 의(宜)' 자를 고문에서는 '⿱'로 쓰는데 이는 '집 면(宀)'·'하나 일(一)'·'많을 다(多)'로 이루어진 글자이다. 즉 창고 안에 식량이 많이 쌓여 있는 모양이다. 식량이 많이 비축되어 있으면 안심이 되므로 '의(宜)' 자를 '편안하다'라는 의미로 쓰게 된 것이다. 여기서는 '마땅하다'라는 차용 의미로 쓰였다.

'하여금 령(令)' 자는 큰 집 아래에서 사람을 꿇어 엎드리게 해놓고 명령을 하달하는 모양이다. 여기서는 '아름다운'·'훌륭한' 등의 차용 의미로 쓰였다.

어떤 일을 하며 현실에서 좌절을 겪고 나면, 그 일을 처음 시작할 때의 정열은 자기 상상에서 비롯된 것으로 결국 모든 게 어떤 상징에 지나지 않았음을 느낄 때가 있다. 이렇게 해서 의욕을 상실해 다음에는 일을 대강대강 상징적인 수준에서 처리하는 경우가 많다. 설사 일이 잘되어 성공이 눈앞에 보인다 해도 중요한 고비를 다 넘겼다는 생각에서 역시 마무리를 소홀히 하기는 마찬가지이다. 그러므로 이를 경계하기 위해서는 '조심하라'(愼)는 협박성 경고에 의존하는 수밖에 없다. "말년에 목발 짚는다"라는 항간의 속어는 억압되지 않은 협박성이 드러난 예라고 볼 수 있다. 학동들에게 가르치는 규범적인 글에서는 억압적인 느낌이 최대한 억제되어야 하므로, 선택된 것이 정성을 다하여 삼가라는 뜻의 '신(愼)' 자이다. 그러면 응당 '훌륭하게'(令) 마무리될 것이라고 격려하고는 있지만 실제로는 절대적 '명령'(令)이라는 것을 감추지 못한다.

무슨 일이든지 처음부터 중심과 주변의 일이 따로 구분되어 있는 것은 아니다. 모든 일과 사물은 그를 구성하는 각 요소들이 서로 직조(織造)되어 전체를 이루는 것이므로 구성 요소 중 어느 하나라도 빠지면 의미가 성립되지 않는 이른바 '전부 아니면 전무'(all or nothing)의 체제가 되는 것이다. 즉 의미는 스스로 존재하는 것이 아니라 전체에 흩뿌려져 있으므로 중심과 주변이 따로 정해져 있는 것이 아니다. 중심은 시선에 따라서 중심처럼 보이는 것이고, 그것도 때에 따라 이동한다. 그렇지만 권력은 중심과 주변을 이분화해서 지배를 정당화하다 보니, 중심/주변의 이분법은 모든 사물을 보는 데 적용되는 패러다임이 된 것이다. 이런 환경에서는 자연히 중심적인 부분에 관심이 집중되고 주변적인 부분은 소홀히 하게 마련이다. 권력이 만든 얼개대로 사물을 보고 또 그대로 일을 하는 것뿐인데도 이제 와서 끝마무리를 잘하라고 협박하는 것은 자상모순(自相矛盾)이다. 하찮은 것 같은 요소들이지만 흩뿌림 속에서 전체에 의미를 부여한다는 사실을 처음부터 인정했다면 굳이 이런 협박을 하지 않더라도 모든 일들이 끝마무리가 잘되었을 것이다.

"시작에다가 온 힘을 쏟는다면 진실로 아름답고, 마무리를 삼가면 마땅히 훌륭하게 될 것이다"(篤初誠美, 愼終宜令)라는 문장은 효와 관련되는데 그 의미를 이렇게 해석할 수 있다. 즉 사람이 어릴 때는 부모를 사모하는 마음이 크기 때문에 처음에는 정말로 독실하고 아름답다고 말할 수 있다. 그러나 여색을 알게 되면 아리따운 여인을 사모하게 되고, 장가를 들면 마누라만 사모하게 되며, 관직에 나아가면 주군만을 사모하고 따르게 된다. 이처럼 끝까지 부모를 사모하는 일이란 어려운 일이므로 항상 이에 힘쓰라는 것이 이 문장의 메시지인 것이다.

평생 수양과 실사구시

榮業所基(영업소기)요 | (이 같은 것들이) 공 쌓는 일을 번영케 하는 기초가 된다면,

터 기(基)

'영화 영(榮)' 자는 '나무 목(木)'과 '반딧불 형(螢)'으로 이루어졌는데, 이는 원래 오동나무를 지칭했다. 그러다가 나중에 '등불 형(熒)' 자와 같은 뜻의 가차 의미를 갖게 되었다. 여기서는 '번영케 하다' · '영화롭게 하다' 등의 사동 의미로 쓰였다.

'업 업(業)' 자를 소전에서는 '業'로 쓰는데 이는 종과 같은 악기나 칠판 따위를 걸기 위한 가로목을 양쪽에서 받쳐주는 기둥 모양이다. 칠판에다 글자를 쓰면서 공부를 할 수 있기 때문에 '학업'이란 의미로 가차되었고 또 '사업'이란 의미도 생겨났다.

'바 소(所)' 자는 '지게문 호(戶)'와 '도끼 근(斤)'으로 이루어졌다. '호(戶)' 자는 도끼로 벌목을 하는 의성어이므로 '소(所)' 자의 자형적 의미는 '벌목하는 소리' 또는 '벌목하는 모양'이 된다. 오늘날 '장소'라는 의미로 쓰이는 것은 '곳 처(處)' 자와 독음이 같기 때문에 자음(字音)을 매개로 차용된 결과이다.

'터 기(基)' 자는 '흙 토(土)'와 '키 기(其)'로 이루어졌다. 여기서 '기(其)' 자는 물건을 얹어두는 대(台)의 의미로 쓰였으므로 '기(基)' 자의 자형적 의미는 '건축물을 지을 때 기초가 되는 토대'가 된다.

위 문장까지는 효에 관한 일을 서술하였고, 이후부터는 효를 토대로 한 임금 섬기는 일에 관하여 적고 있다.

'영(榮)' 자가 형용사이고 '영업(榮業)'이 '동사＋목적어' 구조로 되어 있으므로 '영(榮)' 자는 '번영케 하다'라고 사동 의미로 해석해야 한다. 따라서 '영업'은 '공적을 쌓는 일을 번영케 하다'라는 의미가 된다. 공적을 쌓을 때에 기초로 삼아야 하는 것이란 앞의 "아비 섬김을 밑천으로 하여 임금을 섬기는 것이니"(資父事君)라는 구절 이하의 일들을 가리킨다. 그러니까 공적을 이루려면 이러한 일들을 기초로 쌓지 않으면 안 된다는 것인데, 앞에 언급한 덕목들이란 사실 각고의 수양을 요구하는 것으로 제대로 성취하려면 일생을 연마해도 불가능하다. 그러니 언제 실사구시(實事求是)한 것을 익혀서 실질적인 공을 세워 나라와 사회에 기여할 수 있겠는가. 이런 것을 '영업'의 기초로 삼고 일생 동안 추구하다 보면 서서히 정신적인 거세가 될 것이고, 이는 체제 순응에 매우 효과적이었을 것이다. 이것이 본래 의도가 아니었을까?

어떻든 이름을 남겨야 한다

籍甚無竟(적심무경)이라 │ (명성이) 성대해짐이 끝이 없을 것이다.

마칠 경(竟)

'호적 적(籍)' 자는 백성들의 호적을 등재한 기록부로 '떠들썩할 적(藉)' 자와 같은 뜻으로 쓰였다.

'심할 심(甚)' 자는 '짝 필(匹)' 과 '달 감(甘)' 으로 이루어졌다. '필(匹)' 자는 남녀의 '짝' 을, '감(甘)' 자는 '즐기다' 라는 의미를 갖고 있으므로, '심(甚)' 자의 자형적 의미는 '지나치게 즐거움에 탐닉하다' 가 되는데, 나중에는 '지나치다'·'심하다' 등의 의미로만 쓰이게 되었다.

'없을 무(無)' 자를 갑골문에서는 '𣎏' 로 썼는데 이는 '춤출 무(舞)' 자와 같은 글자로 사람이 양쪽 소매에 기다란 장식 깃을 달고 춤추는 모양이다. 즉 '무(舞)' 자를 빌려서 '없다' 라는 의미로 쓰다가 나중에 아래에 '없을 망(亡)' 자를 더해서 '무(無)' 자로 만든 것이다.

'마칠 경(竟)' 자는 '소리 음(音)' 과 '어진 사람 인(儿)' 으로 이루어졌다. '인(儿)' 자는 사람이 무릎을 꿇고 있는 모양으로 '경(竟)' 자의 자형적 의미는 '기도를 마치고 꿇어 앉아서 신의 소리(音)를 듣다' 이다.

'적심(籍甚)' 은 '자심(藉甚)' 으로도 쓰는데, 명성 같은 것이 드높아져서 많은 사람들의 입에 회자되는 것을 뜻한다. 즉 '자부사군(資

父事君)' 이하의 덕목들을 충실히 수행하면 명성을 드날림에 끝이 없게 될 것이라는 희망적 청사진이 이 구절의 내용이다. 그러니까 "(이 같은 것들이) 공 쌓는 일을 번영케 할 때 기초하는 바가 된다면, (명성이) 성대해짐에 끝이 없을 것이다"(榮業所基, 籍甚無竟)를 심층 의미의 차원에서 보면 공 쌓는 일의 궁극적인 목적은 천하에 이름을 날리는 것이 되는 셈이다.

이 구절은 공적이라는 실질의 바탕 위에서 부수적으로 명성을 얻어야 함을 가르치고 있지만, 명성이 욕망의 대상이 된 이상에는 공적을 쌓아야 한다는 실질은 그렇게 중시되지 않는다. 왜냐하면 공적을 쌓는 일이란 자기 희생의 바탕 위에서 이루어지는 것으로서 현실적으로 여간 어려운 일이 아니기 때문이다. 그러다 보니 명성을 날려야만 한다는 강박적인 욕망은 자기 희생의 어려움은 피하면서도 목적을 달성할 수 있는 묘책을 짜내게 만들고, 그래도 정 안 될라치면 사람들의 눈에 잘 띄는 곳에 이름 석자를 깊이 새겨놓는 진풍경을 벌인다. 어느 명승고적에 가더라도 큰 바위나 건물 벽면에 즐비하게 새겨져 있는 이름들을 쉽게 볼 수 있는 것은 바로 이 덕분일 것이다.

오늘날은 미디어의 발달로 실질에 바탕을 두지 않고서도 명성을 날리는 일이 더욱 쉬워졌기 때문에 이름을 날려야만 한다는 강박 관념에 시달리던 사람들은 일종의 해방감을 만끽하고 있다. 왜냐하면 이제는 굳이 자기 희생을 치르지 않고서도 돈만 있으면 미디어가 필요에 따라 공적을 얼마든지 만들어줄 수 있기 때문이다. "꿩 잡는 게 매"라는 논리가 우리의 현실이 아닌가.

226

배움의 목적

學優登仕(학우등사)하여 | 배우면서 여력이 있으면 벼슬에 오르고,

배울 학(學)

'배울 학(學)' 자의 고문자 자형은 '절구 구(臼)' 와 '본받을 효(爻)' 로 이루어졌다. '구(臼)' 자의 자형은 양 손의 모양으로 손놀림을 표시하는데, 여기서 손놀림 이란 예의 작법(作法)을 의미한다. 따라서 '학(學)' 자의 자형적 의미는 '(아이에게) 예의 작법을 가르쳐서 본받게 하다' 가 된다.

'넉넉할 우(優)' 자는 '사람 인(人)' 과 '근심 우(憂)' 로 이루어졌다. '우(憂)' 자는 너울너울 춤을 추는 사람의 모양이므로 '우(優)' 자에 두 가지 자형적 의미가 생겨났으니, 하나는 '춤추는 광대' 이고, 다른 하나는 '부드럽고 온화함' 이다. 여기서는 후자의 의미를 바탕으로 해 '넉넉하다' 라는 의미로 쓰였다.

'오를 등(登)' 자는 '두 발 벌어질 발(癶)' 과 '콩 두(豆)' 로 이루어졌다. '발(癶)' 자는 두 발을 벌려서 걷는 모양이고, '두(豆)' 자는 수레에 오를 때 계단 대용으로 놓는 디딤판 모양이므로 '등(登)' 자의 자형적 의미는 '디딤판을 딛고서 수레에 오르다' 가 된다.

'벼슬 사(仕)' 자는 '사람 인(人)' 과 '선비 사(士)' 로 이루어졌다. '사(士)' 자는 '섬길 사(事)' 와 같은 뜻이므로 '사(仕)' 자의 자형적 의미는 '노예가 맡은 바 일을 잘 섬기다' 가 된다. 나중에 노예의 지

위가 벼슬아치의 지위로 격상되면서 '사(仕)' 자에 '관직을 맡다'라는 의미가 생겨난 것이다.

이 구절은 『논어』「자장」(子張)편의 "벼슬을 살다가도 여력이 있으면 배울 것이고, 배우다가도 여력이 있으면 벼슬을 살 것이다"(仕而優則學, 學而優則仕)라는 자하(子夏)의 말을 다시 쓴 것이다.

자하의 말은 후대 사람들이 순서를 뒤바꿔놓은 것이 아닌가 하는 의심을 자아낸다. 즉 배우고 나서 관직에 나아가는 것은 상식이지만 관직에 있으면서 배우는 것은 그리 흔한 경우가 아니기 때문에, 자하는 '사이학(仕而學)'을 강조하기 위하여 '사이우즉학(仕而優則學)'을 뒤에 놓았을 것이라는 추측이다. 그러나 배움의 목적이 벼슬에 있는 한, 자리를 이미 획득한 지식인들에게 배움이란 스트레스를 주는 애물단지에 불과하다. 반면에 배우고 나서 관직에 나아가는 '학이사(學而仕)'는 지식인들의 출세를 정당화해 주는 이데올로기적 텍스트이므로 이 두 구절을 바꿔놓았을 때 얻는 이익은 적지 않았으리라. 이러한 추측은 지식인들이 문자를 독점한 중국이나 우리 나라에서는 충분히 가능한 일이다.

이 구절은 전통적으로 배움의 궁극적인 목표가 벼슬을 얻는 일에 있다는 인식을 깊이 새기는 데에 크게 기여하였다. 다시 말해서 공부해서 벼슬하는 것이 다른 어떤 것에 힘을 쏟는 것보다도 '투자 대비 성과'가 가장 좋기 때문에 우리의 교육열이 세계적으로 높다고도 말할 수 있다. 오늘날에도 학자로서 평판을 얻으면 정치인이나 관료로 발탁되는 것을 갈망하고, 이를 명예롭게 여기는 것은 이 구절이 만든 무의식의 결과이리라.

228

정치의 본질

攝職從政(섭직종정)이라 | 관직을 (잠시) 대리하여 정치에 종사한다.

정사 정(政)

'잡을 섭(攝)' 자는 '손 수(手)' 와 '소곤거릴 섭(聶)' 으로 이루어졌다. '섭(聶)' 자는 작은 소리로 귀엣말을 한다는 뜻이므로 '섭(攝)' 자의 자형적 의미는 '손으로 사뿐히 쥐다' 가 된다. 『논어』「향당」(鄕黨)편의 "치맛 자락을 사뿐히 쥐고서 대청에 오르다"(攝齊昇堂)라는 구절에서 알 수 있듯이, 옛날에는 계단을 오를 때 앞치맛 자락을 밟아서 넘어지지 않도록 치맛 자락을 잡아서 약간 들고 걷는 것이 예의였다. 그리고 임금 앞에서 명을 받을 때에도 이렇게 하고 무릎을 꿇었다.

'벼슬 직(職)' 자는 '귀 이(耳)'·'소리 음(音)'·'창 과(戈)' 로 이루어졌다. 여기서 '과(戈)' 자는 나뭇가지를 꺾어서 표지로 세운 모양을 뜻하므로, '직(職)' 자의 자형적 의미는 '소리가 귀를 통해 들어와서 마음에 표시되다' 가 된다. 옛날에는 조회에 참여하는 관리들의 자리를 깃발을 꽂아서 표시를 하였다. 그래서 깃발로 표시한 관리의 자리를 '직(職)' 이라 불렀던 것이다.

'따를 종(從)' 자를 소전에서는 '종(从)' 으로 썼는데 이는 앞서 가는 사람을 뒤에서 다른 사람이 따라가는 모양이다. 따라서 '종(從)' 자의 자형적 의미는 '다른 사람을 따라가다' 가 된다. 여기에서 '종사하다' 라는 의미가 파생되었다.

'정사 정(政)'자는 '두드릴 복(攴)'과 '세금 받을 정(征)'으로 이루어졌으므로, 자형적 의미는 '강제로 세금을 거두어들이다'가 된다. 따라서 『공자가어』(孔子家語)에 나오는 이른바 '가정맹어호야(苛政猛於虎也)'라는 구절은 "가혹하게 세금을 거두어들이는 일은 범보다 무섭다"로 해석해야 한다. 즉 '가정(苛政)'은 '가렴(苛斂)'과 같은 말이 된다.

『논어』「옹야」(雍也)편에 보면 공자가 제자들의 능력을 칭찬한 내용이 기록되어 있는데, 이 구절은 바로 이를 근거로 다시 쓴 것이다. 즉 자로(子路)는 과단성으로, 자공(子貢)은 박식해서, 염유(冉有)는 재주가 많아서 정사(政事)를 맡길 만하다는 것이며, 심지어 염옹(冉雍)은 제후에 임명해도 손색이 없다는 내용이다. 제자들에게 정치를 맡길 만하다고 칭찬한 것이 뭐 그리 대단한 것일까 하고 여겨지겠지만, 당시 귀족들만이 정치에 참여할 수 있는 상황에서 평민 출신 제자들에게 '정치에 참여할'(從政) 수 있음을 암시한 것은 매우 획기적인 발상이었다.

'섭(攝)'이란 앞에서 설명하였듯이 치맛자락을 사뿐히 쥐고 명령을 받는다는 말이므로 '섭직(攝職)'은 임금의 명령을 받들어 관직을 떠맡는다는 뜻이 된다. 그러나 관직이란 명령에 따라 어쩔 수 없이 임시로 맡는 것일 뿐이므로 이를 받을 때는 사뿐히 잡아서 언제라도 미련 없이 놓을 준비가 되어 있어야 한다는 경고를 '섭(攝)'자가 넌지시 알리고 있다. 이것이 바로 떠날 때를 빨리 깨달아 스스로 물러남으로써 임금에게 신하를 퇴출시켜야 하는 고뇌를 안겨주지 않는 지혜인 것이다. 신하가 관직을 제수받았을 때 임금에게 드리는 폐백으로, 때가 되면 알아서 자기 고향으로 날아가는 기러기를 쓰는 것은 바로 이 때문이다.

관직을 받은 후에 '종정(從政)', 즉 정치에 종사하는 일을 한다. 동아시아에서 정치의 전통적인 개념은 공자의 이른바 "정치란 바로잡는 것이다"(政者, 正也)라는 훈고학(訓詁學)적 정의에 기초해 왔다. 그래서 우리는 정치를 규범적 행위와 동일시하는 경향이 짙으면서도 실제 정치 행위를 규범적으로 보는 사람이 드문 것도 사실이다.

고대의 '종정(從政)' 행위는 궁극적으로 임금을 대신해서 세금을 걷는 일이 주요 업무였다. 이것을 이데올로기적으로 포장한 것이 "정치란 바로잡는 것이다"(政者, 正也)라는 훈고학적 정의였다. 이러한 문자적 유희로 이 정의를 그럴듯한 개념으로 인식시키는 데에는 어느 정도 성공을 거두었지만, 세금 걷는 일을 기본 개념으로 하는 정치 행위에서 야기되는 무의식적 불신은 불식시키지 못하였다. 왜냐하면 정치가 전통적으로 세금을 걷는 데만 골몰하였지 그것을 어떻게 효율적으로 분배하고 사용하였는지에 대한 결과는 투명하게 밝히지 않기 때문이다. 이처럼 정치의 개념이 대외적으로 표방한 것과 실제 행위 사이에 큰 괴리가 존재해 왔으므로 정치에 대하여 양면적인 인식을 갖게 된 것이 아닐까? 뿐만 아니라 각종 성금과 종교성 헌금은 기가 막히게 잘 걷는 것 같은데 그것을 어디에 어떻게 사용하였는지에 대한 투명한 보고는 잘 이루어지지도 않고, 또한 그러한 확인 절차를 기대하기는커녕 오히려 치사한 짓이라고 여기는 기부 문화도 이로부터 길들여진 결과가 아닐까? 이런 의미에서 정치를 처음부터 공정한 분배 행위로 정의한 서양적 개념과 비교해 볼 만하다.

어진 임금을 기념하며

存以甘棠(존이감당)하라 | 이 팥배나무를 그대로 남겨 두라.

'있을 존(存)' 자는 '아들 자(子)'와 '있을 재(在)'로 이루어졌다. 여기서 '자(子)' 자는 스승이나 존장의 호칭에 붙이는 사실에서 알 수 있듯이 '높다'라는 뜻이 담겨 있고, '재(在)' 자는 '흙으로 냇물을 막다'라는 의미를 갖고 있으므로, '존(存)' 자의 자형적 의미는 '흙을 높이 쌓아 냇물을 막다'가 된다. 냇물을 높이 막으면 물이 오랫동안 갇혀 있게 되므로 '존재하다'라는 의미로 차용된 것이다.

있을 존(存)

'써 이(以)' 자를 갑골문에서는 '𠂤'로 썼는데 이는 사람이 쟁기를 쥐고 있는 모양이므로 자형적 의미는 '농부가 쟁기를 쥐고 밭을 갈다'가 된다. '쟁기를 쥐다'로부터 '사용하다'라는 의미가 가차되고, 이것이 다시 '~로써'라는 의미의 허사로 쓰이게 되었다. 여기서는 '이것'이라는 의미의 지시 대명사로 쓰였다.

'감당(甘棠)'은 팥배나무로 배나무와 비슷하지만 작다. 2월에 흰 꽃이 피어 배보다 작은 열매가 열리며 서리가 내릴 때쯤 먹을 수 있다. 옛날부터 이 팥배나무에 배나무를 접붙여서 과수로 키워왔다.

이 구절은 지금껏 주나라 소공(召公) 석(奭)이 남국에 있을 때에 팥배나무 아래 머물면서 백성들의 민원을 들어주고 교화시켰다는 내용으로 해석되었다. 그래서 '존(存)' 자를 '머물다'로, 그리고 '이(以)' 자를 '~의 아래에서'로 풀이하였는데, 이는 문법적으로도 옳지 않고 내용상으로도 적당하지 않다.

이 구절은 『시경』「감당」(甘棠)편의 내용을 다시 쓴 것이다. 이 시를 『모시』(毛詩)「서」(序)는 소공(召公) 석(奭)을 기린 것이라고 보았으나, 실제로는 남국 사람들이 소목공(召穆公) 호(虎)를 칭송하여 지은 시이다. 소목공이 백성들을 위해 일하다가 이 팥배나무 밑에서 쉬셨으니 그의 덕을 길이 기념하자는 마음에서 이 나무를 꺾거나 베지 말고 그대로 보존해 두라는 것이 이 시의 내용이다. 따라서 '존(存)' 자는 '보존하다'(留)로, '이(以)' 자는 '이것'으로 풀이해야 옳다.

업적으로 이름을 남길 수 없다면

去而益詠(거이익영)이라 | 떠나갔어도 더욱 기려 읊는다네.

갈 거(去)

'갈 거(去)' 자는 '큰 대(大)'와 '그릇 거(凵)'로 이루어 졌다. '대(大)' 자는 그릇의 뚜껑을 나타내고, '거(凵)' 자 는 밥을 퍼 담아놓는 그릇의 모양이다. 따라서 '거(凵)' 자의 자형적 의미는 '둥근 모양의 밥 담는 그릇'이 된다. 나중에 솥에서 밥을 퍼서 그릇에 옮겨 담는다는 의미로부터 '떠나 다'라는 가차 의미가 파생되었다.

'말 이을 이(而)' 자는 양쪽 뺨에 난 수염 모양으로 '구레나룻 염 (髥)' 자와 같은 뜻이었으나, 나중에 허사로 쓰이면서 실사의 의미는 사라졌다. 여기서는 역접 기능의 접속사로 쓰였다.

'더할 익(益)' 자는 '그릇'(皿) 위로 물이 넘치는 모양으로 자형적 의미는 '그릇이 넘칠 만큼 많다'이지만, 부사로 쓰일 때는 '더욱'이 란 가차적 의미를 나타내기도 한다.

'읊을 영(詠)' 자는 '말씀 언(言)'과 '길 영(永)'으로 이루어졌으므 로, 자형적 의미는 '말을 길게 늘이다'가 된다. 『서경』(書經) 「요전」 (堯典)편에도 "노래는 말을 길게 늘인 것이다"(歌永言)라는 정의가 보인다.

이 구절은 소목공(召穆公) 호(虎)가 남국의 백성들을 위해서 열심히 일하다가 떠났는데, 그후에도 남국 백성들은 그를 더욱 사모해서 「감당」(甘棠) 시를 지어 칭송하였다는 내용을 적고 있다.

옛날부터 훌륭한 인물이나 공적에 대해서는 여러 가지 방법을 통하여 오랫동안 칭송하고 기억하여 왔다. 그래서 많은 사람들이 자신의 사후에도 오랫동안 기림을 받고 또 기념되기 위해서 영원히 썩어 없어지지 않는 훌륭한 업적을 많이 쌓으려고 노력해 왔는데, 그것이 바로 입덕(立德)·입공(立功)·입언(立言)으로 꼽히는 이른바 삼불후(三不朽)이다. 사람이 덕을 쌓고, 공을 세우고, 감명을 주는 문장을 쓰는 일 등의 실제적인 업적을 통해서 후세에 길이 기억되는 것은 마땅한 일이다. 소목공도 이런 불후의 업적으로 백성들에게 노래로 칭송을 받은 것이다. 그런데 문제는 누구나 이름 석자가 길이 기억되기를 바라지만 이를 받쳐줄 업적을 이룩하기가 그리 쉽지 않다는 데에 있다. 그래서 총명한 사람들은 실제 업적이 없더라도 시와 문장으로 그럴듯하게 업적을 잘 조작하여 실제 이상의 효과를 누리기도 하였다. 이러한 시와 문장이 좋은 비석에 새겨지거나 문집으로 제작되면 그 효과는 배가된다.

앞에서도 말했듯이 '읊는다'(詠)라는 것은 형태적으로 보자면 '말을 길게 늘이는 행위'이다. 말을 길게 늘이는 것은 아름답게 꾸미기 위해서이다. 또한 꾸민다는 것은 아름답게 느껴지도록 효과를 낸다는 뜻이지 실제가 아름답다거나 또는 아름다워지는 것은 아니다. 다시 말해서 어떠한 경우에라도 언어는 실제를 보여주는 창문은 될 수 없는 것이다. 그런데도 언어가 현실을 반영한다는 믿음 때문에, 그것도 아름답게 꾸며진 언어일수록 현실을 그만큼 아름답게 반영한다는 믿음 때문에, 실제적인 '삼불후'에 정력을 기울이기보다는 말

235

을 아름답게 꾸며서 이를 비석에 새기는 행위에(또는 오늘날에는 언론 매체에) 필요 이상의 관심을 보이는 경향이 허다하지 않은가.

오래된 마을에 가면 흔히 볼 수 있는 공적비는 고을 수장(원님)이 퇴임할 적에 백성들이 그의 치적을 길이 기리기 위해서 세운 것으로 알려진 것이 상식이다. 그러나 실제로는 원님들이 부임할 때 백성들이 미리 공적비를 새겨서 보여준 다음 보관하였다가 퇴임시에 세운 경우가 허다했다는 것이 마을 촌로들의 이야기다. 공적비의 질과 내용에 따라서 원님의 통치 행태가 어떠했을까는 굳이 묻지 않고도 짐작할 수 있겠다. 이는 떠난 뒤에도 기림을 받는다는 사실에서까지 존재 증명을 얻으려는 강박 관념의 결과이리라. 요즘 스스로 좀 성공했다 싶으면 유행처럼 너도나도 이른바 자서전 출판에 지대한 관심을 가져서 종이값과 더불어 책값 인상을 부채질하는 행위도 이 같은 맥락에서 이해할 수 있을 것이다. 결국 남는 것은 기록뿐이니 '말'(言)로 때우는 것이 가장 '오래'(永) 가는가 보다.

음악의 기능

樂殊貴賤(악수귀천)하고 | 음악은 신분의 높음과 낮음을 차이 짓고,

즐거울 락(樂)

'즐거울 락(樂)' 자는 '실 사(絲)' · '나무 목(木)' · '흰 백(白)' 으로 이루어졌다. 여기서 '백(白)' 자는 '떡갈나무 작(柞)' 과 같은 계열의 독음을 가진 글자이고 '사(絲)' 는 누에와 관련이 있으므로 '락(樂)' 자는 멧누에를 먹이는 '떡갈나무' 임을 알 수 있다. 나중에 이 글자가 '즐겁다' 라는 의미를 나타내는 글자로 차용되면서 '떡갈나무' 는 '력(櫟)' 자를 따로 만들어 쓰게 되었다. 여기서는 '음악' 을 뜻하므로 독음을 '악' 으로 읽어야 한다.

'다를 수(殊)' 자는 '앙상한 뼈 알(歹)' 과 '붉을 주(朱)' 로 이루어졌다. 살을 발라낸 뼈를 뜻하는 '알(歹)' 자는 '목을 베는 사형' 을 의미하고, '주(朱)' 자는 나무 줄기 속의 붉은 색을 의미하므로, '수(殊)' 자의 자형적 의미는 '몸통과 머리를 분리시키는 참형(斬刑)' 이 된다. 이로부터 '다르다' · '구분 짓다' 등의 가차 의미가 생겨났다.

'귀할 귀(貴)' 자를 소전에서는 '臾' 로 썼는데 이는 두 손으로 돈을 높이 쌓는 모양이다. 옛날에는 조개 껍질을 화폐로 사용했으므로 아랫부분의 '조개 패(貝)' 는 돈을 의미한다. 돈을 높이 쌓는다는 말은 비싸다는 뜻이므로, '귀(貴)' 자의 자형적 의미는 '물건값이 비싸다' 가 된다. '신분이 높다' 라는 가차 의미는 이로부터 파생되었다.

'천할 천(賤)' 자는 '조개 패(貝)'와 '밟을 천(踐)'으로 이루어졌다. '패(貝)' 자는 돈을 의미하고 '천(踐)' 자는 낮기 때문에 밟힌다는 뜻이므로, '천(賤)' 자의 자형적 의미는 '가치가 낮다' 또는 '가격이 싸다'가 된다. 이로부터 '신분이 낮다'라는 가차 의미가 파생되었다.

임금을 섬기는 일에서 가장 중요한 것이 귀천(貴賤)과 존비(尊卑)를 명확히 구분하는 일이다. 이 구절 이하는 이에 관하여 서술한다.

중국은 옛날부터 음악의 기능을 매우 중시하였다. 그들은 음악의 본질은 도량(度量)이면서도 도(道)에 근본을 두고 있다고 믿었다. 다시 말해서 도는 조화이고 조화는 도량적 표준을 통해서 이룩될 수 있는 것이다. 따라서 도의 실현은 도량적 표준을 얼마나 정확히 추구하느냐에 의해서 좌우된다. 도량적 표준이란 분절된 기호 체계 속에서 성립되는 것이므로 음악적 코드는 곧 세계를 환원시키는 상징체가 된다. 그러므로 치세지음(治世之音)·난세지음(亂世之音)·망국지음(亡國之音) 등으로 분류되는 음악은 사회를 반영하는 결과적 현상이 아니라, 오히려 치세·난세·망국 등을 야기시키는 원인이 되는 것이다.

음악이 환원적 상징체라면 그것은 어떤 구조로 현실을 환원하고 축조하였는가?

도량이란 사물을 분절하는 일에서 시작한다. 그래야 계량할 수 있고 또 표준에도 맞출 수 있다. 곤륜산(崑崙山)의 해계(嶰谿) 골짜기에서 구멍이 고른 대나무의 두 마디 아홉 치를 취하여 황종(黃鐘)의 궁(宮)음으로 삼고, 다시 그 길이의 3분의 1만큼씩을 더하거나 잘라냄으로써 12음률을 만들어가는 이른바 칠상오하(七上五下)의 방법이 바로 분절을 통하여 높낮이를 정하고 표준에 맞추는 도량화 작업인 것이다.

이 기호 체계로 사회를 조직하고 조화시키는 데에 환원적으로 적용하는 것이 바로 신분의 높고 낮음을 도량처럼 분절하는 일이다. 모든 사람을 왕(王)·공(公)·대부(大夫)·사(士)·조(皂)·여(輿)·예(隷)·요(僚)·복(僕)·대(儓) 등 열 등급의 신분으로 나누어 각 등급에 속하는 사람의 숫자가 전체적으로는 다이아몬드(◇)형의 도표를 형성하도록 유지한 것이라든가, 사(士) 이상의 지배 계급이라 하더라도 신분에 따라 제사와 향연시에 동원되는 악대와 가무의 편성을 천자는 팔일(八佾), 제후는 육일(六佾), 대부(大夫)는 사일(四佾) 등으로 각각 다르게 규제한 것 등이 바로 그 예이다. 이처럼 음악적 상징 체계로 사회 조직을 기호화하면 그것이 자연스럽고도 당연한 것으로 받아들여지는 이점이 있다.

'귀(貴)' 자와 '천(賤)' 자의 자형을 통해서도 알 수 있듯이 예나 지금이나 귀천이란 '재물'(貝)의 소유에 의해서 구분되는 사회적 현상인데도, 이것이 마치 높고 낮음의 분절을 통해서 음악의 존재가 가능한 것처럼 귀천의 구분이 본질적이고도 자연적인 것처럼 위장시킨다. 귀천을 구분한다는 것은 '수(殊)' 자의 자형적 의미가 '몸통과 머리를 분리시키는 참형'인 것처럼 그 사회의 생명을 죽이는 일이 된다. 이것은 말할 것도 없이 조화의 아름다움을 추구하는 음악의 본질과는 거리가 멀다.

예(禮)가 존비를 구별해야 하는 까닭

禮別尊卑(예별존비)라 │ 예는 윗사람과 아랫사람을 분별한다.

높을 존(尊)

'예도 례(禮)' 자는 '볼 시(示)'와 '예기 례(豊)'로 이루어 졌다. '시(示)' 자는 '하늘'을 의미하고, '례(豊)' 자는 제 사 그릇에 술을 담은 모양이다. 나중에 나온 글자인 '단 술 례(醴)' 자가 이를 입증한다. 따라서 '례(禮)' 자의 자 형적 의미는 '신에게 술을 올려 제사 지내다'가 된다.

'다를 별(別)' 자는 '칼 도(刀)'와 '살 바를 과(冎)'로 이루어졌다. 그러므로 '별(別)' 자의 자형적 의미는 '뼈에서 살을 발라 떼어내다' 가 된다. 이로부터 '구분하다' · '변별하다' 등의 가차 의미가 생겨 났다.

'높을 존(尊)' 자의 원래 글자는 '술 추(酋)'와 '받들 공(廾)'으로 이루어졌으므로, 자형적 의미는 '술그릇을 두 손으로 받들다'가 된 다. 이로부터 '술그릇' · '술독' 등의 의미가 생겨났고, 또한 술그릇 을 바쳐 올리는 대상은 주로 윗사람이므로 이로부터 '윗사람' 또는 '어른' 등의 가차 의미가 파생되었다.

'낮을 비(卑)' 자는 '밭 전(田)'과 '오른손 우(又)'로 이루어졌다. 따라서 '비' 자의 자형적 의미는 '밭을 대신 경작하고 관리해 주는 집사(執事)'가 된다. 집사는 주인의 아래에서 일을 맡아보는 사람이 므로 '아랫사람' 이란 뜻으로도 쓰인다.

이 구절은 군신(君臣) · 부자(父子) · 부부(夫婦) · 장유(長幼)간의 윤리적 관계를 규정한 이른바 오륜(五倫)의 내용을 다시 쓴 것이다. 예의 궁극적인 목적은 존비(尊卑), 즉 윗사람과 아랫사람을 변별함으로써 질서를 세우는 것인데, 이것은 희생과 금지를 통해서 질서가 만들어지는 것과 같은 이치이다.

예란 '예(禮)' 자의 자형이 암시하듯이 사람이 하늘을 대하는 방식으로 인간 관계를 재현하기 위한 것이다. 즉 사람이 하늘을 범하지 못함으로써 복종이 가능한 것처럼 인간 사이의 관계도 금지를 설정해야 질서가 생긴다. 이 금지가 곧 상하 관계를 변별하여 아랫사람이 윗사람을 범하지 못하게 하는 것이다. 이때 아랫사람은 자연히 희생하는 위치에 놓이게 된다. 그리고 금지와 복종을 기호화하고 억압과 희생을 미화하는 코드들이 바로 예의의 구체적 행위들이다. 따라서 예는 제의(祭儀)이자 행위 이데올로기인 것이다.

예는 흔히 대나무에 비유된다. 즉 대나무 줄기는 마디로 나누어지기는 하지만 마디는 분리된 것이 아니라 그 속이 일관되어 있는 것처럼, 예에서의 존비도 구별되는 것 같지만 실상은 한 몸이다. 그러나 제의(祭儀)라는 것은 성찰이 없이 반복 수행될 때 경직된 예법을 낳고 여기에서 존비가 따로따로 분리되는 계층화가 일어나게 마련이다. 그러므로 '별(別)' 자의 자형처럼 한 몸일 수밖에 없는 살과 뼈를 칼로 발라내듯 존비를 가른다면 그것은 예의 본래 기능이 아닐 것이다.

조화의 의미

上和下睦(상화하목)하고 | 윗사람이 온화하면 아랫사람이 화목하고,

화합할 화(和)

'위 상(上)' 자의 고문자 자형은 '하나 일(一)' 자 위에 가로로 한 획을 그은 모양으로서 그 의미는 '위로 올라가다'였다. 이로부터 나중에 '사물의 위'라는 가차 의미가 생겨났다.

'화합할 화(和)' 자는 '입 구(口)'와 '벼 화(禾)'로 이루어졌다. '화(禾)' 자는 '더할 가(加)'와 같은 계열의 독음이므로 '화(和)' 자의 자형적 의미는 '하나의 음성(口)에 다른 음성을 더하여 화음을 내다'가 된다.

'아래 하(下)' 자는 앞의 '윗 상(上)' 자와 정반대이기 때문에 '밑으로 내려가다'·'사물의 아래' 등의 의미를 지시한다.

'화목할 목(睦)' 자는 '눈 목(目)'과 '평평한 땅 륙(坴)'으로 이루어졌다. 눈이 평평하다는 것은 눈이 노기나 삐딱한 기운이 없이 온순한 모양을 가리킨다. 따라서 '목(睦)' 자의 자형적 의미는 '눈이 온순하다'가 되고, 이로부터 '화목하다'라는 의미가 파생된 것이다.

'상화(上和)'라는 것은 윗사람이 온화해야 한다는 뜻으로서, 이는 '하목(下睦)', 즉 아랫사람들이 화목하게 되는 전제 조건이다. 합창에서 화음(和音)을 낼 때는 각 사람의 목소리가 골고루 안배되어 나

와야지 어느 한 사람의 목소리가 전체를 지배해서는 안 된다. 국물 맛을 내기 위해 양념을 넣을 때에도 마찬가지로 어느 한 양념이 전체의 맛을 지배하도록 많이 넣으면 그 국은 먹을 수 없다. 각 양념들이 자기 맛을 고루 낼 수 있도록 안배되는 것이 바로 '화(和)'의 의미이다. 윗사람이라고 해서 목소리가 다른 사람들보다 비중 있게 취급되어서는 조화가 이루어질 수 없다. 이런 의미에서 "윗사람이 온화해야 한다"라는 말은 곧 윗사람의 목소리가 자기 몫 이상으로 강조되거나 부풀려져서는 안 된다는 뜻이 된다. 그래야만 아랫사람들의 눈이 노기나 삐딱함이 없이 온순하고 순종적이 되는 법이다.

'부(夫)' 자와 '부(婦)' 자가 말하는 기의

夫唱婦隨(부창부수)라 | 지아비가 부르면 지어미는 뒤에 따른다.

'지아비 부(夫)' 자는 '큰 대(大)' 와 '한 일(一)' 로 이루어졌다. '대(大)' 자는 사람의 몸체 모양이고 '일(一)' 자는 머리에 쓴 관을 고정시키는 기다란 비녀를 뜻한다. 따라서 '부(夫)' 자의 자형적 의미는 '관을 쓴 성인 남자' 가 된다.

지어미 부(婦)

'부를 창(唱)' 자는 '입 구(口)' 와 '창성할 창(昌)' 으로 이루어졌다. '창(昌)' 자는 높이 뻗어 올라간다는 뜻이므로 '창(唱)' 자의 자형적 의미는 '목소리를 높여 노래를 부르다' 가 된다. 그래서 노래를 부를 때에 처음 부분을 소리내어 부르는 것을 '창(唱)' 이라 한다. 이로부터 '앞장서서 부르다' 라는 가차 의미가 파생되었다.

'지어미 부(婦)' 자는 '계집 녀(女)' 와 '쓸 추(帚)' 로 이루어졌다. '추(帚)' 자는 '쓸고 닦아서 아름답게 꾸미다' 라는 뜻이므로 '부(婦)' 자의 자형적 의미는 '아름답게 수식하고 꾸민 신부' 가 된다. 이로부터 남편에 대한 '아내' 또는 '아낙' 의 의미가 파생된 것이다.

'따를 수(隨)' 자는 '달릴 착(辵)' 과 '떨어질 타(墮)' 로 이루어졌으므로, 자형적 의미는 '종적을 따라 꾸불꾸불 따라가다' 가 된다.

이 구절은 오륜(五倫) 중의 이른바 "지아비와 지어미 사이에는 구

244

별이 있어야 한다"(夫婦有別)라는 윤리 강령에서 구별의 의미가 무엇인지를 명쾌하게 설명해 준다.

부부의 의미는 대립적으로 변별된다. 우선 '부(夫)'와 '부(婦)'의 자형과 그 의미를 보더라도 전자는 비녀 하나로 남자임이 지시되듯이 질박(質朴)함이 본질인 것처럼 묘사되어 있는 데 비하여, 후자는 복잡하게 수식함으로써 아름답게 꾸미는 것이 당연한 것으로 받아들여지게 한다. 체언(體言)인 '부(夫)'자와 '부(婦)'자뿐만 아니라 용언(用言)인 '창(唱)'과 '수(隨)'도 대립된다. 즉 문자의 중심을 이루는 방(旁)을 보면 전자의 방인 '창(昌)'은 '위로 뻗어 나아가다'라는 뜻인 반면, 후자의 방인 '타(墮)'는 '아래로 떨어지다'라는 의미를 갖고 있다. 따라서 실제 행위에서도 전자는 '앞서 부르고'(唱) 후자는 '따라 하는 것'(隨)으로 대립되는 것이다.

이처럼 부부 사이는 대립적으로 변별되기는 하지만 그 관계는 결코 대등하지가 않고 전자에 특권이 부여되어 있다. 이 구절에서 홍성원은 "남편은 강직함과 의로움으로 앞서서 창도(倡導)하고, 아내는 부드러움과 순종함으로써 이를 따른다"(夫以剛義而倡之, 婦以柔順而隨之)라고 주를 달았는데, 이 대장(對仗)의 대립적 구조가 부부간의 불평등 관계를 극명하게 드러낸다. 즉 머리 구절의 '강직함'(剛)·'의로움'(義)·'창도함'(倡) 등은 꼬리 구절의 '부드러움'(柔)·'순종함'(順)·'따름'(隨) 등에 비해서 우등한 관계에 있으므로, '남편'(夫)이 '아내'(婦)에 비하여 특권을 누리는 것은 당연할 수밖에 없는 것이다.

'부(夫)'와 '부(婦)'의 자형대로 우리의 무의식이 구조화되고 또 행동 양식이 이에 근거한다면 지식과 정보를 얻는 일에도 불평등한 결과가 빚어질 수밖에 없다. 왜냐하면 몸치장을 함에 있어서 '질박해야 함'과 '수식해야 함'이 각각 본질적인 것으로 간주되는 양자 사이를 비교하면 말할 것도 없이 수식해야 하는 '부(婦)' 쪽이 시간적으로 훨씬 불리하기 때문이다. 아침에 머리에 비녀만 꽂고 나가는 것이 용인되는 사람과 이것저것 바르고 매만지고 또 차려입고 나가야 하는 사람이 공부 경쟁을 한다면 누가 유리할 것인가는 불을 보듯 뻔하지 않은가. 따라서 사회적 불평등은 처음부터 예약될 수밖에 없었던 것이다. 그리고 '부창(夫唱)'과 '부수(婦隨)'로 병렬 반복되는 '주어+술어' 관계의 메시지는 남편은 아무리 못나도 아내보다 앞서야 하고 아내는 아무리 잘나도 남편을 앞지르지 않는 것이 윤리라는 이데올로기를 심어주기도 한다.

이와 같이 부부간의 구별이 대등한 관계에서 이루어지는 것이 아님은 앞의 대구(對句)인 '상화하목(上和下睦)'의 구조가 이미 암시하고 있다. 다시 말해서 부부 사이는 '상'과 '하'의 관계임을 '문자적'으로 지시하고 있는 것이다. 이러한 수직적 구별은 권리와 책임이 남편에게 집중되게 하고 또 아내는 남편에게 의존하도록 유도한다. 이것이 현대 사회에 적합하고 또 바람직한 부부 관계일까?

가부장 사회의 남아 교육

外受傅訓(외수부훈)하고 | 밖으로 나가서 스승의 가르침을 받고,

밖 외(外)

'밖 외(外)' 자는 '저녁 석(夕)' 과 '점 복(卜)' 으로 이루어졌다. 점이란 평상시에는 아침에 치는 것이 상례이다. 그러나 긴급할 때에는 저녁에 치기도 하는데 이는 예외적인 것이다. 따라서 '외(外)' 자의 자형적 의미는 '저녁에 점을 치는 예외적인 경우' 가 된다. 이로부터 본령(本領)이 아닌 '바깥' 이라는 가차 의미가 생겨났다. 여기서 '외(外)' 란 구체적으로 집 밖의 향리(鄕里)를 가리킨다.

'받을 수(受)' 자를 금문(金文)에서는 '𤔒' 로 썼는데 이는 윗부분에 손을 가리키는 '손톱 조(爪)' 와 아랫부분에 역시 손을 가리키는 '오른손 우(又)', 그리고 가운데에 '배 주(舟)' 가 그려져 있는 모양이다. 따라서 '수(受)' 자의 자형적 의미는 '이쪽 강변에서 배를 보내고 저쪽 강변에서 배를 받다' 가 된다. 이로부터 '주고받다' 라는 의미가 가차된 것이다. '주다' 와 '받다' 라는 행위는 원래 같은 행위의 두 측면이기 때문에 문자 역시 '수(受)' 자 하나로써 두 가지 의미를 모두 표기하였으나 나중에 혼돈을 피하기 위하여 '주다' 라는 의미는 '수(授)' 자로 따로 쓰게 되었다.

'스승 부(傅)' 자는 '사람 인(人)' 과 '펼 부(傅)' 로 이루어졌으므로, '부(傅)' 자의 자형적 의미는 '뜻이나 포부를 펼 수 있도록 도와주는

사람'이 된다. 이로부터 '스승'·'재상'·'도와주다' 등의 가차 의
미들이 파생된 것이다.

'가르칠 훈(訓)' 자는 '말씀 언(言)'과 '내 천(川)'으로 이루어졌다.
'천(川)' 자의 독음은 '따를 순(順)'과 같은 계열로 여기에는 '냇물이
낮은 곳으로 흐르듯 순종하다'라는 의미가 내포되어 있다. 따라서
'훈(訓)' 자의 자형적 의미는 '말로써 순종하도록 가르치다'가 된다.

귀천과 존비의 구분은 가족에 대한 메타 인식과 교육에서 시작되
므로 이 구절 이후부터는 이에 관한 내용이 이어진다.

이 구절은 『예기』 「내칙」(內則)편의 "(사내아이가) 열 살이 되면
밖으로 내보내 외부의 스승에게로 나아가 바깥에서 기거하면서 글
과 책을 배운다"(十年, 出就外傅, 居宿於外, 學書記)라는 말을 다시 쓴
것이다.

고대의 교육은 열 살까지는 가정에서 이루어지는데, 이때에는 아
버지의 법과 규범을 배운다. 아버지의 법과 규범은 가부장제 사회의
기초 질서이기는 하지만 이것이 그대로 세상에 적용될 수는 없기 때
문에 세상의 법과 짜맞춰져야 하는데, 그 작업과 훈련 과정이 바로
스승의 법과의 상호 텍스트적인 장이 된다. 이런 의미에서 스승의
가르침을 '받는다'(受)는 말은 이 글자의 원래 의미대로 부모와 스
승이 '주고받는다'로 해석하는 것이 합리적일 것이다. 따라서 아버
지의 법과 스승의 법은 상호 보완적으로 가부장제의 질서에 순응하
고 또 그 질서를 만들어가게 한다. 이러한 수행의 요체는 완전한 순
종과 길들여짐인데, 길들임은 임금에 봉사하는 일임과 동시에 임금
으로부터 가부장적 권력을 보장받는 일이기도 하다. 이것이 "임금과

스승과 아버지는 한 몸이다"라고 하는 이른바 군사부일체(君師父一體) 신화의 본질인 것이다. 결국 '가르칠 훈(訓)'의 독음이 '길들일 순(馴)'의 독음과 같은 계열에 속해 있는 것처럼 '가르침'이란 '길들임'과 멀리 떨어져 있지 않은 가까운 이웃인 셈이다.

이러한 군사부일체의 전통적인 관념은 모든 백성(사람)은 세 가지 요소에 의지해서 삶을 유지한다는 전제로부터 생겨난 것인데, 그 세 가지란 바로 낳아준 아버지, 가르쳐준 스승, 먹여주는 임금 등을 가리킨다. 『예기』「단궁」(檀弓)편의 "부모를 섬길 때…… 힘든 직무를 맡아 종사하시다가 돌아가시면 지극히 애도하는 마음으로 상례를 치른다. 임금을 섬길 때…… 힘든 직무를 맡아 종사하시다가 돌아가시면 부모의 상례를 본받아서 상례를 치른다. 스승을 섬길 때 …… 힘든 직무를 맡아 종사하시다가 돌아가시면 (상복을 입진 않지만) 부모의 상례라는 마음가짐으로 상례를 치른다"[18]라는 구절은 이러한 관념을 잘 대변한다.

스승에 대한 이러한 관념을 뒤흔들어 놓은 글이 바로 당나라 한유(韓愈)의 『사설』(師說)이다. 한유는 글에서 "신분의 높고 낮음이나 나이의 많고 적음에 관계없이 도가 존재하는 곳에 스승도 존재하므로",[19] "자신보다 늦게 태어났어도 도를 들음이 자신보다 앞서면 그를 스승으로 삼고 따라야 한다"[20]라는 주장을 강력히 폈다. 이러한 주장이 당시 사람들을 혼란스럽게 만들었을 것임은 불을 보듯 뻔한 사실이었으니, 『사설』이 당시에 극렬한 비난을 받은 것은 바로 이런 배경에서 비롯된 것이다. 그렇지만 군사부일체 관념이 오늘날까지 면면히 내려올 수 있었던 것은 앞서 설명한 임금·아비·스승 사이를 엮고 있는 특수한 메커니즘 때문이리라.

현모의 도리: 소외

入奉母儀(입봉모의)라 | 집안에 들어앉아서 현모의 도리를 받든다.

어미 모(母) '들 입(入)' 자를 금문(金文)에서는 '∧' 로 썼는데 이는 땅굴 집의 입구를 그린 모양이다. 따라서 이 글자의 자형적 의미는 '입구로 들어가다' 가 된다. 여기서 '입(入)' 자는 '집안으로 들어감' 을 의미한다.

'받들 봉(奉)' 자는 '손 수(手)' 와 '받들 공(廾)' 으로 이루어졌는데 이는 두 손으로 어른의 손을 받들고 있는 모양이다. 그러므로 '봉(奉)' 자의 자형적 의미는 '어른의 의지를 계승하거나 명령을 받들어 수행하다' 가 된다.

'어미 모(母)' 자는 '계집 녀(女)' 에 젖꼭지 두 개를 그려넣은 모양이므로 자형적 의미는 '아이에게 젖을 먹이는 여자' 가 된다.

'거동 의(儀)' 자는 '사람 인(人)' 과 '옳을 의(義)' 로 이루어졌다. '의(義)' 자는 '표준적이고 규범적인 것' 을 뜻하므로, '의(儀)' 자의 자형적 의미는 '사람이 표준으로 삼을 수 있는 것' 이 된다.

이 구절은 『예기』 「내칙」(內則)편의 "여자가 열 살이 되면 밖에 나가지 않고, 보모가 가르칠 때 온순하게 듣고 따른다" (女子十年不出, 姆敎婉娩聽從)라는 말을 다시 쓴 것이다. 여기서 '보모(保姆)' 란 '여스승 무(姆)' 자를 번역한 것으로, 옛날에는 여자가 쉰 살이 되도록 아들을 낳지 못하면 집을 나와서 다시 시집을 가지 않고 부녀의 도리를 가르치는 선생이 되었는데, 이것이 바로 '무(姆)' 자의 본의이다. 그러므로 '모의(母儀)'란 여스승이 가르치는 '현모가 갖춰야 할 규범적인 몸가짐'이 된다. 여자들은 열 살이 되면 문밖 출입을 삼가고 집안에서 이 교육을 받아야 하는데 이것이 바로 '입봉모의(入奉母儀)'의 의미이다.

　대장(對仗) 구조는 괄호 묶기의 효과가 있고, 이 괄호 묶기는 '현상학적인 환원'을 가능하게 함으로써 남녀의 차별적 교육을 당연한 것으로 인식시킨다. 우선 남자의 교육은 '밖'(外)에서, 여자의 교육은 '집안'(入)에서 이루어져야 한다. 남자의 교육은 스승과 '주고받음'(受)의 관계로서 상호 텍스트적 성격을 지니지만, 여자의 교육은 규범을 일방적으로 '받들어 모시는'(奉) 관계이다. 그리고 남자의 '스승'(傅)은 그 자체가 규범적이고 또 권위적인 반면, 여자의 스승은 실제적으로 규범만 있을 뿐 '스승'(姆) 자체는 아들을 못 낳아서 소외된 인간에 지나지 않는다.

　이처럼 대장의 형식적 구조는 사물을 대립적으로 환원시킴으로써 형이상학적으로 합리적인 것이 되게 하는 효과가 있다. 마치 우주 자연이 하늘과 땅, 해와 달, 양지와 음지 등으로 구별되면서도 전자에 특권이 부여된 것이 자연스럽게 느껴지는 것처럼 말이다. 이런 차별이 남녀간의 사회적 위상을 어떻게 바꿔놓았을까는 굳이 묻지 않고도 알 수 있을 것이다.

가족 관계를 부연하는 의미

諸姑伯叔(제고백숙)은 | 모든 고모들과 큰아버지와 작은 아버지는,

아재비 숙(叔)

'모두 제(諸)' 자는 '말씀 언(言)' 과 '놈 자(者)' 로 이루어졌다. '자(者)' 자의 고문자 자형은 장작을 삼태기에 많이 주워담은 모양이므로,[21] '제(諸)' 자의 자형적 의미는 '말을 많이 하다' 가 된다. 나중에 '말' 은 탈락되고 '많다' 라는 의미만 남게 되었고, 이로부터 '모든' 이라는 가차 의미가 파생되었다.

'시어미 고(姑)' 자는 '계집 녀(女)' 와 '옛 고(古)' 로 이루어졌다. '고(古)' 는 '노인' 이란 뜻이므로 '고(姑)' 자의 자형적 의미는 '나이가 많이 든 여자' 이다. 시어머니는 친어머니와 같지만 친어머니는 아니라는 의미에서 '고(姑)' 로 불렸고, 또 남자가 아버지의 자매들을 부를 때에도 '고(姑)' 라고 불렀다.

'맏 백(伯)' 자는 '사람 인(人)' 과 '흰 백(白)' 으로 이루어졌다. '희다' 는 것은 나이가 많이 든 백발 노인을 의미하므로 '백(伯)' 자는 곧 '가장 연로한 어른' 을 뜻한다.

'아재비 숙(叔)' 자의 고문자 자형을 보면 좌측 방은 콩이 자라는 모양이고 우측 변은 '오른 손 우(又)' 로 되어 있다. 따라서 '숙(叔)' 자의 자형적 의미는 '콩을 거두어들이다' 가 된다. 추수하는 일은 농사의 마지막 단계의 일이므로 이로부터 '끝 · 아저씨' 등의 가차

의미가 생겨났다.

아버지의 자매들은 '제고(諸姑)'이고, 아버지의 형제들은 '백숙(伯叔)'을 가리킨다. '백숙'은 '백중숙계(伯仲叔季)'를 줄인 것으로서 원래는 형제의 서열을 가리키는 말이었다. 즉 '백(伯)'은 맏형, '중(仲)'은 둘째형, '숙(叔)'은 아랫동생, '계(季)'는 막내를 지시하는 말인데, 여기서는 고모들과 병렬되어 있으므로 아버지의 형제들인 큰아버지와 작은아버지를 의미하고 있음을 알 수 있다.

중국을 비롯한 동아시아 국가들은 가족 구성원들의 서열과 친소 관계를 매우 세밀하게 따져서 이름짓고 부르기를 좋아한다. 이는 아마 한자를 빌어 썼기 때문에 한자라는 큰 타자(the other)로 인해 만들어진 개념이자 제도일 것이다. 서양에도 가족 구성원들의 관계와 서열을 지칭하는 명칭이 있긴 하지만 중국처럼 복잡하지도 않고, 먼 인척에까지 구체적 명칭을 부여하는 일은 거의 없다.

가족 관계를 표상하는 명칭을 부여받는다는 것은 곧 그가 가족의 한계 내에 있음을 의미한다. 가족의 한계를 정의하는 목적은 근친혼을 막기 위한 것인데, 그러면 우선 여자가 공평하게 분배되는 효과가 발생한다. 즉 명칭을 통해 가족의 한계를 정의하면 그 한계까지 근친혼과 족내혼(族內婚)이 금지되므로 그만큼 다른 가족 집단과 혼인을 통한 결합의 기회가 많아진다. 가능한 한 많은 가족 집단간의 상호 직조(織造)를 통해서 권력의 크기와 범위를 넓혀가는 것이다. 그러므로 한두 다리 건너면 관계되지 않는 경우가 없는 것이 전통 사회의 특성이다. 법이나 사회적 규범보다는 가족의 윤리가 우선될 수밖에 없는 것이 전통 사회의 한계이다.

가족의 가치, 혹은 현실

猶子比兒(유자비아)라 | 자기 자식과 똑같이 대하고 자기 아이처럼 친밀히 여긴다.

견줄 비(比)

'같을 유(猶)' 자는 원래 원숭이과에 속하는 동물 이름이다. 옛날에는 양단간에 결정을 내리지 못하고 우유부단한 것을 일컬어 '유이(游移)'라고 말했는데 이를 '유예(猶豫)'로도 썼다. 이로부터 '유(猶)' 자가 '이래도 좋고 저래도 좋다'라는 의미로 쓰이면서 '양쪽이 같다'라는 가차 의미가 생겨났다.

'아들 자(子)' 자는 어린아이가 두 손을 흔들며 노는 모양이므로, 자형적 의미는 '작은 어린아이'가 된다.

'견줄 비(比)' 자의 고문자 자형은 두 사람이 나란히 서 있는 모양이므로 자형적 의미는 '두 사람이 서로 친밀하다'가 된다. 이로부터 '견주다' · '무리 짓다' 등의 의미들이 파생되었다.

'아이 아(兒)' 자의 머리 부분은 어린아이의 치아를, 아랫부분은 아직 유약하여 흐느적거리는 다리를 가리킨다. 따라서 자형적 의미는 '아직 치아도 다 나지 않은 힘 없는 어린아이'가 된다.

이 구절은 『예기』「단궁」(檀弓)편의 "형제 소생의 아들들은 자기 아들과 같다"(兄弟之子, 猶子也)를 다시 쓴 것이다.

이 구절은 형제와 자매들은 조카들을 자기 친자식이나 진배없이 친근하게 대해 주고 또 돌보아주어야 한다는 내용을 말하고 있다. 따라서 이 구절은 가족 내 동기간의 우애를 돈독히 하는 데에 훌륭한 교훈과 지침이 되었다. 그래서 고향을 떠나와 서울에 사는 형제나 자매가 서울로 유학(遊學) 온 조카에게 문간방이라도 내주고 공부 뒷바라지를 책임져 주는 갸륵한 광경이나 이야기를 주위에서 어렵지 않게 보고 들을 수 있는 것이다. 이 경우 생활이 빠듯하여 제 자식에게는 보습(補習) 과외를 좀 못 시키더라도 조카에게는 소홀히 할 수 없는 것은 바로 이 구절로 만들어진 텍스트의 이미지 때문일 것이다. 왜냐하면 손님이란 주인 식구보다 더 우대해 줘야 비로소 한 집안 식구라는 느낌을 받는 것이므로 조카를 내 자식과 똑같이 대우했다는 말을 듣기 위해서는 조카를 실제로 더 우대해야 하기 때문이다. 그러나 더 우대한다는 것이 주는 자와 받는 자 사이에서 개념적으로 일치하기가 그리 쉬운 일은 아닐 것이다.

그리고 조카를 제 자식처럼 키웠으면 제 자식에게 반포(反哺)를 기대하지 않듯 조카에게도 보은(報恩)을 기대하지 않아야 하는데, 실제로는 그렇게 하지 못해서 집안 내의 불화가 야기되기도 하는 것이 현실이다. 한마디로 말하자면 "내가 저를 어떻게 키웠는데"와 "당연한 거 아닌가?" 사이의 이데올로기적 갈등이라고도 할 수 있을 것이다.

『시경』「천수」(泉水)편에 "여자가 시집을 가, 부모형제와 멀어지는 법, 고모들에게 안부 여쭙고, 언니들도 만나고 싶네"(女子有行, 遠父母兄弟. 問我諸姑, 遂及伯姉)라는 구절이 있는데, 이는 친정 식구가 그립더라도 여자는 시집가면 남이라는 이른바 출가외인(出嫁外人)의 이데올로기에 충실해야 함을 주문하는 말이다. 그렇다면 "모든 고모들과 큰아버지와 작은아버지는 자기 자식과 똑같이 대하고 자기 아이처럼 친밀히 여긴다"(諸姑伯叔, 猶子比兒)라는 말은 '출가외인'과 상충되는 듯이 보인다. 즉 큰아버지나 작은아버지는 몰라도 고모들은 출가외인으로서 친정 식구에 관심을 갖는 것 자체가 윤리적으로 옳지 않다. 어디 집에나 마음대로 갈 수 있어야 조카들을 내 자식 대하듯 할 것 아닌가. 기회조차 박탈당한 상황에서 "모든 고모들과 큰아버지와 작은아버지는 자기 자식과 똑같이 대하고 자기 아이처럼 친밀히 여긴다"라는 구절을 읽을 때 고모는 얼마나 괴로워했을까? 같은 이데올로기 내에 이렇게 상충되는 메시지가 존재하게 된 것은 추측건대 외척이나 처가의 형편에 따라 유리한 쪽으로 선택되는 것이 아닌가 싶다. 이를테면 외척이나 처가의 형세가 잘 나가면 "모든 고모들과 큰아버지와 작은아버지는 자기 자식과 똑같이 대하고 자기 아이처럼 친밀히 여긴다"를 강조하고, 형세가 좋지 않으면 '출가외인'을 내세웠던 것은 아니었을까.

핏줄의 힘과 한계

孔懷兄弟(공회형제)는 │ 형제를 심히 그리워하는 것은,

아우 제(弟)

'구멍 공(孔)' 자를 금문(金文)에서는 '𡥉' 로 적었는데, 이는 어린아이가 어머니의 젖꼭지를 물고 젖을 빠는 모양이다. 따라서 '공(孔)' 자의 자형적 의미는 "젖꼭지 구멍을 통해서 어머니의 젖이 아이에게 들어가다"가 된다. 이는 어머니가 아이에게 젖을 먹이는 모양의 '호(好)' 자에 '구멍'이란 의미가 있다는 사실로도 입증된다. 이로부터 '구멍'·'통하다' 등의 의미들이 생겨났다. 여기서는 '매우'·'심히'라는 가차 의미로 쓰였다.

'품을 회(懷)' 자는 '마음 심(心)'과 '따를 회(褱)'로 이루어졌다. '회(褱)' 자는 옆구리에 감싸 낀다는 뜻이므로 '회(懷)' 자의 자형적 의미는 '마음 속에 품고 떨쳐버리지 못하다'가 된다.

'맏 형(兄)' 자는 숨을 쉴 때 '입'(口)에서 기운이 쉬지 않고 나오는 모양이다. 입에서 나오는 숨은 갈수록 많아지는 것이므로 '형(兄)' 자의 자형적 의미는 '갈수록 더 자라나고 많아지다'가 된다. 이로부터 '남자 손윗사람'을 가리키는 가차 의미가 파생되었다.

'아우 제(弟)' 자는 '가죽 위(韋)' 자의 변형된 자형으로서 기물의 손잡이를 가죽끈으로 감아서 내구성과 미관을 추구한 모양이다. 이때 예쁘게 보이려면 간격을 맞춰 차례차례 감아야 하기 때문에 이로

부터 '순서'라는 자형적 의미가 생겨났고, 여기에서 다시 '동생'이라는 가차 의미가 파생되었다.

이 구절은 『시경』「상체」(常棣)편의 "죽고 장사 지내는 두려움에서, 형제들은 서로를 심히 그리워하네"(死喪之威, 兄弟孔懷)를 다시 쓴 것이다.

'공회(孔懷)'는 '형제간의 우애' 또는 '형제'를 지칭하는 명사이기도 하지만, 여기서는 '심히 그리워 잊지 못하다'라는 의미의 동사로 쓰였다. 삶의 마지막 순간에 겪는 두려움 속에서도 생각나고 또 도와줄 수 있는 사람은 형제뿐이라는 말은 역시 같은 핏줄은 남이 아니라 나 자신의 골육이나 진배없음을 의미한다. 이처럼 이 구절의 텍스트가 생성하는 의미는 가족의 가치와 그 윤리성이다.

이를 약간 확장해 말하자면 세상을 살면서 많은 사람들을 만나게 되지만 뭐니뭐니 해도 형제만한 사람은 없다는 뜻으로도 해석할 수 있다. 벗이 아무리 친하다 하더라도 탄식만 할 뿐이지 그에게서 기대할 것이 사실상 거의 없는 것이 현실이다. 그러나 피를 나눈 형제는 다르다. 그렇기 때문에 핏줄밖에 믿을 사람이 없다는 신화가 진리처럼 설득력을 얻어왔던 것이고, 이것이 다시 우리 사회에서 좀처럼 사라지지 않는 족벌 체제에게 든든한 터를 제공해 주었던 것이다. 설사 믿지 못할 형제가 있어서 그에게 손해를 입어도 결국은 형제가 먹는 것이니, 형제를 먹이는 것은 궁극적으로 가족 윤리에 부합한다. 그러므로 족벌 체제는 영원토록 무너질 수 없는 메커니즘을 스스로 갖고 있는 셈이다.

중국은 일찍부터 이러한 가족 윤리에 입각하여 땅을 '우물 정

(井)'자 모양으로 갈라서 혈족들에게 나누어주고 통치하게 하는 제도를 수립하였다. 이것이 이른바 정전법(井田法)을 기초로 한 주(周)나라의 봉건 제도인데, 주나라는 이 제도의 모순으로 얼마 지탱되지 못하고 춘추 시기를 맞게 되었다. 왜냐하면 혈육에 바탕을 둔 위계질서는 엄격하게 지켜질 수 없기 때문이다. 한마디로 자식을 이기는 부모가 어디 있으며, 동생을 이기는 형이 어디 있겠는가? 차라리 남이었더라면 목을 치거나 아니면 법대로라도 할 수 있었을 텐데. 그래서 전국(戰國)을 통일한 진(秦)나라는 중앙에서 관리를 임명하고, 파견하는 군현(郡縣) 제도를 실시했고 그 이후의 왕조들도 이 제도를 그대로 답습하였던 것이다.

 이런 것을 보면 핏줄이라고 다 믿을 만한 것도 아니고 오히려 그 병폐로 치면 남보다 더함을 알 수 있다. 사실 따지고 보면 핏줄이라고 해서 믿을 만했던 것이 아니고 핏줄을 명분으로 가족 윤리가 보이지 않는 구속력을 발휘했기 때문이다. 그렇기 때문에 이러한 윤리에 더 이상 가치를 두지 않을 때 이 신화도 힘을 발휘하지 못할 것은 뻔한 이치이다. 결속의 신화가 깨질 때 생기는 증오는 엄청난 폭력을 수반한다. 형제가 한번 싸웠다 하면 남보다 더 가혹할 뿐만 아니라 타협조차 없음을 우리는 역사 속에서 수없이 보아왔고 또 현재도 겪고 있지 않은가.

혈연을 넘어서

同氣連枝(동기련지)라 | 기(氣)를 함께 나누고 가지로 이어져 있기 때문이다.

같을 동(同)

　'같을 동(同)' 자는 기물들을 한데 모아서 위를 덮어놓은 모양이다. '입 구(口)' 자는 입이 달린 그릇들을 상징한다. 이로부터 '함께하다'·'같다' 등의 의미들이 파생되었다.

　'기운 기(氣)' 자는 '쌀 미(米)' 와 '기운 기(气)' 로 이루어졌다. '기(气)' 자는 산에서 안개가 피어오르는 모양으로 생기(生氣)를 상징한다. 따라서 '기(氣)' 자의 자형적 의미는 '일을 시키고 생활비로 주는 쌀', 즉 '급료' 가 된다.

　'이을 련(連)' 자는 '천천히 걸을 착(辶)' 과 '수레 거(車)' 로 이루어졌으므로, 자형적 의미는 '짐을 잔뜩 실은 수레가 천천히 움직이다' 가 된다. 짐을 잔뜩 실은 수레는 앞쪽에 줄을 매어 여러 사람이 줄줄이 끌어야 하므로 이로부터 '연결하다' 라는 가차 의미가 파생된 것이다.

　'가지 지(枝)' 자는 '나무 목(木)' 과 '버틸 지(支)' 로 이루어졌다. '지(支)' 자는 '오른손' (又)으로 '대나무' (竹)를 반으로 갈라 쥐고 있는 모양이므로 '지(枝)' 자의 자형적 의미는 '나무가 본줄기에서 가지 친 부분' 이 된다.

기(氣)란 만물 생성의 근원이 되는 형이상학적인 힘으로서, '리(理)'에 대하여 물질적인 바탕을 일컫는 말이다. '기를 함께 나누다'(同氣)라는 말은 형제들이 부모로부터 같은 기를 나누어 받았다는 뜻이고, '가지로서 이어져 있다'(連枝)라는 것은 나무에 비유하자면 부모는 줄기이고 형제는 줄기를 공유하는 가지라는 말이다. 그러니까 형제들은 한 몸일 수밖에 없으며, 한 몸이기 때문에 멀리 떨어져 있어서 소식을 들을 수 없을지라도 어느 형제에게 기쁜 일이 있으면 그날은 왠지 즐겁고, 슬픈 일이 생기면 까닭 없이 마음이 불안해짐을 느낀다는 것이다. 이런 의미에서 '동기련지(同氣連枝)'가 형제와 자매들을 비유하는 말로도 쓰이는 것이다.

그러나 아무리 피를 나눈 형제라 하더라도 개인은 어디까지나 개인이고 또 환원될 수 없는 타자이다. 이러한 타자들을 '기(氣)'라는 형이상학적 개념으로 개인간의 경계를 허물고 또 줄기와 가지에 비유하는 방법으로 동일화하면 결국 타자성(他者性)은 무화(無化)될 수밖에 없는 것이다. 다시 말해서 '동(同)'자는 다양한 '입'(口)들을 '하나'(一)의 이데올로기로 '덮어버리는'(冂) 무차별적 동일성이 되도록 유혹하고, '지(枝)'자는 그 우측 방인 '지(支)'자가 암시하듯이 대나무 하나가 홀로 떨어져 나온 타자인데, 변에 있는 '나무'(木) 때문에 '가지'라는 주변적이고도 종속적인 위치를 벗어나지 못하도록 유도되는 것이다.

이렇듯 형제 관계를 '기'로 설명하고 또 나무에 비유함으로써 여기에 형이상학적 의미를 과도하게 부여하고 이를 남과 구별하는 경계선으로 삼았다. 따라서 타자성이 형제 속으로 흡수되어 정체성을 갖지 못한 개인은 경계선 밖의 다른 사람과 형제적 관계를 가질 수 있는 기회가 원초적으로 박탈될 수밖에 없는 것이다.

　그러나 혈연을 기초로 한 사회 단위는 자연적 단위로 쉽게 인식되기 때문에 이를 대체할 수 있는 다른 사회 단위나 사회적 관계를 모색하기가 쉽지 않다. 인류의 이성과 역사가 끊임없이 추구해 간다고 믿고 있는 대서사(大敍事)도 따지고 보면 바로 이 혈연의 한계를 어떻게 극복했느냐의 문제로 축약할 수 있을 것이고, 종교 역시 이 문제의 해결에 매달렸다고 해도 과언이 아닐 것이다. 그래서 혈연의 한계를 극복하고 또 형제를 보충하고, 대리할 수 있는 방법의 일환으로 계급이라는 개념이 등장하기도 했지만, 공산주의의 쇠퇴와 함께 시대착오적 술어로 전락하고 말았다. 결국 사회적인 것과 역사적인 것들은 혈연이라는 생물학적 윤리에 의해 밀려나게 되었고, 아울러 '동기련지(同氣連枝)'의 신화는 이제 믿음을 넘어서 진실로 자리매김되기에 이르렀다.

'붕(朋)', 혹은 '봉'

交友投分(교우투분)하고 | 벗을 사귐에 있어서는 정분을 함께하고,

벗 우(友)

'사귈 교(交)' 자를 소전에서는 '交' 로 썼는데 이는 사람이 두 다리를 교차시키고 있는 모양이므로 자형적 의미는 '다리를 교차시키다' 가 된다. 이로부터 '사귀다' · '오고가다' · '벗' 등의 가차 의미들이 파생되었다.

'벗 우(友)' 자는 '오른손 우(又)' 자 두 개를 겹쳐놓은 모양이다. '우(又)' 자의 독음은 '도울 우(佑)' 와 같은 계열인데다가 손이 두 개 겹쳐 있으므로 '우(友)' 자의 자형적 의미는 '도움을 주다' 가 된다. 이로부터 '벗' 이라는 가차 의미가 파생되었다.

'던질 투(投)' 자는 '손 수(手)' 와 '창 수(殳)' 로 이루어졌다. '수(殳)' 자는 '벨 수(殊)' 와 같은 계열의 독음으로 사람을 찌르는 무기를 가리킨다. 따라서 '투(投)' 자의 자형적 의미는 '손으로 창을 던지다' 가 된다.

'나눌 분(分)' 자는 '칼 도(刀)' 와 '여덟 팔(八)' 로 이루어졌다. '팔(八)' 자는 '갈라져서 서로 등지다' 라는 의미로서 '여덟' 은 계속 둘로 나누어지는 수이므로 가차 의미로 파생된 것이다. 따라서 '분(分)' 자의 자형적 의미는 '칼로 반을 가르다' 가 된다. 이로부터 '나누어진 몫' 이라는 가차 의미가 생겨났다.

이 구절은 오륜(五倫) 중의 "벗들에게는 신의가 있어야 한다"(朋友有信)라는 말을 다시 쓴 것이다.

'교(交)'란 서로 오고간다는 말이고, '우(友)'란 도움을 준다는 말이므로 '교우(交友)'란 글자 그대로 '도움을 서로 주고받는 사이'란 뜻이 된다. 또 '투분(投分)'은 흔히 '정분을 함께 나누다'라는 의미로 사용되고 있지만, 본래는 자신의 '몫'(分)을 '던진다'(投)라는 뜻이다. 다시 말해서 도움을 서로 주고받을 때에는 제 몫을 던져야 한다는 말이다. 특별한 대가도 없이 어느 한쪽이 일방적으로 주기만 하면서 정분을 함께 나누는 것이라고 여긴다면 그 사람은 성인(聖人)임에 틀림없을 것이다. 제(齊)나라 포숙(鮑叔)이 관중(管仲)에게 일방적으로 베풀고 양보함으로써 이룩한 훌륭한 교우의 본보기를 우리는 흔히 관포지교(管鮑之交)라고 부른다. 그러나 엄격히 말하면 포숙의 우정이 그렇게 일방적인 것만은 아니었다. 왜냐하면 포숙도 관중의 장래성을 담보로 베푼 것이니까 일종의 투자를 한 셈이기 때문이다. 결국 포숙은 후에 관중의 출세를 통해서 보답을 받지 않았는가.

그러므로 성인도 아니고, 또 포숙처럼 사람을 볼 줄 아는 안목도 없으면서 함부로 관포지교를 행하려는 것은 자기 도취적인 무모한 짓이 아닐 수 없다. 관포지교의 신화로 남을 것은 결국 친구의 빚 보증으로 대신 떠안은 억울한 채무밖에 없을 것이다. 아무리 존경과 선망을 받고 또 총명한 사람이라 하더라도 이 세상 다투며 먹고 살기는 마찬가지이니, 어느 누가 필부필부(匹夫匹婦)와 장삼이사(張三李四)로 일컬어지는 범속인의 범주를 벗어날 수 있겠는가. 그러니 너나 할 것 없이 범속인답게 자기 몫을 주고받는 가운데 정분을 나누는 것이 합리적이리라.

옛날 어떤 수필가는 다음과 같은 내용으로 친구를 정의했던 것이 기억 난다. "내가 외로움을 느낄 때 불쑥 나타나 주고, 내가 버림을 받았을 때 밤새 소주를 사줘가며 위로해 줄 수 있는 친구, 내 지갑이 빈 것을 알고 자기 지갑을 선뜻 내주면서 씽긋이 웃는 친구, 내가 욕심을 부리더라도 인내로 나를 설득할 수 있는 친구⋯⋯ 나는 이런 친구를 원한다", 뭐 대강 이런 내용이었던 것 같다. 아마 자신을 관중으로 착각하고 포숙 같은 사람을 찾는 모양인 듯한데, 그건 '벗'(朋)을 찾는 것이 아니라 '봉'을 찾는 것이다.

진실한 벗의 의미

切磨箴規(절마잠규)라 | 깎고 갈고 일깨워주고 바른 말로 잡아준다.

'끊을 절(切)' 자는 '칼 도(刀)'와 '일곱 칠(七)'로 이루어졌다. '칠(七)' 자의 고문자 자형은 횡선의 가운데를 자르는 모양이므로 '절(切)' 자의 자형적 의미는 '칼로 자르다'가 된다.

'갈 마(磨)' 자는 '돌 석(石)'과 '삼 마(麻)'로 이루어졌다. '마(麻)' 자는 대마 줄기에서 껍질을 잘게 찢어 벗겨내는 모양이므로 '마(磨)' 자의 자형적 의미는 '돌로 잘게 으깨어 갈다'가 된다.

'경계할 잠(箴)' 자는 '대 죽(竹)'과 '다 함(咸)'으로 이루어졌다. '함(咸)' 자는 '느낄 감(感)'과 같은 뜻이므로 '잠(箴)' 자의 자형적 의미는 '감응하도록 자극을 주는 대나무 침'이 된다. 그래서 자극을 주는 말을 잠언(箴言)이라고 하는 것이다. 금속으로 만든 바늘은 '침(鍼)'으로 쓴다.

'법 규(規)' 자는 '지아비 부(夫)'와 '볼 견(見)'으로 이루어졌다. 옛날에는 사람의 몸 일부를 척도로 삼았으니, 한 뼘, 두 뼘 또는 한 길, 두 길 등의 계량법이 그 대표적인 예이다. '부(夫)' 자는 사람의 몸체 모양이므로 바로 이 척도를 의미한다. 따라서 '규(規)' 자의 자형적 의미는 '사람의 신체를 척도로 하여 사물을 재어보다'가 된다. 이로부터 '바로잡다'라는 가차 의미가 파생되었다.

'절마(切磨)'는 '절차탁마(切磋琢磨)'를 줄인 말로서 『시경』「기욱」(淇奧)편의 "아름다운 우리 님이여, 깎은 듯하시고 다듬은 듯하시며, 쪼은 듯하시고 간 듯하시네"(有匪君子, 如切如磋, 如琢如磨)라는 구절에서 유래되었다. 이 말은 수양의 완성도를 높이기 위해서 끊임없이 자신을 연마하는 군자의 모습을 옥공(玉工)이 광채 나는 구슬을 만들기 위해서 원석을 깎고 다듬고 쪼고 가는 공정에 비유한 것이다.

사람은 눈을 비롯한 감각 기관이 밖을 향하고 있는데 그래서인지 자신을 바라보기가 매우 힘들다. 그래서 거울이 필요한 것인데 인격을 수양하는 과정에서 거울의 역할은 바로 벗이 담당한다. 거울을 통해서 이미지의 정체성이 각인되듯이 벗을 통해서 인격의 정체성이 형성된다. 왜냐하면 정체성이란 벗의 반응이 끊임없이 자신에게 투입(introjection)되고 귀환(feedback)됨으로써 만들어져가는 상호주체성의 결과이기 때문이다. 이것이 바로 '절차탁마'라고 하는 비유적 표현의 본질이다. 그러니까 인격을 형성하는 과정에서 자신을 정확하게 반영해 줄 친구가 필요한 것이다. 그러나 거울에 비친 상이 실제로는 좌우가 바뀐 상이듯이 벗을 통해 보는 자신의 모습도 실상(實像)이 아님을 상기할 필요가 있다. 반영을 실상으로 오인한다면 자칫 친구를 봉으로 여기게 될 위험이 있기 때문이다.

'잠(箴)'이란 글자 그대로 졸음을 쫓기 위해서 허벅지를 찌르는 침이다. 즉 친한 벗끼리는 함께 공부하다가 한쪽이 졸고 있다 싶으면 허벅지를 슬그머니 찔러서 각성시킨다는 뜻이다. 요즘 같은 경쟁 사회에서는 벗의 졸음이 나에게 기회가 되겠지만 말이다.

'규(規)'란 바른 말로 벗의 일탈을 막아준다는 뜻이다. 우리는 친한 벗에게 고언(苦言)을 한다고 하면서 오히려 상처를 주는 경우를 주위에서 종종 경험한다. 이것은 아무리 친구라 하더라도 그는 어디까지나 타자라는 사실을 인식하지 못하고 자신의 상상이 설정한 인격을 그로 착각한 나머지 거기에 자신의 질서를 자의적으로 강요하였기 때문이리라. 그러므로 벗에게 고언을 할 때에는 이 구절의 문자들이 지시하는 바를 염두에 두어야 한다. '절차탁마(切磋琢磨)'가 구슬에 상처를 내지 않도록 극히 조금씩 깎아 나아가는 과정이듯이, 그리고 벗을 각성시킬 때에 상처를 주지 않는 '대나무 침'(箴)으로 찌르듯이, 상처를 주지 않고 간언하는 것이 중요하다. 이때 벗을 비판하고 또 비판의 근거로 제시하는 규범이라는 것도 '신체로 잰 듯한 것'(規)이어야지 자로 잰 듯이 정의로운 것이어서는 안 될 것이다. 왜냐하면 정의는 용서보다는 심판을 수반하기 때문이다.

'인자은측' 의 다른 면

仁慈隱惻(인자은측)은 │ 인자함과 불쌍히 여기는 마음은,

어질 인(仁)

'어질 인(仁)' 자는 '사람 인(人)' 과 '두 이(二)' 로 이루어졌다. '이(二)' 자는 등에 진 짐을 뜻하므로 '인(仁)' 자는 사람이 등에 짐을 지고 있는 모양을 나타낸다. 게다가 '인(仁)' 자의 독음은 '참을 인(忍)' 자와 같으므로 결국 '인(仁)' 의 자형적 의미는 '참고 견디다' 가 된다.

'사랑할 자(慈)' 자는 '마음 심(心)' 과 '검을 자(玆)' 로 이루어졌다. '자(玆)' 자는 어린 새끼들이 여러 마리인 모양이므로 '자(慈)' 자의 자형적 의미는 '새끼들을 돌보고 아끼는 어미의 마음' 이 된다.

'숨을 은(隱)' 자의 좌측 변은 '언덕 부(阜)' 이고, 우측 방은 위아래의 두 손이 '장인 공(工)' 자를 쥐고 있는 모양과 '마음 심(心)' 으로 되어 있다. 위아래의 두 손이 '장인 공(工)' 자를 쥐고 있는 모양이란 세공업을 상징하므로 매우 미세하여 잘 보이지 않음을 의미하고, '부(阜)' 자는 언덕에 가려 보이지 않음을 뜻한다. 그러므로 '은(隱)' 자의 자형적 의미는 '밖으로 드러나지 않은 마음속의 기미' 가 된다. 이로부터 '숨다' · '가리다' 등의 가차 의미가 파생된 것이다.

'슬플 측(惻)' 자는 '마음 심(心)' 과 '법칙 칙(則)' 으로 이루어졌다. '칙(則)' 자는 '세발 솥' (鼎)에 '칼' (刀)로 흠집을 내서 표시를 해놓는다는 뜻이므로 '측(惻)' 자의 자형적 의미는 '마음에 흠집을 내다' 가

된다. 마음에 흠집을 낸다는 것은 곧 마음에 상처를 받는다는 말과 같으므로 '슬퍼하다' 라는 가차 의미가 생겨난 것이다.

　한대(漢代)에 『시』(詩)가 『시경』(詩經)으로 경전화된 다음부터 『시경』이 추구하는 교육적 효과는 백성을 온유돈후(溫柔敦厚)하게 교화시키는 데에 있었는데, '온유돈후' 함이란 구체적으로 말하자면 '인자하고 불쌍히 여기는 마음을 갖게 만드는 것' 이었다. 남을 불쌍히 여기려면 필연적으로 다른 사람을 규정하고 표상해야 하는 메타 인식이 선행되어야 한다. 다시 말해서 자신을 관찰자의 차원에 두고서 자신의 주변을 대상화하면 자신은 상대적으로 커지고 주변은 왜소하게 느껴진다. 이때 왜소한 주변을 보상하기 위한 감정이 바로 '인자(仁慈)' 와 '은측(隱惻)' 의 실체이자 '온유돈후' 의 효과이다. 이렇게 하면 어떠한 모순과 갈등도 폭력에 의존하지 않고 해소될 수 있다. 이 과정에서 인내는 필수적 요소이다.

　"똥이 무서워서 피하냐' 라는 속담은 인내의 근거로 상대방을 배설물로 규정하는 메타 인식의 대표적인 예이다. 이 단순한 속담 하나가 폭력을 예방하는 것을 보면 '인자하고 불쌍히 여기는 마음을 갖게 만드는 것' 이 얼마나 중요한 기능을 수행하는지를 짐작할 수 있을 것이다. '어질 인(仁)' 자 속에 '참을 인(忍)' 자가 잠재해 있음을 상기해 볼 필요가 있다. 그러나 '인자(仁慈)' 와 '은측(隱惻)' 은 자칫 자기 만족에 빠질 위험성이 있는데, 루쉰(魯迅)이 『아큐정전』(阿Q正傳)에서 아큐의 이른바 '정신적 승리법' 을 풍자한 것은 바로 '인자' 와 '은측' 의 부작용을 경계하기 위한 것이었다.

270

'경(經)'과 '권(權)'의 변증법

造次弗離(조차불리)라 | 황급한 때일지라도 떠나서는 안 된다.

아뢸 고(告)

'지을 조(造)'자는 '천천히 걸을 착(辶)'과 '아뢸 고 (告)'로 이루어졌다. '고(告)'자가 '입'(口)에서 '싹'(生) 이 위로 밀고 나오는 모양이므로 '조(造)'자의 자형적 의미는 '걸어 나가서 자리를 잡다'가 된다. 오늘날에는 '만들다'라는 의미로 주로 쓰이고 있는데, 이는 '조(造)'자의 독음이 '지을 작(作)'과 같은 계열이었기 때문에 차용된 결과이다.

'버금 차(次)'자는 '하품 흠(欠)'과 '두 이(二)'로 이루어졌다. '이 (二)'자는 '다음 차례'라는 뜻을 나타내므로 '차(次)'자의 자형적 의 미는 '무료하게 쉬면서 다음 차례를 기다리다'가 된다. '차(次)'자의 고문자 자형은 '㳄'로 쓰는데 이는 군대가 야영할 때 치는 천막 모 양이므로 '천막'·'야영하다'등의 뜻으로도 쓰인다. 이 구절에서는 '천막'이란 뜻으로 해석해야 한다.

'아닐 불(弗)'자는 소전에서 '弗'로 쓰는데 이는 나무에 부목(副 木)을 대고 한데 묶어서 휘어진 부분을 바로잡는 모양이다. 따라서 '불(弗)'자의 자형적 의미는 '굽은 것을 바로잡다'가 된다. 그러나 '불(弗)'자는 주로 부정(否定)의 의미를 나타내는 허사로 많이 쓰이 는데, 이는 독음이 '아니 불(不)'자와 같기 때문에 차용된 결과이다. '불(不)'자와 굳이 문법적으로 차별한다면 '불(弗)'자에는 목적어

'지(之)' 자가 내포되어 있다고 보면 된다.

'떠날 리(離)' 자는 '꾀꼬리' 란 뜻으로 '꾀꼬리 리(鸝)' 자의 본래 글자였는데, 나중에 '떠나다' 라는 뜻으로 차용된 것이다.

이 구절은 『논어』「이인」(里仁)편의 "군자는 식사를 끝내는 동안에라도 인자함을 어기는 일이 없어야 할 것이니, 황급할 때에도 의연히 인자해야 하고, 엎어지고 자빠지더라도 역시 그래야 한다"(君子無終食之間違仁, 造次必於是, 顚沛必於是)를 다시 쓴 것이다.

조차(造次)의 원래 의미는 '천막을 짓다' 란 뜻인데, 천막이란 위급하거나 경황이 없을 때에 임시로 짓는 것이므로 의미가 전이되어 '황급함'·'창졸간' 등의 의미로 쓰이게 되었다. 그러니까 '인자함'과 '불쌍히 여기는 마음' 은 온유돈후(溫柔敦厚)함을 배양하는 요체이므로 어떠한 경우에라도 소홀히 해서는 안 된다는 의미가 수사학적으로 강조된 것이 '황급한 경우나 잠깐 동안의 시간에라도 이를 떠나서는 안 된다' 라는 표현이다.

'인자(仁慈)' 와 '은측(隱惻)' 이 그만큼 중요하다는 뜻이긴 하지만 실제로는 황급한 경우에 이를 '떠나지 않기'(弗離)가 보통 어렵지 않은 것이 현실이다. 오히려 '떠나지 않기'(弗離)는 '깨끗이 씻고 떠나기'(拂離)로 해석하는 것이 현실적일 것이다. 긴박한 경우에는 떠날 수밖에 없는 것이 현실이니 만큼 긴박한 상황이 해소되고 난 다음에 닥칠 비판에 대하여 적절히 대처하는 일도 현실적으로 고려하지 않을 수 없을 것이다. 이때 고려할 수 있는 방법은 두 가지이다. 하나는 사실은 떠났으면서도 떠나지 않은 것처럼 속이는 방법이고, 다른 하나는 떠났다는 것을 솔직히 고백하되 그것이 자신의 의지와는 상관없는 어쩔 수 없는 선택의 결과였고, 긴 안목에서는 그것이 오히려 유익한 것이라는 대의명분을 만드는 방법이다.

따라서 이 구절을 군자의 조건으로 경직되게 해석해서 실천에 옮기도록 압박하면 군자로 남기 위해서 결국 위의 두 가지 방법 중의 하나를 선택할 수밖에 없게 된다. 1950년 6월 25일 한국전쟁이 발발했을 때 당시 대통령이었던 이승만이 한강 다리를 폭파하고서 서울 시민을 속인 채 먼저 피난하고도 이를 어쩔 수 없는 구국의 결단이었다고 변명한 사건은 대표적인 모델로 꼽힌다. 이러한 '구국의 결단형' 식의 사건은 먼 곳에서만 찾을 수 있는 것이 아니고 조금만 고개를 돌려보면 주위에서 흔히 볼 수 있는데, 이는 바로 이 구절에 대한 비현실적 해석이 만든 강박 관념 때문인지 모르겠다.

'인자함'과 '불쌍히 여기는 마음'이 인간다움의 중요한 조건임에는 틀림이 없다. 그래서 옛날 사람들은 이러한 필요 조건을 일컬어 '경(經)'이라고 불렀다. 그러나 세상의 모든 일이 '경'에 부합되도록 마름질될 수 있는 것은 아니다. 저울을 옳게 사용하려면 재려는 물체의 무게에 따라 '저울추'(權)를 좌우로 적절히 이동시켜 균형을 맞춰야 하듯이, 일도 사안에 따라 균형을 맞춰 처리해야 한다. 이것을 '경'에 대응하여 '권(權)'이라고 부른다. '인자함'과 '불쌍히 여기는 마음' 역시 저울추처럼 균형 있게 재해석될 필요가 있다. 그렇다면 '조차불리(造次弗離)' 속에는 '위급할 때에는'(造次) 잘못된 인의를 '바로잡거나'(弗) '씻어버리고'(拂), 인의를 경직된 고정 관념으로부터 '떼어낸다'(離)라는 의미가 담겨 있는 것은 아니었을까.

수절과 변절의 차이

節義廉退(절의렴퇴)는 │ 절개와 의리, 청렴함과 물러남은,

'마디 절(節)' 자는 '대 죽(竹)' 과 '곧 즉(卽)' 으로 이루어졌다. '즉(卽)' 자는 음식 앞에 사람이 꿇어앉아 있는 모양으로 '받아놓은 밥상이므로 내 것이나 마찬가지이지만 아직 먹지 않음' 을 의미한다. 다시 말해서 이는 본질적으로는 이질적인 것이지만 의미적으로는 동질적인 것이거나 또는 동질성 가운데의 이질성 같은 것을 뜻한다. 따라서 '절(節)' 자의 자형적 의미는 '대나무의 마디' 가 된다. 왜냐하면 대나무의 마디는 본질적으로 동질적인 것을 이질적인 것으로 나누기 때문이다.

'옳을 의(義)' 자는 '양 양(羊)' 과 '나 아(我)' 로 이루어졌다. 여기서 '양(羊)' 은 '아름다울 미(美)' 와 같은 뜻이고, '아(我)' 는 원래 창을 들고 춤추는 모양이지만 여기서는 '예를 행하는 자태' 란 뜻으로 쓰였다. 따라서 '의(義)' 자의 자형적 의미는 '아름답게 춤추는 자태' 또는 '예를 행하는 아름다운 자태' 가 된다. 이 '의(義)' 는 나중에 '의로움' 이란 뜻으로 차용되면서 원래 의미는 '의(儀)' 자로 대체되었다.

'청렴 렴(廉)' 자는 '집 엄(广)' 과 '겸할 겸(兼)' 으로 이루어졌다. '겸(兼)' 자는 볏짚 여러 개를 손으로 움켜쥔 모양으로 이는 흩어짐을 막고 추스른다는 의미를 내포한다. 따라서 '렴(廉)' 자의 자형적

옳을 의(義)

의미는 '집이나 사물의 모서리'가 된다. 이 글자의 독음이 '거둘 렴(斂)'과 같다는 사실이 이를 방증한다. 흩어짐을 추스른다는 것은 검소함을 의미하고, 사물의 모서리처럼 모가 나 있다는 것은 공명정대함을 함의한다. 그래서 '렴' 자가 '청렴(淸廉)'이란 뜻으로 차용된 것이다.

'퇴(退)' 자의 고문자 자형은 '천천히 걸을 착(辶)'과 '날 일(日)', '뒤져올 치(夂)'로 이루어졌다. 그러므로 '퇴(退)' 자의 자형적 의미는 '해가 천천히 움직여 서쪽으로 지다'가 된다. 이와 반대로 해가 떠오르는 것은 '나아갈 진(晉)' 자로 쓴다. 여기서는 '퇴(退)' 자를 '관직이나 지위에서 물러나다'라는 의미로 썼다.

절개·의리·청렴·용퇴(勇退) 등은 옛날 사대부들이 지녀야 할 덕목으로서 이들은 모두 주군을 섬기는 데 필요한 윤리 의식을 구성한다.

'절개(節介)'란 대나무의 마디처럼 확실한 경계를 갖고 있다. 다시 말해서 수절(守節)과 변절(變節) 사이는 마디로 명쾌하게 변별되는 것이지 그 중간 영역이 존재하지 않는다. 그러므로 변절은 변절일 뿐 어떠한 변명으로도 그 마디를 넘어서 수절의 영역으로 편입될 수 없다. 그러면서도 마디라는 것은 실질적으로는 동질적인 것을 갈라놓는 의미상의 이질성에 불과한 것이기도 하다. 즉 수절과 변절의 윤리적 차이는 어떤 이데올로기적 질서에 의해서 생성된 것이므로 질서가 바뀌면 수절과 변절은 마디를 넘나들 수밖에 없다.

아무리 수절과 변절이 마디에 의해 만들어진 동질성의 차이에 불과하다고 하더라도 최소한의 상대적 균형은 맞춰야 건강함을 유지할 수 있을 것이다. 그러나 실제로는 변절 쪽의 마디가 지나치게 길게 점유해 수절 쪽의 마디를 배제하는 경향이 갈수록 짙어져 가는 느낌이다. 어차피 수절이란 고통 그 자체인 만큼 그 마디가 길어야 한다고 기대할 순 없다. 그러나 적어도 수절의 가치가 인정되고 짧은 마디라도 존재해야 대나무 줄기가 마디 때문에 꺾어지지 않듯 사회도 언제 불지 모를 강풍에 버텨낼 것이 아닌가. 절개를 '마디'(節)에 비유하였다면 이 비유를 이와 같이 현실적으로 해석할 필요가 있다.

'퇴(退)'는 주군을 섬기다가 자신이 더 이상 용도가 없거나 또는 주군에게 오히려 걸림돌이 된다고 여겨질 때에 지체 없이 물러남을 의미한다. 주군은 새 사람을 써야 될 시대적 상황에 늘 처해 있게 마련이고 자리는 한정되어 있으므로 쓸모가 있든 없든 노신하(老臣下)는 물러날 수밖에 없다. 이때 주군으로 하여금 노신하를 자르게 하는 것은 충성스런 신하가 차마 할 짓이 못 된다. 따라서 스스로 용퇴함으로써 주군에게 갈등을 주지 않는 일이 노신하의 마지막 충성이기 때문에 섬김의 윤리에서 덕목으로 꼽히는 것이다.

인자함과 모진 결단 사이에서

顚沛匪虧(전패비휴)라 | 엎어지고 자빠지더라도 흠을 내지 않는다.

광주리 비(匪)

'엎어질 전(顚)' 자는 '머리 혈(頁)'과 '참 진(眞)'으로 이루어졌다. '진(眞)' 자는 머리가 아래쪽으로 뒤집혀 넘어진 모양이므로 '전(顚)' 자의 자형적 의미는 '넘어져서 머리가 거꾸로 처박히다'가 된다.

'자빠질 패(沛)' 자는 본래 요동(遼東) 지방을 흐르는 강물 이름이지만 여기서는 '자빠지다'라는 차용 의미로 쓰였다.

'광주리 비(匪)' 자는 '상자 방(匚)'과 '아닐 비(非)'로 이루어졌으므로, 원래 뜻은 '대상자' 또는 '광주리'였으나 나중에 '아닐 비(非)'와 같은 뜻으로 차용되었다. 여기서는 부정사(否定詞)로 쓰였다.

'이지러질 휴(虧)' 자의 좌측 방인 '호(虍)'는 새가 빨리 나는 모양이고 우측 변은 가슴속에 맺힌 기를 밖으로 뿜어 탄식하는 모양이므로 자형적 의미는 '크게 탄식하다'가 된다. 크게 탄식하는 것은 기운이 빠지는 일이므로 '이지러지다'ㆍ'한 귀퉁이가 떨어져 나가다' 등의 의미로 차용되었다.

이 구절 역시 앞의 『논어』 「이인」(里仁)편의 "황급할 때에도 의연히 인자해야 하고, 엎어지고 자빠지더라도 역시 그래야 한다"(造次必於是, 顚沛必於是)라는 구절을 '절의렴퇴(節義廉退)'로 부연한 것이다.

'전패(顚沛)'란 넘어져서 거꾸로 처박히고 자빠짐을 의미하는 말로서 좌절과 환란을 당한 경우를 지시한다. '전패'라는 단어는 앞 구절의 '조차(造次)'와 더불어 짝을 이루면서 공자의 권위를 환유적으로 상징한다. 그러므로 '조차'와 '전패'를 대장(對仗) 형식으로 짝을 만들어 놓고 후자에 '절의렴퇴'를 끼워넣으면 원문의 '인자은측(仁慈隱惻)'이 갖는 권위에 무임 승차할 수 있는 것이다. 무임 승차 정도가 아니라 오히려 '인자은측'보다 더 큰 비중으로 인식된다. 왜냐하면 대장 형식에서 앞의 출구(出句)는 뒤의 대구(對句)에 힘을 실어주기 위한 기제(機制)로 기능하기 때문이다. 게다가 '인자'와 '은측'은 매우 추상적인 반면 '절의렴퇴'는 비교적 지각 가능한 개념들이므로 지배 이데올로기를 실천하기 위한 하위 코드로 채택하기가 쉽다. 오늘날 인자와 은측을 강조하는 경우는 보기 힘들어도 '절의렴퇴'는 심지어 조직 폭력 사회에서까지 윤리적 덕목으로 숭배되고 고수되는 것은 이러한 형식이 만들어낸 결과가 아닐까 하는 의구심이 든다.

'절의렴퇴'의 네 가지 덕목이 '조차'와 '전패'를 매개로 한 덕분에 앞의 '인자은측(仁慈隱惻)'과 형이상학적 윤리로 짝을 이루게 되긴 했지만, 실상 이 짝은 현실적으로 모순을 안고 있으므로 사람들에게 자주 갈등을 야기시켜 왔다. 왜냐하면 '절의렴퇴'의 행위들은 글자의 자형이 암시하는 대로 '모진'(廉) '결단'(節)을 요구하는 데 비하여, '인자'와 '은측'은 이를 '참고'(仁) 연기함으로써 이른바 '마음'(心)의 착한 원형을 유지하려 하기 때문이다. 실제로 우리는 타인과의 관계에서 어진 마음을 발휘하여 관용을 베푸는 것이 옳을지, 아니면 모질게 단죄하는 것이 더 나을지 판단이 서지 않는 경우를 종종 경험하게 된다. 그래서 많은 훈고학자들이 이 모순을 중화시키기

278

위해서 갖가지 이론과 해석을 동원했지만 이들 해석이 현실적 모순의 해결 없이 포장의 차원에서만 이루어진 것이므로 더욱 난해하고 모호해질 수밖에 없었다. 그러나 이러한 모순적 덕목의 동거는 이데올로기로서의 수행성이라는 측면에서 보면 매우 효과적이었다. 왜냐하면 모순적 덕목들은 양자 중 어떤 경우를 선택하더라도 윤리적으로 유죄가 될 수 있는 근거가 늘 가능하게 함으로써 사람들로 하여금 판단을 유보하게 만들기 때문이다. 이것이 책임 회피와 냉소주의의 원인인 양시론(兩是論)과 양비론(兩非論)의 모태이리라.

남성적 글쓰기

性靜情逸(성정정일)하고 | 본성이 고요하면 정서가 편히 놓이고,

'성품 성(性)' 자는 '마음 심(心)' 과 '날 생(生)' 으로 이루어졌다. '생(生)' 자는 풀의 싹이 돋아나는 모양이므로 '성(性)' 자의 자형적 의미는 '사람이 태어나면서부터 갖는 본래의 마음' 이 된다. '성(性)' 에 대한 철학적 개념에 대해서는 고대부터 갖가지 해석이 분분하였지만 대체적으로 '태생적 마음' 또는 '태생적 속성' 등으로 이해하면 무난할 것이다.

성품 성(性)

'고요할 정(靜)' 자는 '다툴 쟁(爭)' 과 '맑을 청(淸)' 으로 이루어졌다. '쟁(爭)' 자를 금문에서는 '𤔲' 으로 적었는데 이는 두 사람이 싸우는 것을 한 사람이 팔뚝을 사이에 넣어 말리는 모양이다. 따라서 '정(靜)' 자의 자형적 의미는 '시끄러운 것을 말끔하게 정리하다' 이다.

'뜻 정(情)' 자는 '마음 심(心)' 과 '간청할 청(請)' 으로 이루어졌으므로 자형적 의미는 '마음이 욕망하는 바' 가 된다.

'달아날 일(逸)' 자는 '달릴 착(辶)' 과 '토끼 토(兎)' 로 이루어졌으므로 자형적 의미는 '토끼가 달아나서 없어지다' 가 된다. 여기서는 구속에서 벗어나 마음껏 달릴 수 있을 만큼 자유롭고 편안하다는 뜻으로 쓰였다.

성(性)과 정(情)에 대해서는 유가와 도가가 철학적 개념을 달리하

고 있는데, 여기서는 이분법적인 문맥으로 보아 유가적 개념으로 서술하고 있음을 알 수 있다. 즉 홍성원(洪聖源)이 "사람이 태어나면서부터 고요한 것을 성(性)이라 하고, 사물에 감응하여 움직이는 것을 정(情)이라 한다"(人生而靜者爲性, 感物而動者爲情)라고 주해하였듯이, '성'은 타고난 착한 본성이고, '정'은 사물로부터 자극을 받아 형성된 욕망이다. 착한 본성을 다치지 않고 타고난 그대로를 유지한다면 그에 따라 욕망도 적절히 조절되어 마구 뛰도록 내버려두더라도 도를 넘지 않을 만큼 편안하게 된다는 것이 이 구절의 의미이다. 맹자(孟子)는 인간의 본질을 '성'과 '정'으로 양분하여 이를 양과 음에 대비시키는 방법으로 더욱 추상화하였다. 이것은 전자를 중심에 놓고 후자를 함수적으로 변화하는 종속적 현상으로 설명하는 전형적인 형이상학적 이분법이자, 한쪽에 특권을 부여하는 남성적 글쓰기의 전형이다. 다음 구절도 같은 구조이다.

비유의 허실

心動神疲(심동신피)라 | 마음이 움직이면 정신이 고달파진다.

귀신 신(神)

'마음 심(心)' 자를 소전에서는 '♥'으로 적었는데 이는 심장 모양이다. 옛날 사람들은 심장을 사람의 정신이 존재하는 곳으로 생각했기 때문에 '정신' 또는 '정신적 활동' 등의 의미로도 쓰이게 되었다.

'움직일 동(動)' 자는 '힘 력(力)'과 '무거울 중(重)'으로 이루어졌다. '중(重)' 자는 무거운 몸을 가리키므로 '동(動)' 자의 자형적 의미는 '무거운 몸을 힘써 일으키다'가 된다. 이로부터 '움직이다'라는 의미가 파생되었다.

'귀신 신(神)' 자는 '보일 시(示)'와 '아뢸 신(申)'으로 이루어졌다. '신(申)' 자의 고문자 자형은 번개 모양으로 번개는 밝음을 상징한다. 고대인들은 광명을 숭배했으므로 신명(神明)의 뜻으로 '신(神)' 자가 만들어진 것이다. 여기서는 '정신 상태' 또는 '생기(生氣)'라는 의미로 쓰였다.

'피로할 피(疲)' 자는 '병들어 누울 녁(疒)'과 '가죽 피(皮)'로 이루어졌다. '피(皮)' 자의 고문자 자형은 손으로 껍질을 벗기는 모양이므로 여기에는 '떼어내다'라는 의미가 담겨 있다. 따라서 '피(疲)' 자의 자형적 의미는 '힘을 쓴 나머지 기력이 떨어져나가 드러눕다'가 된다.

이 구절도 사람의 정신 활동을 '심(心)'과 '신(神)'의 기능으로 양분하면서 전자에 중심을 두고 있다. 홍성원의 주해에 의하면, '마음' (心)이란 앞의 '성(性)'과 '정(情)'을 제어하는 것이므로 마음이 사물에 현혹되어 이끌려다니면 본성이 흔들리고, 따라서 정신이 피곤해진다는 것이다. 그러므로 출구(出句)에서는 '정(情)'보다는 '성 (性)'이 중심적이고, 출구와 대구(對句)를 통틀어서는 대구의 '심 (心)'이 가장 중심적인 것으로 인식된다. 다시 말해서 어떤 일에 있어서든지 마음가짐이 중요하다는 뜻으로서 이는 '꾸밈'(文)과 '바탕'(質)의 문제에서 바탕을 더 중시한 공자의 문질론(文質論)이 그대로 발현된 것이다.

마음가짐과 바탕을 중시하는 사고 양식은 기원 중시의 사상을 낳고 아울러서 '윗물—아랫물'의 비유적 논리에 빠지게 한다. 기원 중시는 윗물에 권력을 부여하기 때문에 아래쪽에 허무주의와 책임 회피의 구실을 주어 자정(自淨)의 노력을 무너뜨린다. 이것이 남성적 글쓰기의 폐단이다. 사회와 역사를 '윗물—아랫물'의 논리로 비유하는 것은 적절치 않다. 이것이 은유의 권력이자 허점이기도 하다.

'진(眞)' 이 신념인 까닭

守眞志滿(수진지만)하고 | 신념을 지키면 의지가 충만해지고,

뜻 지(志)

'지킬 수(守)' 자는 '집 면(宀)' 과 '마디 촌(寸)' 으로 이루어졌다. '촌(寸)' 자는 '손' (又) 에서 한 '치' (寸) 거리에 있는 동맥을 가리키지만 기실 '손 수(手)' 와 같은 뜻으로 쓰기도 하는데, 이 때는 '손을 보다' 또는 '관리하다' 라는 의미를 나타낸다. 따라서 '수(守)' 자의 자형적 의미는 '집에서 집안 일을 손보다' 가 된다. 이로부터 '지키다' 라는 의미가 파생되었다.

'참 진(眞)' 자를 소전에서는 '眞' 으로 쓰는데 이는 윗부분이 뒤집어진 '사람 인(人)' 자로 되어 있고, 아랫부분 역시 전도된 '머리 수(首)' 로 된 모양이다. 따라서 '진(眞)' 자의 자형적 의미는 '사람이 거꾸로 넘어져서 머리를 처박다' 가 되므로 이는 곧 '엎어질 전(顚)' 자의 본래 글자였음을 알 수 있다. 오늘날 '참되다' 라는 뜻으로 쓰는 것은 '진(眞)' 자의 독음이 '믿을 신(信)' 과 같기 때문에 '신' 자 대용으로 차용된 결과이다.

'뜻 지(志)' 자의 고문자 자형은 '마음 심(心)' 과 '갈 지(之)' 로 이루어졌으므로 자형적 의미는 글자 그대로 '마음이 가는 바', 즉 '의지' 가 된다.

'찰 만(滿)' 자는 '물 수(水)' 와 '평평할 만(㒼)' 으로 이루어졌다.

'만' 자는 반을 가른 표주박을 좌우로 한데 합쳐 놓은 모양이다. 그러므로 '만' 자의 자형적 의미는 '바가지에 물이 넘칠 만큼 꽉 차다'이다.

이 구절의 출구(出句)와 대구(對句) 역시 앞 구절과 마찬가지로 남성적 글쓰기로 일관된다. 즉 '진(眞)'을 지키면 '지(志)'가 충만해진다는 말은 곧 '진'이 중심이고 '지'는 그에 따라 종속적으로 변화하는 내용임을 의미한다.

'진(眞)'은 앞의 자해에서 설명한 대로 '신념'을 의미한다. 신념이란 욕망의 산물로서 상상계 속에서 일원적(一元的) 질서 체계로 구성된다. 홍성원이 "진(眞)은 도(道)이니, 도를 지키면 마음과 몸이 맑고 밝아져서 묶이고 얽매임이 없게 되고 이지러지고 결핍됨이 없게 된다"(眞, 道也. 守道則心體虛明, 無係著, 無虧欠)라고 주해한 것은 바로 신념의 이러한 심적 통일성을 묘사한 말이리라. 흔히 '진(眞)'을 '참' 또는 '진리'로 바꾸어 말하지만 이는 자형이 암시하는 대로 언제든지 거꾸로 뒤집혀질 수 있는 형이상학적인 신념일 뿐이다. 라캉식으로 말하자면 신념이란 상상계에 속하므로 상징계에 의해서 전복되게 마련인 것이다. 그렇다고 해서 신념이 가치 없는 것은 결코 아니다. 신념은 꿈과 비전을 보여주기 때문에 미래 지향적인 자세와 아울러 꿈을 향한 의지를 굳건하게 다져준다.

홍성원은 그의 주해에서 '지(志)'를 '오(敖)' · '욕(欲)' · '락(樂)' 등과 더불어 오히려 "꽉 채워서는 안 되는"(不可滿) 네 가지 금기로 제시한 『예기』「곡례」(曲禮)편의 구절을 거론해 고전 사이의 불일치를 지적하였다. 그러나 『천자문』에서 "의지가 충만해진다"(志滿)라는 것은 의지를 신념과의 관계에서 서술한 것이지 『예기』에서처럼 의지의 속성 자체를 말한 것이 아니기 때문에 서로 모순된다고는 볼 수 없다. "자신을 억제하여 예를 실천하는 것이 인이다"(克己復禮爲仁)라는 말에서 알 수 있듯이 예란 궁극적으로 자신을 억제하는 일이다. 반면에 의지는 욕망의 산물이어서 항상 넘치게 마련이므로 이런 속성을 경계하고 억제하려는 것이 『예기』의 의도이다.

언어와 사물

逐物意移(축물의이)라 | 사물을 쫓아다니면 뜻이 바뀐다.

물건 물(物)

'쫓을 축(逐)' 자는 '달릴 착(辶)' 과 '돼지 시(豕)' 로 이루어졌으므로 자형적 의미는 '달아나는 돼지를 사람이 쫓아가다' 가 된다.

'물건 물(物)' 자는 '소 우(牛)' 와 '깃발 물(勿)' 로 이루어졌다. '물(勿)' 자의 고문자 자형은 잡색의 실로 짠 깃발 모양이므로 '물(物)' 자의 자형적 의미는 '잡색의 털을 가진 소나 말' 이 된다. 옛날에는 색깔로 사물을 분류했으므로 색깔은 곧 사물을 의미하였다.

'뜻 의(意)' 자는 '마음 심(心)' 과 '소리 음(音)' 으로 이루어졌다. '음(音)' 자는 사람의 말소리이므로 '의(意)' 자의 자형적 의미는 '말소리에 담겨 있는 뜻' 이 된다.

'옮길 이(移)' 자는 '벼 화(禾)' 와 '많을 다(多)' 로 이루어졌다. '다(多)' 자는 '여러 저녁(夕)이 지남' 을 의미하므로 '이(移)' 자의 자형적 의미는 '모판에서 여러 날 볏모를 기른 다음에 논에 이앙(移秧)하다' 가 된다. 모를 논에 옮겨 심는다는 뜻에서 '옮기다' 라는 의미가 파생된 것이다.

이 구절은 앞의 출구와 같은 구조의 대장(對仗)을 구성하지만 의미는 정반대가 된다. 즉 신념을 지키면 의지가 충만해지지만, 사물을 쫓아가면 의지가 흔들리게 된다는 것이 대구의 내용이다.

그런데 여기서 주의를 기울여야 할 부분은 '물(物)'과 '의(意)'의 관계이다. 출구와의 구조적 관계에서 보자면 '물'이 중심이고 '의'는 이에 종속되어 있음을 알 수 있다. 따라서 대구의 내용은 관념이 중심인 출구와 모순을 일으키고 있다.

여기서 '물'이란 실재 사물이 아닌 욕망의 투사로 굴절되고 왜곡된 사물을 가리킨다. 이러한 환상적 사물을 '돼지를 잡는 것처럼 쫓다'(逐) 보면 그것 이외에는 아무것도 보이지 않듯이, 다른 실재적 사물들이 의미를 상실하게 된다. 이것이 이른바 '의이(意移)', 즉 '뜻이 옮아가 바뀜'이다. 돼지를 쫓을 때는 금방이라도 손에 잡힐 것 같지만 그리 쉬운 일이 아니듯 사물은 주체가 상상하는 것처럼 만만하게 장악되는 것이 아니다. 이것을 아킬레스가 헥토르를 잡을 듯하면서도 끝내 못 잡는 이른바 '제논(Zeno)의 패러독스'에 비유할 수 있을 것이다.

이처럼 환상적 대상에 사로잡힌 주체는 대상 사물이 형성한 세계와 담론 이외의 실재에 대해서는 전혀 가치를 느끼지 못하기 때문에 타자의 담론이 먹혀들지 않는다. '의(意)'라는 것은 글자 그대로 '말소리에 담겨 있는 뜻'이므로, 이는 큰 타자가 만들어낸 담론이면서 동시에 권력의 담론이라고도 바꿔 해석할 수 있을 것이다. 따라서 '의이(意移)'는 권력의 담론이 흔들리고 무화(無化)되어 주체에게 받아들여지지 않는다는 뜻이 되는데, 이런 현상은 결코 체제 유지에 바람직하지 못하다. 그래서 권력은 주체들이 사물이나 대상 자체에 관심을 두는 것을 탐탁하게 여기지 않는다. 왜냐하면 언어 기호라고 하는 매개체가 만들어낸 '의(意)'를 무시하고 사물 자체에 시선을 주면 자연히 사물이 재해석되고 또 새로운 기의가 드러날 수밖에 없기 때문이다. 이처럼 세계와 사물을 언어 기호 뒤에 숨김으로써 권력의 담론을 형이상학화하는 것이 '축물의이(逐物意移)'의 효과이자 의도인 것이다. 고대 중국에서 경서에 대한 문자적 해석과 훈고학이 발달한 것은 결코 우연이 아니다.

지조: 누가 뭐래도 흔들리지 않음

堅持雅操(견지아조)하면 | 바른 지조를 굳게 쥐고 있으면,

굳을 견(堅)

'굳을 견(堅)' 자의 윗부분은 '죄수나 포로'(臣)가 도망가지 못하도록 '손'(又)으로 굳게 붙들고 있는 모양이다. 따라서 '견(堅)' 자의 자형적 의미는 '억세고 굳은 토양'이 된다.

'가질 지(持)' 자는 '손 수(手)' 와 '모실 시(寺)' 로 이루어졌다. '시(寺)' 자는 사무를 처리해 주는 사람이나 장소이므로 '지(持)' 자의 자형적 의미는 '일거리를 손에 쥐고 수행하다'가 된다.

'바를 아(雅)' 자는 까마귀와 비슷하게 생긴 새 이름으로 초오(楚烏)라고도 부른다. 그런데 고대 중국을 부르던 명칭인 '하(夏)' 자를 이 글자로 대체해 쓰면서부터 오늘날 이 글자에 '바르다'·'우아하다'·'평상적인' 등의 의미들이 생겨난 것이다.

'잡을 조(操)' 자는 '손 수(手)' 와 '떠들썩할 소(喿)'로 이루어졌다. '소(喿)' 자는 나무 위에서 뭇 새들이 재잘거리는 모양이므로 '조(操)' 자의 자형적 의미는 '뭇 사람들이 뭐라고 떠들어대더라도 오로지 자기 것을 꼭 쥐고 있는 모양'이 된다.

이 구절에서도 중심과 종속의 인과 관계는 계속되는데, 단지 여기서는 출구의 내용이 중심이고 대구가 종속이 되는 것만 다를 뿐이다.

중국적인 것이 곧 보편적인 것?

好爵自縻(호작자미)라 | 좋은 작위(爵位)가 저절로 걸려든다.

좋을 호(好)

'좋을 호(好)' 자는 '계집 녀(女)'와 '아들 자(子)'로 이루어졌다. '호(好)' 자의 독음은 '기를 보(保)'와 같은 계열이므로 자형적 의미는 '아낙이 아이를 보육하다'가 된다. 이로부터 '아름답다' · '좋다' 등의 의미들이 파생되었다.

'벼슬 작(爵)' 자를 고문자에서는 '爵'으로 썼는데 이는 봉황새 모양이므로 '작(爵)' 자의 본래 의미는 새 이름이다. 즉 봉황처럼 큰 새는 '작(爵)'으로 쓰고 참새처럼 작은 새는 '작(雀)'으로 썼던 것이다. 봉황은 신조(神鳥)이므로 제사에 쓰는 예기(禮器) 중에서 술잔을 봉황의 모양으로 만들고 이름도 '작(爵)'으로 차용하였다. 여기서는 '작위' 또는 '관직'이라는 가차 의미로 쓰였다.

'스스로 자(自)' 자를 소전에서는 '自'로 쓰는데 이는 코와 입을 그린 모양이므로 자형적 의미는 '사람의 코'가 된다. 사람들은 자기 자신을 가리킬 때 흔히 자신의 코를 지시하므로 '자기 자신'이란 의미로 쓰이게 되었다.

'얽어맬 미(縻)' 자는 '삼 마(麻)'와 '실 사(糸)'로 이루어졌으므로 자형적 의미는 '마와 실로 얽어 짠 끈'이 된다. 이로부터 '얽히다' · '매다' · '걸리다' 등의 의미들이 파생되었다.

이 구절은 『역』의 "나에게 좋은 술이 있으니, 내 그대와 더불어 함께 나누리라"(我有好爵, 吾與爾靡之)를 다시 쓴 것이다. 『역』에는 '미(靡)' 자가 '미(縻)'로 되어 있어 '함께 나누다'(共)라는 뜻으로 쓰이고 있지만, '미(靡)'와 '미(縻)'는 서로 의미가 통하는 글자들이다. 즉 '미(靡)'로 쓸 경우는 '작(爵)' 자를 '술잔'으로 해석하여 '술을 함께 나누다'가 되고, '미(縻)'로 쓸 경우는 '작위'로 해석하여 '작위가 그대에게 연결되게 하여 함께 나누겠다'가 되어 '모두 함께 공(共)'의 의미를 갖는다.

이 구절에서는 출구의 '아조(雅操)'와 대구의 '호작(好爵)'이 앞의 '성(性)'과 '정(情)', '심(心)'과 '신(神)', 그리고 '진(眞)'과 '지(志)', '물(物)'과 '의(意)' 등의 구조 관계와 같은 관계를 형성한다. 다시 말해서 중심인 '아조'를 굳게 쥐고 있으면 여기에 예속된 '호작'은 저절로 걸려 들어온다는 것이다.

그렇다면 '아조'란 무엇인가. '아조'를 흔히 '바르고 정상적인 지조'로 풀이하지만 올바름과 정상의 표준은 무엇일까? 그것은 말할 것도 없이 '아(雅)'가 대체하고 있는 '하(夏)', 즉 중국적인 문화이다. 여기서 우리는 '하(夏)' 자를 '아(雅)' 자로 전위시킨 중국인들의 의도를 짐작할 수 있다. 주변의 상이한 담론들을 중국의 담론으로 환원할 때 '하' 자를 써서 드러내 놓으면 중국의 담론이 보편성을 잃게 될 것이므로 '아' 자로 대체하여 그것이 중국의 것임을 숨긴 것이다. 따라서 주변이 '중국'(夏)을 본받을 때 그들의 행동은 비로소 '정상적'(雅)인 것으로 인정받을 수 있을 것이다.

개인에게 '아조'는 '튀지 않는 정상적인 몸가짐'으로서 이는 지배자들이 피지배자들에게 절실히 요구하는 덕목이다. 이러한 덕목을 충실히 수행하는 사람에게는 상응하는 상급을 주어야 나머지 사람들도 본을 받아 '아조(雅操)'를 '견지(堅持)' 하는 일에 힘을 쏟을 것이다. 따라서 좋은 벼슬을 얻기 위해서는 벼슬 자체에 집착하기보다는 그 중심에 충실하기만 하면 된다는 신화가 만들어지고 이 신화는 백성들을 얌전하게 길들인다. 『맹자』 「공손추하」(公孫丑下)에서 "인의(仁義)와 같은 윤리적 덕목인 천작(天爵)을 잘 닦으면 공·경·대부와 같은 인작(人爵)은 저절로 얻어진다"(修其天爵而人爵自至也)라고 설파한 것 역시 같은 맥락의 말이다.

이러한 인과적 논리로 길들이면 지배자는 피지배자에게 굳이 '좋은 벼슬'을 마련해 주지 않아도 되는 장점이 있다. 다시 말해서 끝내 좋은 벼슬이 주어지지 않는다 하더라도, 그것은 좋은 벼슬의 중심이 되는 '올바른 몸가짐'이 완전하지 못했기 때문일 것이라는 원심정죄(原心定罪)적인 자책감이 스스로를 억압할 것이므로 결코 원망이나 저항이 밖으로 노출되지 않는다는 말이다.

결국 앞의 '성정정일(性靜情逸)'에서 시작한 중심과 주변의 인과관계는 이 구절에서 절정을 이룬 셈이 된다. 왜냐하면 앞의 메시지들은 튀지 않는 정상적인 몸가짐에 충실하라는 이데올로기를 당연시하는 형이상학적 구조의 반복이었기 때문이다.

여기까지의 문장은 군자의 덕을 쌓기 위해서 수신(修身)해야 하는 도리를 설명한 부분이라고 말할 수 있다.

3부

권위는 어디에서 오는가

가면일까, 아니면 진짜 얼굴일까

都邑華夏(도읍화하)는 | 문화적인 중국에 큰 고을이 정해진 곳은,

여름 하(夏)

'도읍 도(都)' 자는 '고을 읍(邑)' 과 '사람 자(者)' 로 이루어졌다. '읍(邑)' 자는 고을을 둘러싼 담장 모양이고, '자(者)' 자는 삼태기 안에 땔나무를 모아서 담아놓은 모양이므로, '도(都)' 자의 자형적 의미는 '사람들이 많이 모여든 큰 고을' 이 된다.

'고을 읍(邑)' 자를 금문에서는 '邑' 으로 적었는데, 윗부분의 '에워쌀 위(囗)' 자는 고을을 둘러싼 담장을 가리키고 아랫부분(巴)은 사람이 쪼그리고 앉아서 기거하는 모양이다. 따라서 '읍(邑)' 자의 자형적 의미는 '사람들이 기거할 수 있도록 담장으로 에워싼 지역' , 즉 '고을' 이 된다.

'빛날 화(華)' 자의 머리는 '풀 초(艸)' 이고 몸 부분은 나무에 꽃과 열매가 달린 모양이다. 따라서 '화(華)' 자의 자형적 의미는 '나무에 꽃이 피고 열매가 주렁주렁 달리다' 가 된다. 이에 비해서 풀이 꽃을 피운 경우는 '영(榮)' 자를 쓴다.

'여름 하(夏)' 자의 머리는 '머리 혈(頁)' 이고, 몸은 양손과 양다리를 그린 모양이다. 따라서 '하(夏)' 자의 자형적 의미는 '머리에 가면을 쓰고 팔과 다리를 움직여 춤을 추다' 가 된다. 머리에 가면을 뒤집어쓴다는 의미에서 '지붕을 덮은 큰 집' 이란 의미가 파생되었고, 이

는 다시 움막 등 '작은 집' (夷)에 사는 주변의 소수 민족(이른바 오랑캐)과 차별화하여 '큰 집에 사는 사람', 즉 '중국인'이라는 의미로 쓰이게 된 것이다.

이 구절 아래부터는 왕자(王者, 또는 황제)에 관한 일을 서술한다.

도읍(都邑)이란 많은 사람들이 모여 사는 가장 큰 고을로 옛날에는 임금이 있는 곳을 이렇게 불렀다. 이에 비해서 가장 작은 행정 단위인 시골 벽지의 작은 동네는 비(鄙)라고 하였다. 그런데 사람을 평가할 때 그가 사는 동네로 구별짓는 것은 예나 지금이나 똑같다. 부자 동네에 산다고 하면 뭔가 '있어 보이고', 가난한 서민들 동네에 산다고 하면 스스로 남부럽지 않다고 여기는 사람도 「어부사」(漁父辭)에 나오는 굴원(屈原)의 모습처럼 "야위고 꺼칠하며, 안색은 초췌하게"(形容枯槁, 顔色焦悴) 보이게 마련인 것이다. 그래서 옛날 문장들은 도회(都會)에 살면서 문화적 혜택을 많이 받은 사람의 인품은 흔히 '도아(都雅)하다'라는 말로 표현하였고, 시골에 파묻혀 배우지 못하고 무·배추나 뽑으면서 사는 투박한 사람은 '야비(野鄙)하다'라는 말로 묘사하였다. 이로써 인품이란 내면적인 수양으로만 이루어지는 것이 아니라, 외면적 텍스트의 구성이 어느 정도 만족될 때 비로소 완성되는 것임을 알 수 있다. 그러니 어떻게 강 너머 남쪽 지역의 땅값이 비싸지 않겠는가. 비싼 땅값이란 결국 품위를 유지하기 위해 지불하는 유명 브랜드(brand) 값에 해당하는 것이 아닐까? 그래서 공자도 "인후한 동네에 사는 것이 좋다"(里仁爲美)라고 말하지 않았던가.

'하(夏)'는 전통적으로 중국을 우월한 개념으로 지칭하는 말로 쓰여왔다. 즉 '큰 집'에 산다는 것은 주변인들을 압도하기에 충분했지만, 앞의 자해에서 설명했듯이 이 글자에 '가면'이 문자적으로 숨겨져 있다는 사실을 잘 인식하지 못한다. 가면은 안과 밖을 구분하면서도 그 구분하는 의도를 숨길 때에 사용한다. 따라서 가면에 대해서는 그 재현과 더불어 은폐와 억압의 속성을 생각하지 않을 수 없다.

우리도 사랑방에서 한 말과 안방에서 한 말이 다른 것을 종종 경험한다. 사랑방과 안방이 한 집안에 있다고 해서 사랑방에서 들은 말을 안방의 말로 여길 수는 없다. 비유컨대 얼굴의 실제 표정을 덮어버리고 가면으로 재현하는 일과 안방에서 불쾌한 일이 있었다 하더라도 그것을 뒤로 감추고 나와서 사랑방에서 화사한 안색으로 손님을 맞는 일을 우리는 문화라고 한다. 우리의 경우는 사랑방에 있으면서도 안으로 격리된 안방을 언뜻 엿볼 수도 있고 또한 탈 뒤에 진짜 얼굴이 있다는 사실도 명백히 드러난다. 그러나 중국의 대표적인 전통 가면희(假面戲)인 경극(京劇)은 얼굴에 직접 가면을 그리고 연출하기 때문에 가면과 얼굴이 밀착되어 있어서 재현과 은폐를 분간하기가 쉽지 않다. 그들의 문화는 이처럼 명분이 실질이고 실질이 명분인 것처럼 보인다. 그들이 스스로를 '하(夏)'라고 표방하는 데에는 이런 문자적 문화가 숨겨져 있다. 그것도 '화(華)'라고 하는 화려한 장식으로 덮어서 말이다.

왜 동서가 남북보다 우위적 의미를 갖는가

東西二京(동서이경)이라 | 동쪽과 서쪽에 있는 두 개의 서울이다.

서울 경(京)

'동녘 동(東)' 자는 '나무 목(木)'과 '날 일(日)'로 이루어졌으므로, 자형적 의미는 '태양이 나무 뒤로 움직여 나오다'가 된다. 이로부터 '동쪽'·'움직이다' 등의 의미가 파생되었는데, '움직이다'라는 의미는 다시 '동(動)' 자를 따로 만들어냈다.

'서녘 서(西)' 자를 소전에서는 '图'로 적었는데 이는 새가 둥지 위에 깃들어 있는 모양이다. 새가 둥지에 깃들어 있으면 '쉬다'라는 뜻이 되고, 또한 이때는 태양이 서쪽으로 질 때이므로 '서쪽'이란 의미로 쓰이게 되었다.

'서울 경(京)' 자는 높은 언덕 위에 세워진 집 모양이다. 옛날에는 도성을 주로 높은 곳에 지었을 뿐만 아니라, 귀족들이 언덕 위에 높은 집들을 짓고 거주하였으므로 '수도'·'높다'·'크다' 등의 의미가 이로부터 파생되었다.

'동서이경(東西二京)'이란 동경으로 불리는 낙양(洛陽)과 서경으로 불리는 장안(長安)을 가리킨다. 낙양은 주나라가 동천(東遷)한 이래 동한(東漢)·위(魏)·진(晉)·후조(後趙)·후위(後魏) 등의 나라들이 도읍으로 삼았고, 장안은 한나라가 정도(定都)한 이후 후진(後

秦)·서위(西魏)·후주(後周)·수(隋)·당(唐) 등의 나라들이 도읍으로 삼았다. 이 두 도시는 한나라 때에 반고(班固)가 양도부(兩都賦)를 지어 칭송할 만큼 번화한 곳으로 유명하였다.

도시의 번화함에다가 문인들의 칭송이 더해진 '동서이경'은 나중에 신화적 의미로 발전하게 되었는데, 여기에는 동과 서라고 하는 대립적 구조가 한몫을 하였다. 즉 중국은 지리적으로 볼 때 큰 강들이 서에서 동으로 흐르고 또한 역사적으로도 문명이 서에서 동으로 이동하였다. 따라서 중국의 형이상학에서는 남북보다는 동서가 우위에 있다. 이러한 관념 구조는 한자와 함께 우리 나라에 들어와서 그대로 적용되었다. 우리 나라는 지리적으로 남북으로 길게 뻗어 있을 뿐만 아니라 역사적으로 국력의 판도도 남진의 형세로 발전해 왔다. 그러므로 우리는 실존적으로 남북이 우위적 의미를 가져야 하지만 중국의 형이상학을 좇아서 동서로 인식하는 경향을 보여왔다. 그 대표적인 예로 우리는 서라벌을 동경으로, 평양을 서경으로 불러왔지만 우리 나라의 실정에서는 남경과 북경으로 부르는 것이 더 적절했을 것이다.

우리는 왜 늘 '빽'에 의지하려 할까

背邙面洛(배망면락)하고 | 뒤로는 망산을 지고 앞으로는 낙수를 바라보며,

등 배(背)

'등 배(背)' 자는 '고기 육(肉)'과 '저버릴 배(北)'로 이루어졌다. '배(北)' 자는 두 사람이 서로 반대로 서서 등을 지고 있는 모양이므로 '배(背)' 자의 자형적 의미는 '신체에서 정면의 반대편에 있는 부분', 즉 '등'이 되는 것이다. 여기서는 동사로 활용되었기 때문에 '뒤로 등지고 있다'로 풀이해야 한다.

'뫼 망(邙)' 자는 '고을 읍(邑)'과 '없을 망(亡)'으로 이루어졌다. 낙양의 북쪽에 망산(亡山)이 있는데 이 산 위에 터 잡은 고을 이름을 '망(邙)'이라고 불렀으며, 이를 달리 북망(北邙)으로도 쓴다. 이곳은 한(漢)·위(魏) 이래로 왕후공경(王侯公卿)들의 장지(葬地)로 유명하였다.

'얼굴 면(面)' 자를 소전에서는 '圎'로 쓰는데 이는 사람의 머리에 탈을 씌운 모양이다. '얼굴'이란 뜻은 이로부터 가차된 의미이다. 여기서는 '앞으로 마주보고 대하다'라는 동사로 활용되었다.

'낙수 락(洛)' 자는 물 이름으로 하남성(河南省) 낙양시의 남쪽에서 가로로 흘러서 황하로 유입된다.

이 구절은 앞의 '동서이경(東西二京)' 중에서 동경인 낙양(洛陽)의 지리적 형세를 묘사한 것이다. 낙양은 글자 그대로 낙수(洛水)의 양지 쪽, 즉 낙수의 북쪽에 위치해 있으므로 "앞으로 낙수를 바라보고 있다"(面洛)라고 쓴 것이다. 등 뒤에는 망산을 두고 눈앞에는 낙수를 둔 낙양의 지세는 북으로는 산을 등지고 남으로는 강물이 흐르는 이른바 배산임수(背山臨水)의 전형을 이루고 있다. 배산임수는 풍수지리(風水地理)라는 중국 형이상학의 한 형태에서 나온 것으로, 이는 바람을 막고 볕을 많이 받아서 삶을 안전하고 풍요롭게 유지하려는 무의식적 욕망의 발로이자 지혜를 나타낸 것이다. 그러나 관념에 깊이 각인된 배산임수의 구조적 이미지는 형이상학적 은유로 작용하면서 다시 삶을 지배한다. 이를테면 산을 배경으로 삼아서 산의 보호를 받는다는 이미지가 어떤 일을 하더라도 산과 같은 든든한 '빽'(배경)을 뒤에 두어야 한다는 강박 관념으로 나타나게 된 것이 하나의 예일 것이다. 사실 그 빽이라는 것은 '망산(邙山)'의 글자에서 알 수 있듯이 '죽은 자'(亡)가 누워 있는 헛된 것인데도 말이다. 차라리 '죽음으로 돌아가기'(亡)를 배경으로 삼는다면 사심 없이 일할 수도 있고 또한 삶도 그렇게 피곤하지 않을 텐데 말이다.

풍수지리의 은유

浮渭據涇(부위거경)이라 | 위수를 위로 띄우고 경수를 움켜쥐고 있다.

뜰 부(浮)

'뜰 부(浮)' 자는 '물 수(水)' 와 '알깔 부(孚)' 로 이루어졌다. '부(孚)' 자는 새가 발로 알을 뒤척이며 품고 있다는 뜻이므로 '부(浮)' 자의 자형적 의미는 '물 위에서 이리저리 뒤척이다' 가 된다.

'위수 위(渭)' 자는 황하 최대 지류의 물 이름으로, 감숙성(甘肅省) 위원현(渭源縣) 조서산(鳥鼠山)에서 발원하여 동으로 흘러 섬서성(陝西省)의 평원 지대를 지나 동관현(潼關縣)에서 황하로 합류한다.

'웅거할 거(據)' 자는 '손 수(手)' 와 '원숭이 거(豦)' 로 이루어졌다. '거(豦)' 자는 성질이 사납고 동작이 날쌘 원숭이를 가리키는 글자이므로 '거(據)' 자의 자형적 의미는 '손으로 날쌔게 움켜쥐다' 가 된다.

'경수 경(涇)' 자 역시 물 이름으로 감숙성에서 발원하는 남북 두 개의 지류가 합쳐서 동남쪽으로 흐르다가 위수(渭水)에 합류한다. 위수의 맑은 물과는 대조적으로 경수(涇水)는 황토 고원을 관통하기 때문에 물 빛깔이 탁하다. 그래서 두 지류는 합류해도 물의 내원(來源)이 분명하게 드러나는데, "경수와 위수의 물처럼 뻔하게 드러나다"(涇渭分明)라는 속담은 바로 여기서 생겨난 것이다.

이 구절은 서경(西京)인 장안(長安)의 지리적 형세를 묘사한 것이다.·즉 장안의 북쪽으로 위수가 동류(東流)하는 지세를 일컬어 "위수를 위로 띄우다"(浮渭)라고 표현하였고, 위수가 다시 그 위에서 남동쪽으로 흐르는 경수를 끌어들여 합류하는 형세를 "경수를 움켜쥐다"(據涇)라고 묘사하였다.

기실 장안이라는 도시는 여느 고을과 마찬가지로 자연 환경에 적응해서 만들어진 것이지 도시가 자연 환경을 만든 것이 아님은 말할 것도 없다. 그런데도 마치 위수와 경수를 위로 띄우고 움켜쥐는 모양으로 장안을 묘사한 것은 지세를 능동화(能動化)함으로써 도읍의 지배력과 그 영속성을 당연한 이치로 만드는 효과가 있다. 이러한 묘사는 물론 은유이기는 하지만 그 은유의 이웃에는 신화가 자리잡고 있다. 따라서 장안은 지세를 지배하는 신화의 도시가 되고, 지세에 대한 지배는 자연스럽게 권력의 정통성에 대한 회의를 허락하지 않는 이데올로기로 이어지는 것이다. 풍수지리설이 과학이 아니고 이데올로기인 것은 바로 이처럼 자연지세를 은유적으로 묘사하는 이야기에 근거하기 때문이다.

궁전의 위용

宮殿盤鬱(궁전반울)하고 | 궁전들은 구불구불 이어져 들어차 있고,

집 궁(宮)

'집 궁(宮)' 자는 갓머리와 '등뼈 려(呂)'로 이루어졌다. '려(呂)' 자는 네모난 작은 방들이 이어져 있는 모양이 므로 '궁(宮)' 자의 자형적 의미는 '큰 지붕 밑의 공간이 작은 방들로 나누어져 있는 집'이 된다.

'전각 전(殿)' 자의 좌측 방인 '전(展)' 자는 기단(基壇) 위에 집을 지은 모양으로 높고 큰 집을 의미한다. 진(秦)나라 이전까지만 해도 이 글자는 모든 큰 집을 나타내는 일반 명사였는데, 진시황이 황제 가 거처하는 집을 뜻하는 글자로만 쓰게 하면서 '궁전'의 의미로 정 착되었다. 우측 변의 '창 수(殳)' 자는 나중에 붙여진 부분으로 사람 들을 위압하기 위하여 궁전 앞에 세워놓은 각종 창들을 상징한다.

'소반 반(盤)' 자는 '그릇 명(皿)'과 '돌 반(般)'으로 이루어졌다. '반(般)' 자는 삿대를 밀어서 배를 돌리는 모양이므로 '반(盤)' 자의 자형적 의미는 '둥근 모양의 질그릇 쟁반'이 된다. 여기서는 '반 (般)' 자의 차자(借字)로 쓰였다.

'답답할 울(鬱)' 자는 나무가 촘촘히 자라는 모양의 글자이다.

이 구절은 황제의 궁궐 내에 으리으리한 궁전들이 빽빽이 들어차 있는 모양을 묘사하고 있다. '반울(盤鬱)'이란 구불구불 이리저리 돌

면서 깊숙이 뻗어나간 모양을 묘사하는 말로 여기서는 임금이 거처하는 궁전을 중심으로 큰 집들이 사방으로 구불구불 뻗어나가 빽빽이 들어찬 경관을 의미한다.

누각과 관대에 숨겨진 욕망

樓觀飛驚(누관비경)이라 | 누각(樓閣)과 관대(觀臺)들은 새가 날고
말이 놀라 솟구치듯 하다.

날 비(飛)

'다락 루(樓)' 자는 '나무 목(木)' 과 '아로새길 루(婁)' 로
이루어졌다. '루(婁)' 자는 빛이 통과할 수 있도록 벽에
구멍을 아로새겨 뚫는다는 뜻이므로, '루(樓)' 자의 자
형적 의미는 '빛이 많이 들 수 있도록 사방의 벽에 구멍
을 아로새겨 뚫은 높은 목조 누각' 이 된다.

'볼 관(觀)' 자는 '볼 견(見)' 과 '올빼미 관(雚)' 으로 이루어졌으므
로, 자형적 의미는 '올빼미가 둥근 눈으로 이리저리 관망하다' 가 된
다. 여기서는 '관망대' 라는 가차 의미로 쓰였다.

'날 비(飛)' 자의 고문자 자형은 새가 날개를 펴고 높이 나는 모양
이므로, 자형적 의미는 '날다' 가 된다.

'놀랄 경(驚)' 자는 '말 마(馬)' 와 '공경할 경(敬)' 으로 이루어졌다.
'경(敬)' 자가 회초리 앞에서 구차하게 부들부들 떨고 있다는 뜻이므
로 '경(驚)' 자의 자형적 의미는 '말이 깜짝 놀라서 앞발을 들고 위로
솟구치다' 가 된다.

이 구절도 앞의 출구(出句)에 이어서 궁궐 내에 여기저기 흩어져
있는 높은 누각과 관대의 웅장한 모습을 묘사하고 있다.

사람들은 천성적으로 몰래 들여다보는 일과 높은 데에 올라가서 내려다보는 일을 좋아한다. '보기'는 쾌락을 낳는데 이 쾌락은 주체가 투사한 환상에서 비롯되는 것이다. 그래서 응시되는 대상은 응시하는 주체의 쾌락을 위해서 자신의 모습을 응시하는 주체의 욕망대로 바꾸려는 속성이 있다. 마치 늘씬한 여체를 보려 하는 남성 주체의 욕망을 만족시키기 위해서 여성들의 몸매가 늘씬해지는 것처럼 말이다. 또한 '보기'는 공간의 침범을 의미하는 것이므로 자연히 높은 위치로 올라가게 마련이다. "새가 날고 말이 솟구치듯 누각과 관대를" 높이 쌓은 것은 바로 쾌락의 극대화를 위하여 공간을 되도록 많이 침범하려 한 행위이리라.

　이러한 공간 침범 행위는 단순히 쾌락을 위한 것만은 아니었던 것 같다. '루(樓)'자는 '벽에 아로새긴 구멍을 통해서 엿보다'라는 의미를, '관(觀)'자는 '올빼미처럼 응시하다'라는 의미를 자형 속에 담고 있듯이 고대의 '보기' 행위는 감시를 은닉하고 있었던 것 같다. 옛날 대궐 내의 궁실은 곳곳에 구멍을 듬성듬성 아로새겨 놓았는데 이것을 '쇄(瑣)' 또는 '소(疏)'라고 불렀다. 이것은 표면적으로는 환기와 실내를 밝게 하기 위한 설계였지만 사실 그 뒤에는 감시의 기능을 숨기고 있었다. 즉 안팎이 소통되는 구멍을 통하여 엿보거나 엿들음으로써 역모를 사전에 감지할 수 있을 뿐더러 자객이 침입했을 경우에는 이 구멍으로 화살을 쏘아 방어할 수도 있었다. 정자(亭子)들이 대체적으로 동네에서 가장 높은 곳에 세워진 것도 되도록 공간을 많이 침범하려는 의도에서 비롯되었을 것이고, 여기에도 역시 감시용 망루대의 기능이 숨겨져 있었을 것이다. 왜냐하면 고대의 농사일이란 농부들의 자발적 참여에만 의지해서는 생산성을 올리지 못했기 때문이다. 따라서 '루(樓)'와 '관(觀)'은 구중심처(九重深處)의 어느 곳에서도 사적인 공간이 가능하지 않음을 암시하는 것으로 보인다. 그렇게 해서 공간은 응시하는 주체의 환상대로 형태를 유지하고 또 변화하게 되는 것이다. 여기에다 감시를 당하는 대상들이 응시하는 주체를 위해서 스스로의 모습을 그들의 환상대로 바꿨을 것이므로 이 현상은 더욱 강화되었으리라.

누각과 관대를 '비경(飛驚)'으로 묘사한 것은 그 높음이 권위를 상징한다는 의미이다. 건축은 권위주의와 맞물려 있다. 권위주의를 기호 활동을 통해서 상대방을 복종시키려는 의도가 있다는 측면에서 보았을 때, 관대를 말이 놀라 솟구치는 모양으로 묘사한 것은 궁극적으로 '부들부들 떨게 만들다'라는 의미의 '경(敬)' 자를 '경(驚)' 자의 자형 속에 숨기기 위한 의도가 아니었을까? 즉 고대광실(高臺廣室)의 웅장함과 화려함을 본 주변 국가의 사신들이 거기에 얼마나 경탄하고 또 돌아가서는 자기 나라 백성의 기를 죽였을지를 능히 짐작할 수 있다. 이러한 거세 효과를 통해서 앞에서 말한 응시되는 대상들을 응시자의 환상대로 형태를 바꾸게 되는 것이다. 그들은 누각과 관대 위에서 이 일련의 과정을 내려다보고 있었다.

인간, 장수 동물 중의 하나

圖寫禽獸(도사금수)하고 | 각종 새와 짐승을 그림으로 묘사하였고,

그림 도(圖)

'그림 도(圖)' 자는 '에워쌀 위(囗)'와 '두메 비(啚)'로 이루어졌다. '위(囗)'자는 땅을 의미하고 '비(啚)'자는 땅의 경계를 나눈다는 뜻이므로, '도(圖)'자의 자형적 의미는 '토지의 경계를 그려놓은 도면'이 된다. 이로부터 '그리다'라는 의미가 파생되었고, 또한 독음이 '잴 도(度)'(동사일 때는 '탁'으로 읽음)와 같아서 '도모하다'라는 의미로도 쓰인다.

'그릴 사(寫)' 자는 '집 면(宀)'과 '신발 석(舃)'으로 이루어졌다. '면(宀)'자는 집을 의미하고, '석(舃)'자는 '신발이 움직여 옮겨가다'라는 뜻으로 풀이할 수 있으므로, '사(寫)'자의 자형적 의미는 '밖에 있는 물건을 집안으로 들여오다'가 된다. 오늘날 '사(寫)'자가 '그리다'라는 뜻으로 쓰이는 것은 그림 그리기가 대상을 있는 그대로 종이 위에 옮겨와 재현하는 행위라고 믿었기 때문이다.

'새 금(禽)' 자는 짐승의 발과 꼬리 모양을 그린 글자로 흔히 새 종류를 의미하는 글자로 쓰였으나 실은 사람의 포획 대상이 되는 짐승들은 물짐승까지도 포함하여 모두 '금(禽)'자로 썼다. 따라서 '금(禽)'자의 본의는 '포획하다'이나 오늘날은 이 의미를 '잡을 금(擒)'자로 대체하여 쓰고 있다.

311

'짐승 수(獸)' 자는 '짐승 후(嘼)'와 '개 견(犬)'으로 이루어졌다. 옛날에는 사냥을 할 때에 덫을 만들어 놓고 그 쪽으로 짐승을 몰아서 덫에 걸리게 한 다음 숨어 있던 사람들이나 개가 마지막에 포획하는 방법을 주로 사용하였다. 그러므로 '수(獸)' 자의 자형적 의미는 '덫에 걸린 짐승을 개들이 잡다'가 된다.

"각종 새와 짐승을 그림으로 묘사하였다"(圖寫禽獸)라는 말은 앞에 말한 궁전과 누각과 관대 등의 벽이나 천장에 신비스런 짐승들의 형상을 그려 미관을 추구했다는 뜻이다. 여기에 단골로 등장하는 짐승들은 용·백호·기린(麒麟)·봉황 등 상상의 동물과 소위 십장생(十長生)에 속하는 거북·학·사슴 등이다.

옛날부터 권력은 대체로 두 가지 방법으로 자신의 정당성을 입증하려고 했는데, 하나는 신권(神權)을 통한 방법이고, 다른 하나는 가계와 혈통의 유구함을 현시하는 방법이다. 전자를 증명하기 위해서는 신화를 동원하는 방법 외에는 없으므로 상서로운 조짐을 갖고서 그 진실을 설명하게 된다. 그래서 새로운 권력이 등장할 때에는 앞의 용·백호·기린·봉황 등의 상서로운 짐승이 나타났다는 설화가 동반되는 것이다. 가계와 혈통의 유구함을 현시하려는 욕망은 십장생과 같은 상징물을 화려하게 그리고 꾸미는 일로 나타나기 때문에 궁전과 같은 건물의 벽에 거북·학·사슴 등과 같은 짐승이 신비로운 묘사의 대상이 되는 것이다. 따라서 권력은 과시적이 될 수밖에 없다. 이런 의미에서 권력이란 역량보다는 관습에 근거해서 유지된다고 보는 파스칼(B. Pascal)의 말이 설득력을 갖는다.

금수의 형상을 그리는 행위는 결국 오래 살고 싶은 인간의 욕망을 드러내는 증상일 것이다. 이것은 앞에서 말한 짐승들이 오래 산다는 것을 전제하고 있는데, 실제로 상상의 동물을 제외하고는 사람보다 오래 사는 동물은 별로 없다. 이들 동물은 신화와 관련된다는 이미지에서 오래 사는 것처럼 보일 뿐이다. 『여씨춘추』(呂氏春秋) 「본생」(本生)편에 "사람의 본성은 오래 사는 것이다"(人之性壽)라고 하였고, 『좌전』(左傳) 「희공(僖公) 32년」에서 공영달(孔穎達)이 "상수(上壽)는 120세이고, 중수(中壽)는 100세이며, 하수(下壽)는 80세이다"라고 소(疏)를 달았듯이, 사람은 매우 오래 사는 동물 중의 하나이다. 그런데도 두보(杜甫)가 "사람이 일흔 살까지 사는 일은 옛날부터 드물었다"(人生七十古來稀)라고 표현할 만큼 사람의 수명이 짧아진 것은 정욕을 심하게 억제한다든가 또는 물질에 지나치게 탐닉한다든가 하여 몹시 스트레스를 받았기 때문이라는 것이 양생가(養生家)들의 주장이다.

이렇게 사람은 오래 살 수 있는데도, 실제로는 그다지 오래 살지 못하는 동물들을 장수의 신화로 만들어서 인간의 장수 능력을 과소평가하고 사람을 왜소한 존재로 전락시켰다. 이런 관념 상태에서 누가 감히 유구한 권력에 회의를 제기할 수 있겠는가. 그러니까 권력은 '사(寫)' 자가 의미하듯 금수를 있는 그대로 그림으로 옮긴다고 표방했지만 사실은 앞의 '도(圖)' 자가 암시하듯 어떤 의도가 개입된 것으로 봐야 할 것이다. 그렇다면 그 의도란 무엇일까?

그림은 백색의 재현 행위인가

畵綵仙靈(화채선령)이라 | 신선과 영험한 사물들을 채색해 그렸다.

그림 화(畵)

'그림 화(畵)' 자는 '붓 율(聿)' 과 '밭 전(田)' 의 사방 둘레에 경계선이 쳐져 있는 모양의 글자로 이루어졌다. 따라서 '화(畵)' 자의 자형적 의미는 '밭과 밭 사이의 경계선을 붓으로 그리다' 가 된다. 경계선을 어떻게 그리느냐에 따라서 밭의 모양이 달라지므로 '계획하다' · '의도하다' 등의 의미가 파생되었다.

'채색 채(綵)' 자는 '실 사(糸)' 와 '딸 채(采)' 로 이루어졌다. '채(采)' 자는 '나무'(木)에서 '손'(爪)으로 열매를 따서 모으는 모양이므로 '채(綵)' 자의 자형적 의미는 '실로 옷감을 짤 때에 이 색 저 색을 모아서 화문(花紋)을 만들어 넣다' 가 된다. 이로부터 '여러 색깔을 섞어 곱게 채색하다' 라는 의미가 파생되었다.

'신선 선(仙)' 자는 '사람 인(人)' 과 '뫼 산(山)' 으로 이루어졌으므로, 자형적 의미는 '사람이 산에 있는 모양' 이 된다. 옛날에는 오래 살고 싶어하는 사람들이 산에 들어가 살다가 신선이 되었다는 전설이 많아서, '선(仙)' 자는 '신선' 이란 뜻으로 쓰이게 되었다. 그러나 '신선' 의 의미를 나타내는 원래 글자는 '선(僊)' 자로서 오늘날 쓰는 '선(仙)' 자는 나중에 생긴 이체자(異體字)이다.

'신령 령(靈)' 자는 '무당 무(巫)' 와 '비내릴 령(霝)' 으로 이루어졌으므로 '령(靈)' 자의 자형적 의미는 '비를 잘 내리는 영험한 무당'이된다. 흔히 영험한 무당은 '영무(靈巫)'라고 하고 용한 의원은 '양의(良醫)'라고 하는데, 옛날에는 무당이 의원 역할을 함께 담당했으므로 '령(靈)'과 '량(良)'이 독음뿐만 아니라 의미도 같았음을 짐작할 수 있다.

이 구절은 앞 구절에 이어서 호화로운 궁전과 누관(樓觀)에 신비로운 짐승들과 함께 불로장생하는 신선들과 영험한 사물들을 오색찬란하게 그려놓은 모양을 묘사하고 있다. 이처럼 신비로운 이미지들을 만들고 그리는 행위는 일종의 비의주의(秘義主義)로서 이것은 메타 인식적인 기능을 수행한다. 사람들은 신비로움을 자아내는 명료하지 않은 말이나 이미지에 두려움과 불안을 느끼고 위축되기 때문에, 자신도 모르게 그 말과 이미지를 만든 사람이나 그 소유자의 우월성을 인정하게 된다. 즉 신비롭고 불명확한 이미지는 이해할 수 없기 때문에 그 제조자나 소유자의 담론을 믿고 따르게 된다. 따라서 이미지를 소유한 이와 소비하는 이 사이에는 부지불식간에 권력 관계가 형성되거나 강화되게 마련이다. 이런 의미에서 '금수'와 '선령'을 그려넣는 행위는 이데올로기적인 것이라 할 수 있다.

따라서 '금수'를 그대로 그림으로 옮겨오고 '선령'들을 그대로 따모아다가 채색한 것을 아무 의도 없는 백색의 재현 행위라고 볼 수는 없다. 앞의 '도(圖)' 자와 '화(畵)' 자가 암시하듯이 여기에는 '의도(意圖)'와 '기획(企劃)'('획[劃]' 자는 '화(畵)' 자와 실제로 같은 글자임)이 개입되어 있다. '금수'와 '선령'은 권력의 초자연성을 담보하려는 의도로 그려졌고, 이들 그림 속에는 '힘을 권리로, 복종을 의무로 바꾸려는' 선동적 기획이 숨어 있다.

중용(中庸)의 원형

丙舍傍啓(병사방계)하고 | 시신(侍臣)들이 기거하는 병사가 양 옆
으로 나란히 열려 있고,

열 계(啓)

'남녘 병(丙)' 자는 '하나 일(一)'과 '들 입(入)', 그리고 '멀 경(冂)'으로 이루어졌다. '일(一)' 자는 하늘을 상징하고 '입(入)' 자는 빛이 들어오는 모양이며, '경(冂)' 자는 문 안, 즉 실내를 뜻한다. 고대인들은 혈거에 살 때나 또는 천막을 치고 야영을 할 때에는 실내를 밝게 하기 위하여 천정에 구멍을 뚫어서 빛이 들어오게 했는데, '병(丙)' 자는 바로 이 모양을 상징화한 것이다. 따라서 '병' 자의 자형적 의미는 '하늘로부터 빛이 실내로 들어오게 하다'가 된다. 여기서의 '병' 자는 십간(十干)의 '병(丙)' 자로 차용된 의미로 쓰였으나, '병(丙)' 자의 자형이 사람의 양 어깨와 비슷하므로 대칭적으로 존재하는 사물이란 뜻도 내포되어 있다.

'집 사(舍)' 자는 '입 구(口)'와 '나 여(余)'로 이루어졌다. '여(余)' 자는 기둥이 지붕을 떠받치고 있는 관대(觀臺)모양인데다가, '느긋할 서(徐)' 자에도 쓰이는 것으로 보아 '여(余)' 자에는 '편안한 마음으로 지붕 아래에서 쉬다'라는 의미가 담겨 있음을 알 수 있다. 따라서 '사(舍)' 자의 자형적 의미는 '숨을 천천히 쉬면서 집에서 쉬다'가 된다.

'곁 방(傍)' 자는 '사람 인(人)'과 '곁 방(旁)'으로 이루어졌다. 이 글자의 독음을 표시하는 '모 방(方)' 자의 자형은 두 척의 배를 나란

316

히 묶어놓은 모양이므로 '방(傍)' 자의 자형적 의미는 '사람 곁에 나란히 서서 가까이 하다'가 된다.

'열 계(啓)' 자는 '지게문 호(戶)'와 '입 구(口)', '두드릴 복(攴)'으로 이루어졌다. 옛날에는 축원하는 일이 있으면 축사나 기도문을 적어서 궤 안에 넣어두는 관습이 있었는데, 이 글자는 바로 축사(口)를 궤의 문(戶)을 열고서 넣는 모양을 그린 것이고, '복(攴)' 자는 변화를 기구함을 상징한다. 따라서 '계(啓)' 자의 자형적 의미는 '변화를 원하는 마음으로 궤를 열고 축사를 넣다'가 된다.

이 구절은 황제가 기거하는 궁궐의 권위적 모습을 묘사하고 있다. 앞에서도 말한 것처럼 권력이란 역량보다는 관습에 바탕을 두고 있어서 과시적이 될 수밖에 없다. 그래서 권력은 어마어마한 상징물을 만들고 그것으로 권위를 확인받고 유지한다.[1] 동서고금을 막론하고 건축이 권력의 주요 상징 수단으로 이용되는 것은 바로 이 때문이다.

후한 때부터 궁중의 집들은 정실(正室)을 중심으로 양쪽 대칭형으로 짓고 이들을 갑·을·병 등의 순서로 불렀는데, '병사(丙舍)'는 이 중에서 세 번째 집을 가리킨다. 여기는 임금을 가까이에서 모시는 근신(近臣)들이 기거한다.

'방(傍)' 자가 지시하듯이 궁중의 건축물은 임금이 거처하는 대전(大殿)을 중심으로 양 옆으로 나란히 부속 건물을 지어 나아간다. 그러니까 '병사'의 '병(丙)' 자가 암시하는 것처럼 궁중의 건물들은 왕을 중심으로 대칭 구조를 이루게 된다. 이 대칭 구조는 보는 이에게 안정감을 주는데, 이는 곧 '자연스러움'이다. 즉 중심과 주변의 구분이 당연시되어서 중심에 있는 권력에 누구도 문제를 제기하지 않게 된다.

전통적으로 우리는 중심을 향하려는 무의식적 욕구가 있었다. 물론 중심은 권력이 있는 곳이기 때문이기도 했지만, 권력 자체도 중심에 머물려고 했던 것은 "모든 사물은 어느 한 극에 달하면 반드시 반대로 회귀한다"라고 하는 이른바 '물극필반(物極必反)'의 법칙에서 방어적으로 형성된 중용 사상 때문이다. 즉 사물은 변화하게 마련이고, 그 변화는 번영과 쇠락의 극 사이를 오간다. 겉보기에야 번영을 향하고 있는 것이 좋기는 하지만 그 뒤에는 다시 쇠락을 향한 반전이 기다리고 있으므로 그렇게 달갑지 않다는 것이 고대 중국인들의 생각이었다. 그래서 어느 쪽으로도 치우치지 않은 중심에서 현상태가 가능한 한 오래 유지되기를 원하는데, 이것이 바로 변화를 바라면서도 변하려고 하지 않는 중용 사상의 올챙이 적 모습이다.

중심에 머무르려는 무의식적 욕망은 오늘날 우리에게도 전이돼 있어서, 이를테면 아파트 한 채 분양 받는 일에 너도나도 가운뎃 층을 차지하려 해서 이른바 로열층이 생겨나고 여기에 많은 웃돈이 오간다. 그러나 지금은 오히려 공세적으로 쾌락을 극대화하는 데서 의미를 찾으려 하는 가치관 때문에 좀 가진 사람들은 전망 좋은 곳을 찾아 높은 층으로 이동하고, 또 중심지를 버리고 주변 지역으로 나가서 과거의 중심지는 오히려 없는 사람들 차지가 되고 있는 실정이다.

권력이 물리적인 중심과 불가분의 관계를 맺고 있는 것처럼 느껴지는 것은 그 권력의 이미지가 건축을 비롯한 상징물을 통하여 인위적으로 설정된 것이었음을 알 수 있다.

형이상학적 하늘에 의지하는 땅의 권력

甲帳對楹(갑장대영)이라 | 온갖 보석으로 장식한 장막은 두 기둥 사이에 드리워졌다.

대할 대(對)

'갑옷 갑(甲)' 자를 소전에서는 'Ψ' 으로 쓰는데 이는 싹이 깨진 껍질을 머리에 이고 흙에서 나오는 모양이다. 씨앗을 보호하는 껍질이라는 의미에서 '갑옷' 이라는 의미가 파생되었고, 처음으로 싹이 트여 나온다는 뜻에서 '시작' · '첫 번째' 등의 의미가 파생되었다.

'장막 장(帳)' 자는 '수건 건(巾)' 과 '길 장(長)' 으로 이루어졌다. '장(長)' 자의 자형은 길게 드리운 노인의 머리칼 모양이므로 '장(帳)' 자의 자형적 의미는 '길게 드리운 천이나 장막' 이 된다. 고대 중국인들은 침대 위에 지붕을 만들고 그 위에서부터 커튼을 사방으로 덮어서 빛을 차단시켰는데 바로 이 커튼을 '장(帳)' 이라고 부르는 것이다.

'대할 대(對)' 자는 '종 다는 널 업(業)' 과 '마디 촌(寸)' 으로 이루어졌다. '업(業)' 자는 종을 매달아 놓는 현가 장치로 두 개의 기둥을 나란히 놓고 그 위에 널을 얹은 모양이고, 우측의 '촌(寸)' 자는 원래는 '손 수(手)' 로 '마주 볼 수(讐)' 와 같은 뜻이다. 따라서 '대(對)' 자의 자형적 의미는 '두 기둥이 마주보고 나란히 서 있다' 가 된다.

'기둥 영(楹)' 자는 '나무 목(木)' 과 '밖에 남을 영(盈)' 으로 이루어졌다. 기둥이란 벽에 붙어 있는 부속물이 아니라 벽 밖에 홀로 우뚝 서서 지붕을 받치고 있는 것이므로 '영(楹)' 자의 자형적 의미는 '밖에 홀로 남아서 지붕을 받치는 나무 기둥'이 된다.

이 구절도 앞 구절의 내용에 이어서 궁궐 내부의 위용과 화려함을 묘사하고 있다.

'갑장(甲帳)'이란 '갑을장(甲乙帳)'의 준말로서 한 무제 때에 천하의 진귀한 보석들로 장식하여 만든 최고급 침실용 커튼이다. 당시에 동방삭(東方朔)이 두 개를 만들어서 제일 좋은 갑장은 신을 모시는 곳에 쳤고, 두 번째 을장(乙帳)은 황제의 침대 위에 드리웠다고 한다. '대영(對楹)'이란 '마주보고 있는 두 기둥'이라는 뜻이므로, 이 구절의 의미는 '갑장을 커다란 두 기둥 사이에 드리웠다'가 된다.

장막을 갑(甲)과 을(乙) 두 개로 만든 것은 하늘의 세계와 땅의 세계로 이분화하여 후자는 전자를 재현한 결과임을 확인하기 위한 것이다. 하늘의 세계를 이루고 있는 초월적 구조를 상정하고 이를 땅의 세계에 그대로 재현한다는 것이 이른바 천명(天命) 사상인데, 갑을장과 같은 대립적 상징물들은 현재의 왕권이 천명의 표상임을 인식시키는 데에 매우 유용한 방편이 된다. 그래서 갑장은 귀신이 거하는 곳에 치고, 을장은 임금이 거하는 곳에 드리웠던 것이다. 이런 상징을 통해서 황제를 거역하는 것은 하늘의 명을 거역하는 행위로 인식시키므로 황제의 권력은 안정적으로 유지될 수가 있었다.

두 개의 기둥이 형성하는 좌우 대칭의 형상은 중심이라는 개념을 만들어낸다. 따라서 '대영(對楹)'이라는 말은 권력이 중심에 있음은 당연하다는 이데올로기를 심어준다.

돗자리와 방석의 차이

肆筵設席(사연설석)하고 | 돗자리를 펴고 방석을 깔아놓으며,

자리 석(席)

'베풀 사(肆)' 자는 '길 장(長)'과 '붓 율(聿)'로 이루어졌다. '장(長)' 자는 노인의 긴 머리칼을 뜻한다. 대나무 막대기의 끄트머리를 짓이기면 부드러운 섬유질이 남는데, 옛날 모필(毛筆)이 나오기 이전에는 이를 가지고 붓처럼 사용하였다. '율(聿)' 자는 바로 이 대나무 붓을 손으로 들고 글씨를 쓰는 모양이다. '사(肆)' 자의 자형적 의미는 '대나무 붓의 섬유질처럼 산발한 머리 모양'이 된다. 이로부터 '자리 같은 것을 사방으로 넓게 펴다'·'산발한 머리처럼 질서 없이 마음대로 하다'라는 의미들이 파생되었다.

'자리 연(筵)' 자는 '대 죽(竹)'과 '늘일 연(延)'으로 이루어졌으므로 자형적 의미는 '넓게 펴진 대나무 자리'가 된다. 『주례』(周禮)에 의하면 돗자리 한 연(筵)의 길이는 아홉 자(尺)이다.

'베풀 설(設)' 자는 '말씀 언(言)'과 '몽둥이 수(殳)'로 이루어졌지만, 갑골문에서는 '𝌀' 로 썼다. 즉 갑골문에서 '언(言)' 자는 쐐기 모양으로 되어 있으므로 오늘날의 해서(楷書) 자형은 와전된 것임을 알 수 있다. 따라서 '설(設)' 자의 자형적 의미는 '나무 망치로 쐐기를 박다'가 된다. 이로부터 '설치하다'·'건설하다' 등의 의미가 파생된 것이다.

'자리 석(席)' 자는 '수건 건(巾)'과 '무리 서(庶)'로 이루어졌다. '서(庶)' 자는 아래에 깔려 있는 커다란 기초 부분을, '건(巾)' 자는 왕골 방석의 가장자리를 천으로 마감질한 것을 가리키므로, '석(席)' 자의 자형적 의미는 '밑에 깔고 앉는 방석'이 된다. 그러니까 앞의 '연(筵)'은 잔치 자리에 넓게 깔아놓는 돗자리이고, '석(席)'은 돗자리 위에 다시 각자 깔고 앉는 방석이 되는 셈이다.

이 구절은 『시경』「행위」(行葦)편의 "돗자리를 펴고 방석을 깔다"(肆筵設席)를 그대로 옮긴 것으로, 궁궐 내에서 황제가 자리를 마련해 연회를 즐기는 모습을 묘사하고 있다. 잔치를 연 목적은 형제와 친척간의 화목을 돈독히 함과 아울러 노인들을 받들고 위안하기 위한 것이다.

이 구절은 환유의 수법으로 잔치를 묘사하고 있다. 우리는 잔치라는 말을 들으면 곧 술과 음식을 연상하는데, 여기서는 이를 억압하고 대신 그 밑에 있는 돗자리(筵)와 방석(席)으로 잔치를 상징하였다. 이렇게 하면 잔치의 윤리적인 면과 건전함을 전경(前景)에 내세울 수 있기 때문에 백성들이 궁중의 화려한 잔치를 위화감 없이 이해할 수 있게 된다. 반면에 폭군이 여는 잔치는 술과 안주라는 기호로만 표현해서 폭군의 비윤리성을 전경에 드러내는 것이 고대 문헌 기록의 서술 방법이다.

여기서 돗자리를 까는 일은 '사(肆)' 자를 쓰고 방석을 까는 일은 '설(設)' 자를 썼는데, 이러한 필법 역시 차별적인 의미를 만들어낸다. 즉 너와 나의 벽을 허물고 함께 흥을 나누는 잔치라고 해서 아무렇게나 자리를 마련해도 되는 것은 아니라는 뜻을 암시한다. 즉 돗

322

자리는 어디든 '마음대로' (肆) 깔아도 되지만, 방석은 '쐐기를 박아 놓았' (設)듯이 위계적 자리가 고정되어 있으니 이를 힘써 고려하여 자리를 '설치' 해야 하는 것이다. 그렇지 않으면 방석이 담고 있는 위계적 의미 때문에 화목을 위한 잔치가 불화의 계기로 변할 수도 있다. 이런 경우를 우리는 주위에서 심심지 않게 보는데, 이는 바로 '사(肆)' 자와 '설(設)' 자의 의미론적 구분을 제대로 하지 않은 데서 비롯된 것이리라.

숨겨진 타악기

鼓瑟吹笙(고슬취생)이라 | 비파를 뜯고 젓대를 분다.

반듯 필(必)

'북 고(鼓)' 자는 좌측 방의 북 모양과 우측 변의 '두드릴 복(攴)'으로 이루어졌다. 따라서 '고(鼓)' 자의 자형적 의미는 '손으로 북채를 쥐고서 북을 두드리다'가 된다.

비파 슬(瑟) 자는 '거문고 금(琴)'과 '반듯 필(必)'로 이루어졌다. '금(琴)' 자는 현을 감거나 풀어서 조율하는 주감이가 둥근 오동나무 공명판 위에 달려 있는 모양이고, '필(必)' 자는 말뚝을 박아놓은 모양으로 여기서는 현을 받쳐주는 지주를 뜻한다. 따라서 '슬(瑟)' 자는 거문고의 공명판과 주감이와 지주를 그린 모양이 된다.

'불 취(吹)' 자는 '입 구(口)'와 '하품 흠(欠)'으로 이루어졌으므로 자형적 의미는 '입으로부터 숨이 나가다'가 된다.

'생황 생(笙)' 자는 '대 죽(竹)'과 '날 생(生)'으로 이루어졌으므로 대나무로 만든 관악기, 즉 생황을 뜻한다. '생(生)' 자는 흙에서 싹이 나오는 모양으로 '시작'이라는 의미를 담고 있으므로 생황의 음은 정월의 음이 된다.

이 구절은 『시경』「녹명」(鹿鳴)편의 "내게 좋은 손님이 오셔서 비파를 뜯고 생황을 불며 즐기네"(我有嘉賓, 鼓瑟吹笙)를 옮겨 쓴 것이다. 이 시는 임금이 신하들과 더불어 사방에서 온 손님들을 모시고

도와 덕을 강(講)하고 노래하면서 즐기는 내용이다.

이 구절 역시 연회의 건전함과 품위를 전경에 내세우기 위하여 악기 연주를 묘사하였다. 악기 중에서도 현악기인 비파와 관악기인 생황을 선택한 것은 이들이 모두 화음 악기이기 때문이다. 화음 악기가 조화로운 소리를 내기 위해서는 현이나 대롱이 일정한 길이를 유지해야 한다. 이것은 전체의 조화를 위해서는 개인의 소리와 담론을 정해진 음정이나 사고의 틀 속으로 환원시켜야 함을 비유적으로 지시한다. 사회적 조화를 화음에 비유하는 것은 합리적이고 당연한 것처럼 보인다. 그러나 화음이란 규칙적으로 조직된 기호의 장으로 그 자체가 실존은 아니기 때문에 개인의 실존을 여기에 비유해서 규칙성에 환원하는 것은 무리이지만, 이러한 비유가 인간을 관념적으로 조화로운 상징 세계에 적응시키고 길들이는 데에 크게 기여한 것은 사실이다.

실제로 연회에서 흥을 돋구는 것은 타악기이다. 그러나 타악기는 즐기는 사람들이 자제력을 잃게 할 수도 있는 위험이 있으므로 궁중의 품격 높은 연회에서는 이를 극도로 억제하였다. 그렇다고 해서 타악기의 흥분을 즐기고 싶은 욕망 자체가 소멸될 수는 없는 것이므로 이 욕망이 '슬(瑟)' 자의 동사인 '고(鼓)' 자를 통해서 의식 위로 나온 것은 아닐까? 왜냐하면 비파를 타는 행위는 '탄(彈)' 자를 쓰는 것이 보통인데 굳이 '고(鼓)' 자를 쓴 것은 동사 자리라고 하는 안전한 장소로 욕망이 이동한 것으로 볼 수 있기 때문이다. 그러니까 '고(鼓)' 자는 '타다' 또는 '뜯다' 라는 동사로밖에는 해석할 수 없는 빈칸 속에 타악기에 대한 욕망을 은닉하면서 이를 즐기고 있다는 뜻이다.

과소비: 소비 기호학의 결여

陞階納陛(승계납폐)하니 | 층층대를 올라가 처마 안 섬돌을 향하니,

섬돌 폐(陛)

'오를 승(陞)' 자는 '언덕 부(阜)'·'되 승(升)'·'흙 토(土)' 등으로 이루어졌다. '승(升)' 자는 액체를 떠서 양을 재는 기구로 기실 '말 두(斗)' 와 같은 의미의 글자이다. 물을 뜨려면 퍼 올려야 하므로 '오르다' 라는 의미가 파생된 것인데, '오를 등(登)' 과 같은 계열의 독음이라는 사실이 이를 입증한다. 따라서 '승(陞)' 자의 자형적 의미는 '흙으로 쌓아놓은 언덕을 올라가다' 가 된다.

'섬돌 계(階)' 자는 '언덕 부(阜)' 와 '모두 개(皆)' 로 이루어졌다. '개(皆)' 자는 사람들이 입을 모아 한 목소리를 낸다는 뜻이므로, '계(階)' 자의 자형적 의미는 '언덕으로 올라가는 층계가 나란히 깔려 있다' 가 된다.

'들일 납(納)' 자는 '실 사(糸)' 와 '안 내(內)' 로 이루어졌으므로 자형적 의미는 '실에 물기가 스며들어 축축하다' 가 된다. 이로부터 '안 쪽으로 들어가다' 라는 의미가 파생된 것이다.

'섬돌 폐(陛)' 자는 '언덕 부(阜)' 와 '섬돌 비(坒)' 로 이루어졌다. '비(坒)' 자는 서열을 비교하여 순서대로 높이를 달리한다는 뜻이므로 '폐(陛)' 자의 자형적 의미는 '높은 곳으로 한층한층 올라갈 수 있도록 쌓아놓은 계단' 이 된다.

이 구절은 궁궐 내에서 황제가 거하는 궁전 안으로 들어가는 길을 묘사하고 있다. 여기서 '계(階)'는 궁전 앞뜰에서 전으로 올라가는 섬돌로 신하들이 황제를 만나기 위해서는 반드시 거쳐야 하는 통로이고, 폐(陛)는 당(堂) 내에 있는 계단으로 황제가 이용한다.

납폐(納陛)란 옛날에 황제가 공훈을 세운 제후나 대신에게 내리던 아홉 가지 하사품, 이른바 구석(九錫) 중의 하나이다. 즉 궁전의 터를 팔 때에 당(堂) 안으로 올라가는 계단을 처마 안으로 들여넣도록 설계해서 높은 사람이 실내에서 당에 오를 수 있도록 집을 짓게 허락해 주는 것을 말한다. 고대에는 황제의 궁궐 외에는 당으로 올라가는 섬돌을 처마 안쪽 실내에 설치하지 못하였다.

중국의 고대 봉건 권력은 체제를 유지하기 위한 질서를 백성이 자연적 질서로 인식하도록 하기 위해서 여러 가지 가시적 기호를 만들어 백성의 삶 속에 문자적으로 깔아놓았다. 그 예가 바로 실외 섬돌과 실내 섬돌의 차별화이다. 이러한 섬돌은 층계라는 기능을 위해 존재하는 것처럼 지각되면서도 보이지 않는 가운데 황제와 그 이외의 사람들 간에 차이를 느끼게 해서 황제가 자신들과는 다른 존재임을 인식하도록 하는 효과를 만든다. 황제도 사람이니 자신들과 그 바탕이 같다고 여겨지지만, 이 섬돌이 처해 있는 위치로 인해 불연속적인 존재로 자리매김되는 것이다. 따라서 폐(陛)라는 섬돌이 황제와 황제 아닌 이들이 불연속으로 단절되는 특이점이 되는 셈이다. 황제를 감히 직접 부르지 못하고 폐하(陛下), 즉 섬돌 밑에서 시중을 드는 하인으로 지칭하는 것은 바로 특이점 저편에 있는 비범한 존재를 각인하기 위한 방도이다. 그러므로 '계(階)'와 '폐(陛)'와 같은 차별화된 가시적인 기호는 실존을 인식론적 존재로 변화시키는 것이다.

327

옛날에는 신분과 계급이 이러한 가시적 기호들을 통해서 엄격하게 지켜졌기 때문에 아무리 잉여 소득이 많고 축적된 재물이 많다고 하더라도 소비는 대체로 일정한 기호의 수준을 초과하지 못하였다. 왜냐하면 정해진 수준을 초과한 기호는 자칫 체제 부정으로 해석될 수도 있었기 때문이었다. 이에 비해 현대는 귀족의 신분과 계급이 제도적으로 보장되지 않고 누구든지 재물만 있으면 귀족의 효과를 재현할 수 있기 때문에 이런 종류의 기호들은 끝없이 창출되어 소비자들을 유혹하고 있다. 우리 사회의 심각한 문제인 이른바 과소비도 바로 이러한 기호를 통한 구별짓기에서 비롯된 것이다.

한대 유가: 검소한 성인과 사치스런 권력 사이

弁轉疑星(변전의성)이라 │ 고깔이 움직일 때마다 별인가 의심한다.

고깔 변(弁)

'고깔 변(弁)' 자의 자형은 아래의 '두 손'(廾)으로 윗부분의 '갓'(厶)을 받쳐서 머리에 쓰는 모양이다. 여기서는 군신(群臣)들이 예복에 맞춰서 머리에 쓰는 관을 지칭한다.

'구를 전(轉)' 자는 '수레 거(車)'와 '오로지 전(專)'으로 이루어졌다. '전(專)' 자는 손으로 실패를 쥐고 있는 모양으로 독음이 '옮길 천(遷)'과 같은 계열에 속한다. 따라서 '전(轉)' 자의 자형적 의미는 '수레로 물건을 이쪽에서 저쪽으로 옮기다'가 된다. 이로부터 '회전하다'라는 의미가 파생된 것이다.

'의심할 의(疑)' 자는 '아들 자(子)'·'그칠 지(止)'·'변화할 화(匕)'·'화살 시(矢)' 등으로 이루어졌다. 우측 방의 자형은 '어린아이'(子)가 잘 걷지 못해서 조금 가다 '멈춘다'(止)라는 뜻으로 아직 결단하지 못하고 주저함을, 그리고 좌측 변의 자형은 '화살'(矢)이 목표를 정하지 못하고 이리저리 '변화함'(匕)을 상징한다. 따라서 '의(疑)' 자의 자형적 의미는 '주저하면서 결정하지 못하다'가 된다. 이로부터 '의심하다'·'미혹되다' 등의 의미들이 파생되었다.

'별 성(星)' 자의 고문자 자형은 '맑을 정(晶)'과 '날 생(生)'으로 이루어졌다. '정(晶)' 자는 뭇 별의 모양이고 '생(生)' 자는 싹이 발아

329

한다는 뜻이므로 '성(星)' 자의 자형적 의미는 '청명한 빛을 발하는 별'이 된다.

이 구절은 『시경』「기욱」(淇奧)편의 "고깔모 접친 곳이 별과 같네"(會弁如星)를 다시 쓴 것이다. '변(弁)'은 녹비(鹿皮)로 만들었는데 이를 봉합할 때 앞 이마 부분에서 뒤쪽으로 골이 지도록 접쳐 만들고 여기에 옥을 달았다. 이 옥을 일컬어 '양(梁)'이라고 하는데, '양'은 신분에 따라서 삼량(三梁)·양량(兩梁)·일량(一梁) 등으로 구분하였다. 이 구절은 뭇 신하들이 섬돌을 오르내릴 때 고깔모가 움직일 때마다 화려하게 빛을 반사하는 모양을 묘사한 것이다.

중국 고대 사상에서 신하의 개념은 임금에게서 권한을 위임받아 정치를 대신해 주는 대리자이면서 임금에게 소속된 노예적 존재였다. 신하가 임금의 소유물인 만큼 신하도 임금의 권위를 지키고 높이는 데에 이바지해야 한다. 그래서 신하들이 착용하는 예복도 황제의 권위에 걸맞도록 품위 있게 입어야 하는 것이다. 신하들의 예관(禮冠)을 녹비(鹿皮)로 만들고 거기에 옥을 달아 번쩍번쩍 빛나도록 하는 수식은 궁극적으로 황제의 권위를 지키기 위한 방도가 되는 셈이다.

유가에서 성인으로 추앙하는 순임금은 죽을 때에 묘를 따로 쓰지 않고 숲에 그대로 묻게 하였고 또 장례식에 군중을 동원하지 못하게 하였으며, 우임금은 치수 사업에 힘쓰느라 밤낮으로 돌아다녀 피부가 검게 그을렸다는 고사는 검소함이 유가의 이상 정치에서 매우 중요한 요소가 됨을 말해 주고 있다. 그런데도 한대(漢代) 이후 국책 사상으로 유가가 채택되어 황제의 사치스러움을 권위로 정당화할 수밖에 없게 되었을 때 매우 혼란스럽지 않았을까 짐작해 본다. 그래서 역대 봉건 권력은 옛날의 훌륭한 임금을 법도의 표준으로 삼아 이를 본받으려 했던 사상을 다소 시대적 요구에 둔감한 선왕(先王)주의로 규정하면서 이를 지양하는 후왕(後王)주의를 내세웠던 것이다. 후왕주의는 현재의 권력과 그 담론에 더 큰 가치를 두는 윤리관이다.

그렇다면 현재의 권력은 어떻게 정당성을 획득하게 될까? 바로 기호 효과로 위엄을 만들고 이를 자연스러운 것으로 인식하게 하는 것이 가장 효과적이다. 왜냐하면 푸코의 말처럼 기호를 소비하는 사람에게는 기의보다 기표가 더 직접적이므로 백성들은 기표로 기능하는 고깔의 번쩍임에 더 눈길을 돌릴 수밖에 없기 때문이다. 혹시 별이 아닌가 하고 의심하는 가운데 의식의 '화살은 목표를 잃게 되고', 따라서 황제의 비의(秘議)는 저절로 이데올로기가 된다.

인문(人文)의 도움

右通廣內(우통광내)하고 | 오른쪽으로는 광내로 통하고,

안 내(內)

'오른 우(右)' 자는 '입 구(口)'와 '오른손 우(又)'로 이루어졌다. '우(又)' 자의 독음은 '뛰어날 우(優)'와 같은 계열로서 여기에는 '왼손보다 우위에 있다'라는 의미가 담겨 있다. 따라서 '우(右)' 자의 자형적 의미는 '입으로 더 나아지도록 도와주다'가 된다.

'통할 통(通)' 자는 '길 걸을 착(辶)'과 '길 용(甬)'으로 이루어졌다. '용(甬)' 자는 같은 계열의 독음인 '동굴 동(洞)' 자를 통해서도 알 수 있듯이 '양쪽으로 담을 끼고 뚫려 있는 길'이라는 뜻을 담고 있다. 따라서 '통(通)' 자의 자형적 의미는 '도로가 막히지 않고 시원하게 뚫려 있는 모양'이 된다.

'넓을 광(廣)' 자는 '집 엄(广)'과 '누를 황(黃)'으로 이루어졌다. '황(黃)' 자는 불화살 모양으로 '밝은 불빛'이라는 의미를 내포하고 있다.[2] 따라서 '광(廣)' 자의 자형적 의미는 '지붕만 있고 사방 벽이 없어서 밝은 빛이 들어오는 큰 집 안의 넓은 공간'이 된다. '빌 공(空)'·'빛 광(光)' 등의 독음이 같은 계열이라는 사실이 이를 입증한다.

'안 내(內)' 자는 방으로 들어가는 문 또는 입구의 모양이므로 자형적 의미는 '입구를 통하여 안으로 들어가다'가 된다. 이로부터

332

'안' · '가운데' 등의 의미들이 파생되었다.

'광내(廣內)'란 원래 한나라 때 궁정 안에 두었던 황제의 서고(書庫)를 말한다. 당시에는 궁정 내에 연각(延閣) · 광내 · 비실(秘室) 등의 서고를 두어 여기에 고적과 문서를 저장해 두었는데, 이들 서적들은 외부로 유출되는 것이 철저하게 금지되었으므로 비서(秘書)라고 했다. 나중에는 보통 황제의 서고를 일컬어 광내라고 불렀다. 광내는 황제가 정무를 돌보는 정전(正殿)의 우측에 두었으므로, "오른쪽으로는 광내로 통한다"라고 쓴 것이다.

전통적으로 오른쪽은 앞의 자해에서 설명한 것처럼 왼쪽에 비해 우위에 있고, '통(通)'자는 두 지점이 하나로 뚫려서 더 이상 둘이 아님을 의미한다. 그러므로 광내를 우측에 두었다는 것은 황제가 고전과 인문(人文)을 숭상하고, 또 거기에서 도움(佑)을 받겠다는 의지를 상징한다. 왜냐하면 '오른쪽 우(右)'와 '도울 우(佑)'는 서로 통하는 같은 글자이기 때문이다.

양면도(兩面刀) 길들이기

左達承明(좌달승명)이라 | 왼쪽으로는 승명(承明)에 다다른다.

밝을 명(明)

'왼 좌(左)'자는 '장인 공(工)'과 '왼손 좌(屮)'로 이루어졌으므로 자형적 의미는 '공작하는 일을 도와주다'가 된다. 그러므로 '좌(左)'자는 '도울 좌(佐)'자의 원래 글자인 셈이다.

'통달할 달(達)'자는 '길 걸을 착(辵)'과 '양 새끼 낳을 달(羍)'로 이루어졌다. '달(羍)'자는 윗부분의 '큰 대(大)'자가 암시하듯이 첫 배로 낳은 양의 새끼라는 뜻으로, 첫 배가 거침없이 잘 나와야 다음 배도 생산을 잘 하게 될 것이므로 이렇게 부른 것이다. 그러므로 '달(達)'자의 자형적 의미는 '길이 거침없이 훤하게 뚫려 있다'가 된다.

'이을 승(承)'자는 '손 수(手)'와 '들어올릴 증(永)'으로 이루어졌으므로 자형적 의미는 '두 손을 받들어 올려 물건을 바치거나 받다'가 된다.

'밝을 명(明)'자를 소전에서는 '⊘D'으로 썼는데 이는 '달 월(月)'과 '밝을 경(囧)'으로 이루어진 것이고, 자형적 의미는 '밝은 달빛'이다.

홍성원은 '승명(承明)'이란 한대의 승명려(承明廬)로서 이는 서적과 기록들을 교열하던 곳이었다고 풀이한다. 그러나 '려(廬)'란 숙직하는 관리들이 기거하는 막사를 지칭하는 말이므로, 승명려는 교열하는 곳이 아니라 한나라 때 황제 옆에서 시종들던 신하들이 기거하던 곳이 된다. 앞 구절에서 "오른쪽으로는 광내로 통한다"라고 하였으므로 왼쪽 역시 광내와 비슷한 기능을 하는 장소로 통하는 것이 순리라고 본다면 승명은 한나라 미앙궁(未央宮) 내에 있던 궁전인 승명전(承明殿)을 가리킨다고 봄이 옳다. 왜냐하면 승명전은 학자들이 모여 저술 작업을 하던 곳이기 때문이다.

이 구절은 앞 구절에 이어 황제가 정전의 왼편에 승명전을 두고서 저술 활동을 하는 학자들을 가까이 하고 있음을 서술하고 있다. 황제의 좌우에 승명전과 광내를 두었다는 사실은 황제가 다른 무엇보다도 고적과 인문을 숭상하고 또 가까이 한다는 상징적 의미를 전달한다. 흔히 창업은 말 위에서 하지만 수성(守成)은 말을 버리고 책과 붓으로 해야 한다는 말을 자주 듣는다. 즉 무기란 언제나 양날을 갖고 있기 때문에 적을 찔렀던 무기가 언제 다시 자신을 찌를지 알 수 없는 법이다. 그래서 무기는 적만을 찌를 수 있는 외날로 길들여야 하는데, 이를 위해서 권력은 이데올로기와 같은 독사(doxa)를 만든다. 독사는 언표의 조직을 통해서 만들어진다. 서고를 만들어 고적을 잘 관리하고 저술을 통제하는 것은 황제의 권력을 안전하게 유지하는 데에 매우 중요한 일인 것이다. 이런 측면에서 보면 궁중 서고에 갈무리된 서적을 왜 비서(秘書)라고 하고 또 이를 황제 가까이에 두는지 이해할 수 있다. 결국 권력의 유지는 서적과 더불어 저술로부터 '도움' (佐)을 얻을 수밖에 없는 것이다.

책의 소외: 태워버리든가, 깊숙한 곳에 모셔두든가

旣集墳典(기집분전)하고 │ 옛 전적(典籍)들도 모으고,

법 전(典)

'이미 기(旣)' 자는 '낟알 급(皀)'과 '목멜 기(旡)'로 이루어졌다. '급(皀)' 자는 곡식의 낟알 모양이고, '기(旡)' 자는 음식을 너무 많이 먹어서 목이 멘다는 뜻이다. '기(旣)' 자를 갑골문에서는 '𣴎'로 썼는데 이는 음식을 다 먹고 나서 뒤로 젖혀 앉은 모양이다. 이로부터 '완료하다'·'이미' 등의 파생 의미가 생겨났다.

'모을 집(集)' 자를 소전에서는 '𨾊'로 적었는데 이는 '새 추(隹)' 자 세 개와 '나무 목(木)'으로 이루어진 것이다. '추(隹)' 자 세 개를 그린 것은 새가 많다는 뜻이므로 '집(集)' 자의 자형적 의미는 '나무 위에 많은 새가 모여 앉아 있다'가 된다.

'무덤 분(墳)' 자는 '흙 토(土)'와 '꾸밀 비(賁)'로 이루어졌으므로 자형적 의미는 '아름답게 꾸민 큰 봉분', 즉 귀족들이 묻힌 큰 무덤이 된다.

'법 전(典)' 자는 죽간으로 된 전적(典籍)이 책상 위에 얹혀 있는 모양으로, 이로부터 '책'·'규범'·'전아한' 등의 의미들이 파생되었다.

'기(旣)' 자는 뒤 구절의 '역(亦)' 자와 함께 써서 복문 내의 성분절을 접속하는 접속사 기능을 수행한다. 이때 접속의 논리적 의미는

'A하기도 하고, 또한 B하기도 하다'가 된다.

'분전(墳典)'이란 삼황(三皇)의 책이라고 전해지는 이른바 삼분(三墳)[3]과, 오제(五帝)의 책이라고 전해지는 오전(五典)[4]을 함께 일컫는 말이지만, 나중에는 옛 전적을 일반적으로 지칭하는 말이 되었다.

이 구절은 황제의 우측에 광내(廣內)와 같은 서고를 만들어놓고 옛 전적들을 모아서 여기에 갈무리해 놓음으로써 문서와 기록들이 함부로 유통되지 않도록 통제하였다. 궁중 서고에 갈무리된 전적을 비서(秘書)라고 부르는 것은 바로 이 때문이다.

봉건 권력이 전적들을 철저히 통제하려 했던 것은 책 때문에 겪은 역사적 경험 때문이다. 즉 주나라 왕조도 비서들을 서고에 저장하여 관리해 왔는데 외적의 침략으로 궁궐이 파괴되면서 비서들이 민간으로 흘러나가 읽히기 시작했다. 책이 많이 읽히게 되자 평민들 중에서 지식인이 빠르게 성장했는데, 이들이 바로 이른바 제자백가(諸子百家)이다. 주나라가 동쪽으로 천도한 이후인 춘추 시대에 중국의 지식 계급이 급성장한 것은 이런 배경에서 연유한다.

그러나 다양한 담론들은 지배 권력에 의해서 하나의 지배 담론으로 통일되는 경우가 많다. 진(秦)나라의 분서(焚書)가 그 대표적인 예이다. 이후 고대 왕권은 이러한 부담을 사전에 예방하기 위하여 문헌과 전적의 유통을 평소에 통제해 왔다. 우리는 흔히 청나라 때 발간된 『사고전서』(四庫全書)를 고대 문헌을 집대성하고 정리한 대 문화 사업으로 알고 있지만, 실은 고적 정리를 명분으로 지배 담론에서 벗어나는 담론들을 제거하려 한 제2의 분서 사건인 것이다.

그러니까 이 구절에서 '모으다'(集)라는 뜻은 어떤 프로젝트를 위해서 의미 있는 자료들을 수집한다는 것이 아니고, 어떤 삐딱한 담론이라도 만에 하나 발생하지 않도록 무조건 책을 모아 저장한다는 뜻이다. '집(集)' 자의 자형적 의미가 새를 모으는 것이 아니라, 온갖 잡새들이 구별 없이 떼지어 모인다는 뜻이라는 사실이 이를 시사한다. 그리고 권력의 입장에서 책이란 읽는 것이 아니고, 또 위험한 책은 '무덤' (墳) 속에 넣거나 아니면 '궤 위에 높이 올려놓아서' (典) 숭배만 하는 것이다.

인재의 독점

亦聚群英(역취군영)이라 | 뭇 영재들도 끌어모았다.

무리 군(群)

'또 역(亦)' 자는 '사람이 바로 선 모양 (大)의 양 겨드랑이에다가 두 점을 찍어서 겨드랑이를 지시하는 형태로 되어 있다. 그러므로 이 글자는 기실 '팔뚝 비(臂)' 와 같은 글자이다. 그러나 고대 문헌에서는 '역시' 라는 의미의 허사로 많이 쓰인다.

'모을 취(聚)' 자를 소전에서는 '𦫳' 로 적는데, 이는 '취할 취(取)' 자 아래에 '사람 인(人)' 자 세 개가 나란히 있는 모양으로 되어 있으므로 자형적 의미는 '사람들을 끌어 모으다' 가 된다.

'무리 군(群)' 자는 '양 양(羊)' 과 '임금 군(君)' 으로 이루어졌다. '군(君)' 자의 자형적 의미는 '입으로 호령하여 뭇 사람들을 다스리는 사람' 이므로 여기에는 '뭇 사람' 이라는 의미가 담겨 있다. 따라서 '군(群)' 자의 자형적 의미는 '양떼와 같은 무리들' 이 된다.

'꽃부리 영(英)' 자는 '풀 초(草)' 와 '가운데 앙(央)' 으로 이루어졌으므로 자형적 의미는 '풀에서 가장 중심적인 것', 즉 '꽃' 이 된다. 이로부터 '아름답고 훌륭한 인재' 라는 의미가 파생되었다.

이 구절은 저술 활동을 복돋기 위해서 인재들을 불러모은다는 내용으로 앞의 "왼쪽으로는 승명에 다다른다"(左達承明)를 이어받고 있다.

앞의 자해에서 설명한 것처럼 '영(英)'은 훌륭한 인재를 뜻하므로 '취군영(聚群英)'이란 똑똑하고 총명한 인재들을 싹쓸이로 모아다가 앞의 승명전(承明殿)에 둔다는 의미가 된다. '취(取)'자의 자형적 의미인 '귀를 잡아서 끌어오다'가 이를 암시한다.

이렇게 인재를 모아다가 황제 옆에 두는 행위는 얼핏 보면 학문을 숭상하는 태도에서 비롯된 것 같지만 사실은 황제가 인재를 독점하기 위한 방도였다는 측면을 부정하기 힘들다. 고대 중국에서는 황제의 권력을 절대적으로 유지하기 위해서 제후나 토호의 세력이 자라나는 것을 의도적으로 억제하였다. 그 정책 중의 하나가 인재가 그들에게 유출되는 것을 막는 일이었다. 물론 황제가 인재를 독점한다고 해서 전국의 모든 인재들을 다 불러다가 혜택을 베풀 수는 없다. 그러나 고과(考科) 제도를 통해 선발한 인재들에게 각별한 혜택과 아울러 특권을 부여하면서 그 수를 조절하면 그들이 다른 데로 눈을 돌리지 않고 제도 안으로 들어가려는 욕망에 집착하게 된다. 여기서 그 수를 조절한다는 말은 욕망의 대상을 잡힐 듯 말 듯한 거리로 유지한다는 뜻이다. 이렇게 해야만 수험 준비생들이 중도 포기하거나 다른 데로 갈 생각을 하지 않게 될 뿐만 아니라, 시험에 낙방하더라도 제도 탓이 아니라 자신의 열의 부족을 탓하게 되기 때문이다. 이렇게 해서 황제는 인재들을 모두 채용하지 않고도 가까이에 묶어둘 수 있는 독점 효과를 누릴 수 있었다. 오늘날 총명한 인재들이 사회에 나가 취업을 하기보다는 고시촌으로 몰리는 것도 바로 이러한 효과의 잔재가 아닐까.

상호 지지하는 권력과 금문 경학

杜槀鍾隷(두고종례)요 | 두조의 초서와 종요의 예서요.

'달을 두(杜)' 자는 원래 감당(甘棠)나무를 뜻하는 글자였으나 나중에 '달을 도(斁)' 자를 대체하여 쓰이게 되었다.

노예 례(隷)

'짚 고(槀)' 자는 '고(稿)' 또는 '고(藁)'로도 쓰는데, '벼 화(禾)'와 '높을 고(高)'로 이루어졌으므로 자형적 의미는 '볍씨에서 싹이 나와 높이 자라기 시작하는 풀(草)의 단계'가 된다. 모든 식물은 자라기 시작하면서 풀의 단계를 거치게 되므로 '처음'을 초창(草創)이라 말하고 이 초창을 한 글자로 '고(槀)'라고 쓰는 것이다. 그래서 초벌로 대충 쓴 원고를 '고(槀)' 또는 '초고(草槀)'라고 한다. 요즘은 '고(稿)' 자로 많이 쓴다. 여기서는 초서(草書)라는 의미로 썼다.

'쇠북 종(鍾)' 자는 '쇠 금(金)'과 '무거울 중(重)'으로 이루어졌다. '중(重)' 자는 나무에 꽃과 열매가 주렁주렁 열려서 가지들이 힘겨워하는 모양이므로 '종(鍾)' 자의 자형적 의미는 '많은 작은 술잔에 술을 나누어 부을 수 있는 큰 술그릇'이 된다.

'노예 례(隷)' 자의 원래 의미는 '빚 담보로 채권자의 집에 맡겨 놓은 아들'로서 데릴사위라는 뜻의 췌자(贅子)는 여기에서 온 말이다. 이 때 채무자가 3년이 지나도록 빚을 갚지 못하면 췌자는 노비로 만들어 부려먹을 수 있다. 여기서는 '노예' 또는 '죄수'라는 의미로 쓰였다.

이 구절과 다음 구절은 앞의 '분(墳)'과 '전(典)'을 각각 받아서 서술한 내용이다.

'두고(杜藁)'란 동한(東漢)의 두조(杜操)가 만든 초서(草書)라는 뜻이다. 초서는 서사(書寫)를 간편하게 하기 위해서 필획을 생략하거나 흘려 쓴 서체로 한나라 장제(章帝) 때에 처음 장초(章草)가 만들어졌고, 나중에 금초(今草) · 광초(狂草) 등으로 발전하였다. 동한의 두조가 초서를 처음 만들었다고 전해지지만 확실치 않다. 초서를 잘 쓴 서예가로는 왕희지(王羲之)가 유명하다.

'종례(鍾隷)'란 위(魏)나라 서법가인 종요(鍾繇)가 만든 예서(隷書)라는 뜻이다. 여기서 예서란 금례(今隷), 즉 해서(楷書)를 말한다. 원래 예서는 진(秦)나라 때 옥리들이 죄수들을 관리하는 대장을 기록할 때 쓰던 서체였다고 한다. 당시의 관방(官方) 서체는 소전(小篆)이었는데 소전은 서사하기가 복잡했으므로 날로 늘어나는 죄수들을 기록하기에는 아주 비효율적이었다. 그래서 옥리들이 소전의 필획을 간소화한 서체를 만들어 쓰게 된 것인데, 죄수의 관리 대장을 기록하던 서체라는 의미에서 예서(隷書)라고 부른 것이다. 따라서 예서는 오늘날 쓰는 해서의 직접적인 전신이고, 아울러 금문(今文) 서체의 효시가 된다. 예서의 후신인 해서를 종요가 만들었다는 기록이 있긴 하나 이를 사실로 믿기는 어렵고, 여러 사람의 손을 거치는 동안에 해서로 정착된 것으로 보는 것이 옳을 것이다.

이 구절은 앞의 '분(墳)'에 씌어진 문자들을 지시하는데 초서와 금례는 금문에 속하므로 이들이 금문으로 씌어진 전적들임을 알 수 있다. 금문으로 씌어진 전적들은 대부분 한대 이후에 나온 것으로 분전의 반열에 드는 책들은 주로 왕권 확립과 정통성에 관한 이데올로기적 내용을 담고 있으므로 왕권으로부터 그 권위를 인정받고 있다. 이처럼 중국은 서체도 이데올로기적 색채를 담지(擔持)하고 있으므로 한문은 문자적으로 읽어야 하는 것이다.

탈정치화된 경서

漆書壁經(칠서벽경)이라 | 옻칠로 글씨를 쓴 벽 속의 경전이다.

날줄 경(經)

'옻 칠(漆)' 자는 원래 섬서성(陝西省) 대신산(大神山)에서 발원하여 서남쪽으로 흘러 위수(渭水)에 합쳐지는 강 이름이었는데, 나중에는 옻나무 수액 '칠(桼)' 자를 대체하여 쓰이게 되었다. '칠(桼)' 자의 자형은 옻나무의 표피에서 진액이 흘러내리는 모양을 그린 것이다.

'글 서(書)' 자는 '붓 률(聿)' 과 '놈 자(者)' 로 이루어졌다.[5] '자(者)' 자는 원래 삼태기에 땔감을 담아 저장해 두는 모양이므로 '서(書)' 자의 자형적 의미는 '붓으로 사물을 그려 저장해 두다' 가 된다. 이 글자의 독음이 '그릴 사(寫)' 와 같은 것이 이를 입증한다.

'벽 벽(壁)' 자는 '흙 토(土)' 와 '죄줄 벽(辟)' 으로 이루어졌다. '벽(辟)' 자는 죄인을 다스리는 법을 의미하므로 '벽(壁)' 자의 자형적 의미는 '법이 사람들이 죄짓지 못하도록 막아놓듯이 공간을 침범하지 못하도록 흙으로 막아놓은 담 '이 된다.

'날줄 경(經)' 자는 '실 사(糸)' 와 '길 경(巠)' 으로 이루어졌다. '경(巠)' 자는 날실을 팽팽하게 당겨놓은 베틀 모양이므로 '경(經)' 자의 자형적 의미는 '베틀의 날실을 가지런하고 팽팽하게 당겨놓다' 가 된다.

'벽경(壁經)' 이란 벽중서(壁中書)라고도 부른다. 한나라 때 노공왕

344

(魯恭王)이 궁궐을 넓히려고 공자택(孔子宅)을 허물었는데, 이 때 벽 속에서 옻칠로 씌어진 경서가 출토되었다. 이것이 이른바『고문상서』(古文尙書)(또는『서경』으로도 부름)이고 앞서 말한 '전(典)'은 바로 이를 가리킨다. 이 경서는 진나라 때에 분서(焚書)를 피하기 위해서 벽 속에 숨겼던 것이기 때문에 사용된 문자가 당시 진나라를 제외한 이른바 육국 문자(六國文字)였다. 출토 당시의 공식 문자는 예서였으므로 예서를 금문(今文)으로 본다면 육국 문자는 자연히 고문(古文)으로 볼 수 있었다. 그래서 벽중서를 고문 경서라고 부른 것이며, 이러한 고문 경서의 텍스트에 의거하는 경학을 고문 경학이라고 한다. 금문 경학이 의리(義理)의 천명을 통해 봉건 왕조의 권력을 확립하고 유지하는 데에 크게 기여한 데 비하여, 고문 경학은 문자 해석을 주요 방법론으로 하여 학술의 실사구시적인 발전에 크게 이바지하였다.

경(經)이란 문자 그대로 베를 짜 나아가는 방향을 바로잡아주는 날실인데, 흔히 이를 은유적으로 사용해서 사람이 응당 지켜야할 윤리적 강령을 지시한다. 이처럼 경을 움직일 수 없는 불변의 도리로 여겨온 것이 우리의 전통이기는 하지만, 경도 따지고 보면 사람들이 옳다고 생각하는 통념인 독사(doxa) 중의 하나일 뿐이다. 그래서 독사로 채택되기 위해서 금문과 고문이 서로 경쟁했던 것이다. 경이 되기 위한 독사들간의 경쟁은 비록 그것이 봉건 권력에 봉사하기 위한 것이었다 하더라도 그 경쟁으로 다져진 생명력 때문에 생산적일 수 있었다. 그러나 나중에 금·고문이 하나로 통합되어 명실공히 경으로 굳어진 이후부터 관념론으로 발전하면서 이데올로기로서의 기능도 점차 상실하게 되었다. 다시 말해서 독사가 통념을 넘어 절대화되어 경과 경학은 탈정치화될 수밖에 없었던 것이다.

여기서도 금문과 고문은 대립의 역사로서가 아니라 경학을 조화롭게 구성하는 내적 요소로 표현되어 있다. 즉 앞에서 말한 것처럼 탈정치화된 텍스트로만 존재하는 것이다. 따라서 이러한 문자들은 문자가 지시하는 역사의 맥락 속에서의 의미이기보다는 한자의 서체나 그 모양이 풍기는 신비로운 이미지의 감각으로 학동들의 뇌리 속에 각인되었다. 옛날에는 기록을 오래 보존하기 위한 목적뿐만 아니라, 특별히 문자의 주술성을 영속시키기 위해서 주요 문헌들을 붉은 옻칠로 많이 썼는데, 이 구절에서 이를 전경(前景)에 내세워 서술한 것은 바로 이미지적으로 의미를 생산하는 문자 개념을 전제로 옛 문헌을 보고 있음을 암시한다.

4부

지식인은 누구를 위해 존재하는가

장상(將相)은 스태프가 아니라 라인이다

府羅將相(부라장상)하고 | 관부에는 장수들과 정승들이 늘어서 있고,

장수 장(將)

'곳집 부(府)' 자는 '집 엄(广)' 과 '붙일 부(付)' 로 이루어졌다. '부(付)' 자는 물건에다가 딱지 같은 것을 붙인다는 뜻이므로, '부(府)' 자의 자형적 의미는 '물건에 표지를 붙여서 곳간에 저장하다' 가 된다. 여기서는 '관부' 또는 '관청' 이라는 의미로 쓰였다.

'벌릴 라(羅)' 자는 '그물 망(网)' 과 '얽을 유(維)' 로 이루어졌으므로 자형적 의미는 '실로 그물을 얽어서 새를 잡다' 가 된다. 이로부터 '나열하다' 라는 의미가 파생되었다.

'장수 장(將)' 자의 우측 방은 '팔꿈치 주(肘)' 의 변형이고 좌측 변의 '조각 장(爿)' 은 '나무 목(木)' 을 반으로 가른 모양이다. 그러므로 '장(將)' 자의 자형적 의미는 '팔과 지팡이로 부축해서 나아가게 하다' 가 된다. 이로부터 '인솔하다' · '장수' 등의 의미가 파생되었다.

'서로 상(相)' 자는 '눈 목(目)' 과 '나무 목(木)' 으로 이루어졌으므로 자형적 의미는 '목수가 나무를 베기 전에 재목으로 쓸 수 있는지를 가늠해 보다' 가 된다. 고문자 자형을 보면 기실 여기서의 '목(木)' 는 '뽕나무 상(桑)' 자로 되어 있으므로 '상(相)' 자는 회의자가 아니라 형성자이다. 즉 '상(桑)' 자의 독음은 '살필 성(省)' 과 같은 계열인 것이다. 일설에는 '상(相)' 자의 자형적 의미가 '소경(目)

이 지팡이(木)에 의지해서 길을 가다'이므로 이로부터 '도와주다' ·
'상호적인' · '정승' 등의 의미가 파생되었다고 주장하기도 한다.

이 구절 이하는 앞의 '군영(群英)'을 받아서 이에 관한 일들을 서
술한다.

'부라장상(府羅將相)'은 황제가 정사를 돌보는 관부의 좌우에 장
수들과 정승들이 도열하고 있는 위세를 묘사한 글이다.

이 구절의 문법적 구조는 '처소사 + 동사 + 목적어'로 되어 있는
데, 이는 이른바 존현문(存現文) 구조로 불특정한 존재를 묘사할 때
쓴다. 그러니까 이 구절에서는 황제가 정무를 돌보는 부(府)가 중심
이고 장상(將相)은 불특정한 대상임과 동시에 부차적인 요소가 된
다. 반면에 우리말로 번역될 때에는 불특정한 존재인 장상이 주어로
등장하기 때문에 장상이 중심이 되는 것처럼 보인다. 그래서 일반인
들은 심지어 '부라장상(府羅將相)'을 수식어와 피수식어의 관계로
보고 고관대작을 일컫는 말 정도로 알고 있을 정도이다.

그러나 장수와 정승이란 봉건 권력의 구조에서는 황제의 좌우를
채우며 보조하는 사람에 지나지 않는다. 이 보조하는 이는 불특정한
구조로 표현되기 때문에 어떤 특정한 인재로 채워질 필요가 없다.
황제의 심기를 건드리지 않고 의중을 잘 받들 수 있다면 누구든지
가능한 자리인 것이다. 이것은 '장(將)'과 '상(相)'의 자형이 모두
'도와주는 사람'을 상징하고 있다는 사실을 보더라도 쉽게 긍정할
수 있다. '도와주는 사람'이라면 조직 체계 내에서 스태프(staff)에
해당한다. 그러나 장상이란 실제로는 스태프가 아니라 책임 있는 결
정을 해야 하는 라인(line)에 있는 사람이다. 그럼에도 불구하고 '부

라장상'이 만들어내는 봉건적 이미지 때문에 이들은 자신이 라인에 있는 존재라는 사실을 망각하고 윗분 눈치를 보기에 급급하게 되는 것이 아닐까? 결국 '장상'들은 '라(羅)' 자가 암시하듯이 황제의 그물에 걸려 있는 셈인 것이다. 이러한 구조가 과연 봉건 시대에만 존재했던 과거의 산물일까?

숨겨진 대립의 기능

路挾槐卿(노협괴경)이라 | 길은 양 옆으로 삼공과 구경의 자리를
끼고 있다.

길 로(路)

'길 로(路)' 자는 '발 족(足)' 과 '제가끔 각(各)' 으로 이
루어졌다. '각(各)' 자는 높은 곳에서 내려오는 모양으로
이 자형적 의미로부터 '각기 뛰어나서 따로 일가를 이루
다' 라는 의미가 파생된 것이다. 즉 다른 것과 차별이 되
도록 경계를 갖는다는 뜻과 같으므로, '로(路)' 자의 자형적 의미는
'발로 밟고 다니다가 경계를 만들어낸 길' 이 된다.

'낄 협(挾)' 자는 '손 수(手)' 와 '낄 협(夾)' 으로 이루어졌으므로 자
형적 의미는 '좌우 팔 사이에 끼다' 가 된다. 팔 사이에 낀다는 것은
옆에서 부축한다는 말과 같으므로 '옆에서 부축하여 돕다' 라는 의미
로도 쓰인다.

'홰나무 괴(槐)' 자는 '나무 목(木)' 과 '귀신 귀(鬼)' 로 이루어졌으
며 '홰나무' 를 지시한다.

'벼슬 경(卿)' 자의 자형은 원래 '낟알 급(皂)' 의 양 옆에 두 사람
이 앉아 있는 모양이다. '급(皂)' 자는 곡식의 낟알 모양이므로 '경
(卿)' 자의 자형적 의미는 '두 사람이 마주 앉아서 밥을 나누어 먹다'
가 된다. 그러므로 자형적으로 보자면 '고향 향(鄕)' 자도 '경(卿)' 자
와 같은 글자가 되는데, '잔치 향(饗)' 자가 이를 입증한다. 옛날에는

벼슬을 제수받을 때 의식과 함께 잔치를 베풀었으므로 이로부터 '경(卿)' 자에 '벼슬' 이라는 파생의가 생겨났다.

'괴경(槐卿)' 은 '괴극(槐棘)' 으로도 쓴다. 주나라 조정은 가운데 길 양 옆으로 홰나무 세 그루와 가시나무 아홉 그루를 심었는데, 좌측에 심은 홰나무 뒤에는 삼공(三公)의 자리를 두고, 우측에 심은 가시나무 뒤에는 구경(九卿)이 자리잡게 하였다. 그래서 괴경 또는 괴극은 삼공구경(三公九卿)을 상징한다. 괴극을 삼공구경의 상징물로 삼은 것은 홰나무와 가시나무 가지는 위로 꼿꼿하게 뻗는 나무로 엄격한 형벌을 상징하기 때문이었다. 옛날에는 형벌에 의혹이 있으면 홰나무와 가시나무 아래서 이를 다시 심의하였다는 고사가 있으므로, 괴극으로 삼공구경을 상징하는 것은 곧 이들로 하여금 정사를 공평무사하게 심의하고 또 엄격하게 시행하도록 일깨우기 위한 방도였다.

이 구절은 조정에서 임금을 중심으로 해서 당상관(堂上官)인 공경(公卿)들이 좌우로 자리를 배치하고 있는 모양을 묘사한 것이다. 여기서 '로(路)' 는 물론 임금의 자리를 축으로 하여 공과 경을 대칭적으로 나누는 경계선이 된다. 이 경계선은 조화를 전제로 한 대립을 뜻하는 것이기 때문에 공과 경의 기능적 역할은 기본적으로 대립을 유지해야 한다. 그러나 동아시아에서는 전통적으로 대립의 직접적 개념을 부정적으로 인식해 왔기 때문에 대립의 모양은 후경(後景)으로 숨겨서 문자적으로 존재하게 하고, 반면에 조화의 이미지는 전경(前景)으로 내세워 이를 먼저 보도록 고안하였다. 이것이 바로 양 옆에 낀다는 의미의 '협(挾)' 자가 표상하는 '상호 부축' 의 개념이다.

대립과 조화의 이러한 전도 때문에 대립이 기여하는 비판적 기능은 약화될 수밖에 없었을 것이다.

중국의 권력 구조는 3배수로 재현해 내려가는 피라미드 구조로 되어 있다. 3배수란 물론 중앙을 축으로 한 좌우의 대립적 균형을 뜻한다. 그러나 실제로 이러한 균형은 기하학적 균형이 아닌 좌측에 조금 치우지는 감성적 균형이다. 즉 좌측의 삼 '공(A)'과 우측의 구 '경(a)'은 '3A : 9a(=3a×3)'으로 균형을 이루는 것처럼 보이지만 실제로는 삼공에 더 무게가 실린다. 이런 식으로 재현을 증식해 내려가서 피라미드 구조를 만들면 결국 임금 한 사람이 전체 백성보다 더 중히 여겨진다는 결론에 도달하게 된다. 따라서 삼공과 구경 사이에 '길'(路)이라는 공백을 두고 이 연장선상에 임금을 둔 것은 불균형의 부조리를 문자적으로 숨겨서 완화시키려는 방법에 불과한 것이 된다.

연대가 희박한 커뮤니티

戶封八縣(호봉팔현)하고 | 호구 수로는 여덟 개 현을 봉지로 주었고,

고을 현(縣)

'지게문 호(戶)' 자는 외짝으로 여닫는 문의 모양을 그린 것이므로 '지게문'을 뜻한다.

'봉할 봉(封)' 자는 '갈 지(之)'·'흙 토(土)'· '마디 촌(寸)' 등으로 이루어졌다. '지(之)' 자의 원래 모양은 풀이 돋아나는 모양이므로 '봉(封)' 자의 자형적 의미는 "'식물'(之)을 심고 '흙'(土)을 모아 '손'(寸)으로 북돋아주다"가 된다. 고대에는 천자의 사(社)에 흙을 쌓아 봉분을 만들어놓고 제후에게 작위를 주고 땅을 떼어줄 때에는 이 봉분의 흙을 퍼다가 제후의 사에 작은 봉분을 만들게 했는데, 이것을 일컬어 분봉(分封)이라고 하였다.

'여덟 팔(八)' 자는 둘로 나뉘어서 서로 등을 지고 있는 모양이다. 독음도 '나눌 별(別)'과 같은 계열이므로 자형적 의미는 '둘로 나누어지다'가 된다.

'고을 현(縣)' 자는 '머리 수(首)' 자를 거꾸로 그린 모양과 '끈 계(系)'로 이루어졌으므로 자형적 의미는 '머리를 베어서 거꾸로 매달다'가 된다. 이 글자가 나중에는 군(郡)에 속한 하위 행정 단위를 나타내는 말로 차용되었는데, 이때의 의미는 '현(縣)은 군(郡)에 매여 있다'이다. '매달다'라는 원래 의미는 '현(懸)' 자로 대체되었다.

이 구절은 혁혁한 공을 세워 임금과 나라에 기여한 장상(將相)들에게 상으로 작록과 함께 봉지를 나누어준다는 사실을 서술해서 임금에 대한 충성을 권하고 있다.

고대 봉건 시대에는 공을 세운 신하에게 작위를 줄 때에는 반드시 땅과 함께 백성을 떼어주었는데, 이를 식읍(食邑)이라고 하였다. 그러니까 식읍을 하사받은 신하는 그 식읍의 임금이 되는 셈이었다. 이것이 바로 '호봉(戶封)'의 의미이다. '호(戶)'란 실내를 외부로부터 보호하는 지게문이란 뜻이므로 여기에는 '보호할 호(護)'자의 의미가 함축돼 있다. 그래서 식읍을 구성하는 기본 단위인 호(戶) 또는 호구(戶口)라는 개념은 보호해야 하는 한계 울타리 내의 사람들, 즉 집안 사람들을 뜻한다.

이러한 호구들로 이루어진 고을이 누군가의 식읍으로 분봉되었을 때 그 지역은 호구와 동심원을 이루며 폐쇄적으로 형성된다. 이것은 '봉(封)'자 중의 '흙을 덮어 닫다'라는 형상적 의미가 이에 영향을 준 결과가 아닐까? 그러니까 동심원적으로 형성된 '호(戶)'와 '봉(封)' 사이의 폐쇄성은 이른바 커뮤니티(community)라는 개념을 억압하거나 결핍되게 만들었다. 커뮤니티란 연대로 이루어지고 이 연대는 공동의 이익을 기반으로 형성된다. 그러나 봉건 사회에서의 이익은 연대로 얻어지는 것이 아니라 가부장에 대한 폐쇄적인 충성으로만 보장된다. 즉 보호와 복종이라는 수직적인 거래로 얻어지는 이익은 수평적 연대의 필요성을 희석시켰던 것이다. 우리 명절에 이루어지는 민족의 대이동을 보라. 사람들은 가족 구성원을 보호하기 위한 울타리의 한계선을 확인하기 위하여 많은 시간을 아낌없이 쓰는 일은 있어도 동네 골목에 떨어진 휴지 한 장 줍는 일에는 인색하다.

따라서 '호(戶)'와 '봉(封)'의 자형이 만들어내는 폐쇄적인 의미
구조는 결국 닫혀진 체계 내의 전체주의적 이익만을 추구하게 할 뿐
계급적 이익은 배제된다. 그런데 전체주의적 이익이라는 것도 따지
고 보면 손에 잡히는 이익이 아니라 추상적인 이익이다. 공동의 노
력으로 이익이 생기면 성대한 말 잔치를 통해서 뭔가 나눠받을 수
있을 듯한 심적 포만감은 느낄 수 있어도 실제 공평하게 분배받아
본 역사적 경험은 그다지 없는 것 같다. 사사로운 조직에서조차도
어떤 공돈이라도 생기면 공평하게 나눠 갖자는 의견보다는 무슨 공
동 기금 같은 것을 만들어 두고두고 유익하게 쓰자는 명분론이 늘
우세한 것이 사실이다. 이렇듯 전체의 이익이 개인의 이익보다 항상
우선하니 누가 연대적 가치를 중시할 수 있겠는가. 게다가 공동 기
금을 간부 몇 사람이 독단적으로 운영하면서 그것으로 생색이나 낼
라치면 연대라는 말에 냉소적이 될 것임은 불을 보듯 뻔한 것이다.

여기서 봉지로 8현(八縣)을 주었다는 것은 한(漢) 고조가 천하를
평정한 후 개국 일등 공신에게 하사한 예를 가리키는 것이긴 하지만,
굳이 '여덟 개'라는 의미의 수사(數詞)로 쓰였다기보다는 많은 양을
지시하는 수사적(修辭的) 의미로 쓰였다고 보아야 한다. 실제 역사
기록을 보더라도 동한(東漢)의 최대 공신으로 일컬어지는 오한(吳漢)
과 등우(鄧禹)의 경우도 4현을 넘지 않았고, 그 뒤인 진(晉)의 유양호
(惟羊祜)도 5현을 받은 것이 고작이었다는 사실에서 알 수 있다.

그렇다면 이처럼 나라에 공을 세운 사람들에게 많은 땅을 상급으
로 주는데, 왜 하필이면 고을 수를 '여덟'으로 표현했는가에 주목해
야 한다. 왜냐하면 '팔(八)'이라는 숫자는 수사(修辭)적으로 볼 때
많음을 표시하는 외시 의미(1차적 의미) 외에, 좋지 않은 내용을 암

시하는 공시 의미(2차적 의미)를 함께 갖고 있기 때문이다. 이를테면 '팔푼이', '팔삭동이'를 비롯하여 배고픔, 목마름, 더위, 추위 등의 여덟 가지 어려움을 가리키는 '팔난(八難)', 여러 가지로 난봉을 피운다는 뜻의 '팔난봉', 여러 해 동안의 고생을 의미하는 '팔년풍진(八年風塵)' 등의 용법이 바로 그것이다. '팔(八)'자가 이처럼 부정적인 의미로 쓰이는 것은 '팔'의 독음이 '나눌 별(別)'과 같은 계열인 사실에서도 알 수 있듯이 8이라는 숫자는 잘 나뉘어 떨어지기 때문이다. 오늘날 우리 주위에서도 좋은 결과를 기구하는 경우에는 홀수를 쓰고 부정적인 말에는 8과 같은 짝수를 쓰는 경우를 종종 볼 수 있는데, 이는 짝수가 잘 나뉘어지는 성질로 인하여 믿을 수 없는 결과를 낳는 상징으로 인식되어 왔기 때문이다.

그러므로 하필 여덟 현을 주는 것, 그리고 『천자문』과 같은 교재를 통하여 여덟 현을 주고받는 것을 당연하게 여기도록 교육한 것은 어떤 의도가 있었던 것이고, 또 그에 따른 효과가 결과적으로 발생했을 것이다. 그 의도는 다름 아닌 봉지 내의 분열을 통제하기 위한 것이었다. 왜냐하면 봉지 내의 현들이 단결하면 세력이 커질 것이고 이렇게 커진 세력은 결국 중앙의 황제를 위협할 것이기 때문이다. 그러므로 제후에게 하사하는 봉지를 '팔현'으로 묶어준 것은 '팔(八)'이라는 숫자가 '별(別)'자와 이웃하고 있다는 환유적 관념에 기대어서 봉지 내의 현들이 단결하지 않기를 바라는 무의식적 욕망의 징후라고 볼 수 있을 것이다.

한 사람의 출세가 가문의 영광이 되는 이유

家給千兵(가급천병)이라 | 그 가문에는 군사 일천 명을 주었다.

군사 병(兵)

'집 가(家)' 자는 '집 면(宀)' 과 '수퇘지 가(豭)' 로 이루어졌다. '가(豭)' 자에는 우측 방의 '틈 가(叚)' 와 그 독음에서 알 수 있듯이 '한가하다' 라는 의미가 담겨 있다. 따라서 '가(家)' 자의 자형적 의미는 '집에서 한가하게 쉬다' 이다.

'줄 급(給)' 자는 '실 사(糸)' 와 '합칠 합(合)' 으로 이루어졌으므로 자형적 의미는 '(실을 뽑다가) 끊어진 실을 재빨리 이어 합치다' 가 된다. 이로부터 의미가 파생하여 '재빨리 대응하여 공급해 주다' 라는 의미가 생겨난 것이다.

'일천 천(千)' 자는 '하나 일(一)' 과 '사람 인(人)' 으로 이루어졌다. 옛날에는 사람의 신체 기관으로 수를 나타내는 경우가 많았는데, 숫자 1,000은 사람의 몸으로 표상하였다. '인(人)'·'신(身)'·'천(千)' 등의 독음들이 같은 계열에 속해 있다는 사실이 이를 입증한다. '천(千)' 자의 자형적 의미는 '천이 하나 있음' 이 된다.

'군사 병(兵)' 자를 전문에서는 '兵' 으로 적었는데 이는 '도끼' (斤)를 '두 손' (廾)으로 쥐고 있는 모양이다. 이로부터 '무기를 들고 있는 사람', 즉 '병사'·'무기' 등의 의미들이 파생되었다.

이 구절은 앞 구절에 이어서 공을 세운 장상들에게 봉지를 주면서 그들이 권력을 유지할 수 있도록 군대도 함께 허락한다는 내용이다.

공을 세운 장상들에게 식읍(食邑)과 함께 일천 명의 병사를 준다는 것은 일천 명의 군대나 사병(私兵)을 두도록 허락해 준다는 뜻이다. 이렇게 장상들의 식읍에 군대를 허락하는 것은 홍성원이 풀이한 것처럼 "그 가족을 지키기 위해서이다."(以衛其家) 왜냐하면 황제에게 충성하기 위해서 백성을 엄히 다스리다 보면 그들에게 원성을 듣거나 반감을 사서 위협을 느낄 수 있으므로, 이에 대처하기 위해서는 군대나 사병이 필요했던 것이다. 이로써 고대 봉건 제도 아래에서 봉지를 다스리는 제후들은 백성보다는 황제를 위해 존재했다는 사실을 알 수 있다.

이렇듯 안전에 대한 황제의 시혜(施惠)가 가족이나 가문 단위로 내려지다 보니 자연히 가족 중의 한 사람만 잘나도 가문 전체가 이를 누리게 되는 효과가 발생하였다. 이런 토양에서는 임금이나 고을 수장이 백성들 편에 서는 일이 여간 어려운 일이 아니고, 따라서 이러한 봉지에 커뮤니티가 형성될 리 만무하였을 것이다. 결국 권력이란 가족과 가족의 이익을 지키기 위한 도구에 불과했을 뿐이니, 이것은 가족 이기주의의 한 뿌리가 아닐까 싶다. "교수가 되면 자신만 좋고, 의사가 되면 마누라와 아이들이 좋고, 고시에 합격하면 사돈의 팔촌까지 좋다"라는 우스개 말이 이유 없이 나온 것이 아니다. '가(家)' 자의 독음을 지시하는 글자는 '가(豭)'인데, 여기서 '가(叚)'는 억압되어 사라지고 '돼지 시(豕)'만 드러나서 '가(家)' 자를 만들고 있다. '시(豕)'는 '느슨할 이(弛)'와 같은 계열의 독음이다. 따라서 '가(家)' 자가 무의식중에 남기는 의미는 '혈연이라는 지붕 아래 느긋함을 보장받을 수 있음'이 아닐까?

'거리 두기' 는 바람직하지 않은 것인가

高冠陪輦(고관배련)하고 | 높은 갓을 쓴 이들이 임금의 수레를 모시고,

높을 고(高)

'높을 고(高)' 자는 원래 성문 위의 높은 누각 모양을 그린 것이다. 나중에는 누각의 의미는 탈락되고 '높다' 는 의미만 남아 쓰이게 되었다.

'갓 관(冠)' 자는 '덮을 멱(冖)' · '으뜸 원(元)' · '마디 촌(寸)' 등으로 이루어졌다. '원(元)' 자는 '머리' 를 뜻하고 '촌(寸)' 자는 손을 의미하므로, '관(冠)' 자의 자형적 의미는 '갓을 손으로 쥐어서 머리에 얹다' 가 된다. 이로부터 '갓' 과 '으뜸' 이란 의미들이 파생되었다.

'모실 배(陪)' 자는 '언덕 부(阜)' 와 '곱절 배(倍)' 로 이루어졌으므로 자형적 의미는 '흙을 두 배로 쌓아올리다' 가 된다. '배(陪)' 자는 '북돋을 배(培)' 와 사실상 같은 글자이다. 그래서 직속 상급자 위의 차상급자를 모시는 일을 '배(陪)' 라 하는데, 이는 상급자를 감히 직접 모시지 못하고 한 켜 건너 밖에서 모신다는 의미이다. 차하급 신하를 일컬어 '배신(陪臣)' 이라 하는 것은 바로 이 때문이다.

'수레 련(輦)' 자는 두 개의 '지아비 부(夫)' 와 '수레 거(車)' 로 이루어졌다. '부(夫)' 자 두 개는 여러 명의 남자를 뜻하므로 '련(輦)' 자의 자형적 의미는 '여러 명의 장정들이 열을 지어서 끄는 수레' 가

된다. 그러므로 '이을 련(連)' 자와 사실상 같은 글자라고 볼 수 있다.

　이 구절은 봉지를 하사받은 제후가 좌우의 신하들을 거느리고 수레로 행차한다는 내용이다.

　옛날에는 높은 벼슬아치들이 높은 관을 썼으므로 '고관(高冠)'은 고위 관직자들을 가리킨다. 높은 벼슬아치들이 높은 갓을 쓰는 주요 이유는 물론 권위와 위엄을 상징하기 위해서이다. 그러나 통치자의 입장에서 벼슬아치들에게 갓을 쓰게 하는 것은 질서에 길들이기 위한 가장 기본적인 조치이다. 머리를 흐트러뜨린 모양의 '만(蠻)' 자에서도 알 수 있듯이 산발은 길들여지지 않은 자연 상태를 상징한다. 산발을 묶어서 갓으로 가린다는 것은 문화적 행위이며, 그것은 주체를 통제하고 억압하기도 한다. 이것을 우리는 예(禮)라고 하는데, 이 예는 위아래로 마디를 가르고 신분을 가르는 데서 시작한다. 이러한 갓의 기능은 '관(冠)' 자 안에 숨겨져 있는 '마디 촌(寸)'이 말하고 있다. 이러한 기능이 있는 갓은 그 높은 갓을 머리에 얹어놓으면 그것을 균형 있게 유지하는 것 자체에 신경이 쓰여서 다른 생각이나 두 마음을 먹을 겨를이 없게 될 것이니 이를 오래 착용하다 보면 나중에는 자연히 길들게 마련이다. 요즈음 무언가 요구대로 관철되지 않을 때 삭발을 하는 경우가 있는데, 이는 아마도 머리칼을 잘라 갓을 거부함으로써 상대방의 논리나 사상에 길들여지지 않겠다는 다짐을 상징하는 행위이리라.

　'배련(陪輦)'이란 높은 분이 탄 수레의 좌우를 따라가면서 모신다는 뜻이다. '배(陪)'란 같은 독음인 '배(倍)' 자의 의미처럼 중간에 사람을 두어서 두 배가 되는 거리에서 모신다는 뜻으로, 상전과 자신의 신분을 가르고 또 거리를 유지하는 경계로서 중간에 상급자를 두고 모신다는 것이다. 자신과 타자 사이의 거리를 유지하는 것은 상징적 질서 체계의 사회를 형성하는 데 바탕이 된다. 고속도로에서 거리를 유지하지 않고 달리는 자동차들이 결국에 어떻게 될 것인지를 상상한다면 '배(陪)'의 의미가 얼마나 중요한지를 알 수 있을 것이다. 따라서 기존의 질서에서 유리한 지점을 차지한 기득권자들은 타자와 물리적으로든 상징적으로든 거리를 두려 하고, 반면에 타자화된 이들은 어떻게든 이를 허물어서 새로운 질서를 세우려 하는 것이다. 그러므로 우리가 흔히 화합의 의미로 잘 사용하는 이른바 "상하간의 벽을 허물고"라든가, "상호 격의(隔意) 없는 대화를" 등의 언설들이 지향하는 현실이 꼭 바람직한 것만은 아닌 것이다. 정말로 화합의 질서를 원한다면 '벽을 허물자'라는 등의 이런 말들은 하나의 수사일 뿐이라는 사실을 알아야 한다. 정말로 벽을 허무는 현실이 실현된다면 이는 또 다른 갈등과 더 나쁜 벽 쌓기를 야기하는 계기가 될지도 모른다.

거드름, 흔들림의 기호학

驅轂振纓(구곡진영)이라 | 말을 몰아 바퀴를 굴릴 때 끈과 술들이
흔들린다.

나눌 구(區)

'몰 구(驅)' 자는 '말 마(馬)' 와 '나눌 구(區)' 로 이루어
졌다. '구(區)' 자는 여러 개로 나누어 작은 쪼가리로
만든다는 뜻이므로, '구(驅)' 자의 자형적 의미는 '채찍
을 살짝살짝 자주 쳐서 말을 달리게 만들다' 가 된다.
'바퀴통 곡(轂)' 자는 독음이 '골짜기 곡(谷)' 과 같다. 골짜기란 물이
한데 모이는 곳이므로, '곡(轂)' 자의 의미는 '바큇살이 한데 모이는
곳', 즉 바퀴통(hub)이 된다.

'떨칠 진(振)' 자는 '손 수(手)' 와 '날 신(辰)' 으로 이루어졌다. '신
(辰)' 자의 원래 자형은 조개 껍질 모양으로 이 글자는 '조개 신(蜃)'
자의 초기 문자이다. 원시 사회에서 처음 농경을 시작할 때는 호미
대용으로 조개 껍질을 써서 풀을 뽑았으므로 이로부터 '시작하다' 라
는 의미가 파생되었다. 그러므로 '진(振)' 자의 자형적 의미는 '손을
움직여 뽑아내다' 가 된다. '건져내어 구하다' 는 이로부터 파생된 의
미이다.

'갓끈 영(纓)' 자는 '실 사(糸)' 와 '두를 영(嬰)' 으로 이루어졌다.
'영(嬰)' 자는 여인의 목에 목걸이를 두른 모양이므로 '영(纓)' 자의
자형적 의미는 '둘러 묶는 끈이나 술' 이 된다.

이 구절은 제후가 탄 수레가 천천히 구르면서 흔들릴 때 말과 수레에 호사스럽게 장식한 끈과 술들이 물결치듯 흔들리는 모양을 묘사하고 있다.

'곡(轂)' 자는 바퀴통이라는 뜻이지만 여기서는 환유적 표현으로 쓰여서 수레를 지칭한다.

'진영(振纓)'을 편의상 '끈과 술들이 흔들린다'라고 했지만, 실은 '끈과 술들을 흔들다'가 옳다. 즉 끈과 술들이 흔들리도록 고안했다는 뜻인데, 이는 끈과 술들을 통해서 흔들림을 시각화했다는 뜻이다.

사람은 정적인 대상에 대해서는 관심이 부족하다. 대상이 움직여서 주위 사물과 차별될 때 비로소 우리의 인식은 지향성을 갖는다. 그러니까 대상이 움직이는 순간에 정태(靜態)와 낙차가 생기고 이 낙차에서 희열이 생기는 것이다. 갓난아기도 천장에 매달려 천천히 움직이는 모빌을 보고 즐거워하지 않는가.

권력의 자리를 차지했다고 여기는 자들은 흔히 거드름을 피우는데, 거드름은 천천히 움직임으로 표상된다. 그래서 그들은 천천히 움직이는 자신을 시각화하는 갖가지 기표들을 생산한다. 말과 거동을 천천히 하는 일을 비롯해서 벽시계를 대형으로 만들어 추를 천천히 움직이게 하는 방법, 지금은 찾아보기 힘들지만 한때 고급 승용차의 뒷 유리창 안쪽에 놓고 자랑했던, 목을 천천히 까딱이는 개 인형 등을 그러한 예로 볼 수 있다. 지금도 일부 택시나 시골 버스의 창문 둘레에 금색 술을 달아 파형으로 흔들리도록 장식한 것은 바로 이 '진영(振纓)'의 흔적이다.

보훈의 의미

世祿侈富(세록치부)하니 | 대대로 녹을 받아 크게 부유해지니,

인간 세(世)

'인간 세(世)' 자의 고문자 자형은 '열 십(十)' 자 세 개를 모아놓은 모양이므로 자형적 의미는 '서른'이 된다. 사시(四時)의 운행이 한 번 끝난 것을 한 '세 (歲)' 라고 하듯이, 사람이 전 세대로부터 이어받은 일을 끝내고 다음 세대로 넘겨주기까지의 기간을 '세(世)' 라고 한다. 그래서 한 세대가 30년이 되는 것이다.

'녹 록(祿)' 자는 '보일 시(示)'와 '뚜렷할 록(彔)'으로 이루어졌다. '시(示)' 자에는 하늘이나 임금이 뭔가를 하사한다는 의미가 내포되어 있고, '록(彔)' 자는 나무에 새겨놓은 듯 뚜렷하다는 뜻이므로, '록(祿)' 자의 자형적 의미는 '확실하게 물질적으로 받는 것'이 된다. 옛날에는 임금이 관리들에게 상급을 내릴 때에는 주로 녹비(鹿皮)로 주었기 때문에 나중에는 임금에게 받는 봉급도 '록(鹿)'과 같은 독음인 '록(祿)'으로 부르게 되었다. 넓게는 복(福)도 '록(祿)'과 같은 뜻으로 쓰인다.

'사치할 치(侈)' 자는 '사람 인(人)'과 '많을 다(多)'로 이루어졌으므로, 자형적 의미는 '사람이 양팔을 벌려 많이 차지하다'가 된다.

'부유할 부(富)' 자는 '집 면(宀)'과 '큰 가마솥 복(畐)'으로 이루어졌다. 큰 가마솥을 걸 만한 집이면 재물이 많은 집이므로 '부(富)'

자의 자형적 의미는 '재물이 많은 부잣집'이 된다. 이로부터 '부유한'·'풍요로운' 등의 의미들이 파생되었다.

이 구절은 나라에 큰 공을 세운 장상(將相)들의 가문은 자손 대대로 복록을 누리고 부유하게 살게 된다는 내용을 말한다.

옛날에는 한번 공신이 되면 자손 대대로 녹을 누릴 수 있었다. 복(福)이 추상적인 개념인 데 비해서 녹(祿)은 글자 그대로 확실하게 손에 쥘 수 있는 물질적인 것, 요즘 말로 '캐쉬(cash)'이다. 그러므로 자손 대대로 잘 먹고 잘 살기 위해서 모험을 한번 걸어볼 만했다.

그런데 오늘날 일제에 항거하여 광복 운동에 몸을 던진 우리의 독립 유공자들과 그 자손들은 "대대로 녹을 받아 크게 부유해지다"(世祿侈富)라는 구절처럼 호사스런 삶을 누리고 있는가. 일제 강점 시기에 그들은 가진 논밭 다 팔아서 군자금으로 지원하다 보니 빈털터리가 되었고, 이리저리 쫓겨다니다 보니 자녀 교육을 망치는 등 가세가 완전히 기울어졌지만, 정작 광복이 되었을 때 그들은 어떤 대접을 받았는가. 대대로 녹을 받기는커녕 대대로 가난과 무교육을 물려받아 '크게 어려운 삶을 살' 뿐이었다. 오히려 매국노의 자손은 해방 후에 몰수당한 땅을 당당하게 되찾아가도 법적으로 어찌지 못하는 것이 우리의 현실이다. 혹 이 다음에라도 나라에 위기가 닥쳤을 때 이런 꼴을 보고 누가 몸을 던져 나라를 구하겠는가. 나라 구하는 일을 숭고한 명예로만 보상해서는 안 된다. '록(祿)'자의 자형이 보여주듯 그 자손들에게 구체적으로 그들의 삶을 보상하고 보장해 줄 때, 이 나라를 위해 몸을 아끼지 않고 던지는 의사(義士)가 많이 배출될 것이다.

공자의 제자인 자로(子路)가 여행중에 물에 빠진 어린아이를 구해 주자, 아이의 아버지가 고맙다고 소를 한 마리 주었더니 자로는 당연한 일을 했을 뿐이라며 이를 사양하고 돌아왔다. 이 이야기를 전해 듣자 공자가 "앞으로는 사람들이 물에 빠진 자를 구해 주지 않겠구나"라고 탄식했다. 얼마 안 있어 자공(子貢)도 길을 가다가 마침 물에 빠져 허덕이는 자가 있어서 뛰어들어가 구해 주었다. 역시 그의 가족들이 고마움의 표시로 소를 한 마리를 주었더니 자공은 이를 받아서 돌아왔다. 이 이야기를 전해 들은 공자가 말했다. "앞으로는 물에 빠진 자가 있으면 사람들이 다투어 구해 주겠구나!"

　물론 이 고사는 사실이 확인되지 않은 공자의 이야기이기는 하지만, 우리가 왜 나라를 위해 몸을 던진 국가 유공자들의 가족과 자손들에게 충분히 보훈하지 않으면 안 되는가를 일깨워주는 좋은 우화가 될 것이다.

부수적인 기능에 집착하는 이유

車駕肥輕(거가비경)이라 | 수레와 말이 살찌고 가볍다.

수레 거(車)

'수레 거(車)' 자의 자형은 원래 바퀴, 수레 채, 멍에 등 수레의 모양을 그린 것이었는데 나중에는 모두 생략되고 바퀴 한 쪽만 남은 모양이 되었다. '거(車)' 자의 독음이 '쉴 거(居)'와 같다는 사실은 '거'의 원래 의미가 '수레 안에 편히 앉아 쉬는 곳'이었음을 암시한다. 이것이 나중에 '쉬는 곳'은 억압되고 수레의 의미만 남은 것이다.

'멍에할 가(駕)' 자는 '말 마(馬)'와 '더할 가(加)'로 이루어졌다. '가(加)'란 여러 가지를 넣고 꾸며서 조작한다는 뜻이므로 '가(駕)'의 자형적 의미는 '말에 멍에를 메워서 이리저리 조종하다'가 된다.

'살찔 비(肥)' 자는 '고기 육(肉)'과 '뱀 파(巴)'로 이루어져 있으나 원래 자형을 보면 '파(巴)' 자는 '몸 기(己)'의 변형체로 돼 있다. '기(己)' 자는 몸을 잔뜩 구부려서 몸통과 허벅지와 종아리가 세 겹으로 겹치게 만든 모양으로서 고대 독음으로는 '비'로 읽기도 하였다. 따라서 '비(肥)'의 자형적 의미는 '살이 겹쳐지다', 즉 '살찌다'이다.

'가벼울 경(輕)' 자는 '수레 거(車)'와 '물길 경(巠)'으로 이루어졌다. '경(巠)' 자의 자형은 베틀에 날실만 세로로 재워 넣고 씨실은 아직 비어 있는 모양이다. 따라서 '경(輕)' 자의 자형적 의미는 '수레가 비어 있음'이다. 비어 있는 수레이므로 가볍게 잘 달릴 수 있는 것이다.

이 구절은 공신의 자손들이 대대로 부유하기 때문에 그들은 가볍고 잘 나가는 고급 수레와 살찐 말을 타고 다닐 수 있다는 내용이다.

'가(駕)' 자는 멍에를 메워 부리는 행위를 뜻하지만 여기서는 수레 끄는 말을 환유적으로 가리키고 있다. 그러므로 '거가(車駕)'는 수레와 이를 끄는 말을 지칭한다. 이 구절의 네 글자는 주술 구조를 바탕으로 한 호문(互文) 관계에 있으므로 '거가경비(車駕輕肥)'로 써야 논리적으로 옳지만 앞의 '영(纓)'과 각운을 맞춰야 하므로 '경(輕)'을 끝에 놓은 것이다.

예나 지금이나 부유한 삶은 탈것으로 표상된다. 여기서도 앞의 '련(輦)'에서부터 '구곡(驅轂)'을 거쳐 '거가(車駕)'에 이르기까지 부와 권력을 수레라는 기호를 이용하여 텍스트로 만든 것만을 보아도 쉽게 짐작할 수 있다. 탈것의 기능은 편리한 이동이기 때문에 이 기능에만 충실하면 충분할 것 같은데도 실제로는 이 기본적 기능보다 탈것의 부수적인 기능에 얽매이는 것이 보통이다. 말이 살찌고 수레가 가볍다는 '비경(肥輕)'도 따지고 보면 수레의 기본적 기능이라기보다는 부수적 기능을 묘사하는 내용이다. 즉 탈것이 남들에게 이렇게 보여야 삶이 매우 풍요롭고 위엄 있는 것으로 상상될 것이기 때문이다.

어릴 때부터 '거가비경(車駕肥輕)'을 욕망하도록 이끌리고 유혹되어 형성된 무의식은 우리에게 자가용 승용차를 열심히 닦고 치장하게 하는 일에 정성을 기울이게 한다. 이 덕분에 세차장과 자동차 액세서리 판매 사업은 불황을 모르고 번창하는 것이다.

실적의 계량화

策功茂實(책공무실)하고 | 공로를 일일이 산정해 줌으로써 충실함에
힘쓰게 하고,

공 공(功)

'꾀 책(策)' 자는 '대나무 죽(竹)' 과 '가시 자(束)' 로 이루어졌다. '자(束)' 는 찔러서 자극을 주는 물건이므로 '책(策)' 의 자형적 의미는 '자극을 주는 대나무' 로 회초리나 막대기를 가리킨다. 막대기는 계산할 때 이용하는 도구인 산주(算籌)로도 쓰이므로 '책(策)' 에 '하나하나 세다' 라는 의미가 생겨나게 되었다.

'공 공(功)' 자는 '힘 력(力)' 과 '장인 공(工)' 으로 이루어졌다. '공(工)' 자는 도끼 또는 곱자의 모양이므로 '공(功)' 자의 자형적 의미는 '연장을 들고 힘을 들여 일하다' 가 된다.

'무성할 무(茂)' 자는 '풀 초(艸)' 와 '창 무(戊)' 로 이루어졌다. '무(戊)' 자는 창날과 도끼날을 단 창의 모양이므로 '무(茂)' 자의 자형적 의미는 '풀이 창을 빼곡이 세워놓은 것처럼 무성하게 자라다' 가 된다. 마찬가지로 '나무가 창날처럼 무성하게 자라다' 라는 뜻은 '무(楙)' 를 쓴다. 따라서 '무(楙)' 또는 '무(懋)' 와 '무(茂)' 는 사실상 같은 글자이다.

'열매 실(實)' 자는 '집 면(宀)' 과 '꿸 관(貫)' 으로 이루어졌으므로 자형적 의미는 '주렁주렁 꿴 돈으로 집을 채우다' 가 된다.

이 구절 이하는 앞에 말한 '군영(群英)'에 해당하는 실제적인 역사 인물들을 열거하여 서술한다.

이 구절은 『서경』「중훼지고」(仲虺之誥)편의 "공이 많은 사람에게는 힘써 상을 주시다"(功懋懋賞)를 다시 쓴 것으로 신하들의 공적을 정확하게 산정함으로써 실제적인 업적을 쌓는 일에 힘을 쓰게 한다는 내용이다.

'책공(策功)'이란 신하들이 세운 공적을 산주(算籌)로 셈을 세듯하나하나 정확하게 계산한다는 뜻이다. '무(茂)'자는 원래 형용사인데 술어 자리에 처해 있으므로 사동의 의미로 쓰여서 '무성하게 하다'가 된다. 따라서 '무실(茂實)'은 '실질적인 것을 무성하게 만들다'라는 뜻이 되므로, 이때의 '무(茂)'자는 '힘쓸 무(務)'와 같은 의미가 되는 것이다. 그러므로 앞의 『서경』구절에서 '공무(功懋)'의 '무(懋)'는 '무(茂)'와 같고, '무상(懋賞)'의 '무(懋)'는 '무(務)'와 같은 글자가 된다.

공을 세운 사람에게 그 공적을 정확하게 세어주는 일은 매우 중요하다. 이른바 논공(論功)이 정확해야 행상(行賞)이 공정할 것이고, 행상에 부당함이 없어야 공적을 쌓는 일에 힘을 다할 것이기 때문이다.

그러나 공적을 질적으로 따져 우열을 가리는 일이란 그렇게 쉬운 일은 아니다. 그래서 고안해 낸 방법이 '책공(策功)'의 문자가 말하는 것처럼 "도끼질을 몇 번 했는가"를 세어서 공적을 계량화하는 것이다. 그러나 계량적으로만 공적을 저울질하면 공적은 우수한 것 같은데 실제 영향력은 별로 없는 경우가 있을 수 있다. 그래서 '무실(茂實)', 즉 실질적인 것을 무성하게 만드는 일, '실(實)'자의 자형이 말하는 것처럼 도끼질이야 몇 번을 하든 '돈을 벌어 집안에 채우는 일'에 힘쓰게 한다는 것이다. 그러니까 조직의 구성원들을 충실하게 하려면 무엇보다 공적을 세는 일을 공정하고 합리적으로 해야 한다는 결론이 나온다. 왜냐하면 임금이 계량적인 실적을 요구하면 신하들은 실질적인 공적에 충실하기보다는 숫자 맞추는 일에만 전념할 것이기 때문이다.

요즈음 우리 나라의 각 대학은 교수들의 연구를 독려하기 위해서 매년 연구 실적물을 직접 챙기고 이를 대외적으로 적극 홍보하고 있다. 이때 연구 실적의 우열을 국제 학술지에 게재한 논문 몇 편, 국내 저명 학술지에 게재한 것 몇 편 등과 같은 논문 편수라는 숫자로 판가름하는 경향이 짙다. 그러나 논문 편수가 아무리 많더라도 이것이 아무도 읽지 않는 논문들로 채워져 있다면 종이 값과 도서관 유지비만 인상하는 결과를 빚을 것이다. 그런데도 계량으로만 평가한다면 교수들은 어쩔 수 없이 숫자 채우기로 일관할 것이다. 이런 학문적 풍토에서는 영향력 있는 연구가 나올 수 없다. 인류의 문명에 기여한 연구들이 숱하게 많지만, 그 가운데에 숫자 채우기에 급급하다 보니 나오게 되었다는 경우는 일찍이 들어본 일이 없다.

비석: 주인 대신 무한히 의미를 말해 주는 하인

勒碑刻銘(늑비각명)이라 | 비석에 새겨 명문(銘文)으로 파놓는다.

새길 각(刻)

'새길 륵(勒)' 자는 '가죽 혁(革)'과 '힘 력(力)'으로 이루어졌으므로 자형적 의미는 '가죽띠로 묶어서 힘을 제어하다'가 된다. '굴레'가 바로 이런 기능의 도구이다. 또한 묶는 것은 표지를 해두는 방법이기도 하므로 '새겨서 표지하다'라는 뜻과 통할 수 있다. 그래서 '륵(勒)' 자에 '새기다'라는 의미가 파생적으로 생겨난 것이다. 이는 '륵(勒)'의 독음이 '묶을 락(絡)'과 '새길 각(刻)' 등과 같은 계열이라는 사실로서도 입증된다.

비석 비(碑)' 자는 '돌 석(石)'과 '낮을 비(卑)'로 이루어졌다. '비(卑)' 자의 원래 자형은 '밭 전(田)'과 '오른손 우(又)'로 되어 있는데 이는 밭을 주인 대신 관리해 주는 '하인'을 뜻한다. 따라서 '비(碑)' 자의 자형적 의미는 '무엇인가를 대신해서 뜻을 표명해 주는 돌'이 된다.

'새길 각(刻)' 자는 '돼지 해(亥)'와 '칼 도(刀)'로 이루어졌다. '해(亥)'의 독음은 '그림 화(畫)'와 같은 계열이므로 '각(刻)' 자의 자형적 의미는 '칼로 새겨 그리다'가 된다.

'새길 명(銘)' 자는 '쇠 금(金)'과 '이름 명(名)'으로 이루어졌다. '명(名)' 자는 캄캄한 밤중에 상대방에게 자기 이름을 밝힌다는 뜻이므로[1] '명(銘)' 자의 자형적 의미는 '금속판에다가 새겨서 밝히다'가 된다.

    이 구절은 신하들이 세운 공적을 비석에 새기고 또 명문(銘文)으로 파놓아 그들의 명예가 길이 기억되도록 한다는 내용을 적고 있다.
    '늑비(勒碑)'와 '각명(刻銘)'은 잘 닳지도 않고 풍화 작용도 더디 되는 돌이나 쇠붙이에 새긴다는 뜻으로, 이는 공적이 길이 잊혀지지 않고 기억되도록 하기 위한 것일 뿐만 아니라 만대에 귀감을 삼으려는 것이기도 하다. 그래서 사람들은 비석에 씌어질 내용을 마련하기 위해서 열성적으로 노력해 왔다. 그러나 앞의 자해에서도 설명했듯이 '비(碑)'란 주인을 대신해서 말하는 것이다. 주인의 의도가 어떻든 중요한 것은 비석에 새겨진 글이다. 다시 말해서 주인은 죽어도 비는 남는 법이므로 주인이 무엇을 어떻게 했든 비석의 글만 잘 쓰면 그것으로 되는 것이다. 그러니까 실제 공적을 세우는 일이 중요한 것이 아니라 비석을 잘 만들고 비문을 잘 쓰는 일이 중요하게 다루어진다.
    그러나 비문을 아무리 훌륭하게 쓰고 비석을 아무리 아름답게 꾸밀지라도 결국 세월이 흐르면 모두 풍화되어 글자의 형태가 뭉개져서 읽기조차 힘들어지고, 심지어는 이리저리 굴러다니다가 냇가의 빨래판이 되기도 하고 징검다리가 되기도 한다. 그래서 예수 그리스도도 화려하게 지은 성전을 보고 이것이 앞으로 돌 위에 돌 하나도 있지 않을 것이라고 예언하지 않았던가. 이러한 경험을 통해서 사람들은 영원히 풍화되지 않고 또 사라지지 않는 것을 추구했으니 입덕(立德)·입공(立功)·입언(立言)의 삼불후(三不朽)가 바로 그것이다.

그러나 텔레비전을 비롯한 영상 매체 때문에 보이지 않는 것은 존재하지 않는다는 무의식적 관념이 보편적 믿음이 된 오늘날 삼불후는 가치를 잃었다. 표면의 글자가 거의 닳아 없어진 빨래판 비석이라도 남아 있으면 이것이 오히려 가치를 무한히 재생산한다. 왜냐하면 문자 문화의 세계에서는 존재를 증명해 주는 기호나 텍스트가 무엇보다 중요하기 때문이다. 주인이 없어진 자리에서 하인('비〔碑〕'를 가리킴)이 하는 말이 주인의 것 이상으로 간주되는 것은 당연하리라. 그러니까 실질적인 공적을 세우는 일보다 이를 기록으로 남기는 일이 훨씬 중요한 일이 되는 것이다. 통속적인 예로 결혼식장에 가서 신랑과 신부를 진심으로 축복해 주는 일이 중요한 것이 아니라 혼주에게 내가 왔노라고 눈 도장을 찍는 일이 중요하다는 것이다. 옛사람들이 공적을 비석이나 명문으로 새겨 남기려고 애쓴 것도 나름의 현명한 처사였다는 사실을 알 수 있다. 그래서 오늘날에도 이 전통을 계승하여 뭇 종친회에서 비석 세우기가 주요 숙원 사업으로 논의되고 있지 않은가. 설사 그것이 나중에 빨래판이 되고 징검다리로 쓰이더라도 말이다.

태공(太公)과 이윤(伊尹)

磻溪伊尹(반계이윤)이 │ 반계(磻溪)와 이윤(伊尹)은,

'돌 반(磻)' 자는 '돌 석(石)'과 '순번 번(番)'으로 이루어 졌다. '번(番)' 자의 독음은 '판(版)'과 같은 계열이므로 여기에는 '손자국이나 발자국 같은 것을 똑같이 찍어내 다'라는 의미가 담겨 있다. 따라서 '반(磻)' 자의 자형적

순번 번(番)

의미는 '여러 번 던질 수 있는 돌'이 된다.

'시내 계(溪)' 자는 '물 수(水)'와 '새끼 돼지 해(奚)'로 이루어졌으 므로, 자형적 의미는 '골짜기를 흐르는 작은 냇물'이다.

'저 이(伊)' 자는 '사람 인(人)'과 '다스릴 윤(尹)'으로 이루어졌지 만, 일반적으로는 '이것' · '저것'을 지시하는 지시 대명사로 많이 쓰인다. 중국의 옛 성인으로 일컬어지는 이윤(伊尹)의 성이 '이(伊)' 씨인 것은 그가 이천(伊川)의 공상(空桑)에서 태어났으므로 물 이름 인 '이(伊)' 자를 따서 성씨를 삼았기 때문이라고 한다.

'맏 윤(尹)' 자는 '오른손 우(又)'와 '삐칠 별(丿)'로 이루어졌다. '별(丿)' 자는 채찍을 나타내므로 '윤(尹)' 자의 자형적 의미는 '채찍 을 손에 쥐고 있는 사람'이 된다. 이로부터 '다스리다' · '벼슬' 등의 의미가 파생되었다.

화살에 줄을 매어 쏘는 주살처럼 '반(磻)'이라는 것은 탄력 있는

377

명주실에 탄환을 매어서 여러 번 던질 수 있는 일종의 사냥 도구인데, 이는 새뿐만 아니라 물고기를 잡는 데도 사용할 수 있다. 태공(太公)이 이것으로 물고기를 잡다가 문왕(文王)을 만났다고 해서 그곳 이름을 반계(磻溪)라 칭하였다. 그러므로 여기서 반계는 강태공 여상(呂尙)을 가리킨다.

이윤(伊尹)은 원래 신씨(莘氏) 부족의 공주가 시집갈 때 딸려보낸 종(이를 잉신[媵臣]이라고 함)이었다가 나중에 탕임금의 몸종이 되었다. 『노련자』(魯連子)의 "이윤은 솥을 지고 칼을 차고서 탕임금을 위해 일하였다"(伊尹負鼎佩刀以干湯)라는 구절로 보아 이윤은 처음에 탕임금의 요리사로 일했던 것 같다. 그러다가 나중에 재상이 되어 탕임금을 도와 세상을 평정하고 은나라 왕조를 세웠다.

항룡유회: 주인과 노예의 변증법을 연기하다

佐時阿衡(좌시아형)이라 | (각각 무왕의) 때를 보필했고, (탕임금이)
천하를 평정하기 위해 의지한 사람이다.

때 시(時)

'도울 좌(佐)' 자는 '사람 인(人)'과 '왼손 좌(左)'로 이루어졌다. '좌(左)' 자가 '왼손'이라는 의미로 쓰이자 원래 의미인 '공작하는 일을 도와주다'는 '좌(佐)' 자를 새로이 만들어 표기하였다.

'때 시(時)' 자는 '날 일(日)'과 '마을 사(寺)'로 이루어졌다. '사(寺)' 자의 원래 자형은 '갈 지(之)'와 '손 수(手)'로 되어 있으므로 자형적 의미는 '손을 움직이다'가 된다. 따라서 '시(時)' 자의 자형적 의미는 '태양이 움직여가다'가 된다. 태양이 움직인 변화가 곧 '시간' 또는 '계절'이 되는 것이다.

'언덕 아(阿)' 자는 '언덕 부(阜)'와 '옳을 가(可)'로 이루어졌다. '가(可)' 자의 자형은 입의 기운이 구부러져서 올라가는 모양이므로 '굽거나 휘어져 있다'라는 의미를 내포하고 있다. 따라서 '아(阿)' 자의 자형적 의미는 '구부러진 모양의 언덕' 또는 '언덕에서 구부러진 곳'이 된다.

'저울대 형(衡)' 자는 '뿔 각(角)'·'큰 대(大)'·'갈 행(行)' 등으로 이루어졌다. 소는 뿔로 사람을 잘 들이받기 때문에 위험을 방지하기 위해서 옛날에는 소의 머리 위에 가로로 나무 막대를 덧대었다. '각(角)'자 아래에 '대(大)'자를 쓴 것이 바로 이 모양이다. '행(行)'자는 원래 십자로를 그린 것인데 가로로 덧댄 나무 막대와 소머리가 '열 십(十)'자 모양을 형성하기 때문에 이를 표상한 것이다. 따라서 '형(衡)'자는 '가로 횡(橫)'과 같은 글자이며 '평평할 평(平)'의 의미를 내포하고 있다. '형(衡)'자에 '저울'의 의미가 있는 것은 이 때문이다.

이 구절은 중국 역사에서 상징적인 명재상이자 개국 공신으로 꼽히는 태공망(太公望) 여상(呂尚)과 이윤(伊尹)이 어떤 역할로 공을 세웠고 어떻게 칭송되고 있는지를 서술하고 있다.

『상서중후』(尙書中候)라는 위서(緯書)에 보면 태공망이 낚시를 하다가 옥을 얻었는데 거기에 "희씨(姬氏)가 천명을 받을 것인데, 이때 여씨가 그의 때를 돕는다"(姬受命, 呂佐時)라는 글이 새겨져 있었다는 기록이 있다. 여기서 여씨는 말할 것도 없이 여상을 가리킨다. 물론 위서의 기록이므로 신빙성은 없지만 성군과 훌륭한 인재의 만남을 욕망하는 신화임에는 틀림없을 것이다.

'아(阿)'자는 '의지할 의(倚)'와 같은 뜻으로도 쓰이고, '형(衡)'은 '평(平)'과 같으므로, 아형(阿衡)이란 탕임금이 그에게 의지해서 세상을 평정했다는 의미로 이윤을 부르는 칭호로 쓰여왔다.

여상과 이윤을 명재상의 상징이라고 볼 때 바람직한 참모의 상은 주인을 잘 보좌해서 주인의 때를 실현시켜야 하는 것일 뿐만 아니라 주인이 의지할 수 있을 만큼 믿음직해야 하는 것이다. 왜냐하면 헤겔이 간파한 것처럼 주인과 종의 관계는 고정되어 있는 것이 아니라 누가 누구를 의지하게 되느냐에 따라 수시로 전도되는 것이므로 주인이 설사 종에게 완전히 종속되는 지경에 이르더라도 종의 자리를 자기 동일적으로 끝까지 지키는 충성심이 필요하기 때문이다. 게다가 종이 명재상으로 능력을 인정받게 되는 것은 원천적으로 때를 만난 주인에게 의지하고 있는 것이므로, 주인이 설사 종에게 의존하는 위치로 전락하게 되었다고 해서 종이 주인 행세를 한다면 이는 곧 자신의 기반을 무너뜨리는 짓이 된다는 것이다.

또한 종이 아무리 재능이 뛰어난 인재라 하더라도 주인이 다가와 인정해 주지 않으면 아무 의미가 없다. 만일 문왕과 탕왕이 여상과 이윤을 인정해 주지 않았더라면 그들은 어떻게 되었을까? 그런데 그 인정이라는 것은 주인과 종 사이의 상호 관계에 의해서 이루어지는 것이 아니라 주인이 일방적으로 찾아옴으로써 간택되는 것이다. 따라서 종은 알아달라고 나서지 말고 여상처럼 낚시나 하면서 또는 이윤처럼 충실히 밥이나 지으면서 주인의 방문을 기다려야 한다. 여성적 섹슈얼리티를 갖는 것이 재능을 갖춘 선비의 미덕이라고도 말할 수 있다.

이상은 "磻溪伊尹, 佐時阿衡"(반계이윤, 좌시아형)의 여덟 글자를 주인의 관점에서 읽어낸 의미이다. 그러나 이 구절은 종이 주인을 향해 던지는 메시지도 함께 전달한다. 즉 주인이 아무리 천명(天命)을 받았다 하더라도 그 때가 실현되도록 도와주는 참모가 없다면 수명(受命)이란 단순한 욕망의 표현으로 남을 수밖에 없다는 것이다. "그러므로 욕망이 현실이 되게 하려면 현실적 능력을 가진 지식인인 나에게 의지하라. 대신에 당신은 주인으로, 나는 종으로 각각 명령을 받았으므로, 나는 언제나 제2인자로서 당신을 보필할 뿐 절대로 당신의 자리를 넘보지 않을 것이다", 이러한 메시지가 주인에게 수

용됨으로써 이른바 "일인지하, 만인지상(一人之下, 萬人之上)"의 자리가 확보되는 것이다. 그러니까 지식인들은 하늘 끝까지 올라간 용은 후회할 때가 있다는 이른바 '항룡유회(亢龍有悔)'의 역사 의식을 갖고 있기 때문에 종의 위치에 스스로 남으려 하는 것이다. 이것이 바로 고대 봉건 체제에서 임금과 신하간의 의리를 지탱해 주는 상호 이해 관계의 본질이다.

곡부의 문화 전통

奄宅曲阜(엄택곡부)하니 | 곡부 땅을 어루만져 다스리니,

굽을 곡(曲)

'가릴 엄(奄)' 자는 '큰 대(大)'와 '펼 신(申)'으로 이루어졌다. 여기서 '대(大)' 자의 자형은 그릇을 덮는 뚜껑 모양이므로, '엄(奄)' 자의 자형적 의미는 '밖으로 드러나 펼쳐지지 않도록 덮어 씌우다'가 된다. 물건을 덮어 놓으면 오래 보존할 수 있으므로 '엄(奄)' 자에 '오래다'라는 파생 의미가 생겼다.

'집 택(宅)' 자는 '집 면(宀)'과 '싹틀 탁(乇)'으로 이루어졌다. '탁(乇)' 자는 싹이 껍질을 트고 나온다는 뜻으로 이는 원시 시대에 구멍을 파서 집을 만들던 방법을 지시한다. 따라서 '택(宅)' 자의 자형적 의미는 '땅에 구멍을 터서 집을 만들다'가 된다.

'굽을 곡(曲)' 자는 탄력이 좋은 나무나 대나무를 둥글게 엮어 만든 소쿠리를 그린 모양이다. 이로부터 '굽다'라는 의미가 파생했고, '굽다'는 다시 '자세한' · '세부적인' 등의 의미로 확장되었다.

'언덕 부(阜)' 자를 소전에서는 '𠂤'로 쓰는데 이는 높이 솟아올라 위가 평평한 땅을 그린 모양이다. 뿐만 아니라 독음도 '도타울 후(厚)'와 같은 계열이므로 자형적 의미는 '높고 평평한 언덕'이 된다.

곡부(曲阜)는 지금의 산동성(山東省) 곡부현(曲阜縣) 일대의 땅 이

름으로 옛날 노나라의 도읍이었다. 곡부는 중국의 보수적인 문화의 중심지로서 제나라의 개방적인 문화와 더불어 중국 전통 문화의 두 축을 형성한다.『사기』(史記)의 기록은 이를 잘 설명해 준다.

주나라가 왕조를 세우고 나서 개국 공신인 주공(周公)과 여상(呂尙)에게 각각 노나라와 제나라를 봉지로 주었다. 주공이 아들인 백금(伯禽)을 노나라로 보냈더니 3년이 지나서야 돌아와 국정을 보고하였다. 늦은 이유를 물으니 백금이 "그곳의 풍속과 규범을 뜯어고치고 삼년상을 치르게 하느라고 늦었다"라고 대답하였다. 한편 제나라로 간 여상은 6개월 만에 돌아왔는데, 그 이유를 "군신의 예를 간소화하고 그곳 풍속을 좇아 정치를 했기 때문"이라고 대답하였다. 즉 여상은 제나라를 안정시키기 위해서 잠시 와 있는 것일 뿐 이 일을 마치면 다시 서쪽의 고향으로 돌아갈 것이라는 생각으로 정치에 임한 반면, 백금은 노나라를 자손 대대로 살 땅으로 여기고 계획하였다. 그러다 보니 곡부(노나라)의 문화는 자연히 보수적이게 된 것이다.

'엄택(奄宅)'이란 말은 '어루만지고 안정시키다'라는 의미로 쓰이고 있지만, 이는 사실 글자 그대로 사람들이 다양한 생각을 자유로이 '펴지'(申) 못하도록 위에다 '뚜껑'(大)을 덮어두고 안전이 보장된 주거 지역 내에서만 살게 한다는 자형적 의미에서 만들어진 것이다. 그러므로 '엄택곡부(奄宅曲阜)'라고 썼을 때에는 '곡부 땅을 어루만져 다스리다'라는 해석보다 '곡부에 오랫동안 집을 짓고 살다'라는 해석이 더 어울릴 것이다. 왜냐하면 앞에서도 말했듯이 곡부의 보수적 전통은 백금의 정치 방식에서 나왔고, 주공은 또한 유가에서 가장 숭배하는 인물이기 때문이다.

신화화를 경계함

微旦孰營(미단숙영)이리오 | 주공(周公) 단(旦)이 아니면 누가 다스릴 수 있었을까.

지을 영(營)

'작을 미(微)' 자는 '조금 걸을 척(彳)'과 '작을 미(散)'로 이루어졌다. '미(散)' 자는 보이지 않을 정도로 작은 싹을 뜻하므로 '미(微)' 자의 자형적 의미는 '남에게 보이지 않도록 몰래 다니다'가 된다.

'아침 단(旦)' 자는 '날 일(日)'과 '하나 일(一)'로 이루어졌다. '일(一)' 자는 땅 혹은 지평선을 의미하므로 '단(旦)'의 자형적 의미는 '해가 지평선 위로 올라와 밝아지다' 또는 '아침'이 된다. 여기서는 주공(周公)의 이름으로 쓰였다.

'누구 숙(孰)' 자는 '익을 숙(熟)' 자의 본래 글자로 여기서는 '누구'라는 뜻의 가차 의미로 쓰였다.

'지을 영(營)' 자는 '담 궁(宮)'과 '빛날 형(熒)'이 합쳐진 글자이다. 빛은 사방으로 퍼지고 담은 집을 사방으로 둘러싸고 있는 구조물이므로 '영(營)' 자의 자형적 의미는 '사방을 빙 둘러막아 만든 주거 공간'이 된다. 이런 공간을 만드는 일은 곧 집을 짓는 일이고 이런 일은 또한 사전에 철저한 준비와 계획에 의해 진행돼야 하므로, 이로부터 '다스리다'·'경영하다' 등의 의미가 파생된 것이다.

이 구절은 주공 단이 곡부 땅을 장기적인 안목으로 잘 다스리고, 예치(禮治)의 모범을 보여 중국의 전통 문화를 세운 공을 칭송한 것이다.

공자가 스스로 "기술하고 짓지 아니하다"(述而不作)라고 말했듯이, 공자의 사상은 주공을 다시 쓴 것이라 해도 과언이 아니다. 그래서 유가, 특히 한대의 고문경학가(古文經學家)들은 주공을 오히려 공자보다 우위에 있는 선사(先師)로 존경하기도 하였다. 물론 여기에는 『논어』 「술이」(述而)편에서 공자가 "오래 되었구나, 내가 꿈 속에서 주공을 다시 못 뵌 지가"(久矣吾不復夢見周公)라는 구절들 때문에 주공이 신화적으로 부풀려진 면이 있다. 그러나 경학가들은 전통적으로 공자를 비롯한 유가의 존사(尊師)들이 지나치게 신화화되는 것을 경계하였다. 물론 중국의 역대 권력과 경학가들은 존사들을 신화화하는 것을 무의식적으로 욕망했지만 말이다. 따라서 그들이 신화를 욕망할 때에는 동시에 탈신화의 강박적 경계심이 함께 작용하기 일쑤였다. 이것은 따지고 보면 예와 악, 그리고 언어적인 것과 비언어적인 것을 동시에 추구하려 한 공자의 균형 감각의 패러다임에서 비롯된 것이리라.

이러한 의도와 노력이 이 구절에서는 '미(微)' 자에 나타난 것이다. '미(微)' 자가 여기서는 부정사로서 '아닐 미(未)'와 같은 뜻으로 쓰였다. 그러나 문자적으로 볼 때 '미(微)' 자에 담긴 뜻은 앞의 자해에서 설명한 것처럼 '숨겨져서 보이지만 않을 뿐이지 아주 존재가 없는 것은 아닌 것' 이다. 따라서 부정이라 하더라도 완전 부정이 아닐 수밖에 없으며, 그 부정 속에는 작지만 긍정의 가능성이 숨겨져 있을 수도 있음을 암시한다.

386

다시 말해서 '미(微)'자를 완전 부정으로 읽으면 주공 외에는 아무도 곡부를 예치의 나라로 건설할 수 없으므로 주공이 절대화되는 반면에, 보이지는 않지만 일부 긍정이 섞인 부정으로 읽으면 주공 이외의 다른 인물도 할 수 있을지도 모른다는 가능성을 열어놓은 셈이 된다. 그래서 주공이 절대화되지 않고 또 신화화되는 것을 막을 수 있는 효과가 생기는 것이다. 이것이 바로 중국 문자만이 갖는 특성이자 맛이다.

환공(桓公)의 진정한 힘

桓公匡合(환공광합)하여 | 환공은 (천하를) 바로잡고 (제후들을)
규합하여,

'굳셀 환(桓)' 자는 '나무 목(木)'과 '구할 선(亘)'으로
이루어졌다. 고대에는 큰길에 십 리마다 역참을 세워
문서를 전달하는 사람이나 나그네가 쉬어갈 수 있도록
했는데, 이를 일컬어 '환(桓)'이라고 했다. '목(木)'자

귀인 공(公)

는 역참을 표시하기 위해 세운 나무를 의미한다. 여기서는 제나라
임금인 환공(桓公)을 가리킨다. 『시법』(諡法)에 "땅을 개척하고 먼
곳을 복종시킨 경우, '환(桓)'이라고 칭한다"(辟土服遠曰桓)라는 구
절이 있으므로, '환공'이란 패제후(霸諸侯)의 공적을 인정하여 붙여
준 시호(諡號)임을 알 수 있다.

'귀인 공(公)'자는 '에울 위(囗)'와 '여덟 팔(八)'로 이루어졌다.
'위(囗)'자는 자기 주위에 친 울타리로서 보호받을 수 있는 개인적
인 공간을 뜻하고, '팔(八)'자는 서로 등을 지고 있는 모양으로 '등
질 배(背)'와 같은 글자이다. 따라서 '공(公)'자의 자형적 의미는
'사적인 것의 반대'가 된다. 사적인 공간을 열고 나오면 넓은 공간이
전개되므로 '공(公)'자의 독음이 '넓을 광(廣)'자와 같은 계열에 속
하게 된 것이다.

'바를 광(匡)'자는 대나무를 엮어 만든 대광주리를 뜻하는데, 그

388

중에서도 방형(方形)의 광주리를 가리킨다. 둥근 모양의 광주리는 '거(筥)' 라고 부른다. 관청의 도장을 언제나 네모난 모양으로 만드는 것처럼 옛날부터 정사각형은 '공정함' 을 상징하였으므로, '광(匡)' 자에서 '공정한 틀에 맞춰 바로잡다' 라는 파생 의미가 생겨나게 되었다.

'합할 합(合)' 자는 '모을 집(亼)' 과 '입 구(口)' 로 이루어졌으므로 자형적 의미는 '여러 입들을 한데 모으다' 가 된다.

이 구절은 『논어』 「헌문」(憲問)편의 "환공은 제후들을 아홉 번이나 불러모아서 회맹(會盟)하였다"(桓公九合諸侯)와 "관중은 환공이 제후들의 우두머리가 되어 천하를 하나의 틀이 되게 바로잡도록 도와주었다"(管仲相桓公, 霸諸侯, 一匡天下)라는 구절을 다시 쓴 것이다.

'환공(桓公)' 은 춘추 시대 제나라 임금으로서 진 문공(晉文公) · 송 양공(宋襄公) · 진 목공(秦穆公) · 초 장왕(楚莊王)과 더불어 춘추오패(春秋五霸) 중의 한 사람이었다. 그는 거(莒)나라에서 망명 생활을 하다가 제 양공(襄公)이 피살되자 곧바로 귀국하여 임금에 즉위하였는데, 이때 자신을 암살하려 했던 관중을 재상에 임명하였다. 그는 관중의 도움을 받아 세력을 키워 제후들을 십여 차례나 불러모아 회맹(會盟)함으로써 패업(霸業)을 이룩하였는데, 그의 패업 중에서 중요한 것은 중원을 하나의 통치 이데올로기가 지배하는 통일 국가 체제로 만들려는 시도였다. 이때의 통일 이데올로기가 바로 주나라 왕실을 받들고 오랑캐를 물리친다고 하는 이른바 '존왕양이(尊王攘夷)' 라는 명분이었다. 그러니까 '광(匡)' 자는 바로 '존왕양이' 의 광주리 속에 분열된 제후들을 모아 담아서 네모난 틀의 의도대로 바로

잡는다는 뜻이 되는 것이다. 특히 '합(合)' 자를 쓴 것은 그 자형적 의미인 '입을 한데 모으다'를 키운 것인데, 이는 담론을 통일한다는 뜻으로 무력이 아닌 이데올로기에 의한 통일을 의미한다. 이것이 바로 『논어』 「헌문」편에서 공자가 관중이 병거(兵車)를 쓰지 않고 제후들을 회맹시켰으므로 어질다고 칭찬한 이유이다.

그러나 이러한 야심찬 패업도 관중이 죽은 후 환공이 정사를 소홀히 하면서 쇠락해 갔다.

명분과 실리의 분열

濟弱扶傾(제약부경)이라 | 약소한 자를 구제해 주고 기울어져가
는 자를 붙들어주었다.

약할 약(弱)

　'건널 제(濟)' 자는 원래 하북성(河北省) 찬황현(贊皇縣) 서남에서 발원하여 동쪽으로 흐르다가 저수(泜水)에 합류하는 강의 이름이다. 오늘날 통용되는 '건너다'·'돕다' 등의 의미들은 차용된 파생의이다.

　'약할 약(弱)' 자는 연약하게 잘 휘는 모양을 나타내는 '활 궁(弓)' 자 두 개와 '터럭 삼(彡)' 두 개로 이루어졌다. 여기서 털은 유연하게 잘 휘어짐을 상징한다. 따라서 '약(弱)' 자의 자형적 의미는 '쉽게 휘어질 정도로 유약함' 이 된다.

　'붙들 부(扶)' 자는 '손 수(手)' 와 '지아비 부(夫)' 로 이루어졌다. '부(夫)' 자는 사람 모양이고, '부(扶)' 자의 독음은 '보필할 보(輔)' 와 같은 계열에 속하므로 '부(扶)' 자의 자형적 의미는 '옆에서 부축하여 도와주다' 가 된다.

　'기울어질 경(傾)' 자는 '사람 인(人)' 과 '기울 경(頃)' 으로 이루어졌다. '경(頃)' 의 자형적 의미가 '머리가 삐딱하게 기울다' 라는 뜻이므로 '경(傾)' 자와 기실 같은 글자이다. '경(頃)' 자는 '숟가락 비(匕)' 와 '머리 혈(頁)' 로 이루어졌는데, '비(匕)' 자의 소전체 자형은 '사람 인(人)' 자를 뒤집어 놓은 모양과 같으므로 '삐딱하다' 라는 의

미를 담고 있다. 따라서 '경(頃)' 자의 자형적 의미는 '머리가 삐딱하게 기울다'가 된다. 이로부터 '기울다' 또는 '기울어 넘어지다'라는 의미로 쓰이게 되었는데, 이 글자가 '잠깐'·'밭이랑' 등의 의미로 차용되자 혼동을 피하기 위해서 '기울다'는 뜻은 '경(傾)' 자를 새로 만들어 쓰게 된 것이다.

이 구절은 약소한 자와 위급한 어려움에 처한 자를 구제해 준다는 뜻으로서, 이는 중국 역사에서 강한 나라가 약소한 나라를 침략할 때 흔히 내세우던 명분이다. 이 말은 원래 『여씨춘추』(呂氏春秋)에서 그 유래를 찾을 수 있다. 즉 겸애(兼愛)를 주장한 묵자(墨子)는 강대국이 약소국을 침략하는 행위를 크게 비난하였다. 그래서 묵가 무리들은 약소국이 침략을 당할 위기에 처하면 천리를 멀다 않고 달려가서 그들을 구해 주었는데, 초나라가 약한 송나라를 공격하자 송나라를 구해 준 사건은 그 대표적인 예다. 이것이 이른바 '제약(濟弱)'이다.

이와는 반대로 병가(兵家)의 논객들은 패역한 군주들이 정사를 제대로 돌보지 않아서 백성이 도탄에 빠지고 나라가 기울어지는 위기에 처한 경우에 이웃 나라에서라도 신속히 의병(義兵)을 일으켜서 패주를 제거함으로써 백성도 구해 주고 조정(朝廷)도 붙들어주어야 한다고 주장한다. 이것이 이른바 '부경(扶傾)'이다. 이때 '부경'은 말할 것도 없이 강대국이 약소국을 침략하기 위한 명분에 지나지 않는다. '제약'도 원래는 약자를 돕는다는 명분으로 출발했지만 이것이 『여씨춘추』를 통해 진나라의 사상으로 통합되면서 분쟁이 있는 두 나라 사이에 개입하기 위한 강대국의 명분으로 퇴색하였다. 다시 말해서 '제약부경(濟弱扶傾)'은 병가화한 묵가가 되는 셈이다.

약소한 자와 위급한 어려움에 처한 자를 구제해 주어야 한다는 명분을 언제나 재확인해야만 하는 중국인들의 강박 관념은, 쑨원(孫文)이 그의 『민족주의』(民族主義)에서 "그래서 우리는 먼저 어떤 정책을 결정해야 하는데 그것이 바로 '제약부경'이다. 이렇게 해야만 비로소 우리는 우리 민족의 천직을 다하는 셈이 된다"라고 하는 말에서 잘 드러난다.

'제약부경'을 천직으로 삼아야 된다는 강박 관념은 마침내 티베트 인민 해방으로 이어지는데, 여기서 티베트 인민을 해방하면서 티베트를 중국 영토에 합병시킨 것은 무엇을 의미할까?

이러한 논리의 명분을 일본도 그대로 본받아서 그들이 만주를 중국으로부터 빼앗을 때도 똑같이 적용하였다. 즉 당시에 이미 기울어져버린 청나라를 다시 일으켜세워 준다는 명분 아래 마지막 황제 부의(溥儀)를 만주국 황제에 앉혀놓고는 꼭두각시 부리듯 조종해서 만주를 실질적으로 차지했던 것이 그 예이다. 이처럼 명분이 훌륭하다고 해서 그 행위가 정당화되는 것은 아니다. 오히려 그 속에는 탐욕이 숨겨져 있는 경우가 많다. 남을 도와준다는 것은 궁극적으로 자신을 위한 일이고, 그렇기 때문에 남을 돕는 자는 도움을 받을 수 있는 사람이 자신의 이웃에 존재한다는 사실에 오히려 감사해야 하리라.

지식인의 신화

綺回漢惠(기회한혜)하고 | 기리계(綺里系)는 한나라 혜제(惠帝)를
(제자리로) 돌아오게 하였고,

돌아올 회(回)

'비단 기(綺)' 자는 '실 사(糸)'와 '기이할 기(奇)'로
이루어졌으므로 자형적 의미는 '특이한 무늬를 가
진 비단'이 된다. 일반 비단의 무늬는 씨실이나 날
실을 따라서 종횡으로 짜는 것이 보통인데, '기
(綺)'는 사선으로 짜 넣기 때문에 우측 방에 '기(奇)'자를 쓴 것이다.

'돌아올 회(回)'자는 '감쌀 위(囗)'자의 안에 회전하는 형태를 그
린 모양의 글자이다. 이 글자의 원래 자형은 급류가 깊은 못으로 합
류할 때 물이 세차게 감아도는 것을 그린 모양이었다. 그리고 독음
은 '감쌀 위(圍)'와 같은 계열에 속하므로, 이 글자의 자형적 의미는
'물살이 감아돌다'가 된다.

'나라 한(漢)'자는 고유 명사인 한수(漢水)의 이름이다. 한 고조가
진나라 도읍인 함양(咸陽)에 입성하여 진나라를 접수하고서 처음으
로 제후에 봉해진 곳이 한중(漢中, 오늘날의 섬서성 서남쪽)이었으므
로 나중에 정권을 잡은 후에 왕조의 이름이 된 것이다.

'은혜 혜(惠)'자는 '마음 심(心)'과 '오로지 전(重)'으로 이루어졌
으므로 자형적 의미는 '마음을 하나같이 간직하며 근신하다'가 된
다. 여기서는 한 왕조의 두 번째 황제인 혜제(惠帝)를 가리킨다.

이 구절은 기리계(綺里系)를 비롯한 상산사호(商山四皓)가 한 혜제를 잘 보필하여 폐태자(廢太子)의 위기를 넘기고 황제에 등극할 수 있게 해주었다는 『사기』「유후세가」(留侯世家)의 고사를 다시 쓴 것이다.

상산사호란 진나라 말년에 난리를 피하여 상산(商山)에 은둔하였던 기리계(綺里系)·동원공(東園公)·하황공(夏黃公)·녹리선생(甪里先生)을 말하는데, 이들은 모두 나이가 80이 넘은 사람들로서 하나같이 수염과 눈썹이 희다고 하여 당시 사람들이 상산사호라고 불렀다. 원래 한 왕조가 들어서면서 한 고조가 이들을 불렀으나 응하지 않았다. 나중에 고조가 태자를 폐하려 하자, 여후(呂后)가 장량(張良)의 계책을 써서 사호를 맞아들여 태자를 따라다니게 하였더니 고조가 태자의 지위가 확고해졌다고 여기고는 마침내 태자를 폐하려는 계획을 철회하였다고 한다.

한 고조가 태자를 폐하고 총애하는 척부인(戚夫人)의 소생을 태자에 봉하려던 계획을 철회한 것은 태자의 장래가 상산사호 때문에 믿음직스럽게 보였기 때문이다. 그러나 이들이 정말로 믿음직스러운 인재들이었는지는 알 길이 없다. 왜냐하면 태자의 자리를 되돌려놓고 이들은 다시 돌아갔기 때문이다. 그러나 이것이 그들을 신화적 인물이 되게 하였다. 중국에서는 이처럼 인재들이 현실에 편입되기를 포기할 때 신화화되는 속성이 있는데, 이는 스스로를 비의화(秘議化)함으로써 지배 권력에게 권력을 행사하기 위해 지식인이 만들어낸 일종의 도구적인 알레고리로 추측된다.

왜 굳이 언어를 피하려 할까

說感武丁(열감무정)이라 | 부열은 무정 임금과 감응했다.

호반 무(武)

'말씀 설(說)' 자는 '말씀 언(言)'과 '통할 태(兌)'로 이루어졌다. '태(兌)' 자는 말로 하나하나 풀어서 뜻을 통하게 해준다는 뜻이므로, '설(說)' 자의 자형적 의미 역시 '말로 하나하나 풀어서 뜻을 통하게 해준다'가 된다. 그러므로 '태(兌)' 자와 '설(說)' 자는 사실상 같은 글자이다. 여기서는 사람 이름으로 '열'로 읽는다.

'느낄 감(感)' 자는 '마음 심(心)'과 '다 함(咸)'으로 이루어졌다. '함(咸)' 자는 '사방에 두루 미치도록 소리를 지르다'라는 뜻이고, '감(感)'의 독음이 '동요할 담(澹)'과 같은 계열에 속하므로 '감' 자의 자형적 의미는 '사방에 호소하여 사람들의 마음을 움직이게 하다'가 된다.

'호반 무(武)' 자는 자형상으로는 '그칠 지(止)'와 '창 과(戈)'로 이루어졌는데, '지(止)' 자는 원래 발이나 발자국의 모양이므로 '무(武)' 자는 무사가 창을 어깨에 메고 보무 당당히 걸어가는 모양을 그린 것임을 짐작할 수 있다. '무(武)' 자와 같은 계열의 독음인 '춤출 무(舞)' 자가 창과 방패를 들고 춤추는 모양이라는 사실이 이를 방증한다.

'고무래 정(丁)' 자의 고문자 자형은 못 모양으로 되어 있다. 그러니까 '정(丁)' 자는 '못 정(釘)' 자의 본래 글자인 셈이다. 못은 단단한 곳도 뚫을 뿐만 아니라 견고하게 고정시키기도 하는 물건이므로 '굳세다'·'힘센 남자' 등의 파생 의미로 쓰이기도 하였다. 여기서 '무정(武丁)'은 은나라 임금, 즉 고종(高宗)을 가리킨다.

이 구절은 은나라의 제무정(帝武丁)이 부열(傅說)을 얻어 아버지인 소을(小乙) 때에 쇠락한 반경(盤庚)의 중흥을 다시 부흥시켰다는 『사기』「은본기」(殷本紀)의 기록을 다시 쓴 것이다.

은나라는 반경 임금의 덕치로 중흥기를 맞았으나 그후 소신(小辛)과 소을 임금 시기를 지나면서 쇠퇴하자 백성들이 반경 임금을 그리워하게 되었다. 소을의 뒤를 이은 무정 임금은 은나라를 다시 부흥시켜야겠다고 마음을 먹었으나 이 일을 도와줄 마땅한 인재를 얻지 못하고 있었다. 그래서 그는 즉위한 후 3년 동안이나 일절 말을 하지 않고 모든 정사를 재상인 총재(冢宰)가 결정하도록 해놓고는 나라의 물정을 관찰하기만 하였다. 그러다가 꿈속에서 열(說)이라는 이름의 성인을 만났는데, 그는 꿈을 깨자마자 꿈에서 본 인물의 형상을 가진 사람을 전국을 뒤져 찾아보게 하였다. 마침내 부험(傅險) 땅에서 열을 찾았는데 그는 거기서 죄수로 길을 닦는 일에 복역하고 있었다. 무정이 그와 이야기를 나눠보니 과연 성인이었다. 그래서 그를 재상에 앉히고 국정을 맡기니 나라가 잘 다스려져서 반경 임금의 중흥이 다시 실현되었다고 한다. 나중에 부험의 지명을 성으로 삼아서 그를 부열(傅說)이라고 부르게 되었다.

'감(感)' 자 풀이에서 보았듯이 감응이란 소리를 내어 마음을 움직이는 것이다. 여기서 소리를 낸다는 것은 상징이나 기호로 커뮤니케

이션 활동을 한다는 뜻이다. 그런데 무정은 말을 하지 않음으로써 부열과 감응하는 역설을 낳았다. 게다가 부열의 이름인 '열(說)'은 '말'을 내포하고 있을 뿐만 아니라, 그를 찾고 나서도 말을 해본 다음에야 그가 성인인 줄 알았다. 또한 부열을 찾는 단서도 다름 아닌 이미지였는데, 이미지는 기호처럼 감각에 의존하는 상징이다. 그런데도 무정과 부열의 상호 감응 고사에서 3년간 말이 없었다는 사실이 전경(前景)에 드러나 있는 것은 무엇 때문일까?

우선 이 고사는 소외된 지식인이 만들어낸 신화라는 가정을 세울 수 있다. 즉 임금이 갈망하는 인재는 호화로운 궁궐 내에 있지 않고 외딴 들녘에서 복역하는 모습일 수 있으므로, 지식인인 '나'를 잘 찾아서 모셔가라는 메시지로 읽을 수 있다. 그러기 위해서는 말을 하지 말고 직접 살펴야 하는데, 임금이 먼저 말을 하면 아랫것들이 그 말에 맞춰 제도권 내에서 사람을 천거하기 때문이다. 반대로 말을 아끼면 그 대가로 임금이 원하는 정치가 지식인에 의해서 보장된다. 이러한 신화는 소외된 지식인을 신비화할 뿐만 아니라 임금의 말을 역통제할 수 있도록 기능한다.

두 번째로 이 신화를 임금의 편에서 보면 군신간의 감응적 커뮤니케이션의 중요성을 읽을 수 있다. 즉 임금과 신하 사이에는 함께 이룩해야 할 공적만이 있을 뿐인데, 여기에 공감을 했다면 둘 사이에는 굳이 말이 필요 없다는 메시지이다. 임금이 내려야 할 결정 중에는 차마 할 수 없는 것도 종종 있다. 이때 충성스런 신하는 눈치껏 알아서 시행하고, 만일 그것이 잘못되었을 경우 모든 책임을 혼자 뒤집어쓰는 것이 도리이자 윤리인 것이다. 오늘날 이른바 몸통의 부패는 끝내 드러나지 않고 깃털만 다치는 관행은 바로 이런 감응의 신화에서 비롯된 것이다.

이처럼 중국의 고대 신화들에서 우리는 말의 기능을 축소하거나 은폐하려는 이데올로기를 자주 발견할 수 있다. 이러한 이데올로기는 수단보다는 내실과 목적을 추구하려는 동양적 가치관을 낳는다. 다시 말해서 대상과 목적에 이르는 언어를 소홀히 한다는 것은 곧 과정의 합리성이 무시될 수도 있음을 뜻한다. 과정의 합리성이 무시되는 곳에서 '일단 되고 보자'라는 식의 부패 고리가 끊어지지 않는다. 물론 언어가 목적에 투명하게 가 닿을 수 있다는 보장이 있는 것은 아니지만 그렇다고 언어 이외에 다른 방법을 찾기도 어렵다. 언어의 역할이 얼마나 중요한지 심각하게 생각하지 않으니까 훌륭한 우리말을 두고도 영어를 공용어로 쓰자는 무지막지한 이야기가 등장하기도 하는 것이다.

중국의 전통적인 지식인 상

俊乂密勿(준예밀물)하니 | 뛰어난 인재들이 꼼꼼하고 부지런히
일하니,

빽빽할 밀(密)

'준걸 준(俊)' 자는 '사람 인(人)'과 '빠를 준(夋)'으로 이루어졌으므로 자형적 의미는 '민첩한 사람'이 된다. 민첩한 사람이란 재능이 뛰어난 사람이므로 곧 '준재' 또는 '걸출한 인재'가 된다. 따라서 말이 훌륭하면 '준(駿)' 자를 쓰고, 산이 높고 빼어나면 '준(峻)' 자를 쓰는 것이다.

'벨 예(乂)' 자는 낫을 좌우로 움직여 풀을 베는 모양의 글자이므로 자형적 의미는 '낫으로 풀을 베다'가 된다. 풀을 베는 행위는 '다스림'(治)의 은유로 자주 쓰이므로, 풀을 잘 베는 사람은 곧 능력 있는 인재를 뜻한다. 한대 주석가들은 재주가 일천 명을 능가하는 사람은 '준(俊)'으로, 일백 명을 능가하면 '예(乂)'로 각각 구분하기도 하였다.

'빽빽할 밀(密)' 자는 '뫼 산(山)'과 '조용할 밀(宓)'로 이루어졌다. '밀(宓)' 자는 집에서 아무것도 하지 않고 조용히 쉰다는 뜻이므로 '밀(密)' 자의 자형적 의미는 '산중에서 극히 조용한 곳'이 된다. 산중에서 극히 조용한 곳은 산이 빽빽이 들어선 첩첩산중이므로 이로부터 '빽빽하다'는 의미가 파생된 것이다.

'말 물(勿)' 자는 손에 깃발을 들고 있는 모양인데, 이는 노역을 감

독하거나 지휘하는 사람이 손에 깃발을 들고 흔들어서 일꾼들을 독려한다는 뜻이므로, 이로부터 이 글자에 '부지런히 일하다'·'근면하다' 등의 의미가 생겨난 것이다. 그러므로 '밀물(密勿)'은 꼼꼼하고 부지런히 일에 종사하는 모습을 형용하는 말이 된다.

이 구절은 『서경』「고요모」(皐陶謨)편의 "뛰어난 인재들이 관직에 있을 것이며"(俊乂在官)와 『시경』「시월지교」(十月之交)편의 "힘써 일하면서도 감히 수고로움을 말하지 못하네"(密勿從事, 不敢告勞)를 다시 쓴 것이다.

상산사호(商山四皓)와 부열(傅說) 같은 현사들이 빈틈없이 부지런히 일하면 나라가 평안해지는 법이므로 지식인을 잘 대우하여 조정에 많이 모으는 것이 중요한 일임을 강조한다. 지식인의 능력은 '밀(密)' 자에서 보듯이 밀림처럼 빽빽하고 속이 깊어서 그 한계를 알 길도 없고 또 접근할 수도 없다. 단지 보이는 것은 그가 흔들어 보이는 깃발의 지시와 독려밖에 없다. 따라서 대중은 그의 빈틈없는 도량(度量)만을 믿고 지시와 다스림을 따르기만 하면 되는 것이다.

이것이 지식인에 대한 대중의 전통적인 관념이다. 이렇듯 무턱대고 대중이 지식인을 믿고 따를 수 있었던 것은 그 바탕에 윤리가 있었기 때문이다. 그러나 과연 오늘의 지식인은 대중이 믿고 따를 수 있을 만큼의 윤리가 있는가.

중국은 옛날부터 '다스림'을 낫으로 풀을 베는 일에 비유하거나 또는 그 일을 '다스림'의 상징으로 삼았다. 그래서 인재를 '예(乂)' 자로 표상했던 것이니, 인재의 능력을 풀을 베는 일로 나타냈다면, 그의 능력은 자연히 그가 백성의 다양한 욕구를 풀을 베듯 얼마나 획일화해 파악하는지로 이해될 수밖에 없을 것이다. 이것이 전통적인 지식인상이자 그 한계였는데, 지식인들 스스로가 갖는 이런 이미지는 지금도 여전해서 가치의 다원화를 표방하는 오늘날 제대로 적응하지 못하게 하는 걸림돌이 되는 경우가 있는 것도 사실이다.

백성들의 평안: 음식남녀

多士寔寧(다사식녕)이라 | 선비가 많은 것이 곧 평안함이다.

'많을 다(多)' 자는 '저녁 석(夕)' 자 두 개를 포개놓은 모양으로 되어 있다. 옛날에는 저녁을 하루가 끝나는 기준 시간으로 간주하였는데, 이는 '석(夕)' 자의 독음이 '이을 역(繹)'과 같은 계열에 속한다는 사실로도 입증된다.

많을 다(多)

따라서 '다(多)' 자의 자형적 의미는 '줄줄이 이어져 있는 많은 나날들'이 된다.

'선비 사(士)' 자의 갑골문 자형은 '⼟'인데, 이는 남근을 상징하기 위해서 땅 위에 세워놓은 곧은 나무 막대기 모양이다. 후대에 가로 막대기가 추가되어 '열 십(十)' 자 모양으로 바뀌었는데, 이는 막대기 중간에 묶어놓은 장식 모양이 변형된 결과이다. 따라서 '사(士)' 자의 자형적 의미는 '아직 장가 들지 않은 남자'가 된다. 젊은 남자들을 불러다가 일에 '종사하도록'(事) '시킬'(仕) 수 있으므로, 이로부터 '선비'라는 의미가 생겨나게 되었다.

'진실로 식(寔)' 자는 '집 면(宀)'과 '이 시(是)'로 이루어졌다. '시(是)' 자는 태양이 머물러 있는 장소를 가리키므로,[2] '식(寔)' 자의 자형적 의미는 '집안에 머물며 집을 보다' 또는 '집안에 두어 쉬게 하다'가 된다. 여기서는 '편안하다'는 의미와 함께 허사 '시(是)'와 같은 뜻으로 쓰였다.

'편안할 녕(寧)' 자의 원래 글자는 '녕(寗)'으로 이 글자는 '집 면(宀)'과 '그릇 명(皿)' 위에 '마음 심(心)'이 있는 모양이다. 따라서 자형적 의미는 '먹을 것이 갖춰져 있고 집안에서 보호받는 편안한 마음'이 된다. 반면에 '녕(寧)' 자가 허사로 쓰일 경우는 속내는 진실로 원하면서도 겉내는 마지못해 받아들인다는 '차라리'의 의미로 사용된다.

이 구절은 『시경』「문왕」(文王)편의 "많은 선비들이 북적대니 문왕께서 이 때문에 편안하시네"(濟濟多士, 文王以寧)를 다시 쓴 것이다.

여기서 말하는 많은 선비란 물론 앞 구절의 '준예(俊乂)'처럼 재능과 실력을 겸비한 엘리트 인재들을 가리킨다. 따라서 엘리트 인재가 많으면 임금이나 백성들이 모두 평안함을 느끼게 될 것임은 당연한 이치이다. '평안할 녕(寧)' 자 앞에 '식(寔)' 자를 써서 '곧'이라는 허사적 의미 외에 '편안히 쉼'의 의미를 이중적으로 덧붙인 것은 바로 이를 강조하기 위함이리라. 여기서 '인재가 많음'(多士)은 '곧'(寔) '평안함'(寔寧)이라는 등식이 자연히 성립되고, 이 등식은 다시 인재의 과다(寡多)가 곧 정권과 나라의 안정을 측량하는 척도로 인식되는 조건이 된다. 그래서 군주들은 인재를 극진히 대우해 그들을 관료로 끌어들였고, 지식인들 역시 스스로 재주가 있다고 자부하면 달리 생각할 겨를도 없이 반사적으로 관직으로 나아갔다. 정권의 엘리트 독점 현상은 이런 배경에서 생겨났던 것이니, 중국을 비롯한 동아시아에 역사적으로 시민 혁명이 부재했던 이유를 여기에서도 찾을 수 있을 것이다.

백성들이 평안하게 느끼는 것은 '녕(寗)' 자가 지시하듯이 마음이 집으로부터 보호받고 먹을 것이 충족될 때이다. 『예기』「예운」(禮運)에서 "마실 것과 먹을 것, 그리고 남녀의 성은 사람들의 기본적인 욕망이 존재하는 곳이다"(飮食男女, 人之大欲存焉)라는 구절을 상기할 때 후출자(後出字)인 '녕(寧)' 자 아래의 '장정 정(丁)' 자는 『예기』의 '남녀'를 연상시킨다. 그러니까 엘리트 인재들이 임금을 도와서 백성을 평안하게 하려면 기본적으로 『예기』의 '음식남녀(飮食男女)'를 충족시켜야 한다.

그러나 '녕(寧)' 자의 허사적 의미가 암시하듯이 백성들은 자신들의 욕구를 속내가 설사 충족되었다 하더라도 겉으로는 마지못해 하는 것처럼 표현하는 면이 있으므로, 백성들의 욕구 불만을 너무 문자대로만 해석하지 말라는 지혜로운 경고가 '녕(寧)' 자 안에 숨어 있는 듯하다. 욕망에 어디 끝이 있겠는가.

영원히 왕자(王者)에 이르지 못하는 패자(覇者)

晉楚更霸(진초경패)하고 | 진나라와 초나라는 번갈아 제후들의
우두머리가 되었고,

번가를 경(更)

'나라 진(晉)' 자의 고문자 자형은 '㬜' 인데, 이는 두 개의 화살을 촉이 밑으로 오게 하여 아래에 있는 전통(箭筒) 속에 넣는 모양이다. 독음이 '나아갈 진(進)' 자와 같으므로 '나아가다' 라는 의미로 가차되어 쓰이기도 한다.

'나라 초(楚)' 자는 모형나무로서 달리 '형(荊)' 으로도 쓴다. 초나라에 이 나무가 많이 생산되므로 나라 이름이 되었다는 설이 있다. 그래서 고대 문헌에서 초나라를 '형(荊)' 으로 적기도 하였다.

'번가를 경(更)' 자는 '두드릴 복(攴)' 과 '불 병(丙)' 으로 이루어졌으므로 자형적 의미는 '불을 막대기로 두드려 끄다' 가 된다. 불을 끈다는 것은 한 시기가 끝나고 다른 시기가 시작됨을 의미하므로, 이로부터 '교대하다' · '갈마들다' 라는 의미가 파생된 것이다.

'으뜸 패(霸)' 자는 달이 초승달로 처음 생기려 하거나 보름달에서 처음 이지러지려 할 때 희미하게 보이는 달의 그림자 혹은 흔적을 뜻한다. 경서의 문장에서는 '백(魄)' 자로 바꾸어 쓰기도 한다. '두목 패(伯)' 와 독음이 같기 때문에 '우두머리' 라는 의미로 가차하여 쓰기도 한다.

춘추 시기에 진(晉) 문공(文公)은 성복(城濮) 전투에서 초 성왕(成王)을 패퇴시킨 사건을 계기로 패제후(覇諸侯)가 되었다. 그러다가 진 영공(靈公)에 이르러 국세가 기울어지자 초 장왕(莊王)이 진나라의 뒤를 이어 패제후가 된 사실을 서술한 것이 이 구절의 내용이다.

이른바 춘추 오패(五覇)란 제(齊) 환공(桓公)·진(秦) 목공(穆公)·송(宋) 양공(襄公)·진 문공·초 장왕 등의 다섯 제후를 일컫는다. 우리는 흔히 춘추 시기를 오패가 할거해 역사적·공간적으로 단절되었던 것으로 인식하고 있다. 물론 그런 측면이 없었던 것은 아니지만 실존적으로 보자면 오히려 오패 때문에 단절이 해소되고 체제와 사회 통합이라는 과제가 극복된 점도 있다.

'경(更)' 자가 이 사실을 잘 표상하고 있는데, 즉 '경(更)' 자의 자형은 앞의 자해에서 설명한 것처럼 막대기로 불을 끄는 모양으로 되어 있다. 불을 끈다는 것은 단절을 의미한다. 그러나 막대기를 부지깽이로 간주한다면 새로운 불의 지핌과 불의 확장을 상징한다. 그래서 '경(更)' 자에 '이을 속(續)' 자의 의미가 담겨 있는 것이다. 다시 말해서 이때의 '경' 자는 단절을 뜻하는 것이 아니라 연속을 의미한다. 춘추 시기에 중국의 영향력은 이른바 중원 땅을 크게 넘지 못하였기 때문에 당시 초나라는 사실상 중국으로부터 단절된 상태에 있었다. 이는 당시 중원의 제후들이 아무리 세력이 강하더라도 감히 스스로 '왕(王)'이라고 칭하지 못했는데도 남쪽의 초나라는 스스로를 왕이라 불렀던 사실이 증명한다. 그러나 진나라의 뒤를 이어 초나라가 영향력을 중원에 미쳤다는 것은 오히려 중원의 판도를 그만큼 확장하였다는 연속의 의미를 드러낸다. 이것이 바로 '경(更)' 자가 지시하는 의미이다.

패자(覇者)란 왕자(王者)와 맞먹거나 능가할 정도의 세력은 보유하였지만 정통성이 없는 자를 가리킨다. 즉 앞에 언급한 춘추 오패는 천자를 능가하는 힘은 가졌지만 천자로서의 정통성이 없었으므로 왕을 칭하지 못하고 패제후에 머물렀던 것이다. 그래서 이러한 상황을 보름달에서 약간 이지러져서 달 그림자의 흔적을 지닌 '패(覇)'에 비유한 것이니 패자는 결국 결핍의 존재가 된다. 패자의 이러한 성격 때문에 욕망이 대상에 이르지 못하고 그 주위를 환유적으로 흘러 떠다니듯 패제후들이 왕자의 주위에서 번갈아 우두머리의 자리를 바꿨던 것이다.

합종과 연횡의 역설

趙魏困橫(조위곤횡)이라 │ 조나라와 위나라는 연횡으로 인하여
곤경에 빠졌다.

곤할 곤(困)

'나라 조(趙)' 자는 '걸어갈 주(走)'와 '쇠할 소(肖)'로
이루어졌으므로, 자형적 의미는 '가다 쉬다를 반복하며
천천히 걷다'가 된다. 여기서는 전국 시기 삼진(三晉)
중의 한 나라인 조(趙)나라를 가리킨다.

'나라 위(魏)' 자는 '높을 외(巍)' 자의 본래 글자이나 여기서는 진
(晉) 대부(大夫) 위사(魏斯)가 진나라를 삼분하여 세운 전국 시기의
위나라를 가리킨다.

'곤할 곤(困)' 자는 '나무 목(木)'과 '큰 입 구(口)'로 이루어졌고,
'구(口)' 자는 대문을 지시하고 '목(木)' 자는 대문의 문지방을 뜻한다.
문지방이란 밖에서 들어오는 사람이나 안에서 밖으로 나가는 사람을
일단 멈추게 하는 일종의 바리케이드이다. 따라서 '곤(困)' 자의 자형
적 의미는 '출입시에 일단 멈춰야 하는 안팎의 한계선'이 된다. 여기
에서 '한계에 몰리다' · '궁지에 빠지다' 등의 의미가 파생되었다.

'가로 횡(橫)' 자는 '나무 목(木)'과 '누를 황(黃)'으로 이루어졌다.
'황(黃)' 자는 원래 불화살의 모양을 그린 것으로 불화살은 촉 부분
이 무거우므로 뒤에 추를 달아 균형을 맞췄는데, 이 때문에 '황(黃)'
자에 '딸려가지 않고 저항하다'라는 파생 의미가 생겨났다. '황' 자

409

의 독음이 '막을 항(抗)'과 같은 계열에 속한다는 사실이 이를 입증한다. 따라서 '횡(橫)' 자의 자형적 의미는 '대문을 열지 못하도록 가로막는 빗장'이 된다. 여기서는 전국 시기에 동쪽에 있는 여섯 나라들이 함께 서쪽의 진(秦)나라를 받들어 섬기자고 주장하던 연횡책(連橫策)을 가리킨다.

조(趙)와 위(魏)는 한(韓)을 포함한 삼진(三晉)을 가리킨다. 『전국책』(戰國策) 「조책」(趙策)에 "삼진이 연합하면 진나라가 약해지고, 삼진이 흩어지면 진나라가 강해진다"(三晉合而秦弱, 三晉離而秦强)라는 구절이 말해 주듯이 진나라와 삼진은 서로 이웃해 있으면서 치열한 경쟁 관계를 형성해 왔다. 그래서 삼진은 내부적 단결을 기초로 한 육국(六國)의 합종(合縱)으로 진나라의 동진을 막아보려 했으나, 연횡책에 말려서 대항이 여의치 못하였다. 왜냐하면 진나라는 가까운 나라는 공격하고 멀리 있는 나라와는 친교하는 이른바 원교근공(遠交近攻) 정책을 썼으므로 진나라와 접경하지 않은 약소국들은 연횡의 노선을 바꿀 수 없었기 때문이다. 삼진을 완충 지대로 삼고 있는 나라들이 연횡을 포기하지 않으면 결국 삼진은 포위가 되는 셈이므로 "연횡으로 인하여 곤경에 처하게 되었다"(困橫)라고 쓴 것이다.

그런데 여기서 재미있는 것은 문자의 측면에서 보자면 진에 저항하자는 합종(合縱) 속에 '복종(服從)'의 의미가 있고, 진에 복종하자는 연횡(連橫) 속에 '저항'의 의미가 있다. 이는 아마도 합종을 주장하는 조나라 논객인 소진(蘇秦)이 삼진의 주장에 복종해야 한다는 무의식적 욕망과 연횡을 주장하는 장의(張儀)가 삼진의 주장을 삐딱하게 보아야 한다는 욕망이 대척적(對蹠的)으로 드러난 결과일 것이다.

보이지 않는 멸망의 길

假途滅虢(가도멸괵)하고 | 길을 빌려서 괵(虢)나라를 멸망시키고,

빌릴 가(叚)

'빌릴 가(假)' 자는 '사람 인(人)'과 '빌릴 가(叚)'로 이루어졌다. '가(叚)' 자의 고문자 자형은 절벽 아래에서 손으로 돌을 취하는 모양이므로 '가(叚)' 자의 자형적 의미는 '돌을 취하다'이다. 이로부터 '취하다' · '빌리다' 등의 파생 의미가 생겨났다. 빌린 것은 자기 것이 아니므로 오늘날에는 '인(人)'을 부가하여 '가(假)'로 쓰면서 '가짜'라는 의미로도 확대해 쓰고 있다.

'길 도(途)' 자는 '천천히 걸을 착(辵)'과 '남을 여(余)'로 이루어졌으므로 자형적 의미는 '힘들이지 않고 편안히 걸어가도 되는 곳', 즉 '길'이 된다. 그래서 '길 도(道)' 자와 서로 통하여 쓰기도 한다.

'멸할 멸(滅)' 자는 '물 수(水)'와 '멸할 멸(威)'로 이루어졌다. '멸' 자는 '불 화(火)'와 '다할 술(戌)'로 이루어졌으므로 자형적 의미는 '불로 태워 없애버리다'가 된다. 따라서 '멸(滅)' 자의 자형적 의미는 '물이 다하다'이다.

'나라 괵(虢)' 자는 '다섯 손가락으로 잡을 랄(寽)'과 '범 호(虎)'로 이루어졌으므로 자형적 의미는 '범의 발톱에 할퀸 흔적'이 된다. 여기서는 춘추 시기에 있었던 제후국의 이름을 가리킨다.

『여씨춘추』(呂氏春秋) 「권훈」(權勳)편에서 진(晉) 헌공(獻公)이 괵(虢)나라와 우(虞)나라를 멸망시킨 역사 고사를 다시 쓴 구절로 내용은 이러하다. 진 헌공이 괵나라를 치기 위해서 우나라에게 길을 빌리면서 자신이 애지중지하는 구슬과 애마를 뇌물로 주었다. 우나라 임금이 기뻐서 얼른 길을 내주려 하자 궁지기(宮之奇)라는 신하가 이를 만류하며 말하기를, "우나라와 괵나라의 관계는 입술과 이의 관계와 같아서 입술이 없어지면 이가 시리게 되듯이 괵나라가 망하면 우나라도 멸망하게 됩니다. 절대 길을 내줘서는 안 됩니다"라고 하였다. 임금이 궁지기의 말을 듣지 않고 길을 빌려줬더니 과연 진나라는 괵을 치고 돌아오면서 우나라를 멸망시키고는 전에 줬던 뇌물도 도로 찾아왔다. 결국 우나라 임금은 작은 것을 탐내다가 큰 것을 잃은 셈이 되었다.

이 구절은 글자가 중복되지 않게 네 글자로 축약해야 한다는 제약 때문에 고사를 괵을 멸망시키기 위한 목적으로 길을 빌리는 내용으로 개편하였다. '가도(假道)'가 우나라를 멸망시키는 일과 직결되어 있다는 사실은 억압되어 있다. 정치에서 생존 전략이라 할 수 있는 속임수가 아이들에게는 윤리적인 문제를 낳거나 정치를 불신하게 할 위험도 있었으므로 편집되었을 가능성을 배제할 수 없을 것이다.

이 고사의 메시지가 뇌물의 양면도성(兩面刀性)을 지적했다면, 이 구절의 메시지는 '멸(滅)'자의 자형에서 찾을 수 있다. 즉 멸망이란 '수(水)' 변처럼 밖에서의 도전에서 초래되기도 하지만, 몸 안의 '화(火)'처럼 스스로가 멸망의 요인을 품고 있기도 하다. 또한 멸망이 겉으로는 괵을 겨냥하고 있는 것 같지만 실은 보이지 않는 우나라까지 이어져 있음을 축약된 형식으로 말하려 했을 것이다.

맹약 : 파기하기 위한 약속 의식

踐土會盟(천토회맹)이라 | 천토(踐土)에 모여서 맹약을 맺었다.

'밟을 천(踐)'자는 '발 족(足)'과 '적을 전(戔)'으로 이루어졌다. 발로 밟으면 밟힌 사물은 다치고 해쳐서 남아 있는 것이 별로 없게 된다. 따라서 '천(踐)'자의 자형적 의미는 '발로 밟아서 남은 것이 적다'가 된다.

모일 회(會)

'흙 토(土)'자는 땅이 식물을 위로 토해 내는 모양을 그린 글자이다.

'모일 회(會)'자를 소전에서는 '會'로 쓰는데 이는 아랫부분의 시루에 찔 음식을 담고 윗부분의 뚜껑을 덮어놓은 모양이다. 따라서 '회(會)'자의 자형적 의미는 '시루 위에 뚜껑을 덮다'가 된다. 뚜껑을 덮는다는 것은 시루와 뚜껑을 위아래로 합친다는 뜻이므로, 이로부터 '합치다'·'모으다' 등의 파생의들이 생겨났다.

'맹세 맹(盟)'자는 '피 혈(血)'과 '밝을 명(明)'으로 이루어졌다. '명(明)'자는 신명(神明)과 같은 뜻으로 신을 가리킨다. 옛날에 제후들간에 맹약을 맺을 때에는 희생의 피를 그릇에 받아놓고 손가락으로 피를 찍어서 입술 주위에 바른 다음 신명에게 맹세의 내용을 고하였다. 그러므로 '맹(盟)'자의 자형적 의미는 '그릇의 피를 입에 바른 후 신명에게 고하여 맹세하다'가 된다.

이 구절은 『춘추』 「희공(僖公) 28년」의 "우리 임금님께서 진나라 · 제나라 · 송나라 · 채나라 · 정나라 · 위나라 · 거나라 등의 임금들을 모아서 천토 땅에서 맹약을 맺으셨다"(公會晉侯 · 齊侯 · 宋公 · 蔡侯 · 鄭伯 · 衛子 · 莒子, 盟于踐土)를 다시 쓴 것이다.

회맹이란 『주례』(周禮) 「추관」(秋官)의 사맹(司盟)이 하는 일에서 밝혔듯이, 제후들간에 관계가 원만하지 않을 때 서로 만나서 협약을 하고 이를 잘 준수할 것을 신명에게 맹세하는 의전 행위를 말한다. 그러나 춘추 시기에 천자의 지배력이 약해지면서 회맹은 힘이 강한 패제후가 여타 제후들을 천자의 이름으로 불러모아 자신이 실세임을 제후들간에 확인시키는 방도로 전락하였다. 그래서 춘추 오패들은 패제후가 되면 어김없이 회맹을 주최하였다.

진(晉) 문공(文公) 역시 기원전 632년에 제후들을 정나라 땅인 천토(踐土)에 불러모아 맹약을 맺었는데, 이때 문공은 이례적으로 당시 천자인 주 양왕을 회맹 장소에 모셔다가 제후들로 하여금 입조(入朝)하게 하였다. 이렇게 한 이유는 패제후는 힘은 있으나 정통성이 결여돼 있었기 때문이다.

패제후가 주최하는 회맹이란 본질적으로 정치적 힘겨루기이긴 하지만 그에게 정통성이 없으므로 형식적으로는 제후들간의 상호 평등 관계를 기초로 이루어졌다. 그래서 천토에서의 회맹이 실은 진후(晉侯)가 불러모은 것이지만 『춘추』의 기록은 노나라 희공(僖公)이 불러모은 것으로 기록하고 있다. 이는 권력에서 명분과 정통성이 얼마나 중요한 요소인가를 여실히 보여주는 예라 하겠다.

이렇듯 고대 중국의 맹약은 힘의 불평등 관계에서 강압적으로 이루어진 경우가 많다. 따라서 맹약 후에 힘의 관계에 변동이 생기면 약속은 즉각 폐기되고 맹약을 다시 맺게 된다. 피를 입술 주위에 바르는 것은 어떠한 경우에라도 말을 바꾸지 않겠다는 약속의 상징인데, 이는 말이란 상황이 바뀌면 함께 바뀔 수밖에 없다는 사실을 익히 알기 때문에 시행하는 의식이다. 기실 이 의식도 믿을 수는 없는 것이지만 그나마 이를 통해야만이 관계가 명쾌해지고 불안이 해소될 수 있으므로 깨질 것을 뻔히 알면서 이 의식을 반복하는 것이다.

법: 숨길 수밖에 없는 현실

何遵約法(하준약법)하고 | 소하(蕭何)는 간소한 법을 준수하였고,

법 법(法)

'어찌 하(何)' 자는 '멜 하(荷)'의 본래 글자이나, 여기서는 한나라 개국 공신 중의 한 사람인 승상 소하(蕭何, ?~ B.C. 193)를 가리킨다.

'좇을 준(遵)' 자는 '천천히 걸을 착(辵)'과 '받들 존(尊)'으로 이루어졌으므로 자형적 의미는 '받들며 따라가다'가 된다.

'요약할 약(約)' 자는 '실 사(糸)'와 '작은 국자 작(勺)'으로 이루어졌으므로 자형적 의미는 '줄로 묶어서 작게 만들다'가 된다.

'법 법(法)' 자는 '물 수(水)'와 '갈 거(去)'로 이루어졌으나, 원래는 '거(去)' 자 대신에 '해태 채(廌)'를 썼다. 해태는 사악한 자나 정직하지 않은 자를 골라내서 들이받는다고 하는 상상의 동물로 옛날부터 척사(斥邪)와 공정한 법의 집행을 상징하기 위하여 성문과 궐문 앞에 조각상을 세워두었다. '수(水)' 자는 물처럼 공평하게 집행한다는 의미로 쓰였으므로 '법(法)' 자의 자형적 의미는 '물처럼 공평하게 법을 집행하여 사악한 자를 집어내다'가 된다.

이 구절은 한 고조(高祖)가 진나라 원로들에게 약속한 약법삼장(約法三章)을 승상인 소하(蕭何)가 끝까지 준수하고 시행함으로써 한나라 덕치(德治)의 기틀을 마련했다는 『사기』 「고조본기」(高祖本紀)

의 내용을 다시 쓴 것이다.

한 고조는 함곡관에 입성했을 때 백성들을 진정시키기 위해서 그곳의 원로들에게 진나라의 가혹한 법을 없애고 약법삼장만을 시행하겠다고 약속했다. 그 삼장이란 "사람을 죽인 자는 사형에 처하고, 사람을 다치게 하거나 도둑질을 한 자는 각기 그에 해당하는 형벌을 받는다"(殺人者死, 傷人及盜抵罪)라고 하는 극히 간명한 법이었다.

그러나 한조 개국 이후 지방에서 끊임없이 반란이 일어났기 때문에 한나라는 법을 엄하게 정비할 필요가 있었다. 그런데도 승상인 소하는 고조가 약속한 약법을 약간만 수정하여 준행해서 진나라의 가혹한 법치와는 차별화된 덕치의 기틀을 마련하였고, 이 때문에 한조의 자손들은 400년의 영화를 이어갈 수 있었다는 것이다.

그렇다면 한조는 어떻게 약법삼장과 같은 간소한 법에 의지해 질서를 유지하고 덕치를 이루었을까?

한 고조는 새 정권의 정통성을 확보하기 위하여 진나라를 비판함으로써 한조를 차별화할 수밖에 없었는데, 그러기 위해서는 진의 법치를 폄훼함과 동시에 인의(仁義)를 새 정권의 정치 노선으로 표방해야 했다. 그러나 현실적으로 질서를 유지하기 위해서는 법에 의존해야 했으므로 법은 제정하되 그 집행을 가능한 한 밖으로 드러내지 않는 수밖에 없었다. 그래서 인의는 양(陽)의 정치로, 형벌은 음(陰)의 정치로 변별해서 인의는 내세우는 한편, 법의 기능과 작용은 감지하지 못하도록 했다. 그래서 한조의 정치에서 덕치의 모델을 찾는 통념이 생겨난 것이다. 실제로 한조의 정권을 유지한 것은 음의 영역에서 은밀히 기능한 법치였지만 말이다. 이 때문에 법가의 사상이나 담론은 중국 정치에 실제로 크나큰 기여를 했지만, 명분상으로는 폄훼와 금기의 대상이 되어왔던 것이다.

우리는 흔히 심성이 착한 사람을 일컬어 "법 없이도 살 사람"이라고 말하지만 이런 표현의 대부분은 법이 무서워 법을 잘 준수한다는 말과 크게 다르지 않을 것이다.

'법(法)' 자를 원래 자형인 '법(灋)' 으로 썼을 때는 "물처럼 공평하게 법을 집행하여 사악한 자를 집어내다' 라는 의미가 살아나지만, '법(法)' 자로 쓰면 그 자형적 의미는 '물(水)' 이 '가는' (去) 것처럼 자연스러운 것이 법이다"로 변한다. 다시 말해서 상황에 따라서 탄력성과 융통성 있게 해석하는 것이 법이라는 의식이 이 글자를 통해서 새겨지는 것이다. 법을 탄력 있게 해석하고 적용하는 것이 바람직할지는 모르겠으나 우리에게 좀더 필요한 것은 탄력성보다는 오히려 '법 앞에 만민이 평등' 하다는 동일하게 적용되는 원칙일 것이다. 이를테면 우리 주위에 이른바 '유전무죄, 무전유죄' 라는 원칙 없는 잣대로 상처받은 이웃들이 얼마나 많은가. 이런 불평등이 어쩌면 '물 수(水)' 와 '갈 거(去)' 로 이루어진 '법(法)' 자에서 시작되었을지도 모를 일이다.

법치: 덕치의 방도

韓弊煩刑(한폐번형)이라 | 한비는 번거로운 형법으로 피폐해졌다.

형벌 형(刑)

'나라 한(韓)' 자는 '줄기 간(幹)' 자의 생략형과 '가죽 위(韋)'로 이루어졌다. '위(韋)' 자는 나무 막대에 변형이 일어나지 않도록 그 둘레에 가죽을 둘러 감은 모양이고 '간(幹)' 자는 나무 기둥을 뜻하므로, '한(韓)' 자의 자형적 의미는 '우물에 빠지지 않도록 샘 둘레에 쳐놓은 우물 난간'이다. 여기서는 전국 말 법가 사상가인 한비(韓非. B.C. 280~B.C. 233)를 가리킨다.

'해질 폐(弊)' 자는 '해질 폐(敝)'와 '두 손으로 들 공(廾)'으로 이루어졌다. '폐(敝)' 자는 양쪽 가장자리가 다듬어지지 않은 갓 짜낸 옷감을 뜻하는데, 오래 사용해서 단이 너덜너덜해진 옷도 같은 모양이므로 '해진 옷'이란 의미로도 쓰인다. 따라서 '폐(弊)' 자의 자형적 의미는 '닳아 떨어진 옷을 두 손으로 들고 있는 모양'이 된다. 여기에서 '피폐하다'라는 파생 의미가 생겨난 것이다.

'번거로울 번(煩)' 자는 '불 화(火)'와 '머리 혈(頁)'로 이루어졌으므로 자형적 의미는 '머리에 불같은 열이 나다'이다. 예나 지금이나 신열이 나면 손으로 머리를 짚어보기 때문에 머리에 열이 난다는 것은 곧 신열을 의미한다. 신열은 대개 두통을 수반하므로 '번(煩)' 자에 '골치 아플 정도로 복잡하다'라는 파생 의미가 생겨났다.

'형벌 형(刑)' 자는 '칼 도(刀)'와 '우물 정(井)'으로 이루어졌다. '정(井)' 자는 우물에 빠지지 않도록 설치해 놓은 난간으로 이는 일종의 틀을 의미하고 '도(刀)' 자는 홈을 파서 명확하게 금을 그어주는 칼을 뜻하므로, '형(刑)' 자의 자형적 의미는 '틀(井)을 대어 보고서 합치 여부를 판별하다'가 된다. 이로부터 '법'이라는 파생 의미가 생겨났다. 따라서 '형(刑)'·'형(形)'·'형(型)' 등은 문자적으로 볼 때 같은 어원에서 파생된 글자들로 볼 수 있다.

이 구절은 법가 사상가인 한비가 진나라 임금에게 부국강병을 위해서는 혹독하게 엄한 법을 시행해야 한다고 주청하여 단기간에 진나라가 통일을 이룰 수 있었지만, 법이 지나치게 혹독해 본인도 그 법으로 피폐해졌고 진나라도 멸망하게 되었다는 사실을 쓴 것이다.

한비의 사상은 그의 저술인 『한비자』(韓非子)에 잘 나타나 있는데, 이를 읽어보면 그의 법가 담론은 매우 논리적이고 설득력이 있다. 그는 이상적인 정치를 군주의 인위적인 개입 없이 저절로 이루어지는 무위 정치로 보았는데, 이는 법치로 실현 가능하다는 것이다. 즉 법이라는 '틀'(刑 또는 形)을 잘 정비해 놓으면 백성들은 이를 잘 지키고 따르면 되고, 관리들은 감독과 관리를 잘 하면 되는 것이니, 그러면 군주는 가만히 앉아만 있어도 정치는 저절로 이루어진다는 논리이다. 그렇지만 앞에서 설명했듯이 한조는 새 정권의 정통성을 확보하기 위하여 진나라를 비판해야 했고, 그 구체적인 방법으로 한비를 비롯한 법가의 담론을 비윤리적인 것으로 폄훼하였던 것이다.

그러나 실제 따지고 보면 중국처럼 형법이 발달한 나라도 역사상 찾아보기 힘들다. 우리가 중국의 역사 고사에서 알고 있는 사형 방법만을 보더라도 그 다양함에 놀라지 않을 수 없다. 사약을 먹이는 형벌은 매우 점잖은 방법에 속하고, 목을 베어 죽이는 참수형(斬首刑), 뜨거운 물에 삶아 죽이는 팽형(烹刑), 몸의 지체를 다섯 대의 수레에 각각 묶은 후 동시에 당겨 찢는 거열형(車裂刑), 사형 집행 후 몸을 여섯 조각으로 토막을 내어 소금에 절여서 전국에 돌리는 육시형(戮屍刑), 사형을 집행한 후 시신을 저자 바닥에 버리는 기시(棄市), 친족을 물론 외족과 처족까지를 싹쓸이로 죽이는 족형(族刑), 심지어는 이미 죽은 자의 무덤을 파헤쳐서 시신을 베는 부관참시(剖棺斬屍)와 역시 이미 죽은 지 오래된 자의 해골을 갈아서 바람에 날려버리는 쇄골표풍(碎骨漂風) 등이 있다. 이러한 비인도적인 형벌이 중국 역사에서 줄곧 이어져 내려왔지만, 이것이 마치 진나라, 그것도 한비를 비롯한 법가 사상가들의 전유물인 양 비난해 온 이면에는 그렇게 해서 법치를 은닉함과 동시에 지금의 정치가 덕치의 소치임을 인식시키기 위한 기획이 숨어 있는 것이다.

한비는 나중에 이사(李斯)와 요가(姚賈) 등에게 음해를 받아 옥에서 자살하는 것으로 생을 마감했는데, 이를 이 구절에서는 자신이 만든 번거로운 형벌 때문에 '너덜너덜하게 닳아 해졌다'(弊)라고 표현하였다. 한비를 비롯한 이사·상앙(商鞅) 등 법가의 대부분이 비참한 최후를 마쳤지만, 그것은 자신이 만든 잔혹한 형벌 때문이 아니라 권력 투쟁 과정에서 그렇게 된 것이었다. 한비가 자신이 만든 법에 처형을 당했다는 이러한 신화는 오히려 입법자까지도 법 아래에 있었다는 교훈으로 해석할 수도 있을 것이다.

이렇게 본다면 『천자문』의 이 구절은 법치주의로 발전할 수 있는 가능성을 싹부터 '피폐'하게 한 계기가 되었을지도 모르겠다.

성명: '나'의 변별과 표상

起翦頗牧(기전파목)은 │ 백기와 왕전과 염파와 이목은,

'일어날 기(起)'자는 '달릴 주(走)'와 '그칠 이(己)'로 이루어졌으므로 자형적 의미는 '가다가 멈춰 서다'가 된다. 멈춰 선 상태는 일어선 상태와도 같으므로 이로부터 '일어서다'가 파생되었다. 여기서는 전국 시기 진(秦)나라 장수인 백기(白起, ?~B.C. 257)를 가리키는데, 그는 용병에 능하여 칠십여 개의 성을 공격하여 모두 함락시킨 공과를 올렸다고 한다. 특히 조나라를 멸망시킬 때에 40만 군졸을 죽이거나 항복받은 일은 매우 유명하다. 소왕(昭王) 때에 무안군(武安君)에 봉해졌다. 나중에 응후(應侯)인 범수(範雎)와 사이가 벌어져 면직되었다가 다시 사사(賜死)되었다.

'자를 전(翦)'자는 '깃 우(羽)'와 '앞 전(前)'으로 이루어졌고, 자형적 의미는 '깎은 것처럼 가지런히 난 솜털'이다. 이로부터 '털을 깎다'라는 파생의가 생겨났다. '전(前)'의 원래 의미가 '깎다'[3]이므로 '전(翦)'은 이의 후출자(後出字)가 되는 셈이다. 여기서는 전국 시대의 명장인 왕전(王翦)을 가리킨다. 왕전은 진나라 명장 왕분(王賁)의 아비로서 진시황을 도와 조나라와 연나라를 평정하였다. 왕전에게는 다음과 같은 유명한 고사가 있다. 진나라가 초나라를 공격할 계획을 세울 때, 이신(李信)은 불과 20만의 군사만 있으면 가능하다

칠 목(牧)

고 한 반면에 왕전은 60만 명을 달라고 하였다. 진시황은 왕전이 겁쟁이라고 비웃으면서 마침내 이신을 택하니 왕전은 병을 핑계로 사직하였다. 얼마 안 있어 이신이 패배하자 시황은 왕전을 찾아가 사과하고 다시 장수에 임명하였더니 과연 초나라를 평정하였다.

'자못 파(頗)' 자는 '머리 혈(頁)' 과 '가죽 피(皮)' 로 이루어졌다. '피(皮)' 에는 '그 위에 더하다' 라는 의미가 내포되어 있으므로 '파(頗)' 자의 자형적 의미는 '머리가 한쪽으로 더해져서 치우쳐 있다', 즉 '짱구' 가 된다. 여기서는 전국 시대 조(趙)나라 명장인 염파(廉頗)를 가리킨다. 그는 혜문왕(惠文王) 때에 상경(上卿)에 제수되었다. 후에 제나라와 위(魏)나라를 공격해서 모두 승리해 제후들 사이에서 용병술과 용맹함으로 명성을 날렸다. 진나라와 조나라가 주도권 쟁탈을 위해서 장평(長平)에서 전투를 벌였을 때, 그는 성을 쌓고 3년을 버텼다. 나중에 조나라 임금이 진나라의 이간질에 넘어가 장수를 조괄(趙括)로 바꿨다가 크게 패하였다. 기원전 251년에 그는 연나라 군대를 대파한 공로로 상국(相國)에 임명되고 신평군(信平君)에 봉해졌다. 한번은 교만해져서 인상여(藺相如)에게 무례하게 굴었다가 인상여가 적들 앞에서 지도자들이 분열되는 모습을 보이지 않기 위해 인내하는 것을 보고는 감동을 받아 그의 집 앞에 가서 사죄하고 문경지교(刎頸之交)를 맺었다는 고사는 유명하다. 만년에는 권좌에서 밀려나 위나라로 망명했다가 다시 초나라로 피신하였다.

'칠 목(牧)' 자는 '소 우(牛)' 와 '두드릴 복(攴)' 으로 이루어졌으므로 자형적 의미는 '회초리로 소를 때리다' 가 된다. 여기서는 역시 전국 시대 조나라 장수인 이목(李牧, ?~B.C. 228)을 가리킨다. 이목은 흉노를 대파한 나머지, 흉노들이 십여 년간이나 감히 변방을 침범하지 못했다고 한다. 그리고 진나라 군대를 대파한 공으로 무안군(武安君)에 봉해졌다. 그후에도 그는 여러 차례 전공을 세웠으므로 조나라 임금은 그를 조나라의 백기(白起)라고도 불렀고, 또는 제2의 염파라고도 불렀다. 진나라는 그를 두려워한 나머지 이간책를 써서 살해하였다.

이 구절은 전국 시대의 명장으로 알려진 백기(白起) · 왕전(王翦) · 염파(廉頗) · 이목(李牧) 등 네 사람의 이름으로 구성되었다. 물론 당시에는 이 네 사람 외에도 훌륭한 장수가 많았지만, 전국 시기의 최강자였던 진나라와 열국 중에서 진나라에 끝까지 맞섰던 조나라를 대별(對別)시켜서 그 장수들을 대립적으로 열거한 것이다. 이렇게 해야 장기판을 보는 것처럼 드라마틱해지기 때문이다.

이 구절은 명장들을 열거하면서 성은 생략하고 이름만을 쓰고 있는데, 이처럼 우리는 수사적인 차원에서 인물을 열거할 때 성을 숨긴 채 이름만 드러내어 쓰는 언어 습관이 있다. 이것은 기본적으로 우리의 성명 체계가 성의 수보다 이름의 수가 훨씬 많아서 성보다는 이름으로 변별하는 것이 효율적이기 때문이다.

우리의 성명은 대체로 세 글자로 구성되는데, 각 글자는 다음과 같은 세 가지 측면에서 '나'를 표상한다. 성은 물론 집안을 뜻하고, 또 하나는 서열을, 그 다음 하나는 '나'라는 개인의 변별성을 의미한다. 그러니까 개인이 변별되기 위해서는 글자를 달리 해야 하므로 다양한 조합의 이름이 나오게 되고, 따라서 사회 전체적으로는 성의 수보다 이름의 수가 많아질 수밖에 없는 것이다. 다시 말해서 우리의 이름은 이미 사회적으로 변별되어야 한다는 긴장감을 내포하고 있는 셈이 된다. 그래서 이름이 같은 사람을 만나게 되면 반갑다는 감정 이전에 고유한 개인임이 위협받는 느낌이 드는 것 같기도 하고, 또한 주위 사람들 역시 동명이인을 평범하게 보아 넘기지 않는 것도 사실이다. 우리는 이름짓는 일에서 이름을 남기는 일에 이르기까지 평생 이름에 집착한다.

서양은 우리와는 반대로 성의 수가 이름의 수보다 훨씬 많다. 이름이란 기본적으로 집안 내에서 개인을 변별하기 위한 수단에 지나지 않으므로 사회 전체로 보면 같은 이름이 많게 마련이다. 따라서 개인은 사회적으로 이름보다는 성으로 변별된다. 결과적으로 가문이 사회적으로 변별 기능을 수행하게 되는 셈이다.

요즘은 운동 선수들이 등에 자신의 이름을 달고 관중 앞에 나오는데, 국내 경기는 관계없지만 국제 경기일 경우는 성을 영문자로 등에 다는 것이 관례인 모양이다. 이 관례는 앞서 말한 바와 같이 이름보다 성이 많은 서양 인명 체계에 근거한 것이다. 따라서 그들은 성만 써도 선수들이 혼동되지 않는다. 그러나 우리가 성만을 등에 달 경우 동명이인이 발생한다. 그래서 이를 변별하기 위해서 영문 이름의 두 문자를 첨가하는 방법을 쓰는 모양인데, 그럴 필요 없이 우리는 그들과는 반대로 이름만을 달고 나가면 어떨까? 까딱 잘못하다가는 우리가 마치 씨족 사회인 것처럼 오해되지 말라는 법이 없다. 이른바 오리엔탈리즘은 바로 이런 데서 시작되는 것이 아닐까?

명장은 글쓰기에서 만들어진다

用軍最精(용군최정)이라 | 용병술이 가장 정교하였다.

쓸 용(用)

'쓸 용(用)' 자는 '점 복(卜)' 과 '가운데 중(中)' 으로 이루어졌다. '중(中)' 은 내부의 문서나 책을 뜻하는데, 여기서는 점술가들이 점을 칠 때 참조하는 역술서를 가리킨다. 따라서 '용(用)' 자의 자형적 의미는 '점친 결과가 역술서에 들어맞다', 다시 말해서 '시행해 볼 만하다' 또는 '쓸 만하다' 가 된다. 이로부터 '쓰다' · '사용하다' 라는 파생의가 생겨난 것이다.

'군사 군(軍)' 자는 '수레 거(車)' 와 '고를 균(勻)' 으로 이루어졌다. '균(勻)' 자는 '팔로 두루 싸서 품다' 라는 뜻이므로 '군(軍)' 자의 자형적 의미는 '전차로 에워싸서 진을 치다' 가 된다. 고대의 제도에 의하면 1만 2,500명을 군이라 하였다.

'가장 최(最)' 자는 '무릅쓸 모(冒)' 와 '취할 취(取)' 로 이루어졌으므로 자형적 의미는 '무릅쓰고 취하다' 가 된다. 그러니까 '최(最)' 자는 '집을 촬(撮)' 자의 원래 글자가 되는 셈이다. 옛날 군대에서 전공을 따져서 상을 베풀 적에 공을 가장 많이 세운 자를 '최(最)' 라 하였는데, 이는 전공을 많이 올린 자는 위험을 무릅쓰고 앞으로 나아가 적의 것을 많이 빼앗기 때문이다. 그래서 '최(最)' 자에 '가장 많음' 이라는 파생의가 생겨난 것이다.

'쓿은 쌀 정(精)' 자는 '쌀 미(米)'와 '푸를 청(靑)'으로 이루어졌다. '청(靑)' 자는 잡티가 섞이지 않은 새싹의 맑고 푸른 색깔이므로 '정(精)' 자의 자형적 의미는 '껍질을 다 벗겨내고 남은 흰 쌀알'이 된다.

이 구절은 백기·왕전·염파·이목 등 네 사람이 명장(名將)인 것은 그들의 용병술이 뛰어났기 때문이라는 것을 밝히고 있다. 다시 말해서 무용이란 힘에서 나오는 것이 아니라 조직 경영과 관리를 효율적으로 운영하는 머리에서 만들어지는 것임을 암시한다.

백기·왕전·염파·이목 등 네 사람의 명장이 이 구절에 등장한 것은 앞에서도 말했듯이 극적 효과를 위해서 대립적으로 선택된 문자 유희일 뿐이다. 다시 말해서 진나라의 백기와 왕전은 조나라의 염파와 이목이 대립적으로 존재함으로써 명장이 된 것이며, 염파와 이목의 경우 역시 그러하다. 그러나 학동들이 이를 읽을 때는 문자 유희로 받아들이기보다는 각기 고립된 명장의 신화로 인식한다. 사건 자체보다 글쓰기가 중요한 것은 바로 이 때문이다. 특히 사마천의 『사기』(史記)를 모델로 하는 인물 중심의 중국 역사를 읽을 때에 이 점을 유의해서 읽지 않으면 안 된다.

문화: 타자의 시선

宣威沙漠(선위사막)하고 | 위세를 사막으로 발양하고,

베풀 선(宣)

'베풀 선(宣)' 자는 '집 면(宀)'과 '구할 선(亘)'으로 이루어졌다. '선(亘)' 자는 '담 원(垣)' 자를 보아 알 수 있듯이 담으로 둘러싼 모양을 뜻한다. 그러므로 '선(宣)' 자의 자형적 의미는 '담으로 둘러싸인 큰 집'이 된다. 이로부터 '널리 베풀다'·'선양하다' 등의 의미들이 파생되었다.

'으를 위(威)' 자는 '계집 녀(女)'와 '모두 없애버릴 술(戌)'로 이루어졌으므로 자형적 의미는 '모두 멸절시킬 만큼 두려운 여자'이다. 며느리에게 이처럼 두려운 여자는 시어머니이므로 '위(威)' 자의 원래 의미는 '시어머니'이다. 이로부터 '두려워할 만한 위세'라는 파생의가 생겨난 것이다.

'모래 사(沙)' 자는 '물 수(水)'와 '적을 소(少)'로 이루어졌으므로 자형적 의미는 '물이 적어지면 보이는 것', 즉 '모래'가 된다.

'아득할 막(漠)' 자는 '물 수(水)'와 '어두울 막(莫)'으로 이루어졌다. '막(莫)' 자의 고문자 자형은 위아래의 풀섶 사이로 해가 지는 모양으로 되어 있으므로, 이는 '해 저물 모(暮)' 자의 원래 글자임을 알 수 있다. 해가 저물면 사물이 잘 보이지 않으므로 '막(漠)' 자의 자형적 의미는 '해가 저문 후에 어두워진 것처럼 아무것도 보이지 않는 망망한 바다'가 된다. 사막이 바다처럼 망망하여 아무것도 보이지

428

않으므로 '모래 바다', 즉 '사막(沙漠)'으로 쓴 것이다. 고대 중국인들은 사막도 바다로 보았으므로 중국을 둘러싼 세계를 사해(四海)라고 불렀다.

이 구절은 서한 시기에 곽거병(霍去病)·소무(蘇武)·장건(張騫) 등과 같은 장수들이 서역을 정벌하고 흉노를 멀리 내쫓아 그들의 위세를 사막에까지 떨친 일을 적은 것이다. 그들의 이러한 서역 평정으로 동서 무역이 활발해졌고 중국의 판도 역시 서쪽으로 더욱 넓어지게 되었다. 중국 역사에서 이들의 공적은 매우 높은 평가를 받고 있고, 『천자문』에 이 일이 언급된 것 자체가 이를 입증한다.

그런데 이 구절을 우리의 학동들이 읽었을 때 어떤 효과가 발생했을까? 당연히 중국의 시선으로 이 사건을 보게 될 것이므로 중국이 흉노 오랑캐를 축출한 것은 우리 일처럼 통쾌했을 것이다. 그들의 시각에서 보면 우리 역시 오랑캐였기 때문에 심정적으로는 흉노를 동정해야 함에도 말이다. 그러나 중국의 문화 텍스트를 읽을 때 시선이 이미 그들의 시각으로 고정되어 있기 때문에 흉노를 동정하는 심정은 생기지 않는다. 이처럼 타자를 지배하려 할 때 나의 시선을 타자에게 심어주는 일이 매우 중요하고, 문화의 전파는 곧 시선을 대체하는 일이 되는 셈이다.

우리가 헐리우드 영화를 즐길 때 그 카메라가 보는 시선에서 벗어날 수 없고, 그러다 보면 어느덧 자기도 모르게 백인 우월주의에 빠져 있는 인종 차별주의자가 되는 것이다.

문화적 침투가 단순한 전파가 아니라 그 문화의 주요한 이데올로기를 만들어가는 작업이기도 하다는 것을 알 수 있다.

단청: 실존의 말소

馳譽丹靑(치예단청)이라 | 명예를 단청으로 멀리까지 떨쳤다.

青

푸를 청(靑)

'달릴 치(馳)' 자는 '말 마(馬)'와 '이를 야(也)'로 이루어졌다. '야(也)' 자는 '대야 이(匜)' 자의 생략형으로 고문자의 자형은 대야로 물을 따르는 모양으로 되어 있다. 물을 따르면 물이 수직으로 떨어지므로 '이(匜)' 자는 '곧을 직(直)'과 같은 뜻이 된다. 따라서 '치(馳)' 자의 자형적 의미는 '말이 직진으로 달리다'가 된다.

'기릴 예(譽)' 자는 '말씀 언(言)'과 '편들 여(與)'로 이루어졌으므로 자형적 의미는 '말로써 칭찬하고 내세워 주다'가 된다.

'붉을 단(丹)' 자의 원래 의미는 주사(硃砂)이다. 주사는 수은과 유황의 화합물로서 붉은 빛을 띠므로 옛날에는 이를 붉은 염료로 썼다. '단(丹)' 자를 소전에서는 '彤'으로 쓰는데, 이 자형 속에 '날 일(日)' 자가 있는 것은 아침해가 떠오를 때의 붉은 색을 상징하기 때문이다. '아침 단(旦)'과 독음이 같다는 사실이 이를 입증한다.

'푸를 청(靑)' 자는 '붉을 단(丹)'과 '날 생(生)'으로 이루어졌다. '생(生)' 자는 풀이 자라는 모양이므로 '풀 빛'을 뜻하고, '단(丹)' 자는 광물질을 의미한다. 따라서 '청(靑)' 자의 자형적 의미는 '풀빛을 띠는 광물질'이 된다. 이로부터 '청색'이라는 의미가 파생되었다.

430

이 구절은 한 선제(宣帝) 때에 미앙궁(未央宮) 안에 있는 기린각(麒麟閣)에다가 곽광(霍光)을 비롯한 11명 공신들의 초상을 색이 바래지 않는 단청으로 그려서 그들의 명예가 영원히 기억되게 하였다는 『한서』(漢書)의 기록을 다시 쓴 것이다.

치예(馳譽)란 공을 세운 사람의 이름을 말이 곧장 달리듯이 빠른 속도로 멀리까지 전달하여 알리는 것을 뜻한다. 그래서 이를 치명(馳名)으로 쓰기도 한다. 입공자의 이름을 공간적으로 널리 알리는 것도 중요하지만 시간적으로 이름을 계승해 잊혀지지 않게 하는 것도 게을리 할 수 없는 일이다. 그래서 한 선제 때에 공신들의 초상을 기린각에 그려서 이들의 명예를 길이 간직하려 했던 것이다. 이때 그림은 당연히 오랜 세월이 지나도 변치 않는 물감으로 그려야 하는데, 그것이 바로 단청(丹靑)이다.

고대의 염색 방법에는 초염(草染)과 석염(石染)이 있었는데, 초염은 식물에서 추출한 염료를 쓰기 때문에 시간이 지나면 빛이 바래지만, 석염은 광물질에서 추출한 염료를 쓰기 때문에 잘 퇴색하지 않는다. 붉은 색을 주사에서, 푸른 색을 코발트와 같은 광물질에서 뽑는 것은 석염의 대표적인 예이다. 그래서 우리는 변치 않는 마음을 단심(丹心)이라 쓰는 반면, 서양 사람들은 이를 'true blue'라고 말한다.

그러나 석염이라 하더라도 시간이 지나면 색깔은 퇴색하게 마련이지만, 명예스런 이름이란 시간이 갈수록 더욱 진해져서 나중에는 아예 신화로 변하는 특성이 있다. 이것은 이름이 기표의 물질성으로 환원되는 과정에서 잡색들이 배제되어 실존이 말소되기 때문이다. 후손들이 길이 귀감을 삼으라고 공신들을 단청으로 그려놓았지만, 바로 이런 이유 때문에 본래 의도와는 달리 그들을 본받기가 더욱

431

힘들어진다. 사람들에게 칭송받는 고금의 인물들의 일대기를 상기해 보라. 그 신화 같은 일화와 업적을 평범한 보통 사람들이 어떻게 감히 본받을 수 있겠는가. 엄두가 안 나서 그저 감탄만 할 뿐이다.

5부

문명의 한계선인 중국의 변방

발로 뛰는 정치의 유위성

九州禹跡(구주우적)이요 | 구주(九州)는 우 임금의 자취이고,

고을 주(州)

'아홉 구(九)' 자를 금문에서는 '㠯'로 적고 있는데 이는 구부러진 팔뚝을 펴서 물건을 취하는 모양이다. 이 원형으로부터 '구부려서 얽어 감다'라는 의미와 함께 '물건을 한데 모아 얽다'라는 의미가 파생되었다. 『논어』「헌문」(憲問)편의 "환공이 제후들을 규합하다"(桓公九合諸侯)에서 '구합(九合)'을 '규합(糾合)'으로 읽는 것은 바로 이 때문이다. 물건을 모두 취하여 한데 얽는다는 의미에서 '끝까지 다하다'라는 뜻이 다시 파생되고, 이것이 수에 차용되었을 때 마지막 끝수인 '아홉'이 된다.

'고을 주(州)' 자를 금문에서는 '﹛﹜'로 적었는데 이는 '내 천(川)' 자 가운데에 둥근 섬이 있는 모양이므로, 자형적 의미는 '강물 가운데에 물에 둘러싸여 있는 땅', 즉 '모래톱'이나 '삼각주'가 된다. '둘러싸여 있는 땅'이라는 의미에서 '나라'라는 파생의가 생겨났다.

'벌레 우(禹)' 자는 '벌레 충(虫)'과 '아홉 구(九)'로 이루어졌다. '구(九)' 자에는 앞에서 설명하였듯이 '구부러지다'라는 의미가 내포되어 있으므로 자형적 의미는 '벌레가 구불구불 기어가는 모양'이 된다. 이로부터 '느릿느릿 가다'라는 의미가 파생되었다. 여기서는 유가 성인 중의 하나인 하(夏)나라 우 임금을 가리킨다.

435

이 구절부터는 천자의 땅이 무한히 넓음을 서술한다.

이 구절은 『서경』「하서」(夏書)편의 제1장인 「우공」(禹貢)에서 우 임금이 구주(九州)를 개척하고 다스린 기록을 다시 쓴 것이다. 중국 은 황제(黃帝) 때에 처음으로 전 국토를 아홉 개의 주로 구분하여 다 스리다가 순 임금 때에 다시 열두 개로 나누었다. 그후 우 임금이 치 수 사업을 완성하면서 다시 아홉 개 주로 환원하였는데, 이를 열거 하면 기주(冀州)·연주(兗州)·청주(靑州)·서주(徐州)·양주(揚 州)·형주(荊州)·예주(豫州)·양주(梁州)·옹주(雍州) 등이다. 기실 '구(九)'자는 만수(滿數)이기 때문에 '구주'는 수사학적으로도 중국 의 전 국토를 지칭한다.

「우공」의 첫 문장에서 "우 임금은 땅을 나누셨으니, 산을 따라 올 라가 나무를 베어 젖히고는, 높은 산과 큰 강물로 경계를 정하셨다" (禹敷土, 隨山刊木, 奠高山大川)라고 했듯이, 우 임금은 중국을 균형 있게 다스리기 위하여 전 국토를 아홉 개의 주로 나누었는데, 이때 경계를 합리적으로 정하기 위하여 높은 산에 올라가 지형을 관찰한 후 높은 산과 큰 강을 경계로 삼아 주의 영토를 결정하였다고 한다. 이 외에도 그는 치수 사업을 직접 지휘하여 황하의 물길을 잡는 등 고대 중국의 인프라를 최초로 구축한 사람이다. 이 모든 역사(役事) 를 직접 발로 뛰어 이룩하였기 때문에 그는 늘 바쁠 수밖에 없었고 또 몸이 고될 수밖에 없었다. 그가 백성들을 위하여 얼마나 분주히 돌아다녔던지 자기 집 문앞을 지나면서도 들르지 않았다고 하는 이 른바 '과문불입(過門不入)'이란 말이 생길 정도였다. 이런 이유에서 유가에서는 우 임금을 성인으로 섬겼던 것이다.

반면에 우 임금보다 앞의 임금이었던 요(堯) 임금의 정치는 이와는 달리 원칙과 요체만을 다스렸기 때문에 움직이는 일이 별로 없었다. 그래서 『여씨춘추』「찰현」(察賢)편은 "요 임금의 몸가짐은 옷이 한가로이 축 늘어뜨린 채이다"(堯之容若委衣裳)라고 기록하였다. 당시는 부족장들이 돌아가면서 수장을 맡는 부족 연맹의 시기였으므로 이러한 원칙에 충실한 것이 정치의 중요한 덕목이었을 것이다. 따라서 이러한 무위(無爲)의 정치 형태가 중국 정치의 주류로 정착할 수도 있었다. 그러나 우 임금의 부지런함은 백성들의 복지를 향상시키긴 했지만, 그들을 임금의 지도력에 의존하게 만들어 그는 신화화되고, 자기 사후에 아들인 계(啓)가 그 신화를 이어가기를 강력히 바랐다. 결국은 우 임금 대에서 선양(禪讓)은 파기되고 세습이 시작되었으니, 신화를 실현하고자 하는 욕망은 어쩔 수 없이 발로 뛰는 유위(有爲)의 정치를 주류로 만들 수밖에 없었으리라.

　요 임금은 원칙과 요체만을 다스리면 되니까 임금이 당(堂) 아래로 내려올 필요가 없으므로 '당상(堂上)의 정치'라고 말할 수 있는 반면, 우 임금의 정치는 당하(堂下)로 내려와 대중과 함께하므로 '대중 정치'라고 부를 수 있을 것이다. 물론 둘 다 나름대로 바람직한 정치 형태이긴 하지만, 적어도 최고 지도자에게 대중 정치는 신중히 접근할 필요가 있다. 왜냐하면 대중 정치는 자칫 대중에 영합하여 원칙에 소홀할 수도 있기 때문이다. 개인의 욕망도 채울 수 없을진대, 대중의 욕망을 어떻게 만족시킬 수 있겠는가. 이를 만족시키겠다는 시도 자체가 이미 의도를 숨긴 유위인 것이다.

437

한 이름 아래로의 무차별적 통합

百郡秦幷(백군진병)이라 | 모든 군(郡)은 진나라가 아우른 것이다.

일백 백(百)

'일백 백(百)' 자는 '하나 일(一)' 과 '흰 백(白)' 으로 이루어졌다. '백(白)' 자의 자형은 엄지손가락 모양으로 엄지는 굵직한 수, 즉 '100' 을 상징하였다. 따라서 '백(百)' 의 자형적 의미는 '100짜리 한 개' 가 된다. 그러나 한어(漢語)의 수사학에서 '백(百)' 은 흔히 '많음' 이나 '전체' 를 의미하므로 여기서는 '전체 모든 군(郡)' 을 지칭하는 것으로 볼 수도 있다.[1]

'고을 군(郡)' 자는 '고을 읍(邑)' 과 '임금 군(君)' 으로 이루어졌다. '군(君)' 자에 '뭇 사람들을 다스리다' 라는 의미가 담겨 있으므로 '군(郡)' 자의 자형적 의미는 '뭇 고을들을 모아서 다스리다' 가 된다. 이로부터 행정 구역 단위의 명칭으로 파생해 정착된 것이다.

'나라 진(秦)' 자를 소전에서는 '秦' 로 적었는데 이는 볏단을 땅에 펴놓고 두 손으로 도리깨를 쥐고 타작하는 모양이다. 그러나 고대 문헌에서 '진(秦)' 자가 이러한 자형적 의미로 쓰인 경우는 거의 찾아볼 수 없고 국명 · 조대명 또는 지명으로만 쓰였다.

'아우를 병(幷)' 자는 '따를 종(從)' 과 '어깨 견(幵)' 으로 이루어졌으므로 자형적 의미는 '어깨를 나란히 하고 함께 가다' 가 된다.

진나라는 전국을 통일한 후 봉건 제도를 폐지하고 군현 제도(郡縣

438

制度)를 실시했는데, 이는 주나라의 봉건 제도가 권력을 집중시키기보다는 오히려 분산시켜 나라가 분열되는 폐단이 있어 이를 개혁하기 위한 것이었다. 그래서 주나라 때에 사방 일천 리의 땅마다 일백 개의 현(縣)을 두고 그 밑에 군(郡)을 두었던 제도를 고쳐서 전국을 36개의 군으로 쪼개고 그 아래에 현을 두었다. 이렇게 해서 지방 구석구석까지 황제의 힘이 미치는 강력한 중앙 집권 체제를 구축했다.

이것을 『천자문』에서는 '병(幷)' 자로 표현하였다. 즉 어깨를 나란히 하고 함께 한 방향으로 가는 것처럼 모든 지방을 무차별적으로 아울러서 이를 모두 '군(郡)'으로 불렀던 것이다. 왜냐하면 주나라가 어지러워지고 춘추 시기를 맞게 된 원인 중에는 명칭의 혼란도 빼놓을 수 없다고 여긴 때문이었다. 제후와 대부(大夫)들이 참칭(僭稱) 등 질서를 어지럽히는 행위를 얼마나 저질렀으면 공자가 이름을 바로잡아야 한다는 이른바 정명(正名)을 들고 나왔겠는가.

명분과 실질 사이의 갈등을 타결하기 위하여 제후국을 아울러서 일괄적으로 군(郡)이라는 행정 구역 체제로 변환시켰지만, 그렇다고 실제가 하나의 명칭이 되었다고 무차별하게 평정될 수는 없었다. 즉 무차별한 평등 속에서 오히려 불평등이 초래된 것이니, 실정을 무시한 진나라의 개혁은 근본적으로 불안정할 수밖에 없었다. 그래서 진나라를 이은 한나라는 이 모순을 해결하기 위해서 군국 제도(郡國制度)라는 타협적인 형태로 개선하였던 것이다.

언어가 현실을 축조하는 면이 있긴 하지만, 언어에 의해 흔들리지 않는 부분도 있다. 언어는 현실을 반영하기도 하고 그렇지 않기도 하다는 것을 위의 사실에서도 알 수 있다.

형이상학적 지리와 실제 지리와의 괴리

嶽宗恒岱(악종항대)하고 | 오악은 항산과 대산을 마루로 삼고,

마루 종(宗)

'묏부리 악(嶽)' 자는 '뫼 산(山)'과 '옥 옥(獄)'으로 이루어졌다. '옥(獄)' 자는 '죄인이 넘어 달아나지 못하도록 주위에 개를 두고 단단하게 지키다'라는 뜻이므로, '악(嶽)' 자의 자형적 의미는 '넘지 못할 만큼 높이 솟아서 중국의 주위를 단단히 지키고 있는 큰 산'이 된다. 중국에서 악(嶽)이라고 부르는 산이 다섯 개가 있어 오악(五嶽)이라고 부르는데, 그것은 동쪽의 대산(岱山)·남쪽의 형산(衡山)·서쪽의 화산(華山)·북쪽의 항산(恒山)·중앙의 숭산(嵩山)이다.

'마루 종(宗)' 자는 '집 면(宀)'과 '보일 시(示)'로 이루어졌다. '시(示)' 자의 고문자 자형은 귀신을 모신 자리를 뜻하므로 '종(宗)' 자의 자형적 의미는 '귀신을 모신 사당'이 된다. 이로부터 '같은 귀신을 섬기는 일족들'·'가장 높은 곳에 자리잡은 것'·'파벌' 등의 의미들이 파생되었다.

'항상 항(恒)' 자는 '마음 심(心)'과 '뻗칠 긍(亘)'으로 이루어졌다. '긍(亘)' 자의 자형은 달이 상현달과 하현달의 모양을 길이 반복하면서 그치지 않는 모양이므로 '항(恒)' 자의 자형적 의미는 '마음이 길이 변치 않다'가 된다. 여기서는 오악 중의 북악(北岳)인 '항산(恒山)'을 가리키는데, 그 주봉은 지금의 하북성(河北省) 곡양현(曲陽

縣) 서북쪽에 있다.

'뫼 대(岱)' 자는 '뫼 산(山)'과 '바꿀 대(代)'로 이루어진 글자로 독음이 '클 태(泰)'와 같아서 서로 통하여 쓰기도 하며 '큰 산'을 의미한다. 여기서는 동악(東岳)인 대산(岱山) 또는 태산(泰山)을 가리킨다.

중국 고대 문헌에서 중국의 지리를 이야기할 때는 대개 세 가지 체계를 혼용하는데, 첫째가 『서경』「우공」편에서처럼 실제 산과 강으로 지역을 나누는 자연지리 계통이고, 둘째는 행정 지리 계통이며, 셋째가 천문과 지리를 서로 대응시켜 만든 분야(分野) 계통이다. 여기서 말하는 오악 역시 고대 중국의 형이상학인 오행설(五行說)에 따라 설정된 지리설이다. 즉 관념적인 사방과 중앙에 실제 지형으로서의 높은 산을 채워 넣어서 중국을 세계의 중심으로 만들어놓은 것이다.

오악(五嶽)이란 중국의 지리적 환경을 형성하는 형이상학적 개념이므로 여기에 서열이 있는 것은 당연한 일이지만, 특이한 것은 오악의 종주산이 중앙의 숭산이 아니라 북악과 동악이라는 점이다. 게다가 동악인 태산이 실제로 가장 높은 산이 아닌데도 종주산인 것을 보면 오악의 이데올로기는 중원을 중심에 놓고 있음을 짐작할 수 있다. 이는 아마도 중국의 지리적 중앙과 문화적 중앙인 중원이 일치하지 않는 모순을 해결하기 위한 방도로 보인다. 즉 중원 땅이 전 국토에 비해 외형적으로 작고 또한 동북쪽에 치우쳐 있긴 하지만 중국의 기원이기 때문에 종주로 섬겨야 한다는 이데올로기를 말하는 것이리라.

'악(嶽)'은 글자 속의 '옥(獄)'이 암시하듯 함부로 넘을 수 없는 산이기에 그로부터 보호를 받는다는 느낌도 들지만, 반면에 높은 산으로 둘러싸여 갇혀 있다는 관념도 생겨나게 마련이다. 중국인들이 그렇게 자랑스러워하는 중화 사상이 세계화가 되지 못하는 이유는 이 때문이 아닐까?

동아시아 지도를 거꾸로 놓고 보면 우리는 동악을 넘어 바닷가에 자리를 잡았기 때문에 세계로 진출하는 데에 어려움이 없었겠지만, 이를 동악의 바깥쪽으로 밀려나 있다고 여겼기 때문에 눈을 언제나 동악 너머의 안쪽 중원으로만 향했던 것은 아닐까?

선(禪) 제사터

禪主云亭(선주운정)이라 | 선(禪) 제사는 운운산(云云山)과 정정산
(亭亭山)을 종주로 삼는다.

홑 단(單)

'터닦을 선(禪)' 자는 '보일 시(示)'와 '홑 단(單)'으로
이루어졌다. '제단 단(壇)'과 '제사터 선(墠)'의 독음과
비교해 볼 때, '선(禪)' 자의 자형적 의미는 '땅을 하나같
이 평평하게 만들어 제단을 만든 후 땅에 지내는 제사'
가 된다.

'주인 주(主)' 자를 소전에서는 '⚡'로 썼는데, 이는 아래는 등잔
모양이고 위의 점은 등불 모양이므로 자형적 의미는 '등잔불'이 된
다. 밤에는 사람들이 등불을 중심으로 주위에 모여들기 때문에 이로
부터 '주인'이란 의미가 파생되었다.

'이를 운(云)' 자는 '구름 운(雲)' 자의 원래 글자로서 자형은 구름
이 피어오르는 모양이다. 여기서는 운운산(云云山)을 가리키는데, 이
는 양보산(梁父山)의 동쪽에 있다.

'정자 정(亭)' 자는 '높을 고(高)'와 '못 정(丁)'으로 이루어졌는데,
'고(高)' 자는 성문 위의 누각, 즉 성루의 모양을 그린 것이다. 한대
에는 십 리마다 정(亭)이라는 숙박 시설을 두어 여행자들이 머물러
쉴 수 있게 하였다. 그러므로 '정(亭)' 자의 자형적 의미는 '못을 박
아 고정시키듯 머물러 쉬는 시설'이 된다. 여기서는 정정산(亭亭山)

443

을 가리키는데, 이는 오늘날 산동성(山東省) 태안현(泰安縣) 남쪽에
있다.

　고대 제왕들이 제위에 오를 때에는 반드시 태산에 가서 천지에 제
사를 지냈는데 이를 봉선(封禪)이라고 불렀다. 즉 봉(封)이란 태산에
흙을 쌓아 단을 만들고 하늘의 공덕에 보답하는 것이고, 선(禪)이란
태산 아래의 양보산(梁父山)에 땅을 평평하게 고른 후 제사를 지내
땅의 공덕에 보답하는 것을 말한다.
　선 제사를 지내는 제사터는 양보산의 중심에 정해야 하는데, 바로
그 양보산의 종주가 되는 산이 바로 운운산 또는 정정산인 것이다.[2]
운운산과 정정산이 양보산에서 가장 높은 주봉(主峰)이 아님은 앞에
서 말한 것과 같다.

북쪽 변방 지명 (1)

雁門紫塞(안문자새)요 | 안문(雁門)과 북쪽 변방의 요새들이 있고,

문 문(門)

'기러기 안(雁)' 자는 '새 추(隹)'와 '사람 인(人)'과 '언덕 한(厂)'으로 이루어졌다. 여기서 '한(厂)' 자는 기러기가 쐐기 모양으로 열 지어 가는 모양을 가리킨다. '안(雁)' 자의 원래 글자는 '안(鴈)'인데, 이는 집에서 사람이 길들인 기러기를 뜻하는 것이니, '인(人)' 자가 이를 지시한다. 이와 대별(對別)적으로 야생 기러기는 '조(鳥)' 대신에 '추(隹)'를 써서 구별하였던 것이다.

'문 문(門)' 자는 양쪽으로 여닫을 수 있는 문의 모양이므로, 일반적으로 성문과 대문처럼 규모가 큰 문을 지시할 때 쓴다. 이에 비해서 한쪽으로 여닫는 지게문은 '호(戶)'라고 한다.

'붉을 자(紫)' 자는 '실 사(糸)'와 '이 차(此)'로 이루어졌다. '차(此)'의 독음은 '검을 자(玆)'와 같은 계열이므로 '자(紫)' 자의 자형적 의미는 '검은 빛을 섞어 염색한 비단'이 된다. 붉은 색에 검은 색을 섞으면 자주색이 되므로 이로부터 '자주색'이란 의미가 생겨났다.

'변방 새(塞)' 자의 자형은 나무를 격자로 엮고 흙으로 막아서 장애물을 만든 모양이다. 이로부터 '막다'·'요새' 등의 의미가 생겨났다. 이에 비하여 목재로만 만든 보호 장애물은 '채(寨)'라고 부른다.

이하 네 구절은 중국의 지명을 열거하고 있는데, 이 구절은 남조(南朝) 송나라 시인인 포조(鮑照)가 지은 「무성부」(蕪城賦)의 "북으로는 변방의 요새와 안문까지 달려가네"(北走紫塞雁門)를 다시 쓴 것이다.

'안문(雁門)'은 관명(關名)으로서 오늘날의 대동부(大同府) 마읍현(馬邑縣) 동남쪽에 있으며 안성(雁城)으로도 불렀다. 전국 시대에는 조나라 땅이었으나 진나라 통일 이후에 여기에 군을 두었다. 오늘날 산서성(山西省) 북부 지역이 바로 이곳이다. 봄에 기러기들이 북쪽으로 돌아갈 때 이곳을 반드시 경유한다 하여 붙여진 이름이라고 전해진다.

'자새(紫塞)'는 곧 장성(長城)을 가리킨다. 장성은 서쪽의 임조(臨洮, 오늘날의 감숙성〔甘肅省〕민현〔岷縣〕)로부터 시작하여 동쪽의 요동(遼東)까지 길이가 일만 리에 달하는 대성벽이다. 진(晉) 최표(崔豹)의 『고금주』(古今注) 「도읍」(都邑)편의 기록을 보면 진나라가 만리장성을 쌓을 때에 흙의 색깔이 모두 자줏빛이었고 한나라 때에 요새를 축조할 때에도 역시 그러하였다고 해서 북쪽의 변방 요새를 자새라고 불렀다고 한다.

북쪽 변방 지명 (2)

雞田赤城(계전적성)이라 | 계전과 적성이 있다.

붉을 적(赤)

'닭 계(雞)' 자는 '새 추(隹)' 와 '종 해(奚)' 로 이루어졌으므로, 자형적 의미는 '시간을 헤아려 알려주는 노복과 같은 새', 즉 '닭'이 된다.

'밭 전(田)' 자는 동서와 남북으로 밭이랑과 밭둑을 만든 경작지 모양이므로 자형적 의미는 '밭'이 된다. '전(田)' 자의 독음은 같은 계열인 '베풀 진(陳)' 자에서 알 수 있듯이 '가지런히 정돈되어 있다' 라는 의미를 내포한다.

'붉을 적(赤)' 자는 '큰 대(大)' 와 '불 화(火)' 로 이루어졌으므로 자형적 의미는 '불이 활활 타다' 가 된다. 이로부터 불의 색깔인 '붉은색' 이란 의미가 파생된 것이다.

'재 성(城)' 자는 '흙 토(土)' 와 '이룰 성(成)' 으로 이루어졌다. '성(成)' 자의 독음은 '겹칠 중(重)' 자와 같은 계열이므로 '성(城)' 자의 자형적 의미는 '흙을 차곡차곡 겹쳐 쌓아서 축조한 벽' 이 된다.

'계전(雞田)' 은 역참(驛站) 이름으로 오늘날 기주(冀州)에 있다. '적성(赤城)' 은 옛날 치우(蚩尤) 가 살던 곳으로 오늘날 선부(宣府)에 있다.

앞의 출구(出句)에서 언급한 포조의 시구와 함께 그후 당나라 왕

447

발(王勃)의 「채련부」(採蓮賦)에 "북쪽 변방으로 계전과 안성을 지킨다네"(北戍雞田雁城)라는 구절들이 자주 등장하는 것으로 보아 이러한 고을들은 당시 서·북쪽 변방을 대표하는 관용적 지명이었을 것으로 짐작된다. 마치 우리말에서도 산간벽지를 지칭할 때 함경도의 삼수와 갑산을 들먹이는 것처럼 말이다.

곤명지와 갈석산: 중국의 끝

昆池碣石(곤지갈석)이요 | 곤명지에서 갈석산 사이에,

돌 석(石)

'맏 곤(昆)' 자는 '날 일(日)'과 '견줄 비(比)'로 이루어졌다. 태양을 날마다 견주어봤자 그것은 똑같은 것이 반복될 뿐이다. 그리고 '곤(昆)'의 독음도 '위아래로 통할 곤(丨)'과 같으므로 여기에는 '같은 줄로 꿸 수 있을 만큼 같다'라는 의미가 담겨져 있다. 형제를 '곤제(昆弟)'라고 하는 것은 바로 여기에서 비롯된 것이다. 이로부터 '맏'이라는 의미가 파생되었다.

'못 지(池)' 자의 독음은 '둑 제(堤)'와 같은 계열이므로 이 글자에는 '둑으로 주위를 둘러쳐서 물을 가두어놓은 곳'이란 의미가 들어 있다.

'돌 갈(碣)' 자는 '돌 석(石)'과 '어찌 갈(曷)'로 이루어졌다. '갈(曷)' 자의 독음은 '호걸 걸(傑)'과 같은 계열이므로 여기에는 '홀로 우뚝 솟다'라는 의미가 내포되어 있다. 따라서 '갈(碣)' 자의 자형적 의미는 '홀로 우뚝 솟은 돌'이 된다.

'돌 석(石)' 자는 언덕(厂) 아래에 돌(口)이 있는 모양으로 같은 독음인 '풀 석(釋)' 자를 통해서도 암시되듯이 자형적 의미는 '큰 바위 언덕이 잘게 풀어져서 작은 돌이 된다'이다.

'곤지(昆池)'란 전지(滇池)라고도 부르는데 오늘날 운남성(雲南省)에 있는 곤명지(昆明池)를 가리킨다. 한 무제 때에 인도로 가는 무역로가 곤명의 오랑캐들에 의해 자주 막히자 이를 토벌하기 위하여 수군을 일으켰다. 이때 장안(長安)의 서남쪽 근교에 큰 못을 파서 수전(水戰)을 훈련시켰는데, 이 인공 호수가 곤명지를 그대로 본떠 만들어진 것이라 하여 역시 곤명호라고 불리었다.

　'갈석(碣石)'은 오늘날 하북성(河北省) 창려현(昌黎縣) 북쪽에 있는 산 이름이다. 『서경』「우공」(禹貢)편에서 우임금의 치수(治水) 행적을 기록할 때 "태행산(太行山)과 항산(恒山)을 거쳐 갈석산(碣石山)에 이르고 나서 바다에 다다랐다"라고 쓴 것이라든가, 『한서』(漢書)「무제기」(武帝紀)에 순행(巡行)의 여정을 태산에서 시작해서 갈석에 이르는 길로 간다고 기록한 것 등으로 보아 당시에는 갈석산이 중원의 행정력이 직접 미치는 한계 지점이었던 것으로 짐작된다.

　따라서 곤명지는 서남의 극지가 되고, 갈석산은 동북의 극지가 되는 셈인데, 이렇게 두 극지를 대비시킴으로써 광활한 중국의 판도와 아울러 중화라고 하는 문명 세계의 영역을 획분하고 있다. 당나라 위응물(韋應物)의 「탄기가」(彈棋歌)에 "어찌 곤명과 갈석 정도이겠는가, 살 하나가 중원으로 날아들면 먼 하늘이 막힌다네"(豈如昆明與碣石, 一箭飛中隔遠天)라는 구절이 있는 것을 보더라도 곤명지와 갈석산은 중국의 끝에서 끝을 상징하는 관용어였을 가능성이 크다.

광활한 만큼 명승도 많은 땅

鉅野洞庭(거야동정)이라 | 거야 늪과 동정호가 있다.

들 야(野)

'클 거(鉅)' 자는 '쇠 금(金)' 과 '클 거(巨)' 로 이루어졌으므로 자형적 의미는 '쇠붙이가 대단히 단단하다' 가 된다. 한문에서는 '거(巨)' 자와 서로 통하여 쓰기도 한다.

'들 야(野)' 자는 '마을 리(里)' 와 '줄 여(予)' 로 이루어졌다. '리(里)' 는 성 밖의 마을을 뜻하고, '여(予)' 자에는 같은 계열의 독음인 '느릴 서(徐)' 를 통해서 알 수 있듯이 '여유 있음' 이란 의미가 담겨 있다. 따라서 '야(野)' 자의 자형적 의미는 '성 밖의 마을에서 한가롭게 살다' 가 된다.

'골 동(洞)' 자는 '물 수(水)' 와 '한가지 동(同)' 으로 이루어졌으므로 자형적 의미는 '물이 한 길로 통해서 직류하다' 가 된다. '한 길로 통해 있다' 라는 의미에서 '동굴' 이라는 의미가 파생되었는데, 이때 동굴에는 언제나 물이 있다는 사실도 함께 의미한다.

'뜰 정(庭)' 자는 '집 엄(广)' 과 '조정 정(廷)' 으로 이루어졌으므로 자형적 의미는 '큰 집 안에 있는 넓은 장소', 즉 '궁중(宮中)' 이 된다. 그러니까 국사를 논하는 장소인 조정은 '정(廷)' 으로, 임금이 거처하는 장소는 '정(庭)' 으로 쓰는 것이다. 이것이 나중에는 '관아 청(廳)' 자로 확장되었다.

451

'거야(鉅野)'는 고대의 유명한 큰 늪지로서 오늘날의 산동성(山東省) 거야현 북쪽에 있었다. 『사기』에 노나라 애공(哀公)이 대야(大野)라는 곳을 순행(巡行)하였다는 기록이 보이는데, 그곳이 바로 거야이다.

　'동정(洞庭)'은 호남성 북부와 양자강 남안에 위치한 동정호(洞庭湖)를 가리킨다. '팔백리동정(八百里洞庭)'이라는 말이 전해 내려올 만큼 동정호는 크고 넓은데, 실제로는 중국에서 두 번째로 큰 담수호이다. 호수 중에서도 섬이 많아 풍광이 아름답고, 호숫가에 악양루(岳陽樓)를 비롯한 명승고적이 많은 것으로도 유명하다.

　이 구절은 중국은 땅이 광활하기 때문에 경내에 거야와 동정과 같은 거대하고 경관 좋은 늪지와 호수가 많다는 사실을 서술하고 있다.

높은 담장을 욕망하는 대륙의 역설

曠遠綿邈(광원면막)하고 | (땅이) 광활하여 아스라이 멀고,

솜 면(綿)

'빌 광(曠)' 자는 '날 일(日)' 과 '넓을 광(廣)' 으로 이루어졌다. '광(廣)' 자는 '사방의 벽이 없이 네 개의 기둥 위에 지붕만 올려놓은 넓고 텅 빈 집' 이므로, '광(曠)' 자의 자형적 의미는 '텅 비어 있는 공간에 빛이 꽉 차다' 가 된다. 이로부터 '텅 비어 있는 넓은 공간' 이라는 의미가 생겨났다.

'멀 원(遠)' 자는 '걸을 착(辵)' 과 '옷 길 원(袁)' 으로 이루어졌다. '원(袁)' 자의 독음은 '늘일 연(延)' 과 같은 계열이므로 여기에는 '길게 늘어지다' 라는 의미가 내포되어 있다. 따라서 '원(遠)' 자의 자형적 의미는 '긴 옷처럼 길고 먼 길을 걸어가다' 가 된다. 여기에서 '멀다' 라는 의미가 파생되었다.

'솜 면(綿)' 자는 나중에 만들어진 글자이고 원래 글자는 '면(緜)' 으로서 이는 '비단 백(帛)' 과 '비끌어맬 계(系)' 로 이루어졌다. 따라서 자형적 의미는 '비단 짜는 명주실을 잇다' 가 된다. 그래서 '이어 붙이다' 라는 뜻을 같은 계열의 독음을 가진 '이을 련(聯)' 자를 함께 붙여서 '연면(聯緜)' 또는 '연면(連綿)' 이라고 쓰는 것이다.

'멀 막(邈)' 자는 '걸을 착(辵)' 과 '얼굴 모양 모(貌)' 로 이루어졌다. '모(貌)' 자와 '얼굴 면(面)' 자는 같은 계열의 독음으로서 같은 사물을 가리키는 글자이다. 그러므로 '막(邈)' 자는 앞의 '면(綿)' 자

와 의미가 통할 뿐만 아니라, 역시 '면막(綿邈)'으로 붙여써서 '아득히 멀다'라는 의미를 나타낸다.

이 구절은 다음의 대구(對句)와 더불어 앞의 지명들에서 암시하는 대로 중국은 땅이 광대할 뿐만 아니라 광대한 만큼 역내의 지형물 역시 크고 높고 깊다는 메시지를 전하고 있다.

중국인들은 전통적으로 중국이 영토가 넓다는 사실에 남다른 자부심을 느낀 것이 사실이다. 그래서 중국 역사를 살펴보면 중국의 역대 정권이나 정부가 백성의 삶을 돌보지 않아 백성의 불만이 쌓여도 국토가 분열되거나 외적의 침범을 받아 판도가 위축될 위기에 처하면, 이를 회복하거나 확장하자고 외치는 정부의 사업에 백성들이 이의를 제기하는 경우를 거의 찾아볼 수 없었다. 이는 중국의 땅은 어떠한 경우라도 광대한 상태를 유지해야만 한다는 강박 관념이 그들을 사로잡아 왔기 때문이리라.

그러나 다른 한편으로 생각해 보면 그들의 이러한 욕망을 충족시키기 위해서 주변의 작은 나라와 소수 민족이 얼마나 억압을 받았겠는가. 즉 '거대함을 위하여'라는 이데올로기는 단지 생존하고자 하는 주위의 소박한 욕망들을 무차별적으로 흡수했을 것이다.

그러나 크다는 것은 '광(曠)'자의 자형적 의미가 말해 주듯이 넓은 공간으로 텅 비어 있게 마련이니, 텅 비어 있음은 곧 공허함의 다른 측면으로서 이는 다시 결핍의 공포를 야기한다. 넓은 땅이나 큰 집에 사는 사람일수록 이 결핍의 공포를 견디지 못해 담장을 높이 쳐서 자신의 손이 닿을 수 있는 한계 영역이 어디까지인지 보기를 원하는 법이다. 중국이 진나라 이후로 만리장성의 축조에 심혈을 기울여온 배경에는 이러한 역설적인 공포감이 자리잡고 있다.

어떤 경우에라도 그렇지만 큰 것을 유지하려면 관리비가 많이 들게 마련이다. 앞서 말한 바와 같이 큰 것을 가졌다는 자부심과 또 이를 유지해야 한다는 강박 관념은 중국인들에게 과다한 비용을 지출하게 하고 희생을 감내하게 만들어왔다. 그래서 중국의 일부 진보적인 지식인들 사이에 분할의 효율성이 조심스럽게 제기되고 있고, 이를 간파한 서방 언론들은 가까운 장래에 중국이 분할될지 모른다는 예측을 내놓기도 한다. 그러나 이러한 예측은 어디까지나 합리주의에 익숙한 서구인들의 사고 방식에 근거한 것으로, 중국인들이 큰 것을 유지하기 위해서는 어떠한 희생도 치를 수 있는 준비가 되어 있다는 문화적 전통은 고려하지 않은 편견의 시나리오에 불과할 뿐이다.

광장 공포

巖岫杳冥(암수묘명)이라 | 바위와 산봉우리는 (높이 솟고) (물은) 아득히 깊다.

바위 암(巖)

'바위 암(巖)' 자는 '뫼 산(山)'과 '엄할 엄(嚴)'으로 이루어졌다. '엄(嚴)' 자는 높고 가파른 산에 만들어진 암혈을 뜻하므로[3] '암(巖)' 자의 자형적 의미는 '내려다보기가 두려울 정도로 높은 산마루'가 된다. 높은 산마루는 일반적으로 바위로 되어 있으므로 '바위'란 의미가 생겨난 것이다.

'묏부리 수(岫)' 자는 '뫼 산(山)'과 '말미암을 유(由)'로 이루어졌다. '유(由)' 자의 원래 자형은 술을 거르는 광주리나 채 모양이므로 '수(岫)' 자의 자형적 의미는 '광주리처럼 구멍이 숭숭 뚫린 산봉우리'가 된다. 이로부터 '암혈(巖穴)'·'산봉우리' 등의 의미들이 파생되었다.

'아득할 묘(杳)' 자는 '나무 목(木)'과 '날 일(日)'로 이루어졌으므로, 자형적 의미는 '해가 나무 밑으로 지다'가 된다. 해가 져서 나무 밑으로 완전히 가라앉으면 빛이 없어 컴컴해지므로 '어두워서 앞이 보이지 않는다'라는 의미가 생겨난 것이다.

'어두울 명(冥)' 자는 '날 일(日)'·'여섯 륙(六)'·'덮을 멱(冖)' 등으로 이루어졌다. 원래의 고문자 자형에서는 '륙(六)' 자가 '들 입

(人)'으로 되어 있으므로 '명(冥)' 자의 자형적 의미는 '해가 들어간 상태에서 위를 덮다'가 된다. 해가 들어가고 없는 상태에서 위를 덮으면 컴컴할 수밖에 없으므로 '어둡다'라는 의미가 생겨난 것이다.

앞의 출구(出句)가 중국 영토의 광활한 공간성을 묘사했다면, 대구(對句)인 이 구절은 그 안에 있는 산들이 오를 수 없을 정도로 높고 물이 깊이를 잴 수 없을 만큼 깊음을 표현하고 있다.

이런 표현을 읽고 외우다 보면 중국의 거대함에 대해 경외하고 흠모하는 마음이 생길 수밖에 없다. 이러한 경외와 흠모는 거대함 앞에서 스스로 왜소해지는 위축감과 공포감에서 생기는 것이므로 자연히 스스로에게는 결핍감을 느끼고 광장 공포에 사로잡히게 된다. 누가 유포시킨 말인지는 모르겠으나 "조선에는 천 리를 흐르는 강이 없고 천 길을 넘는 산이 없다"라는 말은 바로 중국을 흠모해 낳은 결핍의 결과일 것이다.

우리는 이른바 동방예의지국(東方禮儀之國)이란 말을 자랑스럽게 여기고 있지만, 사실 이것 역시 중국이 우리에게 결핍감을 심어주기 위해 만든 책략적인 말일 뿐이다. 왜냐하면 '동방예의지국'은 중국이 아니라 동방이라는 변방일 수밖에 없으므로, 우리에게 아무리 훌륭한 문화가 있다 하더라도 중심의 문화에는 영원히 다다를 수 없는 한계를 지정 받았기 때문이다. 따라서 이러한 말들은 중국은 옳을 수밖에 없다는 이데올로기를 생산하는데, 이것의 근원은 궁극적으로 "중국은 크다"라는 서술을 시적 묘사로 전환한 곳에서부터 찾을 수 있을 것이다.

6부

소외, 이를 견디는 지혜

농업이 수행하는 이데올로기적 기능

治本於農(치본어농)하니 │ 다스림은 농사에 뿌리를 두는 것이니,

뿌리 본(本)

'다스릴 치(治)' 자는 '물 수(水)'와 '기뻐할 이(台)'로 이루어졌다. 이 글자는 원래 산동성(山東省) 동래(東萊) 지방에 있는 강(오늘날에는 이 강을 소고하[小沽河]라고 부름)의 고유 명사였다. 오늘날에는 이 글자를 '다스리다'라는 의미로 쓰는데, 이는 '다스릴 리(理)'와 독음이 같아서 차용되었다.

'뿌리 본(本)' 자는 '나무 목(木)' 자에서 뿌리 부분을 표시한 형태로 이루어졌다. '본(本)' 자의 독음은 '덮을 모(冒)'와 같은 계열이므로 여기에는 '나무의 잎과 가지를 위에 이고 받쳐주는 뿌리'라는 의미가 내포돼 있다.

'어조사 어(於)' 자는 원래 '까마귀 오(烏)' 자의 고문자형이었는데, 나중에 어조사로 차용돼 쓰이게 되었다.

'농사 농(農)' 자를 소전에서는 '𧂇'로 쓰는데, 이는 '절구 구(臼)' · '조개 신(辰)' · '정수리 신(囟)' 등으로 이루어진 것이다. 여기서 '구(臼)' 자는 원래 양손을 그린 모양이고 '신(囟)' 자는 원래 '밭 전(田)' 자가 와전된 모양이므로, '농(農)' 자의 자형적 의미는 '양손으로 조개 껍질을 들고 밭을 갈다'가 된다. 농사를 지으려면 먼저 잡초를 제거해야 하는데, 이때 풀을 뽑는 도구로 조개 껍질을 사용했던 것이다. 따라서 '농(農)' 자의 독음은 '밭에서 힘써 일하다'라는

의미를 담고 있는 '사내 남(男)' 자와 같은 계열에 속한다.

이 구절부터는 군자가 집안을 다스리고 처신하는 도리를 서술한다. 특별히 다음의 세 문장 여섯 구절은 집안의 다스림이 부(富)의 생산에 근본을 두고 있음을 말하고 있다.

농업은 고대 사회에서부터 위정자들이 매우 중시해 온 산업이었기 때문에, 중국에서는 농사를 흔히 '대사(大事)' 또는 '민생의 근본'(民生之本)이라는 말로 표현해 왔다. 예부터 백성들은 먹는 것을 곧 하늘이라고 여겼고, 식량 해결을 위해서 농업을 중시하지 않을 수 없었다. 따라서 일 년 농사의 결과를 말해 주는 풍년과 흉년은 정권의 운명에 절대적인 영향을 미쳤다.

그런데 농사는 식량을 얻는다는 면에서만 정치적인 의미가 있는 것이 아니다. 농사는 그 과정에서 다른 부수적인 효과를 낳는데, 이것이 국가 통치에 매우 중요한 기능을 수행한다. 『여씨춘추』(呂氏春秋) 「상농」(上農)편에 보면 다음과 같은 구절이 있다.

> "백성들이 농업에 종사하면 순박해지고, 순박하면 부려 쓰기가 쉬워지며, 부려 쓰기가 쉬우면 변방이 안정되고 군주의 위치가 높아진다. ……"(民農則樸, 樸則易用, 易用則邊境安, 主位尊. ……)

이는 농가(農家) 담론 중의 일부로, 농사 과정 자체가 곧 백성을 순치(馴致)하고 권력을 강화하는 이데올로기적 기능을 수행하고 있음을 명백히 밝히고 있다. 그래서 농사가 다스림의 근본이 되는 것이다. '농(農)' 자의 자형이 말하는 바와 같이 조개 껍질 같은 조악한 농기구로 험한 땅을 일궈야 하니 그 치열한 생존 싸움에서 어디 다른 생각이 떠오를 수나 있었겠는가.

또한 고대에는 생산력과 생산성에 한계가 있었기 때문에 식량의 생산은 토지의 넓이에 비례할 수밖에 없었으니, 농업을 기간 산업으로 유지하면 영토와 인구를 확장하는 일에 백성을 쉽게 동원하여 하찮은 불만을 잠재울 수도 있었다. 그러나 상업이나 수공업을 기간 산업으로 정하면 굳이 넓은 땅을 필요로 하지 않으므로 정복 사업 정책에 백성을 동원할 적절한 명분을 세우기가 그리 쉽지 않다. 그래서 농사는 정치나 통치의 근본으로 삼을 만하다. 또 '농(農)' 자의 독음이 '남(男)'과 같은 계열에 속한다는 사실은 곧 전통적인 정치의 개념이 남성에 근본을 두고 있음을 암시하는 것이다.

잘사는 나라든 못사는 나라든 어느 나라를 막론하고 농민은 언제나 일차적인 경제적 희생양이 되는 것이 보편적인 현상이다. 그도 그럴 것이 국민의 식량 생산을 담당하고 있으니 그들에게 적절한 농산물 가격을 보장해 주면 국민의 생활비가 상승하여 끝내는 사회 불안이 야기될 것이기 때문이다. 그러니까 농산물 가격을 안정이라는 이름으로 억제할 수밖에 없고, 따라서 농민들은 식량 생산자라는 구조적 위치 때문에 언제나 희생하지 않을 수가 없다. 이러한 농민의 상황을 잘 말해 주는 글자가 바로 '본(本)' 자이다. 즉 "나무의 잎과 가지를 위에 이고 받쳐주는 뿌리"라는 자형적 의미가 국민과 국가의 생존을 밑에서 받쳐주는 농민의 역할을 형상적으로 잘 묘사하고 있는 것이다. 그러면서도 자신은 땅 속에 묻혀서 빛을 보지도 못하는 뿌리 같은 존재이다. 이것이 바로 '치본어농(治本於農)'이 드러내지 않으면서 전하고자 하는 내용이리라.

농업: 소외될 수밖에 없는 산업

務茲稼穡(무자가색)이라 | 바로 이 심고 거두는 일에 힘쓰게 한다.

아낄 색(嗇)

'힘쓸 무(務)' 자는 '힘 력(力)'과 '강제할 무(敄)'로 이루어졌고, '무(務)' 자의 독음은 '근면할 면(勉)'과 '민첩할 민(敏)'과 같은 계열에 속한다. 따라서 자형적 의미는 '강제로 맡겨진 일에 자발적으로 힘을 다하다'가 된다. 이로부터 '힘쓰다'라는 의미가 생겨났다.

'이 자(茲)' 자는 어린 새끼들이 여러 마리인 모양이나, 여기서는 '이 차(此)' 자와 같은 뜻으로 쓰였다.

'심을 가(稼)' 자는 '벼 화(禾)'와 '집 가(家)'로 이루어졌다. 농작물을 심을 때는 씨를 먼저 모판에 심었다가 모가 어느 정도 자라면 밭에다 옮겨 심는다. 모판에서 밭으로 옮겨 심는 것이 마치 여자가 친정 집에서 자라다가 때가 되면 시집으로 가는 것과 같으므로 '시집갈 가(嫁)'와 같은 독음의 글자인 '가(家)' 자를 쓴 것이다. 따라서 '가(稼)' 자의 자형적 의미는 '모를 앞으로 제가 자라야 할 밭에다 옮겨 심다'가 된다.

'거둘 색(穡)' 자는 '벼 화(禾)'와 '아낄 색(嗇)'으로 이루어졌다. '색(穡)'의 원래 글자는 '색(嗇)'이었는데, '색(嗇)'이 '아끼다'라는 의미로 차용되면서 자신은 후출자인 '색(穡)'을 만들어 쓰게 되었다. '색(嗇)' 자는 곳간(㐭) 위에 보리(麥)가 있는 모양이므로 자형적 의미는 '곡식을 거두어 곳간에 넣다'가 된다. 이로부터 '거두어넣기만 하고 내놓지 않다'라는 의미로 확대되면서 '인색하다'라는 파생의가 생겨났다.

앞의 출구에서 설명한 것처럼 농사는 여러 측면에서 통치의 근본이 되므로 이 일에 힘을 쏟도록 독려하는 것이 바로 정치를 안정시키는 일이 된다는 것이 이 구절이 의미이다.

농사는 작물을 심은 후 거두어 곳간에 들이기까지의 기간이 상당히 길다. 그래서 봄에 농사에 투자해 놓으면 가을 추수까지 다른 곳에 가지 못한다. 『여씨춘추』「상농」편에 "심고 거두는 일에 힘쓰면 한 자리를 지키게 되고, 그러면 자기 것을 지키기 위해서 열심히 싸운다"라는 구절은 바로 이를 두고 한 말이다. 그러니까 인구의 이탈을 막고 외적의 침략을 방어하는 데에 백성을 자발적으로 참여시키는 방법으로도 농사는 훌륭한 통치 수단이 되는 셈이다.

농사란 투자에서 회수까지 거의 1년이 걸리기 때문에 자본 회전이 매우 느린 산업이다. 게다가 '색(穡)'자의 자형 속에 '인색하다'라는 의미가 암시하는 것처럼 농사는 본질적으로 확대 재투자에 주저할 수밖에 없는 것이 사실이다. 그래서 농업은 거대 자본으로 성장하기가 구조적으로 어려우므로 권력의 입장에서는 그만큼 위협받을 가능성이 적어지는 이점을 누릴 수가 있는 것이다.

그러니 누가 기꺼운 마음으로 농사를 지으려 하겠는가. 「월령」(月令)에서 농번기에 농민이 도성에 남아 있거나 장사에 종사하는 일을 금지한다고 적은 것은 바로 이 때문이다. 그러니까 '무(務)'자의 자형적 의미가 지시하듯이 농사란 본질적으로 반강제적인 일이 될 수밖에 없는 것이다.

정전법의 한계

俶載南畝(숙재남무)하니 | 남쪽 밭에서 일을 시작하니,

남녘 남(南)

'비로소 숙(俶)' 자는 '사람 인(人)'과 '주울 숙(叔)'으로 이루어졌다. '숙(叔)' 자는 '주울 습(拾)'과 '거두어 들일 수(收)'와 같은 계열의 글자로 '흩어져 있는 것을 거두어 정리하다'라는 의미를 담고 있다. 따라서 '숙(俶)' 자의 자형적 의미는 '가지런히 정리된 사람', 즉 '선한 사람'이 된다. 이로부터 어지럽게 흩어진 것을 정리하기 시작한다는 의미로 발전하면서 '일을 시작하다'라는 의미가 파생되었다.

'실을 재(載)' 자는 수레 위에 화물을 싣고 또 이 화물을 지키기 위해 창을 높이 꽂은 모양에서 자형적 의미를 찾을 수 있다. 다시 말해서 수레와 같은 도구에 위로부터 부하를 준다는 뜻은 곧 도구를 움직여 무엇인가를 수행한다는 뜻과 같으므로 '재(載)' 자에 '일하다'라는 의미가 생겨난 것이다.

'남녘 남(南)' 자를 소전에서는 '㊊'로 쓰는데, 이는 초목이 남쪽 방향으로 가지와 잎이 무성한 모양이고, 독음은 '멜 임(任)' 자와 같은 계열에 속한다. 따라서 '남(南)' 자의 자형적 의미는 '나무가 남쪽 방향으로 가지와 잎을 무성하게 메고 있다'가 된다. 이로부터 '남쪽'이라는 파생의가 생겨난 것이다.

'이랑 무(畝)' 자는 '밭 전(田)'·'열 십(十)'·'오랠 구(久)' 등으

로 이루어졌다. '십(十)' 자는 밭과 밭의 경계가 만나는 곳을 가리키고, '구(久)' 자는 사람이 가지 않고 서 있는 모양이므로, '무(畝)' 자의 자형적 의미는 '사람이 경계선에 서서 밭의 넓이를 재다'가 된다. 그래서 '무' 자는 밭의 면적을 재는 단위로 쓰였다. 『설문해자』(說文解字)에 의하면 여섯 자(尺)를 일 보(步)라 하였고, 백 보를 한 '무(畝)'라 하였다. '무(畝)' 자의 독음은 '길이 무(袤)'와 같으므로 여기에는 '넓다'라는 의미가 담겨 있다. 그래서 '무(畝)' 자는 일반적으로 '넓은 밭'이란 의미로 많이 쓰인다.

이 구절은 『시경』「대전」(大田)편의 "남쪽 밭에서 일을 시작하여 온갖 곡식 씨를 뿌리니"(俶載南畝, 播厥百穀)라는 구절을 다시 쓴 것이다.

중국 고대에는 이른바 정전법(井田法)이라는 제도로 토지를 분배하였다. 즉 천자는 중국의 전 국토를 '우물 정(井)' 자 모양으로 9등분하여 가운데를 제외한 나머지 여덟 쪽을 제후들에게 분배하였다. 제후들은 다시 자신이 받은 봉지를 9등분하여 가운데를 제외한 나머지 여덟 쪽을 대부(大夫)들에게 나누어주었다. 이때 가운데 땅을 공전(公田)이라 하고 분배해 준 땅을 사전(私田)이라 불렀는데, 사전을 하사받은 제후와 대부들은 천자와 제후를 위해서 각각 공전을 공동으로 경작해 주었다.

그러므로 이 구절에서 '남쪽 밭'(南畝)이라는 말은 곧 사전을 가리킨다. 또한 남쪽 밭은 비옥해서 소출이 많은 밭이기도 하다. 그러니까 "남쪽 밭에서 일을 시작하다"라는 말은 농사일은 사전에서부터 시작한다는 뜻이다. 한대의 주석가인 정현(鄭玄)은 '숙(俶)' 자를 '성할 치(熾)'로 풀이하였으므로 사전의 농사일을 시작하는 것도 그냥 하는 것이 아니라 정성을 들여 열심히 함을 의미한다.

공동으로 경작하는 공전보다는 수확의 사유(私有)가 보장되는 사전에 더욱 정성을 기울인다는 것은 아주 자연스러운 일이다. 따라서 사전에 우선권을 주면 생산성도 높아지고 백성들의 농사를 먼저 하게 한다는 명분도 세울 수 있는 이점이 있다. 더구나 『시경』 「북산」(北山)편에서 "온 하늘 아래에 어느 곳도 임금님의 땅이 아닌 곳이 없으니"(溥天之下, 莫非王土)라고 했으니, 기실 공과 사를 따질 것도 없지 않은가. 궁극적으로 이 구절은 천자보다는 제후에 유리하고, 제후보다는 대부에 유리한 결과를 가져오게 하는 효과를 발휘한다. 그렇다면 누가 이런 구절을 지었는지가 명백해진다. 정전법을 운영하는 이러한 윤리 원칙이 결국에는 천자와 제후의 권력을 상대적으로 미약하게 만들어서 주나라의 봉건 제도를 무너뜨리는 계기가 되었던 것이다.

농산품과 농민의 소외

我藝黍稷(아예서직)하니라 | 나는 메기장과 차기장을 심는다네.

'나 아(我)' 자의 원래 자형은 창(戈)에다가 장식 술을 달아 늘어뜨린 모양으로 되어 있으므로, 자형적 의미는 '창의 장식술이 아래로 늘어져 있다'가 된다. 그래서

나 아(我)

나중에 '기울 아(俄)' 자가 후출자로 생겨난 것이다. 오늘날에는 주로 '나'라는 뜻으로 통용되고 있는데, 이는 '아(我)'의 독음이 '나 오(吾)'와 같았기 때문에 차용된 결과이다.

'심을 예(藝)' 자의 본래 글자는 '예(藝)'인데 갑골문에서는 '埶'로 썼다. 이는 사람이 무릎을 꿇고 앉아서 식물을 심는 모양이다. 따라서 '예(藝)' 자의 자형적 의미는 '손을 부지런히 움직여 식물을 심다'가 된다.

'기장 서(黍)' 자는 '벼 화(禾)'와 '물 수(水)'로 이루어졌다. 여기서 '수(水)' 자는 술을 의미하므로 '서(黍)' 자의 자형적 의미는 '술을 빚는 데 쓰는 곡식', 즉 '수수' 또는 '기장'이 된다. 그러나 '서직(黍稷)'으로 붙여 쓸 때에는 '서(黍)'는 '메기장'을, '직(稷)'은 '차기장'을 뜻한다.

'피 직(稷)' 자의 우측 방은 농부가 쟁기를 쥐고 천천히 나아간다는 뜻으로 자형적 의미는 '농부들이 주로 가꾸는 작물'이 된다. 중국의 남방은 주로 벼농사를 짓는 반면에 북방에서는 주로 조농사를 지

었으므로 '직(稷)' 자는 '조'를 가리킨다. 그러나 여기서는 '차기장'
을 가리킨다.

이 구절은『시경』「초자」(楚茨)편의 "더부룩한 찔레나무 가시를 뽑
았다네. 예부터 이 일을 왜 하였을까, 내가 메기장과 차기장을 심으
려 함이지"(楚楚者茨, 言抽其棘. 自昔何爲, 我藝黍稷)에서 가져다 쓴 것
이다.

조상이 개척해 놓은 밭에서 곡식을 추수하고 그에 대한 감사한 마
음을 정연한 제사를 통해서 표현한다는 것이 「초자」편의 내용이다.
따라서 이 구절에서 메기장과 차기장을 심는다는 말은 제사의 의미
를 담고 있다. 말하자면 제사 음식을 마련하는 마음가짐으로 농사를
짓는다는 뜻이다. 꿇어앉아서 정성껏 작물을 가꾸는 '예(藝)' 자의
갑골문 자형을 보면 이를 충분히 짐작할 수 있다. 그러니까 추수한
작물은 단순한 농산물이 아니라 생산자의 심혈이 기울여진 예술품
인 셈이다.

이런 관점에서 보자면 기계를 써서 대량 생산 체제로 운영하는 오
늘날의 농사는 상품을 생산하는 산업이 될 수밖에 없을 것이다. 그
러다 보니 오늘날의 농부는 자신도 이해할 수 없는 갈등에 사로잡히
게 된다. 자신이 지은 농산물을 조상들의 것과 조금도 다름없는 열
정의 산물이자 작품으로 믿고 있지만, 현실 속에서는 하나의 상품이
되고, 그것도 정당한 가격으로 보상받지 못하는 데서 오는 모순으로
괴로워하는 것이다.

더군다나 농부는 '벼 화(禾)' 자가 들어간 작물들, 이를테면 벼
(稻)·조(稷)·기장(黍) 등과 같은 곡물을 경작할 때 농부로서 자부

심과 만족을 느끼게 된다. 왜냐하면 벼농사를 비롯한 주곡 경작은 나라와 백성의 운명을 결정짓는 역사성과 전통성을 지녀왔기 때문이다. 그런데 농산물 수입 개방과 농지 전용으로 인하여 더 이상 벼농사가 수지타산이 맞지 않자 농민들은 어쩔 수 없이 환금성이 좋은 특수 작물 경작으로 많이 전환하게 되었다. 이러한 전환 속에서 농부는 하루아침에 역사의 밖으로 밀려나고 정체성을 상실하는 경험을 하고 있는 것이다. 이제 농민은 무엇을 통해서 자신들의 소외를 극복할 수 있을까?

문자로 본 고대 중국의 세제

稅熟貢新(세숙공신)하고 │ 익은 곡식에 세금을 매기고 햇것을 공
　　　　　　　　　　　 물로 바치며,

새 신(新)

'거둘 세(稅)' 자는 '벼 화(禾)' 와 '바꿀 태(兌)' 로 이루
어졌다. '태(兌)' 자에는 '풀어 헤쳐놓고 꼼꼼히 세다'
라는 의미가 내포되어 있으므로, '세(稅)' 자의 자형적
의미는 '곡물을 풀어놓고 꼼꼼히 세어서 세금을 매기
다' 가 된다.

'익을 숙(熟)' 자는 '불 화(火)' 와 '익을 숙(孰)' 으로 이루어졌으므
로 자형적 의미는 '불로 익히다' 가 된다. '익다' 라는 의미는 원래
'숙(孰)' 으로 썼으나 이 글자가 '누구' 라는 의문 대사(代詞)로 차용
된 다음부터 혼동을 피하기 위하여 '화(火)' 자를 부가하여 '숙(熟)'
으로 쓰게 되었다.

'바칠 공(貢)' 자는 '조개 패(貝)' 와 '장인 공(工)' 으로 이루어졌다.
'공(工)' 이란 힘을 들여 만든 생산물을, '패(貝)' 란 재물을 뜻하므
로, '공(貢)' 자의 자형적 의미는 '힘들여 일해서 얻은 것을 재물로
하여 윗사람에게 바치다' 가 된다. 여기서는 나라에 세금의 일환으로
바치는 공물을 뜻한다.

'새 신(新)' 자는 '나무 목(木)' · '도끼 근(斤)' · '매울 신(辛)' 등
으로 이루어졌다. '신(辛)' 자에는 같은 계열의 독음인 '전(剪)' 자로

472

알 수 있듯이 '매섭게 자르다'는 의미가 내포돼 있다. 따라서 '신(新)' 자의 자형적 의미는 '도끼로 나무를 잘라 땔감을 만들다'가 된다. 그래서 나중에 '장작 신(薪)' 자가 후출자로 나왔다. 도끼로 나무를 가르면 신선한 새로운 면이 드러나므로 이로부터 '새롭다'라는 파생의가 생겨났다. '신선할 선(鮮)' 자의 독음이 '신(新)'의 독음과 같다는 사실이 이를 증명한다.

이 구절은 추수한 후에 농가에 소득이 생기면 거기에 세금을 공정히 매기는 일과 종묘에 쓸 공물을 나라에 바치는 일을 묘사하고 있다.

정전제(井田制)를 처음 시행하던 주나라 초기의 조세 형태는 주위의 여덟 제후나 대부(大夫)가 가운데에 있는 천자나 제후의 땅을 공동 경작해 주는 '조(租)'의 개념이었다. 즉 노동력을 무상으로 제공받아서 경작한다는 이른바 '역역지징(力役之懲)'이 바로 그것이다. 무상으로 노동력을 빌려온다 하여 '빌릴 적(籍)' 자를 써서 이를 적세(籍稅)라고도 불렀다. 그러다가 '조(租)'의 방식이 효과적이지 않다는 것이 밝혀지자 춘추 말년에 노나라에서 처음으로 일정량의 곡물을 세금으로 바치는 방식을 시행하였는데, 이를 『춘추』「애공(哀公) 12년」에서는 '전부(田賦)'라 하여 폄훼하는 사건으로 기록하였다. 왜냐하면 이러한 세금의 방식이 이전 수준보다 조세 부담이 많아졌기 때문이다.

'세(稅)' 자의 자형적 의미에 따라 과세 방법의 원형을 살펴보면 낱알을 일일이 세어서 소득을 산출한 후 그 중의 일정 비율을 세금으로 가져가는 것이었다. 이에 비해서 전부(田賦)란 밭의 소출을 미리 예측해서 추수 후에 일정액을 거두어가는 일종의 인정과세(認定

課稅) 방식이므로 농민으로서는 자연 재해나 병충해를 고려해서 손실을 공제해 주지 않으면 세 부담이 많아질 수밖에 없다. 여기서 "익은 곡식에 대해서 세금을 매긴다"(稅熟)라는 것은 바로 농사를 짓는 과정에서 발생한 손실 부분을 공제하고 남은 실질 수확을 정확히 파악하여 세금을 매겨야 함을 일컫는 말이다.

'공(貢)'이란 고대 조세 중의 하나로서 지방의 토산물을 임금에게 진상하는 것이었다. 이러한 진상품은 종묘 제사에 쓴다는 명분으로 거둬들이기 때문에 가장 신성한 것이 선택되게 마련이니, 신성한 것은 곧 갓 나와서 때묻지 않은 새것으로 상징된다. 그래서 새것으로 공물(貢物)을 바치는 것이다.

그러나 새것이란 '신(新)' 자의 자형적 의미에서 보듯이 장작이 쪼개질 때마다 나타나는 장작의 한 면, 즉 존재자일 뿐이지 존재로서의 새것이 따로 있어서 나타나는 것이 아니다. 그러니까 새것을 바친다는 것은 곧 옛것을 드리되 면모를 달리해서 드린다는 뜻이지, 옛것의 때가 전혀 묻어 있지 않은 완전 새것을 드린다는 의미가 아니다. 그러나 우리의 통념은 새것이란 옛 면모를 완전히 벗어던진 것으로 여기기 때문에 사물을 일관되게 이해하지 못하게 하는 단절이 종종 생긴다. 그래서 조금 전에 나온 것도 또 다른 새것이 나오면 헌것이 되어 폐기 처분되는 경향이 있다. 이러한 분위기에서 전통이 세워질 여지가 있을까?

출(黜): 제도권 안으로 품어주는 처벌

勸賞黜陟(권상출척)이라 | 권면하고 상주며 내치고 올려준다.

상줄 상(賞)

'권할 권(勸)' 자는 '힘 력(力)' 과 '물새 관(雚)' 으로 이루어졌다. '관(雚)' 자는 크고 힘센 물새를 뜻하므로 '권(勸)' 자의 자형적 의미는 '힘껏 하라고 힘을 보태주다' 가 된다. 이로부터 '권면하다' 라는 의미가 파생되었다.

'상줄 상(賞)' 자는 '조개 패(貝)' 와 '높일 상(尙)' 으로 이루어졌다. 조개는 화폐를 상징하고 '상(尙)' 자는 북쪽 창문 위에 있는 굴뚝에서 연기가 수직으로 높이 올라가는 모양을 본뜬 것이다. 또 '상(尙)' 의 독음이 '음식 보낼 향(餉)' 과 같은 계열에 속하므로, '상(賞)' 자의 자형적 의미는 '공을 세운 사람에게 재물을 주어서 공적을 높이다' 가 된다.

'내칠 출(黜)' 자는 '검을 흑(黑)' 과 '날 출(出)' 로 이루어졌다. 보통 사물에 검은 색이 나타나면 오래되었거나 아니면 해져 못 쓰게 된 것이므로 사람들은 이를 밖으로 내쳐버리게 된다. 따라서 '출(黜)' 자의 자형적 의미는 '해지거나 변질된 것을 밖으로 내치다' 가 된다.

'오를 척(陟)' 자는 '언덕 부(阜)' 와 '걸을 보(步)' 로 이루어졌다. '척(陟)' 자의 독음은 '클 덕(德)' 과 같은 계열에 속하고, 다시 '덕' 의 독음은 '오를 등(登)' 과 같은 계열에 속하므로 이 계열의 독음에는

'높고 큰 곳으로 오르다'라는 의미가 내포돼 있다. 따라서 '척(陟)' 자의 자형적 의미는 '높은 곳으로 걸어 올라가다'가 된다.

이 구절은 농사일을 추수까지 모두 마치고 나서 실적에 따라 상벌을 시행함으로써 다음해 농사를 독려한다는 내용을 적고 있다.

이 구절의 '권상출척(勸賞黜陟)'은 상벌의 네 가지 방식을 말하는 것이 아니고 두 가지의 대립적인 방식을 두 측면에서 기술한 것이다. 즉 '권상(勸賞)'이란 실적이 좋은 이에게는 '상(賞)'자의 자형이 말하듯이 재물(貝)로 보상해 주고, 그렇지 못한 이에게는 '권(勸)'자의 자형이 말하듯이 힘(力)을 더해주어 다음에는 성취하게 해준다는 뜻이다. 그리고 '출척(黜陟)'역시 잘해내지 못한 사람에게는 '출(黜)'자의 자형이 말하는 대로 그의 방식이 '진부해서'(黑) 더 이상 쓰지 말 것을 당부하고, 잘한 사람에게는 '척(陟)'자의 자형이 말하는 대로 높이 들어주어서 다른 사람들이 이를 보고 배우게 함을 의미한다.

'출(黜)'자를 '내쫓다'로 해석하는 경우가 많은데, 옛날에는 인구가 한 명이라도 많은 것이 곧 세력이었기 때문에 불효한 자를 마을 밖으로 내쫓는 일 외에 일을 게을리 했다고 내치는 일은 거의 없었다.

기실 '출(黜)'은 '척(陟)'과 대립되는 선도의 방법이기 때문에 어디까지나 제도 안에서 품는 것이지 결코 제도권 밖으로 따돌리는 형벌이 아니다. 그런데도 '출(黜)'자 안에 있는 '출(出)'자의 이미지 때문에 밖으로 내쫓기는 극형으로 오인되는 경향이 있다.

선한 바탕을 돈독히 할 때 소외되는 현실

孟軻敦素(맹가돈소)하고 | 맹자는 바탕을 도탑게 하였고,

횔 소(素)

맹가(孟軻, B.C. 372~B.C. 289)는 추(鄒)나라 사람으로 자사(子思)에게 배웠기 때문에 나중에 사맹학파(思孟學派)의 태두로 불렸다. 그는 공자의 인학(仁學)을 발양광대(發陽廣大)하여 이른바 인정(仁政)을 제창하였는데, 이는 성선설(性善說)을 원동력으로 하여 실행되는 것이었다. 즉 군자의 인심(仁心)이 백성의 선한 마음을 돈독하게 잘 길러서 인정을 이룩한다는 것이 그의 이상이었다.

'도타울 돈(敦)' 자는 '두드릴 복(攴)' 과 '익을 순(享)' 으로 이루어졌다. '순(享)' 자의 독음은 '순수할 순(純)' 과 같은 계열에 속하므로 '돈(敦)' 자의 자형적 의미는 '막대기로 두드려서 순수하게 익도록 독려하다' 가 된다. 순수하도록 익힌다는 것은 곧 순도가 높아지도록 두드린다는 뜻과 같으므로, 이로부터 '도탑게 하다' 라는 파생의가 생겨난 것이다.

'횔 소(素)' 자는 '실 사(糸)' 와 '아래로 드리울 수(垂)' 로 이루어졌다. '아래로 드리워지다' 라는 말은 '끝자락' 또는 '변방' 과 통하므로 '수(垂)' 자에 '처음 시작하다' 라는 의미가 담겨 있다. 따라서 '소(素)' 자의 자형적 의미는 '처음 짜내어서 아직 무늬를 넣지 않은 순수한 흰 비단' 이 된다. 이로부터 '희다' · '텅 비다' 등의 파생의가

477

생겨났다.

이 구절부터는 군자의 처신에 관한 내용을 서술한다.

맹자는 사람의 본성을 본디 선한 것으로 보았기 때문에 군자가 이를 잘 길러주면 인정(仁政)의 실현이 가능하다고 여겼다. 그래서 "선한 바탕을 돈독히 한다"(敦素)라고 말한 것이다.

그런데 처음부터 '흰 것'과 '선한 것'이 정말로 따로 있는 것인가. 무엇이 희다고 지각할 때 어디엔가 얼룩의 흔적이 있을 것이고, 선하다고 느꼈을 때 역시 어디엔가 선하지 않은 흔적이 간섭하고 있었을 것이다. 다시 말해서 '선한 것'이 고립적으로 존재한다고 여길 때 얼룩의 흔적들은 언제나 그 이면에 숨어 있는 것이다. 그런데도 선한 바탕을 길러서 인정을 실현할 수 있다면 그 인정의 이면에는 어떤 흔적이 은닉되어 있을까? 또한 인정에서는 법이 필요 없을까? 이에 대한 답은 한(漢) 왕조가 인의(仁義) 정치를 내세우면서도 강력한 법치를 시행한 경험에서 찾을 수 있을 것이다. 그러니까 인정의 형이상학을 가능하게 하는 것은 법과 폭력이라고 하는 그 이면의 얼룩이다. 따라서 선한 바탕을 돈독히 하려고 온 힘을 기울일 때, 우리의 의식은 남에게 보이기 위한 명분과 이면의 현실을 직시해야 하는 실리의 이중 구조 속에 갇힐 수밖에 없게 된다.

'직(直)함'의 어려움

史魚秉直(사어병직)이라 | 사어(史魚)는 곧바름을 견지하였다.

곧을 직(直)

사어(史魚)는 위(衛)나라 대부(大夫)로서 이름은 추(鰌)이고 직간을 잘한 사람으로 유명하다.

'잡을 병(秉)'자는 '벼 화(禾)'와 '오른손 우(又)'로 이루어졌으므로 자형적 의미는 '벼를 베기 위해서 손으로 벼를 한 움큼 쥐다'가 된다.

'곧을 직(直)'자의 원래 자형은 '눈 목(目)'과 '열 십(十)'으로 이루어졌다. '십(十)'이란 직선이 교차한 모양을 하고 있을 뿐만 아니라, 중국의 형이상학에서 완전히 갖추어진 숫자를 뜻한다. 따라서 '직(直)'자의 자형적 의미는 '상황이 곧게 다 갖춰지고 있는지를 눈으로 감시하다'가 된다. 그래서 오늘날에도 '당직 근무를 서다' · '지키다'라고 말할 때 이 '직(直)'자를 쓰는 것이다. 나중에 숨겨진 부정을 감시한다는 의미로 발전하면서 원래의 '직'자에 '숨길 은(乚)'자를 부가하여 오늘날의 '직(直)'이 되었다.

이 구절은 『논어』 「위령공」(衛靈公)편의 "곧구나, 사어는. 그는 나라에 도가 있어도 화살처럼 곧게 나아가고, 나라에 도가 없어도 화살처럼 곧게 나아간다"(直哉史魚! 邦有道, 如矢. 邦無道, 如矢)를 다시 쓴 것이다.

479

'직(直)'이란 앞서 설명한 바와 같이 곧게 다 갖춰지고 있는지를 감시하는 일이므로 '병직(秉直)'이란 자신이 맡은 직책에서 일이 옳게 수행되고 있는지를 항상 감시하고 지키는 일을 뜻한다.

사어라는 사람은 시간(尸諫) 사건으로 유명하다. 『한시외전』(韓詩外傳)에 다음과 같은 구절이 있다.

"위나라 대부(大夫) 사어가 병이 들어 죽으려 할 때에 그의 아들에게 일러 말하기를, '내가 여러 차례 거백옥(蘧伯玉)이 현명하다고 말씀드렸으나 그를 관직에 나아가게 하지 못했고, 미자하(彌子瑕)는 어리석지만 그를 물러나게 하지 못하였다. 신하로서 생전에 현자를 나아가게 하지 못하고 어리석은 자를 물러나게 하지 못했다면 죽어서도 본채의 당(堂)에서 상을 치러서는 안 되는 것이니, 나의 시신을 실(室)에 두는 것으로 족하다'라고 하였다. 위나라 임금이 연유를 묻자 그의 아들이 아비의 말을 들려드렸더니, 임금이 갑자기 거백옥을 불러서 귀히 대접하고 미자하를 물러가게 하였다. 그러고는 시신을 본채의 당에 모시게 하고 예를 갖춘 후에 돌아갔다. 살아서는 몸으로 간(諫)하였고 죽어서는 시신으로 간하였으니 가히 곧다고 말할 수 있다."

이처럼 '직(直)'이란 자신의 자리에서 번(番)을 서며 감시하고 또 경고하는 행위이다. 그러므로 자칫하면 자신의 자리, 심지어는 목숨까지도 잃을 수 있다. 그렇다고 해서 자신의 자리에서 '직'의 임무를 다하지 않으면 언젠가는 그 책임과 결과를 같이 나눌 수밖에 없는 상황이 오게 된다. 우리는 이런 경우 책임자 한 사람의 능력과 지도

력 결여에 모든 책임을 전가시켜 해결하려는 경향을 보인다. 어떤 조직이 망하는 것은 기실 따지고 보면 그 구성원 모두에게 책임이 있는 것으로서, 궁극적으로 그들 각자가 자신의 자리에서 두 눈을 부릅뜨고 '직(直)' 해야 할 의무를 게을리 했기 때문이다.

그런데 우리가 '직' 하고자 해도 '직' 의 개념이 상황에 따라 다르게 인식되기 때문에 실제로 '직' 하기도 쉽지가 않은 것이 사실이다. 즉 『논어』「자로」(子路)편에서 공자가 "아비는 아들을 위해서 숨겨주고 아들은 아비를 위해 숨겨주니, 곧음이 그 가운데에 있다"(父爲子隱, 子爲父隱, 直在其中矣)라고 말한 것처럼, 무차별적으로 부정을 감시하고 찾아내는 것이 '직' 한 것이 아니라 상황에 따라서는 숨겨주는 것도 '직' 하는 것이다. 마치 '직(直)' 자의 자형 안에 '숨길 은 (ㄴ)' 자가 감춰져 있듯이 말이다.

옛날 농경 사회에서는 이러한 상황 판단이 비교적 용이했을 뿐만 아니라 숨겨줌이 미덕일 수도 있었으나, 모든 것이 서로 복잡하게 얽혀 있는 현대 사회에서는 이를 판단하는 것이 쉽지도 않을 뿐더러 문제가 가족 내에서 끝나는 것이 아니라 자칫하면 사회나 국가 전체의 운명에도 치명적인 영향을 줄 수도 있기 때문에 상황을 고려한 '직' 함의 수행이 그리 쉽지가 않다. 이를테면 우리 나라 경제에 커다란 영향력을 행사하고 있는 재벌의 아비와 아들이 서로 부정을 숨겨주면서 기업을 운영한다고 가정해 보라. 나중에 그 부정으로 기업이 망하고, 그래서 기업에 속해 있는 많은 사람들이 거리로 내몰렸을 때, 그래도 아비와 아들이 서로 숨겨주는 가운데에 곧음이 있다고 말할 수 있을까?

중용: 은유의 힘으로 길들이기

庶幾中庸(서기중용)이면 | 중용에 가까우려면,

'여러 서(庶)' 자는 '집 엄(广)'과 '빛 광(光)'으로 이루어졌다. '광(光)' 자는 화톳불로 야간에 사람들이 모여 작업을 할 때 켜놓는 불이다. 따라서 '서(庶)' 자의 자형적 의미는 '야간에 지붕 아래서 여러 사람들이 모여 작업을

가운데 중(中)

하다'가 된다. 이로부터 '많은'·'무리' 등의 파생의가 생겨났다.

'거의 기(幾)' 자는 '어두울 유(幽)'와 '지킬 수(戍)'로 이루어졌으므로 자형적 의미는 '군인이 어두워 잘 보이지 않는 곳에서 지키다'가 된다. 어두운 곳에서는 자그마한 조짐이라도 놓치면 그것이 나중에 큰 재앙으로 이어지므로, 이로부터 '작다'·'기미(機微)'·'장차 다가가다'·'위태로움' 등의 파생의가 생겨났다.

'가운데 중(中)' 자를 고문자에서는 '﹜﹐﹛('으로 적었는데 이는 죽간(竹簡)을 엮어서 책을 만든 모양이다. 고대에는 책이란 아무나 접근할 수 있는 것이 아니라, 통치 계급 내에서 축적된 지식이나 정보를 기록하여 대장(臺帳)을 만든 후 비밀스러운 곳의 안쪽에 깊숙이 감춰놓았다. 이른바 중비서(中秘書)라고 하는 관서(官書)는 여기에서 나온 말이다. 이로부터 '중(中)' 자에 '안쪽'·'가운데' 등의 의미가 생겨나게 되었다.

'범상할 용(庸)' 자는 '쓸 용(用)'과 '다시 고칠 경(庚)'으로 이루어

졌으므로 자형적 의미는 '두번째로(또는 보충적으로) 쓰는 물건이나 사물'이 된다. 옛날에는 성곽을 축조할 때 주성(主城)을 먼저 쌓고 그 바깥에 제2의 보조 성을 다시 쌓았다. 이것을 '용(庸)' 또는 '부용(附墉)'이라고 불렀다. 그러니까 '담 용(墉)'자는 '용(庸)'자의 후출자가 되는 셈이다.

'서기(庶幾)'란 많은 사람이나 또는 많은 부분이 장차 어떤 정해진 방향으로 움직이거나 변화하려는 조짐을 뜻한다. 많은 부분이 움직이는 조짐은 거의 필연적인 것으로 받아들여지기 때문에 여기에 '가깝다'·'근사하다' 등의 의미가 생겨난 것이다. 그리고 조짐이 없는 가운데서 희미하게 보이는 가능성을 뜻하기도 하므로 '희망하다'·'바라다' 등의 의미가 함께 담겨 있기도 하다.

'중용(中庸)'은 글자 그대로 양쪽 가장자리가 아닌 가운데에, 그리고 주요(主要)한 역할이 아닌 보조적인 역할을 미덕으로 여기는 자기 통제 의식을 뜻한다. 고대 중국인들은 그들의 경험에서 사물은 무한히 발전하는 것이 아니라 일정한 한계에 이르면 다시 처음으로 회귀하는 순환 운동을 반복한다는 이른바 '물극필반(物極必反)'의 변증법적 원리를 터득하였다. 중국인들은 이러한 순환 운동의 회로 속에서 어려운 고통을 감내해야 하는 시작의 극지점도 싫고 또 곧바로 쇠퇴의 길로 돌아서야 하는 절정의 극지점도 싫었기 때문에 양극단으로부터 떨어져 있는 중간 지점에 머물러 있기를 원했다. 그렇다 하더라도 순환 운동에서 완전히 자유로울 수는 없었으므로, 그들은 극단으로의 운동을 연기시킬 방도를 강구하였는데 그것이 이른바 중용이었다. 즉 양극단의 어느 곳으로도 치우치거나 기울어지지 않으려고 노력하면 그만큼 순환 운동이 지연되게 마련이므로 양극단에서 겪을 불안을 어느 정도 해소할 수 있었던 것이다.

중용의 도리는 전통적으로 백성을 길들이고 통치하는 데에 매우 유용한 담론이었다. 즉 중용은 '가운데에 있음'이라고 하는 은유의 힘을 통해서 바깥쪽보다는 안쪽에 있어야 한다는 욕망을 강하게 일으킨다. 그래서 백성들이 바깥쪽에서 튀는 행동을 자제하고 다수의 논리와 질서에 순응하도록 만들어왔던 것이다. "모난 돌이 정 맞는다", "가만히 있으면 둘째는 간다", "그저 남이 하는 대로 따라 해야 손해를 보지 않는다"라는 등의 속담 밑으로 흐르는 무의식적 욕망은 모두 '중용'의 기표가 생성시킨 결과일 것이다. 아파트를 살 때 중앙 부분에 위치한 이른바 로열층을 얻기 위해서 프리미엄을 기꺼이 지불하는 것도 역시 이와 무관하지 않을 것이다.

아무튼 중용의 지혜는 전통적으로 우리에게 실리를 보장해 준 반면에, 오늘날의 자본주의는 소비를 극대화하기 위해서 개성과 욕망을 짧은 시간 내에 극단에 이르도록 유혹하고 있다. 따라서 중용의 관성적인 지연 작용과 욕망의 인위적인 극대화는 순환 운동에서 서로 모순을 일으킬 수밖에 없고, 이 때문에 개인의 내부에서 그리고 세대 사이에서 갈등하는 것이 우리의 자화상이 아니겠는가.

부용(附墉): 중용을 유지하는 방도

勞謙謹勅(노겸근칙)하라 | 부지런히 일하고 겸손하며, 삼가고 경계하라.

아우를 겸(兼)

'수고로울 로(勞)' 자는 '힘 력(力)'과 '등불 형(熒)'으로 이루어졌다. '로(勞)' 자의 윗부분은 '집'(冖) 위로 '불'(火)이 활활 타오르는 모양이고, 아래의 '력(力)' 자는 지붕 밑에서 사람들이 열심히 불을 끄는 모양이다. 따라서 자형적 의미는 '집에 불이 나서 사람들이 부지런히 소화 작업을 하다'가 된다. 이로부터 '부지런히 일하다'라는 의미가 생겨났다.

'겸손할 겸(謙)' 자는 '말씀 언(言)'과 '아우를 겸(兼)'으로 이루어졌으므로 자형적 의미는 '말을 한데 묶어서 함부로 발설하지 않고 아끼다'가 된다. 즉 하고 싶은 말을 다하지 않고 억제한다는 뜻과 같아 여기서 '겸손하다'는 의미가 생겨났다.

'삼갈 근(謹)' 자는 '말씀 언(言)'과 '진흙 근(堇)'으로 이루어졌다. 진흙은 끈적끈적하여 잘 흩어지지 않는 물질이므로, '근(謹)' 자의 자형적 의미는 '말을 산만하게 함부로 하지 않고 차분히 하다'가 된다. 이로부터 '삼가다'라는 파생의가 생겨났다.

'경계할 칙(勅)' 자는 '힘 력(力)'과 '묶을 속(束)'으로 이루어졌으므로 자형적 의미는 '해이해지지 않도록 스스로를 힘써 추스리다'가 된다. 이로부터 '삼가다'·'경계하다' 등의 의미들이 파생되었다.

중용이란 극단으로 향하는 운동을 지연시키려는 의도라고 말할 수 있다. 이 구절은 바로 그 방법을 제시하고 있는데, 그것이 바로 '노겸근칙(勞謙謹勅)'이다.

'노겸(勞謙)'은 양극단을 피하려는 중용의 욕망을 잘 표현하고 있다. 즉 지나치게 극단에서 멀리 뒤떨어지는 것은 바람직하지 않으니 부지런히 노력해야 하는데, 이를 '로(勞)' 자가 대변한다. 반대로 너무 앞서 나가는 것도 불안하게 하니 이 또한 철저히 다잡아야 하는데, 이는 '겸(謙)' 자가 각성시켜 준다.

'근(謹)' 자는 우리에게 혼자 흩어져 있지 말고 진흙(堇)처럼 항상 무리에 묻어 있으라는 교훈을 주고 있으며, '칙(勅)' 자의 자형은 언제나 긴장을 늦추지 말고 스스로를 묶어 억압하라는 메시지를 전해 준다. 그러고 보면 중용에 이르는 길은 자신을 억압하는 방법이 자신을 계발하는 방법보다 세 배나 많은 셈이 된다. 억압 중에서도 '언(言)' 자가 두 개나 들어 있는 것을 보면 말조심을 특별히 강조하고 있는 것으로 보인다.

결국 중용의 미덕은 무리에서 튀지 말아야 한다는 것이니, 중용의 담론은 개인들을 본 성채의 역할에 참여시키기보다는 보조적인 담장, 즉 부용(附墉)을 떠맡는 일에 만족하도록 길들이는 이데올로기는 아닌가. 그러니까 독립보다는 부용이 실리적인 면에서 더 좋다는 것이다.

도: 선험적 소리를 통해서 들리는 언어

聆音察理(영음찰리)하고 | 소리를 듣고 이치를 살피며,

소리 음(音)

'들을 령(聆)' 자는 '귀 이(耳)' 와 '명령 령(令)' 으로 이루어졌다. '령(令)' 이란 윗사람의 말이 아래로 거침없이 통하여 빠짐없이 알려진다는 뜻이므로, 여기에는 '명쾌하게 뚫려서 거침이 없다' 라는 의미가 내포되어 있다. 따라서 자형적 의미는 '귀로 똑똑하게 듣다' 가 된다.

'소리 음(音)' 자를 소전에서는 '音' 으로 적는데 이는 '말씀 언(言)' 자 아랫부분의 '입 구(口)' 속에 '하나 일(一)' 자를 추가로 그어서 만든 모양이다. 따라서 '음(音)' 과 '언(言)' 은 모두 사람 입에서 나온 소리라는 의미에서는 같으나, 전자는 절주(節奏)라고 하는 리듬 형식을 가졌다는 점에서 후자와 구별된다.

'살필 찰(察)' 자는 '집 면(宀)' 과 '제사 제(祭)' 로 이루어졌다. '제(祭)' 자에는 '제사상 위에 고기를 올려놓다' 라는 의미가 내포되어 있으므로 '찰(察)' 자의 자형적 의미는 '사물을 위에 얹어놓고 위를 덮다' 가 된다. 위에서 아래를 덮는다는 것은 곧 아래의 사물들을 위에서 감찰한다는 의미와 같으므로 이로부터 '살피다' 라는 파생의가 생겨났다.

'이치 리(理)' 자는 '구슬 옥(玉)' 과 '마을 리(里)' 로 이루어졌다. '리(里)' 자는 사물을 이루고 있는 층이나 분해할 때 떨어져나가는

결을 가리킨다. 따라서 '리(理)' 자의 자형적 의미는 '옥의 결'이다.

　어떤 리듬 소리를 굴절 없이 듣는다면 그 소리를 내는 사물의 내적 상태를 분석하고 해명할 수 있다는 것이 이 구절의 내용이다. 그래서 홍성원은 그의 주해에서 공자가 자로의 거문고 타는 소리를 듣고는 "그 속에 북쪽 변방과 같은 살벌한 소리가 들린다"(其有北鄙殺伐之聲)라고 평한 공자의 말을 인용하고 있다.

　중국 고대 역사에서 소리를 듣고서 앞날을 예견했다는 기록을 흔히 발견할 수 있다. 진 문공(晉文公)을 장사 지낼 때 관 속에서 소 울음소리를 듣고는 곧 효전(殽戰)이 있을 것이라고 예언한 『좌전』 「희공(僖公) 32년」의 고사라든가, 또 송나라 박사(亳社)에서 새가 '희희(譆譆)' 하고 절박하게 우짖는 소리를 듣고 송나라에 대화재가 있을 것을 예견하였다는 「양공(襄公) 30년」의 고사는 그 대표적인 예이다.

　소리가 메시지를 전달하는 기호나 신호가 되기 위해서 변별력이 있어야 하는데, 소리의 이런 자질은 소리의 객관적 성질에 의존하기보다는 오히려 주관적인 선험성으로 결정된다. 자해에서 본 것처럼 '음(音)'자는 '언(言)'자에 절주가 있는 것인데, 여기서 절주란 센 소리와 여린 소리가 일정하게 반복해서 나타나는 리듬을 뜻한다. 이를테면 시계 소리, 망치 소리, 군인들이 힘차게 행진하는 소리 등은 실제로 같은 크기의 소리로 반복해 발생하지만, 우리 귀에는 '째깍째깍' · '뚝딱뚝딱' · '저벅저벅' 처럼 센 소리와 여린 소리의 교차된 소리로 들린다. 이때 센 소리를 다운 비트(down-beat), 여린 소리를 업 비트(up-beat)라고 부르는데, 이러한 박자는 동일한 실재 소리를 우리의 주관적 관념이 한 번은 세게 한 번은 여리게 받아들인 결과이므로 선험적인 소리라고 말할 수 있다. 그러니까 소리를 듣고 이치를 해명한다는 말은 객관적 이치를 찾아낸다는 뜻이 아니라 오히려 우리의 선험적 조건을 통해서 사물의 이치를 주관적으로 만들어 낸다는 의미이다. 공자도 이러한 이치를 깨달아서인지 "아침에 도를 듣는다면"(朝聞道)이라고 하여 도를 '듣다' 라는 말로 표현하지 않았던가.

'찰(察)' 자의 자형적 의미에 '위를 덮다' 라는 의미가 있는데, 이는 예외 없이 모든 것이 적용된다는 것이다. 그리고 이치라는 것은 옥의 결처럼 눈에 보이는 것이다. 즉 모든 사물과 현상을 이해할 수 있는 보편성을 듣는 수단으로 시각적으로 명증하게 보여준다는 뜻인데, 이는 곧 이치의 본질이 곧 선험적인 것임을 암시한다.

지극히 미묘한 것에는 작위함이 있을 수 없다

鑑貌辨色(감모변색)이라 | 모양을 보고 기미를 분별한다.

'거울 감(鑑)' 자는 '쇠 금(金)' 과 '볼 감(監)' 으로 이루어졌다. '감(監)' 자를 소전에서는 '鑑' 으로 쓰는데 이는 '그릇' (皿)에 맑은 물을 받아놓고 허리를 구부려 얼굴을 수면 위에 비쳐보는 모양이다. 대야의 물은 거울이 없던

빛 색(色)

옛날에 거울의 대용 수단이었다. 그러다가 나중에 금속제 청동 거울이 나왔는데, '감(鑑)' 자의 자형적 의미는 바로 이 '청동 거울' 을 뜻한다.

'모양 모(貌)' 자의 본래 자형은 '모(皃)' 이다. '모(皃)' 자는 윗부분의 얼굴 모양과 아랫부분의 '사람 인(人)' 으로 이루어졌으므로 자형적 의미는 '사람의 얼굴' 이 된다. 이 글자의 독음이 '얼굴 면(面)' 과 같은 계열에 속한다는 사실이 이를 입증한다.

'분별할 변(辨)' 자는 '칼 도(刀)' 와 '송사할 변(辡)' 으로 이루어졌다. '변(辡)' 자는 두 사람의 죄인(辛)이 서로 송사하여 다투는 모양이므로 '변(辨)' 자의 자형적 의미는 '두 죄인의 다툼을 가운데에서 칼로 자르듯이 죄를 판명하다' 가 된다. 이로부터 '변별하다' · '분별하다' 등의 의미가 파생되었다.

'빛 색(色)' 자는 '사람 인(人)' 과 '병부 절(卩)' 로 이루어졌다. '절(卩)' 자는 독음이 '붙을 접(接)' 과 같은 계열에 속하므로 여기에는

'성교하다'라는 의미가 내포되어 있다. 따라서 '색(色)' 자의 자형적 의미는 '사람이 성교하다'가 된다. 여기에서 '남자가 성교하는 대상', 즉 '여색'이라는 의미가 파생되었고, 또 '여색'에서 '얼굴'·'얼굴빛'·'빛깔' 등으로 확장되었다.

얼굴 모양을 비쳐보면 기색(氣色)을 알아차릴 수 있다는 것이 이 구절의 내용이다. 욕망이나 좌절, 욕구불만은 아무리 억누르고 감춘다 하더라도 어떤 모양으로든 그 증세가 나타난다. 이것을 표정이라고 하고, 표정이 담긴 얼굴을 우리는 흔히 이미지라고 부른다. 모든 동물은 생존을 위하여 이 이미지를 관리한다. 공격하려는 자는 공격 의도를 감추기 위하여 겸손한 이미지를, 겁먹은 자는 오히려 허세를 떨어서 상대방을 머뭇거리게 하는 이미지를 만든다.

따라서 이미지는 자기 동일적일 수 없고 언제나 자기 분리적이다. '모(貌)' 자의 좌측 변을 이루고 있는 '치(豸)' 자는 사나운 맹수를 가리키는데, 이러한 짐승들도 공격하기 전에는 '얼굴'(皃) 표정을 관리하여 자신의 살기와 공격 의도를 감춘다는 것이 '모(貌)'의 숨겨진 의미이리라.

고대 중국인들은 색깔로 사물을 변별했기 때문에 '색(色)' 자는 '사물'이라는 뜻으로도 쓰였다. 그래서 색깔이 바랜 것을 '물(物)이 갔다'고 하고, 불가(佛家)에서는 만물을 가리켜 '제색(諸色)'이라고도 하는 것이다. 사물의 내적 성질은 이미지와 같은 현상과 밀접한 관련이 있는 것이 사실이다. 아무리 정교하게 모방해도 가짜는 색깔에서 드러나고, 아무리 표정을 꾸며도 속마음은 작은 얼굴색의 변화로도 나타나게 마련이다. 그래서 사물의 색깔이 사물의 본질이라고 해도 지나친 말이 아니다. 따라서 상대방의 의도를 파악하기 위해서는 그의 이미지를 세밀히 관찰하는 일이 무엇보다 중요하다. 『여씨춘추』「정유」(精諭)편에 나오는 제(齊) 환공(桓公)의 아래 고사는 이를 잘 말해준다.

제 환공이 위(衛)나라를 칠 것을 모의하고 내전으로 들어가자 부인인 위희(衛姬)가 이를 알아차리고 환공에게 자기 친정인 위나라를 공격하지 말아달라고 애원하였다. 다음날 환공이 조회에 나오니 이번에는 관중이 나와서 위나라에 대한 공격을 포기할 작정이냐고 물었다. 환공은 아무 말도 하지 않았건만 위희와 관중은 둘 다 환공의 안색을 보고 그 의지를 간파했던 것이다. 그래서 『여씨춘추』「군수」(君守)편에서 "지극히 미묘한 것에는 작위함이 있을 수 없다"(至精無爲)라고 말했던 것이다.

'감(鑑)' 자의 자형적 의미에서 알 수 있듯이 이미지는 실체를 비추는 거울이다. 오늘날에는 다양한 영상 매체로 좋은 이미지는 잘 꾸미고 나쁜 이미지는 가려서 본질을 호도하려는 시도가 다반사로 이루어지고 있지만, 이런 이미지를 잘 관찰하면 오히려 숨겨진 본질을 알 수 있는 창의 기능을 하게 할 수도 있다.

우리가 이미지를 하나의 창으로 이해하지 않고 오히려 거기에 지배를 당한다면 이는 "꼬리가 개를 흔드는"(The tail wags the dog) 도착적 증세와 다르지 않을 것이다.

훌륭한 정책이란

貽厥嘉猷(이궐가유)하고 │ 그분에게 아름다운 계책을 주고,

꾀 유(猷)

'줄 이(貽)' 자는 '조개 패(貝)'와 '기뻐할 이(台)'로 이루어져 자형적 의미는 '재물을 주고받으며 기뻐하다' 가 된다. 여기에서 '주다'·'남겨주다' 등의 의미가 파생되었다.

'그 궐(厥)' 자의 본래 의미는 '돌쇠뇌에 올려놓고 쏘는 탄환의 일종인 비석(飛石)'이나 여기서는 허사로 '그분' 또는 '그 사람'을 가리킨다.

'아름다울 가(嘉)' 자는 '기쁠 희(喜)'와 '더할 가(加)'로 이루어졌는데, 이는 '술과 밥 치(饎)' 자의 원래 자형이다. 따라서 '가(嘉)' 자의 자형적 의미는 '기름지고 맛있는 음식 위에 얹은 것은 아름답지 않은 것이 없다'가 된다. 여기에서 '아름답다'·'훌륭하다' 등의 의미가 파생되었다.

'꾀 유(猷)' 자는 '망설일 유(猶)' 자와 서로 통하여 썼는데, 이들 글자는 '개 견(犬)'과 '오래될 추(酋)'로 이루어져 자형적 의미는 '오래 살아서 노회해진 노인처럼 지혜로운 짐승의 일종', 즉 '잔나비'가 된다. 잔나비는 노회하기 때문에 함부로 움직이지 않고 앞뒤를 잘 재고 경계하기 때문에 '유(猶)' 자에 '망설이다'·'유예(猶豫)하다' 등의 의미가 생겨나게 되었고, 또 '노회하다'는 의미에서 '꾀'·

493

'모략'·'법'·'도리' 등의 의미들이 파생되었는데 이때는 글자를 '유(猷)'로 쓴다.

　이 구절과 다음 구절은 『서경』「군진」(君陳)편의 "그대에게 훌륭한 계획과 계책이 있거든 곧 들어가 안으로 그대 임금에게 아뢰고 그대는 밖에서 그것을 따르도록 하오"(爾有嘉謀嘉猷, 則入告爾后于內, 爾乃順之于外)를 다시 쓴 것으로 보인다. 여기서 채심(蔡沈)의 『집전』(集傳)은 "(해주는) 말이 사실에 딱 들어맞는 것을 일컬어 '모(謀)'라 하고, 말이 도리에 부합하는 것을 일컬어 '유(猷)'라 한다"(言切於事謂之謀, 言合於道謂之猷)라고 주를 달았다. 따라서 '가유(嘉猷)'는 '도리에 합당한 훌륭한 정책'이라는 뜻이 된다. '유(猷)'자의 좌측 방에 '추(酋)'자가 있다는 것은 곧 도리에 합당한 훌륭한 정책이란 오랜 경험에서 생성되어 나온다는 사실을 암시한다. 여기에 '가(嘉)'자의 자형적 의미를 더한다면 '가유(嘉猷)'란 '기름진 안주처럼 누구에게나 군침을 돌게 하는 훌륭한 정책'이 되는 것이다.

　여기서 '궐(厥)'자는 『서경』의 구절로 미루어보건대 '임금'을 가리키는 것으로 보인다. 그러니까 이 구절의 내용은 '그대의 오랜 경험에서 얻어낸 훌륭한 정책이 있으면 대궐에 들어가 이를 임금님께 아뢰어라'가 된다.

정책 입안자의 마음가짐

勉其祇植(면기지식)하라 │ 그것을 공경히 심기에 힘쓰라.

'힘쓸 면(勉)' 자는 '힘 력(力)'과 '벗을 면(免)'으로 이루어졌다. '면(免)' 자는 '토끼 토(兎)' 자에서 발이 보이지 않는 자형이므로 토끼가 다급히 달아나는 모양을 그린 것이다. 따라서 '면(勉)' 자의 자형적 의미는 '토끼

힘쓸 면(勉)

가 있는 힘을 다해 달아나다'가 된다.

'그 기(其)' 자의 원래 자형은 곡식을 까부르는 '키'의 모양을 그린 것이다. 그러나 실제 문장에서는 대사(代詞)인 '그' 또는 '그것' 등의 차용된 의미로 쓰인다. 그리고 원래 의미인 '키'는 '기(箕)' 자를 만들어 표현하고 있다.

'공경 지(祇)' 자는 '보일 시(示)'와 '근본 저(氐)'로 이루어졌다. 한자에서 '시(示)' 자는 보통 제사를 의미하고, '저(氐)' 자는 발의 모양을 표상한 '그칠 지(止)'와 같은 계열의 독음을 갖는데, 여기에는 '두려워서 움직이지 않다'라는 의미가 내포되어 있다. 따라서 '지(祇)' 자의 자형적 의미는 '제사시에 귀신에게 대하듯 두려워 움직이지 않다'가 된다.

'심을 식(植)' 자는 '나무 목(木)'과 '곧을 직(直)'으로 이루어졌으므로 자형적 의미는 '나무를 곧바로 세우다'가 된다. 이로부터 '나무를 심다'라는 의미가 파생되었다.

이 구절은 앞의 출구에 이어서 『서경』 「군진」(君陳)편의 말을 다시 쓴 것이다. 즉 훌륭한 계획과 계책이 있거든 곧 궁궐에 들어가 임금에게 아뢰고, 다시 밖으로 나와 '그것이 잘 시행되도록 따르라'는 뜻이다.

나라의 정책이 실제로 백성이나 국민 모두에게 골고루 혜택이 돌아갈 수 있도록 계획되고 시행되기란 어렵다. 즉 어느 한 계층으로 혜택이 가면 다른 계층은 그만큼 혜택이 줄어들거나 희생하게 마련이다. 따라서 정책 입안자들이 계획을 세울 때에 아무리 공정하게 한다 하더라도 개인적인 입장이 정책에 반영되거나 고려되는 것을 피하기가 어렵다. 모든 사람에게 이익이 되는 좋은 정책이라고 선전은 하지만 자신이나 자기가 속해 있는 계층의 이익이나 희생은 최대화되거나 최소화되도록 교묘히 짜맞출 수밖에 없다. 그러나 혜택이 한쪽으로 편중된 정책은 많은 사람들의 지지를 받기 힘들기 때문에 결국 수립과 시행에 어려움이 생긴다.

그러므로 좋은 정책이란 '곧게 설 수 있는'(植) 것이어야 하는데, 정책을 곧게 세우려면 입안자가 먼저 '귀신이 감시하고 있다는 두려운 마음'(祗)으로, 그리고 '토끼가 위험한 상황을 벗어나려고 내달리는'(勉) 절박함을 견지해야 한다는 것이다. 그러니까 어떠한 정책이라도 베푸는 마음으로 해서는 안 되고 반드시 이루어야 한다는 절박한 마음으로 시행해야 훌륭한 정책으로 바로 설 수 있다. 이렇게 해야 비로소 개혁이라 할 수 있다.

『천자문』에는 생략되었지만 『서경』의 「군진」편은 이어서 "(그리고) 이 계책은 오직 우리 임금님의 덕입니다"(斯謀斯猷, 惟我后之德)라고 말한다.

성찰: 타자의 언어에 적응하는 행위

省躬譏誡(성궁기계)하고 | 자신의 몸에 책망받고 경고받을 만한 것이 있는지 살피고,

살필 성(省)

　'살필 성(省)' 자는 '눈 목(目)'과 '적을 소(少)'로 이루어 졌으므로 자형적 의미는 '눈이 가려져서 잘 보이지 않 다'이다. 잘 보이지 않는 것은 보려고 애를 쓰게 되므로 이로부터 '성찰하다'라는 의미가 나왔고, 눈이 가려져서 보이는 부분이 적으므로 여기에서 '생략하다' · '덜다' 등의 의미가 파생된 것이다.

　'몸 궁(躬)' 자는 '몸 신(身)'과 '활 궁(弓)'으로 이루어졌다. '신 (身)'은 같은 독음의 글자인 '펼 신(伸)' 자에서 알 수 있듯이 몸의 곧 은 속성을 나타내고, '궁(弓)' 자는 활처럼 굽힐 수 있는 몸의 또 다 른 속성을 표상한다. 따라서 '궁(躬)' 자의 자형적 의미는 '곧게 펼 수도 있고 구부릴 수도 있는 몸'이 된다.

　'나무랄 기(譏)' 자는 '말씀 언(言)'과 '거의 기(幾)'로 이루어졌다. 앞에서 '기(幾)' 자의 자형적 의미를 '군인이 어두워 잘 보이지 않는 곳에서 지키다'라고 하였으므로, '기(譏)' 자의 자형적 의미는 '잘 드 러나지 않는 은근한 말로 상대방의 잘못을 지적해 주다'가 된다. 이 로부터 '나무라다' · '풍자하다' 등의 의미들이 파생되었다.

　'경계할 계(誡)' 자는 '말씀 언(言)'과 '경계할 계(戒)'로 이루어졌

다. '계(戒)' 자는 '두 손'(廾)으로 '창'(戈)을 들고 있는 모양이므로 '계(誡)' 자의 자형적 의미는 '위험함을 입으로 알리다'가 된다.

　몸이란 펼 수도 있고 굽힐 수도 있는 유연성이 강한 유기체이다. 유연성이 강하다는 것은 달리 말하면 존재가 미리 규정되어 있지 않다는 뜻과 같으므로 우리의 몸은 어떻게 규정하느냐에 따라서 여러 가지 모습으로 나타날 수 있다. 그래서 같은 몸이라도 예쁘게 보면 칭찬할 것이 많고 밉게 보면 책망할 것이 많아진다.

　그런데 나의 주위에는 나를 예쁘게 보아주려는 사람보다 밉게 보려는 사람이 훨씬 많은 것이 현실이니, 남이 나의 먼지를 털어 비난하려면 얼마든지 할 수 있는 것도 사실이다. 따라서 남에게 책잡히지 않게 자신의 몸을 조심하라는 것이 이 구절의 내용이다.

　남이 나를 책망할 때에는 '계(誡)'처럼 위태함을 직접 경고하는 경우도 있지만, '기(譏)'처럼 보이지 않는 가운데 은근히 풍자하는 경우도 있다. 그러므로 자신의 몸을 성찰할 때에는 '성(省)' 자의 자형적 의미대로 보이지 않는 미세한 것을 보려고 노력해야 한다는 것이다.

　보이지 않는 풍자까지도 성찰하라는 것은 자기 스스로 남의 말에 적응하라는 뜻인즉, 이는 다시 말하면 결국 큰 타자에 복종하는 것이 아닌가. 그러니 언어를 장악하는 것이 권력일 수밖에 없는 것이다.

'항(抗)': 정점을 향한 지향과 저항의 갈등

寵增抗極(총증항극)하라 | 영화로움이 더해져 최고조에 이르렀는
지를 살펴라.

빠를 극(亟)

'고일 총(寵)' 자는 '집 면(宀)'과 '용 룡(龍)'으로 이루
어졌다. 용은 존귀한 사람을 상징하는 동물이므로 '총
(寵)' 자의 자형적 의미는 '존귀한 분이 머무르는 자
리', 즉 '보좌(寶座)'가 된다. 이로부터 '영화로움'이
란 의미가 파생되었다.

'더할 증(增)' 자는 '흙 토(土)'와 '거듭 증(曾)'으로 이루어졌으므
로 자형적 의미는 '흙을 거듭 쌓아올리다'가 된다.

'겨룰 항(抗)' 자는 '손 수(手)'와 '목 항(亢)'으로 되었고, 자형적
의미는 '손으로 목과 같은 주요 부분을 잡아서 접근하지 못하게 하
다'이다. 여기서는 '항(抗)' 자가 '항(亢)'과 같은 의미로 쓰였다.

'다할 극(極)' 자는 '나무 목(木)'과 '빠를 극(亟)'으로 이루어졌
다. '극(亟)' 자는 '입'(口)과 '손'(又)으로 민첩하게 실을 이어서 실
을 가지런히 정리하는 '기구'(工)에 올려놓은 모양인데, 이 모양이
대들보에 서까래가 얹혀 있는 모습과 같으므로 '극(極)' 자의 자형적
의미는 '집의 가장 높은 곳에 위치하고 있는 대들보'가 된다. 이로부
터 '극단'이란 의미가 파생되었다.

이 구절은 『서경』「주관」(周官)의 "영화를 누리고 있을 때 위태로움을 생각하라"(居寵思危)를 다시 쓴 것이다.

앞의 '서기중용(庶幾中庸)'에서 설명한 것처럼 중국인들은 모든 사물은 무한히 발전하는 것이 아니라 일정한 한계에 이르면 다시 처음으로 회귀하는 순환 운동을 반복한다고 믿고 있었다. 아무리 영화로운 자리라 하더라도 영원히 잘 나가기만 하는 것이 아니라 언젠가는 쇠퇴할 수밖에 없는 것이 사물의 이치라고 본 것이다.

'항극(抗極)'은 '항극(亢極)'으로도 쓰는데, '항(亢)' 자는 목 이상의 머리를 가리키므로 '항극'은 최극성의 지점이나 시기를 의미한다. 영화로움이 계속 더해져서 최극점에 이르면 다시 쇠퇴해 위태로움을 맞게 될 것이니, 이를 생각한다면 영화가 극점에 이르지 않도록 조심하고 겸손해야 한다는 것이다. 『주역』(周易)「건괘」(乾卦)의 "하늘에까지 오른 용에게는 후회함이 있다"(亢龍有悔)라는 구절은 바로 이를 경계하는 말이다. 이런 의미에서 '항(抗)' 자는 극점으로의 발전에 저항하라는 메시지를 전하고 있는지도 모른다.

극점으로의 발전에 저항한다 하더라도 이것은 어디까지나 발전을 연기하는 것이지 발전 자체가 무화(無化)되는 것은 아니다. 그렇다면 연기하고 난 후에 맞게 되는 극점은 어떻게 받아들일 것인가? 그래서 나아갈 때와 더불어 물러날 때를 아는 것이 중요하다. 즉 항극에 가까워졌다고 판단되었을 때 과감히 물러나면 항극을 피할 수 있다는 것이다. 이것이 바로 물러남의 아름다움이니, 이는 '항(抗)' 자의 자형처럼 정점을 지향하고 싶은 욕망의 목을 눌러 접근을 거부할 수 있는 인격 수양의 힘을 바탕으로 하고 있다.

그러나 이러한 논리가 역사적으로 볼 때 정통성이 없는 권력의 찬

탈을 합리화할 때 명분으로 악용되는 것도 어쩔 수 없는 현실이다. 천명이 항극에 달한 상(商)나라가 물러날 줄을 몰랐기 때문에 주나라로 대물림된 것은 당연한 것이라고 주장했듯이 말이다.

위태로움과 굴욕이란

殆辱近恥(태욕근치)하니 | 위태로움과 굴욕은 부끄러움에 가까우니,

앙상한 뼈 알(歹)

'위태할 태(殆)' 자는 '앙상한 뼈 알(歹)'과 '나 이(台)'로 이루어졌다. '알(歹)' 자는 '죽음'을 뜻하고, '이(台)' 자는 '입'(口)으로 '나'(厶)[1] 자신을 부른다는 뜻이므로, '태(殆)' 자의 자형적 의미는 '나 자신이 죽음에 직면하다'가 된다. 여기에서 '위태롭다'라는 의미가 파생되었다.

'욕될 욕(辱)' 자는 '마디 촌(寸)'과 '때 신(辰)'으로 이루어졌다. '신(辰)' 자는 '조개 신(蜃)' 자의 통가자(通假字)이고, '촌(寸)' 자는 '오른손 우(又)'와 통한다. 농기구가 발달하지 않은 옛날에는 김을 맬 때 호미 대용으로 조개 껍질을 사용했으므로 이를 갖고 김을 매면 자연히 옷과 몸에 흙이 묻어 쉽게 더러워졌다. 따라서 '욕(辱)' 자의 자형적 의미는 '조개 껍질을 손에 쥐고 김을 매서 옷이 더러워졌다'가 된다. 명예에 손상을 입은 것도 이름을 더럽힌 것이므로 역시 '욕(辱)'으로 표상하게 되었다.

'가까울 근(近)' 자는 '천천히 걸을 착(辵)'과 '도끼 근(斤)'으로 이루어졌다. '근(斤)' 자의 독음은 '적을 근(僅)'과 같은 계열에 속하므로 '근(近)' 자의 자형적 의미는 '걸어서 몇 걸음 안 되는 거리'이다.

'부끄러울 치(恥)' 자는 '마음 심(心)'과 '귀 이(耳)'로 이루어졌으므로 자형적 의미는 '마음의 귀로 들음'이 된다. 이로부터 '부끄럽

다'는 의미가 파생되었다. '치(恥)'와 '욕(辱)'은 유의어이긴 하지만, 전자는 '수치심'을, 후자는 '굴욕'을 지시한다는 점에서 약간의 차이가 있다.

　이 구절은 『노자』(老子) 32장의 "도가 있는 곳을 아는 것은 위태롭지 않게 되는 방도가 된다"(知止所以不殆)와 46장의 "재앙 중에서 만족할 줄 모르는 것보다 더 큰 것은 없다"(禍莫大於不知足)를 다시 쓴 것이다.

　위태로움에 맞닥뜨리고 굴욕을 당하게 되는 것은 그 근원으로 올라가보면 만족할 줄 모르는 욕망과 허황된 이름에 미혹되어 도를 잊어버린 데서 연유한다. 부귀와 영화는 겉에서 보면 안정되고 명예롭게 보일는지 모르나 항극(亢極)의 뒤를 이어 쇠퇴가 따라오듯이 그 끝에는 위태로움과 굴욕이 대기하고 있다는 것이다. 그리고 위태로움과 굴욕이란 '치(恥)' 자의 자형이 가리키는 것처럼 자기 마음의 귀로 들을 때 부끄러움으로 느껴지는 것이다. 따라서 이를 면하려면 욕망을 억제하고 허황된 이름의 유혹을 떨치고 도를 찾아 회복하라는 것이 이 구절의 메시지이다.

평상심에서 찾아야 할 숲과 언덕

林皐幸卽(임고행즉)하라 | 숲과 언덕으로 기꺼이 나아가라.

'수풀 림(林)' 자는 '나무 목(木)' 자 두 개로 이루어졌는데, 여기서 두 개는 '많음'을 표상하므로 이 글자의 자형적 의미는 '나무가 빽빽이 들어찬 숲'이 된다.

수풀 림(林)

'언덕 고(皐)' 자의 원래 글자는 '고(皋)'로서 이는 '흰 백(白)'과 '나아갈 토(夲)'로 이루어졌다. '백(白)' 자는 '코 비(自)' 자의 생략형이므로 '고(皋)' 자는 코에서 기운이 빠르게 나가는 모양이다. 따라서 자형적 의미는 '높은 데 올라가 죽은 사람의 영혼을 길게 부르다'가 된다. 이로부터 '높은 곳'·'언덕' 등의 파생의들이 생겨났다.

'다행 행(幸)' 자를 소전에서는 '𡴍'으로 쓰는데 이는 '요사할 요(夭)'와 '거스를 역(屰)'으로 이루어졌다. '요(夭)' 자는 재앙을 뜻하므로 '행(幸)' 자의 자형적 의미는 '재앙을 거슬러 피하다'가 된다. 이로부터 '행운'·'요행' 등의 의미들이 파생되었다.

'나아갈 즉(卽)' 자는 '알곡 급(皀)'과 '병부 절(卩)'로 이루어졌다. '급(皀)' 자의 원래 자형은 알곡으로 밥을 해놓은 모양을, '절(卩)' 자는 사람이 무릎을 끓고 밥상 앞에 앉아 있는 모양을 뜻하므로 '즉(卽)' 자의 자형적 의미는 '사람이 밥상 앞에 다가가서 밥을 먹다'가 된다. 이로부터 '나아가다'라는 의미가 파생된 것이다.

이 구절은 『장자』「지북유」(知北游)편의 "산림아, 언덕아, 나를 흔쾌히 즐기게 하는구나!"(山林與, 皐壤與, 使我欣欣然而樂與!)를 다시 쓴 것이다.

『장자』의 구절을 보면 '임고(林皐)'란 은둔 생활을 즐길 수 있는 숲과 언덕을 뜻하는데, 세상에서의 삶은 늘 수치와 인접해 있으니 욕망을 버리고 숲과 언덕으로 돌아가 자연을 즐기며 살라는 것이 이 구절의 내용이다. 그런데 욕망을 없애는 일이 가능한 것일까? 프로이트는 죽는 것조차도 욕망이라고 했으니, 살아 있는 한 욕망에서 자유로울 수는 없는 셈이다. 그런데도 '숲과 언덕'으로 나아가면 정말로 '마음의 귀에 들리는'(恥) 스트레스가 없어지는 것일까?

결국 목숨을 부지하고 있는 한 그가 어디에서 무엇을 하고 살아도 욕망과 그 좌절에서 오는 번민은 피할 수 없다. 산 속에 들어가면 요행히 재앙은 피할 수 있을지 모르지만 '즉(卽)' 자가 말하듯이 밥을 벌어먹고 살아야 하는 고통은 감내해야 한다. 그러니 어디에 살든 평상심을 유지하는 일이 도에 가까운 것이리라.

이 구절은 '숲과 언덕'으로 은둔하는 것을 바람직한 행위로 가르치고 있는데, 이렇게 가르침을 받은 아이는 살아가며 좌절하게 될 때마다 먼저 은둔을 생각하게 될 것이다. 그런데 텍스트가 가르치는 대로 은둔을 결행할 수 있는 사람은 오히려 부끄러움을 아는 윤리적인 사람이고, 그래서 은둔을 해서는 안 되는 이들이다. 이렇게 되면 결국에는 "양화는 구축되고 악화만이 판을 치는" 총체적으로 비윤리적 사회가 되고 말 것이 아닌가. 따라서 그 사회는 맑아질 수 있는 기회를 원천적으로 봉쇄당할 수밖에 없을 것이다.

미약한 조짐에도 물러나는 현자들

兩疏見機(양소견기)하니 | 소광(疏廣)과 소수(疏受)는 기미(機微)
를 알아차려,

볼 견(見)

'두 량(兩)' 자를 소전에서는 '兩' 으로 쓰는데 이는 표주
박을 반으로 쪼갠 모양이다. '량(兩)' 자는 '떠날 리(離)'
와 초성(初聲)이 같은 쌍성(雙聲) 관계에 있으므로 자형
적 의미는 '표주박을 갈라서 둘로 만들다' 가 된다.

'성길 소(疏)' 자는 '발 소(疋)' 와 '출생할 돌(充)' 로 이루어졌다.
'돌' 자의 원형은 '아들 자(子)' 자를 거꾸로 그린 것인데, 이는 여자
가 아기를 분만할 때 아이가 거꾸로 출생하는 모양이다. 따라서 '소
(疏)' 자의 자형적 의미는 '아기가 자신을 감싸고 있는 자궁을 발로
차고 나오다' 가 된다. 아기를 분만하고 나면 임신중에 짓눌려 있던
하체의 기운이 위로 솟아올라 통하게 되므로 이로부터 '통하다' 라는
의미가 파생되었다.

'볼 견(見)' 자는 '눈 목(目)' 과 '어진 사람 인(儿)' 으로 이루어졌
다. '인(儿)' 자는 같은 계열의 독음인 '나타날 현(顯)' 자로도 알 수
있듯이, '앞에 나타나 꿇어앉다' 라는 의미를 담고 있다. 따라서 '견
(見)' 자의 자형적 의미는 '눈앞에 나타나다' 가 된다.

'틀 기(機)' 자는 '나무 목(木)' 과 '거의 기(幾)' 로 이루어졌다. '기
(幾)' 자는 군인이 어두워 잘 보이지 않는 곳을 지키듯이, 가물가물한

실들이 엉키지 않도록 지킨다는 뜻도 함께 내포하고 있다. 따라서 '기(機)' 자의 자형적 의미는 '가물가물한 실들을 엉키지 않도록 잘 짜서 베를 만드는 나무틀', 즉 '베틀'이 된다. 그러나 '기(機)'와 '기(幾)'는 실제로 같은 글자나 다름없으므로 '기(機)' 자 역시 '작다'·'기미(機微)'·'기회' 등의 의미로도 쓰인다.[2]

여기서 '양소(兩疏)'는 한나라 선제(宣帝) 때의 박사인 소광(疏廣)과 그의 조카인 소수(疏受)를 말하는데, 이들은 당시에 태자를 가르치는 태부(太傅)와 소부(少傅)의 지위에 있었다. 이 구절은 소광과 소수는 태자의 스승이라는 높은 지위로서 승승장구하고 있었지만, 물러나야 할 때를 알아차렸을 때 그들은 미련 없이 지위를 버리고 떠났다는 고사를 적고 있다.

여기서 '기(機)'는 조짐이 드러나기 시작한 시기를 가리키는데, 이 시기를 간파하여 미리 예방하고 조치하면 나중에 닥칠 재앙을 피할 수 있다는 것이다. 따라서 이러한 조짐이 미약하게나마 드러나는 시기를 잘 간파하는 이가 양소와 같은 현인이 되는 것이다.

쇠퇴와 반전의 조짐은 보이지 않는 가운데 흔적으로 나타나는 법이라서 이를 감지하는 일은 매우 어렵다. 그래서 이를 감지하고 '숲과 언덕'(林皐)으로 나아가는 것을 현명한 일로 정의하는 것이다. 이렇게 현자들이 미약한 조짐에도 민감하게 반응하여 권력의 장에서 물러난다면 그것은 누구에게 유리할까? 결국 현자들을 스스로 물러나게 해서 소인배들이 권력을 독점하도록 조장하려는 것이 양소 신화 속에 숨은 이데올로기가 아닐까?

도장끈 풀기, 단번에 해결하는 방법

解組誰逼(해조수핍)이리오 | 도장끈을 풀면 누가 핍박하겠는가.

 '풀 해(解)'자는 '칼 도(刀)', '소 우(牛)', '뿔 각(角)'으로 이루어졌다. '각(角)'자의 독음은 '분석할 핵(覈)'과 같은 계열에 속하므로, '해(解)'자의 자형적 의미는 '칼로 소를 해체하다'가 된다. 이로부터 '풀다'라는 파생의

끈 조(組)

가 생겨났다.

'끈 조(組)'자는 '실 사(糸)'와 '또 차(且)'로 이루어졌다. '차(且)'자는 돌을 차곡차곡 쌓아올린 돌무덤을 뜻하므로, '조(組)'자의 자형적 의미는 '실을 꼼꼼히 꼬아 만든 끈'이 된다. 옛날에는 관리가 관인(官印)을 잘 간수하기 위해서 도장에 끈을 달아 이를 자신의 관복에다 매고 다녔는데, 여기서의 '조(組)'는 이를 가리킨다.

'누구 수(誰)'자는 '말씀 언(言)'과 '새 추(隹)'로 이루어졌으며 사람의 이름을 물어볼 때 쓰는 의문사이다.

'핍박할 핍(逼)'자는 '쉬엄쉬엄 갈 착(辵)'과 '가득찰 핍(畐)'으로 이루어졌으므로, 자형적 의미는 '최고의 속도로 걷도록 채촉하다'이다.

세상에 도리가 행해지지 않으면 군자는 치욕을 멀리하기 위해서 은거를 하게 되는데, 이 구절부터는 바로 이 은거 생활과 은거처의

경물(景物)에 대하여 서술한다.

이 구절은 관직을 그만두면 아무도 자신을 핍박할 수 없으니 진정한 즐거움과 온전한 인생이 여기에 있다는 내용을 적고 있다.

앞의 출구에서 보았듯이 현재는 아무리 좋은 상황에 있더라도 언젠가는 쇠퇴와 반전을 겪게 마련이다. 이 때 쇠퇴와 반전을 지연하고 현재 상황을 유지하려면 결국 '위태로움과 굴욕' (殆辱)의 유혹에 노출될 수밖에 없다. 그래서 위험을 뻔히 알면서 모험을 감행하게 되고 굴욕감을 느끼면서도 핍박을 감내하는 것이다. 이런 상태에서는 인생의 즐거움을 맛볼 수 없음은 물론이고, 자신의 욕망을 마냥 억누르다 보니 병이 생겨 천수를 다 누릴 수도 없게 된다.

따라서 본성을 온전히 유지하려면 이 스트레스받는 구조에서 벗어나는 길밖에 없다. 이것이 바로 "도장끈을 푸는 일"(解組)이다. 관직을 그만두었는데 누가 나에게 이래라 저래라 핍박하겠는가. 미국의 거리에서는 "I'm retired! no phone, no boss, no meeting" (나는 은퇴했다! 이젠 전화도 없고, 상사도 없고, 회의도 없다)이라는 스티커를 자랑스럽게 뒤 범퍼에 붙이고 다니는 차량을 종종 볼 수 있다. 물론 재미삼아 붙이고 다니는 것이겠지만, 어쨌든 조직에서 거세되고 억압된 욕망이 풍자적으로 드러난 것이기도 하다. 이것을 욕망의 왜곡된 실현이나 하나의 증상으로 본다면, 보기 좋게 도장끈을 풀어버리고 '이지메'에서 해방되려고 하는 욕망은 동서고금에 차이가 없을 성싶다.

『양서』(梁書)「사비전」(謝朏傳)에 "나라의 운명을 흥하게 하려고 도장끈을 풀었으나, 실은 어두운 시기를 피한 것이다"(雖解組昌運, 實避昏時)라는 구절에서 볼 수 있듯이, 문제는 정작 필요한 인재일수

509

록 도장끈을 풀어버리려는 유혹에 약하다는 데에 있다. 그러니 조직은 더욱 위기에서 벗어날 수 있는 기회나 가능성이 적어지는 것이다.

『논어』「위령공」(衛靈公)편의 "나라에 도리가 행해지면 관직에 나아가고, 나라에 도리가 행해지지 않으면 거두어 갈무리할 줄 안다"(邦有道則仕, 邦無道則可卷而懷之)라는 구절도 같은 맥락에서 이해할 수 있다. 사회에 기여할 수 있는 이들이 모두 도장끈을 풀어버린다면 도대체 누가 나라에 도를 세운다는 말인가. 아마도 어진 임금이 출현하기를 기다리자는 뜻인 듯 싶은데, 세상에 올바른 도리를 세우는데 왜 언제 나올지도 모르는 임금 한 사람에게만 이렇게 의지해야 하며, 더구나 그 어진 임금이 정말로 있기나 한 것일까? 그 어진 임금을 기다리느니 차라리 군밤에서 싹 나기를 기다리는 편이 더 빠르겠다.

한거(閒居)의 역설

索居閒處(삭거한처)하니 | 홀로 떨어져 살고 한가로이 거처하니,

'한가로울 삭(索)' 자의 머리 부분은 '솟아날 발(癶)'과 같고 아랫부분은 '실 사(糸)'로 이루어졌으므로, 자형적 의미는 '풀에 가지가 무성한 것은 꼬아서 새끼를 만들 수 있다'가 된다. 새끼란 흩어져 있는 풀줄기들을 한데 모아서 꼰 것이므로 이로부터 '흩어지다'·'외롭다'·'한가롭다' 등의 의미가 파생된 것이다.

한가할 한(閒)

'살 거(居)' 자는 '주검 시(尸)'와 '옛 고(古)'로 이루어졌다. 여기서 '시(尸)' 자는 쪼그려 앉은 모양이고, '고(古)' 자는 '안석 궤(几)'를 대체한 글자이므로 '거(居)' 자의 자형적 의미는 '안석에 기대서 쪼그려 앉다'가 된다.

'한가할 한(閒)' 자는 '문 문(門)'과 '달 월(月)'로 이루어졌다. '월(月)' 자의 독음은 '모자랄 결(缺)'과 같은 계열에 속하므로 '한(閒)' 자의 자형적 의미는 '문을 닫았을 때 생기는 문짝과 문짝 사이의 모자라는 공간, 즉 '틈'이 된다. 이로부터 시간적인 '틈'·'여유'·'한가로움' 등의 의미로 파생되었다.

'거처할 처(處)' 자는 '범 무늬 호(虍)'와 '곳 처(処)'로 이루어졌다. '처(処)' 자는 '안석'(几)에 기대어 쪼그려 앉은 모양이고, '호(虍)' 자의 독음은 '웅크릴 거(踞)'와 같은 계열에 속하므로 '처(處)'

자의 자형적 의미는 '안석에 기대어 웅크려 앉다'가 된다. 이로부터 '거처하다'라는 의미가 생겨났다.

  이 구절은 관직을 그만두고 조용한 곳으로 물러나 유유자적(悠悠自適)하게 사는 모습을 서술한 것이다.

  '삭거(索居)'란 무리에서 떨어져나와 외롭게 산다는 뜻에서 '한가로이 살다'라는 의미로 파생된 것이다. '한처(閒處)' 역시 '시간적인 여유를 갖고 살다'라는 의미로 앞의 '삭거'와 실제로 같은 뜻이다. 여기서는 '삭거'와 '한처'를 매우 이상적인 삶으로 묘사하고 있지만 실제로도 과연 그렇게 한가로운 삶을 영위하는 것이 가능할까?

  '삭(索)'자가 흩어진 짚을 모아 새끼를 꼰다는 의미를 표상하듯이 외로움은 흩어진 것들을 다시 모아 엮어 의미를 만들려 하고 또 그렇게 해서 무언가를 기획하려 한다. 또한 '한(閒)'자 안의 '월(月)'자에 '결(缺)'이 내포돼 있듯이 한가함에는 결핍이 늘 안겨 있다. 그래서 한가로움은 그렇게 한가롭지 못하고 그 결핍으로 인해 언제나 새로운 욕망을 불러일으킨다. 이러한 기획의 유혹과 욕망을 이기는 일이란 여간 힘든 것이 아니다. 그래서 여유롭게 휴식을 취한 사람들이나 은퇴를 선언하고 낙향한 사람들이 일정 기간이 지나면 불쑥 무슨 환상 같은 제안을 들고 나오는 것도 이런 이유에서가 아닐까?

  그래서 한가로이 산다는 것이 부러워 보이기는 하지만 실제로 그렇게 쉬운 일도 아니고 또 부러운 일도 아니다.

적막함: 이완과 긴장의 복합체

沈默寂寥(침묵적료)라 | 잠긴 듯 말이 없고 고요하구나.

검을 흑(黑)

'잠길 침(沈)' 자는 '물 수(水)'와 '한가로울 용(冘)'으로 이루어졌다. '용(冘)' 자는 농한기에 농사꾼이 집안에 들어앉아 있는 모양이므로, 자형적 의미는 '물에 잠겨 아무것도 보이지 않고 조용한 모양'이 된다.

'잠잠할 묵(默)' 자는 '개 견(犬)'과 '검을 흑(黑)'으로 이루어졌다. '흑(黑)' 자는 굴뚝에 붙은 검댕이를 뜻하는데, 검댕이는 일단 묻기만 하면 모든 것을 검게 가리므로 '조용하게 만들다'라는 의미로 쓰이기도 한다. 따라서 '묵(默)' 자의 자형적 의미는 '개가 소리 없이 어디 있는지 알 수 없는 사람의 뒤를 추적하다'가 된다.

속세에서 살려면 윗사람에게는 간언을 올려야 하고 아랫사람에게는 충고와 질책을 하며 살아야 한다. 둘 다 상대방이 듣기 싫어하는 말이므로 말하는 사람이 스트레스를 받을 수밖에 없다. '침묵(沈默)'이란 바로 이런 말을 하지 않고 사는 삶을 의미한다. '적료(寂寥)'는 '아무런 소리도 없는 적막함'을 뜻한다. 홍성원은 이를 "힘 있는 자를 졸졸 따라다니면서 그에게 아첨하는 일이 없음"(不與人追逐過從)이라고 해석하였다. 그러니까 '침묵'과 '적료'는 타인과의 관계에서 자신을 억압해야 하는 스트레스에서 해방된 상태를 표현한 말이고,

이러한 상태가 이상적인 삶이라는 것이 이 구절의 내용이다.

그러나 '침묵'이란 '묵(默)'자 속의 '흑(黑)'자가 가리키듯이 '모든 것을 암흑 속에 덮어버리기'도 하지만, '견(犬)'자가 지시하듯이 드러나지 않은 것을 찾아 좇음을 의미하기도 한다. 외적으로는 힘 있는 자를 좇으며 아첨하는 일은 하지 않아도 될지 모르지만 대신 내적으로 또 다른 것을 좇아야 하는 긴장감을 다시 떠안아야 하는 것이다. 그래서 적막함을 극복하면서 사는 것이 어떤 면에서는 사실 더 어렵고 스트레스받는 일일 수도 있다. 시험삼아 한적한 시골에 가서 일 주일만 살아보라. 첫날은 매우 감격스러울 테지만 사흘만 지나면 적어도 텔레비전만이라도 보았으면 좋겠다는 생각이 절로 들 것이다.

은거는 또 다른 출세를 유혹한다

求古尋論(구고심론)하며 | 옛것과 (옛사람들이) 논설한 바를 찾으며,

옛 고(古)

'구할 구(求)' 자를 고문자에서는 '氷' 로 적었는데 이는 모피 옷의 모양이므로 이 글자는 '갖옷 구(裘)' 자의 본래 글자가 된다. '구(求)' 자의 독음은 '넘겨다볼 기(覬)' 와 같은 계열에 속하므로 이 글자에는 '분수에 넘치는 것을 바라다' 라는 의미가 내포되어 있다.

'옛 고(古)' 자는 '열 십(十)' 과 '입 구(口)' 로 이루어졌다. '십(十)' 자는 '많은 수' 를 뜻하므로 '고(古)' 자의 자형적 의미는 '많은 사람의 입을 통해서 전해져 내려온 이야기' 가 된다. 아주 오랜 옛날에는 문자가 없어 지식을 구전으로 전수하였다. 그래서 '고(古)' 자가 '오래된 옛것' 이라는 의미를 갖는 것이다. '고(古)' 자의 독음이 '오랠 구(久)' 와 '옛날 구(舊)' 와 같은 계열에 속한다는 사실이 이를 입증한다.

'찾을 심(尋)' 자는 '장인 공(工)'·'입 구(口)'·'오른손 우(又)'·'마디 촌(寸)' 으로 이루어졌다. 따라서 이 글자의 자형적 의미는 '어지러이 얽힌 실타래를 '손'(又)과 '입'(口)을 이용해서 '단서'(寸)를 찾아 풀고 뽑아내서 '정교하게(工) 정리하다' 가 된다. 이로부터 '찾다' 라는 의미가 생겨났다.

'의논할 론(論)' 자는 '말씀 언(言)' 과 '생각할 륜(侖)' 으로 이루어

졌다. '륜(侖)'자는 '책을 모아 이치에 맞도록 편찬하다'라는 의미
가 있으므로 '론(論)'자의 자형적 의미는 '따져서 이치에 맞는 말'
이 된다.

'구고심론(求古尋論)'은 '(술어+목적어) + (술어+목적어)'구조
로 되어 있는데다가 술어인 '구(求)'와 '심(尋)'은 같은 의미이므로,
이는 '구심고론(求尋古論)'(옛사람들의 논설을 추구하다)의 호문(互文)
관계로 보는 것이 옳다. 따라서 이 구절은 『논어』「술이」(述而)편의
"나는 나면서 안 사람이 아니라, 옛것을 좋아하여 쉬지 않고 이를 추
구한 사람이다"(我非生而知之者, 好古, 敏以求之者也)를 다시 쓴 것
이다.

사람이 은거를 하면 한가롭고 조용해서 좋긴 하지만 앞서 말한 것
처럼 한가로운 시간을 채우는 일이 여간 힘든 것이 아니다. 그래서
서적을 뒤적이게 되는데, 이때 독서는 흔히 당대의 저작보다는 아무
래도 형이상학적 질서와 인륜을 강구한 경서나 고전류의 정전(正典)
일 것이다. 왜냐하면 사람이 은거에 들어가는 것은 일단 새로운 논
리에 적응하지 못한 결과라고도 해석할 수 있으므로 은거하는 사람
은 심적 손상을 전통적 논리의 원천이라 할 수 있는 정전에서 보상
받으려 할 것이기 때문이다.

그러나 고전이란 텍스트만 존재하기에 컨텍스트에 따라서 얼마든
지 다양한 해석을 할 수 있다. 그러므로 옛사람들의 논설을 찾는다
는 것은 '심(尋)'자의 자형에서 보듯이 정교하게 논설을 만들어내는
것이지, 말 그대로 처음부터 마땅한 인륜이나 형이상학적 질서를 찾
아 확인하는 것은 아니다. 그런데도 이 논설을 옛사람들의 본래 의

지이자 천륜이라고 확신하게 되면 이를 들고 다시 세상으로 나아가야 한다는 사명감을 갖게 된다. 홍성원도 이 구절에다 "몸은 비록 물러나 있어도 세상의 교화에 보탬이 됨이 크도다"(身雖退而有補於世敎大矣)라고 주를 달았으니, 이러한 확신이 있다면 어느 누가 다시 세상에 나오고 싶다는 유혹을 뿌리칠 수 있겠는가.

원려(遠慮)와 근우(近憂)

散慮逍遙(산려소요)라 | 근심을 버리고 유유히 거닐며 만족해 한다.

흩어질 산(散)

'흩어질 산(散)' 자를 소전에서는 '㪔'으로 적는데 이는 '고기 육(肉)'과 '삼실 산(㪔)'으로 이루어진 글자이다. '산(㪔)' 자의 자형적 의미는 삼 껍질을 두드려 가느다란 실을 낸다는 뜻이므로 '산(散)' 자의 자형적 의미는 '고기를 가느다랗고 얇게 썰어서 한데 모아놓다'가 된다. 이로부터 '흩뜨리다' · '내치다' · '가루' 등의 의미들이 파생되었다.

'생각 려(慮)' 자는 '생각할 사(思)'와 '범의 문채 호(虍)'로 이루어졌다. 려(慮)' 자의 독음은 '어지러울 란(亂)'과 '실 루(縷)' 등과 같은 계열에 속한다. '란(亂)' 자는 실이 어지럽게 얽힌 것을 풀어 정리한다는 의미이고, '루(縷)' 자는 실을 정교하게 꼬아서 아름다운 문채를 만든다는 의미이므로, '려(慮)' 자의 자형적 의미는 '범의 무늬처럼 아름답게 만들도록 도모하다'가 된다.

'소요(逍遙)'란 무언가를 바삐 쫓아다니지 않고 만족스러운 마음으로 한가로이 거니는 모양을 형용하는 말이다.

출구(出句)에서 본 것처럼 옛사람들의 논설을 찾다보면 어느 사이에 '려(慮)' 자의 자형적 의미대로 "세상을 어지럽히는 매듭을 풀어 범의 무늬처럼 아름다운 세상을 도모하고자 하는" 욕망에 사로잡힌

518

다. 이것이 바로 『논어』 「위령공」(衛靈公)편에서 공자가 말한 "사람에게 먼 훗날에 대한 생각이 없으면 반드시 조석간에 해결해야 할 근심이 생긴다"(人無遠慮, 必有近憂)에서의 '원려(遠慮)'이다.

그렇다면 이는 은거의 본래 목적에 어긋난다. 따라서 이런 생각에서 완전히 벗어나야 비로소 앞에서 말한 '삭거한처(索居閒處)'가 되리라. 그 방법이 바로 '산려(散慮)'이니, '산(散)'자의 자형적 의미처럼 '도모하고자 하는 생각'을 '잘게 썰어서 작게 만드는' 것이다. 즉 '원려'를 '근우(近憂)'로 만들어서 조석(朝夕)간에 해결해야 하는 좀스러운 근심에 매달린다는 말이다. 이를테면 아침을 해결하고 난 사람이 저녁 끼니를 걱정하는 것이 이른바 '근우'이니, 이런 사람이 장래의 비전에 대하여 생각할 겨를이 있을까? 이렇게 분주히 뛰어다니지 않고 "얻으면 다행이고 못 얻으면 굶지" 하는 마음가짐으로 유유히 '소요(逍遙)'하는 것이 진정한 은거가 아닐까? 이렇게 보면 '근우'가 '원려'보다 오히려 은거 생활에 가깝다고 볼 수 있을 것이다.

세상은 아침을 먹고 나면 저녁 끼니를 걱정해야 하는 사람들에 의해서 망가지는 것이 아니라 언제나 스스로 '원려(遠慮)'한다고 자부하는 이들 때문에 불행해졌다. 그들은 '원려'한답시고 환상을 만들어놓고는 이를 실현할 수 있다고 사람들을 부추긴다. 그러나 언제 한 번이라도 그러한 꿈이 실현된 적이 있었는가. 결국은 모든 것이 또 하나의 권력과 착취를 위한 담론이었다는 것이 번번이 입증되어 왔을 뿐이다. '근우'하는 자들은 기껏 잘못해도 밥 한 끼 때우려고 남의 물건이나 훔치는 일에서 끝나지만, '원려'하는 자들은 나라를 빼앗고 백성을 착취하며 심지어는 인류를 살륙하는 죄악을 서슴지 않았음을 역사에서 알고 있다.

작은 기쁨, 큰 깨달음

欣奏累遣(흔주루견)하고 │ 기쁜 일은 아뢰어지고 걱정은 내쳐지며,

아뢸 주(奏)

'기쁠 흔(欣)' 자는 '하품 흠(欠)'과 '도끼 근(斤)'으로 이루어졌다. '흔(欣)' 자의 독음은 '기쁠 희(喜)' 자와 성모(聲母)가 같은 쌍성(雙聲) 관계에 있으므로 자형적 의미는 '웃으며 기뻐하다'가 된다.

'아뢸 주(奏)' 자를 금문에서는 '※'로 적었는데 이는 희생양의 배와 가슴을 갈라서 이를 두 손으로 신에게 드리는 모양이다. 이로부터 '높은 분에게 말씀을 아뢰어 올리다'라는 의미가 파생되었다.

'묶을 루(累)' 자는 '실 사(糸)'와 '쌓을 뢰(畾)'로 이루어졌으므로 자형적 의미는 '차곡차곡 쌓아서 조리 있게 묶다'가 된다. 이로부터 '연루되다'·'누를 끼치다' 등의 의미가 파생되었다.

'보낼 견(遣)' 자는 독음이 '허물 건(愆)'과 같은 계열에 속하므로 자형적 의미는 '죄 지은 자를 내치다' 또는 '돌보지 않고 내버려두다'가 된다.

근심을 내쳐버리고 유유자적하면 기쁜 일만 드러나고 걱정할 일은 발견되지 않는다는 것이 이 구절의 내용이다.

홍성원은 여기에 "이해하고 맛을 볼 줄 아는 감정이 절로 나오고, 복잡하게 얽힌 일은 절로 물러간다"(欣賞之情自進, 而冗累之事自退矣)

라고 주를 달았는데, 어떻게 이것이 가능한가?

'주(奏)' 자는 '아뢰다'라는 뜻으로 아뢰는 일은 아뢰는 자의 진술로 듣는 이가 사실을 얼마든지 즐거워하도록 윤색될 수 있다. 따라서 '기쁜 일이 아뢰어진다'라는 말은 곧 없던 기쁜 일이 갑자기 생겨나는 것이 아니라 기쁜 일로 인식되고 진술된다는 뜻이다. 마찬가지로 '복잡하게 얽힌 골칫거리가 내쳐진다'라는 말 역시 걱정할 일이 아예 없어진다는 것이 아니라 걱정이 걱정처럼 여겨지지 않는다는 뜻으로 볼 수 있다.

이것은 앞서 말한 대로 걱정을 '작게 자름'(散)으로써 가능하다. 이를테면 저녁 한 끼 먹을 걱정을 하는 사람은 밥 한 끼 해결이 얼마나 큰 기쁨인지를 안다. 반면에 큰 기쁨을 좇는 사람은 웬만하게 큰 것으로는 만족을 얻을 수 없다.

물질의 풍요로움은 인간을 안일하게 하고 또 걱정을 덜어주는 측면이 있다. 물질적으로 풍요롭게 사는 사람들에게 이 세상은 살 만한 세상이고 떠나기가 너무나 아쉬운 세상이다. 그래서 그들에게 죽음은 가장 큰 공포로 다가온다. 반면에 가진 것 없는 이들에게는 사는 것 자체가 괴로우니 죽음이란 오히려 해방의 기회가 될 수도 있을 것이다. 그러니 이들은 한 끼 해결하는 작은 기쁨에서도 열반(涅槃)의 경지를 느낄 수 있지 않을까?

재담 속의 진리

感謝歡招(척사환초)라 | 슬픔은 하직하고 환희는 손짓하여 부른다.

하직할 사(謝)

'슬플 척(慼)' 자는 '마음 심(心)' 과 '슬퍼할 척(戚)' 으로 이루어졌다. '척(戚)' 자의 독음은 '오그라들 축(蹙)' 과 같은 계열에 속하므로 자형적 의미는 '근심에 찌들리다' 가 된다.

'하직할 사(謝)' 자는 '말씀 언(言)' 과 '쏠 사(射)' 로 이루어졌다. '사(射)' 자는 화살이 나로부터 떠난다는 뜻일 뿐만 아니라 독음이 '사양할 사(辭)' 와도 같으므로 '사(謝)' 자의 자형적 의미는 '받지 않겠다고 말을 하고 떠나다' 가 된다. 이로부터 '시들다' · '조락(凋落)하다' 의 의미가 파생되었다.

'기쁠 환(歡)' 자는 '하품 흠(欠)' 과 '올빼미 관(雚)' 으로 이루어졌다. '환(歡)' 자는 '외칠 호(呼)' 와 성모가 같은 쌍성(雙聲) 관계에 있으므로 자형적 의미는 '기뻐서 소리를 지르다' 가 된다.

'부를 초(招)' 자는 '손 수(手)' 와 '부를 소(召)' 로 이루어졌다. '소(召)' 자는 위를 향하여 소리쳐 부른다는 뜻이므로, '초(招)' 자의 자형적 의미는 '오라고 손짓하여 부르다' 가 된다.

이 구절 역시 앞의 출구(出句)의 내용을 반복하고 있다. 기쁜 일은 아뢰어지고 걱정 끼칠 일은 내쳐지듯이, 슬픈 일은 나를 떠나고 기쁜 일은 나에게 오라고 손짓한다는 것이다.

어떠한 사물도 스스로 의미를 갖고 있는 것은 없다. 나의 주인인 '말'이 슬픔더러 가라면 가는 것이고, 환희더러 오라면 오는 것일 뿐이다.

영화 「컵」의 마지막 장면에 이런 대화가 나온다. 라마교 수도원의 큰 스님이 젊은 학승들에게 "세상을 부드럽게 만들기 위해서 세상을 모두 가죽으로 덮어야 할까?" 하고 묻자, 그동안 줄곧 졸기만 하던 학생이 얼떨결에 잠에서 깨어 대답한다. "아닙니다. 내가 가죽신을 신으면 됩니다." 그러자 큰스님이 훌륭한 대답이라고 칭찬한다. 이것이야말로 라캉이 말한 재담의 훌륭한 예가 아닐까? 내가 슬픔의 신발을 신으면 세상은 슬퍼지는 것이고 환희의 신발을 신으면 세상은 즐거워지는 것이다.

앞의 대화에서 알 수 있듯이 진리를 힘들여 찾는 자는 그 답을 영영 구할 수 없다. 설사 깨달았다 하더라도 그것을 말하는 순간에 늘 빗나가는 것이 진리이다. 따라서 공부 시간에 줄곧 조는 학승처럼 진리에 대한 욕망을 버리고 마음을 비우고 있으면 '말'은 우리에게 재담으로 해답을 준다. 왜냐하면 '말'이란 말이 말을 하는 것이기 때문이다. 그러니까 제 정신을 가지고 무엇인가를 열심히 주장하고 외치는 자의 말은 거짓말이거나 환상일 수가 있다.

욕망의 전도

渠荷的歷(거하적력)하고 | 개천의 연꽃은 빛이 선명하고,

과녁 적(的)

'개천 거(渠)' 자는 '물 수(水)' 와 '곱자 구(榘)' 로 이루어졌다. '구(榘)' 자는 '규격' 을 의미하고, '거(渠)' 자의 독음은 '거할 거(居)' 와 같으므로, '거(渠)' 자의 자형적 의미는 '물이 규격대로 파놓은 물길에 머물다' 가 된다. 즉 '하(河)' 는 자연적인 하천을, '거(渠)' 는 인공적인 하천을 의미한다.

'연꽃 하(荷)' 자는 '풀 초(艸)' 와 '어찌 하(何)' 로 이루어졌다. 연꽃의 잎은 하도 커서 사람들이 보고 놀란다. 따라서 '하(荷)' 자의 자형적 의미는 '보는 사람마다 어찌 이렇게 클 수가! 하고 놀라는 풀' 이 된다.

'과녁 적(的)' 자는 '날 일(日)' 과 '국자 작(勺)' 으로 이루어졌다. '작(勺)' 자의 독음은 '흰 백(白)' 과 같은 계열에 속하므로 이 글자에는 '밝다' 라는 의미가 내포되어 있다. 따라서 '적(的)' 자의 자형적 의미는 '태양 빛의 밝음' 이 된다.

'지날 력(歷)' 자는 '발 지(止)' 와 '다스릴 력(厤)' 으로 이루어졌다. '력(厤)' 자의 독음은 '떨어질 리(離)' 와 같은 계열에 속하기 때문에 이 글자에는 '질서 있게 일정한 거리가 유지되도록 다스리다' 라는 의미가 내포되어 있다. 따라서 '력(歷)' 자의 자형적 의미는 '일

정한 거리를 두고 질서 있게 걷다'가 된다. 한 치의 오차도 없이 진행되는 천체의 운행을 '력(曆)'이라고 부르는 것은 바로 이런 의미에 기초한 것이다. '적력(的歷)'이란 '빛이 선명한 모양'을 뜻한다.

이 구절 아래부터 '낙엽표요(落葉飄飖)'까지는 은거한 후 인식을 바꾸자 예전에는 예사롭게 보였던 사계(四季)의 풍경들이 그때마다 새로운 의미로 다가오는 현상을 묘사한 것이다.

우리가 마음을 닦고 기르기 위해서 집 뜰이나 방 안에 꽃을 가꾸다 보면 꽃을 키우는 다른 이웃집과 비교하게 되고, 그러다 보면 자연히 경쟁심이 발동하여 좀더 귀하고 값비싼 꽃을 찾게 된다. 게다가 이런 꽃으로 그 주인도 어딘지 모르게 품위 있게 여겨진다. 시중에 수천만 원짜리 난이 나도는 것은 이 때문에 가능하다. 이쯤 되면 꽃 가꾸기는 남에게 보이기 위한 목적으로 수행되는 것이다.

그러나 이러한 교환 가치 중심의 가치 체계에서 벗어나면 그동안 욕망으로 가려져 있던 사물들이 다른 모습으로 내 시야에 들어온다. 그래서 옛날에는 개천에 지천으로 깔려 있어서 별로 눈길을 끌지 않던 연꽃이 갑자기 선명한 빛으로 내 눈에 잡히는 것이다.

중심과 주변의 전도

園莽抽條(원망추조)라 | 울 안의 잡초는 죽죽 뻗어 우거졌다.

가지 조(條)

'동산 원(園)' 자는 '둘러쌀 위(囗)'와 '긴옷 원(袁)'으로 이루어졌다. '원(袁)' 자의 독음은 '울타리 번(藩)'과 같은 계열에 속하므로 '원(園)' 자의 자형적 의미는 '울타리로 둘러싸인 밭'이 된다.

'풀 망(莽)' 자는 '개 견(犬)'과 '뭇풀 망(茻)'으로 이루어졌다. '망(茻)' 자는 잡풀이 엉켜 있는 모양이므로 '망(莽)' 자의 자형적 의미는 '개가 잡풀 속에서 짐승을 쫓다'가 된다. 개가 잡풀 속을 헤집고 다니면 풀이 엉망이 되므로 이로부터 '거칠다'라는 의미가 파생되었다.

'뽑을 추(抽)' 자는 '손 수(手)'와 '말미암을 유(由)'로 이루어졌다. 우측 방인 '유(由)' 자는 '머물 류(留)'가 예서에 와서 바뀌었다. '추(抽)' 자의 자형적 의미는 '가만히 멈춰 있는 것을 손으로 끌어내다'이다.

'가지 조(條)' 자는 '나무 목(木)'과 '물 잔잔히 흐를 유(攸)'로 이루어졌고, 자형적 의미는 '가지런히 뻗은 작은 나무 가지들'이 된다.

출구(出句)에서는 연꽃으로, 대구(對句)에서는 울 안의 잡초로 각각 여름의 풍경을 서술하고 있다.

유유자적하면서 인식이 바뀌자 밭 주변을 감싸고 있는 울타리 안

526

쪽의 이름 없는 잡풀에도 눈길이 간다. 비로소 중심에서 벗어나 주변을 보기 시작한 것이다. 그동안 중심에 시선이 가 있었을 때는 사실 잡초에서는 볼 만한 것이 아무것도 없었지만, 이제 눈길을 주변으로 돌렸을 때 곧게 죽죽 뻗은 줄기가 대나무만의 아름다움은 아니라는 사실을 알게 된 것이다.

비파: 낯선 상록수

枇杷晩翠(비파만취)하고 | 비파나무는 늦게까지 푸른 색을 띠고,

푸를 취(翠)

'비파(枇杷)'는 장미과에 속하는 유실수로 늘푸른 나무이고, 겨울에 꽃이 피고 여름에 열매가 익는다.

'늦을 만(晩)'자는 '날 일(日)'과 '면할 면(免)'으로 이루어졌다. '면(免)'자는 '해질 모(暮)'자와 성모(聲母)가 같은 쌍성(雙聲) 관계일 뿐만 아니라 '어두울 명(冥)'과 독음이 같기 때문에 '만(晩)'자의 자형적 의미는 '해가 져서 어두워질 때'가 된다. 이로부터 '늦은'·'저녁' 등의 의미가 파생되었다.

'푸를 취(翠)'자는 '깃 우(羽)'와 '졸개 졸(卒)'로 이루어졌다. '취(翠)'자의 독음은 '풀 초(草)'·'푸를 창(蒼)'·'채소 채(菜)' 등과 쌍성 관계에 있기 때문에 이 글자는 '푸르다'라는 뜻을 내포하고 있다. 따라서 '취(翠)'자의 자형적 의미는 '푸른 색 깃털의 새'가 된다. 이로부터 '푸른 색' 또는 '푸른 색의 보석' 등의 의미가 파생되었다.

낙엽수도 귀한 이유

梧桐早凋(오동조조)라 | 오동나무는 일찍 시든다.

'오동(梧桐)'은 낙엽수로서 목질이 가볍고 질기기 때문에 가구와 악기의 재료로 쓰인다. 전설에 의하면 봉황이 깃들어 사는 나무로 알려져 있다.

이를 조(早)

'이를 조(早)' 자를 소전에서는 '𣅮'로 쓰는데 이는 '날 일(日)'과 '첫째 갑(甲)'으로 이루어진 글자이다. '갑(甲)' 자는 식물의 싹이 껍질을 뚫고 처음 나온 모양이므로, '조(早)' 자의 자형적 의미는 '어둠의 장막을 뚫고 빛이 처음 비추는 때'가 된다. 이로부터 '이르다'·'아침' 등의 의미가 파생되었다.

'시들 조(凋)' 자는 '얼음 빙(冫)'과 '두루 주(周)'로 이루어졌다. '주(周)' 자는 '밭에 곡식이 빈틈없이 빽빽이 들어차 치밀하다'라는 뜻인데, 빽빽이 들어찬 것이 얼면 완전히 얼어죽는 것이 아니라 낙엽이 떨어질 정도로 시들어버리는 것이기 때문에 '조(凋)' 자의 자형적 의미는 '초목이 서리를 맞아 얼다'가 된다.

이 구절은 앞의 출구와 더불어 늦가을의 정경을 묘사한 것이다. 이전의 단일한 의미 체계에서 중심 권력이 요구하는 가치만을 추구하며 살 때에는 대나무와 소나무만이 사시사철 푸른 줄 알고 이를 칭송하며 살았는데, 이제 주변의 가치를 알고 나니 비파나무도 사시사철 푸른데도 충절의 은유에서 소외되었다는 사실을 깨닫게 되었다.

사철 푸른 나무만 아름다운 것은 아니다. 잎이 커서 제일 먼저 서리를 맞아 시드는 오동나무는 계절의 변화를 미리 느끼게 해주는 민감한 나무이다. 따라서 낙엽 지는 나무라 해서 한꺼번에 잡목(雜木)으로 뭉뚱그려 부를 수는 없는 것이다. '조(早)' 자의 자형적 의미에서 알 수 있듯이, 잡목들은 미세한 빛의 변화를 감지하는 능력을 소유하고 있기 때문에 그들도 귀중한 것이다.

진(陳)나라: 오래된 나라

陳根委翳(진근위예)하고 | 묵은 뿌리는 말라 시들고,

맡길 위(委)

'묵을 진(陳)' 자는 '언덕 부(阜)'와 '나무 목(木)'과 '납 신(申)'으로 이루어졌는데, 그 의미는 '사방이 산으로 둘러싸인 분지(盆地) 내의 평원'이다. 주대(周代)의 진(陳)나라는 오늘날 하남성(河南省) 동부와 안휘성(安徽省) 서부에 걸친 광대한 평원에 위치하였기 때문에 '진(陳)'으로 명명된 것이다. 진나라는 순임금의 후예인 규만(嬀滿)이 주나라 무왕에게서 봉지로 받은 땅이었으므로 옛날에는 역사가 오래된 나라로 알려져 있었다. 그래서 이로부터 '오래 되다'·'진부하다'·'썩다' 등의 의미가 파생되었다.

'뿌리 근(根)' 자는 '나무 목(木)'과 '머무를 간(艮)'으로 이루어졌다. '간(艮)' 자의 독음은 '뿌리 본(本)'과 같은 계열에 속하므로 '근(根)' 자의 자형적 의미는 '나무의 뿌리'가 된다.

'맡길 위(委)' 자는 '계집 녀(女)'와 '벼 화(禾)'로 이루어졌다. 벼는 이삭이 익으면 바람에 따라 부드럽게 흐느적거린다. 따라서 '위(委)' 자의 자형적 의미는 '여자의 몸이 바람에 흔들리는 익은 벼처럼 부드럽게 흐느적거리다'가 된다. 이로부터 '(바람에) 맡기다'·'굽다'·'쌓다' 등의 의미가 파생되었다. 여기서의 '위(委)' 자는 '시들 위(萎)' 자와 같은 뜻으로 쓰였다.

'가릴 예(翳)' 자는 '깃 우(羽)'와 '비명 소리 예(殹)'로 이루어졌다. '예(翳)' 자의 독음은 '옷 의(衣)'와 같은 계열에 속하므로 이 글자에는 '가리다'라는 의미가 내포되어 있다. 따라서 '예(翳)' 자의 자형적 의미는 '깃털로 만든 덮개 또는 가리개'가 된다. 이로부터 '가리다'라는 의미가 파생되었다.

이 구절과 다음의 대구(對句)는 겨울의 정취를 묘사하고 있다.

'진근(陳根)'은 '묵은 뿌리'를 가리키고, '위예(委翳)'는 '말라 시들다'라는 뜻이다. 겨울이 되면 묵은 뿌리는 말라 시들어서 자신을 자연에 '내맡김'(委)으로써 땅을 '덮는다'(翳). 그래서 다시 새 뿌리의 토양이 되는 것이다.

나는 정말로 은거를 동경하는가

落葉飄颻(낙엽표요)라 | 낙엽은 바람에 이리저리 휘날린다.

'떨어질 락(落)' 자는 '풀 초(艸)' 와 '물이름 락(洛)' 으로 이루어졌다. '락(落)' 자는 '비떨어질 령(零)' 과 성모가 같은 쌍성(雙聲) 관계에 있어서 의미를 서로 주고받을

떨어질 락(落)   수 있으므로 '떨어지다' 라는 의미로 쓰이게 된 것이다.

'잎 엽(葉)' 자는 '풀 초(艸)' 와 '널판지 엽(枼)' 으로 이루어졌으므로 자형적 의미는 '초목의 넓은 잎사귀' 가 된다.

'표요(飄颻)' 는 낙엽이나 깃발 등이 바람에 휘날리고 나부끼는 모양을 형용하는 말이다.

이 구절은 낙엽이 찬바람에 이리저리 휘날리는 겨울의 정경을 묘사하고 있다.

낙엽은 바람에 날려 이리저리 옮겨지고 썩어 서로 다른 초목들에게 거름을 제공한다. 대신에 자신은 역시 바람에 날려온 다른 낙엽에서 양분을 얻는다. 이렇게 해야 자신에게 부족한 성분을 남에게서 얻을 수 있는 것이다. 이것이 '표요(飄颻)' 의 미학이다. 폐쇄된 자기 울 안에서 근친교배적으로 재생산하는 유기체는 생명을 건강하게 유지할 수 없다. 그런데도 요즘 우리 사회는 이러한 '표요' 를 거부하는 경향이 갈수록 짙어지는 느낌이 있다.

533

앞의 '연꽃'(渠荷)에서 시작해서 '잡초'(園莽), '비파나무', '오동나무', '묵은 뿌리'(陳根), '낙엽' 등에 이르기까지 주변의 작은 사물들이 새삼스럽게 의미를 줄 때, 여기에 바탕한 새로운 의미 체계와 세계에 강한 유혹을 느끼게 된다. 마치 마르크스가 소외된 인민들을 다시 돌아보면서 그들에게서 욕망의 실현 가능성을 발견했을 때 새로운 의미의 세계를 설계했듯이 말이다. 앞에서 말했듯이 은거하겠다고 낙향한 사람들이 일정 시간이 지나면 무슨 환상 같은 이야기를 들고 다시 세상에 나오고 싶다는 유혹을 강하게 느끼는 것이다.

이러한 은거는 세파에 찌든 사람들에게는 한번 살아보고픈 이상적인 생활인 것만은 사실이다. 그러나 라캉이 말한 향락(jouissance)의 모순을 여기에 적용하면 우리는 이를 이렇게도 분석할 수 있을 것이다. "나는 세상일에 너무 시달렸기 때문에 어디 조용한 산이나 전원으로 돌아가서 모든 것을 잊고 살기를 원한다. 그러나 이렇게 사는 것이 실제로는 불가능하다는 것을 잘 안다. 나는 그러한 은거의 삶이 정말로 실현될까 두렵다." 다시 말해서 의식적으로는 이러한 은거의 삶이 동경의 대상이 되기는 하지만 무의식적으로는 오히려 이것이 실현되는 것을 두려워한다는 말이다.

세파에 찌든 삶이 힘든 것처럼 보여도 기실 그 삶이 진실로 사는 재미를 느끼게 해주는 것이다. 한적한 삶을 버리고 도시로, 그것도 사람 살 데가 못 된다고 너나 할 것 없이 불평하는 서울로 꾸역꾸역 모여드는 모습을 보면 꼭 서울에 경제적·문화적 편리함이 집중되어 있기 때문만은 아닐 것이다.

상대가 없는 '홀로'가 의미를 갖는가

遊鯤獨運(유곤독운)하여 | 곤어(鯤魚)는 홀로 자유로이 노닐다가,

홀로 독(獨)

'노닐 유(遊)' 자는 '쉬엄쉬엄 갈 착(辵)'과 '깃발 나부 낄 유(斿)'로 이루어졌으므로, 자형적 의미는 '깃발이 바람에 나부끼는 것처럼 정처없이 길을 걷다'가 된다. 이로부터 '노닐다'라는 의미가 파생되었다.

'큰고기 곤(鯤)' 자는 '고기 어(魚)'와 '맏형 곤(昆)'으로 이루어졌으므로 자형적 의미는 '물고기의 맨 처음', 즉 치어(稚魚)가 된다. 그러나 『장자』에서는 아이러니컬하게도 이를 '전설상의 큰 물고기'라는 개념으로 사용하였다.

'홀로 독(獨)' 자는 '개 견(犬)'과 '나비 애벌레 촉(蜀)'으로 이루어졌다. '촉(蜀)' 자의 독음은 '홀로 특(特)'·'싸울 투(鬪)' 등과 같은 계열에 속하므로, 여기에는 '다른 개체와 동류가 되지 못하고 싸우다'라는 의미가 내포되어 있다. 따라서 '독(獨)' 자의 자형적 의미는 '개가 다른 짝과 하나가 되지 못하고 서로 홀로 서겠다고 싸우다'가 된다. 이에 비하여 양은 동류들과 잘 어울리므로 이를 '군(群)'으로 표상한다.

'옮길 운(運)' 자는 '쉬엄쉬엄 갈 착(辵)'과 '군사 군(軍)'으로 이루어졌다. '군(軍)' 자의 자형적 의미는 '전차로 에워싸다'이고, '운(運)' 자의 독음은 '구름 운(雲)'과 같으므로 여기에는 '구름이 비가

되고 비가 다시 구름이 되는 것처럼 순환·회전하다'라는 의미가 내포되어 있다. 따라서 '운(運)'자의 자형적 의미는 '에워싸인 하나의 장 안에서 순환·회전하다'가 된다. 이로부터 '운행하다'라는 의미가 파생되었다.

이 구절은 『장자』 「소요유」(逍遙游)의 "북쪽 바다에 물고기가 있으니, 그 이름을 곤이라 한다"(北冥有魚, 其名爲鯤)를 소재로 하여 다시 쓴 것이다.

『장자』 「소요유」에 의하면 곤(鯤)은 크기가 몇천 리나 되는지 알 수 없는 상상의 큰 물고기인데, 이것이 나중에 붕(鵬)이라고 하는 큰 새로 변하여 남쪽 바다로 날아간다고 한다.

그러나 '곤(鯤)'자의 자형적 의미는 앞에서 설명했듯이 '치어'를 뜻한다. 장자가 일반적인 의미와는 정반대로 '큰 물고기'라는 개념으로 쓴 것은 작은 치어에서 일반인들이 보지 못하는 큰 의미를 발견하고 있음을 상징하기 위한 것이리라. 그래서 '곤'은 재주를 지니고 있어도 그 재주가 너무 커서 사람들이 알아보지 못하는 이른바 회재불우(懷才不遇)를 상징하는 사물로 흔히 회자되고 있다. 스스로 '곤'이라고 자부하는 인재는 중심의 권력에서 소외되어 있으므로 변방인 '북쪽 바다'에서 어디에도 얽매이지 않은 채 바람 부는 대로 이리저리 '노니는'(遊) 것이다.

'곤'은 너무 커서 아무도 짝할 만한 물고기가 없으므로 하는 수 없이 '홀로 빙빙 돌며'(獨運) 배회하게 되는데, 이 때문에 '곤'은 형이상학적인 절대성의 의미를 지니게 된다. 그러나 '독(獨)'자의 자형적 의미에서 알 수 있듯이 '독'에는 이미 절대적인 '홀로'가 아니라,

함께 들러붙어 싸워야 하는 상대가 있다는 사실이 숨겨져 있다. 단지 그와 하나가 되지 않고 타협하지 않으려는 것일 뿐이다. 그래서 은거한 것이므로 은거는 '홀로' 자유롭게 있는 것이 아니라 실은 저쪽과의 대척점에서 의미를 갖는 것이다. 따라서 '유곤독운(遊鯤獨運)'의 비유로 자신의 회재불우한 운명을 달래는 것은 어찌 보면 편집증적인 심리 상태에 자신이 처해 있음을 고백하는 행위일 수도 있는 것이리라.

북극에서 남극으로: 중앙 회귀의 욕망

凌摩絳霄(릉마강소)라 | 하늘의 한계 밖을 넘어서 그 위를 미끄러
지듯이 날아간다.

비 우(雨)

'능가할 릉(凌)' 자는 '얼음 빙(冫)'과 '넘을 릉(夌)'으로
이루어졌으나, 본래 글자는 '릉(夌)' 자이다. '릉(夌)' 자
의 독음은 '높은 땅 륙(坴)'와 '밟을 렵(躐)'과 같은 계열
에 속하므로 자형적 의미는 '높은 곳에서 발을 성큼 디
뎌 건너가다'가 된다. 이로부터 '능가하다' · '범하다' · '능멸하다'
등의 의미가 파생되었다.

'문지를 마(摩)' 자는 '손 수(手)'와 '삼 마(麻)'로 이루어졌다. '마
(麻)' 자는 집 아래에서 삼 껍질을 벗겨서 이를 손으로 비벼 꼬아 실을
만드는 모양이므로, '마(摩)' 자의 자형적 의미는 '손으로 갈고 비벼서
예쁘게 다듬다'이다. 이로부터 '연마하다'라는 의미가 파생되었는데,
나중에는 '갈 마(磨)' 자가 만들어져서 더 보편적으로 쓰이게 되었다.

'붉을 강(絳)' 자는 '붉은 색의 비단'을 뜻하는데, 그 색은 특히 일
출시의 붉은 빛을 일컫는다. 이로부터 '진붉은 적색'이라는 의미가
파생되었다.

'하늘 소(霄)' 자는 '비 우(雨)'와 '흩어질 소(肖)'로 이루어졌으므
로 자형적 의미는 '비가 산산이 흩어져 있는 것', 즉 '구름 기운'이
된다. 하늘은 매우 광범위한 사물이므로 종종 그 안에 존재하는 사

538

물로 환유적으로 표현되는데, '구름 기운'도 그 중의 하나이다. 따라서 '소(霄)'자에 '하늘'이란 의미가 생겨난 것이다.

이 구절은 『회남자』(淮南子) 「인간훈」(人間訓)편의 "뜬 구름을 아래로 깔고, 푸른 하늘을 등에 지고, 하늘 꼭대기 위를 가슴으로 밀고 날아간다"(淩乎浮雲, 背負靑天, 膺摩赤霄)를 다시 쓴 것이다.

'강소(絳霄)'는 하늘의 가장 높은 곳을 가리킨다. 여기서 특이한 점은 실제로 하늘의 색은 푸른 색으로 보이는데, '붉을 강(絳)'자를 '하늘 소(霄)'자 앞에 썼다는 사실이다. 고대인들은 천체를 관측할 때 북극을 기준으로 삼았기 때문에 머리 위로 올려다보이는 부분은 북극에서 보자면 하늘의 남쪽이 된다. 따라서 오행(五行)상에서 남방의 색인 붉은 색으로 하늘의 색을 표상한 것이다.

'능마(淩摩)'란 하늘의 지붕을 밖으로 '넘어서서'(淩) 그 지붕 위를 가슴으로 '미끄럼을 타듯이'(摩) 날아가는 모습을 형용한 말이다. 앞 구절의 '곤(鯤)'이라는 큰 물고기가 때가 되면 붕새가 되어 높이 날아서 남쪽 바다를 향해 날아간다는 『장자』의 전설을 가리킨다.

이 구절은 회재불우(懷才不遇)한 인재가 지금은 변방인 북쪽 바다에서 홀로 배회하고 있지만 때가 되면 붕새가 되어 남쪽 바다로 날아갈 것이라는 포부를 품고 있다. 그런데 여기서 붕새의 비행 목적지가 중앙이 아닌 북쪽 바다의 반대편인 남쪽 바다인 것은 중앙을 무의미한 것으로 만들기 위해서다. 물론 자신이 중앙에서 소외당한 것을 무화(無化)하기 위한 의도에서 이 붕새의 전설이 상정되고는 있지만, 그 이면에는 때가 되면 중앙으로 돌아가고자 하는 무의식적 욕망이 함께 작용하고 있음도 부정할 수는 없으리라.

서점 독서의 기호학

耽讀翫市(탐독완시)하니 | 글읽기를 너무 좋아해서 저자에 물리도록 놀러갔으니,

저자 시(市)

'즐길 탐(耽)' 자는 '귀 이(耳)'와 '한가로울 용(冘)'으로 이루어졌다. '용(冘)' 자는 농번기에 농사꾼이 집안에 들어앉아 있는 모양이므로, '탐(耽)' 자의 자형적 의미는 '귀가 커서 아래로 축 늘어지다'가 된다. 그런데 이 글자가 '즐기다'(樂)라는 의미로 쓰이게 된 것은 이 글자의 독음이 '잠길 침(湛)' 자와 같아서 '즐거움에 빠지다'라는 의미로 차용되었기 때문이다. 그래서 '침(湛)' 자가 '즐기다'라는 의미로 쓰일 때는 '탐'으로 읽힌다.

'읽을 독(讀)' 자는 '말씀 언(言)'과 '팔 육(賣)'으로 이루어졌다. '육(賣)'이란 행상인들이 저자를 돌아다니며 물건을 사라고 외치는 행위를 뜻하므로, '독(讀)' 자의 자형적 의미는 '말을 소리쳐 외치다'가 된다. '독(讀)' 자에 '읽다'라는 의미가 생겨난 것은 그 독음이 '주문 주(籒)'와 같은 계열이고 이는 다시 '뽑을 추(抽)'와 같으므로 '책을 읽고 그 내용과 이치를 뽑아내다'라는 의미로 차용된 결과이다. 그래서 책은 내용과 이치를 따져가며 읽어야 하므로 '독서(讀書)'라고 하는 반면에, 시는 절주(節奏)에 따라 소리내어 읽어서 그 성정(性情)을 느껴야 하므로 송시(誦詩)라고 일컫는 것이다.

'갖고 놀 완(翫)'자는 '익힐 습(習)'과 '으뜸 원(元)'으로 이루어졌다. '원(元)'자의 독음은 '물릴 염(厭)'과 같은 계열에 속하므로 '완(翫)'자의 자형적 의미는 '하도 자주 해서 물릴 만큼 익숙해지다'가된다. 여기서는 '(책 구경하러) 뻔질나게 다니다'라는 의미로 쓰였다.

'저자 시(市)'자를 금문에서는 '꿈'로 썼는데 이는 '평평할 평(平)'과 '머무를 지(止)'로 이루어진 글자이다. 따라서 자형적 의미는 '한데 머무르면서 너와 나 상호간의 공평하게 물건의 가격을 매기는 곳'이 된다.

이 구절은 한(漢)나라의 왕충(王充)이라는 학자가 글 읽기를 매우 좋아하였지만 집안이 가난하여 책 살 돈이 없었으므로 저자에 있는 책방에 가서 진열된 책을 읽었다는 고사를 다시 쓴 것이다.

이 구절 때문에 서점에서 선 채로 책을 읽는 행위가 마치 책 읽기를 좋아하는 성품을 표상하는 전통적 기호가 된 듯하다. 이러한 기호의 유통은 자연히 서적 출판과 판매, 그리고 저작 의욕 등에 큰 영향을 끼칠 수밖에 없다. 그러나 요즘처럼 책을 읽지 않는 풍토에서는 그나마 공짜 손님이라도 와야 장사가 되므로 서점들은 울며 겨자 먹듯이 왕충의 '탐독완시(耽讀翫市)'를 마케팅 전략으로 조장하기까지에 이르렀다. 진열대에서 사람들이 책을 읽도록 하려면 매장을 넓혀야 하고, 관리 직원도 더 고용해야 하고, 무엇보다 이 사람 저 사람 진열된 책을 읽고 매만지다 보면 책이 구겨지고 더러워져서 상품 가치가 없어질 테니, 서점 주인의 입장에서 보면 얼마나 가슴 답답한 노릇이겠는가. 결국 서적의 유통 비용이 늘어나서 이것이 책값에 전가되고 가격 인상을 불러오게 될 것은 뻔한 이치이다.

왕충은 후한 시기에 당시로서는 매우 진보적인 사상을 가지고 저술 활동을 하였던 경학자(經學者)였다. 그의 대표적 저술인 『논형』(論衡)을 읽어보면 그가 얼마나 기존 체제에 비판적인 진보 사상가였는지를 잘 알 수 있다. 그래서 전통적으로 많은 중국의 지식인들은 그의 글을 탐독하고 또 그의 탄탄한 학식을 배우려 하였다. 이것을 기득권 체제의 권력은 달갑게 여길 리가 없었으니, 왕충의 글은 당연히 억압받을 수밖에 없었다. 그러나 그들은 그의 글을 직접적으로 억압하지 않고, 그가 가난하지만 '탐독완시(耽讀翫市)' 하는 정신으로 대학자가 되었다는 점을 전경(前景)에 내세워 이런 자세를 본받도록 해서 그의 학술을 상대적으로 은폐하는 방법을 썼다. 따라서 이 구절을 읽고 외울 때 왕충은 학동들에게 '가난하여 책방에서 선 채로 책을 읽고도 대학자가 된 천재'로 인식되는 것만으로 족한 것이다.

그러니까 서점에서 독서하는 행위를 책을 좋아하는 고결한 성품의 기호로만 여길 것은 아니다. 신화인지는 모르겠지만 다음의 대구(對句)를 보면 왕충은 기억력이 비상한 천재였던 것 같다. 그래서 한 번 훑어보고도 내용 파악이 되어 책방 주인에게 그렇게 폐가 되지는 않았을 것 같은데, 평범한 머리로 서점에서 '탐독완시(耽讀翫市)' 하며 책값 인상을 부추기지 말자. 저자의 노고를 생각해서라도 한 권 사서 집에 가서 보자. 그래도 아직까지는 가장 싼 게 책값이 아닌가 싶다.

강기(强記)의 허실

寓目囊箱(우목낭상)이라 | 눈길을 붙이기만 하면 그대로 주머니와
상자에 넣는 것이 된다.

'붙일 우(寓)' 자는 '집 면(宀)'과 '긴꼬리원숭이 우
(禺)'로 이루어졌으므로 자형적 의미는 '원숭이가 나
무에 붙어서 살다'가 된다. 이로부터 '칭탁하여 살
다·기대어 살다' 등의 의미가 파생되었다.

눈 목(目)

'눈 목(目)' 자는 눈의 모양을 그린 글자이다.

'주머니 낭(囊)' 자는 '자루 고(㯯)'와 '옮길 양(襄)'으로 이루어졌
으므로 자형적 의미는 '물건을 옮기기 위해서 담는 자루'가 된다.

'상자 상(箱)' 자는 '대 죽(竹)'과 '도울 상(相)'으로 이루어졌다.
'상(箱)' 자는 원래 수레 위에 사람이 타거나 물건을 싣도록 컨테이
너 같은 것을 설치해 놓았는데 이것을 가리키는 글자였다. 그러다가
이것이 나중에 '상자'라는 의미로 차용된 것이다.

'우목(寓目)'이란 직역하면 '눈길을 기탁하다'라는 뜻으로 '훑어
보다'라는 말과 같다. 왕충은 박식하고 기억력이 뛰어나다는 이른바
'박문강기(博聞强記)'로 이름난 사람이다. 그래서 그는 훑어보기만
해도 책 속의 내용이 상자 안에 들어가듯이 그대로 저장되었다는 것
이다. 물론 신화적으로 과장된 면이 없지 않겠지만, 이 구절 때문에

543

중국이나 우리의 지식인들은 전통적으로 잘 외우는 능력을 천재나 수재의 필수 조건으로 쳤고, 또 이를 향상하기 위해서 갖은 애를 썼다.

그러나 컴퓨터가 대중화되면서 강기(强記)의 능력을 자랑하는 것은 다소 썰렁한 일이 되어버렸다. 현대 생활에서 복잡한 수많은 데이터를 저장하고 검색하는 일에서 아무리 왕충이라 하더라도 컴퓨터를 따라잡을 수 있을까?

데이터란 '주머니나 상자'(囊箱)에 넣어 옮길 수 있는 성질의 것이기 때문에 머리 속에 갈무리돼 있는 것만으로는 아무런 의미가 없다. 이것이 의미가 있으려면 필요한 때 재빨리 검색돼야 하고, 또 부가가치가 생기도록 잘 조직돼야 하며, 제때에 팔려서 옮겨져야 한다. 이러한 데이터 재편 작업을 우리는 해석이라고 부른다. 데이터란 사물의 본질이 아니라 컨텍스트에 따라 모습을 달리하는 피상적인 부분이기 때문에 해석을 가미할 때 비로소 의미를 갖는다. 따라서 형이상학적 사고에 너무 집착하면 데이터에서 다양한 해석을 기대하기 힘들다. 그러므로 '우목낭상(寓目囊箱)'과 같은 '강기'의 능력은 오늘날에는 전혀 총명함을 상징하는 것이 되지 못한다.

말이 두려운 까닭

易輶攸畏(이유유외)이니 | (말을) 쉽고 가볍게 하는 것은 두려워해
야 할 바이니,

쉬울 이(易)

'바꿀 역(易)' 자는 도마뱀의 형상에다가 '터럭 삼(彡)'
을 더한 모양의 글자이다. '삼(彡)'은 도마뱀의 피부색
이 변하면서 빛이 나는 모양을 상징한다. 따라서 '역
(易)' 자의 자형적 의미는 '시시각각으로 색깔이 변하는
도마뱀'이 된다. 이로부터 '변하다'라는 의미가 파생되었다. '점
(占)'이란 미래의 변하는 상황을 예측하는 일이므로 이 역시 '역'이
라 부른다. '역'이란 산주(算籌)를 갖고서 치는 서점(筮占)의 형태인
데, 이는 은나라 때 전문 점술가들의 의해서 수행되던 귀점(龜占)보
다 간단하고 용이하였으므로, '역' 자는 '쉬울 이(易)' 자로도 쓰이게
되었다.

'가벼울 유(輶)' 자는 '수레 거(車)'와 '오래될 추(酋)'로 이루어졌
으므로 자형적 의미는 '오랫동안 운행하여 멀리 갈 수 있는 수레'가
된다. '유(輶)' 자의 독음은 '아득히 멀 유(攸)'·'멀 요(遙)'와 같다
는 사실이 이를 입증한다. 멀리 갈 수 있는 수레는 가벼워야 하므로
'가벼운 수레'(輕車)라는 의미가 생겨났고, 여기에서 다시 '가볍다'
는 의미가 파생되었다.

'바 유(攸)' 자의 원래 자형은 '사람 인(人)'·'물 수(水)'·'두드

릴 복(攵)' 등으로 이루어졌으므로 자형적 의미는 '사람이 물에서 물을 치며 유영해 나아가다'가 된다. 헤엄을 치려면 물을 쳐내야 하므로 '복(攵)'자를 쓴 것이다. 여기서는 '장소·바'(所)라는 의미로 쓰였다.

'두려울 외(畏)'자를 소전에서는 '畏'로 적었는데 이는 '귀신 귀(鬼)'자와 같은 글자이다. 귀신은 사람들이 두려워하므로 이로부터 '무서워하다'라는 의미로 가차된 것이다.

무엇을 '쉽게'(易) 말한다는 것은 그것이 곧 '변할'(易) 수도 있다는 사실을 간과했기 때문이다. 또한 무엇을 '가볍게'(輶) 말한다는 것은 '경수레'(輶)처럼 빨리 파급되기만을 기대했으므로 실제로 실어야 할 중요 부분은 싣지 않고 빈 수레만을 보냈기 때문에 빚어진 결과라고도 말할 수 있다. 말할 당시만 하더라도 그것이 실재를 표상한 말이라고 해서 쉽고 가볍게 했지만, 말이라는 것은 말하는 사람이 미처 인식하지 못한 많은 잠재적 내용과 서로 연결되어 발화된 것이므로 잠재적 사실 중의 어느 하나라도 바뀌면 말이 실재를 표상하지 못하는 결과를 낳게 된다. 따라서 아무리 정교한 말이라도 실재를 정확히 재현할 수는 없는 법이다. 따라서 말의 실수를 줄이려면 가능한 한 말을 아끼는 수밖에 없는 것이다.

그런데 말의 본질을 분석해 보면 사람이 말을 하는 것이 아니라 말이 말을 하는 것이니 어떻게 말을 막을 수 있단 말인가. 그러나 권력의 입장에서 보자면 언어는 권력의 담론 안에 포함되는 것만을 말하도록 해야 하기 때문에 다른 말들은 어떻게든 막아야 한다. 그래서 말을 귀신과 같은 두려움의 대상으로 만들었으니 그것이 바로

'외(畏)' 자가 가리키는 바이다. 귀신이 두려운 것은 그것이 자신의 미래를 좌우할 수도 있다는 믿음과 아울러 그 결정적인 시기가 언제 닥칠지 모른다는 막연한 불안감 때문이다. 말 역시 그 결과가 언제 어떤 모양으로 자신의 운명을 좌우할지 모르기 때문에 귀신처럼 두려운 것이다. 말이 말을 하니 정말 내 책임은 아닌데도, 이렇듯 잔뜩 겁을 주니까 거기서 우리는 스트레스를 받는 것이다.

말에게 입을 빌려주지 않으면

屬耳垣牆(속이원장)이라 | 귀를 담장에 붙여놓았기 때문이다.

붙일 속(屬)

'붙일 속(屬)' 자는 '꼬리 미(尾)'와 '나비애벌레 촉(蜀)'으로 이루어졌다. '속(屬)' 자의 독음은 '이을 속(續)'과 같으므로 자형적 의미는 '동물이 교미를 해서 종족을 이어가다'가 된다. 이 글자의 독음이 '가족 족(族)'과도 같은 사실이 이를 입증한다. 이로부터 '잇다'·'붙이다' 등의 의미들이 파생되었다.

'귀 이(耳)' 자를 금문에서는 'ᘓ'로, 소전에서는 'ᘓ'로 적었는데 이는 귀의 모양을 그린 것이다.

'담 원(垣)' 자는 '흙 토(土)'와 '빙빙 돌 선(亘)'으로 이루어졌다. '선(亘)' 자의 원래 자형은 일정한 경내를 빙빙 도는 모양으로 그려져 있고 독음 또한 '돌 선(旋)'과 같으므로, '원(垣)' 자의 자형적 의미는 '흙으로 일정한 지역을 빙둘러 담을 치다'가 된다.

'담 장(牆)' 자는 '인색할 색(嗇)'과 '조각 장(爿)'으로 이루어졌다. 사실 색(嗇) 자의 고문자 자형은 '인색할 색(嗇)' 자와는 달리 '곳간 품(稟)' 자 위에 가시나무를 그린 모양으로 되어 있으므로, '색(嗇)' 자의 자형적 의미는 '나락을 쌓아두고 사람이 접근하지 못하도록 가시나무로 울타리를 두르다'가 된다. 나중에는 울타리를 판자로 만들었으므로 나무(木)를 반으로 쪼갠 모양의 '장(爿)' 자를 써서 '장

(牆)' 자를 만든 것이다. '막을 장(障)'과 같은 독음이므로 '장(牆)'자에 '접근을 막다'라는 의미가 내포되어 있음을 알 수 있다.

이 구절은 『시경』 「소반」(小弁)편의 "군자는 말을 가벼이 여기지 않나니, 담에도 귀가 붙어 있기 때문이네"(君子無易由言, 耳屬于垣)를 다시 쓴 것이다.

앞서 말했듯이 말의 주체는 말이다. 여기서 담장에도 귀가 연결되어 있는 것은 곧 이를 일컫는 말이다. 언어는 집단적 소유물이자 나보다 먼저 존재해 왔고, 우리에게 기호를 해석하고 의미 부여할 수 있는 능력이 있는 이상 이는 피할 수 없는 진실로 남는다.

그러므로 말이 권력의 말만 하도록 하기 위해서는 말하는 주체의 입을 억압해야 한다. 즉 말에게 입을 빌려주지 못하도록 입을 통제하는 것이다. 그래서 말이 말을 하는 원리를 역으로 이용하여 권력의 귀가 사방에 깔려 있는 것처럼 비유를 만들어 유포함으로써 감시 기능을 작동하게 한다. 그러면 사람들은 누가 정보원이 될지 모른다는 불안감에 휩싸여 스스로 말에게 입을 빌려주지 않으려고 노력하게 된다. 말에게 입을 빌려주지 않는 방법은 입을 아예 다무는 것 외에는 달리 방도가 없다.(기실 이것도 확실한 방법은 아니다.)

우리가 입을 다물고 사는 것처럼 스트레스를 받는 일은 없을 것이다. 그러므로 이런 힘든 일을 감내하는 사람에게는 그만한 보상을 해줘야 하는데, 그것이 바로 '군자(君子)'라는 윤리적인 칭호를 부여하는 일이다. 그러니까 권력 담론 이외의 다른 담론은 사람의 입을 빌리기가 쉽지 않게 된다. 이는 실상 정보 정치나 다를 바 없지만 '자발적'이라는 포장 때문에 언론 통제가 윤리적 행위로 칭송받게 된다.

　그러나 오늘날과 같은 개방 사회에서는 자발적인 언론 통제가 꼭 미덕이 되는 것만은 아니리라. 앞서 말했듯이 언어란 재현의 한계 때문에 발화할 때 이미 오류를 내포하고 있다고 해도 과언이 아니다. 따라서 이를 가려내기 위해서라도 말은 서로 내놓고 따질 필요가 있다. 그런데 오히려 자발적 언어 통제를 군자의 덕목쯤으로 삼으면 권력은 더욱 언어를 장악하게 되고, 우리는 영원히 그 독점적 지배에서 벗어나지 못하게 된다. 뿐만 아니라 이러한 비유는 '원장(垣牆)'의 문자가 지시하는 대로 이웃과 담을 쌓게 하고, 이웃이 접근하지 못하도록 주위에 가시나무를 둘러치게 하는 결과를 발생시키기도 한다.

식사 시간도 아껴서

具膳飱飯(구선손반)하고 | 반찬을 갖춰서 밥을 물 말아먹고,

갖출 구(具)

'갖출 구(具)'자는 '세발솥 정(鼎)'과 '함께 공(共)'으로 이루어졌다. '정(鼎)'자는 제사 그릇을 상징하고 '공(共)'자는 두 손으로 받들어드리는 모양이므로, '구(具)'자의 자형적 의미는 '두 손으로 제사에 쓸 그릇들을 빠짐없이 준비하여 바치다'가 된다. 이로부터 '두루 갖추다'는 의미가 파생되었다.

'반찬 선(膳)'자는 '고기 육(肉)'과 '잘할 선(善)'으로 이루어졌으므로, 자형적 의미는 '고기로 반찬을 풍성하게 잘 만들다'가 된다. 이로부터 '반찬'이라는 의미가 파생되었다.

'밥 손(飱)'자는 '저녁 석(夕)'과 '먹을 식(食)'으로 이루어졌으므로 자형적 의미는 '저녁밥'이 된다. 이에 비해서 아침밥은 '옹(饔)'이라고 한다. 여기서의 '손(飱)'자는 문맥으로 볼 때 '밥 말 손(飱)'자의 이체자(異體字)로 보아서 '밥을 물에 말다'로 해석하는 것이 옳을 것으로 보인다.

'밥 반(飯)'자는 '먹을 식(食)'과 '돌이킬 반(反)'으로 이루어졌다. '반(反)'자는 손바닥을 뒤집는다는 뜻이므로 '반(飯)'자는 '손바닥을 뒤집듯이 반복해서 먹는 행위'가 된다. 이로부터 '밥'이라는 의미가 파생되었다.

이 구절은 군자의 식사에 대한 태도가 어떠해야 함을 밝히는 내용이다.

우선 군자는 검소하게 살아야 하므로 먹는 일에 탐닉하거나 시간을 허비해서는 안 된다. 그렇다고 해서 실속을 추구하다 보면 번잡한 밥상을 지양한답시고 반찬을 소홀히 한 채 밥 위주의 빈약한 상을 차리기가 쉽다. 그러면 영양의 불균형을 초래해 건강을 해칠 수도 있으므로 밥은 반드시 반찬을 갖추어서 먹어야 한다는 것이다.

'손(飧)' 자는 앞의 자해에서 설명했듯이 '손(飡)' 자의 차자(借字)이므로 '손반(飧飯)'은 '밥을 물에 말아먹다'라는 뜻이 된다. 우리가 밥을 말아먹는 경우는 시간이 촉박하여 식사를 간략히 할 때이므로, '손반(飧飯)'이란 곧 식사를 소박하게 함을 비유적으로 말한 것이다. 즉 식사 시간까지도 아껴서 이를 도를 구하는 일에 쓴다는 말이다.

건강을 위해서 반찬은 갖추되 식사에는 시간을 많이 허비하지 않는다는 두 가지 일은 어떻게 보면 서로 모순되는 말이기도 하다. 그러나 이 모순의 조화가 바로 군자의 인격을 형성하는 방도가 된다는 것이다.

이렇게 해석하면 다음의 대구(對句)와도 형식이 맞물려서 뜻이 통하게 된다. 이 구절과 다음 구절은 결국 『논어』의 "군자는 먹을 때에 배부름을 구하지 않는다"(君子食無求飽)라는 말의 정신을 되살리고 있는 셈이다.

도(道) 중심주의: 감각에 대한 억압

適口充腸(적구충장)이라 | 입에 맞춰서 창자를 채운다.

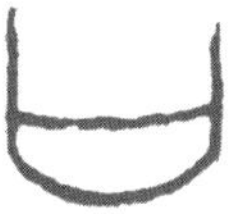

입 구(口)

'맞을 적(適)' 자의 원래 자형은 '쉬엄쉬엄 갈 착(辵)'과 '뿐 시(啻)'로 이루어졌으므로 자형적 의미는 '마땅히 가야할 곳이나 자리로 가다'가 된다. 이로부터 '가다'·'적당한' 등의 의미들이 생겨났다.

'입 구(口)' 자는 입의 모양을 그린 글자이다. '구(口)' 자의 독음은 '구멍 공(孔)' 자와 같은 계열에 속하므로 자형적 의미는 '입을 비롯한 모든 구멍'을 뜻한다.

'채울 충(充)' 자를 소전에서는 ''으로 썼는데 이는 사람이 갓을 쓰고 있는 모양이다. 따라서 자형적 의미는 '어린이가 성장하여 어른이 되다'이다. 이로부터 '속이 꽉 차다'라는 의미가 파생되었다.

'창자 장(腸)' 자는 '고기 육(肉)'과 '빛 양(昜)'으로 이루어졌다. '양(昜)' 자의 독음은 '길 장(長)'과 같은 계열에 속하므로 여기에는 '빛이 길게 방사되다'라는 의미가 내포되어 있다. 따라서 '장(腸)' 자의 자형적 의미는 '뱃속의 긴 부분, 즉 내장'이 된다.

이 구절은 앞의 출구와 함께 대장(對仗) 형식을 구성한다. 출구에서 군자에게 식사의 개념은 도락(道樂)이 아닌 건강 유지의 수단으로 서술하였듯이 대구에서도 식사를 창자 채우기로 정의한 것이다.

그러나 건강 유지를 위한 창자 채우기라고 해서 먹을 수 있는 것이라면 아무것으로나 채워도 된다는 것은 아니다. 너무 맵거나 짜거나 해서 입에 자극적인 것은 군자의 자세를 흩뜨리거나 또는 식도락으로 유혹할 수도 있기 때문에 "입에 적절히 맞춰야 한다"(適口)라는 것이다. 또한 군자가 음식물을 입에 넣을 때에는 너무 크게 베어 물거나 입안에 쑤셔넣음으로써 탐욕스럽게 보여서는 안 되고, 그렇다고 해서 너무 조금씩 입에 넣고 쩝쩝거리는 것도 쪼잔하게 보이므로 바람직하지 않다. 따라서 한 입의 양을 적절히 조절해야 한다는 뜻도 '적구(適口)'에 함의되어 있다.

그러니까 출구의 "반찬을 갖추되 식사는 소박하게 한다"라는 서술 형식에 맞춰 대구에서 "입에는 적절히 맞추되 장만 채운다"라는 의미를 표현하고 있으므로, 두 구절이 대장 형식이 되는 것이다.

식사에 대한 이러한 개념은 앞서 말했듯이 공자의 말에 기초한 유가 사상의 일면을 반영한다. 즉 이 구절을 통해서 우리는 유가 사상의 근저에 서양의 로고스 음성 중심주의 같은 것이 존재했음을 알 수 있다. 이를테면 식사의 기능을 생명 유지에만 한정하고 맛을 추구하는 것을 주변화해서 그 반대 급부로 도를 중심에 놓는 것이다. 그러니까 중심의 도를 위해서는 어떠한 감각적인 것도 희생시킬 수 있다는 도 중심주의가 밑바탕에 깔려 있다는 말이다.

우리도 한때는 세계적인 도자기 제조 기술을 보유하고 있었지만 이것이 후대에 제대로 전승되지 못하였는데, 여기에는 여러 가지 이유가 있겠지만 무엇보다 중요한 이유는 대중이 고급 도자기를 많이 사용하지 않았던 탓에서 찾을 수 있다. 즉 호사스러운 도자기로 식사를 하려면 그만큼 음식도 호사스러워야 하는데, 물이나 말아먹고 창자나 채우려는 음식을 담는데 굳이 그 비싼 도자기를 쓸 필요가 있겠는가. 음식도 그렇다. 음식이란 어차피 창자에 들어가면 다 섞여서 소화될 것이므로 굳이 밥과 반찬을 따로따로 먹어서 시간을 허비할 필요가 없다. 그래서 아예 밥그릇 단계에서부터 섞어버리는 것이 편리할 수도 있다는 생각에서 비빔밥도 나오고 국밥도 나온 것이 아닐까?

우리 문화를 돌이켜보면 우리는 서양의 로고스적인 백성이 아니라, 실상 감각적인 도락과 예술을 즐길 줄 아는 문자적인 백성인데, 조선조 이후 유가 사상, 그것도 성리학이 침투하면서 도 중심주의로 인해 감각적 즐김을 억압당해 왔던 것이다.

간사한 입맛

飽飫烹宰(포어팽재)하고 | 배가 부르면 고기 요리도 물리고,

재상 재(宰)

'배부를 포(飽)' 자는 '먹을 식(食)'과 '쌀 포(包)'로 이루어졌다. '포(包)' 자는 같은 독음의 글자인 '보호할 보(保)' 자를 통해서도 알 수 있듯이 '빈 데 없이 둘러싸여 있다'라는 의미를 내포하고 있으므로 '포(飽)' 자의 자형적 의미는 '꽉 차서 물리도록 먹다'가 된다.

'배부를 어(飫)' 자는 '먹을 식(食)'과 '무성할 요(夭)'로 이루어졌으므로 자형적 의미는 '물리도록 먹다'가 된다. 옛날에는 공적인 회식에서는 포식하면 안 되지만 사적인 잔치에서는 마음 편히 많이 먹어도 됐는데, 이렇게 실컷 먹는 것을 '어(飫)'라고 했다. 여기서는 '많이 먹어서 물리다'라는 뜻으로 썼다.

'삶을 팽(烹)' 자는 '불 화(火)'와 '형통할 형(亨)'으로 이루어졌다. 여기서 '형(亨)' 자는 취사 그릇 모양이므로 '팽(烹)' 자의 자형적 의미는 '솥 밑에 불을 때서 삶다'가 된다.

'재상 재(宰)' 자는 '집 면(宀)'과 '매울 신(辛)'으로 이루어졌다. '신(辛)' 자는 죄인들의 이마에 문신을 넣는 묵침(墨針) 모양으로 '죄인' 또는 '노예'를 뜻한다. 따라서 '재(宰)' 자의 자형적 의미는 '집 안에서 일하는 노예'가 된다. 집 안에서 일하는 노예들이 주로 맡는 직무는 음식을 만들어 주인에게 바치는 일이므로, 이로부터 '재

(宰)' 자에 '요리하다'·'도살하다' 등의 의미가 생겨난 것이다. 집 안에서 일하는 노예는 집 밖에서 일하는 노예보다 총명하기 때문에 뽑힌 자들이므로 그들은 주인 옆에서 주인의 일을 도와주거나 대신 해 주게 된다. 그래서 이로부터 '재상' 이란 의미가 파생되었고, 또한 이들이 주인의 일을 대신할 때에는 그 일을 재량껏 처리할 수 있는 권한을 위임받았으므로 '주관하다' 라는 의미도 생겨나게 된 것이다.

'팽재(烹宰)' 란 '짐승을 잡아 요리하다' 라는 뜻으로 여기서는 고 기로 만든 요리를 가리킨다. 요즘은 수입 자유화로 고기가 흔해서 고 기 요리가 뭐 그리 대단한 것은 아니지만, 옛날에는 고기 요리야말로 맛있는 요리의 대명사였다. 그런데 이러한 고기 요리도 배가 부를 때 에는 물려서 맛도 보려하지 않는 것이 사람의 입이라는 것이다.

신화를 먹고 사는 현대인

飢厭糟糠(기염조강)이라 | 배가 고프면 술지게미와 겨도 물리도록
먹는다.

먹을 식(食)

'주릴 기(飢)'자는 '먹을 식(食)'과 '안석 궤(几)'로 이루
어졌고 '주리다'라는 의미로 쓰인다. 이와 흔히 통용되는
글자로 '흉년들 기(饑)'자가 있다. '기(幾)'자의 자형적
의미가 '아무것도 보이지 않는 어두운 곳을 지키다'이므
로, '기(饑)'자의 자형적 의미는 '먹을 것이 아무것도 없다'가 된다.
따라서 '기(飢)'자는 '기(饑)'자의 차자(借字)인 것으로 짐작된다.

'싫을 염(厭)'자는 '언덕 한(厂)'과 '누를 염(猒)'으로 이루어졌으
므로 자형적 의미는 '언덕이 눌려 무너져버리다'가 된다. 즉 '염
(厭)'자는 '누를 압(壓)'자의 원래 글자인 셈이다. 따라서 '염(厭)'자
의 독음은 '엽'으로도 읽힌다. 그런데 '염(猒)'자의 자형 안에 있는
'날 일(日)'자는 원래 '달 감(甘)'자였던 것이 변형된 것이므로 여기
에는 '느끼해서 물리다'라는 의미가 내포돼 있었다. 그래서 여기에
서 '물리다'·'싫증나서 버리다' 등의 의미가 생겨난 것이다.

'술지게미 조(糟)'자는 '쌀 미(米)'와 '무리 조(曹)'로 이루어졌다.
'조(曹)'자는 재판할 때 원고와 피고의 두 무리를 가리킨다. 따라서
'조(糟)'자의 자형적 의미는 '쌀로 술을 빚고 난 다음에 나오는 술과
지게미의 두 무리 중에서 지게미의 무리'가 된다.

'겨 강(糠)' 자는 '편안할 강(康)' 자의 후출자이므로 이 책의 '강(康)' 자에 대한 자해를 읽어보면 그 자형적 의미를 알 수 있다.

『사기』(史記) 「백이열전」(伯夷列傳)의 "공자는 안회 한 사람만을 배우기를 좋아하는 자라고 천거하였지만, 안회는 늘상 궁핍하여 술지게미와 겨조차도 배불리 먹지 못하였다"(仲尼獨薦顏淵爲好學, 然回也屢空, 糟糠不厭)를 다시 쓴 것이다.

 '조강(糟糠)'이란 술지게미와 곡식의 껍질인 겨를 가리키는데, 이는 주로 가축의 사료로 사용했지만 가난한 사람들이 먹을 것이 없을 때에 배고픔을 달래려고 먹기도 하였다.[3] 그래서 '조강'은 극도로 빈한한 삶의 대명사가 되기도 하였으니, 젊은 시절부터 함께 고생하며 늙어온 아내를 일컬어 '조강지처(糟糠之妻)'라고 하는 것은 여기에서 연유한 것이다.

 "배부를 때에는 고기 요리도 물리고, 배고플 때에는 술지게미와 겨도 배부르도록 먹는다"라는 말은 사람에게 절대적인 맛은 있을 수 없다는 사실을 일깨워준다. 즉 처해 있는 상황이나 몸의 영양 공급 상태와 음식을 섭취하려는 욕구에 따라서 맛이 결정된다는 것이다. 그러니까 배움을 향한 욕망 외에는 어떠한 욕망도 '배부른 소리'가 되는 셈이다. 공자의 제자 안회(顏回)를 보라. 그는 술지게미와 겨도 배불리 먹지 못하는 상황에서도 배움에 온 힘을 쏟아 공자에게 극찬을 받지 않았는가.

 고기를 먹으면 어떻고 술지게미와 겨를 먹으면 어떤가. 음식과 맛이라는 것은 수시로 변하는 것일 뿐인 것을. 그런데도 오로지 배워서 변치 않는 도를 얻지 못함을 걱정할 뿐이다. 여기서도 문화의 도 중심주의를 찾아볼 수 있다.

이에 비해서 오늘날의 음식에 대한 관념은 어떠한가? 오늘날에는 안회가 추구했던 것처럼 추구해야 할 도가 어디에 따로 있는 것 같지는 않다. 포도주만 보더라도 그 종류는 말할 것도 없고 마시는 잔과 마시는 방법 등 그 도락의 세절(細節)과 다양성이 우리를 당혹스럽게 한다. 심지어는 간단히 타서 후딱 마시는 것으로만 알았던 커피에 언제부터 그리도 복잡한 도(道)가 있었던가. 물론 자본주의가 돈을 벌기 위해서는 신화가 필요하고 신화를 생산하기 위해서는 제의(祭儀)가 필요하다. 그래서 만들어낸 제의들이 바로 포도주와 커피처럼 갖가지 상품의 종류와 그 먹는 방법들이다. 즉 미세한 차이를 기호로 변별하여 이 기호를 상품으로 팔고 있는 것이다.

아무튼 이제 도가 편재하는 시대가 되었다. 유위(有爲)가 무위(無爲)이고 무위가 유위이기도 한 존재론적 시대가 도래한 것이다. 그러므로 이제는 아무리 배가 불러도 색다른 음식이 나오면 이미 먹은 음식을 토해내고서라도 먹어야 하고, 곧 굶어죽더라도 술지게미와 겨 같은 음식은 결코 먹어서는 안 된다. 왜냐하면 인간은 신화로 존재와 생명이 유지되는데, 술지게미와 겨와 같은 신화화되지 않은 음식은 오히려 존재의 자존심에 흠집을 내어 존재 가치를 무너뜨리기 때문이다.

변치 않는 친구: 내 식대로 변해야 하는 친구

親戚故舊(친척고구)는 │ 친척들과 어릴 적부터 사귀어온 벗들을
(대접할 때에는),

친할 친(親)

'친할 친(親)' 자의 좌측 방을 구성하는 글자는 '신' 으로 읽는데, 이는 '날 생(生)' 의 독음과 같은 계열에 속하므로 여기에는 '같은 가족으로 태어난 사람들' 이란 뜻이 내포되어 있다. 그리고 우측 변에 '볼 견(見)' 자가 있으므로 '친(親)' 자의 자형적 의미는 '같은 동성(同姓)으로 매일 서로 보고 지내는 사람' 이 된다. 흔히 육친(六親)이라 하면 부자 · 형제 · 부부를 지칭한다.

'겨레 척(戚)' 자는 '도끼 월(戉)' 과 '콩 숙(叔)' 으로 이루어졌으며 그 의미는 '작은 도끼' 이다. 도끼 앞에서는 절박하게 위협을 느끼므로 여기에 '가까이 닥치다' 라는 의미가 생겨나게 되었다. 즉 '척(戚)' 자는 '곧 가까이 닥칠 축(蹙)' 의 원래 글자가 되는 셈이다. 그리고 독음도 '친할 친(親)' 과 성모(聲母)가 같은 쌍성 관계에 있다. 따라서 '척(戚)' 자에도 '친(親)' 과 같은 '가까이 보며 지내는 가족' 이란 의미가 있는 것이다.

'연고 고(故)' 자는 '두드릴 복(攵)' 과 '옛 고(古)' 로 이루어졌다. '고(古)' 자는 '오래 되다' 라는 뜻을 품고 있는데, 무엇이든 오래 되면 변하게 마련이다. 여기에 '복(攵)' 자를 덧붙인 것은 두드려서 변

화를 재촉한다는 뜻을 표상한다. 따라서 '고(故)' 자의 자형적 의미는 '변화를 낳는 것', 즉 '원인'·'연고' 또는 '고의(故意)'가 된다. 변화가 있다는 것은 곧 일이 생긴 것이므로 여기에 '사고'의 의미가 파생되었다. '고(故)' 자를 '옛날'이란 뜻으로 쓰는 것은 '옛 고(古)' 자와 독음이 같아서 차용한 결과이다.

'옛 구(舊)' 자는 '올빼미 환(雚)'과 '절구 구(臼)'로 이루어졌다. '환(雚)' 자의 원래 자형은 머리에 뿔이 난 올빼미류의 새 모양이고, '구(臼)' 자는 이 새의 울음소리를 나타낸 의성어이다. 따라서 '구(舊)' 자의 자형적 의미는 '구구 소리를 내며 우는 올빼미'가 된다. 오늘날 '새로운'의 반대말인 '오래된'이라는 의미로 쓰는 것은 '오랠 구(久)' 자와 독음이 같기 때문에 차용하여 쓴 결과이다.

'친척과 오래 사귀어온 벗'은 세상에서 그나마 믿을 수 있는 사람들의 범주이다. 이들을 믿을 수 있는 것은 '친(親)' 자와 '척(戚)' 자의 자형적 의미로도 알 수 있듯이 공간적으로 가까이 있기 때문이다. '이웃 사촌'이란 말 역시 공간적으로 가까이 있기 때문에 상호 신뢰가 나온다는 사실을 뒷받침한다. 다시 말해서 혈연이 무조건 신뢰의 바탕이 되는 것은 아니라는 말이다. 그래서 오늘날에도 믿을 수 있는 가족의 범주를 '자가용 승용차 한 대에 탈 수 있는 가족 구성원'으로 정의하는 것은 바로 공간적 밀도를 바탕으로 한 것이다.

'믿을 수 있는 벗'은 가족과는 달리 시간성에 근거한다. 즉 시간이 오래 지나더라도 옛날의 우정을 변치 않고 간직하는 사람이면 믿을 수 있는 벗의 범주에 들어간다. 그러나 실상을 따져보면 '고(故)' 자의 자형으로도 알 수 있듯이 시간이 오래 지나도록 진정으로 변하지 않는 것은 없다. 변함이 없는 친구라는 믿음은 자신의 변화를 외면하는 데서 나오는 것으로 자신 역시 이 변화의 세상에서 예외일 수는 없는 것이다. 따라서 변치 않는 친구란 다름 아닌 변하기는 변하되 내 식대로 변한 벗을 가리킨다. 그러니까 믿을 수 있는 '친척과 오래 사귀어온 벗'이란 실상은 매우 자기 중심적인 범주 속에서 정의되고 있음을 알 수 있다. 이런 의미에서 예수의 모친과 동생들이 예수를 만나러 왔다고 누가 알리자 예수가 "누가 내 모친이며 동생들이냐"라고 하고는, 제자들을 가리키며 "나의 모친과 동생들을 보라. 누구든지 하늘에 계신 내 아버지의 뜻대로 하는 자가 내 형제요 자매요 모친이니라"(「마태」 12:50)라고 한 말은 이러한 자기 중심적인 한계를 훌쩍 뛰어넘고 있음을 보여준다.

예(禮)의 구별 짓기의 합리성

老少異糧(노소이량)이라 | 나이에 따라 음식을 달리한다.

젊을 소(少)

'늙을 로(老)' 자를 갑골문에서는 '𦓀'로 적었는데, 이는 긴 머리에 등이 굽은 노인이 지팡이를 짚고 있는 모양이다. '로(老)' 자의 독음은 '굽을 루(僂)'와 같은 계열에 속하므로 자형적 의미는 '등이 굽은 노인'이 된다.

'젊을 소(少)' 자는 '작을 소(小)' 자와 마찬가지로 고문자 자형에서는 이슬비가 내리는 모양으로 되어 있다. 단지 '소(小)'가 점 세 개로 그려져 있는 반면에 '소(少)'는 네 개로 되어 있는 점만이 다를 뿐이었고, 둘 다 독음이 '가늘 세(細)'와 같은 계열에 속한다. 따라서 자형적 의미는 둘 다 '미세하다'가 된다. 그러나 나중에 '소(小)' 자는 '작다'로, '소(少)' 자는 '적다'로 의미가 분화되어 쓰이게 되었다.

'다를 이(異)' 자를 소전에서는 '異'로 적었는데 이는 사람이 두 손으로 머리에 귀신 모양의 가면을 뒤집어 쓴 모양이다. '이(異)' 자 머리에 있는 '밭 전(田)' 자는 원래 '귀신 귀(鬼)' 자의 머리와 같은 모양이었다. 따라서 '이(異)' 자의 자형적 의미는 '귀신 가면을 뒤집어 쓰고 전혀 다른 사람이 되다'가 된다. 이로부터 '다르다'·'기이하다' 등의 의미들이 파생되었다.

'양식 량(糧)' 자는 '쌀 미(米)'와 '젤 량(量)'으로 이루어졌다. '량(量)' 자는 됫박으로 낟알을 담아 잰다는 뜻이고 독음도 '낟알 립

(粒)'과 성모가 같은 쌍성(雙聲) 관계에 있으므로, '량(糧)' 자의 자형적 의미는 '곡식의 낟알'이 된다. 그러다가 나중에 집에서 먹는 식량은 '식(食)'으로, 여행할 때 먹기 위하여 건조시킨 식량은 '량(糧)'으로 각각 분화시켜 쓰게 되었다.

이 구절은 노인과 젊은이에게 각각 적합한 음식을 대접하는 것이 예임을 말하고 있지만, 사실 젊은이들은 소화 능력이 왕성하여 아무 음식이나 다 잘 먹을 수 있는 반면에 노인들은 그렇지 못하므로 노인들에게 음식을 제공할 때에는 각별한 배려가 필요함을 역설하는 것이 그 골자이다.

맹자의 말대로 사람이 늙으면 비단옷이 아니면 따뜻하게 느껴지지 않고 고기가 아니면 배불리 먹기가 힘들다. 그만큼 노인들은 젊은이들에 비해서 유연하지 못하고, 그래서 음식을 젊은이들과는 달리 하는 것이다. 이것이 예에서 말하는 구별 짓기의 본래 목적이다. 그러니까 예란 질서를 세우기 위해서 무조건 위아래를 구분한 것이 아니었다. 다시 말해서 예의 출발은 실사구시(實事求是)적인 합리성에서 시작하였다. 그러나 구별 짓기만 있으면 사회적 관계가 경직될 위험이 있으므로 이를 해소하고 구별된 계층간의 동질화를 도모하기 위하여 음악을 병행하였다. 『예기』(禮記) 「악기」(樂記)의 "음악은 같게 하기 위한 것이고, 예는 구별하기 위한 것이다"(樂者爲同, 禮者爲異)라는 구절이 바로 이를 가리킨다.

그러나 시간이 지나면서 예라는 기표에 깃든 최초의 기의는 사라지고 기표만 남아서 이것이 단순한 구별 짓기의 수단으로 발전하게 된다. 이러한 발전은 자연히 차별을 동반하는 이데올로기로 나아가게 되는 것이다.

앞의 자해에서 설명한 바대로 같은 양식이라도 '량(糧)' 자는 '식(食)' 자와 그 느낌이 다르다. '식(食)' 자는 집에서 늘 먹는 음식을, '량(糧)' 자는 집을 떠나 여행할 때 먹는 음식을 가리킨다. 집에 기거할 때 노인에게 '식사를 달리 제공하는'(異食) 일은 비교적 쉬운 반면, 집을 떠난 여행길에서 '건량을 노인에게 맞도록 달리 제공하는'(異糧) 일은 그리 쉬운 일이 아니다. 여기서 '이량(異糧)'을 쓴 것은 압운(押韻)을 위한 것이기도 하지만, 어려운 경우라도 이 일을 소홀히 하지 말라는 각별한 당부의 의도가 숨어 있는 것이 아닐까?

7부

일상의 이데올로기

길쌈의 이데올로기적 기능

妾御績紡(첩어적방)하고 | 부인과 첩들은 길쌈을 하고,

모 방(方)

'첩 첩(妾)' 자는 '죄 건(辛)' 과 '계집 녀(女)' 로 이루어졌으므로 자형적 의미는 '죄를 지어 노비가 된 미천한 여자' 가 된다. 고대에는 여자가 죄를 지은 경우는 말할 것도 없고, 딸을 빚 저당으로 잡혔다가 빚을 갚지 못하면 채권자에게 노비로 넘겨주기도 하였는데, 이러한 여자들을 일컬어 '첩(妾)' 이라고 하였다.(이에 비하여 남자 노비는 '신[臣]' 이라고 불렀음.) 그러다가 나중에 정실 부인 뒤에 맞아들인 소실을 가리키는 글자로 가차되었는데, 이때의 독음은 '붙일 접(接)' 과 같아서 그 의미는 '미천한 신분으로 요행히도 주인의 총애를 접하다' 가 된다.

'모실 어(御)' 자는 '조금씩 걸을 척(彳)' 과 '멍에 풀 사(卸)' 로 이루어졌다. '사(卸)' 자의 자형적 의미가 수레를 끌던 소나 말이 걸음을 '멈추고' (止) 멍에를 푼 후 '무릎을 꿇고' (卩) 쉰다는 뜻이므로, '어(御)' 자의 자형적 의미는 '소나 말을 그만 쉬게 하고 천천히 걸음을 옮기도록 채찍질하다' 가 된다. 여기에서 '말을 부리다' · '마차를 몰다' · '모시다' 등의 의미들이 파생되었다.

'길쌈 적(績)' 자는 '실 사(糸)' 와 '구할 책(責)' 으로 이루어졌다. '적(績)' 자는 실을 잣는 공정으로, 삼 껍질에서 뽑은 짧은 섬유를 서로 이어서 긴 실을 만들어내고 이를 물레로 잣는 과정을 가리킨다.

이로부터 '적(績)' 자에 '작은 것을 모아서 큰 것을 쌓다'라는 의미가 생겨났다.

'길쌈 방(紡)' 자는 '실 사(糸)'와 '모 방(方)'으로 이루어졌다. '방(方)' 자의 자형은 배 두 척을 서로 묶은 모양이므로 '방(紡)' 자의 자형적 의미는 '실을 이어가다'가 된다. 그러니까 삼 껍질에서 뽑은 짧은 섬유를 이어서 긴 실을 만드는 과정을 가리키는 셈이다. 그러나 나중에는 '방(方)' 자를 '네모'의 뜻으로 보아 '방(紡)' 자를 '실을 격자 모양으로 짜서 천을 만들다'라는 의미로 쓰게 되었다.

'첩어(妾御)'란 원래 제후의 후궁들이 일정에 맞춰서 임금의 잠자리를 봐드리는 행위를 가리키는 말이지만, 여기서는 정실 부인을 포함하여 임금을 모시는 여인들을 지시하는 말로 썼다.

『예기』「월령」(月令)편은 계춘(季春)이 되면 후비(后妃)들이 동쪽으로 나가서 몸소 뽕잎 따는 일을 했다고 기록하고 있는데,[1] 경서의 이러한 기록은 길쌈을 여성들이 수행해야 하는 노동이자 성스러운 임무로 인식하게 만든다. 『여씨춘추』「애류」(愛類)의 "계집이 성년이 되었는데도 길쌈을 하지 않으면 천하에 추위에 시달리는 일이 생길 것이다"(女有當年而不績者, 則天下或受其寒矣)라는 구절은 노동의 당위성과 숭고함을 그대로 웅변한다.

그러나 무언가를 숭고하게 떠받드는 행위의 이면에서 우리는 언제나 숨은 이데올로기를 발견할 수 있는데, 여기서는 힘든 길쌈 노동을 여성에게 전담시키려는 의도를 볼 수 있다. 대마 껍질에서 섬유를 뽑아서 방적하는 일이 얼마나 고된 일인가는 그 공정을 한 번이라도 직접 목도하지 않고서는 짐작할 수가 없을 정도이다. 길쌈을 여성의 몫으로 고착시켰을 때 얻어지는 이데올로기적 이점은 힘든 작업을 그들에게 당연스레 맡길 수 있다는 사실 외에 이 일을 통해서 여성들을 정신적으로 거세시킬 수 있다는 점이다. 길쌈이 힘든 것은 그 자체가 고되기도 하지만 그것이 머리를 쓸 필요가 없는 단순 노동이어서 그 지루함을 이기기가 매우 힘들기 때문이다. 그래서 이 일에 다년간 종사하다 보면 생각이 단순해지고 거세가 쉽게 이루어지는 것이다. 이렇게 길든 여성들을 더욱 쉽게 부려먹을 수 있게 되는 것은 말할 것도 없으리라.

아무튼 남성에게 마음만 따뜻하게 해주는 것이 아니라 옷을 만들어 입혀서 몸도 따뜻하게 해줘야 하는 것이 여성들의 고유한 임무임을 이 구절은 전하고 있다. 이는 아마도 외디푸스 시기에 잃어버린 엄마를 찾으려는 남성들의 욕망이 반복되면서 나타난 결과가 아닐까?

남자의 권리와 여자의 의무

侍巾帷房(시건유방)이라 | 장막을 친 안방에서 수건을 들고 시중 든다.

모실 시(侍)

'모실 시(侍)' 자는 '사람 인(人)'과 '모실 시(寺)'로 이루어졌다. '시(寺)' 자는 원래 종교적 제의의 일환으로 거세시킨 사제(司祭)를 가리키는 글자였다. 이러한 제도적 유습이 나중에 국가 기구 조직에 반영된 것이 바로 내시(內侍) 제도이다. '시(寺)' 자의 독음은 '세울 수(樹)'와 같은 계열에 속하므로 '시(侍)' 자의 자형적 의미는 '존장의 옆에 항상 서서 받들어 모시는 사람'이 된다.

'수건 건(巾)' 자는 '덮을 멱(冂)'과 '위아래로 통할 곤(丨)'으로 이루어졌다. 옛날에는 아녀자들이 허리띠나 옷깃에 손수건 같은 것을 패용하고 다녔는데, 이 글자에서 '멱(冂)' 자는 수건을, '곤(丨)' 자는 몸에 맨 모양을 가리킨다.

'장막 유(帷)' 자는 '수건 건(巾)'과 '새 추(隹)'로 이루어졌고, 독음은 '둘러쌀 위(圍)'와 같다. 따라서 '유(帷)' 자의 자형적 의미는 '장막으로 둘러싸다' 또는 '둘러싸는 장막'이 된다.

'방 방(房)' 자는 '지게문 호(戶)'와 '모 방(方)'으로 이루어졌으며, 독음은 '옆 방(旁)' 자와 같다. '방(方)' 자는 앞의 출구의 자해에서 설명하였듯이 배 두 척을 이어놓은 모양이다. 따라서 '방(房)' 자의 자형적 의미는 '집 가운데 당(堂) 양쪽 측면을 이어서 만든 실내 공간'이 된다. 고대 건축에서 건물 안의 공간 배치는 중앙에 당(堂)을 놓고 이를 중심으로 양쪽 측면에 방(房)을 두었다. 그리고 방 안에 다시 실(室)을 만들어서 사적인 공간을 확보하였다. 따라서 손님은 방까지는 안내될 수 있어도 실에 들어가는 것은 허락되지 않는다. 당과 방은 지게문을 통해서 드나들므로 '호(戶)'자를 자형 속에 쓴 것이다.

'시건(侍巾)'은 원래는 '시건즐(侍巾櫛)'인데, 글자 수를 맞추기 위해서 줄인 말이다. '시건즐'이란 '수건과 머리 빗을 들고 시중을 들다'라는 뜻으로, 후비(后妃)나 처첩(妻妾)들이 임금이나 지아비의 음식을 비롯한 일상 기거에 시중 드는 일을 말한다. 그래서 처첩들이 자신을 낮추어 부르는 말로 쓰이기도 한다.

이 구절은『예기』「내칙」(內則)편에 보이는 '부부간의 예'(夫婦之禮)에 대한 내용을 요약해 쓰고 있다.

옛날에 처첩들은 일정한 법도와 일정에 따라서 지아비의 잠자리를 봐드렸는데, 이것이 바로 '유방(帷房)'의 예(禮)이다. 이러한 예는 본처의 경우는 70세가 되어야 면제가 되고, 첩은 50세를 넘기기 전까지는 반드시 5일에 한 번은 모셔야 했다.[2] 잠자리를 모실 때에 처첩들은 몸을 단정히 하고 공경하는 마음으로 지아비를 영접해야 함은 말할 것도 없다.

이러한 침실 시중을 정현(鄭玄)은 "이것은 (지아비가) 밤에 푹 쉬도록 권면하는 시중이다"(此御侍夜勸息也)라고 부연 설명했는데, 이는 엄마가 아기가 잘 자도록 토닥거리고 자장가를 불러주는 일과도 비슷하다.

　라캉의 욕망 이론을 보면 아기와 엄마 사이에 젖을 주고받는 관계는 이중의 요구로 이루어진다. 즉 젖을 달라는 요구와 젖을 먹일 수 있게 해달라는 것이다. 그러나 이것이 사회·윤리적으로 인식될 때에는 전자는 권리로, 후자는 의무로 드러난다. 왜냐하면 전자는 젖을 얻어 향유하는 형상을, 후자는 젖을 내주어 희생하는 형상을 갖기 때문이다. 그런데 여자 아이는 성장하면서 향유에서 희생으로 형상을 바꾸지만, 남자 아이는 성장 후에도 계속 향유의 형상으로 남아 있다. '시건유방(侍巾帷房)'으로 대변되는 침실 시중이 이 사실을 그대로 입증한다. 그래서 남자의 향유는 권리로, 여자의 희생은 의무로 고착되었던 것이다.

부채의 기능

紈扇圓潔(환선원결)하고 | 흰 깁 부채는 둥글고 깨끗하며,

수효 원(員)

'흰 깁 환(紈)' 자는 '실 사(糸)' 와 '둥글 환(丸)' 으로 이루어졌다. '환(紈)' 자는 독음이 '빛날 황(晃)' 과 같은 계열에 속하므로 자형적 의미는 '가는 명주실로 촘촘히 짜서 광채와 윤기가 나는 비단' 이 된다.

'부채 선(扇)' 자는 '지게문 호(戶)' 와 '날개 시(翅)' 로 이루어졌다. 대문의 두 문짝이 새의 두 날개와 모양이 같으므로 자형 속에 '시(翅)' 자를 쓴 것이다. 따라서 '선(扇)' 자의 자형적 의미는 '새의 양날개와 같은 대문의 문짝' 이 된다. 문짝이 돌쩌귀를 축으로 왕복 운동을 반복하는 것이 마치 부채의 운동과 유사하므로 이로부터 '부채' 라는 의미가 파생된 것이다.

'둥글 원(圓)' 자는 '에워쌀 위(囗)' 와 '수효 원(員)' 으로 이루어졌으므로 자형적 의미는 '둥글게 에워싸다' 가 된다.

'깨끗할 결(潔)' 자는 '물 수(水)' 와 '깨끗이 할 결(絜)' 로 이루어졌다. '결(潔)' 자의 독음은 '계제사 계(禊)' 와 같은 계열에 속하는데, 계제사란 요사(妖邪)를 떨어버리기 위해서 물가에서 행하는 제사이다. 따라서 '결(潔)' 자의 자형적 의미는 '더러운 것을 물로 깨끗이 떨쳐버리다' 가 된다.

575

이 구절부터는 앞에서 언급한 낙향 후의 한적한 일상 생활을 구체적으로 묘사하고 있다.

'환선(紈扇)'이란 흰 비단으로 만든 둥근 부채이다. 부채는 바람을 일으키기 위한 기능성 도구이기는 하지만, 이것을 굳이 고급 비단으로 만드는 것을 보면 무언가를 거기에 위임하고자 하는 기호로 여기고 있음에 틀림없다. '환(紈)'자가 '광채가 나다'라는 의미를 내포하고 있으므로 흰 비단 부채는 부채 주인의 인품을 눈부시도록 고결한 것으로 대변하는 것인지도 모른다.

한자는 부채를 대문의 '문짝'(扉)으로 상징하고 있는데, 여기에서 부채에는 바람을 일으키는 일 외에 문짝처럼 안과 밖을 경계 지어 안을 가리기도 하고 또한 밖에서 안으로 들어오는 것을 막기도 하는 기능이 있음을 알 수 있다.

당하(堂下)에 내려올 일이 없는 귀족과 같은 사람들은 늘 부채를 쥐고 다니는 경향이 있는데, 이것은 이런 기능을 충분히 활용하려는 의도로 해석된다. 다시 말해서 아랫사람과의 대화중에 간간이 부채를 폈다 접었다 해서 문짝 기능을 수행하는 것이다. 이렇게 해야 위아래의 경계가 생겨서 귀천이 구별되는 것이다. 부채는 이렇듯 보이지 않는 가운데 사회적 기능을 수행하기 때문에 그 신화성을 높이기 위해서라도 흰 깁과 같은 고급 재질로 만들어야 하는 것이다.

우리는 앞의 "장막을 친 안방에서 수건을 들고 시중 든다"(侍巾帷房)라는 구절에서 남성의 품위 있는 생활 뒤에는 여성의 노동이 숨겨져 있음을 보았다. 마찬가지로 흰 깁으로 만든 둥글고 깨끗한 부채 뒤에는 이를 둥글고 깨끗한 모양으로 재단하기 위해서 잘리고 버려진 쓰레기가 있음을 알아야 한다. 따라서 누군가가 원만하고 고결한 인품으로 존경받고 있다면 그의 뒤에는 반드시 그를 대신해서 원망을 듣고 또 궂은일은 도맡아 하는 희생자가 그림자처럼 붙어 있을 것이다. 그가 그의 부인이든, 부하든, 몸종이든 말이다.

횃불에서 촛불로

銀燭煒煌(은촉위황)이라 | 은빛 촛불은 반짝반짝 빛난다.

에울 위(韋)

'은 은(銀)' 자는 '쇠 금(金)' 과 '머무를 간(艮)' 으로 이루어졌다. '간(艮)' 자는 기실 '잇몸 은(齦)' 자를 뜻하는 글자로서 여기에는 '잇몸이 희다' 라는 의미가 있다. 따라서 '은(銀)' 자의 자형적 의미는 '흰색의 금속' 이 된다.

'촛불 촉(燭)' 자는 '불 화(火)' 와 '나비 애벌레 촉(蜀)' 으로 이루어졌다. '촉(蜀)' 자는 독음이 '비칠 조(照)' 와 같으므로 '촉(燭)' 자의 자형적 의미는 '어두운 데서 밝게 비추기 위한 횃불' 이 된다. 옛날에는 마당을 환하게 비추기 위해서 땅에 세워놓는 횃불은 '료(燎)' 라 하고, 손에 쥐는 횃불은 '촉(燭)' 이라 불렀다. 그러다가 나중에 밀랍(蜜蠟)으로 '촉(燭)' 을 만들어 쓰게 되었는데, 이것이 바로 오늘날 초의 효시인 것이다.

'빛날 위(煒)' 자는 '불 화(火)' 와 '에울 위(韋)' 로 이루어졌다. '위(煒)' 자는 독음이 '빛날 휘(暉)' 와 같기도 하므로 자형적 의미는 '불이 빙 둘러 에워싸서 환하다' 가 된다.

'황(煌)' 자는 '불 화(火)' 와 '클 황(皇)' 으로 이루어졌다. '황(煌)' 자는 독음이 '빛날 황(晃)' 과도 같으므로 자형적 의미는 '불빛이 크게 빛나다' 가 된다.

이 구절은 밤에 집 안을 밝히는 촛불의 찬란함을 묘사하고 있다.

'은촉(銀燭)'이란 '은빛처럼 희게 비치는 촛불'이란 뜻이고, '위황(煒煌)'은 '휘황(輝煌)'으로도 쓴다.

잠을 다시 생각함

畫眠夕寐(주면석매)는 | 낮에 졸고 저녁에 푹 잠드는 것은

D

저녁 석(夕)

'낮 주(晝)' 자는 '날 일(日)'과 '쪼갤 획(畫)'으로 이루어졌다. '획(畫)' 자는 '경계를 나누다'라는 뜻이 있을 뿐만 아니라 '주(晝)' 자의 독음이 '붉을 주(朱)'와 같으므로, '주(晝)' 자의 자형적 의미는 '낮의 반을 쪼개는 경계인 중천에 해가 높이 떠서 매우 밝은 상태임'을 나타낸다. 이로부터 '일출부터 일몰까지의 낮 기간'을 가리키는 말로 확장되었다.

'졸 면(眠)' 자는 '눈 목(目)'과 '백성 민(民)'으로 이루어졌다. '민(民)' 자는 원래 '노예'를 뜻하는 글자로 독음도 '어두울 명(瞑)'과 같은 계열에 속한다. 따라서 '면(眠)' 자의 자형적 의미는 '눈이 캄캄하게 어두운 상태', 곧 '잠자다'가 된다.

'저녁 석(夕)' 자는 고문자의 '달 월(月)'과 실상 같은 글자로 고대에는 서로 통용되기도 하였다. '석(夕)' 자의 독음은 '서녘 서(西)' 또는 '흴 석(晳)'과 같은 계열에 속하는데, 이는 해가 서쪽으로 질 때 초승달도 서쪽에 보일 뿐만 아니라 색깔도 햇빛에 반사되어 희게 보이기 때문이다. 그래서 자형도 '월(月)' 자에서 한 획을 생략한 모양을 하고 있다. 따라서 '석(夕)' 자의 자형적 의미는 '해가 서쪽으로 질 때 보이는 흰색의 초승달'이 된다. 이로부터 '저녁'이란 말이 파생된 것이다.

'잘 매(寐)' 자는 '집 면(宀)' 과 '병들어 드러누울 녁(疒)' 과 '아닐 미(未)'로 이루어졌다. '미(未)'자의 자형적 의미는 '나무가 무성하게 자라다'로서 기실 '무성할 무(茂)'와 같은 글자이다. 그리고 '매(寐)'자의 독음은 '어두울 명(暝)', '잘 면(眠)' 등과 같은 계열에 속한다. 따라서 자형적 의미는 '집 안에 드러누워 깊이 잠들다'가 된다.

낮이 반쪽으로 갈라지는 시간에 졸고 밤이 바야흐로 시작될 즈음에 잔다는 것은 마음을 비우고 한적함을 즐기는 은인(隱人)의 생활을 묘사한 말이리라. 왜냐하면 밤낮을 가리지 않고 잠을 잘 수 있다는 것은 거의 모든 욕망을 떨쳐버렸거나 완전히 제어했을 때 가능하기 때문이다. 이것은 언젠가 꿈이 이루어질지도 모른다는 환상과 기대에 사로잡혀 어려운 하루하루를 인내하며 살아가는 보통 사람들에게는 불가능한 일이다. 헥토르를 추격하는 아킬레스는 끝내 헥토르를 잡을 수 없다는 제논(Zeno)의 패러독스처럼 욕망이란 결국 환상으로 끝날 줄 알면서도 어쩔 수 없이 좇아갈 수밖에 없는 것이 인생인데, 이러한 욕망을 떨쳐버리고 잠을 선택한다는 것은 생명 있는 유기체로서는 쉬운 일이 아니다.

백거이(白居易)의 「수기안좌」(睡起晏坐)라는 시에 "뒤뜰 정자에서 낮잠을 실컷 자고서/ 일어나 앉으니 봄 풍광이 저물어가네"(後亭書眠足, 起坐春景暮)라는 구절이 있다. 이 시구는 낮잠이 얼마나 사람의 시선을 신선하게 환기해 주는가를 잘 보여준다. 시인이 낮잠을 자지 않고 그 시간에 무언가를 열심히 추구했더라면, 과연 이런 시 세계를 볼 수 있었겠으며, 나아가 이러한 경구(警句)를 지어낼 수 있었을까? 그런데도 공자는 재아(宰我)가 낮잠 자는 것을 보고 "썩은 나무는 (거기에) 조각할 수 없고, 더러운 흙으로 만든 담은 흙손으로 꾸밀 수 없다"[3]라고 야단을 쳤다.

사실 학교나 직장에서 졸거나 낮잠을 자는 사람들이 끼치는 해악은 따지고 보면 그리 크지 않거나 거의 없다고 말할 수 있다. 오히려 잠깐 졸고 나면 정신이 맑아져서 일의 능률이 오를 때가 많다. 반면에 졸음과 싸우면서 부지런히 무언가를 성취하겠다는 독종(?)들이 오히려 돌이킬 수 없는 해악을 끼치는 경우가 적지 않다. 이들은 욕망을 실현하기 위해서 온 힘을 다해 투쟁하는 사람들이기 때문에 육체가 언제나 한계 영역을 드나드는 것이 사실이다. 그러니 이런 사람의 정신이 온전히 건강하다고 장담할 수 없고 영혼 또한 피폐해질 수밖에 없는 것이다. 이런 상태에서 자신의 꿈을 실현한답시고 이것저것 부지런히 일을 벌일 때, 얼마나 많은 사람들이 실상도 모른 채 좌로 우로 그를 따라 헤맬 것인가. 어느 부지런한 군인이 자신의 알량한 꿈을 이루겠다고 새벽에 일어나 정권을 탈취해 정치 지도자가 되더니, "새벽종이 울렸네, 새 아침이 밝았네" 하며 잠자는 사람들을 새벽같이 깨워 닦달해서 얻은 결과가 무엇이었고, 그래서 우리가 어떤 상처를 받았는지 역사에서 경험하였다. 밤에 실컷 자고도 낮에 조는 것을 부정적으로 보지 말자.

연필이 나쁘면 정말로 공부를 못하는 시대

藍筍象牀(람순상상)이라 | 대나무 침상과 상아로 장식한 긴 의자(때문)이다.

코끼리 상(象)

홍성원은 '쪽 람(藍)' 자를 '바구니 람(籃)' 자로 고쳐야 한다고 주장했는데 이 말이 옳다. '바구니 람(籃)' 자는 '대 죽(竹)'과 '볼 감(監)'으로 이루어졌다. 바구니는 대나무 껍질을 엮어 만들었기 때문에 틈새가 많다. 그래서 안팎이 서로 통해서 속이 들여다보이므로 자형에 '감(監)' 자를 쓴 것이다. 따라서 '람(籃)' 자의 자형적 의미는 '속이 들여다보이도록 엮은 대바구니'가 된다.

'댓순 순(筍)' 자는 '대나무 죽(竹)'과 '열흘 순(旬)'으로 이루어졌다. '순(旬)' 자는 독음이 '경탄할 순(昚)'과 같은데, 이는 대나무 순이 싹이 트면서부터 수일 이내에 곧게 뻗어 올라가는 모양이 놀라울 정도로 빠르다는 의미를 내포한다. 따라서 '순(筍)' 자의 자형적 의미는 '싹이 놀랍게 빨리 뻗어 자라는 대나무'가 된다. 그래서 '순(筍)' 자를 '대나무'라는 의미로도 쓴다.

'코끼리 상(象)' 자의 원래 자형은 코끼리의 형상을 그린 모양이다. '상(象)' 자는 독음이 '장대할 장(壯)'과 같은 계열에 속하므로 자형적 의미는 '장대한 코끼리'가 된다. 이 글자는 '상상하다'라는 의미로도 쓰이는데, 이를 『한비자』「해로」(解老)편에서는 "사람들은

583

살아 있는 코끼리를 볼 기회가 드물기 때문에 죽은 코끼리의 뼈를 주게 되면 코끼리 그림을 살펴서 그것의 살아 있는 모습을 상상한 다. 그래서 뭇 사람들이 속으로 상상하는 방도를 모두 '상(象)'이라 고 일컫는 것이다"(人希見生象也, 而得死象之骨, 按其圖以想其生也. 故諸 人之所以意想者, 皆謂之象也)라고 설명하였다.

'평상 상(牀)' 자는 '나무 목(木)'과 '조각 장(爿)'으로 이루어졌 다. '장(爿)' 자의 원래 자형을 보면 침대를 세로로 세워놓은 모양으 로 되어 있다. 그러므로 '상(牀)' 자의 자형적 의미는 '나무로 만든 침대'가 된다.

'남순(籃筍)'은 대나무로 만든 침상이나 '가마'(轎)를, '상상(象 牀)'은 상아로 장식한 긴 의자를 가리키는데, 이들은 모두 편안히 잠 을 자는 데 쓰이는 도구들이다. 대나무는 열 전도율이 높으므로 주 로 여름용 침대로 사용되고 반대로 상아는 열 전도율이 낮으므로 주 로 겨울용으로 애용된다. 명나라 양정(楊珽)의 『용고기』(龍膏記)「사 맹」(邪萌)편에 "낮 동안에는 오직 반찬을 갖춰 밥 먹는 일만 할 줄 알 고, 밤 동안에는 단지 대나무 침상과 상아로 장식한 긴 의자만을 알 뿐이다"(日間只會具膳餐飯, 夜間但知籃筍象牀)라는 구절이 보이므로 앞서 말한 대로 홍성원의 설이 옳다.

밤에 푹 자고도 낮에 조는 것은 침상이 좋기 때문이라는 것이 이 구절의 의미이다. 잠뿐만 아니라 무슨 일이든 도구가 좋으면 일의 효과가 현저하게 달라지는 것은 예나 지금이나 똑같다. 그러나 도구 가 그리 발달하지 않았던 옛날에는 도구를 다시 장만하는 것에 따른 투자 대비 효용이 크게 드러나지 않았기 때문에 일의 성패를 가름하는 요소에서 도구가 사람의 의지를 능가하지 못했다. 그래서 성적이 좋지 않은 아이가 이런저런 이유를 대며 합리화할 때 흔히 "그러면 연필이 나빠서 공부를 못했다는 말이냐? 근본적으로 공부하겠다는 의지가 없어서 그런 거야" 하는 말로 핀잔을 준다. 그러나 지금은 역설적이게도 연필이 좋아야 공부도 잘되고 성적도 올라가는 세상이다. 의지가 아무리 군건해도 환경이 갖춰지지 않으면 남보다 나은 결과를 기대하기 어렵다. 약육강식과 물질적 욕망 충족이라는 윤리에 바탕한 경쟁 사회에서 의지는 필수적인 요소이고, 결국 승패는 누가 더 좋은 도구를 가졌느냐에서 판가름나는 것이 오늘날의 현실이다.

은거하여 매일 노는 사람도 침상이 훌륭하면 밤낮으로 편히 자고 조는 법인데, 하물며 치열한 경쟁 속에서 사는 사람에게 도구가 얼마나 중요한지는 굳이 묻지 않고도 알 수 있을 것이다.

하나가 되는 잔치, 그래도 갈등은 남는다

絃歌酒讌(현가주연)할새 | 거문고를 타고 노래를 부르며 술로 잔치를 벌일 때,

'줄 현(絃)' 자는 '실 사(糸)'와 '가물 현(玄)'으로 이루어졌다. '현(玄)' 자는 "그윽하고 아득하다"(幽遠)라는[4] 뜻이므로, '현(絃)' 자의 자형적 의미는 '줄을 타 그윽한 소리를 내는 현악기'가 된다.

술 주(酒)

'노래 가(歌)' 자는 '하품 흠(欠)'과 '형 가(哥)'로 이루어졌다. '가(哥)' 자는 입을 크게 벌리고 '아아!' 하고 장탄식을 한다는 뜻으로 나중에는 '노래하다'라는 의미로 쓰이게 되었다. '흠(欠)' 자도 입을 벌린다는 뜻이므로 '가(歌)' 자의 자형적 의미는 '입을 크게 벌리고 장탄식을 하다'가 된다.

'술 주(酒)' 자는 '물 수(水)'와 '익을 유(酉)'로 이루어졌다. '유(酉)' 자의 원래 자형은 술병 모양으로 그 독음은 '익을 숙(熟)' 자와 같은 계열에 속한다. 따라서 '주(酒)' 자의 자형적 의미는 '술병 속에서 익은 액체', 즉 '술'이 된다.

'잔치 연(讌)' 자는 '말씀 언(言)'과 '제비 연(燕)'으로 이루어졌다. '연(燕)' 자는 '잔치 연(宴)'과 독음도 같고 또 제비는 무리를 지어 이동하므로, '모여서 술 마시고 즐기는 잔치'라는 의미로 서로 통하여 사용한다. 고대 중국인들은 사슴, 기러기, 양, 제비와 같이 무

리를 지어 사는 동물들을 숭상하였기 때문에 군신간에 또는 현자들이 모여 술 마시고 즐기는 잔치에 자주 비유하였다.[5] 따라서 '연(讌)' 자의 자형적 의미는 '여러 사람이 모여서 술 마시고 이야기하며 즐기는 연회'가 된다.

연회(宴會)란 '연(讌)' 자의 자형이 말해 주는 것처럼 제비들이 빨랫줄에 나란히 모여앉아 재잘거리듯이 사람들이 둘러앉아 왁자지껄 떠들며 노는 잔치를 말한다. 왁자지껄 떠든다는 것은 개인들이 집단 속에 있으면서도 집단의 질서를 따르지 않아도 된다는, 즉 집단을 벗어나지 않고도 개인이 보장됨을 의미한다. 사람이란 무한히 자유를 누리고 싶어하지만 그러다 보면 집단에서 고립되거나 추방당할지도 모른다는 공포 때문에 스스로 억압해야 하는 갈등을 안고 있다. 이런 의미에서 왁자지껄 떠드는 파티는 욕망과 억압의 모순을 충족시키고 해결할 수 있는 기회인 것이다.

여기서 개인들은 집단의 보호 속에서 개인의 자유를 누린다는 행복감에 젖는다. 그들은 서로간의 억압을 해제하고 원시적 관계로 돌아간다. 그래서 내 마음도 보여주고 상대방의 솔직한 마음도 알기를 원한다. 이렇게 해서 너와 내가 '함께해서' '하나가 된다'. 이러한 욕망을 좀더 현실에 가깝게 하기 위해서 동원되는 것이 술과 가무이고 이러한 잔치를 일컬어 주연(酒讌)이라고 부르는 것이다.

노래를 부를 때 악기로 반주하는 것과 그렇지 않은 것 사이에는 분명한 차이가 보인다. 즉 반주란 악기라는 도구로 음의 틀을 만드는 것이므로 노래하는 사람의 음정을 바르게 잡아준다. 또한 반주는 악기의 그윽한 소리로 노래의 컨텍스트를 받쳐주는 기능을 수행하므로 노래하는 사람이 소리를 과도하게 지르지 않게 될 뿐만 아니라, 노래 자체를 수식해 주기 때문에 노래하는 사람이 커져보이는 효과를 낳기도 한다. 이러한 것을 우리는 문자적 수식이라고 부른다. 몇 년 전에 개봉해 인기를 모은 영화 「와호장룡」(臥虎藏龍)을 보면 문자적 수식이 무엇인지를 금방 알 수 있다. 이 영화는 집에서 비디오로 보는 것과 입체 음향 시설이 완비된 영화관에서 감상하는 것 사이에 감동의 차이가 큰 것을 느낄 수가 있는데, 이는 반주라 할 음향을 입체적으로 잘 활용해서 얻은 효과에 힘입은 것이라 해도 과언이 아니다.

이러한 문자적 수식으로 장식된 분위기는 파티 참여자들에게 원초적 세계를 상기시켜 모두 '하나'가 되게 만들기는 하지만, 그렇다고 현실의 본질적인 모순이 이것으로 해결되는 것은 아니다. 요즘은 집단 내의 모순과 갈등을 본질적으로 해결하기보다는 이처럼 문자적 수식을 통해서, 이른바 분위기를 그럴싸하게 띄워서 모순을 감상적으로 호도하거나 감추려는 경향이 짙은 것이 사실이다.

건배의 의미

接杯擧觴(접배거상)이라 | 나무잔은 공손히 쥐고 작은 뿔잔은 두 손으로 들어올려 권한다.

뿔 각(角)

'접할 접(接)'자는 '손 수(手)'와 '시비(侍婢) 첩(妾)'으로 이루어졌다. 첩이란 계집 몸종으로서 항시 주인의 곁에서 잡다한 일을 맡아보는 사람이므로, '첩(妾)'자의 독음은 '잡을 집(執)'과 같은 계열에 속한다. 따라서 '접(接)'자의 자형적 의미는 '손으로 잡다'가 된다. 이로부터 '손과 손을 마주 잡다'·'서로 마주 대다' 등의 의미가 파생되었다.

'들 거(擧)'자는 '손 수(手)'와 '더불 여(與)'로 이루어졌다. '여(與)'자의 원래 자형은 두 사람이 배를 주고받는 모양이므로 여기에는 두 개의 손이 관여돼 있다. 따라서 '거(擧)'자의 자형적 의미는 '두 손으로 들어올리다'가 된다.

'잔 상(觴)'자는 향음주(鄕飮酒)의 예(禮)에 쓰이는 술잔으로서 뿔로 제작되었다.

이 구절은 연회에서 서로 주거니 받거니 하며 술을 권하는 모습을 묘사하고 있다. '접(接)'자는 '읍할 읍(揖)'과 독음이 같으므로, '접배(接杯)'에는 두 손으로 공손히 잔을 들어 술을 권한다는 의미가 들어 있다. '거상(擧觴)'은 술잔을 두 손으로 눈 높이까지 들어 공경을 표시하면서 술을 권하는 행위를 말한다.

연회에서의 이러한 관습도 실상은 일종의 제도라고 말할 수 있다. 즉 앞서 말했듯이 연회가 사람들을 원초적 세계로 돌아가게 하는 긍정적인 측면이 있긴 하지만, 자칫 위아래가 구분되지 않는 무질서 상태로 전락하게 될 위험도 안고 있다. 그래서 이러한 제도를 관습의 형태로 수행해서 개인들의 일탈을 막는 것이다.

우리도 연회에서 술을 권하는 의식으로 건배(乾杯)를 제안하기도 하는데, 건배란 글자 그대로 '잔'(杯)을 '말려서'(乾) 비우는 행위이다. 그런데도 건배를 제의하거나 동의해서 술잔을 들어놓고는 다 마시지 않고 잔을 놓는 경우가 종종 있다. '건(乾)' 자가 한자이기 때문에 '말려 비우다'라는 의미가 가깝게 와닿지 않고 오히려 음성적 차원에서 '건강할 건(健)' 자에 가깝게 인식되기 때문이리라. 중국인에게 건배하자고 해놓고 다 마시지 않으면 실례가 된다. 그들은 '건(乾)'을 '비우다'로 정확히 인식하기 때문이다. 비울 자신이 없으면 함부로 건배를 제안하거나 동의하지 말아야 한다.

춤의 효용

矯手頓足(교수돈족)하니 | 손을 굽혔다 펴고 발을 구르며 (춤을 추니),

발 족(足)

'바로잡을 교(矯)' 자는 '화살 시(矢)'와 '높을 교(喬)'로 이루어졌다. '교(喬)' 자는 나무처럼 곧고 높지만 끝이 유연하게 구부러져 있는 물건을 의미하므로, '교(矯)' 자의 자형적 의미는 '굽은 살대를 곧게 펴는 틀'이 된다.

'손 수(手)' 자의 원래 자형은 다섯 개의 손가락이 달린 손 모양으로 되어 있다. 독음은 '취할 취(取)'와 같은 계열에 속하므로 자형적 의미는 '물건을 잡아 취하는 손'이 된다.

'두드릴 돈(頓)' 자는 '머리 혈(頁)'과 '어려울 준(屯)'으로 이루어졌다. '준(屯)' 자의 원래 자형은 어린 싹이 흙을 뚫고 힘겹게 나오는 모양이고, '돈(頓)' 자의 독음은 '부딪칠 저(牴)'와 같은 계열에 속한다. 따라서 '돈(頓)' 자의 자형적 의미는 '엎드려서 머리를 땅바닥에 부딪치고 조아리다'가 된다. 이를 돈수(頓首)라고도 하는데, 이는 평상시의 예법은 아니고 사죄하거나 용서를 구할 때 조아리는 예이다.

'발 족(足)' 자를 갑골문에서는 ' ' '으로 적었는데 이는 무릎 이하의 정강이와 발을 그린 모양이다. '족(足)' 자의 독음은 '곧을 직(直)'과 같은 계열인데, 이는 무릎 이하의 정강이가 구부러지지 않고 곧음을 의미한다. 그래서 '바를 정(正)' 자의 고문자 자형이 '족(足)'

자와 비슷한 것이다. 따라서 '족(足)' 자의 자형적 의미는 '무릎 이하의 곧은 발'이 된다.

이 구절은 연회에서 흥에 겨운 나머지 모두들 일어나 덩실덩실 춤을 추는 모양을 묘사한 것이다.

'교(矯)' 자는 '굽은 것을 곧바르게 펴다' 라는 의미가 있으므로 '교수(矯手)'란 춤을 출 때 팔을 접었다 폈다 하는 동작을 가리킨다. '돈족(頓足)'이란 머리를 땅에 연거푸 부딪치며 조아리듯이 발을 구르는 춤 동작을 말한다.

『예기』(禮記) 「월령」(月令)편의 기록을 보면 음력 정월에는 학동들에게 춤을 익히게 한다는 기록이 있는데, 이는 봄에는 양기가 왕성하기 때문에 겨우내 잔뜩 움츠렸던 몸을 펴 움직이게 해서 음기를 불러오게 하는 일종의 운동 개념이었다. 이처럼 춤은 중국인들에게 전통적으로 매우 친근하면서도 일상적인 오락이었다. 우리에게 부정적인 인상이 있는 사교 댄스(交際舞)가 중국 사회에서는 보편화된 것은 이러한 전통적 관습 때문이다.

껍질, 편안함의 조건

悅豫且康(열예차강)이라 | 기쁘고 즐거우며 또한 편안하다.

또 차(且)

'기쁠 열(悅)' 자는 '마음 심(心)'과 '통할 태(兌)'로 이루어졌다. '태(兌)' 자의 고문자 자형은 입으로부터 기운이 분산돼 나가는 모양으로 그려져 있고, 독음은 '열'로도 읽는다. 따라서 '열(悅)' 자의 자형적 의미는 '마음에서 기운이 분산돼 나가서 확 통하다'가 된다. 여기에서 '기쁘다'라는 의미가 파생되었다.

'즐길 예(豫)' 자는 '코끼리 상(象)'과 '줄 여(予)'로 이루어졌다. '여(予)' 자는 '줄 여(與)'와 같은 의미의 글자로 '넉넉하다'·'허락하다' 등의 의미를 내포하고 있다. 따라서 '예(豫)' 자의 자형적 의미는 '코끼리처럼 크다'가 된다. 이로부터 '넉넉하다'·'기뻐하다'·'미리' 등의 의미들이 파생했다.

'또 차(且)' 자는 '책상 궤(几)'와 '하나 일(一)'로 이루어졌다. '일(一)' 자는 땅을 뜻하므로 자형적 의미는 '책상을 땅 위에 놓다'가 된다. '궤' 자 안의 횡선 두 개는 책상이 흔들리지 않도록 책상 다리 사이를 연결한 버팀목을 그린 모양이다. 웃어른에게 물건을 올릴 적에는 밑에다가 상을 받치고 그 위에 놓아야 하므로, 여기에서 '밑에 받치다(또는 깔다)'라는 의미가 파생되었다. 우리가 이를 '또한'이라고 번역하는 것은 '앞에 말한 내용을 밑에 깔고, 더 나아가'라는 의미를

593

축약해서 쓴 것이라고 말할 수 있다. '더 나아가' 라는 말은 다시 '장차' 라는 의미로 확대돼 쓰이기도 한다.

'편안할 강(康)' 자를 소전에서는 '康' 으로 적었는데 이는 '절구공이 오(午)'·'함께 공(共)'·'쌀 미(米)' 로 이루어진 자형이다. 따라서 자형적 의미는 '두 손으로 절구공이를 쥐고 벼를 찧을 때 나오는 껍질', 즉 '겨' 가 된다. 같은 계열의 독음을 가진 '빌 공(空)' 자와 '껍질 각(殼)' 자 등이 이러한 의미를 입증한다. 속이 비어서 아무것도 없는 것은 곧 걱정할 것이 없다는 뜻과 같으므로 이로부터 '강(康)' 자에 '편안하다' 라는 의미가 생겨난 것이다. 나중에 '강(康)' 자가 '편안하다' 라는 의미로만 쓰이면서 '겨' 란 뜻은 '강(穅)' 자를 따로 만들어 쓰게 되었다.[6]

이 구절은 춤과 노래를 부르면 기쁘고 즐거울 뿐만 아니라 나아가 편안해지기까지 하는 현상을 서술하고 있다. 흔히 '차(且)' 자는 '또한' 으로 많이 풀이하지만, 자형적 의미대로 '장차'(且)로 풀이하는 것이 옳다. 즉 '차(且)' 자를 중심으로 앞뒤에 있는 상태나 동작이 동시에 발생하는 것이 아니라, 엄격히 말하면 전후의 시간 차이를 두고 인과적으로 일어남을 의미한다. 앞의 '기쁘고 즐거운' 상태를 바탕으로 해서 '편안한' 상태가 야기된다는 말이다.

'기쁨과 즐거움'(悅豫)이란 자형이 뜻하는 것처럼 '억눌린 심정을 말로 마음껏 뱉어내고' 또 남에게 '넉넉히 주고 베풀 때 생기는 것'이다. 이 구절은 그래서 내 속이나 내 손 안에 가진 것이 없고 '껍질'(康)만 있을 때 편안해진다는 사실을 문자적으로 설명하고 있다.

'적(嫡)'과 '서(庶)'의 이미지

嫡後嗣續(적후사속)하여 | 적자의 자손으로 후사를 이어가니

뒤 후(後)

'정실 적(嫡)' 자의 원래 자형은 '계집 녀(女)'와 '뿐 시(啻)'로 이루어졌다. '시(啻)' 자의 독음은 '바로잡을 시(諟)'와 같고, 이는 다시 '살필 체(諦)'와 같은 계열에 속하므로 '적(嫡)' 자의 자형적 의미는 '여인이 조심조심 살피듯이 근신하다'가 된다. 이로부터 '질서를 바로잡을 때 단하나의 기준이 되는 정숙한 여자', 즉 '정실(正室)'이란 의미가 파생되었다.

'뒤 후(後)' 자는 '조금씩 걸을 척(彳)'·'작을 요(幺)'·'뒤져올치(夂)' 등으로 이루어졌다. '요(幺)' 자의 고문자 자형은 실오라기를 그린 모양으로 독음이 '종 해(奚)' 자와 같은 계열에 속한다. 옛날에는 노예들이 도망가지 못하도록 발에 줄을 묶어두었다. 따라서 '후(後)' 자의 자형적 의미는 '노예들이 잘 걷지 못하도록 발에 줄을 묶어두어서 뒤쳐져 걷다'가 된다. 이로부터 '뒤'란 의미가 파생된 것이다.

'이을 사(嗣)' 자는 '책 책(冊)'·'에워쌀 위(囗)'·'맡을 사(司)' 등으로 이루어졌다. 여기서 '책(冊)'이란 권력의 정통성을 입증해주기 위해서 상위 권력이 발행한 인증서를 뜻하고 '위(囗)' 자는 '나라'를 의미하므로, '사(嗣)' 자의 자형적 의미는 '황제가 하사한 제후

의 부명(符命)을 맡은 자'가 된다. 이로부터 '정통성을 계승한 적장자(嫡長子)' 또는 '계승하다' 등의 의미가 파생되었다.

'이을 속(續)' 자는 '실 사(糸)'와 '바꿀 속(賣)'으로 이루어졌다. 이 글자의 독음은 '속할 속(屬)'과 같고, 또한 '속(賣)' 자의 '바꾸다'라는 뜻은 '반복해서 교대하다'는 의미도 내포하므로 '속(續)' 자의 자형적 의미는 '실오라기를 반복해서 이어가다'가 된다.

이 구절은 『국어』(國語) 「진어」(晉語)편의 "조상의 대를 이어감이 마치 곡식의 불어남과 같도다"(嗣續其祖, 如穀之滋)라는 구절처럼, 조상으로부터 내려온 후사가 적장자로 이어지게 해서 자손이 번성하고, 그것에 질서가 있어야 함을 말하고 있다. 농업을 기반으로 하는 고대 사회에서는 자손을 되도록 많이 낳는 것이 바람직한 것이긴 했지만 무작정 많이 두는 것이 능사는 아니었다. 왜냐하면 자손이 많더라도 질서가 잡혀 있지 않으면 재산이 보존될 수 없기 때문이다. 그래서 권력의 정통성, 즉 '인증서를 맡을 사람'을 하나로 정하는 것인데, 그 핵심적인 자격이 바로 정실의 아들이어야 하는 것이다. 적자는 뭇 아들(庶子)들의 중심이 되어야 하므로 '적(嫡)' 자의 자형대로 늘 조심하면서 규범 노릇을 해야 한다. 그래서 적자는 보수적일 수밖에 없다. 반면에 뭇 아들인 서자들은 한 지붕 아래 화톳불 주위에 모여 일하는 일꾼들을 형상화한 '서(庶)' 자의 자형이 말해 주듯이[7] 적장자 주위에서 그를 규범으로 '바라보고'(庶) 살면 되는 것이다.

이렇게 형상화된 자형 이미지는 우리의 관념을 형성하고 합리화해 왔던 것이다.

'제(祭)': 살부(殺父) 신화의 제의

祭祀蒸嘗(제사증상)이라 | (철따라) 증제(蒸祭)와 상제(嘗祭) 등의
제사를 지낸다.

제사 제(祭)

'제사 제(祭)' 자를 소전에서는 '祭'로 적었는데 이는 '보일 시(示)'와 '손(又)'으로 '고깃덩어리'(肉)를 들고 있는 모양이다. '시(示)' 자가 변(偏)으로 쓰일 경우 주로 제사와 관련된 의미를 표상하므로, '제(祭)' 자의 자형적 의미는 '손으로 고깃덩어리를 들고서 천신과 조상에 제사 지내다'가 된다.

'제사 사(祀)' 자는 '보일 시(示)'와 '뱀 사(巳)'로 이루어졌다. '사(巳)' 자의 고문자 자형을 보면 원래 어린아이 모양을 그린 것인데, 어린아이란 아직 성년이 되지 않아서 계속 성장하므로 이 글자에는 '끊임없이 오래도록'이란 의미가 내포돼 있다. 따라서 '사(祀)' 자의 자형적 의미는 '아들이 아비의 제사를 끊이지 않고 지내다'가 된다. 아들이 아비의 제사를 끊이지 않고 지내는 것을 '사(祀)'라고 한다면, 아들이 아비를 계속해서 닮는 것은 '사(似)'라 하고, 아들이 아비를 계승해 내려가는 것은 '사(嗣)'라고 한다. 이로써 '사(祀)' 자 계열의 독음에 '끊임없이 오래도록'이란 의미가 들어 있음을 입증할 수 있다.

'찔 증(蒸)' 자는 '풀 초(艸)'와 '찔 증(烝)'으로 이루어졌다. 길쌈

을 할 때에는 맨 먼저 대마 줄기를 베어다가 솥에 넣고 찐 다음 삼 껍질을 벗겨내는데, 이때 껍질을 벗겨내고 남은 속 줄기를 '증(蒸)'이라고 부른다. 이 줄기는 가운데 구멍이 나 있으므로 잘 말려서 촛불 대용으로 쓰거나 불씨를 옮기는 데 쓴다. 그리고 '겨울 제사 증(烝)' 자와 독음이 같으므로 같은 글자로 쓰기도 한다.

'맛볼 상(嘗)' 자는 '맛 지(旨)'와 '높일 상(尚)'으로 이루어졌다. '상(尚)' 자는 굴뚝에서 연기가 높이 올라가는 모양이므로,[8] '상(嘗)' 자의 자형적 의미는 '맛의 높이를 평가하다'가 된다. 경서에서는 '상(尚)' 자와 통가(通假)하여 '일찍이'라는 의미로도 쓰이지만, 여기서는 가을 제사의 이름으로 쓰였다.

이 구절은 제사에 관한 내용으로 『시경』「천보」(天保)편의 "사시사철 철따라 제사를 선공과 선왕 들께 드리니"(禴祠烝嘗, 于公先王)를 다시 쓴 듯하다.

'증(烝)'과 '상(嘗)'은 각각 겨울 제사와 가을 제사의 이름을 가리키는 글자이지만, 여기서는 춘하추동 사계절에 지내는 이른바 사제(四祭)를 모두 가리킨다. 사제란 그 계절에 처음 익은 곡물로 조상에게 제사 지내는 것으로 봄의 사(祠), 여름의 약(礿, 또는 禴으로도 씀), 가을의 상(嘗), 겨울의 증(烝, 또는 蒸으로도 씀) 등이다. 봄에는 익은 작물이 없으므로 제물 대신 가죽과 비단을 놓고 '말'(詞)로만 제사를 지낸다고 해서 '사(詞)' 자와 독음이 같은 사(祠)라 부른 것이고, 여름에는 '보리'(麥)를 바치므로 '맥(麥)'과 독음이 비슷한 약(礿)이라 칭한 것이며, 가을에는 기장과 조를 처음 '맛보므로' 상(嘗)이라 한 것이고, 겨울에는 모든 작물을 추수해서 제물로 바칠 것

598

이 '많으므로' '중(衆)' 자와 독음이 비슷한 증(烝)을 쓴 것이다.[9]

이처럼 제사의 명칭이 제물과 관련해서 정해지는 경우가 많은데, 이는 곧 모든 제사에는 제물을 반드시 바쳐야 함을 의미한다. 바칠 제물이 없으면 가죽과 비단 같은 물건이나, 그래도 없으면 냉수라도 바쳐야 하는 것이다. 이러한 제의는 사회 관계에서 얻은 경험을 신에게 그대로 적용한 결과이다. 즉 사회 관계에서 무엇인가를 청탁하는 사람은 청탁을 들어줄 사람에게 선물을 증여해서 청탁한 내용이 반드시 실현되도록 한다. 따라서 청탁을 받은 사람에게 선물은 청탁받은 대로 행위하게 하는 부담이자 압박인 것이다. 그래서 피에르 부르디외(P. Bourdieu)는 선물을 상징 폭력이라고 정의하지 않았던가. 그렇다면 제물은 신에 대한 폭력일 수도 있지 않을까?

'제(祭)' 자는 '죽일 살(蔡)'과 통가(通假) 관계에 있는 글자이다. 그러니까 '제(祭)'는 그 자형이 의미하는 바대로 그 속에 이미 '살육'의 의미를 안고 있는 것이다. 제사는 제물을 희생으로 삼기도 하지만 동시에 그 아비를 죽이는 제의이기도 하다. 제사를 통해서 아버지의 귀환은 실패하고 언제까지나 상징으로 남게 된다. 상징으로서의 아버지는 산 자들의 질서를 유지시키는 법이 되는 것이다. 그러니까 '제(祭)' 자는 그 자체로 이미 살부(殺父) 신화를 이야기하고 있는 것이다. 부모님 생전에 효도는 잘 안 했어도 돌아가시고 나서 제사는 잘 모시려 하는 현상을 이렇게 설명할 수 있다. 이러한 질서는 흔들림 없이 영원히 지속돼야 하는데, 이러한 제의의 반복을 통해서 얻어지는 상징의 영속성을 '사(祀)' 자의 자형은 그대로 말하고 있다.

문화 모드: 절제된 형식의 아름다움

稽顙再拜(계상재배)하고 | 이마를 땅에 대어 두 번 절하고,

다시 재(再)

'조아릴 계(稽)' 자는 '벼 화(禾)' · '다를 우(尤)' · '맛 지(旨)' 등으로 이루어졌다. 이 글자는 '화(禾)'의 후출 자(後出字)로서 실상은 같은 글자이다. 이때의 '화(禾)' 자의 의미는 '화목할 화(和)'와 같다. 따라서 '계(稽)' 자 는 '조화의 상태에 도달하다' · '조화가 되도록 헤아리다' 등의 의미 를 갖게 된다.

'이마 상(顙)' 자는 '머리 혈(頁)'과 '뽕나무 상(桑)'으로 이루어졌 다. 양웅(揚雄)의 『방언』(方言)에 "중국에서는 '액(額)'이라 부르고, 동제에서는 '상(顙)'이라고 한다"(中夏謂之額, 東齊謂之顙)라는 구 절이 있는 것으로 보아 '상(顙)' 자는 이마 '액(額)' 자의 방언 글자로 만들어진 전주(轉注) 글자인 것으로 보인다.

'다시 재(再)' 자는 '하나 일(一)'과 일부 필획이 생략된 '구(冓)' 자로 이루어졌다. '구(冓)' 자는 원래 소쿠리와 같은 죽기(竹器)를 위 아래로 포개놓은 모양인데 똑같은 것을 중복해서 그리는 것을 생략 하기 위해서 나중에 위의 죽기 모양을 '일(一)' 자로 대체하여 오늘 날의 '재(再)' 자가 된 것이다. 따라서 자형적 의미는 '죽기를 위아래 로 포개어놓다'가 된다. 이로부터 '다시' · '중복해서' 등의 의미가 파생되었다.

'절 배(拜)' 자는 '손 수(手)'와 '빠를 홀(羋)'로 이루어졌다. 고대 중국인들은 바닥에 앉을 때는 무릎을 꿇고 엉덩이를 발뒤꿈치에 대고 앉는 것이 관습이었다. 그러다가 상대방에게 경의를 표할 때에는 엉덩이를 발꿈치에서 떼고 무릎을 땅에 댄 채로 허리와 허벅지를 펴서 바로 선 자세를 취하였는데, 이것을 '궤(跪)'라 하였다. 이러한 '궤'의 자세에서 두 손을 땅에 대고 머리를 앞으로 수그리는 것이 바로 '배(拜)'이다. 이때 배를 행하는 사람의 전체적인 모습은 마치 한글 자모의 '기역(ㄱ)'자 모양으로 꺾이게 되는데, 이것은 마치 전통 악기인 편경(編磬)의 경석(磬石)과도 같은 모양이 되므로 이런 방식으로 행하는 절을 '경절(磬折)'이라고도 부르는 것이다. 또한 이러한 절은 앉은 자세에서 신속하게 행할 수 있으므로 원래 '배(拜)'자의 우측 방에 '홀(羋)'자를 쓴 것이다.

이 구절은 『의례』(儀禮)「근례」(覲禮)편에 나오는 "두 번 절하여 머리를 땅에 조아리다"(再拜稽首)를 다시 쓴 것이다.

'계상(稽顙)'이란 머리를 땅에 이르게 한다는 뜻으로 '계수(稽首)'란 말과 같다. 여기서 '계(稽)'에는 앞의 자해에서 설명한 바대로 '화(和)'의 뜻이 내포돼 있으므로, 절을 할 때 머리를 땅에 닿게 하는 것이 아니라 땅과 적당한 거리를 유지하게 해야 하는 것이다.『순자』「대략」(大略)편의 "평형을 유지하는 것을 '배(拜)'라 한다"(平衡曰拜)라는 구절은 바로 이를 가리킨다. 그러나 공자가 "예를 다하여 임금을 섬기면 사람들은 이를 아첨이라고 여긴다"(事君盡禮, 人以爲諂也)라고 설파했듯이, 예와 아첨은 경계가 모호해서 예는 자칫 아첨으로 흐르기 십상이다. 그래서 예는 늘 과도하게 연출되는 경향이 있는데, '기사 식당' 간판을 군이 '기사님 식당'으로 내거는 것이 그 예일 것이다. '계상'이 과도한 쪽으로 연출되면 머리를 땅에 대거나 두드리는 '개두(磕頭)' 또는 '구두(叩頭)'가 되는 것이다.

그러나 예란 어디까지나 상징이므로 절제된 형식으로 아름답게 표현되어야 한다. 그래야 거친 자연 상태와 아첨이 여과되고 상징적 질서가 지배하는 문화 모드(mode)가 되는 것이다. 이른바 "지나친 공경은 예가 아니다"(過恭非禮)라는 말은 바로 이를 가리킨다.

재배(再拜)란 '배(拜)'를 두 번 반복하는 것으로 상대에 대한 극도의 공경을 표시하는 행위이다. 이 역시 세 번 이상 하지 않고 두 번만 하는 것은 곧 절제의 표현이자 상징이다. '백배사죄(百拜謝罪)'한다고 해서 정말로 백 번 절하여 용서를 비는 사람은 없을 것이다. 붉은 장미꽃이 사랑하는 마음을 상징하는 것이라면 그 마음의 강렬함을 표현하기 위해서는 (한자 조자(造字)의 원리대로라면) 두세 송이를 사랑하는 여인에게 바치는 것으로 족할 것이다. 그런데도 요즈음 일부 젊은이들은 일천 송이 이상을 바치는 이가 종종 있다고 한다. 물론 "그대는 나의 천사"라는 말을 다시 상징화해서 1,004송이를 보내야 한다는 화훼 상인들의 마케팅 전략도 있지만, 아무튼 예(禮)에 가까운 것 같지는 않아 보인다.

문화란 이처럼 상징 체계로 이루어져 있으므로 '계상'이 머리를 땅에서 적당한 거리에 두어서 아름답게 보이게 하듯이, 절제된 형식으로 상징적 텍스트나 행위를 아름답게 표현하는 것이 중요하다.

움츠림의 진실

悚懼恐惶(송구공황)이라 | 두렵고 떨려서 몸둘 바를 몰라한다.

 '두려울 송(悚)' 자는 '마음 심(心)'과 '묶을 속(束)'으로 이루어졌으므로 자형적 의미는 '마음을 단단히 묶어 실수하지 않도록 조심하다'가 된다.

묶을 속(束)

'두려울 구(懼)' 자는 '마음 심(心)'과 '놀랄 구(瞿)'로 이루어졌다. '구(瞿)' 자는 원래 새매가 공중에서 눈을 크게 뜨고 먹이를 찾는 모양이지만, 놀란 사람의 휘둥그레진 눈을 비유하기도 한다. 따라서 '구(懼)' 자의 자형적 의미는 '깜짝 놀란 마음'이 된다.

'두려울 공(恐)' 자는 '마음 심(心)'과 '두 손으로 끌어안을 공(巩)'으로 이루어졌으므로, 자형적 의미는 '무서워서 두 손을 쥐고 움츠리다'가 된다.

'두려울 황(惶)' 자는 '마음 심(心)'과 '클 황(皇)'으로 이루어졌다. '황(皇)' 자는 무당의 큰 모자를 걸어놓는 모자 걸개 모양이다. 무당의 모자는 사람들에게 위압감을 주기 위해서 크게 만드는데, 큰 것만큼 공간이 넓어져서 일종의 광장 공포를 일으키긴 하지만 또 그만큼 속이 빈 허위적인 공간도 커지게 마련이다. 따라서 '황(惶)' 자의 자형적 의미는 '황당해서 어찌할 바를 모르고 떨게 만들다'가 된다.

제사를 지낼 때에 각종 제의들은 위압감과 공포를 조성해서 제사 참여자가 자신을 억제하고 몸을 사리게 만든다. 이는 물론 직접적으로는 조상들의 권위를 인정하도록 하는 일이지만, 궁극적으로는 산 자들의 위계 질서를 공고히 하기 위한 조치들이다. 그래서 산 자들이 "두렵고 떨려서 몸둘 바를 몰라"(悚懼恐惶)하게 되었다면 이러한 제의들이 효과를 보았다고 말할 수 있으리라.

'황(惶)' 자의 자해에서 알 수 있듯이 우리가 어떤 불확실한 것에 두려움을 느낄 때 그 두려움의 대상은 갈수록 커져 보이는 경향이 있는 반면, 두려움을 느끼는 주체는 '송(悚)' 자와 '공(恐)' 자의 자해에서 알 수 있듯이 자꾸 움츠려들기만 한다. 그러나 실상 두려움이란 주체가 움츠려드는 가운데 상대적으로 커지는 신비로운 모자 밑의 빈 공간에서 느껴지는 환상인 것이다.

이처럼 기호와 텍스트의 조작을 통해서 사람을 대하고 다스린다면 사람들은 먼저 그 앞에서 움츠려든다. 그러나 움츠림이란 그 자체로 공경이나 복종의 기호가 될 수 없을 뿐 아니라 가식과 은폐된 것을 드러나지 않게 한다. 그래서 권위를 내세우는 자들이 상대방의 숨은 의도를 정확히 읽는 일에 실패하여 낭패를 보는 경우를 우리는 역사에서 종종 읽을 수 있다.

간요한 글쓰기와 소비적 글쓰기

牋牒簡要(전첩간요)하고 | 편지와 서찰은 요점이 분명하도록 말을
골라 써야 하고,

중요할 요(要)

　'편지 전(牋)' 자는 '조각 편(片)'과 '쌓일 전(戔)'으로
이루어졌다. '전(戔)' 자는 '채(柴)' 자의 변형 글자로 그
의미는 '작은 나무 조각들을 한데 묶다'이다. 따라서
'전(牋)' 자의 자형적 의미는 '쪼갠 나무 조각들을 촘촘
히 엮어서 그 위에 글을 쓸 수 있도록 만든 종이 대용의 문방구'가
된다. 종이가 없었던 고대에는 여기에 편지를 썼는데 나중에 종이가
발명되면서 대체되었으므로 이 글자에 '종이'·'편지' 등의 의미들
이 생겨난 것이다.

　'편지 첩(牒)' 자는 '조각 편(片)'과 '목간(木簡) 엽(枼)'으로 이루
어졌으므로 자형적 의미는 '나무를 쪼개어 만든 짧은 서찰'이 된다.

　'대쪽 간(簡)' 자는 '대나무 죽(竹)'과 '사이 간(間)'으로 이루어졌
다. '간(間)' 자는 대문의 두 문짝 사이의 틈을 뜻하는데, 여기서는
문짝과 문짝을 닫아 붙이듯이 목간을 촘촘히 엮어 만든 서찰을 비유
하고 있다. 따라서 '간(簡)' 자의 자형적 의미는 '대나무 목간을 붙여
만든 짧은 서찰'이 된다. 이러한 서찰에는 내용을 간단히 적을 수밖
에 없고 또 간단히 적으려면 꼭 필요한 것만을 골라내야 하므로 이
로부터 '간단하다'·'가려내다' 등의 의미가 파생되었다.

'중요할 요(要)' 자는 '허리 요(腰)' 자의 본래 글자로서 금문에서는 '𦥑' 로 적었는데 이는 사람이 두 손을 허리에 대고 있는 모양이다. '요(要)' 자의 독음은 '작을 요(幺)' 와 같고 또 '묶을 약(約)' 과 같은 계열에 속하는데, 이는 신체 가운데서 작으면서도 가장 중요한 곳일 뿐만 아니라 힘을 내기 위해서는 꼭 작게 묶어줘야 하는 부분이 '허리' 라는 의미를 말해 준다.

　홍성원은 "윗사람에게 올리는 서찰을 '전(牋)' 이라 하고, 같은 연배끼리 주고받는 것을 '첩(牒)' 이라 한다"(啓上曰牋, 平等曰牒)라고 주를 달아 구별했다. 전자는 비교적 긴 서찰지(書札紙)이고 후자는 짧은 것으로, 전자의 문방구로는 격식을 차려 내용을 쓸 수 있는 여유가 있으므로 이러한 구별은 일리가 있다고 생각된다.

　그러나 플라톤의 말처럼 글이란 저자의 손을 떠나는 순간 저자의 의도를 무시해 버리는 독약과 같으므로, 어떤 서찰지로 편지를 쓰든 요점이 분명하지 않으면 쓸데없는 오해를 일으키기 쉽다. 그래서 중요하고 필요한 말만 골라서 써야 한다는 것인데, 그것이 바로 '간요(簡要)' 의 의미이다.

　"편지는 '간요(簡要)' 해야 한다" 라는 말은 물질이 풍요롭지 못했던 시대의 윤리를 반영한다. 편지지로 사용하는 전첩(牋牒)은 앞의 자해에서 설명한 것처럼 제조가 힘들기 때문에 구하기가 쉽지 않았다. 따라서 여기에 글을 쓸 때는 자연히 사전에 충분히 고심한 후에 비로소 붓을 대게 된다. 우리가 중국의 고전을 읽을 때 그 텍스트에서 수사적 밀도가 느껴지는 것은 바로 이 때문이다.

　반면에 물질이 풍요로운 오늘날에는 글쓰기에서도 소비의 미덕을

606

발견할 수 있다. 종이와 붓 걱정이 없으므로 되는 말이든 되지 않는 말이든 무조건 많이 써놓고 나중에 잘된 것을 고르거나 수정해서 작품을 완성하는 것이다. 마치 필름 걱정 없이 무조건 많이 찍어놓고 좋은 것을 골라 편집하는 영화 제작이나 사진 제작처럼 말이다. 거액을 투자한 영화가 완성도가 높은 것은 바로 이 때문이리라.

아무튼 중요한 것을 고른다는 점에서 예나 지금이나 '간요(簡要)' 해야 하기는 마찬가지인데, 단지 물질적 조건 때문에 글을 쓰기 전에 고른다는 점과 일단 쓰고 나서 고른다는 점이 다를 뿐이다.

앞서 말한 바와 같이 편지를 '간요' 하게 하는 것은 쓸데없는 오해를 방지하기 위해서였다. 왜냐하면 통신 수단이 열악해서 메타 언어를 통하여 다시 앞의 말을 재정의할 수 있는 기회를 얻기가 힘들기 때문이다. 이에 비하여 오늘날은 통신 수단이 발달해서 말의 맥락을 언제든지 바로잡거나 조정할 수 있기 때문에 말이나 글은 '간요' 해야 한다는 윤리에 별로 의미를 두는 것 같지 않다. 결국 사람들간에 오해가 많으면 많을수록 통신 회사만 신나는 것이다. 그전에 공중전화 옆에 흔히 붙어 있던 "통화는 간단히"라는 스티커가 슬그머니 자취를 감춘 것은 바로 이러한 배경에서 나온 현상이 아닐까?

안부 묻기의 실과 허

顧答審詳(고답심상)이라 | 두루 둘러보고 답장하는 일은 세심하고
자상해야 한다.

대답할 답(答)

'돌아볼 고(顧)'자는 '머리 혈(頁)'과 '새이름 호(雇)'
로 이루어졌다. '호(雇)'자의 독음이 '새매 노려볼 구
(瞿)'와 같은 계열에 속하므로, '고(顧)'자의 자형적 의
미는 '머리를 돌려 돌아보다'가 된다. '구(瞿)'자의 자
형적 의미가 '새매가 먹이를 찾으려고 두 눈을 두리번거리다'이므로
'고(顧)'자도 단지 뒤를 돌아보는 것이 아니라 앞뒤 좌우를 두루 살
피는 것을 의미한다.

'살필 심(審)'자는 '집 면(宀)'과 '장 번(番)'으로 이루어졌다. '번
(番)'자는 다시 '변별할 변(釆)'과 '밭 전(田)'으로 이루어졌는데, 여
기서 '전(田)'자는 짐승의 발자국 모양이므로, '번(番)'자의 자형적
의미는 '짐승의 발자국이 깊이 찍혀서 무슨 동물인지 확실히 변별되
다'가 된다. 그래서 '번'자의 독음이 '인쇄할 판(版)'자의 독음과 같
은 계열이 되는 것이다. 발자국이 '깊이'(深) 찍히면 발자국의 모양
이 상세히 드러나고, 그러면 어떤 짐승인지가 정확히 변별된다. 그
래서 '심(審)'자가 '심(深)'자의 독음과 아울러 '상세하다'·'살펴
알다' 등의 의미를 갖게 된 것이다.

'자세할 상(詳)'자는 '말씀 언(言)'과 '양 양(羊)'으로 이루어졌다.

608

양은 힘이 미약한 동물이므로 '상(詳)' 자의 자형적 의미는 '미약한 말'이 되는데, 미약한 말이란 깊이 살피고 따져봐야 의미를 알게 되므로, 이로부터 '상세히' 또는 '상세히 살피다' 등의 의미가 파생된 것이다.

홍성원이 여기에 "서로 안부를 묻는 일을 '고(顧)'라 하고, 이에 회답하는 일을 '답(答)'이라 한다"(通候曰顧, 報覆曰答)라고 주를 달았고, 자해에 의하면 '심(審)' 자와 '상(詳)' 자는 기실 같은 의미의 글자들이므로 이 구절을 의미대로 다시 쓰면 '고심답상(顧審答詳)'이 된다. 즉 일일이 안부를 묻는 일은 하나도 빠뜨리지 말아야 하고, 또 이에 답할 때에도 그 안부를 자상하게 일러줘야 한다는 말이다.

바쁜 현대인에게 상대방의 안부를 묻고 답하는 일은 그저 형식에 지나지 않는 요식 행위가 되어버린 지 오래지만, 옛날에는 이 일이 아주 중요했다. 왜냐하면 옛날에는 사적인 것과 공적인 것의 구분이 명확하지 않았을 뿐만 아니라, 사적인 것을 얼마만큼 소상히 알고 있느냐에 따라 친소(親疎)의 정도가 결정되었기 때문이다.

그러므로 용건은 '간요(簡要)'하게 서술하더라도 안부는 소상히 묻고 답하는 것이 옛날 편지 글의 형식이었다. 그러다 보면 주객이 전도되어 주요 용건이 희석되는 경우도 종종 있었다.

때 씻는 일의 반복과 강박 신경증

骸垢想浴(해구상욕)하고 | 신체에 때가 끼면 목욕을 하고 싶고,

목욕할 욕(浴)

'뼈 해(骸)' 자는 '뼈 골(骨)'과 '돼지 해(亥)'로 이루어 졌다. '해(亥)' 자의 독음은 '핵실할 핵(覈)' 또는 '씨 핵 (核)'과 같은 계열이므로, 여기에는 '근간'·'뼈대' 등 의 의미가 내포되어 있다. 따라서 '해(骸)' 자의 자형적 의미는 '신체의 근간이 되는 뼈대'가 된다. 이로부터 '신체'·'해 골' 등의 의미들이 파생되었다.

'때 구(垢)' 자는 '흙 토(土)'와 '뒤 후(后)'로 이루어졌다. '후(后)' 자는 원래 '뒤 후(後)' 자와 어원이 같으므로, '구(垢)' 자의 자형적 의미는 '물 같은 것이 흘러가거나 지나가고 나서 뒤에 남은 흙'이 된 다. 이로부터 '때'라는 의미가 파생되었다.

'생각할 상(想)' 자는 '마음 심(心)'과 '볼 상(相)'으로 이루어졌다. '상(相)' 자의 자형은 소경이 나무 지팡이로 더듬어서 사물의 모습을 상상해 낸다는 뜻이므로, '상(想)' 자의 자형적 의미는 '마음으로 상 상해서 생각하다'가 된다. 상상이란 자신의 욕망이 투영되어 형성되 게 마련이므로, 이로부터 '하고 싶다'·'희구하다' 등의 의미가 파 생되었다.

'목욕할 욕(浴)' 자는 '물 수(水)'와 '골 곡(谷)'으로 이루어졌지만, 갑골문에서는 '🏺'으로 적었는데 이는 사람이 큰 그릇 속에서 물을

몸에 끼얹는 모양이다.

　한(漢) 왕충(王充)의 『논형』(論衡) 「기일」(譏日)편에 "발 대아에 발을 씻어 발의 때를 제거하고, 따라주는 물을 받아 손을 씻어 손의 때를 제거하고, 목욕으로 몸을 씻어 몸의 때를 제거한다"(洗去足垢, 盥去手垢, 浴去身垢)라는 구절이 보인다.

　'욕(浴)' 자의 독음이 '기를 양(養)'과 같은 계열이라는 사실에서 알 수 있듯이, 목욕이란 기실 양생의 한 방법이지만 막상 하려면 귀찮아지는 것이 사실이다. 그러나 이 구절에서 서술하듯 단순한 몸이 아닌 해(骸), 즉 '몸의 핵심'에 때가 끼었다고 느끼면 누구나 그것이 육신이든 정신이든 정결케 하기를 원한다. 그래서 옛날부터 몸과 마음을 근신해야 할 필요가 있을 때에는 이른바 목욕재계(沐浴齋戒)를 했던 것이다. 그러니까 목욕이란 마음의 때를 닦아내는 일종의 상징이었던 셈이다. 목욕을 열심히 한다고 마음이 깨끗해지는 것은 아니지만 마음을 정결케 하고 싶은 욕망을 형상화한 것이 목욕이라는 행위이다.

　『대대례기』(大戴禮記) 「하소정」(夏小正)편에 "검은 새(까마귀)가 목욕하듯 날다"(黑鳥浴)라는 구절이 있는데, 이는 까마귀가 상승과 하강을 반복하며 날아가는 모양을 묘사한 말이다. 즉 '욕(浴)' 자의 갑골문 자형에서 보듯이 목욕은 물을 반복해서 위에서 끼얹으며 하는데, 이 모양이 까마귀가 비상하는 형태와 같다는 것이다. 즉 자신의 몸을 정결케 하기 위해서 물을 뿌려대는 일을 반복하지만 '구(垢)' 자의 자형이 말해 주듯이 물이 흘러간 자리에는 다른 때가 다시 끼게 마련이다. 그래서 강박 신경증 환자들은 다시 낀 때를 또 닦아내기 위해서 씻는 일을 반복한다. 그러나 그렇게 해서 깨끗해질 것이라는 믿음은 '상(想)' 자의 자형처럼 어디까지나 스스로가 생각해 낸 환상일 뿐이다. 인간의 때를 인간 스스로가 깨끗이 닦아 지울 수가 있을까? 어차피 얼룩에 의지해서 세상을 인식하고 사는 것이 인간이다.

'바라는' 일이 이루어질 수 없는 이유

執熱顧涼(집열원량)이라 | 뜨거운 것을 쥐고 있으면 서늘한 것을 원한다.

근원 원(原)

　'잡을 집(執)' 자의 갑골문 자형을 보면 '鞤'으로 되어 있는데, 여기서 좌측의 '♀'은 두 손을 묶는 수갑 같은 것이고(이것이 나중에 '행[幸]'으로 바뀌었음), 우측의 '킨'은 사람이 수갑을 차고 끓어앉아 있는 모양이다.(이것이 나중에 '환[丸]'으로 바뀌었음.) 따라서 자형적 의미는 '두 손에 수갑을 차고 끓어앉아 있는 포로'가 된다. 이로부터 '잡다'·'잡히다' 등의 의미가 파생되었다.

　'더울 열(熱)' 자는 '불 화(火)'와 '심을 예(埶)'로 이루어졌다. '예(埶)' 자의 갑골문 자형은 '뇡'인데, 이는 사람이 무릎을 끓고 앉아서 조심스레 나무를 심는 모양이다. 나무를 심고 가꾸고 사람은 마음이 따뜻하고 어질므로 이로부터 '따뜻하다'라는 의미가 파생되었다. '예(埶)' 자의 독음이 '따뜻할 온(溫)'의 독음과 대전(對轉) 관계로 같은 계열에 속하고, 또 '온(溫)' 자는 '어질 인(仁)'과 독음이 같다는 사실이 이를 입증한다. 따라서 '열(熱)' 자의 자형적 의미는 '불로 따뜻함을 더하다', 즉 '뜨겁다'가 된다.

　'원할 원(顧)' 자는 '머리 혈(頁)'과 '근원 원(原)'으로 이루어졌다. '원(原)' 자는 '으뜸 원(元)'과 같은 뜻이므로 '원(顧)' 자의 자형적 의미는 '큰 머리'가 된다. 그러나 '원(願)'자가 '원할 은(憖)'과 독음이 같으므로 이와 통가(通假)하여 '원하다'라는 의미로 쓰여져 왔다.

　'서늘할 량(涼)'자는 '물 수(水)'와 '클 경(京)'으로 이루어졌다. '량(涼)'은 원래 천자에게 바치는 여섯 가지 음료, 즉 육음(六飲) 중의 하나로 술에 물을 타서 맛을 부드럽게 만든 음료이다. 강렬한 맛을 온화하게 만든다는 의미에서 '시원하다'·'서늘하다' 등의 의미가 파생되었다.

　이 구절은 뜨거운 것은 우리의 일상적 삶에서 벗어난 상태이므로 이러한 사물을 잡게 되면 서늘한 것을 찾게 된다는 지극히 당연한 현상을 서술하고 있다.

　그런데 인간은 일상에 충실하려는 것 같으면서도 실제로는 거기서 참을 수 없는 지루함을 느낀다. 그래서 자극적인 것을 찾는데, 일상적인 것에 비하면 뜨거운 것은 분명 고통이지만 사람들은 이를 쾌락으로 여긴다. 그렇지만 아무리 자극적인 것이라 하더라도 그 상태에만 오래 머물러 있으면 역시 어느새 적응이 되어 쾌락이 느껴지지 않는다. 그래서 사람들은 사우나 안에서 냉탕과 열탕을 넘나들듯 양극단의 고통을 반복적으로 감내하는데, 기실은 그 사이에서 발생하는 잉여적인 향락을 즐기는 것이다. 다시 말해서 수직 강하하는 자이로드롭의 고통에서 짜릿한 흥분이 감지되듯이 열탕과 냉탕 사이의 낙차에서 쾌감이 생기는 것이다.

　그러니까 '집열(執熱)'은 '집(執)'자의 원래 자형이 '묶여 있는' 포로 모양이므로 뜨거운 것을 잡았다기보다는 오히려 '뜨거운 것에 잡혀 있다', 즉 '집어열(執於熱)'로 볼 수도 있다. 뜨거운 것이 고통이기 때문에 순간적으로 '부드러워진 상태', 즉 '서늘한'(涼) 상태를 '바라보기'(願)는 하지만 정말로 그 '열(熱)'에서 벗어나기를 원치 않는다. '바라다'(願)와 유사하게 쓰는 말로 '바랄 희(希)' 자가 있는데, 기실 이 글자는 '드물 희(稀)'와 같은 글자로 바란다는 행위 자체가 실현 가능성이 거의 없음을 이미 전제로 하고 있음을 말해 준다.

권력의 정상이나 중심에 있는 사람은 누리는 것도 많지만 그에 못지않은 책임과 고충도 많은 것이 사실이다. 그래서 골치가 아플 때는 모든 것을 내던지고 낙향해서 마음 편히 살기를 간절히 원하지만, 그것은 어디까지나 '바라는' 것일 뿐이고 이를 실행에 옮기는 일은 거의 없다. 단지 그런 '서늘한'(涼) 것을 바람으로써 지금 '뜨거운'(熱) 것의 고통과 재미를 더욱 배가시키기 위한 것일 뿐이다. 마치 생선회를 계속 새로운 맛으로 먹기 위해서 간간이 곁들여 먹는 생강처럼 말이다. 그러니까 어느 시인이 전원 생활의 아름다움을 읊는 시를 썼다고 해서 그가 전원으로 돌아갈 의지가 강한 사람으로 판단해서는 안 될 것이다.

615

짐승에도 오랑캐가 있다?

驢騾犢特(려라독특)이 │ 나귀와 노새와 송아지와 소 등이

'나귀 려(驢)' 자는 '말 마(馬)'와 '검을 로(盧)'로 이루어 졌으므로, 자형적 의미는 '털빛이 검은 색을 띠는 말', 즉 '나귀'가 된다. 실제로 나귀는 전체적으로 검은 색을 강하게 띤다.

말 마(馬)

'라(騾)' 자는 '노새'를 가리킨다.

'송아지 독(犢)' 자는 '소 우(牛)'와 일부 필획이 생략된 '도랑 독 (瀆)'으로 이루어졌다. 호랑이나 곰의 새끼를 '구(狗)', 망아지를 '구(駒)'라고 부르는데, 이때 '구(狗)' 자와 '구(駒)' 자의 우측 방인 '구(句)'는 새끼에서 어미로 넘어가는 성장상의 경계점을 뜻한다.[10] 따라서 '독(犢)' 자의 방인 '독(瀆)'도 같은 뜻이 된다. '독(瀆)' 자를 '구멍'이란 뜻으로 쓸 때에는 '두(竇)' 자와 같은 독음으로 읽는 것이 이를 입증한다.

'소 특(特)' 자는 '소 우(牛)'와 '내시 시(寺)'로 이루어졌으므로 자 형적 의미는 '아직 거세하지 않은 숫소'가 된다. 아직 거세하지 않은 숫말을 '등(騰)'이라고 하는데, '특(特)'의 독음이 '등(騰)'과 같은 계열에 속한다는 사실이 이를 입증한다.

이 구절은 집안을 다스리기 위한 부의 생산에 축산이 빠질 수 없

음을 말하고 있다. 『예기』「곡례」(曲禮)편에 "평민들의 재산을 물으면 가축의 수를 세어서 대답한다"(問庶人之富, 數畜以對)라는 구절이 있듯이, 옛날에는 가축이 귀한 재산이었기 때문에 이를 번식시키고 사육하는 일이 매우 중요한 산업 중의 하나였다.

고대 중국에서는 '나귀'(驢)와 '노새'(騾)를 흉노족이나 기르는 이상한 가축으로 여겼다. 그래서 이러한 글자들은 중국 경전에는 보이지 않고 진나라 이후에야 비로소 나타난다고 단옥재(段玉裁)는 쓰고 있다. 이 때문에 중국에서는 이러한 짐승을 하찮게 여겨왔으니, 『염철론』(鹽鐵論)의 "노새와 나귀의 쓸모는 소와 말의 효능에 차지 못한다"(贏驢之用, 不中牛馬之功)라는 구절이 그 예이다. 중국에서 쓸모 없는 무리들을 일컬어 '려라(驢騾)'라고 부르는 것은 바로 이러한 배경에서 나온 말이다.

평화: 소나 말이 할 일이 없을 때

駭躍超驤(해약초양)이라 | 놀라 뛰쳐나가고 껑충껑충 뛰어달린다.

치울 양(襄)

'놀랄 해(駭)' 자는 독음이 '경계할 계(戒)' 와 같은 계열에 속하므로 자형적 의미는 '말이 놀라 일어나 경계하다' 가 된다. 이로부터 '놀라다' 라는 의미가 파생되었다.

'뛸 약(躍)' 자는 '발 족(足)' 과 '꿩 적(翟)' 으로 이루어졌다. 꿩은 날기보다는 뛰기를 잘하는 새이므로 '약(躍)' 자의 자형적 의미는 '꿩처럼 신속하게 발로 뛰다' 가 된다.

'넘을 초(超)' 자는 '달릴 주(走)' 와 '부를 소(召)' 로 이루어졌다. '소(召)' 는 윗사람이 아랫사람을 부르는 일을 뜻하므로 '초(超)' 자의 자형적 의미는 '윗사람의 부름에 달려가다' 가 된다. 윗사람이 부르면 빨리 응해야 하므로 이로부터 '뛰어오르다' · '도약하다' 등의 의미가 파생되었다. '초(超)' 자의 독음이 '뛸 도(跳)' 와 같은 계열에 속한다는 사실이 이를 입증한다.

'달릴 양(驤)' 자는 '말 마(馬)' 와 '치울 양(襄)' 으로 이루어졌다. '양(襄)' 이란 일종의 파종 방법으로 겉흙을 걷어내고 부드러운 속흙에다 씨를 심고 다시 덮는 것을 가리키는데,[1] 여기서 흙을 다시 덮는 것을 '반토(反土)' 라고 한다. 말은 걷거나 달리면 머리를 위아래로 들었다 내렸다를 반복하게 되는데, '양(襄)' 자는 이러한 반복

618

행위를 나타내므로 '양(驤)' 자의 자형적 의미는 '말이 머리를 위아래로 반복해서 흔들면서 빨리 달리다'가 된다.

이 구절은 시절이 평안해져서 나귀와 소들이 노역에 동원되지 않고 한가로이 놀고 마음대로 뛰노는 모습을 묘사하고 있다.

8부

재주, 오락의 경지를 넘어서

말의 힘, 논리인가 폭력인가

誅斬賊盜(주참적도)하고 │ 강도와 도둑들을 죽이고 베며,

도적 적(賊)

'벨 주(誅)' 자는 '말씀 언(言)'과 '붉을 주(朱)'로 이루어졌다. '주(朱)' 자의 고문자 자형을 보면 '나무 목(木)' 자 가운데에 '하나 일(一)' 자를 더한 모양으로서 이는 곧 '나무의 속(髓)'을 가리킨다. 소나무와 잣나무 류의 속은 대개 붉은 색을 띠고 있으므로 이로부터 '붉다'라는 의미가 파생된 것이다. 또한 '주(朱)' 자의 독음은 '기둥 주(柱)' · '줄기 간(幹)' · '뿌리 근(根)' 등의 독음과 같은 계열에 속하므로 '주(朱)' 자는 '나무를 베어내고 남은 그루터기'라는 의미도 내포하고 있다. 나중에 나온 '주(株)' 자는 바로 이런 의미로 쓰이는 글자이다. '주(株)' 자가 나무 줄기를 베어내고 남은 그루터기라면, '주(誅)' 자는 말의 줄기를 베어내고 남은 부분, 즉 '말로 해서 안 되는 부분'이 됨을 짐작할 수 있는데, 이는 곧 못 견디게 닦달하는 방법과 아예 죽이는 방법일 것이다. 그래서 '주(誅)' 자에 '닦달하여 요구하다' · '베어 죽이다' 등의 의미들이 생겨난 것이다.

'벨 참(斬)' 자는 '도끼 근(斤)'과 일부 필획이 생략된 '처마 헌(軒)'으로 이루어졌다. '헌(軒)' 자는 대청 마루나 수레의 뒷좌석처럼 양옆과 뒤 등 삼면이 막히고 전면이 개방된 형태의 사물을 의미하는데, 이는 목이 잘려서 목 부분이 개방된 신체의 모양과도 유사하다.

따라서 '참(斬)' 자의 자형적 의미는 '도끼로 목을 베어 신체의 목 부분이 개방되게 하다'가 된다.

'도적 적(賊)' 자는 '창 과(戈)'와 '법칙 칙(則)'으로 이루어졌다. '칙(則)' 자는 솥(鼎)에다가 칼로 흠집을 파서 금과옥조를 새겨넣는다는 의미이므로 '적(賊)' 자의 자형적 의미는 '창으로 찔러 상처를 내다'가 된다.

'도적 도(盜)' 자는 '침흘릴 연(次)'('연(涎)'의 속자임)과 '그릇 명(皿)'으로 이루어졌다. 아주 오랜 옛날의 도둑은 남의 음식을 훔치는 것에서 시작되었으므로 '도(盜)' 자의 자형적 의미는 '남의 음식을 보고 침을 흘리며 탐을 내다'가 된다.

이 구절은 태평성대에는 이를 위협하는 도둑과 강도가 생기지 않도록 미리 예방해야 하는데, 그 방법으로 남의 물건을 훔치거나 생명을 다치게 하는 자들을 죽이는 일벌백계(一罰百戒)가 가장 효과적임을 은연중에 암시한다.

말의 힘은 논리에서 나오므로 논리가 말의 생명인 것 같지만, 따져보면 '주(誅)' 자의 자형이 말해 주듯이 말의 '근저'(朱)에는 말을 듣지 않으면 '베어버린다'(誅)는 위협의 논리가 있음을 알 수 있다. 그러므로 실제의 설득이나 협상은 힘을 바탕으로 하고 있다고 해도 과언이 아니다. 비합리적인 이데올로기라도 사람들에게 쉽게 먹히는 것은 이데올로기를 담은 신화가 궁극적으로 권력이라는 기반 위에 서 있기 때문이다. 그래서 권력이 회유하거나 설득할 때에는 언제나 '주참(誅斬)'과 같은 폭력을 언뜻언뜻 암시하는 일을 잊지 않는 것이다.

624

옛날에는 윗사람이 아랫사람을 훈계하거나 재판관이 죄인을 국문할 때 윗사람의 뒤쪽에 병풍을 치는 등 삼면을 막고 전면만을 개방한 공간에서 아랫사람이나 죄인을 내려다보며 말을 하였다.(동헌 마루에서 원님이 아랫것들을 훈계하는 모습 등.) 이러한 모양의 공간은 자연스레 폐쇄 공포증을 야기하기도 하지만, 무엇보다 이런 의사 소통의 공간이 윗사람의 독점적인 공간이 되어 이 속에서 윗사람의 언어는 단의(單意)적이면서 명쾌한 이미지를 갖게 되는 반면에 개방된 공간에 놓여진 아랫사람이나 피의자의 언어는 단지 다양한 담화 중의 하나일 뿐이고, 왜소하면서도 분명하지 않은 인상을 준다. 따라서 이러한 공간에서의 의사 소통은 언제나 윗사람의 언설이 옳을 수밖에 없고 아랫사람의 말은 '참(斬)' 자의 자형처럼 무참히 베어지는 것이다.

영원히 같이 살고 싶은 엄마에게서 어린아이를 떼어놓는 아버지가 최초의 법이라면 이 법은 아이에게 상처를 내왔고, 이를 기반으로 발전해 나온 모든 실정법들도 '세발 솥'(鼎)에만 상처를 낸 것이 아니라 많은 사회 구성원들을 억압하는 가운데 그들에게 상처를 내왔다. 그리고 이러한 상처들은 사회와 국가를 유지하기 위한 질서를 확립하기 위해서 치른 과정이었다. 그렇기 때문에 '적(賊)' 자의 자형이 말해 주듯 이 '법'(則)에 '무기'(戈)를 들이대어 상처를 낸다는 것은 곧 국가나 사회의 기강을 뒤흔드는 위험한 일이 된다. 따라서 헌법에 상처를 낸 이러한 '적(賊)'들이야말로 도적 중에서 가장 큰 도적일 것이다. 그런데 역사적으로 우리는 그러한 큰 도적들을 잡아서 철저히 '주참(誅斬)' 하는 데 충실했는가? 오늘날 우리 사회의 질서를 바로잡기가 힘들다는 것에 공감하는 것은 바로 이 '주참' 하는 일을 소홀히 해왔기 때문일 것이다.

일탈의 창조성, 또 다른 권력의 구성

捕獲叛亡(포획반망)이라 | 배반하고 도망간 자를 사로잡아 들인다.

없을 망(亡)

'잡을 포(捕)' 자는 '손 수(手)' 와 '클 보(甫)' 로 이루어졌다. '보(甫)' 자는 '채마밭 포(圃)' 의 원래 글자로 고문자 자형은 밭에 울타리를 친 모양으로 되어 있다. 따라서 '포(捕)' 자의 자형적 의미는 '에워싸서 손으로 잡다' 가 된다.

'거둘 확(穫)' 자가 '곡식을 베어 거두어들이다' 이므로, '얻을 획(獲)' 자의 의미는 '짐승을 사냥하여 잡아들이다' 가 됨을 알 수 있다.

'배반할 반(叛)' 자는 '반 반(半)' 과 '뒤집을 반(反)' 으로 이루어졌다. '반(半)' 자는 '나눌 분(分)' 과 독음이 유사하고 '반(反)' 자는 손바닥을 뒤집는다는 뜻이므로, '반(叛)' 자의 자형적 의미는 '나뉘어서 등을 돌리다' 가 된다. 이로부터 '배반하다' 라는 의미가 파생된 것이다.

'없을 망(亡)' 자를 금문에서는 '亾' 으로 썼는데, 이는 사람이 다른 사물에 은폐되어 보이지 않는 모양이다. 이로부터 '없다' · '없어지다' · '도망가다' 등의 의미들이 파생되었다.

이 구절 역시 평온하게 유지되는 질서를 망가뜨리는 자들에 대한 억압적 조치를 서술하고 있다.

『여씨춘추』「존사」(尊師)편에 "가법(家法)을 말하면서 스승을 일컫지 않는 것을 일컬어 배반이라고 부른다"(說義不稱師, 謂之叛)라는 구절이 있다. 여기서 '스승을 일컫지 않는다'라는 것은 스승에게 배웠으면서도 그의 학문을 '부정하고 그로부터 떨어져나와'(叛) 독자적인 가법에 의한 새로운 권력 체제를 갖추겠다는 의지의 표현에 다름 아니다. 그러므로 '스승을 일컫지 않는' 사람에게는 정통성이 의미를 갖지 못한다.

국가와 사회 질서를 어지럽히는 자들 중에서 가장 위험한 것이 이처럼 법과 관습의 정통성을 인정하지 않고 그 밖으로 튀어나가려는 자들이다. 그래서 이를 '포획(捕獲)' 함으로써 체제 밖으로의 일탈을 억압한다는 것이다.

그런데 요즘은 정통성을 무시하고 법과 관습의 밖으로 튀어나가는 행위가 창조적이고 영웅적인 것으로 그려지는 경우가 종종 있다. 자유로운 표현을 생명으로 하는 예술 활동에서 그러한 행위는 어쩔 수 없는 과정이라 하겠지만, 그렇다고 해서 이것이 일상화되는 것에 대해서는 신중히 생각해 볼 필요가 있다. 왜냐하면 그러한 창조성을 표방한 일탈 행위들이 궁극적으로는 또 다른 질서의 구축을 위한 숨은 전략으로 드러나는 경우가 대부분이기 때문이다. 다시 말해서 기존의 권력에 흠집을 내고 새로운 권력을 창출하기 위해서는 어떻게 든 기존 권력의 정통성은 부정되어야 하겠기 때문이다. 기성 세대의 권위주의를 타파한다는 명분하에 전통적인 관습과 질서를 과감히 부정했던 젊은 세대들이 실제로는 기성 세대를 모방해 더욱 정교하게 재구성한 봉건적인 위계 질서에 얼마나 충실한가를 눈여겨본다면 이를 충분히 납득할 수 있다. 그래서 자유로움을 지향하는 일탈 행위들이란 결국 새로운 권력의 창출을 위해서 전통적 제의들이 현대화된 것에 지나지 않는다는 말이 설득력을 얻는 것이다.

'도망' (亡)은 고대부터 정치가들에게 골칫거리였다. 갑골 복사(卜辭)에 '상인(喪人)' 또는 '상중(喪衆)' 이라는 말이 종종 보이는데, 이는 노예들이 탈출한 사건에 대한 기록이다. 『상서』(尚書)의 "남자 노예와 여자 노예들이 달아나다"(臣妾逃逋)와 『좌전』의 "남자 노예와 여자 노예들이 대부분 달아나다"(臣妾多逃) 등도 역시 노예들의 탈출을 기록한 것이다.

여기서 신첩(臣妾)을 노예라고 번역했지만 당시의 노예란 평민보다 하위에 있는 신분이 아니고, 이들이 곧 평민이었다. 당시에는 평민이라고 하는 비교적 지위가 상승된 개념이 아직 생겨나기 이전이었고, 이들 '신첩' 들이 생산과 전쟁에 동원되는 주요 인력이었으므로 노예라고 부른 것이다. 따라서 이들이 제자리를 비우고 자취를 감추는 것은 국가로서는 크나큰 손실이었다. 『좌전』「소공(昭公) 8년」의 "주나라 문왕의 법에 이르기를 '도망간 자가 있으면 전국적인 수색을 편다' 라고 하였다"(周文王之法曰: 有亡, 荒閱)라는 구절은 당시에 제도권 밖으로 달아나려는 자들을 얼마나 엄격하게 단속했는지를 짐작하게 한다.

여포와 웅의료의 재주

布射僚丸(포사료환)하고 | 여포(呂布)는 활을 잘 쏘았고, 웅의료
(熊宜僚)는 공놀이를 잘하였으며,

베 포(布)

'사(射)' 자는 '마디 촌(寸)'과 '몸 신(身)'으로 이루어져
있지만, 소전(小篆) 이전의 고문자에서는 '射' 로 적고
있으므로, '신(身)' 자는 활에 화살을 재어 당겨진 모양
이 와전된 것임을 알 수 있다. '촌(寸)' 자 역시 '오른손
우(又)' 자가 변형된 모양이므로 '사(射)' 자의 자형적 의미는 '손으
로 활을 당겨 쏘다'가 된다.

'알 환(丸)' 자를 소전에서는 '仄'으로 적었는데 이는 '기울 측(仄)'
자를 좌우로 뒤집어놓은 모양이다. 공처럼 둥근 사물은 기울어지면
다시 돌아서 제자리로 돌아오므로 '환(丸)' 자의 자형적 의미는 '기울
어지면 다시 돌아서 제자리로 오는 둥근 알'이 된다. '환(丸)' 자의 독
음이 '돌아올 환(還)'과 같다는 사실이 이를 입증한다.

이 구절 이하의 세 문장 여섯 구절은 기물을 다루는 기예(技藝)에
대해 적고 있는데, 이는 집안을 잘 다스리기 위해서는 일상의 도구를
잘 사용할 줄 아는 것이 필요하다는 사실을 강조하기 위한 것이다.

'포(布)' 자는 동한 말 사람인 여포(呂布, ? ~ 198)를 가리키는데,
그는 힘이 세고 활을 잘 쏘았으므로 사람들은 그를 비장(飛將)이라

고 불렀다. 그러나 그는 용맹스럽기는 하지만 지모가 부족하고 거취(去就)가 경박한 사람으로 알려져 있다. 여포의 신기에 가까운 활 솜씨는 『삼국지연의』(三國志演義)의 다음 고사로 유명하다. 원술(袁術)의 군대가 유비(劉備)를 포위하자 유비가 여포에게 구원을 청하였다. 여포가 두 사람을 불러놓고 중재안을 내놓았는데, 그것은 자신이 활을 쏘아 백 보 밖에 세워둔 자기 창의 창날 가지를 맞춘다면 양측이 모두 군대를 철수하라는 것이었다. 과연 그의 화살은 창날의 작은 가지를 맞추었고 두 사람은 놀라서 즉시 군대를 철수하였다.

'료(僚)' 자는 춘추 시기 초나라 사람인 웅의료(熊宜僚)를 가리키는데, 그는 혼자서 500명을 감당할 수 있을 만큼 용감한 무사였다고 전해진다. 또 그는 공놀이에 특별한 재주가 있어서 공을 던지며 놀 때는 언제나 여덟 개의 공은 공중에 있고 한 개가 손 안에 있었다고 한다. 웅의료에 관한 이야기는 『장자』 「서무귀」(徐无鬼)편에 나온다.

당시에 초나라 백공승(白公勝)이 정변을 일으켜 영윤(令尹)인 자서(子西)를 죽이려 했다. 이때 자기(子綦)가 의료를 추천하자 백공은 사람을 보내서 의료를 불러오게 했는데, 의료는 사자를 거들떠보지도 않고 공을 던지는 놀이만 계속하고 있었다. 사자가 칼을 몸에 들이대도 여전히 공놀이에만 열중하였다. 백공도 그를 어찌할 수 없어 하는 수 없이 살해 계획을 포기하였다. 그래서 의료의 공놀이 때문에 두 가문 사이의 싸움은 해소될 수 있었다.

나중에 초나라와 송나라가 전쟁을 할 때에도 의료는 적군 앞에서 현란한 공놀이를 연출하였다. 송의 군대가 싸움을 멈추고 공놀이 구경에 넋을 잃은 사이에 초의 군대가 공격해 크게 패퇴시켰다고 한다.

혜강과 완적의 기예

嵇琴阮嘯(혜금완소)라 | 혜강(嵇康)은 거문고를 잘 탔고 완적(阮籍)은 휘파람을 잘 불었다.

엄숙할 숙(肅)

'휘파람 소(嘯)' 자는 '입 구(口)'와 '엄숙할 숙(肅)' 자로 이루어졌다. '숙(肅)' 자를 갑골문에서는 '　' 으로 적었는데, 이는 손으로 붓을 쥐고 죽간(竹簡) 위에다 글씨를 쓰는 모양이다. 죽간은 매우 미끄러워서 글씨 쓰기가 어려우므로 조심조심 정성껏 쓰지 않으면 안 되므로, 이로부터 '숙(肅)' 자에 '엄숙하다'·'근신하다'·'공경하다' 등의 의미들이 생겨나게 되었다.[1] 엄숙하고 근신하는 태도는 곧 긴장하는 일이므로 '숙(肅)' 자의 독음이 '오그라들 축(縮)'·'오므릴 축(蹙)' 등과 같은 계열에 속하는 것이다. 따라서 '소(嘯)' 자의 자형적 의미는 '입을 오므리고 긴장시켜서 소리를 내다', 곧 '휘파람을 불다'가 된다.

'혜(嵇)' 자는 위(魏) 말 서진(西晉) 초의 혜강(嵇康, 224~263)을 가리킨다. 혜강은 흔히 완적(阮籍)의 이름과 함께 일컬어지는데, 이는 당시 이들의 성격과 행동이 자유분방한 것으로 정평이 나 있었기 때문이다. 혜강은 예교(禮敎)를 반대하고 노장 철학을 제창한 사람이었다. 그는 박식하고 다재다능한 작가로 시와 산문에 특히 능하여서 당시의 문단에서 홀로 일가를 이루었다.

시와 산문 외에도 그는 음악에 조예가 깊었는데, 특히 거문고 연

631

주는 일품이었다고 한다. 그가 임종하기 바로 전에「광릉산」(廣陵散)을 연주했다는 일화는 유명하다.

'완(阮)' 자는 삼국 시기 위(魏)나라 문학가인 완적(阮籍, 210~163)을 가리킨다. 완적은 혜강과 함께 죽림칠현(竹林七賢) 중의 한 사람이었다. 그는 관청의 술을 관리하는 하급 관리인 보병(步兵) 교위(校尉)가 되면 술을 마음껏 마실 수 있다는 말을 듣고 스스로 그 보직을 찾아 맡았으므로 세상 사람들은 그를 완보병(阮步兵)이라 부르기도 하였다. 그도 혜강처럼 예교를 경시하여 오로지 예만을 강구하는 속된 선비들을 언제나 백안시하였다고 전해진다. 그러다가 나중에는 "다른 사람의 장단점에 대해서 일절 입 밖에 내지 않았다"라고 한다.

그는 오언시(五言詩)를 잘 지었는데, 그의 시는 은미(隱微)하면서도 시어가 잘 다듬어져 있는 것이 특징이다. 그의 문집은 일찍이 없어졌고 후인들이 편찬한『완사종집』(阮嗣宗集) 1권이 전해 내려온다.

기록에 의하면 완적은 휘파람을 잘 불었는데, 그의 휘파람 소리는 악기와 잘 어울렸다고 한다. 오늘날의 하남성(河南省) 위씨현(尉氏縣) 동남쪽에 소대(嘯臺), 또는 완공소대(阮公嘯臺)라는 곳이 있는데, 완적은 옛날 명현들을 추모할 때면 언제나 술병을 들고 이곳에 와서 휘파람을 불었다고 전한다.

몽념과 채륜의 발명

恬筆倫紙(념필륜지)하고 | 몽념(蒙恬)은 붓을 만들었고, 채륜(蔡倫)은 종이를 만들었으며,

붓 필(筆)

'념(恬)' 자는 진(秦)의 몽념(蒙恬, ?~B.C. 210)을 가리킨다. 몽념은 진나라 명장으로 처음에는 옥리(獄吏)로 관직 생활을 시작하였으나, 진나라가 육국(六國)을 멸망시킨 후(B.C. 221)에는 내사(內史)가 되어 군사 30만을 거느리고 북으로 흉노를 내쫓고, 황하 이남의 영주(靈州)와 승주(勝州) 땅을 회수하여 서쪽의 임조(臨洮)에서 동쪽의 요동(遼東)에 이르는 장성을 축조하였으며, 다시 황하를 건너 양산(陽山) 땅을 점거하였다. 이처럼 몽념이 십여 년간 변방을 돌아다니며 다스린 결과, 흉노족들은 그의 이름만 들어도 벌벌 떨었다고 한다. 진시황이 죽은 후 호해(胡亥)를 이세(二世)로 세운 조고(趙高)가 거짓 조서를 꾸며 몽념을 죽이려 하자 그는 자살하고 말았다.

오늘날 붓(毛筆)의 원조가 되는 토호죽관(兎毫竹管), 즉 토끼털을 대나무 대롱에 붙여서 쓰는 붓은 몽념이 처음 만든 것이라고 전해진다. 모필이 나오기 전까지는 대나무 가락의 한쪽을 으깨서 부드러운 섬유질만 남게 한 다음, 그 섬유질 다발에 먹을 묻혀서 글씨를 썼다.

이러한 원시적인 붓의 모양을 '붓 필(筆)' 자가 잘 말해 준다. 즉 '필(筆)' 자는 '대나무 죽(竹)' 과 '붓 율(聿)' 로 이루어졌는데, '율

(聿)'자의 고문자 자형인 ' 𦘒 ' 은 곧 대나무 가락의 한쪽을 으깨어 만든 붓을 손으로 쥔 모양을 나타낸다. 이러한 원시적인 붓에 먹을 묻혀 쓴 글자는 먹이 종이에 고루 먹지 않아서, 붓을 처음 댄 곳과 줄을 긋고 난 다음 붓을 뗀 곳의 먹의 양이 차이가 날 수밖에 없었다. 그래서 글자의 획(劃)이 마치 올챙이 같으므로 이러한 글자를 과두(蝌蚪) 문자라고 불렀다. 따라서 모필의 발명이 중국의 문자 문화의 발전에 얼마나 크게 기여했는지를 짐작할 수 있을 것이다.

'륜(倫)'자는 후한(後漢)의 채륜(蔡倫, ?~121)을 말한다. 그는 환관으로 학문과 재주가 뛰어나 화제(和帝) 때에는 중상시(中常侍)가 되었다. 안제(安帝) 원초(元初) 연간에는 용정후(龍亭侯)에 봉해졌는데, 그가 원흥(元興) 원년(105)에 최초로 종이 제작법을 창시하자 그의 공적을 기리기 위해 그 종이를 채후지(蔡侯紙)라고 불렀다. 채륜이 제지법을 발명하였다는 기록은『후한서』에 보이지만, '종이 지(紙)'자가『설문해자』에 실려 있는 걸로 봐서는 그 이전에 이미 종이가 제작되었던 것으로 짐작된다.[2]

'종이 지(紙)'자는 '실 사(糸)'와 '씨 씨(氏)'로 이루어졌다. '씨(氏)'자는 원래 '숟가락'을 모양 낸 것인데, '숫돌 지(砥)'로 알 수 있듯이 이 글자에는 '평평하다'라는 의미가 있다. 따라서 '지(紙)'자의 자형적 의미는 '실을 물에 풀어 녹여서 평평하게 만든 종이'이다.

이러한 기록으로 미루어보건대『설문해자』의 '지(紙)'자는 아마도 일부 계층에게 제공하기 위해 비단과 같은 고급 재료를 써서 만든 특수한 종이이고, 채후지는『후한서』의 기록처럼 나무 껍질 · 대마 · 해진 베 · 어망 등을 재료로 해서 만든 좀더 대중화된 종이가 아닌가 짐작된다.

마균과 임공자의 기술

釣巧任釣(균교임조)라 | 마균(馬鈞)은 기술이 뛰어났고, 임공자(任
公子)는 거대한 낚시를 만들었다.

5 '균(鈞)' 자는 삼국 시대 위(魏)나라 마균(馬鈞)을 가리
킨다. 마균은 집이 가난해서 공부를 하지는 못했지만
관찰력이 뛰어나서 비단 직조기를 한 번 보고는 그 구
조가 복잡해서 힘도 들고 시간도 많이 걸린다는 사실

구기 작(勺)

을 알아냈다. 그후 이를 개조해서 능률이 4~5배나 높은 직조기를
만들어내서 당시에 이름을 날렸다고 한다. 낙양(洛陽)에 살 때에는
사람들이 밭에 물을 대느라고 힘들어 하는 것을 보고는 재래식 물
푸는 기구를 개조하여 용골수차(龍骨水車)라는 기계를 발명하였다.
또한 제갈량(諸葛亮)이 만든 윤차(輪車)를 좀더 개량하기도 하였고,
윤전(輪轉) 원리를 이용하여 공성(攻城) 무기인 포석거(抛石車)를 제
작했는데, 이 무기는 공격용 돌덩이를 수백 보만큼 던질 수 있었다
고 한다.

황제(黃帝)가 탁록(涿鹿) 들에서 치우(蚩尤)와 싸울 적에 치우가
안개를 일으켜 황제의 군사들을 혼미하게 만들자 황제가 지남거(指
南車)를 만들어 방향을 정확히 알려줘서 마침내 치우를 사로잡았다
는 신화가 있는데, 이 지남거도 실은 후대의 마균이 처음 발명한 것
이라고 한다.

'공교할 교(巧)' 자는 '장인 공(工)'과 '상고할 고(丂)'로 이루어졌다. '고(丂)' 자는 '생각할 고(考)'와 같고, '고(考)'는 다시 '늙을 로(老)'와 의미가 같은 글자이다. 따라서 '교(巧)' 자의 자형적 의미는 '오랜 기간 숙련된 기술'이 된다. 다시 말해서 모든 일은 그 분야에서 오랫동안 기술을 익혀야 숙련되고 노련해진다는 뜻이다. 여기서 노련해진다는 말은 매우 세부적인 데까지 빈틈없이 따지고 배려하는 솜씨를 가리킨다. 그래서 대동(戴侗)이라는 학자는 "미세한 것을 잘 살피고 이용하여 자신의 기술을 세부적으로 다 발휘하게 하는 것을 일컬어 '교(巧)'라고 한다"(審曲利用, 曲盡其技之謂巧)라고 정의하였다.

그러니까 마균의 '기술이 뛰어나다'(巧)라는 말은 곧 남들이 이미 만들어놓은 것을 잘 관찰해서 그것을 세부적으로 정교하게 완성했다는 의미가 된다. 왜냐하면 무엇이든지 처음 창조된 것은 '창(創)' 자의 자형이 의미하는 바와 같이 만들 때 이리저리 '칼로 베이고 긁힌 상처나 흠집'이 많아서 투박할 수밖에 없기 때문이다. 이러한 창상(創傷)과 흠집을 고치고 다듬는 것이 바로 '교(巧)'인 것이다. 따라서 '창(創)'과 '교(巧)'의 본질이 이처럼 다르므로 창작에 힘쓰는 사람과 이를 다시 정교하게 만드는 사람의 일과 재능은 엄격히 구분하여 평가돼야 한다.

'임(任)' 자는 전국(戰國) 시대에 살았던 임공자(任公子)를 가리킨다. 『장자』(莊子)의 기록에 의하면 임공자는 무게가 일백 균(鈞, 1균은 30근)이나 나가는 갈고리를 만들어 동해 바다에 낚시를 드리우고는 거대한 물고기를 낚았다고 한다.

'낚시 조(釣)' 자는 '쇠 금(金)'과 '구기 작(勺)'으로 이루어졌다.

'작(勺)' 자는 술이나 국물을 뜨는 데 쓰는 국자 같은 기구인데, 그 전체적인 모양이 낚시 바늘처럼 생겼을 뿐만 아니라 기능도 액체 속에서 무엇인가를 건져올리는 데 쓰인다. 따라서 '조(釣)' 자의 자형적 의미는 '물고기를 건져올리는 데 쓰이는 갈고리 모양의 금속'이 된다.

기예와 기술의 효용

釋紛利俗(석분리속)하니 │ 사방으로 얽힌 것을 풀어주고 세속 사
람들을 이롭게 하였으니,

'풀 석(釋)' 자는 '변별할 변(釆)'과 '엿볼 역(睪)'으로
이루어졌다. '변(釆)' 자는 새나 짐승의 발자국이 명확히
찍혀서 그것이 무슨 짐승의 발자국인지를 명쾌하게 변

이로울 리(利) 별할 수 있다는 의미이고, '역(睪)' 자는 눈을 부릅뜨고
죄인들을 일일이 감시한다는 의미를 품은 글자이다. 죄인들을 감시
하려면 죄인들 사이를 일정한 간격으로 떼어놓아야 하므로 '역(睪)'
자의 독음이 '가를 석(析)'과 같은 계열에 속하게 된 것이다. 따라서
'석(釋)' 자의 자형적 의미는 '명쾌하게 변별될 수 있도록 갈라서 풀
어놓다'가 된다.

'어지러울 분(紛)' 자는 '실 사(糸)'와 '나눌 분(分)'으로 이루어졌
으므로 자형적 의미는 '흩어져 있는 것을 실로 묶다'가 된다. 말의
꼬리는 길고 숱이 많아서 꼬리를 흔들 때마다 터럭이 흩날리기도 하
고, 특히 산길을 갈 때는 자칫 말꼬리가 가시나무에 걸리고 얽히기
도 해서 주행에 매우 불편하였다. 그래서 주머니와 같은 꼬리 집을
만들어 말꼬리에 씌워 다녔는데, 이것을 '분(紛)'이라고 불렀다. 이
로부터 이리저리 흩날리지 않도록 얽어서 고정시켜 놓은 것을 일컬
어 '분(紛)'이라는 글자로 쓰게 된 것이다.

'이로울 리(利)' 자는 '벼 화(禾)'와 '칼 도(刀)'로 이루어졌으므로, 자형적 의미는 '낫으로 벼를 베다'가 된다. 이로부터 '곡식' · '수확물' · '이롭다' · '날카롭다' 등의 의미들이 파생되었다.

'풍속 속(俗)' 자는 '사람 인(人)'과 '골 곡(谷)'으로 이루어졌다. '곡(谷)' 자는 골짜기로 계속 따라 흐르는 물길이기도 하다. '속(俗)' 자의 독음은 '이어질 속(續)'과 같고 '하고자 할 욕(欲)'과도 같은 계열에 속한다. 따라서 '속(俗)' 자의 자형적 의미는 '사람들이 자신들의 정서대로 하고자 하는 바를 이어가는 관습의 길'이 된다. 그래서 풍속과 관습은 세월이 흘러도 그 길을 잘 바꾸지 않고 각 사회마다 독특한 정서를 갖게 되는 것이다.

이 구절은 앞에 열거한 여덟 사람의 출중한 기술이나 재주가 나름대로 분쟁을 해결하고 세속 사람들을 이롭게 하는 데에 기여했음을 설명한다.

'얽힌 것을 풀어주다'(釋紛)라는 말은 여포가 활쏘기 재주로 원술과 유비 사이의 분쟁을 해결해 준 사건과 웅의료가 공놀이로 백공승과 자서 사이의 갈등을 완화해 준 사건을 가리키고, '세속 사람들을 이롭게 해주다'(利俗)라는 말은 몽념 · 채륜 · 마균 · 임공자 등이 아이디어와 기술로 도구를 발명하고 개량하여 세속 사람들의 생활을 편리하고 윤택하게 해준 업적을 지시한다. 그런데 여기서 궁금한 것은 전자의 인물들이 '석분(釋紛)'하고 후자의 인물들이 '이속(利俗)'한 것은 이해하겠는데, 혜강이 거문고를 잘 타고 완적이 휘파람을 잘 분 일이 왜 '석분'이나 '이속'에 속하는지는 잘 납득이 되지 않는 일이다.

결론부터 말하자면 악기를 잘 다루는 일이나 휘파람을 부는 일이 연주인 이상 이는 앞의 활쏘기나 공놀이와 본질적으로는 동일한 재주와 놀이에 속한다. 이러한 재주와 놀이들은 즐거움을 야기하는 일종의 기호체로서 이들 기호체들은 현실에서 즐기는 쾌락과는 다른 즐거움의 세계로 사람들을 안내한다. 다시 말해서 재주와 놀이는 현실에서 얻기 어려운 쾌락을 대체해 만족시키는 기능을 갖고 있기 때문에 현실적인 갈등이나 모순 상태를 일시적으로 덮어버리거나 연기시키는 효과가 발생한다.

사실 '얽고'(紛) '푸는'(釋) 것은 그 자체가 삶의 즐거움을 구성한다. 그래서 삶은 이 얽고 푸는 과정을 끊임없이 반복하는 것으로 일관한다. 그렇지만 얽힌 것을 푸는 일이 현실에서는 그리 마음대로 되지 않기 때문에 불쾌감이 쌓이게 되는데, 이럴 때 놀이에서 발생하는 향락으로 현실을 대체하는 것이 바로 우리가 흔히 말하는 스트레스 해소이다.

원술의 장수인 기령(紀靈)도 푸는 즐거움을 얻으려고 유비를 치러 오긴 했지만, 이를 풀기 위해서 치러야 할 대가가 큰 것 또한 현실이었으므로 내심 적당한 핑계만 있으면 이를 회피하고 싶은 마음도 함께 갖고 있었을 것이다. 그러던 차에 여포의 활쏘기에서 즐거움이 얻어지자 이 사건을 명분삼아 군대를 철수함으로써 자신의 욕망에 순종하였던 것이다. 백공승 역시 마찬가지이다. 정말로 자서를 죽이려했다면 그가 갖고 노는 공만 빼앗았더라면 되지 않았을까? 결국 공놀이의 즐거움이 현실적으로 내키지 않는 일을 포기할 수 있는 명분을 제공해 주었던 것이다.

'분(紛)' 자의 자형이 말하는 바처럼 분쟁이란 비록 얽혀 있긴 하지만 글자 자체에 '나눌 분(分)' 자가 모습을 드러내고 있듯이 분쟁 자체가 다시 풀어질 수 있는 가능성이 처음부터 이미 존재하고 있다고 보아야 할 것이다. 우는 사람은 울고 싶어 울듯이, 분쟁하는 사람은 분쟁하고 싶어 분쟁하는 것이다. 따라서 오로지 예만을 강구하는 속된 선비들, 이른바 '예속지사(禮俗之士)'와 다투어야만 했던 혜강과 완적도 마찬가지로 이해할 수 있다. 이들이 저들과의 승산 없는 싸움을 중지하고 답답한 죽림(竹林)에 스스로를 가두어놓을 수 있었던 것은 거문고와 휘파람 같은 재주와 놀이가 현실을 대체해 주었기 때문이리라.

테크놀로지와 여성적 아름다움

並皆佳妙(병개가묘)라 | 모두가 아름답고 기가 막힌 것들이었다.

아우를 병(並)

'아우를 병(並)' 자의 본래 자형은 '설 립(立)' 자 두 개로 이루어진 '병(竝)'으로 되어 있다. '병(竝)' 자의 독음은 '옆 방(傍)'과 '붙일 부(附)'와 같은 계열에 속하므로 자형적 의미는 '가까이 서 있는 두 사람을 함께 붙여놓다'가 된다. 이로부터 '아우르다'·'가지런히 하다' 등의 의미들이 파생되었다.

'모두 개(皆)' 자는 '견줄 비(比)'와 '사뢸 백(白)'으로 이루어졌다. '비(比)' 자는 두 사람이 나란히 엎드려 있는 모양이므로, '개(皆)' 자의 자형적 의미는 '두 사람이 나란히 엎드려 같은 말로 사뢰다'가 된다. 이로부터 '같다'·'모두' 등의 의미들이 생겨나게 되었다.

'아름다울 가(佳)' 자는 '사람 인(人)'과 '홀 규(圭)'로 이루어졌다. '규(圭)' 자가 '큰 거리 가(街)' 자를 구성하기도 하고, 또한 '가(佳)' 자의 독음이 '높을 고(高)'와 같은 계열에 속하므로, '가(佳)' 자의 자형적 의미가 '키가 크고 몸집이 큰 사람'임을 알 수 있다. 『회남자』(淮南子) 「설림」(說林)편에 "가인(佳人)은 몸집이 남다르고, 미인은 얼굴이 남다르다"(佳人不同體, 美人不同面)라는 구절이 있는데, 여기에서 '가(佳)' 자는 몸이 건장하고 키가 훤칠하게 커서 아름다운 사람을 지칭함을 알 수 있다.

이 구절은 앞에 열거한 재주와 기술이 모두 효능에서뿐만 아니라 미적인 측면에서도 하나같이 아름답고 정교하다고 사실을 부연해서 설명하고 있다.

'가(佳)'와 '묘(妙)'는 모두 '아름다움'을 뜻하는데, 전자는 글자의 자형대로 늠름한 남성적 미를, 후자는 아리따운 여성적 미를 지시한다. 좀더 구체적으로 말하자면 여포와 웅의료처럼 정치적인 분쟁을 해결한 재주는 남성적 아름다움이고, 몽념·채륜처럼 도구를 발명하거나 개량한 기술은 여성적 아름다움이라는 것이다.

이 구절은 재주에도 차별이 있어서 정치적으로 이용되는 재주는 남성적인 것으로 숭상되고, 형이하학적인 개념의 기술은 여성적인 것으로 비하되어 인식되는 관념에 어느 정도 영향을 끼쳤다고 추측할 수 있다.

여성의 전통적인 이상적 자아와 자아 이상

毛施淑姿(모시숙자)하여 │ 모장(毛嬙)과 서시(西施)는 정숙하고 반
듯한 용모에다가,

터럭 모(毛)

'터럭 모(毛)' 자는 고대 중국의 미녀인 모장(毛嬙)을 가리킨다. 모장은 월나라 임금의 후궁이었다고 전해진다. 초(楚)나라 송옥(宋玉)의 「신녀부」(神女賦) 중의 "모장이 소매로 얼굴을 가리면 (누구도 그 모습을) 흉내내기에 부족하고, 서시가 얼굴을 숨기면 (그 자태는) 비교하려 해도 비교할 사물이 없다"(毛嬙鄣袂, 不足程式; 西施掩面, 比之無色)라는 구절에서 알 수 있듯이, 그녀는 서시와 더불어 중국의 전설적인 미녀로 병칭된다.

'베풀 시(施)' 자는 춘추 시기 월나라 미녀인 서시(西施)를 가리킨다. 월왕 구천(句踐)은 오나라에 패하자 오왕 부차(夫差)가 여색을 좋아한다는 것을 알고는 서시를 바쳤다. 오왕이 과연 그녀에게 깊이 미혹되어 정사를 돌보지 않을 때, 월나라가 오나라를 쳐서 멸망시켰다고 한다.

'맑을 숙(淑)' 자는 '물 수(水)'와 '아재비 숙(叔)'으로 이루어졌다. '숙(淑)' 자의 원래 글자는 '맑을 숙(潚)'이므로, '숙(叔)' 자는 독음이 같아서 빌려온 표음부 글자임을 알 수 있다. '숙(潚)' 자의 방인 '삼갈 숙(肅)' 자는 죽간(竹簡) 위에다 붓으로 글자를 쓰는 모양인데,

죽간은 미끄러워서 붓을 놀리기가 어려우므로 여기에다가 글씨를 쓸 때는 신중해야 한다. 그래서 '숙(肅)' 자에 '삼가다'라는 의미가 생겨난 것이다. 따라서 '숙(瀟)' 자의 자형적 의미는 '신중한 물', 즉 '맑고 깊은 물'이 된다. 이로부터 '맑은'·'착한' 등의 의미들이 생겨났다.

'자태 자(姿)' 자는 '계집 녀(女)'와 '진영 차(次)'로 이루어졌다. '차(次)' 자는 군인들이 야영을 하기 위해서 세우는 임시 막사인데, 이를 잘 지으려면 지주를 바로 세우고 천막을 팽팽하게 쳐서 모양이 규정대로 나오도록 만들어야 한다. 여성의 아름다움도 이처럼 몸의 자세를 바르게 하고 옷을 단정히 입어 연출할 수 있다. 따라서 '자(姿)' 자의 자형적 의미는 '군영을 세운 듯이 몸이 반듯하고 옷이 단정한 여인의 자태'가 된다.

이 구절은 앞 구절이 '아름다움'(佳妙)으로 말을 맺자, 이를 받아서 아름다움의 대명사인 모장과 서시를 언급하고 있다. 여기서 미인에 관한 내용이 언급되는 것은 미색을 멀리해야 한다는 군자의 처신이라는 차원에서 씌어진 것이다.

인간은 사회적으로 성장하기 위해서 이상을 품어야 하는데, 자아의 이상은 이상적 자아(ideal ego)와 자아 이상(ego ideal)으로 분열된다. 전통적으로 중국 여성에게 이상적 자아는 모장과 서시였다. 중국의 수많은 문인과 문헌이 미인으로 항상 모장과 서시를 들먹였던 것은 말할 것도 없고, 당장 『천자문』의 이 구절에서 볼 수 있는 것처럼 모든 어린이들이 글을 읽게 되면서 맨 처음 접하는 미인의 이름이 이들이었다. 여성들이 모장과 서시를 얼마나 동경하고 본받으려 했는지를 쉽게 짐작할 수 있다.

　자아 이상은 명령과 금지에서 형성된다. 그러면 '정숙하고 반듯한 용모' (淑姿)는 당연히 여성들의 자아 이상이 된다. 물론 '모시숙자 (毛施淑姿)' 라는 구절이 명령형이나 금지형은 아니지만, 모장과 서시를 함께 부르는 구조는 이미 신화를 생산해 냈고 이는 곧 의미상으로 "여자란 모름지기 모장과 서시와 같아야 한다"라는 당위성을 암시하고 있기 때문에 자아 이상으로 기능하기에 충분한 것이다. 뿐만 아니라 남자 아이들에게 각인된 이들의 이름이 그들의 욕망의 대상이 된다면 이것은 다시 여성의 자아 이상에 영향을 미치게 된다. 여성들은 '정숙하고 반듯한 용모' 를 가지려고 무진 애를 써왔지만 도대체 어떻게 해야 모장과 서시처럼 보일 수 있었을까? 중국을 비롯한 동아시아 여성들의 고민은 바로 여기에 있었다.

경국지색, 꾸밈인가 우연한 아름다움인가

工嚬妍笑(공빈연소)라 | 공교스레 찡그리고 예쁘게 웃었다.

工

장인 공(工)

'장인 공(工)' 자의 고문자 자형은 진흙을 벽에 바른 후 평평하게 문지르고 고르는 흙손의 모양으로 되어 있다. 그래서 평평하게 문지른다는 뜻의 '식(拭)' 자에 '공(工)' 자가 들어가 있고, 또 문지르고 고르는 일은 꾸미기 위한 것이므로 '식(拭)' 자의 독음이 '꾸밀 식(飾)'과 같은 것이다. '공(工)' 자의 독음이 '교묘할 교(巧)'와 같은 계열에 속하는 것도 역시 '꾸미다'라는 의미를 공유하기 때문이다.

'찡그릴 빈(嚬)' 자는 그 본래 글자가 '빈(顰)'으로 이는 '빈(頻)' 자에서 파생된 글자이다. '빈(頻)' 자의 원래 자형은 '빈(瀕)'으로 독음이 '물가 빈(濱)'과 같다. '빈(瀕)' 자의 자형적 의미는 '물을 건너지 못하고 물가에 서서 근심하다'이다. 따라서 '빈(嚬)' 자의 의미는 '얼굴을 찡그리고 근심하다'가 된다.

'고울 연(妍)' 자는 '계집 녀(女)'와 '평평할 견(幵)'으로 이루어졌다. '견(幵)' 자는 '어깨 견(肩)'과 같은 독음의 글자로 양어깨의 평평함을 그린 모양이다. 비슷한 의미의 '갈 연(研)' 자가 '돌을 갈아서 평평하게 만들다'라는 자형적 의미를 갖는다는 사실과 비교해 보면 '연(妍)' 자의 자형적 의미는 '세련되게 꾸미고 가꾼 여인의 자태'가 된다. 이로부터 '예쁘다'·'곱다' 등의 의미들이 파생된 것이다.

'웃을 소(笑)' 자는 그 원래 자형이 '엉겅퀴 요(芺)' 자였는데 이것이 나중에 잘못 쓰인 채로 유통되면서 지금의 글자로 고착되었다는 설이 있으나 확실치는 않다.

이 구절은 모장과 서시는 그들의 타고난 미모와 자태도 아름다웠지만, 어쩌다가 근심스레 짓는 찡그린 표정이나 방긋 웃는 모습도 그야말로 일품이었다는 전설을 적고 있다. 앞에서 말한 '정숙하고 반듯한 용모'(淑姿)란 따지고 보면 아름답게 보이도록 의식적으로 꾸민 아름다움이라고 볼 수 있다. 그러나 찡그리거나 웃는 모습은 자기도 모르게 보이게 되는 경우가 많다. 그래서 인위적으로 가꾼 미인은 이 자연스런 순간에 꾸밈의 가면 밑에 숨어 있는 본질이 살짝 드러나기도 한다. 그러나 모장과 서시는 워낙 타고난 미인들이라서 웃으면 웃는 대로, 찡그리면 찡그리는 대로 그 아름다움의 본질이 드러난다는 것이다.

"주체는 타자의 욕망을 욕망한다"라는 욕망의 바탕을 보더라도 여성은 남성의 욕망을 욕망한다고 볼 수 있다. 여인들은 아름답게 보이기 위해서 화장을 하는데, 이는 근본적으로 남성의 욕망을 욕망하는 행위에 다름 아니고, 여성에게 화장은 액세서리가 아니라 삶의 근본을 이루는 주요 요소 중의 하나가 된다.

이를테면 이 구절에서 "공교스레 찡그렸다"(工嚬)라는 말은 근심스럽거나 짜증나는 일이 있어서 찌푸린 표정을 지었는데 이러한 표정마저도 '공교하다'거나 '교묘하다'고 표현할 만큼 자연미가 있다는 뜻으로 해석된다. 그러나 화장이 삶의 일부인 모장과 서시와 같은 여인이 과연 찌푸리는 그 일순간이라 하더라도 표정 관리나 표정

648

연출을 등한히 했을까? 찌푸린 표정을 '공교한 일품'(工), 즉 우연한 아름다움으로 묘사하고 있지만, 기실 '공(工)' 자에 장인이 인위적으로 공을 들여 예쁘고 자연스럽게 흙손질을 한다는 의미가 들어 있음을 상기한다면 우리는 그 우연성에 의문을 던질 수 있을 것이다. 즉 화장이라는 꾸밈을 생활화해 어떤 경우에라도 자신을 자연스런 아름다움, '우연한 아름다움'으로 보일 수 있는 능력이 있어야만 나라의 운명을 뒤흔드는 이른바 경국지색(傾國之色)이 될 수 있는 것이다.

'예쁘게 웃다'(姸笑)라는 구절의 '연(姸)' 자 역시 이를 입증한다. 앞의 자해에서도 말했듯이 '연(姸)' 자의 자형적 의미에는 '세련되게 꾸미고 가꾸다'라는 뜻이 이미 내재돼 있다. 그러니까 아름다움이란 관찰되는 대상이 관찰자를 유혹하기 위하여 스스로 꾸미든가, 아니면 관찰자가 관찰 대상을 예쁘게 보기 위하여 자신이 직접 꾸미든가, 아무튼 수식이라는 개념을 언제나 전제로 한다.

어쨌든 '공빈(工嚬)'과 '연소(姸笑)'가 남성들이 바라는 여성의 자아 이상이 되자 중국은 역대로 많은 여성들이 타고난 미모에 관계없이 모장·서시형의 공교한 눈살 찌푸리기와 곱게 웃기를 재현하기 위해서 엄청난 노력을 기울여왔다. 『장자』「천운」(天運)편의 "서시가 가슴이 아파서 이마를 찌푸리고 있자 그것이 예쁘다고 여긴 그 마을의 추녀가 자기도 이를 흉내내어 가슴에 손을 얹고 눈썹을 찌푸렸다. 그랬더니 이를 목격한 마을의 부자는 문을 잠그고 아예 밖에 나가지도 않았고, 가난한 자들은 처자를 데리고 마을을 떠나버렸다"라는 빈정거림의 고사에서 이런 단면을 엿볼 수 있다.

9부

허(虛)로의 귀결, 그 속에 진실이

한 해: 곡식이 여물기 위한 시간

年矢每催(년시매최)하여도 | 해는 살처럼 매양 닥쳐와도,

화살 시(矢)

'해 년(年)' 자를 소전에서는 '秊'으로 썼는데, 이는 '벼 화(禾)'와 '사람 인(人)'으로 이루어진 것이다. '인(人)' 자의 독음은 '애밸 임(妊)'과 '여물 임(稔)'과 같은 계열 이므로 여기에는 '속이 차다'라는 의미가 내포돼 있다. 따라서 '년(年)' 자의 자형적 의미는 '곡식이 속이 차서 익다'가 된 다. 곡식이 속이 차서 익는 것은 일 년에 한 번 있는 현상이므로, 이 로부터 '한 해'라는 의미가 파생되었다.

'화살 시(矢)' 자는 화살촉·살대·깃 등을 그대로 형상화한 글자 이다. 화살은 곧으므로 이로부터 '곧다'·'바르다' 등의 의미들이 파생되었다.

'매양 매(每)' 자는 '풀 철(屮)'과 '어미 모(母)'로 이루어졌다. '철 (屮)' 자는 초목의 싹을 뜻하고 '모(母)' 자는 풍성함을 상징한다. 따 라서 '매(每)' 자의 자형적 의미는 '초목의 싹이 풍성히 돋다'가 된 다. 오늘날 이 글자가 '낱개'라는 의미로 쓰는 것은 '낱 매(枚)' 자를 통가(通假)한 결과이다.

'재촉할 최(催)' 자는 '사람 인(人)'과 '높을 최(崔)'로 이루어졌으 므로, 자형적 의미는 '높이 나아가도록 사람을 재촉하고 닦달하다' 가 된다.

중용적 수사

羲暉朗曜(희휘랑요)라 | 태양은 번뜩이며 빛난다.

꿩 적(翟)

'복희 희(羲)' 자는 중국 신화에 나오는 사람 이름으로 『초사』(楚辭)에서는 태양을 태우고 다니는 수레의 마부 이름으로 등장하고, 『산해경』에서는 태양의 어머니(제준[帝俊]의 처)로 설명된다. 그래서 후대에는 '희(羲)' 자가 '희요(羲曜)'·'희휘(羲暉)' 등의 별칭으로 쓰이면서 태양을 지칭하게 되었다.

'밝을 랑(朗)' 자는 '달 월(月)'과 '어질 량(良)'으로 이루어졌다. '량(良)' 자에는 '높다'라는 의미가 내포돼 있는데, 이는 '큰 키 나무 랑(桹)' 자와 '문 높을 랑(閬)' 자를 통해 알 수 있다. 따라서 '랑(朗)' 자의 자형적 의미는 '달이 높이 떠서 밝게 비추다'가 된다. 이에 비하여 태양이 밝게 비추는 것은 '소(昭)'라고 한다.

'빛날 요(曜)' 자는 '날 일(日)'과 '꿩 적(翟)'으로 이루어졌다. '적(翟)' 자는 기실 꿩의 화려한 깃털을 가리키므로[1] '요(曜)' 자의 자형적 의미는 '태양이 화사하게 빛나다'가 된다. 이는 '빛날 약(爚)' 자가 화려한 화음 악기인 '약(龠)' 자를 우측 방에 둔 것과 같은 이치이다. '요(曜)' 자는 좌측 변을 바꿔서 '요(耀)'·'요(燿)' 등의 글자로 쓰기도 하는데 기실 모두 같은 글자이다.

이 구절은 앞의 출구(出句)와 더불어 세월의 무상함을 묘사하고 있다. 즉 앞의 "毛施淑姿, 工嚬姸笑(모시숙자, 공빈연소)"에서 미인들의 아름다움을 언급하였는데, 이러한 전설적인 아름다움도 세월의 재촉 앞에서는 그 존재를 유지할 수 없을 뿐만 아니라, 태양이 변함없이 빛을 내는 아름다움에 비하면 매우 미미하다는 것이 이 구절이 시사하는 메시지이다.

이는 "毛施淑姿, 工嚬姸笑"가 자칫 읽는 이에게 외모의 아름다움에만 가치를 두게 할 수도 있으므로 이를 경계하기 위해서 세월과 태양을 비교의 대상으로 하는 수사법을 선택한 것이다. 즉 외모의 아름다움은 유한하기 때문에 세월이나 태양을 그 옆에 두면 그 가치가 자연히 무화(無化)될 수밖에 없다.

이처럼 아름다움을 욕망하면서도 이를 경계하는 모순적 구조가 기실 중용(中庸)의 바닥에 깔려 있는 기초 구조를 형성한다. 출구의 '년시(年矢)'라는 말은 흔히 '세월이 살과 같이 덧없이 흐름'이라는 의미로 쓰이고 있는데, 자형적 의미에서 보더라도 같은 구조로 되어 있음을 알 수 있다. 즉 곡식이 차서 익는다는 의미의 '년(年)'자는 빨리 오기를 기다리는 시간이지만 빠른 속도로 지나가버리는 '시(矢)'는 덧없이 아쉽기만 한 시간이 아니던가.

대구(對句)의 '낭요(朗曜)' 역시 태양의 강렬한 빛만을 지시하지 않는다. 온천지를 구석까지 환하게 비추는 '화사하고 강렬한 빛'(曜) 옆에다 기울어져가는 '은은한 달빛'(朗)을 짝지은 것은 강렬한 빛의 일방적 지배를 경계하려는 중용적인 함축이리라.

655

선기옥형(璇璣玉衡): 천체 모형

璇璣懸斡(선기현알)하고 | 선기옥형은 매달린 채로 돌고,

'선기(璇璣)'란 원래 북두칠성의 첫째 별에서 넷째 별까지, 즉 국자 모양에서 자루 부분에 해당하는 네 별을 가리키는 말인데, 여기서는 천문을 관측하기 위해서 고안한 천체 모형을 가리킨다. '선기'는 옥으로 장식했기 때문에 선기옥형(璇璣玉衡)이라고도 부르는데, 후한 때 장형(張衡)이 이를 더 개량하여 만든 것이 바로 혼천의(渾天儀)이다.

말 두(斗)

'매달 현(懸)'자는 본래 글자가 '현(縣)'인데, 이는 '머리 수(首)'자를 거꾸로 놓은 자형과 '묶을 계(系)'로 이루어진 글자이다. 따라서 '현(縣)'자의 자형적 의미는 '머리를 나무에 거꾸로 매달다', 즉 '효수(梟首)'가 된다. 이로부터 지방 행정 단위를 나타내는 '현(縣)'자가 파생된 것인데, 이때의 의미는 '중앙 정부에 직접 매달려 있는 행정 단위'가 된다. '현(縣)'자가 지방 행정 단위를 뜻하는 글자로 정착되면서 본래 의미는 '현(懸)'자를 따로 만들어 쓰게 되었다.

'돌 알(斡)'자는 '말 두(斗)'와 '아침노을 간(倝)'으로 이루어졌다. '알(斡)'자는 같은 독음의 '퍼낼 알(揎)'자로도 알 수 있듯이 물 푸는 도구인 표주박의 자루를 뜻한다. '자루 달린 용기인 두(斗)'자도 이를 간접적으로 입증한다. 자루를 잡고 움직여 물 따위를 휘젓거나 퍼낼 수 있으므로 이로부터 '돌리다'·'주관하다'(이 경우는

'간'으로 읽음) 등의 의미들이 파생되었다.

 이 구절은 천체 모형인 선기옥형이 축에 매달려 회전하는 모양을 서술하고 있는데, 이는 기실 천체 우주가 순환·운행하는 현상을 비유적으로 묘사한 것이다.

그믐달과 초승달 사이의 휴지(休止): 순환의 단절?

晦魄環照(회백환조)라 | 야월(夜月)은 돌아가면서 비춘다.

귀신 귀(鬼)

'그믐 회(晦)' 자는 '날 일(日)'과 '우거질 매(每)'로 이루어졌다. 모든 사물은 끝에 가면 결실이 풍성해진다. 그렇다면 해(日)가 풍성해지는 것은 낮이 다하고 해가 질 때이다. 따라서 '회(晦)' 자의 자형적 의미는 '해가 풍성해질 때가 되다', 즉 '해가 지다'가 된다. 해가 질 녘에는 해의 잔광 때문에 달도 가려져서 빛을 발하지 못하므로, 이로부터 '달의 빛이 다하다'라는 의미가 파생되었고, 다시 달이 완전히 이지러진 '그믐'을 지칭하게 되었다.

'어두울 백(魄)' 자는 '귀신 귀(鬼)'와 '흰 백(白)'으로 이루어졌고, '백(白)' 자의 자형적 의미는 '빛이 들어와 비추는 공간'이다. 사람이 처음 태어날 때는 혼과 더불어 몸을 갖고 나오는데, 이 둘 중에서 빛이 비추는 공간에서 볼 수 있는 것은 형체를 가진 몸이다. 따라서 '백(魄)' 자의 자형적 의미는 '빛의 공간에서 볼 수 있는 사람의 부분'이 된다. 형체만 보이고 빛이 없는 달도 '백(魄)'이라고 한다. 그믐 이후 2~3일 째 되는 날 처음 나타나는 초승달을 흔히 '패(霸)'라고 부르는데, 이 '패(霸)' 자는 기실 '백(魄)'과 같은 글자이다.('백〔伯〕' 자를 '우두머리'라는 의미로 쓸 때에는 '패'로 읽음.) 따라서 '백(魄)' 자는 '처음 나타난 초승달'이라고 해석해야 한다.

'고리 환(環)' 자는 팔찌 모양의 둥근 옥으로 고리의 두께(肉)와 가운데 구멍이 같은 크기로 만들어졌다. '환(環)' 자는 처음과 끝이 없는 둥근 고리를 뜻할 뿐만 아니라 독음도 '돌아갈 환(還)'과 같으므로 나중에는 '순환하다' 라는 의미로 쓰이게 되었다.

'비칠 조(照)' 자는 '불 화(火)' 와 '밝을 소(昭)' 로 이루어졌으므로 자형적 의미는 '빛으로 밝게 비추다' 가 된다. 그렇지만 옛날에는 '조(照)' 와 '소(昭)' 는 자음과 자의가 동일한 글자였다.

이 구절은 앞의 출구에 이어서 초승달부터 그믐달까지 달들이 찼다 이지러졌다를 반복하면서 비춰주는 현상을 서술하고 있다.

'회백(晦魄)' 은 완전히 이지러지기 직전의 그믐달과 갓 나타나기 시작한 초승달을 가리키기는 하지만, 실은 처음과 마지막으로 27~28개에 달하는 달의 전체 모양을 지시하는 환유법의 단어이다. 원래 순환이란 처음과 끝을 나눌 수 없는 구조이긴 하지만, 달은 차고 이지러짐을 반복하는 가운데서 그믐달부터 초승달 사이에는 모습을 나타내지 않으므로 이 부분을 매듭으로 본 것이다.

반복은 미래를 예측 가능하게 해서 우리에게 안정감을 가져다준다. 프로이트는 끔찍한 일을 경험하고 난 다음에 악몽을 반복해서 꾸는 것은 그러한 일을 갑자기 당해서 놀라지 말고 미리 마음의 준비를 하도록 경계함으로써 안정감을 확보하기 위한 것―비록 행차 뒤에 나팔이긴 하지만―이라고 말했다. 아무리 껄끄러운 것이라도 그것이 계속 반복되면 이내 적응이 되어 결국에는 자연스러워지는 것이 아닌가.

또한 반복 순환은 시간을 공간으로 환원하기 때문에 시간의 강박 관념으로 인한 죽음에 대한 공포가 완화된다. 왜냐하면 시간이 직진한다는 관념에서는 시간이란 한번 가면 다시는 돌아오지 않는다는 강박 관념이 형성될 수밖에 없기 때문이다.

순환하는 시간 속에서는 "모든 사물은 자기 자신과 같은 동시에 그 반대의 것과 같을 수 없다는 모순율의 원칙도 그 반대의 것과 같을 수 있다"라고 얼마든지 받아들여진다. 왜냐하면 '어두움'(晦)과 '밝음'(魄)이 직선상에 앞뒤로 이어져 있는 것이 아니라, 평면상에 서로 맞물려 있어서 이를 따로 구분하거나 뗄 수 없기 때문이다.

그런데 현대 문명은 시간은 금이니 은이니 하면서 한번 가면 다시 오지 않는 것으로 바꿔놓았다. 새털같이 많은 날들 중 오늘 못하면 내일 하면 되겠구만, 죽자고 약속한 날짜에 꼭 맞춰야 한다고 하니 이러한 시간의 강박 관념 때문에 현대인이 받는 스트레스가 무릇 얼마이던가.

직진성의 시간 관념은 무언가 새로운 것을 추구해야 하고 또 추구할 수 있다는 신념을 전제로 한다. 그러나 지나고 보면 세상에 새로운 것이란 아무것도 없고 결국은 모든 것이 반복되는 것에 불과하다는 것을 깨닫게 된다. '회(晦)'와 '백(魄)' 사이에 달이 보이지 않는다고 해서 달의 운행이 끊어진 것이 아니다. 따라서 이 부분을 억지로 끊어 직선으로 만든다고 해서 내일 색다른 달이 뜨는 것은 아니다.

결국 우리의 행복이란 고리 속에서 영원할 수 있었던 시간을 억지로 끊어서 돈으로 바꿔 쓴 것에 지나지 않는다. '회(晦)'와 '백(魄)' 사이에 휴지(休止)가 없어서 끊을 수 있는 매듭이 없었더라면 순환론적 시간 관념이 아직 보존될 수 있지 않았을까?

660

진정한 양생

指薪修祜(지신수우)하니 | 손가락으로 장작을 지피는 것은 선행으로 복을 구하는 일이니,

복 우(祜)

'손가락 지(指)' 자는 '손 수(手)' 와 '맛 지(旨)' 로 이루어졌다. '지(旨)' 자는 '가지 지(支)' 와 독음이 같으므로 '지(指)' 자의 자형적 의미는 '손이 가지쳐 갈라진 것', 즉 '손가락' 이 된다.

'장작 신(薪)' 자는 '풀 초(艸)' 와 '새 신(新)' 으로 이루어졌다. '신(薪)' 자는 '신(新)' 자의 후출자로 둘 다 '도끼로 팬 장작' 을 말한다.[2] '신(薪)' 이란 잘라 써야 하는 땔감을 말하는데, 이에 비해서 자디잔 섶을 한데 묶어서 땔감으로 쓰는 것은 '시(柴)' 라고 한다.

'닦을 수(修)' 자는 '터럭 삼(彡)' 과 '달릴 유(攸)' 로 되어 있다. '삼(彡)' 자에는 '수식하다' 의 의미가 있고, '유(攸)' 자의 자형적 의미는 '작은 막대기를 들고 몸의 먼지를 털다' 이므로, '수(修)' 자의 자형적 의미는 '막대기로 몸의 먼지를 털고 단정하게 꾸미다' 이다. 여기서는 '행선적덕(行善積德)', 즉 선행으로 덕을 쌓는 일을 말한다.

'복 우(祜)' 자는 '보일 시(示)' 와 '오른쪽 우(右)' 로 이루어졌다. '시(示)' 자는 한자에서 흔히 '신' 을 의미하는 자형으로 많이 쓰이고, '우(右)' 자는 오른쪽에서 돕는 사람이라는 의미의 '우(佑)' 와 같은 글자이므로, '우(祜)' 자의 자형적 의미는 '신이 돕다', 즉 '복' 이다.

이 구절은 『장자』 「양생주」(養生主)편의 "손가락이 장작 지피는 일을 다하더라도 불은 전달되어서 꺼질 줄을 모른다"(指窮於爲薪, 火傳也, 不知其盡也)를 다시 쓴 것이다.[3]

『장자』의 이 구절에서 '신(薪)'은 육체를, '화(火)'는 정신을 비유하는 것으로 해석하여 몸은 결국 타서 없어지지만 정신은 남아서 후세에 전달되어 영원히 멸절되지 않는다는 의미로 풀이하는 것이 보통이다. 여기서는 『장자』의 이 구절이 '수우(修祐)'란 말과 결합돼 다시 씌어졌으므로 다음과 같이 다른 의미로 해석할 수 있다.

'수우(修祐)'란 평소에 선행과 은덕을 쌓은 일이 나중에 후손에게 하늘의 복으로 내려지는 것을 가리킨다.[4] 인간이 산다는 것은 장작이 타듯이 육체를 태워가는 일에 비유할 수 있다. 그러므로 장작이 타고 나면 재만 남듯이 우리의 육체도 다 살고 나면 흙으로 돌아가고 아무것도 남지 않는다. 그러나 우리가 살면서 육체를 잘 태워 그 빛과 열로 남을 밝게 비춰주고 따뜻하게 해준다면 그것이 곧 선행과 은덕을 쌓는 일, 즉 '수(修)'를 실천하는 일이 된다. 이렇게 '수(修)'를 행하면 그에 대한 보답은 당장 받는 것이 아니라, 장작이 타고나면 불씨가 남아서 다른 장작으로 옮겨 다시 크게 번지듯이 나중에 후손으로 이어져서 영원히 복을 받게 된다는 것이다.

따라서 '지(指)' 자 속에 '지(支)'의 의미가 들어 있음에 근거하여 '지신(指薪)'을 '장작을 손가락처럼 여러 '갈래'(支)로 빠개서 잘 타게 만들다'라고 해석할 수 있다. 이처럼 육체를 기르는 것이 아니라 정신을 잘 길러서 영원히 이어가는 것이 진정한 양생(養生)의 의미이리라.

영원함: 원류로 거슬러가야 찾을 수 있는 행복

永綏吉邵(영수길소)라 | 길이 편안해지고 상서로움이 높아진다.

길할 길(吉)

'길 영(永)' 자를 소전에서는 '𣱵'으로 썼는데 이는 강물의 본류가 지류로 갈라지는 모양을 그린 것이다. '영(永)' 자의 독음은 '길 장(長)'과 같은 계열에 속하므로 그 자형적 의미는 '강물이 길게 뻗어나가다가 지류로 갈라지다'가 된다. 이로부터 '길다'라는 의미가 파생되었다. '영(永)' 자의 자형과 반대로 물길이 우측으로 갈라지면 '𠂢'이 되는데, 이것이 바로 '갈래 파(派)' 자의 우측 방인 '파(𠂢)' 자가 된다.

'편안할 수(綏)' 자는 '실 사(糸)'와 '편안할 타(妥)'로 이루어졌다. 옛날에는 수레를 탈 때 지금처럼 앉지 않고 선 채로 타고 다녔다. 그래서 수레가 흔들릴 때 넘어지지 않도록 수레 앞에 손잡이를 설치했는데 이것을 '수(綏)'라고 불렀다. 손잡이를 잡으면 안전하므로 '수(綏)' 자에 '편안하다'라는 의미가 생겨난 것이다.

'길할 길(吉)' 자는 '선비 사(士)'와 '입 구(口)'로 이루어졌는데, 이 글자의 자의는 '흉할 흉(凶)' 자와 대비해서 자형을 풀어야 쉽게 이해될 수 있다. 즉 '흉(凶)' 자의 자형은 구덩이(凵)를 파고 그 위에다가 나뭇가지를 얼기설기 엮어서 구덩이를 위장한 함정 모양이다. 그래서 '흉(凶)' 자의 독음이 '함정 갱(阬)'과 같은 계열에 속하는 것이다. 이러한 함정은 주로 맹수들을 잡기 위한 것이었으므로 사람이 여기에 빠지지 않도록 함정 위에는 언제나 조심하라는 경고 표지를 해두었다. 이것이 바로 구덩이(口) 위에 표지(士)를 한 '길(吉)' 자인 것이다.

'높을 소(邵)' 자는 주나라 초기에 문왕의 서자인 석(奭)이 채읍(采邑)으로 받은 고을 이름이다. 그래서 그를 소공(召公) 또는 소백(召伯)이라고 부르는 것인데, 이때 '소(召)' 자는 '소(邵)'와 같은 글자이다. 나중에는 '소(邵)' 자를 '소(劭)' 자와 통하여 쓰면서 '높다'·'아름답다' 등의 의미들이 생겨나게 되었다.

이 구절은 선조들이 행한 선행과 은덕으로 자손들이 영원히 복을 받고 상서로운 일들이 갈수록 많아질 것이라는 사실을 말한다.

여기서 그들이 추구하는 복이란 무슨 거창한 대박이 아니라, '수(綏)' 자가 말하는 것처럼 '넘어지지 않고', '길(吉)' 자가 가리키는 바와 같이 '함정에 빠지지 않는' 소극적인 바람이다. 중국이란 땅덩어리는 이상하게도 의지가 좀 있다 하는 사람들에게 야망을 불러일으키는 마력을 갖고 있다. 이러한 영웅주의에 빠진 자들이 야망을 실현하고자 할 때 늘 억울하게 동원되고 당하는 것은 백성뿐이므로, 이러한 역사적 경험에서 백성이 체득한 것은 그저 넘어지지 않고 함정에 빠지지 않는 것만으로도 큰 복임을 알아야 한다는 사실이다.

이에 비해서 다양한 텍스트들이 욕망을 자극하는 환경에 이미 적응된 현대인들에게 이런 소박한 바람은 더 이상 복이 아니고 참을 수 없는 일상의 권태일 뿐이다. 그래서 그들은 갖가지 인위적인 위험에 도전해서 욕망을 충족시키곤 하는데, 이러한 인위적인 모험은 사실성이 결여돼 있어서 짜릿한 흥분을 맛보기에 부족하므로 그들은 자칫하면 정말로 한순간에 나락으로 떨어질지도 모를 위험한 일을 저지르기도 한다. 아마 이런 광경을 고대 중국인들이 본다면 "걱정 없이 밥 먹고사는 게 웬수 같으냐"라고 물을 것이다.

프로이트가 설파했듯이 사람은 근본적으로 죽음으로 돌아가고자 하는 욕망, 즉 타나토스(tanatos)에서 벗어날 수는 없는가 보다. 그렇다면 '영원히'라는 말은 결국 '죽음으로의 길'을 의미한다. '영(永)'자의 자형적 의미를 보더라도 본류에서 흐르다가 지류로 갈라진다는 것은 물을 따라 아래로 흘러간다는 뜻이 아니라 원류로 거슬러 올라감을 의미하는데, 그 원천은 곧 우리가 태어난 곳으로 흙이자 죽음이다. 거기가 가장 복된 곳이라는 메시지를 이 구절은 전하고 있다.

강한 자아의 형성은 발과 목에서부터

矩步引領(구보인령)하고 | 자로 잰 듯이 절도 있게 걷고 옷깃을 단정히 여미며,

법 구(矩)

'법 구(矩)' 자는 '클 거(巨)'의 후출자로 이는 목수들이 늘 들고 다니는 곱자(曲尺) 모양을 그린 것이다. '구(矩)' 자의 고문자 자형을 보면 좌측 변이 '화살 시(矢)' 자가 아닌 '사람 인(人)' 이다. 따라서 '구(矩)' 자의 자형적 의미는 '목수가 손으로 곱자를 쥐고 있다'가 된다. '자'(尺)라는 것은 도량형의 표준을 상징하고, 여기에서 '법' · '법도' · '법도에 맞게 하다' 등의 의미들이 파생되었다.

'걸음 보(步)' 자를 소전에서는 '步'로 썼는데, 이는 '그칠 지(止)' 자를 위아래로 포개놓은 모양이다. '지(止)' 자는 원래 발 모양으로 위아래로 포개놓은 것은 좌우 발을 교차하여 걸어가는 모양을 그린 것이다. 따라서 자형적 의미는 '좌우 발을 앞뒤로 교차시켜 걸어가다'가 된다.

'이끌 인(引)' 자는 '활 궁(弓)'과 '위아래로 통할 곤(丨)'으로 이루어졌다. '곤(丨)' 자를 『설문해자』에서 "끌어서 위로 올릴 때는 '신(囟)' 자처럼 읽는다"(引而上行, 讀若囟)라고 풀이했으므로, '인(引)' 자의 자형적 의미는 '활시위를 끌어당기다'가 된다.

'옷깃 령(領)' 자는 '머리 혈(頁)' 과 '명령할 령(令)'으로 이루어졌

다. '령(令)' 자는 높은 곳에 우뚝 서서 아랫사람에게 명령하는 모양으로 이 글자의 독음은 '줄기 경(莖)' 과 같은 계열에 속한다. 또한 '령(領)' 자는 '등뼈 려(呂)' 자와 초성(初聲)이 같은 쌍성(雙聲) 관계에 있다. 따라서 '령(領)' 자의 자형적 의미는 '곧은 등뼈 중에서 머리에 가까운 가장 꼭대기 부분' 이 된다. 등뼈 중에서 꼭대기 부분은 곧 목 부분이므로 여기에서 '목' (頸)이라는 의미와 목을 싸는 부분인 '옷깃' 이라는 의미가 파생되었다.

이 구절은 선조들의 선행과 음덕으로 자손들이 복을 누리고 사는 것이므로 그것을 생각해서 조정에서 정사를 돌볼 때에는 각별히 걸음걸이와 옷차림을 바르게 해서 경건한 자세로 임해야 함을 역설하고 있다.

'구보(矩步)' 란 자로 잰 듯이 법도에 딱 들어맞는 걸음걸이의 자태를 형용하는 말이고, '인령(引領)' 은 '혈령(絜領)' 과 같은 말로 옷깃을 단정하게 여미는 일을 가리킨다.

조상이 스스로를 태워서 만들어주신 복의 불씨를 영원히 꺼지지 않도록 하려면 욕정을 통제해야 하는데, 그러기 위해서는 욕정에 흔들리지 않는 강력한 자아(Ego)를 형성해야 한다. 그 방도가 바로 '걸음걸이를 법도에 맞게 해서 바로 걷는' 일이고 '옷깃을 바르게 여미는' 일이다. 즉 강력한 자아를 형성하려면 정신적으로 긴장해야 하는데, 이 정신적 긴장은 관념적으로 이루어지기가 힘들기 때문에 육체를 긴장시켜 이를 성취한다. 몸 전체를 한꺼번에 긴장하는 일은 실제로 불가능하므로 요체가 되는 부분을 긴장시켜야 하는데, 바로 발과 목이다. 군대에서 매일 빼놓지 않고 하는 기본 훈련이 목에 최대한 힘을 주는 차려 자세와 보조에 맞춰 걷는 보행 연습이다. 요컨대 걸음걸이를 규칙적인 보조로 유지하는 일과 옷깃을 팽팽하게 여미는 일은 정신적 긴장의 형상화이자 자아를 구성하는 구체적인 일이 된다. 따라서 우리의 사고와 행위는 발과 목에서 시작한다고 해도 과언이 아니리라.

　그러나 이것은 어디까지나 강력한 에고를 구성해서 도덕적 인간이 되게 하는 데에 도움이 될 뿐, 관념의 자유로운 해방에는 전혀 도움이 되지 않고 오히려 방해가 된다. 봉건주의나 전체주의 사회처럼 강력한 이데올로기에 의지해서 유지되는 사회일수록 예(禮)와 의식과 같은 형식적 질서를 중시하는데, 이것은 흐트러진 자세로 인한 관념의 해방에서 오는 이질적 사고들을 방지하기 위한 것이다.

환유적 화법의 언어 문화

俯仰廊廟(부앙랑묘)라 | 조정의 일을 심사숙고하여 처리해야 한다.

'부앙(俯仰)'의 원래 의미는 '머리를 숙여 내려다보고 머리를 들어 올려다보다'인데, 무언가를 골똘히 생각하는 사람은 자신도 모르게 자주 머리를 숙였다 들었다

사당 묘(廟)

하는 행동을 반복하는 경향이 있으므로, '심사숙고하다', 또는 '적절히 주선(周旋)하여 처리하다'라는 의미로 쓰이기도 한다. 여기서는 후자의 의미로 쓰였다. 생각을 골똘히 할 때 '부앙'하면서 왔다갔다 '배회(徘徊)'하는 것을 '부앙배회(俯仰徘徊)'라고 하는데, 이 '배회(徘徊)'라는 단어가 다음 구절의 같은 위치에 쓰인 것으로 보아 '부앙'은 '심사숙고하여 처리하다'로 풀이할 수 있다.

'행랑 랑(廊)'자는 대전(大殿) 주위의 부속 건물들을 뜻한다.

'사당 묘(廟)'자는 '집 엄(广)'과 '조정 조(朝)'로 이루어졌다. 그 독음은 '모습 모(皃)'자와 같은 계열에 속하는데, 이는 태묘(太廟)란 선왕들의 모습을 그린 초상을 모셔놓은 곳이라는 의미를 함축한다. 따라서 '묘(廟)'자의 자형적 의미는 '선왕들의 초상을 모셔놓은 집'이 된다. 중국 고대의 궁궐은 대전과 태묘, 그리고 주위의 여러 부속 건물로 이루어졌으므로 '낭묘(廊廟)'란 곧 조정을 가리킨다.

이 구절은 조정의 일을 신중히 처리해야 함을 말하고 있다. '부앙

(俯仰)'이란 '심사숙고하고 적절한 절차를 강구하여 일을 처리함'을 의미한다. 정치가들이 심사숙고할 때는 좌우로 치우침이 없이 공정하게 처리하는 것을 생명으로 하는데, '부앙'이란 글자는 이를 상징적으로 잘 보여준다. 즉 '부(俯)'자의 우측 방인 '부(府)'는 '거둬들여 모아놓고 지키는 곳'을 뜻하므로 보수적 자세를, 그리고 '앙(仰)'자는 '바라는 바를 이루고자 하는 욕망'을 뜻하므로 진보적 자세를 상징한다. 이처럼 나라의 일을 결정할 때는 보수와 진보의 시각을 모두 겸비하는 것이 바람직하다는 사실을 이 구절은 보여준다.

'낭묘(廊廟)'는 대전 주위의 부속 건물을 뜻하지만, 간접적으로는 조정을 가리킨다. 이것은 부분으로 전체를 지시하는 환유인데 이러한 수사법은 중국 언어에서 매우 보편적으로 쓰이고 있다. 제왕을 지칭할 때 '폐하(陛下)'나 '전하(殿下)'라고 부르는데, 이는 제왕이 앉아 있는 계단 아래에서 경호를 하거나 시중을 드는 자들을 불러 간접적으로 제왕을 지시하는 것으로 역시 같은 수사법에 속한다.

언어란 문화를 찍어내는 일종의 거푸집이므로 이 환유적 수법은 그들의 문화에도 그대로 나타난다. 즉 말하려는 핵심을 피한 채 주위의 부속 건물로 그것을 넌지시 지시하고자 하는 의도가 그들의 문화인 것이다. 그들과의 대화에서 핵심이 명쾌하게 드러나는 경우는 그리 흔치 않다. 서로 언저리에서 핵심을 넌지시 지시하고 파악한다. 그러니까 그들과 대화할 때 핵심을 먼저 이야기하자고 하거나 명쾌히 하자고 나서면 자신이 얼마나 몸이 달아 있는지를 스스로 알려주는 꼴이 된다. 그러나 역으로 그들이 핵심이 되는 이야기를 먼저 꺼냈다면 그것은 그들이 여간 안달이 나 있지 않은 상태임을 짐작할 수 있을 것이다.

670

위엄의 의미를 생산하는 단아한 의관

束帶矜莊(속대긍장)하고 | 예복을 입고 의연한 자세를 갖추고서,

왕성할 장(壯)

'묶을 속(束)' 자는 '에워쌀 위(囗)' 와 '나무 목(木)' 으로 이루어졌고 독음도 '묶을 박(縛)' 과 함께 같은 입성(入聲)을 갖는다. 그러므로 자형적 의미는 '장작을 싸서 묶다' 가 된다.

'띠 대(帶)' 자를 소전에서는 '帶' 로 쓰는데, 이는 허리띠를 묶고 여기에 수건을 걸어 찬 모양이다. '대(帶)' 자의 독음이 '찰 패(佩)' 와 같은 계열에 속하는 것이 이를 입증한다. 이로부터 '허리띠' 라는 의미가 파생된 것이다.

'자랑할 긍(矜)' 자는 '창날 모(矛)' 와 '이제 금(今)' 으로 이루어졌다. '금(今)' 자에는 '그늘 음(陰)' 자에서 알 수 있는 것처럼 '덮어 그늘지게 하다' 라는 의미가 내포돼 있다. 창이란 창 자루 끝에다가 창날을 덮는 형식으로 만든 것이다. ('모(矛)' 자의 독음이 '덮을 모(冒)' 와 같다는 사실에서 알 수 있다.) 따라서 '긍(矜)' 자의 자형적 의미는 '창날을 덮는 창 자루' 가 된다. 창 자루는 높고 곧으므로 이로부터 '꼿꼿하다' · '자랑하다' · '장엄하다' 등의 의미들이 파생되었다.

'씩씩할 장(莊)' 자는 '풀 초(艸)' 와 '왕성할 장(壯)' 으로 이루어졌으므로 자형적 의미는 '풀이 무성한 모양' 이다. 이로부터 '꾸며서 성장(盛裝)하다' · '무게가 있어 존귀하게 보이다' 등의 의미들이 파

생되었다.

속대(束帶)란 '허리띠를 묶다'라는 뜻이지만 은유적으로 '의관을
갖춰서 바르게 꾸며 입다'라는 의미로 쓰는 것이 보통이다. 그래서
더 나아가 '단아하고 위엄 있는 모양'이라는 의미로도 쓰인다. 여기
서 의연한 모습을 나타내는 '긍장(矜莊)'이라는 말은 바로 '속대'를
해서 나타난 모습을 묘사한 것이다.

그러니까 위엄의 권위는 먼저 '형식을 꾸미는 일'에서 비롯됨을
알 수 있다. '긍(矜)'자의 자형이 암시하는 바와 같이 덮어야 할 것
은 잘 덮어서 가리고, '장(莊)'자에서 보듯이 풍성하게 보여야 할 것
은 그렇게 보여서 눈에 보이는 형식적인 면을 완전하게 갖춰야 하는
것이다. 이 말은 곧 의미라는 것은 그 자체가 독립적으로 존재하는
것이 아니라 형식의 표현에서 생성되는 것이라는 말과 같다. 다시
말해서 의미라는 실체가 형식을 통해서 모습을 드러내는 것이 아니
라 형식이 의미를 실체인 것처럼 보이게 만든다는 뜻이 된다. 따라
서 어떠한 경우라도 '속대(束帶)'와 같이 형식을 온전히 강구하는 행
위는 권위를 실체처럼 보이기 위해서 반드시 필요한 과정이다.

삐딱한 시선으로 사물 보기

徘徊瞻眺(배회첨조)라 | 배회하면서 여기저기를 바라보며 생각한다.

조짐 보일 조(兆)

'배회(徘徊)'란 떠나지도 못하고 머물러 있지 못해서 이리저리 왔다갔다 하는 모양을 묘사하는 말이다. 앞의 '부앙랑묘(俯仰廊廟)' 구절에서 설명한 바와 같이 생각을 골똘히 할 때는 머리를 숙였다 들었다 하는 '부앙'과 더불어 '배회(徘徊)'를 하게 되므로, 여기서의 '배회' 역시 심사숙고하는 모양을 뜻한다.

'볼 첨(瞻)' 자는 '눈 목(目)'과 '수다스러울 첨(詹)'으로 이루어졌다. '첨(詹)' 자의 윗부분인 '위(厃)' 자는 사람이 절벽 위에 서 있는 모양이므로, '첨(瞻)' 자는 '위에서 아래로 굽어보다'라는 의미가 있다. 그러나 절벽 위에 있는 사람을 보려면 다른 사람들은 위로 올려보게 된다. 따라서 이 글자는 '우러러보다'라는 의미로도 쓰인다.

'바라볼 조(眺)' 자는 '눈 목(目)'과 '조짐 보일 조(兆)'로 이루어졌다. '조(兆)' 자는 점을 치기 위하여 갑골을 불에 지질 때 표면에 드러나는 균열의 모양인데 이 균열이란 불규칙하게 갈라지는 금을 가리킨다. 따라서 '조(眺)' 자의 자형적 의미는 '불규칙한 시선으로 또는 삐딱한 시선으로 바라보다'가 된다. 『설문해자』에서는 이를 "시선이 바르지 않다"(目不正也)라고 정의하였다.

홍성원은 이 구절을 "이들이 배회하는 가운데 백성들이 우러러본다"라는 의미로 해석하였으나 이는 적절치 않은 듯싶다. 현대 중국어에서 '배회첨조(徘徊瞻眺)'[5]를 "배회하며 여기저기 바라보다"라는 의미로 쓰고 있는 것으로 보아 "이리저리 배회하고 여기저기 바라보면서 골똘히 생각하다"로 풀이하는 것이 옳을 듯하다. 이는 또한 바로 앞 문장에서 설명한 '부앙(俯仰)' 또는 '부앙배회(俯仰徘徊)'와 같은 구조로 맞아떨어지기도 한다.

무언가를 제대로 생각하려면 사물의 실재를 정확히 보아야 한다. 남이 보는 시각대로, 남이 보여주는 대로 본다면 실재는 감춰지고 환상이나 거짓이 보이게 마련이다. 실재를 보기 위해서는 삐딱한 시선으로 봐야 한다. 시선이 삐딱하다는 것은 평소 우리가 보도록 길들여진 시각에서 벗어나 주변으로 치부되어 오던 부분으로 초점을 옮김을 의미한다. 똑바로 보면 반들반들하게 보이는 표면도 옆으로 뉘어서 삐딱하게 보면 숨겨진 흠집들이 보이지 않는가.

초점이 맞춰진 부분은 어떤 형태로든 관찰자의 욕망에 의해서 왜곡돼 보이기 때문에 오히려 초점의 바깥 부분이 실재에 가깝다. 실재를 보려면 초점을 자꾸 옮겨서 주변에 언뜻언뜻 보이는 부분들을 파악해야 한다. 컴컴한 밤중에 불확실한 어떤 사물에 초점을 맞추고 집착하면 그것은 점차 무서운 괴물로 변하지만, 그 주변에 이리저리 시선을 주면 나중에는 그 사물이 실체를 드러낸다. 또 우리는 무언가를 골똘히 생각할 때에 자기도 모르게 이리저리 배회하면서 여기저기에 시선을 던진다. 점을 쳐서 조짐을 보는 것 역시 '조(眺)'자의 자형이 말하는 것처럼 이 삐딱한 시선으로 언뜻언뜻 보이는 미약한 실재의 추이를 관찰하는 일일 것이다.

독학을 경계해야 하는 까닭

孤陋寡聞(고루과문)하면 | 학식이 천박하고 견문이 좁으면,

들을 문(聞)

'외로울 고(孤)' 자는 '아들 자(子)'와 '외 과(瓜)'로 이루어졌다. '고(孤)' 자의 독음과 의미는 '뼈 골(骨)'에서 파생된 것이다. 즉 살을 다 발라내고 뼈만 앙상하게 남아서 의지할 곳이 없다는 뜻이다. 독음이 '모자랄 과(寡)'와 같은 계열에 속한다는 사실이 이를 입증한다. 이로부터 '아비 없이 홀로 남은 고아'라는 의미로 확장돼 쓰이게 된 것이다.

'더러울 루(陋)' 자는 '언덕 부(阜)'와 '샛길로 달아날 루(匚)'로 이루어졌으므로, 자형적 의미는 '좁은 산길'이 된다. 이로부터 '좁다'·'추하다'·'거칠다' 등의 의미들이 파생되었다. '루(匚)'가 원래 글자였으나 나중에 '루(陋)' 자가 보편적으로 쓰이면서 '루(匚)' 자는 쓰이지 않게 되었다.

'적을 과(寡)' 자를 소전에서는 '寡'로 적었는데 이는 '집 면(宀)'과 '살바른 뼈 과(冎)'로 이루어진 것이다. '과(冎)' 자는 '뼈 골(骨)' 자에서 아래의 살(肉)을 발라낸 모양으로 '있어야 할 것이 없음'을 의미한다. 『의례』(儀禮) 「상복전」(喪服傳)에 "지아비와 처는 한 몸이다"(夫妻—體也)라고 했듯이 옛날부터 부부는 뼈와 살처럼 떨어져서는 안 될 일체로 여겨져왔다. 따라서 두 사람이 서로 분리되면 이를 '과(寡)'라고 불렀던 것이다. '홀아비'를 따로 '환(鰥)'이라고도 부

르는데, 이는 원래 물고기 이름이었으나 독음이 '과(寡)' 자에서 전환되었으므로 대체된 것이다. 따라서 '과(寡)' 자의 자형적 의미는 '짝을 잃은 지아비나 지어미가 집에 홀로 있다' 가 된다.

'들을 문(聞)' 자는 '귀 이(耳)' 와 '문 문(門)' 으로 이루어졌다. '문(門)' 자의 독음은 '나눌 분(分)'·'분별한 변(釆)' 등과 같은 계열에 속하므로 이 글자에는 '변별하다' 라는 의미가 내포돼 있음을 알 수 있다. 따라서 '문(聞)' 자의 자형적 의미는 '귀로 듣고 변별해 내다' 가 된다.

이 구절은 『예기』「학기」(學記)의 "홀로 배우기만 하고 벗이 없으면, 학식이 얕고 좁으며 견문이 모자라게 된다"(獨學而無友, 則孤陋而寡聞)를 다시 쓴 것이다.

'고루(孤陋)' 란 친구 없이 독학(獨學)을 해서 관견(管見)이 좁은 학자를 가리킬 때 쓰는 말이다. 우리는 흔히 '독학' 하면 주경야독(晝耕夜讀)을 떠올리면서 감탄하지만, 학문적으로 볼 때 독학은 상호 검증 절차가 결여돼 있어서 자신의 학문이 얼마만큼이나 보편성을 확보하고 있는지를 확인할 길이 없게 된다. 그래서 이런 사람을 '고루하다' 고 한다. 이런 사람들은 자신이 가는 길이 대도(大道)인 줄 알기 때문에 정작 큰길을 보면 광장 공포증을 느낀다. 그래서 자신이 가는 좁은 길에 더욱 집착하는 경향이 있다.

'과문(寡聞)' 이란 마땅히 배웠어야 할 부분을 배우지 못하고 결여된 자를 가리킨다. '과(寡)' 자의 원래 자형이 지시하듯이 뼈가 중요하긴 하지만 그 자체로는 의미가 없고 근육과 살이 함께 붙어 있어야 제 기능을 하게 된다. 배움이란 이처럼 양면으로의 접근을 강구

676

해야 존재한다. 이렇게 하지 않고 한 측면만을 추구하면 균형을 유지하지 못하고 실제에서 멀어지게 되는 것이다. 이것은 우리가 듣고 분별하기 위해서는 두 귀로 들어야 하는 것과 같은 이치이다. 한쪽 귀로만 듣는 것이 바로 '과문'인 것이다.

우매한 자를 얕보지 말고 경계하라

愚蒙等誚(우몽등초)라 | 어리석고 사리에 어두운 자와 동등하게
꾸짖는다.

'어리석을 우(愚)'자는 '마음 심(心)'과 '허수아비 우
(禺)'로 이루어졌다. '우(禺)'자의 머리 부분은 '도깨비
리(离)'와 '귀신 귀(鬼)', '전갈 만(萬)' 등의 머리 부분
과 같은 모양을 하고 있으므로 그 의미가 '무서운 괴물
허수아비 우(禺) 모양의 허수아비' 임을 알 수 있다. 따라서 '우(愚)'자의 자형적 의미
는 '마음이 허수아비와 같다', 즉 '어리석음'이 된다.

'어릴 몽(蒙)'자는 '풀 초(艸)'와 '덮을 몽(冡)'으로 이루어졌으므
로 자형적 의미는 '다른 사물에 붙어서 기생하는 풀'이 된다. 소나무
겨우살이가 이렇게 다른 사물을 덮으면서 자라는 식물이므로 '몽
(蒙)'자는 구체적으로 이 풀을 가리킨다. 풀이 위를 덮으면 어두워지
므로, 이로부터 '우매하다'는 의미가 파생되었다.

'같을 등(等)'자는 '대 죽(竹)'과 '관아 사(寺)'로 이루어졌다. '죽
(竹)'자는 옛날에 종이가 발명되기 이전에 그 대용으로 쓰던 죽간(竹
簡)을 뜻하고, '사(寺)'자는 자형의 의미대로 손으로 들쭉날쭉한 것
을 가지런하게 정리한다는 뜻이므로 '등(等)'자의 자형적 의미는
'죽간을 가지런히 정리하다'가 된다. 가지런히 정리하면 순서대로
등급을 매기게 되므로 이로부터 '등급'·'같다' 등의 의미들이 파생

된 것이다.

'꾸짖을 초(誚)' 자는 '꾸짖을 초(譙)'의 이체자이다. '초(譙)' 자는 '말씀 언(言)'과 '그을 초(焦)'로 이루어졌다. 여기서 '초(焦)' 자는 연면자(聯綿字)로서 '난쟁이'라는 뜻의 '초요(焦僥)'와 '높은 산'이라는 뜻의 '초요(焦嶢)'에서 알 수 있듯이, '키가 작다' 또는 '키가 크다'는 의미를 다중적으로 갖고 있다. 남을 꾸짖을 때에는 언성을 높였다 낮췄다를 반복하므로 '초(譙)' 자의 자형적 의미는 '언성을 높였다 낮췄다를 반복하면서 꾸짖다'가 된다. 이렇게 본다면 '닮을 초(肖)'로 구성된 '초(誚)' 자의 자형적 의미는 '아비를 닮으라고 꾸중을 하다'가 될 것이다.

이 구절은 앞의 '학식이 천박하고 견문이 좁은 자'(孤陋寡聞)에 대해서는 '어리석고 몽매한 자'(愚蒙)와 같은 수준에서 꾸짖어서 깨우치게 해야 함을 역설하고 있다.

『논어』「양화」(陽貨)편에 보면 "옛날의 어리석은 자는 그저 곧게만 갔다"(古之愚也直)라는 구절이 있는데, 이 '곧게만 가는 것'(直)이 바로 이른바 하나만 알고 둘은 모르는 '고루함'과 같은 범주에 속하는 어리석음이다. 어떤 일도 상황은 그것을 구성하는 복잡한 요소들이 다중적으로 상호 연관된 상태에서 전개되는 것인데도 이를 간과한 채 현상의 어느 일면만을 보고 단순하게 원칙을 밀어붙이는 자가 이러한 어리석음의 전형이다. 그래서 공자도 "우리네 사람 가운데 정직함을 실천하는 사람이 있는데, 그는 자신의 아비가 양을 훔친 사실을 증거 하였습니다"라고 자랑하는 섭공(葉公)을 보고 "우리네 정직한 사람은 그와 다릅니다. 아비는 자식을 위해 숨겨주고 자식은 아비를 위해 숨겨줍니다"[6]라고 말했던 것이다. 즉 상황에 따라서 유연하게 대처하는 자가 지혜로운 자라는 말이다. "군자는 정해진 그릇이 아니다"(君子不器)라는 말도 이런 맥락에서 이해할 수 있으리라.

그러나 실상 따지고 보면 '학식이 천박하고 견문이 좁은 자'(孤陋寡聞)와 '우매한 자'는 다르다. 왜냐하면 '고루과문'한 자는 자아도취에 빠져 있으므로 그 속셈이 다 읽히지만, 우매한 자는 정말로 우매한 건지 아니면 우매한 척하는 건지 알 길이 없기 때문이다. 고루과문한 자는 상상계에 있는 반면, 우매한 자는 상징계에 있을 수도 있다. 그래서 옛말에 "보기엔 꺼벙한 녀석이 당수가 8단"이라는 말도 있지 않던가?

상대방의 수를 읽는 일에는 총명한 자가 특별히 우위에 있다고 말할 수 없다. 우매한 자는 '몽(蒙)'자의 자형이 보여주는 바와 같이 겉이 온통 풀로 덮여 있으므로 오히려 속을 알 수 없다. 그러므로 우매한 자는 경계의 대상이지 질책의 대상은 아닌 것이다. 왜냐하면 어리석다고 함부로 질책하는 일이 실은 거꾸로 질책받는 자의 수에 말린 바보 같은 행위가 될 수도 있기 때문이다.

따라서 '우몽등초(愚蒙等誚)'라는 이 구절은 "어리석고 몽매한 자들에게는 야단칠 일을 (미루고) 기다려라"라는 의미로 해석하는 것이 더 현실적이고 교훈적이지 않을까?

허사의 기능은 결코 '허' 하지 않다

謂語助者(위어조자)는 | 어조사라고 일컫는 것은,

놈 자(者)

'이를 위(謂)' 자는 '말씀 언(言)' 과 '밥통 위(胃)' 로 이루어졌다. '위(胃)' 자는 '에워쌀 위(囗)' 와 독음이 같은데, 이는 밥통이 먹은 음식물을 싸서 저장한다는 의미를 담고 있다. 또한 위장은 체내 장기 중에서 가장 무겁고 중요한 장기이므로 오장육부(五臟六腑)의 원활한 움직임과 순환이 모두 이곳에서 출발하여 이곳으로 귀결된다. 따라서 '위(謂)' 자의 자형적 의미는 '원래 자리로 되돌려 보내는 말', 즉 '보고하는 말'·'응답하는 말' 이 된다. '위(謂)' 자의 독음이 '돌아올 회(回)' 자와 같은 계열에 속한다는 사실이 이를 입증한다. 이로부터 '일컫다' 라는 의미가 파생되었다.

'말씀 어(語)' 자는 '말씀 언(言)' 과 '나 오(吾)' 로 이루어졌는데, 금문에서는 '오(吾)' 자를 '다섯 오(五)' 자를 위아래로 겹쳐서 '𠮷' 로 쓰기도 하였다. '오(吾)' 자는 독음이 '고기 어(魚)' 와 같으므로 여기에는 물고기 떼가 열 지어 헤엄을 치듯이 '질서정연하게 일관되다' 라는 의미가 담겨 있다. 고문자에서 '오(五)' 자는 '𠆩' 로 쓰는데 이는 어떤 채의 손잡이 부분에 가죽 끈 같은 것을 질서정연하게 꽁꽁 묶은 모양을 묘사할 때 흔히 쓰는 글자이다.[7] 금문에서 우측 방인 '오(吾)' 자 부분을 '오(五)' 자를 위아래로 겹쳐놓은 자형으로 쓴 것

681

도 바로 '질서정연하게 일관되다' 라는 의미를 나타내기 위한 것이다. 따라서 '어(語)' 자의 자형적 의미는 '말을 질서 있고 일관되게 늘어놓아서 뜻을 논리적으로 서술하다' 가 된다. 『설문해자』에서 '어(語)' 자를 '논할 론(論)' 자로 풀이한 것도 바로 이 뜻에 기초한 것이다.

'도울 조(助)' 자는 '힘 력(力)' 과 '또 차(且)' 로 이루어졌다. '차(且)' 자는 '앞의 것을 밑에 깔고 더 나아가' 라는 의미를 함축하고 있으므로,[8] '조(助)' 자의 자형적 의미는 '원래의 힘에다가 다른 힘을 더하다' 가 된다. 이로부터 '돕다' 라는 의미가 파생되었다.

'놈 자(者)' 자를 금문에서는 '🌱' 로 적었는데 이는 아랫부분의 삼태기 또는 '키' (其)에다가 윗부분의 땔감을 거두어 담는 모양이다. 따라서 이로부터 '여러 개를 많이 거두어 담다' · '담아서 쌓다' 등의 의미들이 파생되었는데, 그래서 생겨난 글자들이 바로 '여러 제(諸)' · '쌓을 저(儲)' 등이다. 그러므로 '자(者)' 자는 '제(諸)' · '저(儲)' 의 본래 글자임을 알 수 있다. 그러나 후에는 대사(代詞) · 조사(助詞) · 접속사 등의 허사(虛辭) 기능을 주로 수행하는 글자가 되었다.

여기서 '어조(語助)' 는 어조사(語助辭)를 가리킨다. 어조사란 한문에서 문장의 말미나 중간의 휴지 부분에 위치하여 진술 · 의문 · 명령 · 청유 · 감탄 등의 각종 어기(語氣)를 표시하는 글자나 단어를 말한다. 이러한 어조사는 문장을 구성하는 단어들 중에서 실제적 의미가 아닌, 문법적 의미만을 나타내주기 때문에 흔히 허사(虛辭)라고도 불린다.

세계에는 많은 언어가 존재하지만 이를 그 속성에 따라 크게 분류한다면 선성(線性) 언어와 점성(點性) 언어로 나눌 수 있다. 영어 등

인구어(印歐語) 계통에 속하는 언어가 전자의 대표적 언어이고, 중국어가 후자의 대표적인 언어이다. 선성 언어는 말이 실처럼 연결돼야 통하므로 언어를 구성하는 단어 중 어느 하나라도 빠뜨리거나 소홀히 해서는 안 된다. 그러므로 이러한 언어의 문장에서는 단어를 실사(實詞)와 허사로 구분하는 것은 의미가 없다. 반면에 중국어와 같은 점성 언어에서는 의미가 징검다리처럼 배치된 실사들과 그 어순에 의해서 결정되므로 실사가 중시되고 허사는 부차적인 기능만을 수행할 뿐이다. 그래서 이러한 단어들은 문장 내에서 조역을 맡는 일에 국한될 수밖에 없는데,『천자문』에서 이러한 단어들을 텍스트의 맨 뒤에 배치시킨 사실 자체가 중국어에서 허사의 위상이 어떠한지를 잘 말해 주는 증거가 된다.

라캉의 말처럼 "우리의 무의식이 언어처럼 구조화되어 있다"면, 중심과 주변을 철저히 나누려는 우리와 중국의 문화적 특성은 한문의 사용에서 비롯된 것이 아닌가 의심된다.[9]

그러나 한문의 미묘한 의미는 어조사에 대한 정확한 해석에서 드러난다. 이른바 한문을 잘 읽는 사람이란 바로 어조사와 같은 허사의 용법을 잘 이해하는 사람이다. 중국에서 이 사실을 처음으로 터득한 이가 바로 청나라 사람 유기(劉淇)이니, 그는『조자변략』(助字辨略)이라는 책에서 중국어와 한문에서 허사의 기능이 결코 그 이름처럼 '허(虛)' 하지 않음을 역설했다. 그러니까 허사란 어디까지나 문법 범주를 나타내는 말일 뿐 한문의 실제를 반영한 말이 결코 아님을 알 수 있다.

어조사 글자들의 원래 형상

焉哉乎也(언재호야)라 | 언(焉)자 · 재(哉)자 · 호(乎)자 · 야(也)
자 등이다.

'어조사 언(焉)' 자는 원래 새의 모양을 그린 글자로 노
란 깃털을 가진 새의 이름이다. 그래서 '까마귀 오(烏)'
자가 흑색의 대명사이듯 '언(焉)' 자는 황색의 대명사처
럼 쓰였다. 그러다가 나중에 어조사로 차용되어 쓰이게
되었는데, 주로 대사(代詞) · 조사(助詞) · 전치사 · 접속사 등의 용법
으로 많이 쓰인다.

'이를 야(也)'

'어조사 재(哉)' 자는 어기(語氣) 조사로 많이 쓰이는데, 주로 문장
의 말미에서 감탄 · 반문 · 의문 · 추측 등의 어기를 표시한다.

'어조사 호(乎)' 자는 의문 · 감탄 · 휴지 등을 나타내는 어기 조사
와 '어(於)' 자와 같은 기능의 전치사 기능을 주로 수행한다.

'이를 야(也)' 자의 고문자 자형을 보면 여자의 생식기 형상을 그
린 모양이었는데,[10] 이것이 나중에 허사로 차용되어 문장의 말미에
서 진술과 휴지 어기를 표시하는 어기 조사로 쓰이게 되었다.

후기

　『천자문』이 우리 교육 과정에서 사라진 지가 오래 되어서 그 내용은 잘 알지 못하지만 그 이름만은 매우 친근하게 느껴지는 것이 사실이다. 이러한 친근함은 『천자문』이 전통적으로 아이들 곁에 늘 함께 있었기에 그렇기도 하겠지만, 근대 교육이 보편화되는 과정에서 전통 교육이 억압당할 때 공맹(孔孟)과 더불어 희화화된 이미지로 우리 뇌리 속에 남아 있기 때문이기도 하다. 어렸을 적에 동네 아이들이 훈장님네 집 앞을 지나갈 때마다 일부러 큰 소리로 "하늘 천, 따라 지, 가마솥의 누룽지, 박박 긁어서, 훈장님 한 사발, 나는 두 사발……" 하고 불러대던 익살스런 강송(講誦) 패러디는 1950년대 이전에 태어난 사람이라면 누구나 기억할 것이다. 가끔 지하철 등의 행상에서 파는 『한석봉 천자문』을 단돈 천 원에 건네받을 때 왠지 쑥스럽게 느껴지는 것은 아마도 "아직도 뭐 저런 촌스러운 걸 사는 사람이 있나?"라는 주위의 눈빛이 느껴지기 때문이리라. 시골 버스 터미널에 잠시 정차할 때 버스에 올라와 파는 『천자문』은 마치 잊혀진 민속 같아서 오히려 향수를 불러일으키기까지 한다.
　『천자문』이 더 이상 우리의 교육 텍스트가 아니라고 해서 우리가 그 영향력에서 벗어나 있다고 말해도 좋을까? 아니면 시골 버스에서

나 팔리는 촌스런 것이라 해서 그냥 무시해도 좋을까? 결론부터 말하면『천자문』은 무시해도 좋을 만큼 무기력한 상태에 있거나 사라져가는 것이 아니다. 프로이트는 잊혀진 것은 없어진 것이 아니라 무의식으로 억압되는데, 이 억압된 기억은 다시 증상으로 나타나 주체를 괴롭힌다고 했다. 지하철 행상들의 보따리 속에서나마 여전히 팔리고 있다는 것은『천자문』이 우리에게 어떤 대상으로 자리하고 있는지를 상징적으로 잘 보여준다. 즉 대중이『천자문』을 여전히 구입하고 있다는 것은 그 책이 보여주는 세계와 비전을 향수하고 있음을 의미하는 것이고, 그 향수는『천자문』의 욕망을 대중이 욕망하고 있음을 반증한다고도 볼 수도 있다.

　어떤 이는 대중이 모두『천자문』을 원하고 또 구입하는 것은 아니라고 반문할 것이다. 물론 그렇다. 그렇지만 대중의 의식을 지배하고 있는 지금의 어떤 다른 관심이 대중의 욕망을 대표한다고 보기는 어렵다. 오히려 실질적인 이익이 되지 않을 것 같은 주변적인 관심이 진정한 무의식적 욕망일 가능성이 크다. 왜냐하면 당면한 많은 관심사에 사로잡혀 있는 대중의 무의식을 엿보기는 어렵지만, 상대적으로 사회적 유혹이 적은 주변에서는 무의식적 행위가 쉽사리 드러날 수 있기 때문이다.

　요즘 들어 우리 사회는 우리 것을 비롯한 동양 고전에 대한 관심이 매우 고조되어 있는데, 이것은 이들 고전이 제시한 비전이 우리에게 마치 어머니의 품속처럼 기능하기 때문이다. 어머니 품으로의 회귀 욕망이 한 개인의 의식을 대표하는 것은 아니지만 무의식적으로는 그 개인의 모든 언어와 행위를 지배하는 것처럼, 주변적인 것처럼 보이는 이러한 일부 대중, 그것도 소외된 대중의 향수는『천자문』이 우리 사회의 무의식적 욕망임과 동시에 우리 문화의 보이지 않는 큰 틀임을 말해 준다.

앞에서 나는 "『천자문』의 욕망을 대중이 욕망하고 있다"라고 표현하였다. 『천자문』이 생명체가 아닐진대 어떻게 욕망할 수 있을까? 어린 아이는 어머니에게 칭찬을 듣기 위해서 말도 잘 듣고 공부도 열심히 한다. 어머니는 아이가 말 잘 듣고 공부 잘하기를 원하기 때문이다. 바꾸어 말하면 아이는 어머니의 욕망을 욕망하는 것이다. 마찬가지로 우리들 개개인도 주위로부터 존경과 칭송을 받으며 살기를 원하는데, 그 칭송은 무엇인가의 욕망에 맞춰 살아야만 받을 수 있는 것은 아닐 것이다.

오늘날 우리 사회는 세계화 이데올로기에 적응하기 위해서 이른바 글로벌 스탠더드(global standards)를 최고 선(善)의 윤리 기준으로 삼고 있다. 만일 누군가가 이 윤리를 철저히 지켰을 때 우리는 그를 가장 바람직한 우리의 선한 이웃이라고 칭찬할까? 아마도 그의 '글로벌'한 매너에 대하여 경탄은 할지언정 이웃으로서의 친근감을 느끼지는 않을 것이다. 이 사실은 우리가 욕망하는 세계란 입으로 외치는 것과는 달리 우리 무의식 속에 따로 존재함을 의미한다. 이 무의식적으로 욕망하는 세계는 필경 『천자문』이 보여주는 비전과 밀접한 관계가 있다고 나는 주장한다. 왜냐하면 우리의 조상들이 어려서부터 처음 접하는 텍스트가 바로 『천자문』이었기 때문이다.

펄쩍펄쩍 뛰고 뒹굴며 노는 딸아이에게 "여자가 그렇게 함부로 뛰면 못써!"라고 일상적으로 한 말이 나중에 그 딸에게 여성 스스로에 대한 차별적인 무의식을 갖도록 구조화시킨다는 사실을 상기한다면, 『천자문』이 어린 학동들에게 끼친 영향과 또한 이를 바탕으로 형성된

687

문화의 실상을 가히 짐작할 수 있을 것이다. 우리가 『천자문』의 욕망대로 행위할 수밖에 없는 것은 바로 이 때문이다. 따라서 이러한 관점에서 『천자문』을 이해한다는 것은 우리 전통 문화의 근본을 찾아본다는 점에서도 중요하지만, 이 텍스트가 우리에게 무엇을 수행하도록 요구하는가를 텍스트의 시선에서 사색해 본다는 점에서 더 큰 의미를 찾을 수 있을 것이다. 왜냐하면 『천자문』의 시선은 중국의 시선 또는 권력의 시선과 겹쳐져 있을 가능성이 크기 때문이다.

우리 나라와 중국에서 『천자문』은 교육적으로 세 가지 측면에서 기능하였는데, 첫째는 문자 학습을 위한 교본 기능이었고, 둘째는 학동들에게 시적(詩的) 텍스트와 그 코드를 익히는 기초 과정이었으며, 셋째가 당시의 봉건 윤리를 의식화하는 학습의 장으로 기능하였다. 이를테면 '부창부수(夫唱婦隨)'(지아비가 앞서 부르면 지어미는 뒤에 따라한다)라는 구절을 매일 외운다면, 그 시각적 코드 속에서 '지아비 부(夫)' '지어미 부(婦)'가 대립적으로 구별되는 것을 지각하게 될 것이고, '창(唱)'과 '수(隨)'의 청각적 코드 속에서는 '위로 뻗을 창(昌)'과 '떨어질 추(墜)'가 같은 운(韻)으로 연상되면서 '부(夫)'와 '부(婦)'가 차별적으로 인식된다. 『천자문』이 특별히 우리의 인식에 영향력이 지대했던 것은 바로 이 책이 이처럼 유기적으로 꽉 짜여진 시적 텍스트로 구성되었기 때문이다. 봉건적인 윤리관을 강화시키는 이런 예는 『천자문』곳곳에 숨어 있다.

이렇게 어릴 적부터 회초리를 맞아가며 외운 『천자문』의 구절들이 어떻게 우리의 심층적인 욕망이 되지 않을 수 있었을까? 오늘날 『천자문』의 겉장도 구경 못한 사람이 대부분인 우리 사회의 욕망이 이와 밀접하게 관련되어 있다는 주장은 바로 여기에 근거한다.

이러한 『천자문』을 우리는 전통적으로 학동들의 문장과 문자 학습서 정도로만 치부해 온 나머지, 이 텍스트가 갖는 의미를 자구 해석 이상으로 확대하지 않았다. 그러나 한자는 청각 이미지뿐 아니라 시각 이미지의 변별력에 의존한 문자이다. 따라서 우리가 한문을 접할 때 표음 문자를 대하듯이 음성과 이미지를 배제하고 사전적 의미만 염두에 두고 읽으면 그 내용이 심심해짐을 느낄 수 있는데, 이것은 이미지 효과가 의미 생성 과정에서 결여됨으로써 빚어지는 현상이다. 그렇기 때문에 한자의 이미지 읽기에 우선 적응하지 않으면 한문 텍스트 체제 속으로의 몰입이 사실상 불가능하다.

이러한 이미지는 도학(道學)의 관점 ―특히 유가적인 관점에서― 에서 보자면 수식에 지나지 않을 뿐만 아니라, 심한 경우는 말장난이나 문자 유희가 된다고 여겼으므로 도(道)에서 먼 것으로 간주되어 왔다.

『논어』, 「팔일」(八佾)에 보면 공자의 제자인 재아(宰我)가 애공(哀公)에게 당시 정권을 전횡하던 삼가(三家)를 무력으로 제거하라고 부추기면서 다음과 같이 설득하는 장면이 나온다.

> "(애공이 사[社]에 관하여 물으니 재아가 대답하기를) 하나라는 소나무를 사목(社木)으로 심었고, 은나라는 잣나무를 심었으며, 주나라는 밤나무를 심었습니다. (주나라가 밤나무를 심은 것은) 백성들을 벌벌 떨게 만든다는 뜻입니다."(夏后氏以松, 殷人以柏, 周人以栗. 曰: 使民戰慄.)

정권의 상징인 사(社)에 심은 나무는 죽지 않고 오래 살아야 하므로 대개 그 지역에서 가장 자생력이 좋은 나무를 선택하여 심는 것이 관

689

레이므로 주나라가 밤나무를 고른 것은 정권의 철학이나 이데올로기와는 사실상 관계가 없다. 그런데도 재아는 '밤나무 율(栗)' 자를 청각·시각적으로 거의 겹치는 글자인 '벌벌 떨 율(慄)' 자로 해석함으로써 무력 사용의 정당성을 강변하였다. 이는 물론 앞서 말한 바대로 매우 자의적인 말장난이자 문자 유희이다. 공자가 "이미 지나간 일은 소급하여 탓하지 않는 법이다"(旣往不咎)라고 재아를 비난한 것도 바로 이 때문이다. 그런데도 재아 식의 담론으로 의미가 확장되고 또 거기서 윤리적인 위안과 명분을 찾는 것도 어쩔 수 없는 우리의 현실이다. 왜 냐하면 실재가 기호를 추인하는 형식으로 드러나는 것이 현실이기 때문이다. 이렇게 본다면 재아는 고대 중국의 포스트모더니스트였다고도 할 수 있는데, 하필 공자의 제자가 되는 바람에 아깝게도 재주가 묻혀버린 것이다.

전통적으로 도학을 숭상해 온 우리 나라에서도 이러한 이미지의 강구는 비윤리적(?)으로 것으로 억압되어 왔기 때문에 한문 텍스트를 자연스럽게 이미지로 읽는 현실에 그렇게 길들여져 있지 않다. 한문 텍스트는 앞서 말한 바와 같이 청각·시각 이미지를 비롯하여 여러 가지 형상들이 잠재해 있는 한자로 씌어졌기 때문에 다의적이고도 비결정적인 특성을 갖는다. 이것이 도의 본질인지는 몰라도 아무튼 이러한 다원성과 융통성은 중국 문화의 주요 특질을 이룬다. 옛날부터 한자와 한문을 사용해 온 우리 문화가 중국에 비해 다원적 성격이 결여된 것은 아마도 글 읽기에서 문자의 이미지 기능을 배제한 결과가 아닌가 싶다.

이러한 문자적 글 읽기는 『천자문』을 시적 텍스트로 읽으면 자연스럽게 습득이 된다. 환언하면 문자의 이미지를 세심히 읽으면 미처 인식되지 않은 현실이 드러난다는 말이다. 그 대표적인 예로 '뇌급만방'(賴及萬方, 믿고 의지함이 온 구석구석에까지 미친다)을 들 수 있다. 이 말은 믿고 의지할 수 있음이 황제에게서 내려와 변방 구석에 있는 사람에게까지 도달해 미친다는 뜻이므로, 은택을 일방적으로 받은 백성이 황제에게 고마워해야 할 것 같은 마음을 불러일으킨다. 그러나 여기서 '미칠 급(及)' 자를 자세히 보면 그렇게 고마워할 만한 처지가 아닌 것이, 받은 사람은 이미 준 사람에게 노예처럼 매이는 것이 현실이기 때문이다. '급(及)' 자의 고문자 자형은 사람을 쫓아가서 덜미를 잡는 모양으로 되어 있는데, 이는 '도달하여 미치다'라는 행위에는 '잡히다'라는 측면이 함께 혼재해 있음을 형상적으로 나타낸다. 선물이란 일단 받으면 그것을 준 사람의 말을 들어야만 되므로 일종의 폭력이라고 부르디외도 말하지 않았던가? 그러므로 '급(及)' 자의 이미지에서 우리는 '주인과 노예의 변증법'이라는 현실을 읽어낼 수 있는 것이다. 이처럼 문자 속에 현실을 숨기거나 또는 숨긴 것을 읽어내는 것이 바로 중국인들의 한문 글쓰기와 읽기의 실체이다.

이 책의 『천자문』다시 읽기는 한자의 어원을 추적하는 일로부터 시작했다. 한자의 의미는 우선 자형(시각 이미지)과 자음(청각 이미지)을 통해서 형성되고 다시 문맥 속에서 결정된다. 그래서 한자를 구성하는 자형 요소를 먼저 정하는 일이 중요하다. 한자 안에서 자형 요소들은 동등한 가치로 한자를 구성하는 것이 아니라, 대개 주요 요소와 부속 요소의 위상으로 결합한다. 예를 들면 육서(六書) 중 형성(形聲)의 경우 자음(字音)을 내포하는 표음부가 주요 요소가 되고 표의부는 부속 요소가 된다. 이것을 한나라 허신(許愼)의 『설문해자』(說文解字)에서는 '從A, B聲'의 형식으로 표기하였으나, 여기서는 독자들에게 쉽게 설명하기 위해 "'○'자는 A와 B로 이루어졌다"라는 형식으로 통일하였다. 물론 이 형식에서 A는 부속 요소가 되고, B는 주요 요소가 되므로 이를 염두에 두고 읽으면 한자의 어원을 쉽게 파악할 수 있을 것이다.

본서에서는 어원 추적이 불가능한 일부 글자를 제외하고는 거의 모든 글자에 어원을 설명해 놓았다. 한자의 어원은 일차적으로 자형을 기초로 탐구되는 것이므로 자형의 필획이 그림에 가까운 고문자일수록 추적에 좋은 자료가 된다. 이러한 자료들은 대체로 본서의 자해에서 모두 소개하고 있지만, 그 중에서도 기초적인 글자들은 다시 선별하여 삽도로 수록하였다. 삽도로 뽑은 글자들은 주로 갑골문과 대전(大篆) 등 고문자로 이루어졌다. 고문자에는 이체자(異體字)가 많아서 표준으로 삼을 만한 글자를 선별하기가 사실상 어렵다. 그래서 가장 많이 알려지거나 또는 지시물에 대하여 동기가 높은 문자를 골라 실었다. 이체자를 가능한 많이 소개하는 것이 좋겠으나 전문적인 고문자학 서적이 아니므로 이 일은 다음 기회로 미루고자 한다.

아울러 이 책에서 각 한자의 어원을 해설할 때에는 단옥재(段玉裁)의 『설문해자주』(說文解字注), 장순휘(張舜徽)의 『설문해자약주』(說文解字約注, 中洲書畵社), 서중서(徐中舒) 주편의 『갑골문자전』(甲骨文字典, 四川辭書出版社), 육종달(陸宗達)의 『설문해자통론』(說文解字通論, 김근 옮김, 계명대출판부), 시라카와 시즈카(白川靜)의 『자통』(字通, 平凡社), 야마다 가쓰미(山田勝美)의 『한자의 기원』(漢字の語源, 角川書店) 등을 주로 참고했음을 밝혀둔다.

한자는 대략 4,000년 전쯤에 만들어져서 지금까지 변천해 온 글자이기 때문에 그 어원이 분명하지가 않아서 여러 설이 난무하는 경우가 종종 있다. 한자를 처음 만든 사람은 이미 오래 전에 사라져버렸고, 각 학설 또한 나름대로의 합리적인 고증 방식을 갖고 있기 때문에 누구의 설이 옳다고 단정하기는 어렵다. 그래서 한문 텍스트를 읽을 때 어원의 정확성에 초점을 맞추는 것보다 독자의 시선에서 현상학적으로 읽는 일이 더 중요하게 여겨지는 것이고, 그렇게 해서 옛 사람의 글이 지금의 나에게 어떤 의미로 다가오게 되는 것이다.

언어란 체계(system)이기 때문에 밖으로 드러난 '하나'라 하더라도 그것은 기실 드러나지 않은 부분까지를 모두 포괄하는 전체이기도 하다. 그래서 문자로 짜여진 텍스트는 잠재 의식이 어떤 형태를 갖추려고 준비하는 경계 영역이 되는 것이다. 이 형태에서 무엇이 드러나는지를 알려면 무엇보다 상상력이 필요하다. 허황된 신화가 진리를 말하는 것처럼 우리의 상상력은 한자의 이미지를 통해서 진실을 말할지도 모른다. 이것은 또한 내가 이 책을 통해서 궁극적으로 겨냥하고 있는 지점이기도 하다.

마지막으로 본서의 분장(分章)에 대하여 밝혀둘 일이 있다. 『천자문』은 사언고시(四言古詩)의 형식으로 쓰여졌다. 즉 일천 글자 전체가 유기적으로 이루어진 한 편의 작품이기 때문에 이를 그 내용에 따라서 장과 절을 나누는 것은 혼돈(渾沌)에 일곱 개의 구멍(竅)을 뚫어주었더니 결국 죽어버렸다는 『장자』의 고사처럼 『천자문』의 참맛을 잃게 하는 무모한 짓이 되기가 십상이다. 그렇지만 다른 한편으로 분석적인 접근만이 갖는 독특한 이해의 길이 따로 있는 것도 사실이므로 『천자문』이 품고 있는 다른 의미를 찾아보려는 의도에서 이러한 분장을 시도해 보았다.

『천자문』을 내용적으로 나누는 일은 다양한 방법으로 가능하다. 본서에서는 대략 9부로 나누었는데, 1부는 혼돈으로부터 갈라져나온 천(天)·지(地)·인(人)의 형이상학적 세계를, 2부는 이러한 세계를 조화롭게 운행시키는 질서를, 3부는 세상의 질서가 의존하는 권위의 제도와 관습을, 4부는 지배와 피지배의 중간에 서 있는 지식인의 의미를, 5부는 중국 문명이 지배하는 공간적 한계를, 6부는 중심과 보편에서 벗어난 생각과 삶에 대하여, 7부는 이미 관념화된 일상에 대한 반성을, 8부는 오락성의 밖에서 의미를 찾은 역사상의 신기한 재주들을, 9부는 생성과 소멸을 반복하는 순환 속에서 깨닫는 허와 실의 이야기를 서술한 것으로 각각 분류하였다.

보는 바와 같이 『천자문』은 단순히 천·지·인의 형이상학적 세계로부터 시작하여 허사(虛辭) 이야기로 끝난 것 같지만, 기실 마지막 부분은 허사뿐만 아니라 순환의 상징인 '허(虛)'를 이야기하면서 다시 처음의 혼돈으로 회귀함을 암시한다. 이것이 바로 『천자문』이 전하고자 하는 케리그마(kerygma)이자, 또한 굳이 위와 같이 분장함으로써 드러내려 한 의미이기도 하다.

이 책이 나오기까지 여러 사람에게 빚졌다. 정신분석학에 대한 필자의 호기심을 친절하게 만족시켜 준 임진수 교수(계명대)에게 먼저 고마움을 표시하고 싶다. 그리고 평소 필자의 이야기에 귀기울여 주고 또 추천의 글까지 써준 우찬제 교수(서강대), 바쁜 중에도 '해제'를 작성해 준 제해성 교수(계명대), 꼼꼼하게 원고를 교정해 준 안영호 박사, 이 책의 출판을 적극 주선해 주신 도서출판 삼인의 이홍용 주간님 등 모두 진심으로 고마움을 전하고 싶은 분들이다.

2003년 6월 김근

『천자문』 해제

1.

　중국 전통 어문 교육의 중점 사항 중의 하나는 한자 학습 교육이다. 이를 위해서 중국은 전통적으로 '삼백천(三百千)', 즉『삼자경』(三字經)·『백가성』(百家姓)·『천자문』(千字文) 등의 책을 주요 교재로 삼아왔다. 이 중에서도 남조(南朝)의 양(梁)나라 주흥사(周興嗣, 470?~521)가 편찬한 것으로 전해지는『천자문』이 내용이나 체제면에서 가장 훌륭한 것으로 알려져 있다. 이 책은 남북조(南北朝) 시대부터 청말(淸末)까지 1,400여 년 동안 통용돼 왔으니 현존하는 한자학습 교재로서는 가장 오래되고 영향력이 큰 교재가 되는 셈이다.

　이 책은 일천 개의 한자를 중복됨이 없이 네 글자를 한 구(句)로하고, 다시 두 구가 한 문장이 되게 하는 체제로 이루어졌는데, 이때각 문장은 각운(脚韻)이 서로 어울리도록 압운(押韻)하였다. 따라서그 내용도 수미일관되게 연결돼 있으니, 대체로 우주와 자연 현상,역사, 제도, 정치, 인륜, 인성, 충효, 생활, 가정, 수신, 교화, 역사 인물, 지리, 농사 제도, 가축, 지혜, 처세, 학문, 예악, 송덕, 제사 등에관한 지식을 두루 포함하고 있다. "허물을 알면 반드시 고쳐야 하고,

사람으로서 알아야 할 것이 있으면 배운 후에 잊지 말아야 한다. 남의 단점을 함부로 말하지 말고, 자신의 장점을 지나치게 믿지 말라. 믿음은 움직일 수 없는 진리이고 남과의 약속은 지켜야 하며, 사람의 기량은 깊고 깊어서 헤아리기 어렵다(知過必改, 得能莫忘. 罔談彼短, 靡恃己長. 信使可覆, 器慾難量)", "한 자가 되는 구슬이라 해서 보배라고 할 수 없으며, 잠깐의 시간이 더욱 귀중하다(尺璧非寶, 寸陰是競)"와 같은 문구는 지금까지도 인구에 회자되고 있는 명구(名句)이다. "개천의 연꽃도 아름다우니 향기를 잡아볼 만하고, 동산의 무성한 풀은 땅속 양분으로 가지를 뻗고 자란다. 비파나무는 늦은 겨울에도 그 빛이 푸르지만, 오동잎은 빨리 시든다. 가을이 오면 고목의 뿌리는 시들어 마르고, 낙엽은 펄펄 날리며 떨어진다(渠荷的歷, 園莽抽條. 枇杷晚翠, 梧桐早凋. 陳根委翳, 落葉飄颻)"와 같은 자연 경물(景物)을 묘사한 문구는 아름답고 산뜻하기 그지없다.

이 책에서 수록돼 있는 일천 자와 그 구절들은 모두 고전에서 가려 뽑은 것이지만 문장이 평이하게 구성된 것은 학동들의 습자(習字)와 작문 교육을 위해 쉽게 편집하였기 때문이다. 따라서 편집 당시 잘 쓰이지 않거나 복잡한 글자 또는 이해하기 어려운 문장 등은 가급적 피했을 것으로 추측된다. 청대의 저인확(褚人穫)은 이 책을 평하여 "무지개처럼 고운 치마를 나지막한 나무에서 펄럭이고, 어지럽게 널려진 실에서 긴 실마리를 뽑아내는 듯하다(如舞霓裳於寸木, 抽長緖於亂絲)"라고 하였고, 명대에 시문으로 이름을 날리며 20여 년 동안 문단을 지배한 왕세정(王世貞)도 이 책을 절묘한 문장이 담긴 책이라고 칭송하였다. 특히 당나라 이작(李綽)은 그의 『상서고실』(尚書故實)에서 작자의 공력과 재주를 칭찬하여 주흥사가 이 책을 "하루

696

저녁 만에 엮어 진상하려다 보니 머리카락이 죄다 희어졌다(一夕編綴進上, 鬢髮皆白)"라고 적었는데, 이것은 물론 과장이기는 하지만 그렇다고 전혀 근거 없는 말은 아니라고 판단된다.

『천자문』의 저자와 편찬 경위에 대해서는 학설이 분분하다. 양(梁) 무제(武帝)가 신하 주흥사를 시켜서 만들었다고 전하기도 하지만, 대개는 그 전부터 전해 내려오던 것을 다시 편집한 것으로 보는 것이 일반적이다. '천지현황(天地玄黃)'에서 시작하여 '언재호야(焉哉乎也)'로 끝나는『천자문』을 주흥사가 편찬했다고 보는 견해는『양서』(梁書)의 기록에 따른 것이지만, 아직 명확한 결론을 내리기는 어렵다.

주흥사의 자(字)는 사찬(思纂)이고 양 무제 때 원외산기시랑(員外散騎侍郎)과 급사중(給事中)을 지냈으며 문장으로 이름을 날렸다. 『상서고실』(尚書故實)과 조선 숙종 때 편찬한『어제천자문』(御製千字文)의 서문에 의하면, 양 무제가 은철석(殷鐵石)에게 명하여 여러 왕들에게 가르칠 문장의 문자들을 위(魏) 종요(鍾繇, 151~230)와 동진(東晉) 왕희지(王羲之, 307~365)의 서예 작품 중에서 일일이 탁본해 오게 하였다. 그래서 해당 글자인 일천 자를 한 장에 한 자씩 중복되지 않게 탁본하였는데, 나중에 무제가 보니 쪽지마다 한 글자씩 찍혀 있어서 순서도 없고 번잡하였다. 그래서 문학 시종인 주흥사에게 압운을 해서 의미가 있는 문구로 엮게 하였더니, 그가 하룻밤 만에 일천 자로 된『천자문』을 편집해 냈다는 것이다. 일천 자를 사언(四言)의 고체시(古體詩)로 하루 만에 엮으면서 얼마나 노심초사하였던지 이를 마무리하자 머리가 죄다 희어졌다고 하여 후에 '백수문(白首文)'이라는 별칭까지 얻게 되었다. 무제는 이를 본 다음 주흥사의 문재(文才)를 극찬하고 많은 상을 내렸는데, 이는 그가 한정된 일천 자만을 사용했는데도, 한 자도 부족하거나 남지 않으면서도 이처럼 기세가 웅혼(雄渾)하고 함의가 무궁하며, 문사의 조탁이 아름답고 운율이 조화된 글을 지어내는 것은 정말 신이 아니면 해내기 어려운 일이라고 판단했기 때문이다. 여기에서 우리는 『천자문』이 원래는 압운되지 않은 문장이었는데 주흥사가 운문으로 편집했다는 사실을 짐작할 수 있다. 이후부터 『천자문』은 주흥사의 『천자문』을 지칭하게 되었다.

일설에는 삼국 시대 위(魏)의 태부(太傅)인 종요(鍾繇)가 처음으로 『천자문』을 지었다고 전해지지만 확실한 근거가 없다. 그 전설은 이러하다. 종요가 조조(曹操)의 아들인 조비(曹丕)에게 간언하다가 미움을 받아 옥에 갇혔다. 이때 많은 신하들이 원로대신을 옥에 가두는 것은 너무 심한 처사라고 상소하자, 조비는 하룻밤 안으로 한 글자를 두 번 쓰지 않고 천자로써 사언 시구를 짓는다면 옥에서 풀어주겠다고 하였다. 종요는 조비의 마음을 다시 한 번 돌려볼 수 있는 기회라 여기고 인간의 도리를 글로 나타내어 하룻밤 사이에 『천자문』을 완성하였는데, 얼마나 심혈을 기울여 글을 썼던지 날이 새자 종요의 머리카락은 백발로 변했다고 한다. 아침에 이 글을 받아본 조비도 감동하여 당일 그를 풀어주었다고 한다. 그 뒤 글자가 마멸되어 판독이 어렵게 되자 진말(晋末)에 왕희지(王羲之)가 칙명에 따라 새로 엮었으나 문의(文意)와 음운이 혼란하였다. 그후 양 무제가 주흥사에게 명하여 운(韻)을 바로잡아 다시 만들게 한 것이 오늘날 전해지는 『천자문』이라는 것이다.

양대(梁代)에는 『천자문』을 지은 사람이 유독 많았는데, 『남사』(南

史)「심약전」(沈約傳)에 보면 양 무제를 비롯하여 한 차례 '천자문 열풍'이 불었다는 기록이 전해진다. 주흥사의 『천자문』이 나온 뒤로 각종 속편과 개편이 더욱 많이 나왔다. "乾坤怙冒, 山澤氤氳. 雷轟電掣, 雪淨冰瑩"으로 시작하는 『속천자문』(續千字文)은 문구가 심오해서 이해하기 어려운 면이 있다. 그리고 "循蜚邃諡, 澹泊希夷"로 시작하는 『재독천자문』(再讀千字文)은 문구가 난삽한 편이다. 황조전(黃祖顒)의 『별본천자문』(別本千字文)은 비교적 읽기도 쉽고 내용도 평이한데, 특히 첫머리에 나오는 "天覆地載, 日曦月臨. 鳥飛魚躍, 海岱高深"과 같은 몇몇 구절은 명구로 꼽히기도 한다. 『서고천문』(敍古千文)은 역사 지식을 전문적으로 강술(講述)한 책으로 많은 종류의 『천자문』 중에 색다른 체제를 이루고 있다. 이 책은 남송(南宋) 호인(胡寅)이 편찬한 것으로 상고 시대부터 송대까지의 역사를 강술하고 있는데, 문구가 고체이고 내용도 심오해서 황호(黃灝)가 붙인 주를 참조해야 이해할 수 있다.

『천자문』은 이름이 너무나 잘 알려져 있어서 서예 대가들도 다투어 작품으로 만들었다. 『상서고실』에 "왕희지의 후손인 지영선사(智永禪師)가 800권을 임사(臨寫)하여 세상에 널리 퍼뜨렸으므로, 강남의 모든 절들이 한 권씩 구비하고 있다"(右軍孫智永禪師, 自臨八百本散與人間, 江南諸寺各留一本)라는 기록이 있다. 지영선사가 쓴 『천자문』 외에도 지금까지 전해지는 것으로는 당대의 회소(懷素)와 구양순(歐陽詢), 송 휘종(徽宗) 조길(趙佶), 원대의 조맹부(趙孟頫), 명대의 문징명(文徵明), 청대의 유석암(劉石菴) 등 역대 서예 대가들의 서체본(書體本)이 있다. 이러한 『천자문』은 당대 이후 급격히 보급되어 많은 서예가들에 의하여 임사되었는데, 그 중에서도 습자 교본으로 가장 유명한 것은 지영선사가 진서(眞書, 해서[楷書]의 다른 말)와 초서(草書)의 두 서체로 쓴『진초천자문』(眞草千字文)본으로 1109년에 새긴 석각(石刻)이 남아 있다. 또 돈황(敦煌)에서 발견된 문서에도 사본(寫本)이 많이 나왔다. 이외에도 중국에는 내용이 다른 유사 천자문들이 많이 있으나 주흥사의『천자문』이 가장 널리 읽혀져 왔고 또 가장 많은 사랑을 받아왔다.

『천자문』이 보편화된 후 역대 중국의 각급 초등 교육 기관은 이 책을 정식 한자 학습 교본으로 사용해 왔다. 그래서『천자문』은 사회적 교양이 되었으니, 서적이나 문서의 편집에서 순서를 매길 때를 비롯하여 고사장의 시험지 묶음에 차례를 매기는 순서, 그리고 심지어는 상인들의 장부 정리에 이르기까지 "天·地·玄·黃……"을 서수로 삼았다. 이러한『천자문』은 소수 민족 언어로도 번역되어 몽한(蒙漢) 대조본과 만한(滿漢) 대조본이 나왔으며, 한국과 일본 등 외국에까지 전해졌다. 일본의 서적상은 호증(胡曾)의『영사시』(永史詩)와 이한(李瀚)의『몽구』(蒙求)를『천자문』과 함께 판각하여『명본배자증광부음석문삼주』(明本排字增廣附音釋文三注)를 출간하기도 하였다.

2.

『천자문』이 언제 어떤 경로로 우리 나라에 들어왔는지는 확실치 않다. 우리 나라의 기록에는 전해지지 않지만『일본서기』(日本書紀, 卷10, 應神天皇)에 의하면 258년에 백제의 왕인(王仁) 박사가 일본에 전적을 전했다는 기록이 보이고,『고사기』(古事記)에는『논어』(論語)

10권과『천자문』1권을 일본에 전했다는 기록이 있는 것으로 보아 이보다 훨씬 전에 우리 나라에 들어와 널리 퍼졌을 것으로 추측된다. 지금까지 국내에서 발견된 가장 오래된『천자문』은 고려 말기의 것으로 추정되는데, 이는 원나라 때 지영선사가 임사한 주흥사『천자문』을 탁본한 것이다. 이 지영선사의『천자문』과 송설체(松雪體)로 유명한 조맹부(趙孟頫, 1254~1322)의『진초천자』(眞草千字)가 우리 나라에 가장 많이 보급되었던 것으로 추측된다. 그러나 이 시기의 『천자문』은 동몽(童蒙) 학습용이 아니라 성인용 서예 학습이나 한자 학습을 위한 것이었다.『고려사』(高麗史, 卷125, 列傳 38)에도 고려 충목왕(忠穆王, 1344~1348 재위)이『천자문』을 배웠다는 기록이 있는데, 이는 우리 나라에서 지금까지 전해지는『천자문』에 관한 가장 오래된 기록이다. 이 기록에 의하면 당시『천자문』을 익힐 때 음과 훈을 자세히 익혀야 한다는 의견이 대두된 점으로 보아 당시 이미 『천자문』에 대한 깊이 있는 연구가 되었음을 짐작할 수 있다. 조선 시대에 와서 위로는 왕실에서부터 아래로 민간에 이르기까지 이『천자문』이 초학자용 한자 입문서로 사용되었다는 기록이 여러 곳에 보인다.『천자문』의 간행과 관련된 기록으로 가장 오래된 것은『조선왕조실록』(朝鮮王朝實錄) 세조 원년(1456) 때『진초천자문』(眞草千字文)을 간행하여 성균관에 보냈다는 기사를 꼽을 수 있다.

현재 우리가 알고 있는 우리 나라의『천자문』은 시대에 따라 변천해 왔는데 그 종류도 다양한 편이다. 조선 전기까지는 원문 위주의 『천자문』이 주로 사용되었으나, 후대에 와서는 원문에 주해가 달린 판본을 많이 활용하였다. 원문의 글은 편의상 대자(大字)를 쓰고 주해 부분은 소자(小字)를 써서 구분하였다. 대자만으로 되어 있던『천자문』이 1446년 훈민정음(訓民正音)이 반포된 이후에는 대자와 소자를 혼합한 형식을 취하는 경우가 많아졌다. 그리고 우리 나라만의 독특한 체제를 갖춘 교재용『천자문』도 많이 출간되었는데, 원문의 음과 훈을 가르치기 위해서 주해를 소자로 넣은 형식을 비롯해서 대자에 사성(四聲)을 표기한 교재 등이 그것이다.

우리 나라에 전해지는『천자문』은 크게 세 가지 유형으로 나누어진다. 첫째, 대자를 중심으로 한 한자 서예 교본용으로『지영천자문』(智永千字文),『진초서천자』(秦草書千字),『진초천자』(秦草千字),『초서천자』(草書千字),『진초천자』(眞草千字),『삼가천자』(三家千字),『오체천자』(五體千字),『석봉천자』(石峯千字),『팔자천자』(八字千字),『십자천자』(十字千字),『진천자』(眞千字),『흑천자』(黑千字) 등이 있다. 둘째는 소자를 보충해서 엮은 한자 학습용으로서『천자문』(千字文),『천자』(千字),『백수문』(白首文),『대천자』(大千字),『소천자』(小千字),『사자천자』(四字千字),『오자천자』(五字千字),『팔자천자』(八字千字),『십자천자』(十字千字),『석봉천자문』(石峯千字文),『언해천자』(諺解千字) 등이 있다. 셋째는 내용을 익히기 위해 자세한 해설을 담은 주해서로서『명본전상주석천자문』(明本全詳註釋千字文),『주해천자문』(註解千字文) 등이 있다.

중국과 마찬가지로 우리 나라에서도 유명 학자나 서예가 들이『천자문』을 직접 임사하여 후세에 본보기로 남겨놓았는데, 이는 출간에 비용이 많이 들어 필사를 할 수밖에 없었던 당시 상황 때문이긴 하지만, 아무튼 이로 인하여『천자문』은 그 종류가 매우 많아지게 되었다. 우리 나라에서 가장 널리 쓰인『천자문』은 조선 선조 16년(1583)에 초간(初刊)한 한호(韓濩)가 쓴『석봉천자문』이다. 이 책은 한국 서

예사에서도 그 가치가 상당히 높지만, 각 한자 밑에 달려 있는 한글 석음(釋音, 즉 訓音)은 중세 국어의 마지막 모습을 보여주는 자료로도 중요한 가치를 인정받고 있다. 『석봉천자문』은 종류도 다양하여 여러 서체로 쓴 『삼가천자문』(三家千字文) 외에도, 초서(草書)로 쓴 것, 한글 소자가 있는 것 등이 있고, 심지어 돌에 새긴 것도 있다. 활자체에 가까운 석봉의 글씨는 교과서로서의 『천자문』 글씨에 가장 적합하였다. 이후 조선 영조 28년(1752) 홍성원(洪聖源)이 편찬한 『주해천자문』(註解千字文)은 『석봉천자문』이 한자 하나하나에 석음 하나만 단 것에 비해, 둘 또는 세 개의 석음을 달고 간단한 주석과 함께 전체 문장에 통해(通解)를 덧붙임으로써 종합적이며 다각적인 용도를 지니게 된 점이 특색이다. 이밖에도 1800년대 이후 방각본(倣刻本)이 많이 나왔다.

　주흥사의 『천자문』이 천지, 자연으로부터 역사와 인물, 교육과 수양 방법 등을 포괄하여 다양한 내용을 담은 대표적인 초학자용 입문서임은 부정할 수 없는 사실이다. 그러나 이는 모두 중국의 인물과 지명을 중심으로 이루어졌기에 우리 나라에서도 이를 보완하기 위하여 조선 말기부터 남경근(南景根)의 『속천자』(續千字), 작자 미상의 『영사천자문』(詠史千字文), 이상규(李祥奎)의 『역대천자문』(歷代千字文) 등이 저술되었으나 이들 또한 중국의 역사와 인물을 벗어나지 못하였다. 우리 나라의 한자 교육에서 『천자문』에 대한 시각이 달라진 것은 조선말 다산(茶山) 정약용(丁若鏞)의 주체적 자각을 시작으로 해서 일제 식민지 기간에 걸쳐 활발하게 진행되었는데, 그 결과로 1888년 윤희구의 『천자동사』(千字東史), 일제 시대 작자 미상의 『조선역사천자문』(朝鮮歷史千字文), 1948년 김균의 『대동천자문』(大

東千字文) 등이 나오게 되었다. 이 중에서 특히 『대동천자문』은 우리나라의 다양한 역사와 인물·풍속·속담만을 주제로 삼고 있고, 유학의 교육관에 기초하여 투철한 의리 정신을 담고 있는 것이 특징이다.

3.

『천자문』은 네 자 두 구를 한 문장으로 모두 125개의 문장으로 구성되어 있다. 원래는 산문으로 지어졌으나, 후에 다시 운을 넣어 사언고시(四言古詩)의 형식으로 편찬한 것이 지금의 『천자문』이다. 아마도 양 무제는 문장의 강송(講誦)이나 전달을 염두에 두고 주흥사에게 다시 운문으로 편찬하게 하였을 것이다. 『천자문』은 네 자씩 모두 250구로 이루어져 있지만 자세히 보면 여덟 자가 하나의 문장으로 의미 단락을 이루고 있다. 전체 문장의 구조가 네 자씩 서로 대를 맞추어가며 철저한 대장(對仗)으로 이루어져 있고, 압운을 하는 운문의 형식으로 구성되었기에 교육용으로 쓰일 수 있었다. 『천자문』은 자연 현상, 역사, 제도, 정치, 인륜, 인성, 충효, 생활, 가정, 수신, 교화, 역사 인물, 지리, 농사 제도, 가축, 지혜, 처세, 학문, 예악, 송덕, 제사 등 담고 있는 내용이 다양하다. 단순한 서술 형식으로 기술한 부분도 있고, 기존 문헌의 내용을 토대로 인용한 부분도 있으며, 역사 인물과 사건을 중심으로 엮은 부분도 있다.

중국에서는 이 책이 1,400여 년 동안 줄곧 읽혀져 왔는데, 송대에 와서는 이부상서(吏部尙書) 왕응린(王應麟)이 『천자문』을 모방하여 『삼자경』(三字經)을 썼고, 이와 때를 같이하여 어떤 학자가 『천자문』

을 모방하여 가장 상용되는 400여 개의 성(姓)을 이용하여 『백가성』 (百家姓)을 편집하였다. 이 세 책을 합쳐서 이른바 '삼백천(三百千)'이라고 불렀는데, 이는 700여 년 동안 중국 학동들의 교과서로서 대대로 읽혀져 오다가 1912년 중화민국이 성립되고 학제가 개편되고 서야 소학 교과 과정에서 사라지게 되었다. 그러나 서점에서는 여전히 인기 서적으로 팔려서 많은 사람들에게 애독되고 있다.

『천자문』이 이토록 오랫동안 폭넓게 읽혀진 것은 다음과 같은 특징을 지녔기 때문이다. 첫째는 비록 글자 수는 일천 자밖에 되지 않지만 모두 상용 한자이기 때문에 간명(簡明)한 문자 학습에 매우 효과적이다. 둘째는 사언구(四言句)로 되어 있어서 운율이 자연스러워 읽기 쉽고 기억하기 쉽다. 셋째는 일천 자 안에 역사, 천문, 기상, 지리, 인물 등에 관한 이야기, 그리고 윤리 도덕, 처세 방법 등에 관한 지혜들이 담겨 있어 독자가 짧은 기간 내에 쉽게 많은 기본 지식을 얻을 수 있다.

『천자문』의 내용은 동아시아 고전의 주요 테마인 문·사·철을 모두 담고 있다. 오랜 세월 동안 우리 나라의 전통적인 한자 교재로 활용되어 왔던 『동몽선습』(童蒙先習)과 『격몽요결』(擊蒙要訣)이 인간이 지녀야 할 기본 덕목인 오륜(五倫)을 중심으로 철학적 내용이 집약되어 있고, 『훈몽자회』(訓蒙字會)가 초학자에게 한자를 가르치고 익히는 것에만 초점을 맞추었다면, 『천자문』은 문장 구성이 시적일 뿐만 아니라 내용이 역사·천문·지리에서부터 인성에 관한 거의 모든 분야를 망라하고 있기에 학동들의 한자 학습용 교재 차원을 넘어서서 그들에게 다양한 교양 지식을 익히게 할 수 있는 장점을 갖고 있다. 뿐만 아니라 『천자문』은 수사면에서 볼 때 단순 서술 형식에서부터 전고(典故) 활용에 이르기까지 다양한 기법을 구사하고 있으므로 초학자들에게 표현하는 훈련을 쉽게 시킬 수 있다는 점에서도 훌륭한 장점을 갖고 있다. 전체적으로 학동들이 읽기에는 내용이 다소 어렵다는 비판이 있긴 하지만, 이러한 장점으로 인해서 오랜 기간 동안 기초 학습 교재와 입문서로 활용될 수 있었다.

이와 같이 『천자문』이 오랫동안 초학자 교육에서 부동의 자리를 지킬 수 있었던 것은 기본적으로 『천자문』 자체가 우수하기도 했지만, 이 책이 완벽한 나머지 이에 맞설 만한 텍스트가 개발되지 못한 점도 하나의 원인이었다. 앞서 말한 바와 같이 『천자문』은 언어와 문자를 배우는 과정으로서의 몽학(蒙學) 교재, 수신(修身)을 위한 덕성 교육 과정으로서의 윤리 교재, 중국 역사이긴 하지만 역사 교육 교재의 성격을 모두 갖고 있는 종합 학습서이다. 지도자로 양성하기 위한 사대부 교육의 기초 과정으로 이를 능가할 수 있는 수준의 교재를 다시 만든다는 것은 거의 불가능에 가까웠을 것이다. 그래서 『천자문』은 우리 나라에 도입된 이후 고려와 조선 시대에 이르기까지 줄곧 부동의 위치를 점할 수 있었던 것이다.

그렇다고 해서 『천자문』에 결점이나 비판할 점이 전혀 없는 것은 아니다. 앞서 잠깐 언급한 바와 같이 『천자문』의 문장은 내용이나 수사면에서 결코 쉽지가 않다. 그래서 최세진(崔世珍)은 『훈몽자회』(訓蒙字會)를 편찬하면서 『천자문』에 실린 고사(故事)는 내용은 좋으나 너무 어려워서 학동들이 고사의 깊은 의미를 알려 하기보다는 단순히 글자만 익히려 하므로 초학자용 입문서로 적합하지 않다고 지적하였다. 또한 정약용은 실천적인 교육을 주장하면서 『천자문』을 대체할 교재로 『아학편』(兒學編)을 펴내기도 하였다. 그러면서 그는

『천자문』이 『이아』(爾雅)나 『급취』(急就)처럼 내용이나 문자별로 분류가 되지 않아서 학동들의 공부에 적절치 않은 일시적 희작(戱作)이라고 호되게 비판하였다.(『여유당전서』〔與猶堂全書〕권1의 「천문평」〔千文評〕 참조)

　『천자문』에 결점이 전혀 없는 것은 아니지만, 그 우수성은 그러한 비판을 받아들인다 하더라도 그다지 영향을 받지 않을 만큼 빛난다. 오늘날 근대 이후의 교육에서는 『천자문』을 가르치거나 배우지 않아 교육 과정에서는 밀려나 있지만, 이 책이 이미 우리 문화의 틀을 이루고 있다는 점에서는 우리는 여전히 그 영향 아래 있다고 볼 수 있다. 따라서 오늘 『천자문』을 다시 읽는다는 것은 고전을 찾아보며 우리가 쓰고 있는 한자의 쓰임과 오묘함을 느껴보는 일이면서 동시에 나를 구성하는 어느 부분을 찾아보고 되돌아보는 일이 될 것이다.

제해성(계명대 중어중문학과 교수)

주석

1부

1) 소전(小篆)이란 한자의 고대 서체 중의 하나로서 진나라 이전의 대전(大篆)을 간화(簡化)해서 만든 것이라고 전해진다. 이 서체는 진나라 때 문자 통일 정책의 일환으로 당시까지 통용되던 여러 가지 고문자 서체를 규범화하고 간화함으로써 정착시킨 것이다. 소전이 비록 간화한 서체이기는 하지만 필획에 본래의 의미가 많이 남아 있어서 자원(字源)을 추적하는 데에 유용하게 활용된다. 동한(東漢) 허신(許愼)의 『설문해자』(說文解字)도 이 진나라 소전을 기초 자료로 해서 자의를 해석하였다.

2) 이 책 '현(縣)'자 부분(355쪽)을 참조 바람.

3) 대장(對仗)이란 시(詩)·사(詞)와 같은 운문 중의 대우(對偶)를 가리키는데, 이는 고대 중국의 의장대를 병사들을 둘씩 짝지어 구성한 데서 유래한 말이다. 중국의 운문은 두 구절을 한 쌍으로 하는 대우를 기본 틀로 이루어지는데, 이 때 선행 구절을 출구(出句), 후행 구절을 대구(對句)라고 각각 부른다. 이것이 의장대의 제대(梯隊) 형식과 유사하기 때문에 전체적으로 대장이라고 부르는 것이다. 그러므로 이 대장 형식을 이해하면 한문의 정확한 해석에 매우 유리하다.

4) 은(殷)나라 때 주로 사용하던 고대 한자 서체 중의 하나. 당시 사람들은 거북의 껍질이나 짐승의 뼈로 점을 치고 그 내용을 당시의 서체로 그 갑골에 새겼는데 이것이 바로 갑골문이다. 갑골문이 쓰어진 시기는 대략 3,000년 전쯤이며 이것이 처음 발견된 것은 1899년의 일이다. 한자의 형태로서는 가장 오래된 서체이므로 자원(字源)을 추적하는 데에 매우 유용한 자료가 된다.

5) 28수(宿)의 명칭은 다음과 같다.
　동방(東方) 7수: 각(角)·항(亢)·저(氐)·방(房)·심(心)·미(尾)·기(箕)
　북방(北方) 7수: 두(斗)·우(牛)·여(女)·허(虛)·위(危)·실(室)·벽(壁)

서방(西方) 7수: 규(奎)·누(婁)·위(胃)·묘(昴)·필(畢)·자(觜)·참(參)

남방(南方) 7수: 정(井)·귀(鬼)·류(柳)·성(星)·장(張)·익(翼)·진(軫)

6) 십이지(十二支)라고 불리는 자(子)·축(丑)·인(寅)·묘(卯)·진(辰)·사(巳)·오(午)·미(未)·신(申)·유(酉)·술(戌)·해(亥) 등이 바로 이것이다.

7) 금문(金文)이란 고대 청동기 위에 주조되거나 새겨진 한자의 서체로서 종정문(鐘鼎文)이라고도 부른다. 시기적으로는 대략 은(殷)·주(周)·진(秦)·한(漢) 등의 것을 지칭한다. 금문은 진흙으로 만든 틀 위에 글씨를 써서 부어 빼는 것이기 때문에 자형이 원만하고 풍성한 것이 특색이다.

8) 이 책 '자(者)' 자 부분(682쪽)을 참조 바람.

9) 이 책의 '길(吉)' 자 부분(663쪽)을 참조 바람.

10) 『포박자』(抱朴子)에 보임.

11) 『술이기』(述異記)에 보임.

12) 이 책의 '공(工)' 자 부분에서는 '공(工)' 자를 '흙손' 의 모양으로 풀이했는데, 일부 학자들은 목수들이 자주 사용하는 '자' 의 모양으로 보기도 하고, 또 나무를 평평하게 깎아내는 '손도끼' 모양으로 보기도 한다. 아무튼 세 가지 모두 '평평하게 만드는 도구' 라는 점에서는 같다고 볼 수 있다.

13) 좌측 변의 '달 월(月)' 자는 본래 '배 주(舟)' 자였다.

14) 고대에는 15세 이하의 미성년자들은 머리에 관도 쓰지 못하고 허리띠도 두르지 않는 것이 관례였다. 이러한 그들의 모습이 마치 관대(冠帶)가 허락되지 않는 노예의 모습과 유사하므로 노예를 지칭하는 '동(童)' 자가 아이를 가리키는 말로 가차된 것이다.

15) 이 글자는 『설문해자』(說文解字)에 수록돼 있지 않아서 자형 의미를 정확히 알 수 없다.

16) 이 책의 '가(假)' 자 부분(411쪽)을 참조 바람.

2부

1) '스스로 자(自)' 자는 '코 비(鼻)' 의 원래 글자였는데, 나중에 자신을 가리킬 때 코를 지시하는 관습으로부터 '자신' 의 의미로 차용되었다.

2) 한자의 자음(字音)은 성모(聲母)와 운모(韻母)로 구성되는데, 두 개의 한자가 동일한 성모로 이루어져 있으면 이 둘은 쌍성(雙聲) 관계에 있다고 하고, 동일한 운모로 이루어져 있으면 첩운(疊韻) 관계에 있다고 말한다. 이 예에서 보자면 '능(能)' 자와 '남

(男)' 자는 성모가 모두 'ㄴ'이므로 쌍성 관계인 것이다. 두 개의 한자가 쌍성과 첩운
관계에 있다면 의미상으로도 상호 관련이 있을 가능성이 크다.

3) 이 책의 '담(淡)' 자 부분(69쪽)을 참조 바람.

4) 큰 타자란 영어의 'the Other', 프랑스어의 'l' Autre'를 번역한 말로서 '대타자' 또
는 '대문자 타자'라고도 부른다. 이는 라캉이 헤겔로부터 빌려온 말이다. 축약하여 말
하자면, 큰 타자란 말이 구성되는 장소로서 이는 우리 의식의 통제를 벗어나 있다. 그
러니까 말이란 자아 속에서 또는 주체 속에서 기원하는 것이 아니라 큰 타자 속에서
기원한다고 라캉은 주장한다. 그러므로 이러한 언어를 사용하는 우리는 큰 타자에 의
해서 통제받을 수밖에 없는 것이다. 라캉의 저 유명한 "무의식은 큰 타자의 담론이다"
라는 명제는 바로 여기에 근거한 말이다.

5) 『춘추공양전』(春秋公羊傳)의 "'이(而)'란 무엇인가? '어렵다'는 뜻이다. '내(乃)'란
무엇인가? '어렵다'는 뜻이다"(而者何, 難也. 乃者何, 難也)를 참조 바람.

6) 이에 관해서는 레스터 써로우, 『자본주의의 미래』, 유재훈 옮김 (고려원, 1997)을 참
고하면 많은 부분에 동감할 수 있을 것이다.

7) 『논어』 「팔일」(八佾)편.

8) 『논어』 「옹야」(雍也)편.

9) 『禮記』 「大學」, "君子必愼其獨也."

10) 이 책의 '과(過)' 자 부분(134쪽)을 참조 바람.

11) 전국 시기에 조(趙) 혜문왕(惠文王)이 초나라의 화씨벽(和氏璧)을 입수하자, 진(秦)
소왕(昭王)이 사신을 보내서 진나라의 15개 성과 바꾸자고 제안하였다. 이때 인상여
(藺相如)가 사신으로 가기를 자청하여 말하기를 "약속대로 15개 성을 받으면 구슬을
놓고 오겠지만, 그렇지 않으면 구슬이 고스란히 조나라로 돌아오게 하겠습니다"라고
하였다. 상여가 구슬을 진나라 임금에게 바치고 상황을 살폈더니 성을 줄 기색이 전
혀 보이질 않았다. 그러자 상여가 기지를 발휘하여 구슬을 다시 빼앗고는 시종을 시
켜서 조나라로 다시 돌려보냈다. 이 고사는 『사기』(史記) 「염파인상여열전」(廉頗藺相
如列傳)에 실려 있다.

12) 언제나 부분이 전체를 닮는 자기 유사성(self-similarity)과 소수(小數) 차원을 특징으
로 갖는 구조를 말한다. '프랙탈'이란 이름은 1975년 B.B. 만델브로트(Benoit
Mandelbrot)에 의해 지어졌으나, 이러한 형상들에 관한 추상적 논의는 훨씬 이전부
터 있었다. 칸토르 집합, 코흐 눈송이, 시어핀스키 삼각형 등이 그 예이다.

13) 이 책의 '감(敢)' 자 부분(124쪽)을 참조 바람.

14) 한자 서체 중의 하나로서 오늘날 우리가 사용하는 한자체이다. 정서(正書) 또는 진서
(眞書)라고도 부르는 이 서체는 예서(隸書)를 방정(方正)한 모양으로 고친 것으로서

동한(東漢)부터 쓰이기 시작해서 오늘에 이르고 있다.

15) 이 구절에서 '추기(樞機)'란 '돌쩌귀'(樞)와 '노아(弩牙)', 즉 쇠뇌에서 시위를 거는 곳을 가리킨다.

16) 호문(互文)이란 같은 글자의 중복 쓰기를 피하기 위해서 유의어를 사용하여 교착시키는 한문 수사법 중의 하나로서, 이를 도식화하면 'ABA´B´'(여기서 A는 주어 부분이고 B는 술어 부분임)의 의미를 'AA´BB´'의 형식으로 쓰는 것을 말한다. 이를테면 이 책의 모두에 나오는 '우주홍황(宇宙洪荒)'의 본래 의미는 '우홍주황(宇洪宙荒)'인데, 이때 '우(宇)'와 '주(宙)', 그리고 '홍(洪)'과 '황(荒)'은 각각 유의어 관계로서 동일한 글자의 반복을 피하고 있다. '언사안정(言辭安定)' 역시 마찬가지 구조이다.

17) 이 책의 '동(冬)'자 부분(43쪽)을 참조 바람.

18) 『禮記』「檀弓」, "事親……服勤至死, 致喪三年; 事君……服勤至死, 方喪三年; 事師……服勤至死, 心喪三年."

19) 『師說』, "是故無貴無賤無長無少, 道之所存, 師之所存也."

20) 『師說』, "生乎吾後, 其聞道也, 亦先乎吾, 吾從而師之."

21) 오늘날 '자(者)'자를 허사로 쓰는 것은 '이 저(這)'자와 독음이 같기 때문에 차용된 것이다. 이 책의 '자(者)'자 부분(682쪽)을 참조 바람.

3부

1) 올리비에 르불, 『언어와 이데올로기』, 홍재성·권오룡 옮김 (역사비평사, 1994), 31쪽 참조.

2) 이 책의 '황(黃)'자 부분(30쪽)을 참조 바람.

3) 삼분(三墳)이 어떤 책인가에 관해서는 확실하게 고증할 길이 없다. 송나라 때 장상영(張商英)이 당주(唐州) 북양(北陽)의 민가에서 얻었다고 하는 『산분』(山墳)·『기분』(氣墳)·『형분』(形墳) 등 3편이 전해지고는 있으나, 허황되고 괴탄스런 기록이 많은 걸로 보아 모두 위서(僞書)인 것으로 판단된다.

4) 『오전』(五典)이란 『서경』(書經) 중의 『요전』(堯典)·『순전』(舜典)·『대우모』(大禹謨)·『고요모』(皐陶謨)·『익직』(益稷) 등의 5편을 가리킨다.

5) '서(書)'자 아래의 '일(日)'자는 '자(者)'자의 생략형임.

4부

1) 이 책의 '명(名)' 자 부분(164쪽)을 참조 바람.

2) 이 책의 '시(時)' 자 부분(379쪽)을 참조 바람.

3) '앞 전(前)' 자는 '칼 도(刀)'와 '나아갈 전(歬)'으로 이루어졌다. '전(歬)' 자는 '발(止) 아래 '신발(舟)'을 신고 있는 모양으로 '앞으로 나아갈 준비를 가지런히 마치다'라는 의미를 담고 있다. 따라서 '전(前)' 자의 자형적 의미는 '가지런해지도록 칼로 깎다'가 된다.

5부

1) 당시의 '백군(百郡)'이란 실제로는 103개 군이었는데, 이를 열거하면 다음과 같다.
경조(京兆), 좌풍익(左馮翊), 우부풍(右扶風), 홍농(弘農), 하동(河東), 하내(河內), 하남(河南), 영천(潁川), 여남(汝南), 패(沛), 양(梁), 노(魯), 위(魏), 거록(巨鹿), 상산(常山), 청하(淸河), 조(趙), 광평(廣平), 진정(眞定), 중산(中山), 신도(信都), 하간(河間), 동(東), 진류(陳留), 산양(山陽), 제음(濟陰), 태산(泰山), 성양(城陽), 회음(淮陰), 동평(東平), 낭야(琅琊), 동해(東海), 임회(臨淮), 초(楚), 사수(泗水), 광릉(廣陵), 육안(六安), 평원(平原), 천승(千乘), 제남(濟南), 제(齊), 북해(北海), 동래(東萊), 치주(淄州), 교동(膠東), 고밀(高密), 남양(南陽), 남(南), 강하(江夏), 계양(桂陽), 무릉(武陵), 영릉(零陵), 장사(長沙), 여강(廬江), 구강(九江), 회계(會稽), 단양(丹陽), 예장(豫章), 한중(漢中), 광한(廣漢), 촉(蜀), 건위(犍爲), 월휴(越嶲), 익주(益州), 장가(牂牁), 파(巴), 무도(武都), 농서(隴西), 금성(金城), 천수(天水), 무위(武威), 장액(張掖), 주천(酒泉), 돈황(敦煌), 안정(安定), 북지(北地), 태원(太原), 상당(上黨), 상(上), 서하(西河), 오원(五原), 운중(雲中), 정양(定襄), 안문(雁門), 삭방(朔方), 탁(涿), 발해(渤海), 대(代), 상곡(上谷), 어양(漁陽), 우북평(右北平), 요서(遼西), 요동(遼東), 현도(玄菟), 낙랑(樂浪), 광양(廣陽), 남해(南海), 울림(鬱林), 창오(蒼梧), 교지(交趾), 합포(合浦), 구진(九眞), 일남(日南)

2) 『관자』(管子) 「봉선」(封禪)편에서는 운운산에서, 『사기』 「봉선서」(封禪書)에서는 정정산에서 선 제사를 지냈다고 각각 기록하였다. 그래서 선 제사의 제사터를 운정(云亭)으로 합쳐 부르기도 한다.

3) 이 책 '엄(嚴)' 자의 (188쪽)을 참조 바람.

6부

1) '사(厶)'는 '사(私)'자의 옛 글자임.
2) 이 책의 '기(幾)'자 부분(482쪽)을 참조 바람.
3) 『한서』(漢書) 「식화지」(食貨志)에 보면 "가난한 사람들은 술지게미와 겨를 먹었다" (貧者食糟糠)라는 구절이 있다.

7부

1) 「月令」, "后妃齋戒, 親東鄕躬桑"
2) 『禮記』 「內則」, "故妾雖老, 年未滿五十, 必與五日之御"
3) 『論語』 「公冶長」, "朽木不可雕也, 糞土之墙不可圬也"
4) 이 책의 '현(玄)'자 부분(29쪽)을 참조 바람.
5) 이에 관해서는 이 책의 '시찬고양(詩讚羔羊)' 구절의 해설(156쪽)을 참조 바람.
6) 요즘은 '강(糠)'으로 쓰고 있다.
7) 이 책의 '서(庶)'자 부분(482쪽)을 참조 바람.
8) 이 책의 '상(常)'자 부분(119쪽)을 참조 바람.
9) 동중서(董仲舒)의 『춘추번로』(春秋繁露) 「사제」(四祭)편을 참조 바람.
10) 이 책의 '구(駒)'자 부분(107쪽)을 참조 바람.
11) 육종달(陸宗達), 『설문해자통론』(說文解字通論) 김근 역 (계명대학교출판부, 1994), 264~266쪽 참조.

8부

1) 이 책의 '숙(淑)'자 부분(644쪽)을 참조 바람.
2) 육종달, 『설문해자통론』, 273~276쪽 참조.

9부

1) 깃털을 중시했으므로 『설문해자』에서도 '적(翟)'자를 '추부(隹部)'에 넣지 않고 '우

부(羽部)'에 분류했다.

2) 이 책의 '신(新)' 자 부분(472쪽)을 참조 바람.

3) 『장자』의 이 구절은 주석자마다 해석이 각기 다른 것으로 유명하다. 여기서는 곽상(郭象)의 주에 의거해서 해석하였다.

4) 이 책의 '복연선경(福緣善慶)' 구절을 참조 바람.

5) 冰心의 『再寄小讀者(13)』를 참조.

6) 『論語』「子路」, "葉公語孔子曰: 吾黨有直躬者, 其父攘羊, 而子證之. 孔子曰: 吾黨之直者異於是. 父爲子隱, 子爲父隱, 直在其中矣"

7) 『시경』「소융」(小戎)편의 "수레 채와 멍에를 다섯 오(五)자 모양으로 감았네"(五楘梁輈)라는 구절이 그 대표적인 예이다.

8) 이 책의 '차(且)' 자 부분(593쪽)을 참조 바람.

9) 언어를 사용하는 한 중심/주변의 차별적 인식은 인류의 보편적 특성이 되겠지만, 여기서의 문화적 특성이란 어디까지나 정도의 차이에 근거한 속성을 의미한다.

10) 이 책의 '지(地)' 자 부분(29쪽)을 참조 바람.

찾아보기

716

717

驤(달릴 양) 618
陽(볕 양) 49
羊(양 양) 155
語(말씀 어) 681
御(모실 어) 569
魚(물고기 어) 479
飫(배부를 어) 556
於(어조사 어) 461
言(말씀 언) 215
焉(어조사 언) 684
奄(가릴 엄) 383
嚴(엄할 엄) 188
業(업 업) 223
如(같을 여) 205
餘(남을 여) 46
與(더불 여) 188
亦(또 역) 339
妍(고울 연) 647
淵(못 연) 210
連(이을 연) 260
緣(인연할 연) 177
筵(자리 연) 321
讌(잔치 연) 586
悅(기쁠 열) 593
熱(더울 열) 613

染(물들일 염) 152
厭(싫을 염) 558
葉(잎 엽) 533
楹(기둥 영) 319
永(길 영) 663
英(꽃부리 영) 339
纓(끈 영) 364
映(비칠 영) 210
榮(영화 영) 223
詠(읊을 영) 234
營(지을 영) 385
盈(찰 영) 36
翳(가릴 예) 531
譽(기릴 예) 430
乂(벨 예) 400
藝(심을 예) 469
豫(즐길 예) 593
五(다섯 오) 119
梧(오동나무 오) 529
玉(구슬 옥) 58
溫(따뜻할 온) 199
翫(갖고 놀 완) 540
阮(악기 완) 631
曰(가로 왈) 188
往(갈 왕) 40

王(임금 왕) 103
畏(두려워할 외) 545
外(밖 외) 247
遙(거닐 요) 518
飇(나부낄 요) 533
曜(빛날 요) 654
要(중요할 요) 605
浴(목욕할 욕) 610
辱(욕될 욕) 502
欲(하고자 할 욕) 149
庸(범상할 용) 482
用(쓸 용) 426
容(얼굴 용) 212
羽(깃 우) 70
優(넉넉할 우) 227
禹(벌레 우) 435
友(벗 우) 263
祐(복 우) 661
寓(붙일 우) 543
雨(비 우) 52
愚(어리석을 우) 678
右(오른 우) 332
宇(집 우) 33
虞(헤아릴 우) 83
雲(구름 운) 52